GORDON

Athleten und Trainer der Welt

David E. Martin/Peter N. Coe

Mittel- und Langstreckentraining

Meyer & Meyer Verlag

Originaltitel:
„Training Distance Runners"
David E. Martin/Peter N. Coe
© 1991 by Leisure Press (A Division of Human Kinetics Publishers),
Champaign, IL, USA
Übersetzung: Jürgen Schiffer, Mechernich-Satzvey

Die Deutsche Bibliothek – CIP Einheitsaufnahme

Martin, David E.:
Mittel- und Langstreckentraining / David E. Martin ; Peter N. Coe
[Aus dem Amerikan. von Jürgen Schiffer].
- 2. Aufl. - Aachen : Meyer und Meyer, 1995
(Athleten und Trainer der Welt)
Einheitssacht.: Training distance runners <dt.>
ISBN 3-89124-151-8
NE: Coe, Peter N.:

Alle Rechte, insbesondere das Recht der Vervielfältigung und Verbreitung sowie das Recht der Übersetzungen, vorbehalten. Kein Teil des Werkes darf in irgendeiner Form – durch Fotokopie, Mikrofilm oder ein anderes Verfahren – ohne schriftliche Genehmigung des Verlages reproduziert oder unter Verwendung elektronischer Systeme verarbeitet, gespeichert, vervielfältigt oder verbreitet werden.

© 1992 by Meyer & Meyer Verlag, Aachen
2. Auflage 1995
Foto Titelseite: Horst Müller, Düsseldorf
Umschlaggestaltung: Walter J. Neumann, N&N Design, Aachen
Satz: Times Roman, Typeart Hambüchen & Seibert, Grevenbroich
Druck: Druckerei Queck, Jüchen
Printed in Germany
ISBN 3-89124-151-8

Inhaltsverzeichnis

Vorwort von Sebastian Coe 7
Vorwort der Verfasser 8
Besondere Danksagungen 13
Einleitung 15

Kapitel 1:
Die Verbindung von Bewegung und Stoffwechsel 24
    Eine Einführung in die Kinesiologie: Das Studium der Bewegung 25
    Biomechanik des Laufens 34
    Physiologie der Skelettmuskulatur 56
    Biochemische Aspekte des Laufens 78
    Zusammenfassung 111
    Literaturhinweise 114

Kapitel 2:
Herz-, Lungen- und Blutdynamik während körperlicher Belastung 119
    Aerobe und anaerobe Beiträge zur Leistung 121
    Physiologische Leistungsmerkmale 125
    Körperliche Belastungen als Herausforderung für Herz, Lunge
    und Blut 139
    Messung der kardiopulmonalen Leistungsfähigkeit im Labor 179
    Zusammenfassung 203
    Literaturhinweise 206

Kapitel 3:
Eine einheitliche Trainingsstrategie für Mittel- und Langstreckenläufer ..217
    Zielsetzung 218
    Periodisierung und Kategorisierung des Trainings 226
    Multi-Stufen-Training als Grundlage der Periodisierung 241
    Der erfolgreiche Einsatz verschiedener Modalitäten im
    Multi-Stufen-Training 285
    Das Führen eines Trainingsbuchs 305
    Zusammenfassung 308
    Literaturhinweise 310

Kapitel 4:
Umfassendes Konditionstraining für Läufer 312
  Muskelreaktionen und Belastungsanpassungen 317
  Flexibilität und ihre Beziehung zur Gelenkbeweglichkeit 364
  Körperzusammensetzung 375
  Zusammenfassung 387
  Literaturhinweise 389

Kapitel 5:
Erfolgreiche Wettkämpfe: Vorbereitung und Leistung 395
  800-m-Lauf 396
  1.500-m-Lauf 403
  5.000-m-Lauf 406
  10.000-m-Lauf 411
  Marathonlauf 415
  Vorbereitung und Absolvieren erfolgreicher Wettkämpfe 431
  Zusammenfassung 448
  Literaturhinweise 450

Kapitel 6:
Belastungsbewältigung im Training 451
  Das Konzept der Ermüdung in Stoffwechselsystemen 452
  Übertraining und Ausgebranntsein: mehr als Ermüdung 468
  Zusammenfassung 491
  Literaturhinweise 493

Vorwort

W.C. Fields wurde angeblich einmal gefragt, ob er Poker für ein Glücksspiel halte. „Nicht so wie ich es spiele", murmelte er.

Der Grundstein von Peter Coes Philosophie besteht darin, das bloße Wahrscheinlichkeitsmoment bei seinem Versuch, ein exzellentes Coaching zu erreichen, zu reduzieren, indem er nichts dem Zufall überließ. Dieser Philosophie habe ich zu verdanken, daß ich über ein Jahrzehnt hinweg ein Leichtathlet der Spitzenklasse war. David Martin ist aus dem gleichen Holz geschnitzt. Er ist ein anerkannter Physiologe und widmet sich voll und ganz der Forschung und ihrer praktischen Anwendung.

Peter Coe und David Martin haben ihr Wissen zusammengetragen und gemeinsam ein Buch geschrieben, das schon lange überfällig war. Ihre Zusammenarbeit zu beobachten, war, als würde man die Arbeit eines Komponisten und eines Librettisten unmittelbar erfahren. Das Resultat ist ein Buch, in dem zwei sich ergänzende Disziplinen harmonisch zusammengeführt wurden.

Obwohl Sportwissenschaftler in theoretischer Hinsicht zur Trainingslehre beigetragen haben, waren sie weniger bereit, ihre Arbeiten auf das praktische Coaching zu beziehen. In ähnlicher Weise tun sich viele Trainer noch immer schwer zu verstehen, daß sie viel größere Fortschritte machen können, wenn sie innerhalb eines theoretischen Rahmens arbeiten und auf die Ergebnisse wissenschaftlicher Untersuchungen zurückgreifen. Sportwissenschaft ist eine anerkannte Disziplin; Coaching sollte auch eine solche sein. Beide Disziplinen können sich gegenseitig sehr gut ergänzen, was sich allerdings bislang nur im Dialog zeigte. In der Praxis verliefen ihre Wege häufig nur parallel; sie haben sich nur selten berührt.

Ich hatte das Privileg, daß Peter und David mir auf meinem Weg vom Vereinssportler bis hin zu den Olympischen Goldmedaillen 1980 und 1984 halfen. Es war eine Entdeckungsreise, auf der es viele Hindernisse und Gefahren zu überwinden galt.

Erfolgreiches Coaching ist Kunst und eine Wissenschaft zugleich. Mittel- und Langstreckentraining ist eine Synthese von beidem. Dieses Buch stellt die Verbindung der besonderen Talente zweier Personen dar, und mehr noch, es ist eine wichtige Bereicherung der Leichtathletikliteratur. Ich halte es für die bislang beste Verbindung der Wissenschaft und der Kunst der Entwicklung von Mittel- und Langstreckenläufern.

Sebastian Coe

Vorwort der Verfasser

Wenn zwei Menschen lange genug ein und demselben Ziel nachstreben, besteht eine gute Chance, daß sie sich begegnen. Im Rückblick sieht es so aus, als ob wir uns in den siebziger Jahren bereits ein Jahrzehnt lang auf dem Weg zur Zusammenarbeit befunden hätten, obwohl wir uns nicht kannten, auf verschiedenen Kontinenten lebten und unterschiedlichen Berufen nachgingen. Ganz konkret verfolgten wir beide das Ziel, die kluge Kunst des Coachings mit dem sich schnell entwickelnden Wissen in der Sportwissenschaft und der Sportmedizin so zu verbinden, daß die Sportler, mit denen wir zusammenarbeiteten, die besten Chancen für große Wettkampferfolge erhalten sollten. Die Personen, die am ehesten ein derartiges Ziel erreichen, sind nicht nur die, die über Erfahrungen in der wissenschaftlichen Methodologie verfügen, sondern die darüber hinaus „ganz vorne an der Front" arbeiten und Läufer auf Topleistungen vorbereiten. Wenn sie ihre Fähigkeiten der Datenerhebung und -analyse (sowohl wissenschaftlich im Labor als auch praktisch im Feld) mit den engen persönlichen Arbeitsbeziehungen zu ihren Athleten verbinden, verfügen sie über die besten Ausgangspositionen, um herauszufinden, was funktioniert und was nicht und die Gründe sowohl für das eine als auch das andere zu ermitteln. Glücklicherweise haben wir beide dieses unschätzbare Privileg über einen Zeitraum von insgesamt 40 Jahren genossen.

Einer von uns (Peter Coe), von Beruf Ingenieur, widmete sich der Aufgabe, einen einzigen Sportler von jung an zu trainieren und ihn durch eine mehr als 20jährige Karriere zu führen. Sebastian Coe ist wohl der größte Mittelstreckenläufer der Leichtathletikgeschichte. Das vielleicht detaillierteste und lückenloseste Protokoll der Entwicklung und der Leistungen eines Spitzenläufers war Grundlage eines äußerst aussagekräftigen „Spielplans", der viele Elemente enthält, die von anderen Läufern mit Vernunft praktisch umgesetzt werden können. Die Konzeption der systematischen Vorgehensweise, die für Sebs Training entwickelt wurde, blieb während des gesamten Zeitraums unverändert, was ihren grundsätzlichen Wert unterstreicht.

Die schließliche Ausweitung der Aktivitäten führte zu einem Arbeitsverhältnis mit weiteren Läufern. Die Aufmerksamkeit auf eine sehr kleine Gruppe von Sportlern zu bestimmten Zeitpunkten zu konzentrieren, statt der verantwortliche Coach für ein gesamtes Clubprogramm zu werden, hat dazu geführt, daß der Schwerpunkt stets auf die im jeweiligen Moment wichtigste Aufgabe gelegt wurde, nämlich die konstante Kontrolle und feine Modifizierung der Belastungen, die den Sportlern am besten helfen, ihre geplanten Ziele zu erreichen. Zu Anfang war es nicht leicht, Läufer, die bereits mit einem bestimmten Trainingsprogramm gewisse Erfolge erzielt hatten, zu überreden, ihr Training so zu ändern, daß es mit dem System von Coe übereinstimmte, auch wenn dieses Trainingsprogramm an einem Sportler mit einzigartigem Erfolg durchexerziert worden war. Ihre Bereitschaft mitzuarbeiten, zusammen mit Coes sorgfältiger Betreuung führte letztlich zum Erfolg.

Gegenwärtig sind die Hälfte der von Coe betreuten Sportler Frauen. Mittel- und Langstreckenläuferinnen sind in mentaler und physiologischer Hinsicht ebenso beständig wie Männer, und es macht ebensoviel Freude, mit ihnen zusammenzuarbeiten. Sie sind leistungs- und erfolgsorientiert und müssen hin und wieder sogar gebremst werden, um sie vor den Problemen, die ein übertriebener Enthusiasmus mit sich bringen kann, zu bewahren. Bei den britischen Olympiaqualifikationen 1988 gewann eine seiner Läuferinnen eine Bronzemedaille im 800-m-Lauf, die andere (Wendy Sly) gewann an aufeinanderfolgenden Tagen sowohl eine Bronzemedaille über 3.000 m als auch eine Silbermedaille über 10.000 m. Als Ergebnis wurde Wendy für die britische Mannschaft über 3.000 m nominiert und nahm an ihren zweiten Olympischen Spielen teil. Obwohl sie in den Jahren nach den Olympischen Spielen von Los Angeles aufgrund sich nur langsam lösender Probleme, die auf Übertraining und Überlastungsschäden zurückzuführen waren, einen beträchtlichen Trainingsrückstand erlitt, verhalfen ihr die kontinuierlichen Verbesserungen, die sie mit dem in diesem Buch beschriebenen System des mehrstufigen und mehrere Geschwindigkeiten umfassenden Trainings erreichte, zu dem Entwicklungsreiz, den sie brauchte, um ihr hochklassiges Leistungsniveau wieder zurückzugewinnen.

Der zweite Autor (David Martin), von Beruf Physiologe, gründete im Jahre 1975 ein Labor zur Messung der menschlichen Leistungsfähigkeit. Eines seiner Ziele war die Identifizierung und Umsetzung der Methodologie zur Quantifizierung der im Verlaufe einer Trainingssaison auftretenden Veränderungen der aeroben und anaeroben Fitneß. Ein weiteres Ziel war die Interpretation dieser Veränderungen unter dem Gesichtspunkt der spezifischen, vom betreffenden Sportler eingesetzten Trainingsarten. Die drei- bis viermal pro Jahr erfolgende Analyse von Mittel- und Langstreckenläufern der Spitzenklasse führte dazu, daß genügend Kenntnisse gesammelt wurden, um auf jeden einzelnen Läufer zugeschnittene praktische Vorschläge zur Feinabstimmung des Trainings machen zu können, so daß ein stetiger Fortschritt erzielt wurde. Diese Untersuchungen wurden durch ein umfassendes Programm der Gesundheitskontrolle verbessert, zu dem ein chemisches Blutprofil, eine Diagnostik des Skelettsystems und der Muskulatur und eine Ernährungsanalyse gehören. Das erstrangige Ziel dieser Maßnahmen war das rechtzeitige Erkennen eines Überlastungsschadens oder Übertrainings. Anfänglich nahmen nur Athleten teil, die auf ihren Reisen zu oder von Wettkämpfen durch Atlanta hindurchfuhren, denn es war schwierig, entweder aus Quellen der Forschungsförderung oder von den Sportartikelherstellern, bei denen die Athleten unter Vertrag standen, Reisekosten für Gesundheits- und Fitneßkontrolluntersuchungen zu erhalten. Der durch Mundpropaganda erzielte Erfolg des Projekts führte bald zu einer Warteliste von Athleten, die an den Untersuchungen teilnehmen wollten. Einige Athleten kommen nun schon bereits regelmäßig seit zehn Jahren, und noch immer schlagen sie aus dieser Maßnahme Nutzen.

Seit 1981 haben Mittel, die vom Olympischen Komitee der Vereinigten Staaten (USOC) dem Leichtathletik-Verband der Vereinigten Staaten (TAC/USA) bereitgestellt wurden, die Kontinuität dieser Untersuchungen gesichert und gleichzeitig die Anzahl der betreuten Athleten erhöht. Die Athleten, die aus diesem USOC/TAC-Spezialprojekt für Spitzenathleten Nutzen gezogen haben, stellen ein aktuelles Who's Who des amerikanischen Mittel- und Langstreckenlaufs dar. Zu den Läufern, mit denen wir das Privileg hatten, über Jahre hinweg eng zusammenzuarbeiten, gehören in alphabetischer Reihenfolge: Dick Beardsley, Bruce Bickford, Keith Brantly, Tom Byers, Jim Cooper, Ed Eyestone, John und Chris Gregorek, Janis Klecker, Mike Pinocci, Pat Porter, Anthony Sandoval, Linda Sheskey, Steve Spence, Jim Spivey, Jon Sinclair, John Tuttle und Craig Virgin. Zu einigen dieser Athleten entwickelte sich ein noch bestehendes Coaching-Verhältnis. Im Falle anderer Athleten war ein Austausch auf den drei Ebenen Sportler, Trainer und Wissenschaftler ebenso produktiv. Bei wieder anderen, die sich selbst trainieren, erwies sich der technische Aufwand ebenfalls als wertvoll.

Als Katalysator der Verbindung unserer speziellen Interessen wirkte Sebastian Coe, in dem wir beide ein besonderes Talent erkannten und schätzten. Während der eine von uns beiden die Doppelrolle eines Vaters und Coachs innehatte, traf der andere Seb zum ersten Mal rein zufällig bei den Europameisterschaften in Prag 1978, als er half, ein Übersetzungsproblem zu beseitigen, das auftrat, als einige ostdeutsche Medienvertreter, die Sebs damaligen Erzrivalen Olaf Beyer sehr gut kannten, nach Details von Sebs Training fragten. Diese Unterstützung war der Grundstein einer langen Freundschaft.

Unsere eigenen Unterhaltungen gehen zurück auf die frühen 80er Jahre, als wir uns meist unerwartet bei verschiedenen europäischen Crosslaufveranstaltungen oder Bahnrennen trafen. Unsere nachträglichen Erörterungen der Leistungen unserer Athleten zusammen mit Gesprächen in Kneipen, die bis spät nachts dauerten, machten uns bewußt, daß das, was wir als Wissenslücken oder als Ungenauigkeiten in der Anwendung wissenschaftlicher Informationen auf die praktische Arbeit mit Athleten wahrnahmen, auf beiden Seiten des Atlantiks gleich war. Aus diesen Diskussionen entsprang die beiderseitige Sehnsucht, unser Bestes zu tun, um einige dieser Lücken und Ungenauigkeiten zu beseitigen und damit unseren Läufern, an denen uns soviel lag, letztlich einen Dienst zu erweisen.

Bereits zu dieser Zeit war Seb ein Ausnahmeathlet, der auf eine lange Karriere zurückblickte. Wir taten uns auf einer praxisorientierten Basis zusammen, um diese Karriere zu verbessern und zu verlängern. Hierzu ermunterte uns auch Seb selbst. Beim Coaching werden Planungs- und Organisationsfähigkeiten benötigt, und diese kamen in dieser äußerst fruchtbaren Umgebung zum Einsatz. Obwohl Peter Coe britischer Coach war, erkannte und - noch wichtiger - nutzte er starke (und freundlich gesinnte!) Quellen in den USA. (Chauvinismus und Engstirnigkeit können den Fortschritt auf wunderbare Weise hemmen, und wir haben beide alles daran gesetzt, um davon frei zu sein!) Die Gelegenheit für Seb und Wendy Sly, das Überwintern in Florida mit dem Gang zu einem Physiologie-Labor in Atlanta und einem Wissenschaftler/Trainer, dem sie vertrauen und mit dem sie Entwicklungsstrategien diskutieren konnten, zu verbinden, war einfach zu verlockend, um ignoriert zu werden. Auch hier wieder hinderte die Tatsache, daß Martin ein amerikanischer Physiologe ist, ihn nicht daran, sich in der europäischen Szene umzusehen, nachdem er festgestellt hatte, daß die Leichtathletik, vor allem hinsichtlich der langfristigen und individualisierten Betreuung von Athleten in Europa, weit besser erforscht ist als in den USA. Martin studierte die europäische Szene und lernte von ihr.

Seb wurde eine wichtige Kraft, die die Fortsetzung dieser Interaktionen ermöglichte. Die Früchte unserer Arbeit geben Zeugnis vom Wert dieser Zusammenarbeit

- Sebs einzigartige zweite Goldmedaille für seine 1.500-m-Leistung in Los Angeles, die gleichzeitig Olympischer Rekord war, und zwei Jahre später sein erster großer Sieg über 800 m bei den Europameisterschaften 1986. Obwohl er zuversichtlich mit dem Training für eine dritte Teilnahme an Olympischen Spielen in Seoul begann, wurde aus Sebs Olympiateilnahme nichts, da sein Leichtathletikverband anders entschied.

Jeder von uns wurde durch den Wunsch motiviert, die beiden Sprachen des Coachings und der Sportwissenschaft, insofern sie den Langstreckenlauf betreffen, zusammenzubringen. Jede Disziplin kann soviel von der anderen lernen, dennoch erscheinen sie so weit entfernt voneinander, wenn man sie alleine betrachtet. Diese beiden Wissensgrundlagen sollten zu einer Einheit verbunden werden. Dies sind wir unseren Sportlern schuldig, die dauernd darauf drängen, daß wir ihnen praktisch nutzen, denn letztlich kommt es bei unserer praktischen Kooperation nur darauf an, daß sie sich optimal auf ein exzellentes Rennen vorbereiten.

Es hat uns Spaß gemacht, die Niederschrift unserer Ideen und Erfahrungen in einem Buch wie Lehrer anzugehen. Es muß betont werden, daß es sich bei diesem Buch weder um eine Abhandlung über Leistungsphysiologie noch um eine Coaching-Enzyklopädie handelt. Es handelt sich allerdings um eine Zusammenfassung einiger der wichtigsten Informationsbereiche, von denen wir festgestellt haben, daß sie nicht nur für unser eigenes Verständnis, sondern auch für die Instruktion unserer Sportler wichtig sind, so daß sie ihrem eigenen Tun bei der Suche nach Perfektion in ihrer jeweiligen Disziplin vielleicht bewußter gegenüberstehen. Unser Ziel war, ein Gleichgewicht zu erzielen zwischen der Beschreibung grundlegender Prinzipien und der Auseinandersetzung mit kontroversen Ideen, wobei wir gleichzeitig bereits gelöste wie auch noch weiter bestehende Probleme vorstellen wollen.

Wir hoffen, daß es uns gelungen ist, Klarheit zu schaffen, ohne allzu vereinfachend vorgegangen zu sein. Einige Themen sind ohne einen hohen gedanklichen Einsatz und ein gewisses Hintergrundwissen schwer zu verstehen. Andere Themen bergen die Gefahr von Mißverständnissen und Kontroversen in sich, was hauptsächlich auf nicht übereinstimmende Begriffsdefinitionen oder auf Probleme der präzisen begrifflichen Beschreibung zurückzuführen ist. Wenn Trainer und Sportler sich ein wenig ärgern, wenn sich ihr Lesetempo in den Abschnitten über die Laktatschwelle oder die ventilatorische Schwelle, den Krebszyklus und die Muskelfasertypen merklich reduziert, sollten sie - sich selbst tröstend - daran denken, daß ihre wissenschaftlichen Freunde einige Kapitel später ebenso herausgefordert werden, wenn es darumgeht, die Nuancen von Wiederholungen und Sätzen bei der Trainingsplangestaltung oder bei der Planung einer Strategie für den 800-m-Lauf im Gegensatz zum 5.000-m-Lauf zu entwickeln! All diese Themen sind schlicht unterschiedliche Facetten eines herausragenden leichtathletischen Könnens, das mit einem Diamanten vergleichbar ist.

Wir hoffen, daß dieses Buch als Vermächtnis der Athleten, von denen wir soviel gelernt haben, aufgefaßt wird und als eine Basis, von der ausgehend unser fortdauerndes Interesse und selbst (und anderen) helfen kann, mehr zu lernen. Wir rechnen durchaus damit, daß einige (in gewisser Hinsicht nichttraditionelle) Elemente unserer Art und Weise, mit Mittel- und Langstreckenläufern zu arbeiten, heftige Diskussionen und Erwiderungen hervorrufen werden. Es kann durchaus sein, daß zu dem Zeitpunkt, zu dem dies gelesen wird, einige der von uns aufgeworfenen Fragen aufgrund der gegenwärtigen Wissensexplosion bereits beantwortet sind. Es kann auch sein, daß einige unserer Vermutungen, die auf länger zurückliegender Literatur basieren, dann bereits widerlegt sind. Derartige Änderungen können nur als Stimulus zur Formulierung eines besser begründeten Standpunktes dienen. Was auf die Bildung grundsätzlich zutrifft, ist auch bei uns der Fall: Wir erklettern Berggipfel, nur um noch weitere bislang unbestiegene Berggipfel zu erkennen. Wenn bessere Leistungen im Mittel- und Langstreckenlauf aus einer derartigen Analyse und der sich daraus ergebenden Gedanken und der praktischen Umsetzung unserer Ideen resultieren, haben wir unseren Zweck erreicht.

David E. Martin, Atlanta
Peter Coe, London

Danksagung

Wir können nicht die Namen all derjenigen nennen, die uns während der Zeit, die wir der Leichtathletik widmeten, beeinflußt haben. Es sind einfach zu viele. Aber jeder von uns muß die wenigen nennen, denen aus unserer jeweiligen Sicht eine besondere Rolle zukam. Es ist angebracht, sie getrennt zu nennen.

Von Peter Coe:

Im Bereich des Coaching ist besonders mein alter Freund Frank Horwill zu nennen, der den British Milers Club gründete. Seine Leidenschaft für den Mittelstreckenlauf (ganz besonders für die Meile) wurde von seiner bissigen und streitlustigen Art überdeckt, aber trotzdem hat er viel Gedankenarbeit in den Sport investiert. 1970 machte er eine für mich entscheidende Beobachtung: In Großbritannien waren die 5.000-m-Läufer, die sich den kürzeren Distanzen zuwendeten, die besten Meilenläufer, und die 400-m-Läufer, die sich den 800 m widmeten, waren in dieser Disziplin ebenfalls die besten. Dies führte zur Änderung der Zielrichtung meines Coachings und der Strukturierung des Trainings bezüglich der richtigen Geschwindigkeiten.

Journalisten sollten weder zur Verherrlichung noch zu unnötig harter Kritik neigen; sie sollten analytisch und fair schreiben. Für mich gibt es besonders zwei Journalisten, bei denen sich der analytische Blick und die leidenschaftliche Liebe für den Sport auf ideale Weise vereinen und die Verständnis für die Person hinter den Medaillen und Rekorden haben. Bei beiden handelt es sich um geschätzte Freunde, die für angesehene Zeitschriften schreiben. Der erste ist Robert Parienté, der Herausgeber der französischen Zeitschrift *L'Equipe,* und der andere ist Kenny Moore von *Sports Illustrated*, ein ehemaliger Olympiateilnehmer und Marathonläufer. Kenny scheut kein Extrem bei seiner Suche nach der „inneren Geschichte", und die Ergebnisse seiner Recherchen schreibt er mit Klasse nieder. Einmal scheute er auch nicht die Gelegenheit, Seb bei einer harten Trainingseinheit an einem noch unangenehmeren englischen Wintertag zu begleiten, während ich diese Trainingseinheit aus meinem Auto heraus, vor dem eiskalten Wind und dem Regen geschützt, kontrollierte.

Schließlich möchte ich dem Züricher Veranstalter Andreas Brugger danken, dessen langfristige Hilfe und Freundschaft mir geholfen haben, die vielen Risiken und wechselnden Situationen der internationalen Leichtathletikszene zu bewältigen.

Von David E. Martin:

Finanzielle Quellen und ein hochklassiger „menschlicher Einsatz" liegen den meisten erfolgreichen Unternehmungen zugrunde, und die gegenwärtige Situation ist hier keine Ausnahme. Die engen Arbeitsbeziehungen, die ich von früh an mit Trainern, Sportlern und Sportwissenschaftlern im vorderen Feld sowohl des europäischen Bahn- und Cross-Betriebs wie auch des asiatischen Marathon-Zirkus aufgebaut habe, waren die Quellen des umfangreichen Wissens, das ich benötigte, um die technischen und praktischen Herausforderungen der Vorbereitung von Sportlern auf hochklassige Wettkämpfe zu bewältigen.

Unsere wissenschaftlichen Untersuchungen mit Mittel- und Langstreckenläufern wurden am Zentrum für Leistungsphysiologie und Lungenfunktion der Abteilung für Kardiopulmonale Prävention und Rehabilitation der Georgia State University durchgeführt. Die langjährige Hingabe und das Fachwissen einer kleinen, aber treuen und talentierten Mannschaft professioneller Kollegen - vor allem Donald F. May, Susan P. Pilbeam, Meryl Sheard und Richard Eib - garantierten eine ungewöhnlich hohe Test-Retest-Reliabilität, die für den Erfolg einer periodischen Erhebung physiologischer Daten gerade dann unverzichtbar ist, wenn die Versuchspersonen gleichzeitig als ihre eigenen Kontrollpersonen fungieren. Das Können dieser Mitarbeiter war eine entscheidende Hilfe bei der Koordinierung der Nuancen sich verändernder Ausrüstung und Technologie mit der anspruchsvollen Herausforderung der Kontrolle und Steuerung der Leistungsfähigkeiten einiger der talentiertesten Mittel- und Langstreckler, die es je gegeben hat. Die Zusammenarbeit mit David H. Vroon, MD, dem Direktor des Klinischen Labors des Grady Memorial Hospital, war hilfreich bei der Einrichtung des langfristigen, umfassenden Blutanalyseprogramms, das notwendig war, um die vielfältigen metabolischen Änderungen, die bei Mittel- und Langstreckenläufern im Verlauf einer Trainingsperiode stattfinden, aus verschiedenen Gesichtspunkten zu dokumentieren.

Seit 1981 stellte das USOC über seinen äußerst wettbewerbsorientierten Forschungs- und Unterstützungsdienst Stipendienprogramme, die durch das Spezialprojekt Hochleistungssportler und das Men's Development Committee des TAC ausgezahlt wurden, sowie beträchtliche Gelder zur Deckung der Fahrtkosten und der Kosten für Labortests für Spitzensportler zur Verfügung. Die Reisekostenunterstützung war besonders wichtig, da sie den Sportlern erlaubte, die Vorteile einer langfristigen Profilerstellung auszunutzen, denn ihre Besuche können somit an wichtigen Punkten ihrer Entwicklung stattfinden und nicht zufällig, wenn sie ohnehin durch Atlanta reisen. Zusätzliche finanzielle Quellen waren die Urban Life Foundation der Georgia State University und der Atlanta Track Club.

Schließlich werde ich die Freundschaften, die sich zu den Athleten, die unser Labor besuchten, entwickelten, immer schätzen. Ihr Vertrauen in uns, daß wir ihren Sportkarrieren entscheidend nutzen konnten, hat uns motiviert, mit einer Hingabe zu arbeiten, die wahrscheinlich nur ihrer eigenen Hingabe gleichkam, so daß wir ihnen vielleicht einen Dienst erweisen konnten. Es war ein seltenes Privileg, mit ihnen zusammen die Details ihrer Trainingspläne zu studieren, ihnen zu helfen, ihre Leistungsstärken und ihr Leistungspotential zu identifizieren und Strategien zu entwickeln, damit sie ihr Streben nach sportlichem Erfolg fortsetzen konnten. Wir haben sie stets herausgefordert, so viel von uns zu lernen, wie wir von ihnen. Sie haben diese Herausforderung wirklich angenommen und bewältigt!

Einleitung

Es ist ganz einfach, die Aufgabe eines ambitionierten Mittel- und Langstreckenläufers in ein Wort zu fassen: Trainiere! Dieses Wort ist jedoch sehr vielschichtig. Idealerweise sollte ein Mittel- und Langstreckenläufer folgende Anforderungen erfüllen, um die besten Chancen zu haben, erfolgreich zu sein:

1. Finde einen kompetenten Trainer oder Berater, mit dem du arbeitest, und versuche soviel wie möglich über die Dynamik des Trainings zu lernen - wie die Organsysteme beeinflußt werden, warum die Erholung so wichtig ist, und wie man am besten Belastungen plant, um seine Fitneß zu verbessern.
2. Definiere und entwickle einen Entwicklungsplan, der auf erreichbaren Zielen basiert.
3. Absolviere das zur Leistungsverbesserung notwendige körperliche und mentale Training.
4. Entwickle ein unterstützendes System zur Aufrechterhaltung einer guten Gesundheit, der Vermeidung von Übertraining, der Kontrolle von Leistungs/Fitneß-Aktivposten und -Verpflichtungen, und suche den Kontakt mit qualifizierten Personen, die effektiv mit Sportler und Trainer zusammenarbeiten können.
5. Werte die Ergebnisse deiner Entwicklung durch eine Kombination von sorgfältig geplanten periodischen Zeitkontrolläufen, physiologischen Leistungstests im Labor und Rennen aus.
6. Beginne jede wichtige Wettkampfperiode voller Vertrauen, und bringe gute Leistungen.

Der Zweck dieses Buchs besteht darin, Sportlern bei ihrem Streben nach Erfolg im Mittel- und Langstreckenlauf eine Hilfestellung zu geben und den Trainern und Wissenschaftlern, die mit ihnen zusammenarbeiten, zu helfen. In Kapitel 1 werden einige wesentliche physiologische, biomechanische und den Energiestoffwechsel betreffende Aspekte besprochen, die für den Sport generell und das Laufen im besonderen von Bedeutung sind. Kapitel 2 gibt einen Überblick über die Maßnahmen, mit deren Hilfe das kardiopulmonale System und das Blut die Verteilung der Nährstoffe und anderer Substanzen, die für qualitativ hochwertige Belastungen wichtig sind, an die verschiedenen Organe, die diese Stoffe am dringendsten nötig haben, sicherstellen. Das 3. Kapitel behandelt das Konzept der Periodisierung bzw. des Entwurfs eines Trainingsplans und beleuchtet die laufbezogenen Aktivitäten, die in diesen Plan Eingang finden. In Kapitel 4 werden alle übrigen Aspekte der allgemeinen körperlichen Fitneß, die den Unterschied zwischen einem „bloß" trainierten Läufer und einem perfekten Athleten ausmachen, diskutiert.

In Kapitel 5 werden die Wettkampfstrategien verschiedener Olympischer Mittel- und Langstreckendisziplinen beschrieben. Des weiteren werden einige Tips und Vorschläge gegeben, die dem Athleten helfen sollen, das umfangreiche Wissen, daß man sich im Leistungssport schon bald aneignet, zu bewältigen. Kapitel 6 schließlich untersucht das Problem der Bewältigung der enormen körperlichen und psychischen Belastungen, denen sich Sportler, deren Ziele Hochleistungstraining und -wettkampfbetrieb sind, ausgesetzt sehen. Die Bereitwilligkeit dieser Athleten, so hart zu trainieren, daß ihre Karrieren eventuell durch Verletzungen oder Überlastungsschäden ruiniert werden, muß in vernünftigere Bahnen gelenkt werden, so daß sie das Notwendige erkennen und gut bewältigen. Wichtig innerhalb dieses Prozesses ist die Interaktion mit einem kompetenten Trainer oder Berater, der bei der Erstellung eines sinnvollen Plans helfen kann, und mit einem guten Sportwissenschaftler, der bei der Kontrolle des Fortschritts unter Einsatz der Konstanz und Technologie labormäßiger Profilerstellung unterstützt. Im folgenden wird ein Überblick über die Rollen dieser beiden Assistenten gegeben.

Definition der Rolle eines Coach

Es ist nicht leicht, eine gute Beschreibung der komplexen Beziehung zwischen Athleten und den mit ihnen eng zusammenarbeitenden Personen zu finden. Und der gegenwärtige Gebrauch der englischen Sprache ist hier sicherlich nicht sehr hilfreich (Flexner & Hauck, 1987). Das Wort *coach* bedeutet, wenn es als Verb gebraucht wird, „jemanden unterrichten oder jemandem einen Rat geben". Das Wort *train* kann sich als Verb sowohl auf das beziehen, was der Athlet tut (d.h. „sich selbst durch körperliche Aktivität, zweckmäßige Ernährung, Übung usw. für eine sportliche Leistung in Form bringen"), als auch auf die Aktivität des Coach (d.h. „jemandem die Disziplin beibringen sowie die Theorie und Praxis zuteil werden lassen, die zur Ausbildung von Können und Effizienz notwendig sind"). Man könnte daraus schlußfolgern, daß sowohl die Sportler als auch die Coachs Trainer sind, d.h. Personen, die trainieren (entweder sich selbst oder andere). Und tatsächlich kann sich [allerdings nur im Englischen; Anmerkung d. Übers.] das Wort *Trainer* als Substantiv sowohl auf "„eine Person, die trainiert" als auch auf „eine Person, die Sportler trainiert" beziehen. (Allerdings sind nicht alle Coachs Sportler, obwohl einige Sportler ganz gute Coachs sind.) Ein Trainer kann jedoch [nur im Englischen; Anmerkung d. Übers.] auch „ein Mitglied einer Sportmannschaft sein, das verletzten Sportlern erste Hilfe gibt und auch sonst therapeutisch wirkt" sowie „eine Person, die Rennpferde oder andere Tiere auf Wettkämpfe, Shows oder bestimmte Leistungen vorbereitet". Das französische Wort *entraineur* bedeutet „Trainer (von Pferden) oder Coach (einer Mannschaft)", wobei sich die letzte Bedeutung nur auf Menschen bezieht (Mansion, 1968). Tatsächlich verwenden die meisten nichtenglischsprachigen Coachs den Begriff Trainer eher als den Begriff Coach im Zusammenhang mit der Ausbildung von Sportlern. Interessanterweise verwandte die offizielle Teilnehmerliste der Olympischen Spiele von Los Angeles 1984, mit Französisch und Englisch als offiziellen Sprachen, die Begriffe „coach/entraineur" als eine Überschrift für das Mannschaftspersonal und die Begriffe „trainer/soigneur" als eine weitere Überschrift. Das französische Verb *soigner* bedeutet „pflegen, gut versorgen, betreuen".

Beim Streben nach Leistungsverbesserung und Erfolg brauchen Athleten exzellentes Coaching, Management und hervorragende Wettbewerbe. Frank Dick (1983) definiert den Coach sehr schön als „den Leiter des sportlichen Ehrgeizes eines Athleten" (S. 6). Wenn wir das Wort *Ehrgeiz* durch das Wort *Karriere* ersetzen, wird das Konzept noch klarer. Wenn ein Coach und ein Sportler sich für eine Zusammenarbeit entschieden haben, deren Ziel darin besteht, daß der Sportler eine allgemeine Perfektion im Bereich des Leistungssports erreicht, dann muß der Coach den Plan entwickeln und alle seine Aspekte managen. Die Gedankenarbeit muß geleistet werden, bevor das Training beginnt. Sowohl kurz- als auch langfristige Ziele, die als Basis folgender, sinnvoller Entscheidungen dienen, sollten im Vorfeld identifiziert werden. Es fällt dann relativ leicht, Trainingspläne zu erstellen. Ein guter Coach muß daher gleichzeitig eine ausgeprägte Gesamtpersönlichkeit und ein gutes Beispiel sein, um Werturteile mit Überzeugung und Glaubwürdigkeit abgeben zu können.

Vielleicht ist die einfachste, aus einem Wort bestehende Definition, nach der wir suchen, um die Vorstellung von einem Coach zusammenzufassen, schlicht das Wort *Manager*. Ein guter Manager macht aus allen Faktoren, die ein erfolgreiches Unternehmen ausmachen, ein funktionelles Ganzes. Ein erfolgreicher Coach weiß, was er mischen muß, wieviel er von jeder Zutat in die Mischung geben muß und wann, und er weiß, auf welche Weise das Endergebnis mehr als einfach nur die Summe aller Zutaten widerspiegeln muß. Ein kompetenter Coach ist ein Experte, wenn es darum geht, einen langfristigen Trainingsplan zu entwerfen, und ist in der Lage und bereit, das Wissen qualifizierter und zuverlässiger Personen hinzuzuziehen, um diesen Plan durchführen zu können. Die ganze Zeit über hat er den Fortschritt des Sportlers fest im Griff und erreicht somit dessen optimale Entwicklung. Es ist zu hoffen, daß dies die Richtung setzen kann, die ein Sportler braucht, damit sich sein Fähigkeitspotential optimal entwickelt und er in späteren Jahren kontinuierlich erfolgreich ist.

Das Coaching eines talentierten Sportlers ist folglich nahezu ein Fulltime-Job oder zumindest kein Job, dem man mit einer großen Gruppe von Athleten nachgehen kann. Langfristig ist vermutlich ein Eins-zu-Eins-Verhältnis zwischen Athlet und Coach sogar am erfolgreichsten. Von einem Vereinscoach wird erwartet, daß er aktiv mit einem Dutzend oder mehr Athleten arbeitet, wobei sich alle hinsichtlich Talent und Grad der Fitneß unterscheiden. College- und Universitäts-Coachs müssen nicht nur das gesamte Programm verwaltungsmäßig betreuen, sondern sind darüber hinaus dem Prinzip „Bezahlung nach Erfolg" unterworfen, das heißt, ihnen droht die Entlassung, wenn ihre Mannschaft nicht gewinnt. Damit ein Coach sinnvolle, auf die Bedürfnisse einzelner Athleten abgestimmte Trainingspläne entwickeln kann, bedarf es eines großen Zeitaufwandes. Je größer die Gesamtheit der zusätzlichen Anforderungen ist, die an den Coach, der danach strebt, einige talentierte Athleten zu trainieren, gerichtet sind, desto geringer ist die Wahrscheinlichkeit, daß diese Athleten die individualisierte Betreuung erhalten, die sie brauchen und verdienen.

Um eine akademische Analogie heranzuziehen, ist der Coach jemand, der Studenten (Athleten) darauf vorbereitet, ihre Prüfungen gut zu absolvieren. Täuschen Sie sich nicht: Ein wichtiges Meisterschaftsrennen ist in der Tat eine Art Meisterprüfung. Gute Coachs sind auch gute Schüler; sie lernen von dem, was andere getan haben, und dokumentieren sorgfältig, was sie mit ihren eigenen Athleten tun. Sackgassen bereits im Vorfeld zu erkennen und sie zu vermeiden, spart Zeit und hält einen auf dem Weg nach vorne. Dieser kontinuierliche Fortschritt ist tatsächlich der Plan (und hier wären wir wieder bei der impliziten Notwendigkeit von Zielen angelangt - sie geben dem Plan eine Richtung).

Ein Coach kann jedoch bei der Vorbereitung seiner Sportler nicht alles wissen. Das erforderliche Spezialwissen wächst heute ständig, und alles kann zur vielseitigen Entwicklung eines Athleten beitragen. Coachs müssen bei ihrer Arbeit ein Bewußtsein für alle Hilfsquellen entwickeln und müssen all die möglichen Vorteile dieser Quellen effektiv in den großen Entwicklungsplan einbeziehen. Fußpflege, biomechanische Filmanalysen, Blutanalysen, Kraft- und Circuittraining, psychologische Vorbereitung, Laufbandbelastungen zur Bestimmung des kardiopulmonalen Trainingszustandes und vieles mehr hat alles seinen Sinn - wenn es klug als ein Bestandteil des Gesamtprozesses der Verbesserung der läuferischen Fähigkeiten und der Fitneß der Athleten eingesetzt wird. Und hinzu kommen all die verschiedenen Aspekte der Interaktionen der Athleten mit der sie umgebenden Welt, die eines effektiven Managements bedürfen - nicht nur kurzfristiger Art (wie z.B. die Details bevorstehender Wettkämpfe und die Gestaltung des Trainingsplans), sondern auch langfristiger Art (wie z.B. die Vollendung einer College-Ausbildung, das Management finanzieller Angelegenheiten, mögliche öffentliche Verpflichtungen oder Gelegenheiten zur Promotion usw.). Sport ist tatsächlich ein Mikrokosmos des Lebens selbst; je größer der Erfolg eines Sportlers ist, desto komplexer wird diese Welt.

Das erfolgreiche Athlet-Trainer-Verhältnis

Es ist sehr wichtig für einen Sportler, eigenmotiviert zu sein. Ein Trainer kann und sollte sogar den Horizont eines Sportlers erweitern und höhere Standards und Ziele vorschlagen, sofern sie sich innerhalb der Grenzen des Sinnvollen bewegen. Aber er kann nicht den inneren Antrieb ersetzen, über den ein Siegertyp verfügen muß - das wäre wie die morbide Analogie eines Arztes, der bei einer langsamen und lange dauernden Bluttransfusion selbst als Blutspender fungieren würde mit dem Ergebnis, daß sowohl der Patient als auch er selbst stürben.

Die besten Athleten sind auf den Trainer orientiert, ohne jedoch von ihm abhängig zu sein. Das beste Verhältnis ist eine Partnerschaft. Wenn ein Sportler einen Trainer auswählt, muß er sich dessen Führung auch bereitwillig unterwerfen. Ein wichtiges Beispiel für diese Bereitschaft ist, nicht umfangreicher oder intensiver zu trainieren als vorgeschrieben. Wenn der Trainer von einem derartigen zusätzlichen Training nichts weiß, wird er sich bei der Interpretation der Auswirkungen des geplanten (plus des ungeplanten) Trainings irren. Der Trainer wird dann Schwierigkeiten haben, den Trainingsplan in der Folge sinnvoll zu gestalten. Aber er muß auch den individuellen Bedürfnissen der Athleten gegenüber sensibel sein und diese Bedürfnisse bei der Gestaltung des Gesamtplans berücksichtigen. Wenn ein Athlet-Coach-Verhältnis eine beiderseitige Entdeckungsreise sein soll, müssen beide zusammen- und nicht gegeneinander arbeiten.

Wenn der Athlet hinsichtlich seiner Klasse Fortschritte macht, kann es völlig angemessen sein, daß er bestimmte Aspekte seiner Karriere unabhängig vom Trainer bewältigt. Athleten, die sehr viel in den Medien auftreten, können beträchtliche finanzielle Belohnungen erzielen, was z.b. die Hinzuziehung eines guten Finanzmanagers in die Mannschaft vorteilhaft machen kann. Diese Entscheidung sollte vom Sportler und vom Trainer gemeinsam getroffen werden, wobei der Anstoß hierzu normalerweise vom Sportler erfolgt.

Erfolg ist sehr stark von gegenseitigem Vertrauen abhängig. Selbst in den engsten Partnerschaftsverhältnissen sind die Athleten für Perioden unterschiedlicher Länge vom Trainer getrennt, und es kann sein, daß sie sich noch nicht einmal in der gleichen Stadt aufhalten. Ein Trainer, der auch nur den leisesten Zweifel hinsichtlich der Motivation seines Athleten hegt oder sich nicht sicher ist, ob der Athlet auch wirklich dem Trainingsplan entsprechend trainiert, ist frustriert, und ein objektives Urteil fällt ihm schwer. Der Trainer muß über das Vertrauen verfügen (das ihm der Athlet eingibt, und hier beginnt das gegenseitige Vertrauen), daß Vereinbarungen eingehalten werden, sofern keine Vernunftgründe dagegen sprechen. Wirkliche Meister verfügen über Selbstdisziplin und sind bereit, beträchtliche persönliche Opfer zu erbringen. Die Kommunikation zwischen Sportler und Trainer muß effektiv sein, denn beide nutzen das Wissen, das aus der jeweils persönlichen Sicht des Trainingsprozesses und seiner Effekte resultiert. Tatsächlich bedeutet Wissen Macht, und die Synergie zwischen zwei Experten (Trainer und Athlet), die der Wunsch nach einer herausragenden Leistung zusammenhält, ist in der Tat sehr stark.

Keine Theorie kann als richtig belegt werden. Das beste, was wir uns erhoffen können, ist, daß kein Test entwickelt wird, der unsere Theorie als unrichtig entlarvt (Katch, 1986). Es ist der wiederholte Test in bezug auf Versagen und Inkorrektheit, der ein gewisses Maß an Vertrauen in das Wissen spendet, das Trainer in den Trainingsprozeß einbringen. Sportler sind im Grunde einzigartige „Experimente mit einer Versuchsperson", und je hochklassiger ein Sportler ist, desto einzigartiger ist das Experiment. Sie mögen allesamt Individuen sein, aber ihre Ähnlichkeiten überwiegen bei weitem ihre Unterschiede. Es liegt nur daran, daß der menschliche Körper in physiologischer Hinsicht auf bekannte, im Labor überprüfte Art funktioniert, daß Trainingsmethoden auf mehr als auf bloßen Vermutungen basieren. Aus diesem Grunde ist es für einen guten Trainer sehr nützlich, gut über die wissenschaftlichen Grundlagen der menschlichen Leistungsfähigkeit und ihrer Verbesserung durch Anpassung an spezifische Belastungen Bescheid zu wissen. Es ist wahrscheinlich nicht nötig, über einen akademischen Abschluß in diesem Wissensbereich zu verfügen, aber das Wissen ist notwendig. Es ist sicherlich nicht jedem möglich, seinen Wohnsitz in der Nähe eines Zentrums für Leistungsdiagnostik zu wählen. Aber die Daten, die durch eine derartige Institution bereitgestellt werden, können, wenn sie richtig interpretiert werden, von unschätzbarem Wert sein. Eine sorgfältige Beobachtung und Aufzeichnung der Trainingsreaktionen und der Ergebnisse von Zeitkontrolläufen können in sich schon ausreichend sein, um eine aussagekräftige Analyse des Fortschritts der Vorbereitung zu ermöglichen. Trainer und Sportler müssen eng zusammenarbeiten, um die Kommunikation sicherzustellen, die die Grundlage einer solchen Analyse ist.

Natürlich ist es richtig, daß man niemanden durch und durch kennen kann. Daher sind die besten Trainer-Athlet-Beziehungen diejenigen, bei denen sich jeder mit dem größten Erfolg auf den anderen einstellen kann. Teilweise rührt dies von klassischer Intuition her - die Wahrheit sehen ohne Vernunft und Wissen. Aber teilweise entspringt es einer jahrelangen Zusammenarbeit. Es ist die Verantwortung des Trainers, das Training vorzuschreiben, seine Intensität zu heben oder zu senken, um seine Tolerierbarkeit auszugleichen. Daher muß der Trainer stets all seine Antennen ausgefahren haben, um Signale aufzufangen, die ihm sagen, welche kleinen Veränderungen notwendig sind, die, wenn sie durchgeführt werden, den weiteren Fortschritt sicherstellen, oder um Bereiche zu identifizieren, die der Verbesserung bedürfen. Je intensiver das Training ist, oder je dichter der wichtigste Wettkampf bevorsteht, desto sensibler sollte diese Feineinstellung sein. Gute Trainer können einen Sinn dafür entwickeln, was getan werden muß, manchmal ohne imstande zu sein, die Gründe dafür oder die Handlungen, die diese Entscheidung nahegelegt haben, voll und ganz zu erklären. Diese Art der Beurteilung unterscheidet sich erheblich von den einfachen gefühlsmäßigen Reaktionen impulsiv handelnder Möchtegern-Trainer. Sehr oft ist ein Trainer, der auf einen Athleten gut eingestellt ist, imstande, den Gesamtfortschritt so zu diskutieren, daß beide zusammen einen vernünftigen Handlungsplan entwerfen.

Erfolgreiche Sportler sind leistungsorientierte Menschen

Erfolgreiche Leistungssportler verfügen, wie Personen, die in anderen Lebensbereichen erfolgreich sind, über Verhaltensmerkmale, die mit ihren Leistungen in Einklang stehen. Die Kenntnis dieser Merkmale erlaubt den betreffenden Sportlern, sich selbst besser zu verstehen und ermöglicht gleichzeitig den Trainer, effektiver mit ihnen zusammenzuarbeiten. So zeichnen sich erfolgreiche Sportler z.B. durch einen hohen Grad an Hartnäckigkeit aus, wenn es darum geht, die Übungen bzw. das Training zu absolvieren, das notwendig ist, um sich zu verbessern. Es ist daher wichtig, daß sie wissen, was sie tun müssen, um sich zu verbessern; aus diesem Grunde ist ein gutes Coaching so wertvoll. Es wird häufig gesagt, daß die besten Trainer mit den jüngsten Sportlern arbeiten sollen. Zeit und Energie an Aufgaben zu vergeuden, die nicht notwendigerweise die sportliche Leistung verbessern, verderben nur den Entwicklungsplan eines Athleten. Dies ist ein kritischer Punkt, vor allem bei einer Sportdisziplin wie dem Mittel- und Langstreckenlauf, die sich durch ein hohes Verletzungs- und Schadensrisiko auszeichnet.

Leistungsorientierte Personen führen die Aufgaben, die mit ihrem Ziel der Leistungsverbesserung in Zusammenhang stehen, auch meist zu Ende. Sie sind eher aufgaben- als personenorientiert. Sie steuern sich selbst. Wenn ihnen einmal gesagt wurde, was sie tun sollen, arbeiten sie selbständig und haben keine Probleme, ihre aufgabenorientierte Konzentration zu kontrollieren oder zu beherrschen. Sie übernehmen bereitwillig Verantwortung und haben Spaß daran, sich an den Entscheidungen, die die Gestaltung der leistungsverbessernden Aufgaben betreffen, zu beteiligen. Mit Fortsetzung der Arbeit streben sie danach, die ihnen zugewiesenen Aufgaben auch tatsächlich zu erledigen. Es ist daher sehr wichtig, daß die Belastungen ihren Fähigkeiten sehr genau entsprechen. Wenn die Belastung zu gering ist, kommt es zu Frustration aufgrund von Unterforderung. Wenn die Aufgabe zu schwierig ist, kann es zu Verletzungen kommen, denn der Athlet wird hartnäckig versuchen, das Ziel, welches er für erreichbar hält, auch tatsächlich zu erreichen. Das Endergebnis eines gut gesteuerten Entwicklungsplans für einen hochmotivierten Athleten ist ein verbessertes Leistungsniveau. In dieser Hinsicht ist also eine gute Planung sehr wichtig.

Wissenschaftliche Auswertung der Gesundheit und Fitneß

Es besteht kein Zweifel, daß harte Arbeit über eine lange Zeit der beste Weg zur Ausschöpfung des sportlichen Leistungspotentials ist. Die wichtigste Basis der sportlichen Leistungsentwicklung sind Training, Wettkämpfe und das Teilen von Erfahrungen und Gefühlen mit anderen Sportlern. Training und Wettkämpfe können jedoch nur dann erfolgreich absolviert werden, wenn man über eine hervorragende allgemeine Gesundheit verfügt. Und es wäre schön, wenn man sicherstellen könnte, daß das geplante und durchgeführte Training zu einer kontinuierlichen Leistungsverbesserung führt. Im Mittelpunkt stehen die Vermeidung einer Gewöhnung an das Training und die Bestimmung des individuell optimalen Trainings. Gewöhnung ist in Wirklichkeit eine schlechte Anpassung. Wenn ein Sportler sich an eine Trainingsbelastung gewöhnt, reagiert er auf das Training nicht mehr mit Verbesserung; es kommt zu keiner weiteren Anpassung. Wir wünschen uns eine kontinuierliche und allmähliche Anpassung an die vorgeschriebene Belastung. Dies ist ein wichtiger Grund für das in neuerer Zeit beträchtliche Interesse von Trainern und Sportlern, sich mit erfahrenen Wissenschaftlern zusammenzutun: die Kontrolle von gesundheitlichen Veränderungen, die Quantifizierung des Trainingsfortschritts und die spezifische Identifikation dessen, was im Training getan werden muß, um die Leistung weiter zu verbessern. Eine langfristige periodische Auswertung der Fitneß und Gesundheit, wobei die Sportler als ihre eigenen Kontrollpersonen fungieren, bietet die beste Gelegenheit, die Kunst des Coaching mit der Sportwissenschaft zu einem harmonischen Ganzen zu verbinden.

Veränderungen hinsichtlich der Toleranz von Trainingsbelastungen im Verlaufe der Zeit können sowohl der Sportler als auch der Trainer subjektiv empfinden. Diese Veränderungen können zusammen mit der objektiven Fähigkeit des Athleten, Zeitkontrolläufe oder kleinere Wettkämpfe zu bewältigen, interpretiert werden. In Verbindung damit kann jedoch eine sorgfältige Kontrolle der Leistungsfähigkeit im Labor - wobei solche Faktoren wie Temperatur, Wind, Luftfeuchtigkeit, Bodenverhältnisse und Taktik ausgeklammert werden - eine zusätzliche objektive Bewertung der Veränderungen der Fitneß im Laufe der Zeit ermöglichen. Je länger diese wissenssteigernde Zusammenarbeit erfolgt, desto sicherer können wir hinsichtlich der Ergebnisse sein. Eine sorgfältige Durchsicht der Trainingsbücher vor dem Hintergrund dieses kombinierten Wissens kann zur Entwicklung des besten Plans für das weitere Training, die Wettkampfvorbereitung oder das Rennen selbst führen. Wenn es darum geht, kurz vor einem Rennen noch Hinweise zu geben, soll der Athlet seine Leistungsstärken weiter optimieren und sich am wenigsten auf gering entwickelte Fähigkeiten verlassen. Die letzteren sollen im Zentrum des weiteren Trainings stehen, womit der Feineinstellungsprozeß seine Fortsetzung findet.

Leider haben Athleten und Trainer die Welt der Sportwissenschaft, wenn es um die Verfeinerung von Trainingsstrategien ging, nicht immer als hilfreich erfahren. Zu oft haben Sportler sich in der Vergangenheit sehr bereitwillig mit einer Untersuchung in einem wissenschaftlichen Labor einverstanden erklärt, erhielten jedoch nur ein geringes oder gar kein direktes Feedback bzw. Informationen für ihr Training. Hierfür gibt es mindestens zwei Gründe. Obwohl Wissenschaftler von der erstaunlichen Leistungsfähigkeit von Spitzenathleten und von dem Grad, um den diese Leistungen von der Norm abweichen, fasziniert waren, waren eine große Anzahl der Untersuchungen rein deskriptiv, und ihre praktische Relevanz war nicht auf den ersten Blick ersichtlich. Es ist auch möglich, daß Wissenschaftler, die nicht selbst Trainer oder Sportler sind, die Notwendigkeit der Suche nach einer derartigen praktischen Anwendung der Labordaten auf die Trainingsmethodologie unterschätzen.

Ein zweiter Grund ist, daß ziemlich oft die Entdeckung von Informationen über die Funktion physiologischer Prozesse schlicht das bestätigen, was die Sportler ohnehin bereits selbst erfahren haben. Ein Marathonläufer, der Schwierigkeiten mit schnellen Trainingseinheiten hat und der über kürzere Distanzen nie sehr gut war, wird wenig Neues aus einer Muskelbiopsie erfahren, die ihm sagt, daß er hinsichtlich der Biochemie seiner Muskelfasern eher für Ausdauer- als für Schnelligkeitsleistungen prädestiniert ist. Diese neue Information hilft ihm für sich gesehen wenig bei der Verbesserung seiner Trainingseffektivität. Unserer Ansicht nach sollte der Schwerpunkt von Untersuchungen mit Spitzensportlern, deren Karrieren einzig und alleine von der Qualität ihrer Wettkampfleistungen abhängen, auf den Erwerb spezifischen und praktischen Wissens gerichtet sein, das, wenn es richtig in ihr Training und in ihre Lebensführung integriert wird, dazu beitragen kann, daß sie eine exzellente Gesundheit beibehalten und/oder ihre Fitneß verbessern. In diesem Bereich ist ein beträchtlicher Fortschritt zu verzeichnen.

Drei Arten von Informationen wurden als nützlich identifiziert, wenn es darum geht, Sportlern und Trainern bei der Leistungsverbesserung zu helfen. Zunächst einmal sind Informationen zu nennen, die den Gesundheitszustand der Athleten betreffen. Die Analyse der Blutwerte zur Gesundheitsdiagnose und zur Feststellung des Risikos eines Übertrainings ist ein allgemeines Beispiel, während die im Rahmen der Erstellung eines Blutprofils erfolgte Beobachtung einer stetig abnehmenden Hämoglobinkonzentration und der daraus resultierenden Gefahr einer Anämie ein spezifisches Beispiel darstellt. Ernährungshinweise zur Verbesserung der Nährstoffabsorption und der Wiederauffüllung von Brennstoffspeichern in der Muskulatur sind ein weiteres spezifisches Beispiel. Zweitens sind Informationen hinsichtlich Erkrankungs- und Verletzungsrisiken im Bereich des Muskel- und Skelettapparates von Bedeutung. Ein Beispiel ist die Untersuchung der pulmonalen Funktion von Athleten mit belastungsinduziertem Asthma mit dem Ziel, die

Effektivität verbesserter Medikamente zur Bewältigung und Minimierung der leistungseinschränkenden Auswirkungen dieser Erkrankung zu identifizieren. Drittens ist die Bestimmung spezifischer leistungsbezogener Variablen, die durch Training beeinflußt werden können, zu nennen. Ein Beispiel hierfür könnte die Untersuchung des kardiopulmonalen Systems mittels Laufbandbelastungen sein, um optimale Trainingsgeschwindigkeiten zur Herauszögerung der Milchsäurebildung oder zur Verbesserung der maximalen Sauerstoffaufnahme während des schnellen Laufens zu identifizieren.

Veränderungen spezifischer Variablen alleine sind wahrscheinlich nicht als Ursache-Wirkungs-Prädiktoren der individuellen Wettkampfleistung identifizierbar. Die Summe der interaktiven Effekte aller Trainingsvariablen im Verlaufe der Zeit sowie weitere nichtgemessene Variablen tragen zur Leistung bei. Und am Wettkampftag selbst ist natürlich der innere mentale Antrieb, eine gute Leistung zu erbringen, zu berücksichtigen; dieser wird vermutlich nie exakt quantifizierbar sein. Aber ein gesunder Sportler, dessen Trainingsplan ihn zum exakt richtigen Moment in Topform gebracht hat, hat die besten Chancen, seinen Siegeswillen so mit einer optimalen Fitneß zu verbinden, daß er eine persönliche Bestleistung erbringt. Dieses Buch handelt von der optimalen Entwicklung von Mittel- und Langstreckenläufern durch Gesundheitsfürsorge und Trainingsanpassungen.

Literaturhinweise

Dick, F. (1983). Value judgements and the coach. Track & Field Quarterly Review, 83 (3), 6-9.

Flexner, S.B. & Hauck, L.C. (1987). The Random House dictionary of the English Language (2nd ed.). New York: Random House.

Katch, V. (1986). The burden of disproof* ... Medicine and Science in Sports and Exercise, 18, 593-595.

Mansion, J.E. (1968). Heath's standard French and English dictionary. Boston: D.C. Heath.

Kapitel 1

Die Verbindung von Bewegung und Stoffwechsel

Wo Leben ist, ist auch Bewegung. Beim Gehen und Laufen handelt es sich um komplizierte motorische Fertigkeiten, die sich im Laufe der Zeit durch Übung verbessern lassen. Gehen und Laufen sind die uns allen vertrautesten Bewegungsformen. Der Lauf wird häufig als die älteste Sportart der Menschen bezeichnet - ein einfacher Test der Fähigkeit, sich schnell von einem Punkt zum anderen zu bewegen. Das olympische Motto *Citius, Altius, Fortius* bedeutet wörtlich „schneller, höher, mutiger", obwohl „schneller, höher, stärker" allgemein eher akzeptiert zu sein scheint. Seit der Zeit der alten Griechen ist das schnelle und lange Laufen sehr populär.

Der Wunsch herauszufinden, was man tun muß, um schneller oder länger laufen zu können, ist im Grunde so alt wie unsere Bereitschaft, uns mehr anzustrengen. Talentierte Sportler sind häufig hochmotiviert, sogar so sehr, daß ihr Enthusiasmus eher gebremst als weiter gesteigert werden muß. Laufen ist eine neuromuskuläre Fertigkeit, die unter Berücksichtigung biomechanischer Gesetzmäßigkeiten durchgeführt wird und die auf die durch den Stoffwechsel bereitgestellte Energie angewiesen ist. Übung - so wird häufig gesagt - macht den Meister. Wenn uneffektive Bewegungsmuster durch monatelanges Üben, das wir Training nennen, aus dem natürlichen Stil eines Läufers ausgemerzt werden, verbessert sich die Bewegungsökonomie. Hierdurch wird es dem Läufer möglich, schneller oder ausdauernder zu laufen. Aber nicht nur Übung macht den Meister. Wesentlich ist, daß man weiß, wie man trainieren soll; man muß über einen effektiven Plan verfügen, der auf Basis optimaler Informationen über die zu Verbesserungen führenden Belastungen erstellt wurde. Das Wissen über die Ergebnisse dieses Trainings kann dann ein wichtiges Feedback liefern, welches zu einer noch effektiveren Aktivität führt. Eine übermäßige Motivation, zu trainieren und sich zu verbessern, kann die Fähigkeit des Körpers, die benötigte Energie bereitzustellen, überfordern und die Wahrscheinlichkeit von Ermüdung, Übersäuerung und Verletzungen erhöhen. Motivation, Bewegung und Stoffwechsel sind also abhängig voneinander.

Wenn sich im Laufe der Zeit trainingsbedingte Leistungsverbesserungen einstellen, versuchen Läufer erfahrungsgemäß alle Informationen zu erhalten, die diese Entwicklung fördern könnten. Auch Trainer suchen ständig nach Antworten auf Fragen, von denen sie sich zusätzliches Wissen erhoffen, um ihren Athleten zu helfen, den entscheidenden Vorsprung vor ihren Konkurrenten zu gewinnen. Wie erwirbt man die Fertigkeit Laufen? Wie wirken das Nervensystem und der Bewegungsapparat zusammen, so daß Laufen möglich wird? Kann man den Stil eines Läufers verbessern, und würde dies die Wettkampfleistung verbessern? Wie lassen sich Laufverletzungen vermeiden? Was passiert während des Trainingsprozesses, das dazu führt, daß Muskeln ermüdungsresistenter werden? Hängen diese Veränderungen ausschließlich mit dem neuromuskulären System zusammen, oder wirkt das kardiovaskuläre System hier mit? Da Bewegungen auf Energie angewiesen sind, stellt sich die Frage, wie die vielen verfügbaren Brennstoffe in Energie umgewandelt werden. Wie wird diese Energie gespeichert und schließlich für die Muskelarbeit bereitgestellt? Wie kann dieses Wissen von Sportlern und Trainern praktisch umgesetzt werden, so daß die bestmöglichen physiologischen Bedingungen geschaffen werden können, um eine Anpassung an die verschiedenen, im Laufe einer Saison geplanten Trainingsbelastungen und die Wettkämpfe zu erreichen?

Es ist nicht einfach, all diese Fragen zu beantworten, aber wir werden es versuchen. Beginnen wir damit, daß wir einige der grundlegenden Konzepte der Bewegung und der Fertigkeitsentwicklung im Laufen zusammenfassen. Dies ist ein wichtiger Teil der Wissenschaftsdisziplin Kinesiologie. Im Anschluß daran werden einige mechanische Prinzipien, die das Laufen steuern, behandelt. Dies gehört in den Aufgabenbereich der sich zügig entwickelnden Wissenschaftsdisziplin Sport-Biomechanik. Diese Überlegungen sind eine gute Basis zur näheren Betrachtung unserer Arbeitsmuskulatur, nicht nur hinsichtlich ihrer Rolle für die Bewegung, sondern auch unter dem Gesichtspunkt, wie sie Energie bereitstellen, so daß Wettkampfleistungen im Bereich der Mittel- und Langstrecken möglich werden.

Eine Einführung in die Kinesiologie: Das Studium der Bewegung

Kinesiologie ist die Wissenschaft von der menschlichen Bewegung. Sie macht sich relevante Prinzipien solcher Disziplinen wie Anatomie, Physiologie und Physik zunutze und wendet sie auf das Verständnis der menschlichen Bewegung an. Unser besonderes Interesse richtet sich auf das Verständnis der Bewegungsmuster, die das Laufen ermöglichen. Jede Struktur, die zu derartigen Körperbewegungen beiträgt, gehorcht biomechanischen und physiologischen Gesetzmäßigkeiten. Das Verständnis dieser Gesetzmäßigkeiten hilft uns, den Plan zu identifizieren, der Läufern am ehesten ermöglicht, in ihrem Sport bessere Leistungen zu erzielen. Laufen ist eine menschliche Grundbewegung und wird sehr früh im Leben erlernt. Eine verbesserte Bewegungstechnik trägt in Kombination mit den Vorteilen des Trainings zur Leistungsverbesserung bei. Somit erreichen Läufer, wenn sie erst einmal das High-School-, College- oder Post-College-Alter erreicht haben, Leistungsverbesserungen primär über eine Steigerung ihrer Fitneß.

Terminologie und Konzepte

Bewegung ist eine Positionsveränderung von Körpersegmenten. Ein **komplexeres Bewegungsmuster** stellt daher eine Bewegungssequenz in einer besonderen räumlich-zeitlichen Beziehung dar. Laufen ist ein spezifisch strukturiertes Bewegungsmuster. Manchmal werden die Begriffe „motorische Aktivität" oder „motorisches Muster" für Bewegungsmuster verwandt. Eine **motorische Fertigkeit** ist als Gruppe einfacher, natürlicher Bewegungen definiert, die so kombiniert werden, daß ein vorherbestimmtes Ziel erreicht wird. Drei primäre Anforderungen werden an die muskuläre Leistung gestellt, wenn es darum geht, eine motorische Fertigkeit zu erlernen: Kraft, Ausdauer und Schnelligkeit. Koordination verbindet diese drei Faktoren dergestalt, daß fließend ausgeführte Bewegungen ermöglicht werden (Henatsch & Langer, 1985).

Grundlegende motorische Fertigkeiten sind die Basis für die Entwicklung fortgeschrittener und spezialisierter motorischer Aktivitäten. Unter **grundlegenden motorischen Mustern** versteht man daher die allgemeinen Bewegungssequenzen, die erforderlich sind, um eine grundlegende Fertigkeit auszuführen. Ein kleines Kind, das gerade anfängt, einige Schritte zu laufen, hat die für das Laufen notwendigen grundlegenden motorischen Muster erworben. Im Laufe der Zeit und mit der Übung wird es zu einer beträchtlichen Verbesserung kommen. Diese Verfeinerung zeichnet sich durch verschiedene Merkmale aus, die das entwicklungsbezogene motorische Muster ausmachen. Obwohl dieser in der Entwicklung befindliche Läufer noch längst nicht das Niveau erreicht hat, das er im Laufe der Zeit erreichen wird, ist die Steigerung im Vergleich zum grundlegenden motorischen Muster doch schon beträchtlich. Motorische Fertigkeiten werden also erlernt. Angeborene, natürliche (unkonditionierte) Reaktionen werden schließlich so modifiziert, daß sie auch durch nichtnatürliche (konditionierte) Reize in neuen Kombinationen und Sequenzen ausgelöst werden. Dies geschieht, weil die Plastizität des Nervensystems im Laufe der Zeit und mit zunehmender Wiederholungsanzahl eine Reinterpretation (und hoffentlich auch eine Verfeinerung) des nervösen Inputs erlaubt.

Wenn Laufanfänger aufgefordert werden, auf einer 400-m-Bahn Runden in einer bestimmten Zeit zu laufen, zeigen sie typischerweise erhebliche Temposchwankungen von Runde zu Runde. Wenn der Läufer z.B. aufgefordert wird, sechs Runden lang ein Rundentempo von 75 Sekunden beizubehalten, wobei die Pausen zwischen den einzelnen Runden eine halbe Minute lang sind, sind Variationen von zwei bis drei Sekunden von Runde zu Runde häufig. Dies ist bei einem erfahrenen Mittel- oder Langstreckler nicht der Fall. Er hat nach Jahren guten Coachings eine derartige Konstanz erreicht, daß er unabhängig vom Wetter oder von zunehmender Ermüdung über Laufstrecken von 200 bis 800 m allenfalls Schwankungen von einigen Zehntelsekunden aufweist.

Eine **sportliche Fertigkeit** ist eine grundlegende Fertigkeit, die so verfeinert und spezialisiert wurde, daß die Ausübung eines speziellen Sports möglich ist. Während also die einfache Handlung des Laufens eine grundlegende Fertigkeit ist, handelt es sich beim leistungsorientierten Laufen um eine sportliche Fertigkeit. Das Konzept der Form oder des Stils bezieht sich auf den visuellen Effekt, der durch motorische

Muster hervorgerufen wird. Wenn der visuelle Eindruck fließend und effizient ist, dann dürfte gute Form (guter Stil) zumindest in gewissem Maße mit einer verbesserten Fertigkeit gleichgesetzt werden. Schließlich beschreibt Leistung eine quantifizierte motorische Aktivität. Eine **sportliche Leistung** ist folglich eine spezialisierte sportliche Fertigkeit, die quantifiziert wurde, typischerweise mit der Absicht, motorische Muster bestmöglich umzusetzen.

Fähigkeit versus Kapazität

In allen Aktivitäten - sportlicher, künstlerischer oder literarischer Art - zeigen Personen, die sich einem intensiven Training unterzogen haben, charakteristischerweise ein breites Fähigkeitsspektrum. Die Folgerung ist, daß sie mit unterschiedlichen Lernkapazitäten begonnen haben müssen. *Kapazität* ist gleichbedeutend mit Bereitschaft zum Einsatz, während *Fähigkeiten* Training voraussetzen. Es ist gut möglich, daß jedes Individuum sich durch eine allgemeine motorische Kapazität auszeichnet, die mit seiner allgemeinen intellektuellen Kapazität vergleichbar ist. Während es sich bei der Kapazität um einen Zustand handelt, kann eine Fähigkeit beobachtet und gemessen werden. Eine Fähigkeit ist stets das Ergebnis von Training, und die Ausbildung einer Fähigkeit hängt von der Quantität dieses Trainings ab. Der häufig zu hörende Ausdruck „angeborene Fähigkeit" bezieht sich eigentlich auf die Kapazität.

Die Kapazität des Gehirns, neue motorische Muster zu erzeugen, scheint nahezu unbegrenzt zu sein. Die Einbeziehung neu eintreffender sensorischer Informationen führt zu weiterer perzeptiver und kognitiver Integration, die ihrerseits wieder progressiv mehr effektive motorische Reaktionen erlaubt. Wir können nicht nur Bewegungen in den Bildern unseres Denkens erzeugen, wir können sie auch auf diese Weise verbessern. Diese mentale Assimilation kommt vom Training. Es gibt keinen Ersatz für ein richtiges Training, wenn Bewegungsmuster sich optimal entwickeln sollen. Das Ausmaß der Leistungsverbesserung ist bei den Sportlern am größten, deren Trainingsprogramme nicht nur sehr intensiv, sondern auch im Hinblick auf die zu entwickelnden sportlichen Fertigkeiten äußerst spezifisch waren. Die Schlüssel sind also Training, Coaching und Spezifität.

Offensichtlich setzt der Erwerb menschlicher Fertigkeiten nicht nur körperliche Fähigkeiten voraus, sondern auch die Realisierung klarer Ziele und Zielsetzungen. Bei den letzteren wird jeweils auf historische, soziale, kulturelle und wissenschaftliche Vorläufer zurückgegriffen. So fallen in der Entwicklung befindlichen Sportlern die herausragenden Leistungen ehemaliger Sportler auf (z.B. des Olympiasiegers Jesse Owens), sie identifizieren sich mit einer bestimmten Disziplin (z.B. dem Kurzsprint), und sie entwickeln den Wunsch nach herausragenden Leistungen (z.B. eines Tages an den Olympischen Spielen teilzunehmen). Dies ist die Grundlage ihrer Motivation und Zielsetzung im Hinblick auf das Erreichen großer Leistungen (durch die Zusammenarbeit mit Trainern, die ihre Kompetenz bewiesen haben).

Entwicklung von Bewegungsfertigkeiten

Sowohl Training als auch Technik sind wichtig, wenn es um die Steigerung des sportlichen Fertigkeitsniveaus geht. Der menschliche Körper ist eine sich selbst optimierende Maschine. Er paßt sich allmählich an eine bestimmte Bewegungsaufgabe an, indem sich die Effizienz, mit der die Bewegung ausgeführt wird, verbessert. Dies ermöglicht das Setzen einer noch größeren Herausforderung mit einer schließlichen Anpassung auch an diese. Die körperliche Grenzleistung ist erreicht, wenn eine weitere Anpassung nicht möglich ist. Beim Erreichen dieser Grenzleistung handelt es sich im wesentlichen um das Ergebnis eines Gleichgewichts zwischen natürlichen Fähigkeiten (sowohl körperlicher als auch mentaler Art) und richtigem Training. Der Trainingsaspekt drückt sich in den biochemischen und physiologischen Anpassungen aus, die innerhalb der Zellen stattfinden, während sich der Fertigkeitsaspekt in einer verbesserten Effizienz des Bewegungsmusters ausdrückt; visuell nehmen wir einen verbesserten Laufstil wahr.

Zumindest fünf Charakteristika lassen sich beobachten, wenn ein guter Sportler seinen Energieverbrauch optimiert, um auf diese Weise Leistungen höchster Qualität zu erbringen:

1. Gleichgewicht und Koordination sind verbessert, wodurch die haltungsorientierte Arbeit des Körpers reduziert wird.
2. Unnötige und übertriebene Bewegungen werden eliminiert.
3. Notwendige Bewegungen werden verfeinert, um sicherzustellen, daß sie korrekt ausgerichtet erfolgen und optimal schnell sind, um den Verlust kinetischer Energie zu minimieren.
4. Die für die Bewegung wichtigsten Muskeln (die **primären Bewegungsmuskeln**) werden effektiver eingesetzt. Dazu gehört die optimale Koordination der **Agonisten** (die für die Erzeugung von Bewegung verantwortlichen Muskeln), **Antagonisten** (die sich entgegengesetzt bewegenden Muskeln, die entweder entspannt sind oder die in die Bewegung einbezogenen Gelenke stabilisieren, wenn die Agonisten aktiv sind) und der **Synergisten** (die Muskeln, die die primären Bewegungsmuskeln unterstützen). Das Endergebnis ist, daß zur Initiierung der Bewegung nur eine minimale Energie erzeugt wird, der zu überwindende Widerstand ebenfalls minimal ist, und daß es auch nur einer minimalen Kraft bedarf, die Bewegung zu beenden oder ihre Richtung zu ändern.
5. Kontinuierlich kontrollierte Bewegungen werden allmählich durch sogenannte ballistische Schläge ersetzt. Dieses letzte Merkmal bedarf der weiteren Erklärung.

Aus praktischen Gründen ist der begrenzende Faktor hinsichtlich der Bewegungsgeschwindigkeit - egal ob das Klopfen eines Fingers oder der Lauf eine Straße entlang - die Frequenz der an der Bewegung beteiligten Körperteile; dies wird als ihre Resonanz bezeichnet. Eine reziproke Bewegung wie das Laufen ist im Grunde eine Serie ballistischer Schläge. Ein **ballistischer Schlag** kann hier als einzige Schwingung eines sich bewegenden Pendels aufgefaßt werden, welches hier durch den Arm oder das Bein repräsentiert wird. Bewegung wird in Gang gesetzt durch die plötzliche Erzeugung von Spannung in sich verkürzenden Muskeln, bis die Beschleunigung abgeschlossen ist. Dann bewegt sich die betreffende Extremität aufgrund ihres eigenen Impulses. Wenn Bewegungsmuster erlernt werden, ist die Schlaggeschwindigkeit aufgrund von Unsicherheit niedrig, und über einen großen Bereich des Bewegungsumfangs wird Spannung erzeugt. Mit Erlernen einer Fertigkeit nimmt die Bewegungsgeschwindigkeit zu. Im Verlauf dieses Prozesses findet eine allmähliche Verlagerung von übermäßiger Muskelaktivität, die den gesamten Bewegungsumfang kennzeichnet, hin zu kurzdauernden ballistischen Explosionen statt, die eine Gliedmaßenbeschleunigung auslösen, deren Richtung und Umfang exakt ausreichen, um die Bewegung zu vollenden.

Auf eine der Beschleunigung entsprechende Weise findet eine bremsende Aktion aufgrund von Spannungserzeugung in den antagonistischen Muskeln ausreichend lange statt, um die Bewegung umzukehren und einen ballistischen Schlag in die entgegengesetzte Richtung einzuleiten. Die Resonanz limitiert also die Laufgeschwindigkeit durch eine Begrenzung der Schrittlänge. Wenn die optimale Frequenz einmal erreicht ist, wird die Geschwindigkeit über eine Verlängerung der Schrittlänge gesteigert. Diese Fähigkeit basiert auf der Muskelkraft, die im Verlaufe der Zeit durch ein korrektes Training ausgebildet wird.

Diese Konzepte können uns helfen, die Entwicklungsprozesse zu verstehen, die stattfinden, wenn ein Läufer sich vom Anfangs- zum Elitestadium entwickelt. Ein guttrainierter Läufer bringt z.B. den Oberschenkel seines Schwungbeins mit einer Geschwindigkeit nach vorne, die näher an der durch die Resonanz erlaubten Maximalgeschwindigkeit liegt, und sein Schritt ist möglicherweise einige Zentimeter länger, als dies bei einem Laufanfänger der Fall ist, der über ein ähnliches Verhältnis zwischen Beinlänge und Körperhöhe verfügt. Die gesteigerte Geschwindigkeit verlangt eine intensivere Spannungserzeugung in den agonistischen Muskeln, und der längere Schritt erfordert eine größere Entspannung der Antagonisten, um den größeren Bewegungsumfang zu bewältigen. Sind z.B. die Quadrizeps-Muskeln die Agonisten, die beim Laufen den nach vorne gerichteten Stoß erzeugen, dann sind die Muskeln der Oberschenkelrückseite (ischiocrurale Muskeln) die Antagonisten. Eine wenig bewegliche ischiocrurale Muskulatur kann daher die Beibehaltung eines effizienten Schrittes bei höheren Laufintensitäten begrenzen, oder es kann zu Verletzungen in diesem Bereich kommen, wenn die viel stärkere Quadrizeps-Gruppe die ischiocruralen Muskeln über Gebühr dehnt. Daher ist ein optimales Verhältnis zwischen Muskelkraft, Muskellänge und dem Umfang der Gelenkbewegung wichtig, um eine verletzungsfreie Leistungssteigerung zu erreichen. Wir schlagen daher in Ergänzung eines Trainingsplans, der vielfältige Laufmuster enthält, um eine spezifische Entwicklung zu erreichen (siehe Kapitel 3), ebenfalls einen Plan vor, der diese anderen, eher allgemeinen Fitneßaspekte entwickelt (dies wird in der Regel als ein den gesamten Körper ausbildendes Konditionstraining bezeichnet; siehe Kapitel 4).

Gehirninitiierung und Bewegungsausführung

Viele Regionen des Gehirns und des Rückenmarks interagieren sozusagen als Team. Sie schaffen die Basis und initiieren funktionelle und effiziente Bewegungen. Die Großhirnrinde, als Sitz des willkürlichen Denkens, ist nur eine der Regionen des Gehirns, die für die Bewegungssteuerung verantwortlich sind. Viele andere Regionen des Gehirns und des Rückenmarks sind ebenfalls für die Bewegungserzeugung verantwortlich und interagieren mit der Großhirnrinde. Diese Zusammenhänge voll und ganz zu verstehen, könnte eine Aufgabe für Studenten der Neuroanatomie und Neurophysiologie sein. An dieser Stelle können wir nur kurz einige der wichtigeren Konzepte diskutieren, die die Grundlage für ein besseres Verständnis des Laufens als einer bestimmten Bewegungsform und für die Organisation dieser Bewegung bilden können.

Es ist nützlich, Bewegung als ein Phänomen zu sehen, das in direktem Konflikt mit der Körperhaltung steht. Bewegungen bewirken im Laufe bestimmter Zeitspannen variable Veränderungen der Positionen der Körperteile. Bei der Körperhaltung ist es genau umgekehrt: Die Körperhaltung ist etwas Fixiertes. Um diesen Konflikt zu lösen, schlug der bekannte Neurophysiologe Denny-Brown vor, Bewegungen schlicht als eine Serie von Körperhaltungen aufzufassen. In Abbildung 1.1 demonstrieren von links nach rechts drei 800-m-Läufer (Seb Coe und

Abbildung 1.1: Drei von vielen Körperhaltungen, die während einer Laufsequenz eingenommen werden. Zu sehen sind hier von links nach rechts: Sebastian Coe (GBR - Nr. 1), Steve Cram (GBR - Nr. 3) und Ryszard Ostrowski (POL - Nr. 2). Coes rechtes Bein befindet sich in der Mittelstützphase, Crams linkes Bein befindet sich in der Schwungphase, und Ostrowskis linkes Bein befindet sich in Fußsenkphase des Laufzyklus.

Steve Cram [Großbritannien] sowie Ryszard Ostrowski [Polen]) das, was wir später als die Mittelstützphase, Schwungphase und die Fußsenkphase des Laufzyklus beschreiben werden. Im Moment ist es allerdings für uns von Interesse zu verstehen, welche Strukturen des Zentralen Nervensystems interagieren, um diese sehr schnellen sequentiellen Wechsel der Körperhaltung, die wir Lauf nennen, zu initiieren und zu ermöglichen.

Die Formatio reticularis im Gehirnstamm (Abbildung 1.2) spielt eine der grundlegendsten Rollen. Es handelt sich hierbei um den ältesten Teil des Gehirns, der für die drei wichtigsten Anforderungen an die Aufrechterhaltung der Körperhaltung verantwortlich ist:

1. Abstützen gegen die Schwerkraft
2. Raumorientierung
3. Gleichgewicht

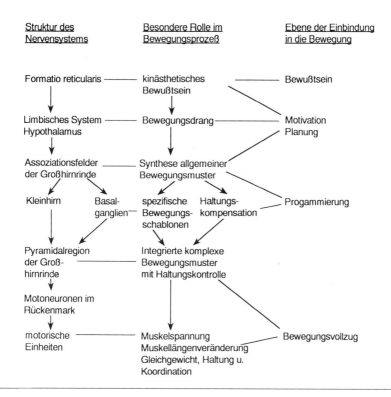

Abbildung 1.2: Diagramm der an Willkürbewegungen beteiligten anatomischen Strukturen und neurologischen Prozesse

Signale aus mehreren sensorischen Systemen werden herangezogen, um diesen Anforderungen zu genügen. Das visuelle System ist hiervon vielleicht das bekannteste, denn es ermöglicht eine visuelle Orientierung im Raum. Das vestibuläre System im Innenohr liefert Informationen über die Position des Schwerpunkts sowie über Änderungen der Beschleunigung oder Bremsmanöver. *Neuromuskuläre Spindeln,* die auf alle Skelettmuskelfasern verteilt sind, messen die statische wie auch die dynamische Muskellänge. *Golgi-Sehnenorgane* sind auf das Messen von Spannungs- oder Kraftveränderungen der Skelettmuskeln spezialisiert. Diese unterschiedlichen Rezeptoren werden oft als *Propriozeptoren* zusammengefaßt. Das lateinische Präfix *proprio* bezieht sich auf das „eigene". Propriozeptoren messen also die Lage des eigenen Körpers im Raum. Die Informationen all dieser Systeme werden entweder über Gehirnnervenbahnen oder Rückenmarksbahnen zur Formatio reticularis gesandt.

Beim Kleinhirn handelt es sich ebenfalls um einen ziemlich primitiven Gehirnbereich. Seine Wirkungsweise ist vergleichbar der eines Computers, der ankommende Informationen der unterschiedlichsten Art - willkürliche, unwillkürliche und Reflexinformationen - verarbeitet. Das Kleinhirn interagiert sowohl mit der Formatio reticularis als auch mit der Großhirnrinde, um sicherzustellen, daß willkürliche Befehle zur Ausführung von Bewegungssequenzen zum effektivsten und bestkoordiniertesten Ergebnis führen, wobei gleichzeitig eine geeignete Körperhaltung beibehalten wird.

Die die Bewegungen auslösenden Signale entspringen in Regionen, die unmittelbar unterhalb der Großhirnrinde liegen, hauptsächlich im limbischen System und im Hypothalamus. Hier entstehen Bewegungsmotivation und -trieb. Stimuli aus diesen Bereichen schicken dann Signale zu Regionen der Großhirnrinde, die als Assoziationsfelder bekannt sind, und in diesem Moment wird die Synthese von Bewegungsmustern geschaffen. Signale von den Assoziationsfeldern werden dann zu zwei Regionen geschickt. Die ans Kleinhirn gerichteten Signale führen zu Bewegungsmustern, die ballistische Schläge und eine große Präzision zur Folge haben. Zu den Basalganglien unmittelbar unterhalb der Großhirnrinde geschickte Signale schaffen Bewegungsschablonen mit der Absicht der Haltungskompensation zu Beginn der Bewegung. Sowohl die Basalganglien als auch das Kleinhirn schicken ihre integrierten Bewegungsmustersignale zurück zur Großhirnrinde, insbesondere zu ihrer motorischen oder Pyramidalregion (die so genannt wird, weil viele ihrer großen Zellkörper kleinen Pyramiden ähneln).

Sodann werden auslösende Signale von der Großhirnrinde durch das Rückenmark an die verschiedenen Muskeln geschickt, die nicht nur an der Ermöglichung der Bewegung, sondern auch an der Aufrechterhaltung der Körperhaltung beteiligt sind. Wenn die Bewegung beginnt und sich die Körperhaltung verändert, spiegelt sich dies natürlich bis ins kleinste Detail in den Aktionen der Propriozeptoren wider. Derartige einkommende Informationen werden benutzt, um dem Gehirn zu helfen zu bestimmen, wie groß der willkürliche Output sein muß, um effiziente und effektive Bewegungen zu ermöglichen. In Abbildung 1.2 werden diese verschiedenen Ebenen der Organisation und Prozesse, die willkürliche Bewegungen erlauben, vorgestellt.

Die Notwendigkeit des Trainings im Rahmen des Fertigkeitserwerbs

Erfolge im Sport sind im Grunde das Produkt von Testfähigkeiten (wie gut man entweder einen Wettkampf, einen Zeitkontrollauf oder eine Trainingseinheit absolviert), multipliziert mit dem Fertigkeitsniveau. Für beides ist Motivation erforderlich, die allerdings besonders wichtig für die Entwicklung der Beharrlichkeit ist, ohne die das zur Verbesserung des Fertigkeitsniveaus notwendige Training und Üben unmöglich ist. Für Erfolge sind grundsätzlich erforderlich:

- gute Fähigkeiten für die betreffende Aktivität,
- eine das Training unterstützende hohe Motivation und eine förderliche Umgebung,
- der effektive Einsatz erlernter Fertigkeiten in einer Testsituation.

Beobachten und Denken reichen alleine für den Fertigkeitserwerb nicht aus. Im Sport wie auch in der Kunst geht der Beherrschung einer Aufgabe eine lange Trainings- und Übungsphase voraus. Die persönliche Geschichte eines jeden Spitzenathleten belegt die bestimmende Rolle, die einem intensiven und hingebungsvollen Training zukommt. Ausdauerndes Üben präzise gestalteter Bewegungssequenzen führt zu einer höheren Ebene der Kontrolle, Differenzierung und Präzision von Bewegungsmustern, die sich der integrativen Kontrolle des Untrainierten entziehen. Neben der grundlegenden neuromotorischen Fertigkeit bedarf es auch der kognitiven Qualitäten der Bewußtheit und des Urteilsvermögens, um herausragende Leistungen zu bringen.

Das letztliche Ziel des motorischen Lernens ist die Entwicklung der Fähigkeit, eine Leistung zu erbringen mit einem minimalen bewußten Nachdenken darüber, wie exakt die betreffende Leistung erbracht wird. Das häufige Üben einer komplexen Fertigkeit trägt zur Automatisation dieser Fertigkeit bei, und der sich steigernde Bewegungsfluß führt zur Reduzierung der Fehlerhäufigkeit. Die Ausführung aller schnellen Bewegungen hängt entscheidend vom Timing ab, d.h. der Anspannung und Entspannung einzelner Muskeln in genau geplanter Folge. Die Fähigkeit, derartige Bewegungssequenzen im Gehirn zu speichern, unterscheidet sich von Mensch zu Mensch. Eine beträchtliche Zeit wird mit dem Üben verbracht, das für die Entwicklung der eigenen Leistungsmöglichkeiten innerhalb des komplexen neurologischen Rahmens, der Bewegungsmuster unter Berücksichtigung des posturalen Gleichgewichts erlaubt, notwendig ist. Wenn Bewegungsmuster einmal erlernt wurden, dann muß die Aufmerksamkeit nur von den Elementen der Aufgabe zu den auslösenden Signalen verlagert werden, um eine fertigkeitsorientierte Kompetenz zu erreichen. So wird dem Werfer im Kricket z.B. beigebracht, seine Grundstellung einzunehmen und sich dann auf die Stäbe statt auf den Ball oder seine Körperhaltung hinter der Foullinie zu konzentrieren. Tennisspielern wird beigebracht, nicht auf ihren Schläger oder ihre Arme zu achten, sondern auf den heranfliegenden Ball, der entweder zurückgeschlagen oder aufgeschlagen werden muß.

Weiter oben wurde erwähnt, daß Läufer mehr Fitneß als Technik brauchen, weil Laufen keine technikorientierte Fertigkeit ist.

Läufer wählen in einem Rennen automatisch eine Schrittlänge, eine Schritt- und Atemfrequenz, die ihrem Einsatz und ihrer Laufgeschwindigkeit entsprechen. Daher ist es ihnen möglich, sich mit anderen Aspekten eher kognitiv auseinanderzusetzen, z.B. mit der Einschätzung ihrer subjektiven Belastung und wie diese sich im Vergleich zu der Belastung der sie umgebenden Läufer verhält (Hören auf das Atemmuster der Konkurrenten, Beobachtung ihres Gesichtsausdrucks etc.), und mit der Auswahl der Taktik, die geeignet scheint, die Rennposition zu verbessern. Ist diese automatisch gewählte Kombination der Schrittlänge und Schrittfrequenz tatsächlich immer die effizienteste im Hinblick auf den Energieaufwand? Um diese Frage zu beantworten, ist ein größeres Verständnis biomechanischer Aspekte des Laufens notwendig.

Biomechanik des Laufens

Erfolgreiche Mittel- und Langstreckler verbessern sich stetig mit dem Training und erfahren nur minimale Rückschläge aufgrund struktureller Verletzungen im Bereich der Knochen, Sehnen, Muskeln und Gelenke. Mehr Training kann die Fitneß und damit die Leistungsfähigkeit verbessern, allerdings nur innerhalb bestimmter Grenzen. Wichtig ist, daß diese Grenzen identifiziert werden, bevor der Läufer direkt mit ihnen konfrontiert wird. Die großen Trainingsumfänge, die erforderlich sind, um die Fitneß zu verbessern, führen zu einer enormen Auftreffbelastung der Füße und Beine.

Anhand eines Beispiel lassen sich die Ausmaße dieses Problems veranschaulichen. Nehmen wir an, ein Laufzyklus besteht aus zwei Schritten; das heißt, Beginn und Ende sind dadurch gekennzeichnet, daß ein und derselbe Fuß den Boden berührt (Mann, 1982). (Einige Wissenschaftler ersetzen Zyklus durch Schritt [Cavanagh & Kram, 1990].) Wenn man von einer Schrittlänge von 60 Inch (in) bzw. 5 Fuß (ft) (etwa 1,50 m) bei einem Tempo von etwa 6:30/Meile (etwa 4:02 min/km), wobei bei jedem Auftreffen eines Fußes das Zweifache des Körpergewichts getragen werden muß, ausgeht, dann bedeutet ein Lauf über 10 Meilen (mi; etwa 16 km) für einen etwa 130 Pound (lb; etwa 59 kg) schweren Läufer, daß dieser 5.280 Fußlandungen mit einer auf jedem Fuß lastenden Gesamtkraft von 343 amerik. Short Tons (ton; etwa 311,4 Tonnen) aushalten muß. Die folgende Rechnung macht dies deutlich:

$$(1 \text{ Schritt}/5 \text{ ft} \times 5.280 \text{ ft/mi} \times 10 \text{ mi})/2 = 5.280 \text{ Landungen/Fuß}$$
$$(130 \text{ lb} \times 5.280 \text{ Landungen/Fuß} \times 1 \text{ ton}/2.000 \text{ lb})/2 = 343 \text{ tons} \qquad (1.1)$$

Wenn die Laufgeschwindigkeit zunimmt, nimmt auch die Schrittlänge zu, wodurch sich die Anzahl der Landungen pro Distanzeinheit verringert. Die Auftreffkraft nimmt jedoch auf das 5- bis 6fache des Körpergewichts zu.

Für die Leser, die mit dem metrischen System vertrauter sind, läßt sich dieses Beispiel folgendermaßen umrechnen: Ein 59 kg schwerer Läufer mit einer Schrittlänge von 1,52 m, der einen 16,1 km langen Lauf absolviert, landet mit jedem Fuß 5.296mal, wobei seine Gesamtauftreffkraft 312.467 kg beträgt! Bei einer entsprechenden Berechnung für eine Läuferin müssen eingesetzt werden: 50 kg Körpergewicht und 1,40 m Schrittlänge bei einer Laufgeschwindigkeit von ebenfalls 6:30 min/Meile. Interessierte Leser können dieses Beispiel übungshalber einmal durchrechnen.

Läufer, die nach Perfektion streben, sind nahezu ohne Gewinnchance. Um die Lauffertigkeiten zu verbessern, muß als Training ebenfalls gelaufen werden. Je schwieriger es wird, Rekorde zu brechen, desto mehr Training (sowohl hinsichtlich der Quantität als auch der Qualität) ist erforderlich, um das Leistungsniveau zu erreichen, das für einen derartigen Rekord notwendig ist. Dies trifft sowohl auf persönliche Bestleistungen wie auch auch auf Weltrekorde, olympische Rekorde und Schulrekorde zu. Je höher der Umfang oder die Intensität eines Langstreckentrainings, desto höher sind die Belastung und das Verletzungsrisiko. Wie bereits oben gezeigt, bedeutet selbst ein einziger Lauf eine enorme Belastung für die unteren Gliedmaßen. Nicht sehr extensiv zu trainieren, bedeutet, daß man schlecht darauf vorbereitet ist, gegen die zu laufen, die extensiv trainiert haben, ohne sich (bisher) verletzt zu haben. Im Spitzenbereich ist es für einen 10.000-m-Läufer oder Marathonläufer nicht ungewöhnlich, mehrere Wochen umfassende Ausdauertrainingsblöcke einzuschieben, in denen der Trainingsumfang pro Woche mehr als 161 km beträgt (Kaggestad, 1987). Wenn man die in der Gleichung 1.1 verwendete arithmetische Formel zugrundelegt, würde eine Berechnung der Anzahl der Fußlandungen oder der Landekraft (in lb oder kg) auf eine derartige Woche bezogen nahezu unvorstellbare Werte ergeben. Rechnen Sie nur einmal!

Dieser Konflikt zwischen der Notwendigkeit zu trainieren, um sich zu verbessern, und der Grenzen, die durch die - auf äußere Belastungen zurückzuführenden - inneren Beanspruchungen und daraus resultierenden eventuellen Verletzungen gesetzt werden, hat ein beträchtliches Interesse geweckt zu verstehen, was während eines Laufzyklus geschieht. Man will wissen, wie die Biomechanik verbessert, und wie das schwächste Glied, das einen Läufer angesichts der Gesamtsumme sich wiederholender Beanspruchungen für Verletzungen prädisponiert, identifiziert werden kann. Wenn eine verbesserte Laufmechanik in der Tat die mit den muskulären Kräften beim Laufen assoziierten Energiekosten reduziert, dann müßte die resultierende verbesserte Effizienz den Sauerstoffverbrauch (O_2-Verbrauch) beim Laufen mit einer gegebenen submaximalen Geschwindigkeit reduzieren. Dies würde vermutlich das maximale aufrechtzuerhaltende Tempo erhöhen und damit zu einer Leistungsverbesserung führen. Sportler und Trainer sollten diese grundlegenden Konzepte verstehen, einschließlich der korrekten Terminologie der Biomechanik des Laufens. Sie können dann effektiver mit verschiedenen Experten - Biomechanikern, Fußorthopäden, Orthopäden und anderen Trainern - kommunizieren. Diese Personen können ihnen helfen, optimale Trainingsbedingungen zur Leistungsverbesserung ohne Verletzungsrisiko zu identifizieren.

Die Anwendung biomechanischer Prinzipien auf das Laufen

Wenigstens vier wichtige biomechanische Prinzipien erklären, was während eines Laufzyklus geschieht. Ein Verständnis dieser Prinzipien erlaubt ein besseres Verständnis der Anpassungen, die im Bereich der Gliedmaßen und der Körperhaltung angestrebt werden müssen.

1. Prinzip:

Es muß Kraft eingesetzt werden, um die Geschwindigkeit eines in Bewegung befindlichen Objektes zu verändern.

Bei Menschen dient die Entwickung muskulärer Spannung der Krafterzeugung. Diese Kraft kann dazu dienen, zu starten, zu beschleunigen, abzubremsen, anzuhalten oder die Richtung zu ändern. Ein Läufer verliert z.B. in der Flugphase des Schrittes ein wenig an Geschwindigkeit. Um daher eine Bewegungskontinuität aufrechtzuerhalten, muß im Moment des Beinabdrucks eine entsprechende Kraft erzeugt werden.

2. Prinzip:

Lineare und Winkelbewegungen bedürfen der Integration, um eine optimale Ausführung von Bewegungsmustern zu gewährleisten.

Die unteren Extremitäten funktionieren im Bewegungsbereich ihrer Gelenke durch Beugung und Streckung. Das Becken überträgt das Körpergewicht zu den abwechselnd auf den Boden aufsetzenden Gliedmaßen durch das Hüftgelenk und die Lenden- und Brustwirbelsäule. Während die unteren Extremitäten zwischen Stütz- und Schwungphasen abwechseln, werden Oberschenkelstreckung und -beugung von rotatorischen Bewegungen (zur Vergrößerung der Schrittlänge) sowie von einer Abduktion und Adduktion im Bereich der Hüfte und einer lateralen Beugung und Rotation der Wirbelsäule begleitet. All diese auf verschiedenen Ebenen ablaufenden Bewegungen müssen sich ergänzen und dürfen nicht entgegengerichtet sein.

3. Prinzip:

Je länger ein Hebelarm, desto größer ist die potentielle lineare Geschwindigkeit am Ende des Hebels.

Beim Laufen wird dieses Prinzip umgekehrt genutzt. So werden das Kniegelenk des Schwungbeins sowie die Arme gebeugt, um diese Gliedmaßenhebel zu verkürzen und sie somit unter niedrigerem Energieeinsatz nach vorne zu bringen.

4. Prinzip:

Jede Aktion hat eine Reaktion zur Folge, die der Aktion umfangsmäßig entspricht, aber in entgegengesetzter Richtung verläuft.

Bei jedem Fußaufsatz übt die Landefläche eine der Auftreffkraft entsprechende Gegenkraft aus, die den Läufer nach vorne-oben in eine der Auftreffkraft entgegengesetzte Richtung drückt.

Es gibt natürlich noch weitere biomechanische Prinzipien, die die Arten von Aktivitäten beschreiben, die Läufer im Training ausüben. In Kapitel 4 werden wir einige dieser Prinzipien behandeln, besonders diejenigen, die sich auf die Entwicklung der Hebelkraft beziehen, die bei den vielfältigen Aspekten des Krafttrainings, die zum Gesamtkonditionsprogramm eines Läufers gehören, eine Rolle spielt.

Reihenfolge der Aktivitäten während eines Laufzyklus

Im folgenden wird kurz beschrieben, was geschieht, wenn unsere Gliedmaßen einen Laufzyklus absolvieren. Die relevanten Termini und Konzepte sind Fußspezialisten, Biomechanikern und Orthopäden, die am menschlichen Gang interessiert sind, geläufig, aber sie stellen auch ein Wissen dar, das für Trainer und Sportler wichtig ist. Es gibt einige gute Überblicksbeiträge, die ziemlich exakt beschreiben, was während des Laufens passiert: z.B. Slocum und Bowerman, 1962; Slocum und James, 1968; James und Brubaker, 1972; Mann, Moran und Dougherty, 1986; Adelaar, 1986. Es gibt mehr als ein Begriffsrepertoire zur Identifizierung der vielfältigen Aspekte des Gangzyklus beim Lauf; wir verwenden im folgenden das von Slocum und James.

Sowohl Laufen als auch Gehen sind Grundfertigkeiten, aber sie unterscheiden sich von vielen anderen Fertigkeiten darin, daß das betreffende Bewegungsmuster kontinuierlich ist, d.h. ohne Unterbrechung abläuft. Wir setzen einen Fuß vor den anderen, wobei die Arme sich an beiden Körperseiten synchron, aber gegengleich zu den Beinen bewegen. Wenn sich also das rechte Bein und der linke Arm nach vorne bewegen, bewegen sich das linke Bein und der rechte Arm nach hinten. Sowohl beim Gehen als auch beim Laufen sollte der Oberkörper nur minimal nach vorne gebeugt sein. Dies reduziert die Belastung der Haltemuskeln, die am geringsten beansprucht werden, wenn der größte Anteil des Körpergewichts, der vom Oberkörper und Kopf gebildet wird (60%), sich direkt über dem Punkt des Bodenkontakts befindet.

Das wichtigste Unterscheidungsmerkmal zwischen dem Laufen und Gehen ist die beim Laufen existierende Flugphase. Die Abbildungen 1.3 e, 1.3 f, 1.3 i und 1.3 j illustrieren dies. Sowohl beim Gehen als auch beim Laufen treten zwei Phasen auf: eine Stützphase (oder Standphase) und eine vorwärts gerichtete Erholungsphase (oder Schwungphase). Beim Gehen macht die Stützphase etwa 65% der

Gesamtzykluszeit aus, wobei sich für einen Teil der Zeit beide Füße gleichzeitig auf dem Boden befinden. Beim Laufen findet sich eine stark verkürzte Stützphase (im Extremfall nur 30%), und es fehlt eine Doppelstützphase. Wenn die Stützphase beim Laufen etwa 40% einnimmt, dann macht die freischwebende, nach vorne gerichtete Erholungsphase etwa 60% aus.

Es gibt natürlich auch noch andere Unterschiede, aber die Flugphase ist der auffallendste. Beim Gehen setzt der vordere Fuß mit der Ferse zuerst auf, bevor die Großzehe des anderen Fußes sich abgedrückt hat. Beim Laufen ist dieser Abdruck so stark, daß der Körper in die Luft geschleudert wird; Laufen wird eher zu einer Art Springen. Dies führt zu anderen Unterschieden zwischen dem Laufen und Gehen. Erstens sind beim Laufen die Arme stärker gebeugt, wodurch sich der Armhebel verkürzt und dadurch ein schnellerer Armschwung bei sich erhöhender Schrittfrequenz möglich wird. Im Gegensatz dazu sind die Arme beim Gehen nahezu gestreckt. Zweitens kommt es beim Laufen zu einer ausgeprägteren Vertikalverlagerung des Oberkörpers (der Sprungaspekt) als beim Gehen. Schließlich sind die Hüft-, Knie- und Sprunggelenke beim Laufen aktiver, um die höheren Beanspruchungen auszugleichen. Bei der Landung kommt es beim Läufer aus Gründen der Schockabsorption zu einer schnellen Knie- und Hüftbeugung sowie zu einer Dorsalflexion des Sprunggelenks. Beim Gehen ist eine Plantar- und keine Dorsalflexion des Sprunggelenks zu beobachten.

Der Unterschied zwischen Laufzyklus und Laufschritt wurde bereits erklärt. Die Laufgeschwindigkeit ist das Produkt von Schrittlänge und Schrittfrequenz. Um die Schrittlänge zu messen, ist es besser, von der Spitze des landenden Schuhs aus zu messen statt vom hinteren Rand der Ferse. Während beim Gehen fast immer eine Abrollbewegung von der Ferse zu den Zehen zu beobachten ist, landen einige Läufer nicht auf ihrer Ferse. Die Mehrheit (60%) der talentierten Läufer landet auf ihrem Ballen, eine relativ große Anzahl (30%) landet auf dem mittleren Fußsohlenbereich, und die restlichen 10% landen auf der Ferse (Cavanagh, Pollock & Landa, 1977). Dies ist möglicherweise von Vorteil, denn der Fußballen ist besser als die Ferse in der Lage, Belastungen zu absorbieren.

Die Stützphase des Laufens besteht aus drei unterschiedlichen Subphasen: *Fußaufsatz, mittlere Stützphase* und *Abdruck*. Bei der Vorwärtsbewegung/ Erholungsphase sind ebenfalls drei Subphasen zu unterscheiden: *Streckung, Vorschwung* und *Fußabsenkung*. Die Streckphase und die Phase des Fußabsenkens werden auch Flugphase genannt. Diese unterschiedlichen Phasen sind alle in den Einzelbildern der Abbildung 1.3 dargestellt. Diese Abbildung zeigt die amerikani-

Abbildung 1.3: Bildreihe des Laufzyklus des linken Beins. Zwei Phasen sind zu unterscheiden: die Stützphase (a-c), die 40% des Zyklus ausmacht, und die Vorwärtsbewegung/Erholungsphase (d-j), die 60% ausmacht. Jede Phase setzt sich aus drei Subphasen zusammen. Die Subphasen der Stützphase sind (a) der Fußaufsatz, (b) die mittlere Stützphase und (c) die Abdruckphase. Die Vorwärtsbewegung/ Erholungsphase setzt sich zusammen aus (d) der Streckphase (Flugphase), (e-h) der Vorschwungphase und (i-j) der Phase der Fußabsenkung (Flugphase).

sche 1.500-m-Meisterin von 1986, Lina Sheskey, die hier mit einer Geschwindigkeit von etwa 69 sec/400 m läuft. Unter Bezugnahme auf diese Bildreihe wird im folgenden kurz beschrieben, was geschieht.

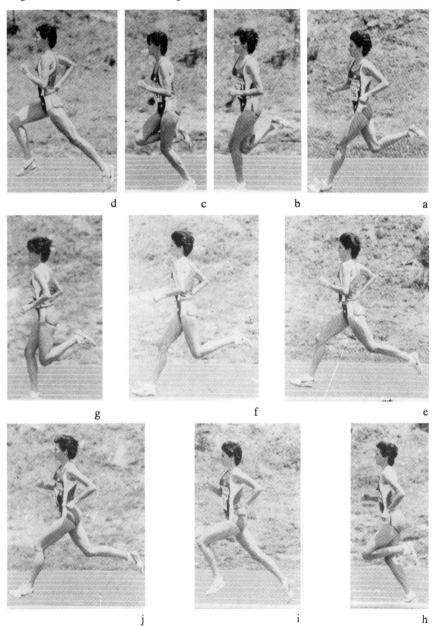

Allerdings müssen an dieser Stelle einige wichtige podiatrische und biomechanische Konzepte eingeführt werden, damit die Beschreibung verständlich wird. Sowohl das Gehen wie auch das Laufen sind integrierte Rotationsserien, die den Körper durch den Raum schleudern. Die sogenannte kinematische Kette, die die Auftreffkräfte bei der Landung und die Abdruckkräfte abfedert, setzt sich in folgender Reihenfolge zusammen aus: der Lendenwirbelsäule, dem Becken, der proximalen unteren Extremität (Femur), der distalen unteren Extremität (Tibia und Fibula), der Ferse (Calcaneus und Talus), dem Mittelfuß (Os naviculare und Os cuboideum) und dem Vorderfuß (Ossa cuneiformia, Ossa metatarsalia und Phalanges pedis). Diese verschiedenen Kettenglieder sind durch Gelenke - Becken (Hüfte und Femur), Knie (Femur und Tibia), Sprunggelenk (Tibia und Talus), Subtalargelenk (Talus und Calcaneus) usw. - über das mittlere Tarsalgelenk und das Tarsometatarsalgelenk bis zu den Gelenken zwischen den Mittelfußknochen und Zehen verbunden.

Muskeln, Sehnen, Bänder, Knochen und Gelenkkapseln arbeiten zusammen, um die Rotations-, Winkel- und Druckkräfte, die bei einem Gangzyklus auftreten, zu kompensieren und zu bewältigen. Die Muskeln sind hier besonders wichtig, da sie Bewegungen initiieren, Knochen stabilisieren und Bewegungskräfte aufgrund plötzlicher Gewichtsbelastungen abbremsen oder dämpfen. Muskelermüdung reduziert diese Schutzfunktion, wodurch sich das Verletzungsrisiko im Bereich der übrigen Gewebe innerhalb der kinetischen Kette erhöht.

Der Körper hat drei Rotationsachsen: eine frontale, eine sagittale und eine transversale. In Relation zum Fuß bedeuten eine Rotation in der Frontalebene Inversion und Eversion, in der sagittalen Ebene Dorsalflexion und Plantarflexion und in der Transversalebene Abduktion (externe Rotation) und Adduktion (interne Rotation). Die Fußmechanik wird dadurch verkompliziert, daß das Sprung-, Subtalar- und das mittlere Tarsalgelenk Rotationsachsen besitzen, die zu diesen drei Körperbewegungsebenen schräg stehen. Diese Gelenkbewegungen weisen Komponenten aller drei Bewegungen auf. Pronation besteht also aus Dorsalflexion, calcanealer Eversion und externer Rotation, während Supination eine Plantarflexion, calcaneale Inversion und interne Rotation beinhaltet. Der Talus-Knochen liegt unmittelbar unterhalb der Tibia und oberhalb des Calcaneus und stellt daher eine zentrale Struktur bei der Kopplung der Unterschenkel- und Fußbewegungen dar. Wenn er mit der Tibia das obere Sprunggelenk bildet, arbeitet er als Teil des Fußes und ermöglicht Dorsal- und Plantarflexion. Wenn er zusammen mit dem Calcaneus das Subtalargelenk bildet, arbeitet er als Teil des Beines und ermöglicht Pronation und Supination.

In Abbildung 1.4 ist die neutrale (oder intrinsisch stabile) Fußposition (a) dargestellt im Vergleich zur Pronation (b) und im Vergleich zur Supination (c). Wenn man barfuß in der neutralen Position steht, befinden sich Tibia, Talus und Calcaneus exakt auf einer Linie, das heißt, es kommt im Bereich des Subtalargelenks weder zu Pronation noch Supination. Unter dem Gesichtspunkt der Oberflächenanatomie befinden sich die fettgezeichneten, schwarzen Balken oberhalb und unterhalb des lateralen Malleolus auf einer Geraden. Obwohl im Bild nicht ersichtlich, sollten alle Metatarsalknochen auf der Standfläche aufliegen. Die Fußwölbung sollte keiner muskulären oder Sehnenstützung bedürfen, sondern nur von den Fußknochen gestützt werden. In Abbildung 1.4 b ist die Pronation dargestellt, wobei die Kurve unterhalb des lateralen Malleolus sogar noch mehr gekrümmt ist (Eversion) als die Kurve oberhalb des lateralen Malleolus. In Abbildung 1.4 c ist der Fuß im Bereich des Subtalargelenks supiniert, was im Bereich der Oberflächenanatomie leicht daran erkennbar ist, daß die Kurve unterhalb des lateralen Malleolus im Vergleich zur oberhalb liegenden Kurve (Eversion) in der entgegengesetzten Richtung (Inversion) gekrümmt ist.

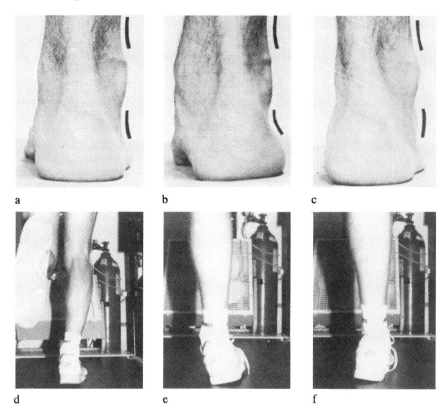

Abbildung 1.4: Vergleich der (a, d) neutralen, (b, e) pronierten und c, f) supinierten Fußstellung. Anmerkung: Aus Normal and Abnormal Function of the Foot: Clinical Biomechanics-Volume II (S. 157) von M.L. Root, W.P. Orien und J.H. Weed, 1977, Los Angeles: Clinical Biomechanics Corporation. Copyright 1977 Clinical Biomechanics Corporation. Abdruck mit freundlicher Genehmigung.

Im folgenden wird ein Laufzyklus von Linda Sheskey untersucht. Ihr linkes Bein wird auf seinem Weg durch die Stütz- und Flugphase beobachtet. In Abbildung 1.3 a befindet sich ihr Fuß unmittelbar vor dem Bodenkontakt, der Fußaufsatz wird vorbereitet. Von hinten gesehen befindet sich ihr Fuß noch in der Flugphase. Im Moment des Bodenkontakts befindet sich ihr Fuß ein wenig vor ihrem Körperschwerpunkt, um das Abbremsen zu minimieren und das lineare Vorwärtsmoment beizubehalten. Ihr Subtalargelenk spielt die wichtigste Rolle bei der Umwandlung der Rotationskräfte ihrer unteren Extremität in Vorwärtsbewegung. In dem Sekundenbruchteil zwischen Fußkontakt und vollem Stütz auf der Lauffläche (Abbildungen 1.3 a und 1.3 b) beugt sich das Knie, die Tibia dreht sich nach innen, im Bereich des oberen Sprunggelenks kommt es zu einer Plantarflexion, und das Subtalargelenk proniert, wodurch eine Auswärtskrümmung der Ferse verursacht wird (Darstellung von hinten in Abbildung 1.4 e). Diese Pronation ermöglicht eine Absorption der Auftreffkräfte, eine Umwandlung der Verwringung, eine Anpassung an Bodenunebenheiten und ein Beibehalten des Gleichgewichts. Der Fuß stellt in dieser Phase eine nicht starre, geschmeidige Struktur dar und ist daher hervorragend auf seine Rolle vorbereitet. Die Kniebeugung wird durch die exzentrische Spannung im Vastus medialis, Vastus lateralis, Rectus femoris und im Sartorius des Oberschenkels gesteuert (sehr gut zu sehen in der Frontalansicht des landenden Läufers in Abbildung 1.5). Die hinteren M. tibialis, soleus und gastrocnemius bremsen durch exzentrische Spannung die Pronation des Subtalargelenks und reduzieren die Rotation der unteren Extremität nach innen. In dieser Phase erreicht die Pronation ihr Maximum, wobei es im Anschluß an eine ausreichende Resupination kommt, so daß der Fuß in der mittleren Stützphase eine neutrale Position durchläuft (von hinten gezeigt in Abbildung 1.4 d).

Ein bestimmter Pronationsgrad ist also wünschenswert, um die Energie des Fußaufsatzes über den Mittel- und Vorderfuß zu verteilen. Eine zu geringe Pronation würde dazu führen, daß ein zu großer Anteil der Auftreffkraft auf den Fersenbereich verteilt wird, während eine übermäßige Pronation des Subtalargelenks eine zu starke calcaneale Eversion verursachen und damit das Fußlängsgewölbe einer zu hohen Belastung aussetzen würde. Die Plantarfaszie schränkt das Ausmaß, in dem sich das Fußgewölbe durchdrücken kann, ein und absorbiert daher einen Großteil dieser Landekraft. Eine zu geringe Supination beim Abdruck belastet ebenfalls diese Faszie. Sie entspringt einem kleinen Vorsprung unterhalb des Calcaneus (Abbildung 1.6), teilt sich auf ihrem Weg entlang der plantaren Oberfläche des Fußes in drei Bänder und läuft im proximalen Bereich der Zehen aus. Wenn es im Bereich dieser Faszie aufgrund von Überlastungen zu Mikrorissen kommt, kann die folgende schmerzhafte, lokale Entzündung (Plantarfasziitis) sehr bewegungshindernd sein. Das Schuhwerk sollte daher sorgfältig ausgewählt werden, um eine übermäßige Pronation zu verhindern.

Die mittlere Stützphase dauert an, bis die Ferse beginnt, sich in den Abdruck hinein nach oben zu bewegen (Abbildung 1.3 c). In dieser Phase muß Lindas Fuß sich von einer geschmeidigen, beweglichen Struktur in einen starren Hebel verwandeln, um ein Vielfaches ihres Körpergewichts (bei ihrer Laufgeschwindigkeit das Vierfache, wie oben gezeigt) angemessen stützen zu können. Diese Veränderung hängt nicht so sehr von der Muskelaktion ab, sondern von der Änderung der Position des Subtalar- und mittleren Tarsalgelenks des Fußes, der anatomischen Form der beteiligten Knochen und der Spannung verschiedener Bänder. Durch die Supination

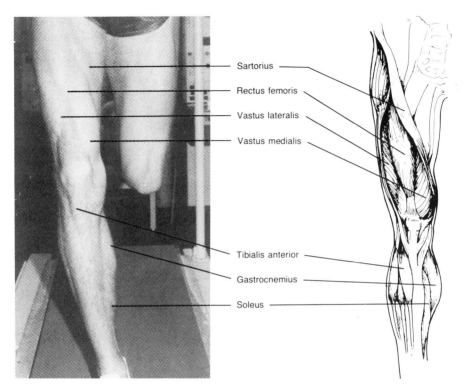

Abbildung 1.5: Vorderansicht der wichtigsten Oberflächenmuskeln des Oberschenkels

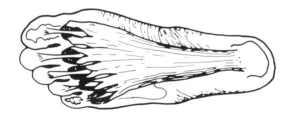

Abbildung 1.6: Die Plantarfaszie des Fußes. Sie wird manchmal Aponeurosis plantaris genannt und ist eine glänzende, weiße Fasermembran, die einer flache Sehne ähnelt. Wie bei den Sehnen ist die Blutversorgung nur mangelhaft. Ihre kollagenhaltigen Faserbündel sind sehr fest parallel angeordnet, wodurch sie großen Halt geben. Die Plantarfaszie setzt am medialen Vorsprung der Tuberositas des Fersenbeins an und wird im Endteil breiter und flacher. In der Nähe der metatarsalen Köpfe teilt sie sich in fünf zu den einzelnen Zehen führenden Ausläufer.

des Subtalargelenks entsteht dieser starre, den Vorwärtsantrieb ermöglichende Hebel. Das Kniegelenk streckt sich somit, der Unterschenkel dreht sich nach außen, der Calcaneus invertiert, das mittlere Tarsalgelenk wird blockiert, und der Fuß wird zum starren Hebel. Die Vorwärtskraft resultiert aus einem Stoß nach hinten-unten, der das Resultat einer Hüftstreckung (Gluteal- und ischiocrurale Muskeln), Kniestreckung (Quadrizeps-Gruppe) und einer Plantarflexion des oberen Sprunggelenks (Soleus und Gastrocnemius) ist. Das Endergebnis ist ein Heben des Körperschwerpunkts beim Übergang in die Flugphase. Die Tatsache, daß der Vorderfuß breiter ist als der Hinterfuß, trägt zur Aufrechterhaltung des Gleichgewichts bei und vergrößert auch die gewichttragende Oberfläche.

Sobald der Fuß den Boden verläßt, befindet Linda sich im beginnenden Schwebeabschnitt der Vorwärtsbewegungsphase bzw. in der Erholungsphase, die auch Streckphase genannt wird (Abbildung 1.3 d). Die Aktion der ischiocruralen Muskulatur wirkt der Beinbewegung (im Sinne einer Verlangsamung) entgegen. Gleichzeitig steht der Fußaufsatz des anderen Beines kurz bevor. Das Nachziehbein wird dann langsamer, und die Hüfte sowie das Knie- und Sprunggelenk erreichen ihre maximale Streckung. Dieses Bein beginnt dann mit der Vorwärtsbewegung, indem es die Vorschwungphase einleitet (Abbildung 1.3 e).

Diese Umkehrung der Extremitätenrichtung kostet Zeit und Energie. Hüftbeugung und Vorwärtsdrehung des Beckens beginnen, den Oberschenkel nach vorne zu bewegen (Abbildung 1.3 f-h). Untersuchungen von Mann, Moran und Dougherty (1986) legen die Vermutung nahe, daß die Hüftbeugung, die durch die Aktion des M. iliacus und des M. psoas erreicht wird, der wichtigste Faktor bei der Vorwärtsbewegung der Beine ist (Abbildung 1.7). Während der Ursprung des M. iliacus am Kreuz- und Darmbein ist, entspringt der M. psoas an den Körpern und Intervertebralkapseln der untersten Brust- und aller Lendenwirbel sowie an den transversalen Knochenfortsätzen der Lendenwirbel. Beide Muskeln setzen mit der gleichen Sehne an dem als Trochanter minor bezeichneten Teil des Femur an.

Die Kniebeugung, die hauptsächlich passiv verläuft, unterstützt diese Hüftbeugung durch Verkürzung des Hebelarms, wodurch es dem Oberschenkel möglich wird, sich mit einer wesentlich höheren Geschwindigkeit vorwärts zu bewegen als der Körper selbst. Sobald die maximale Hüftbeugung erreicht wird und sich der Oberschenkel weitestmöglich vom Boden entfernt hat, beginnt die abschließende Flugphase, die Fußabsenkung genannt wird (Abbildung 1.3 i, j). Es werden die abschließenden Vorbereitungen für den Fußaufsatz getroffen, der den nächsten Zyklus einleitet. Die Aktivität des Quadrizeps unterstützt die Kniestreckung mit dem Ziel der maximalen Vorwärtsbewegung des Unterschenkels. Die ischiocruralen Muskeln verlangsamen dann die Vorwärtsbewegung des Fußes und Beines durch Spannungserzeugung, wodurch sie jeder zusätzlichen Kniestreckung entgegenwirken. Bei der Verlangsamung dieser Extremitätenbewegung dehnen sich die ischiocruralen Muskeln. Wenn der nächste Fußaufsatz auftritt, bewegt sich der Fuß idealerweise mit einer Geschwindigkeit nach hinten, die der Vorwärtsbewegung des Rumpfes entspricht.

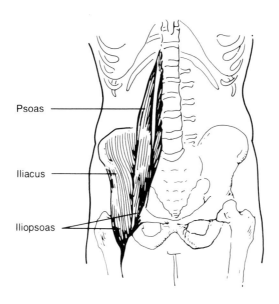

Abbildung 1.7: Die M. iliacus und psoas, wichtige Hüftbeuger zur Vorwärtsbewegung der unteren Extremitäten. Der Psoas entspringt den unteren Brustwirbeln und den ersten fünf Lendenwirbeln, während der Iliacus am Darmbein entspringt. Die beiden Muskeln vereinigen sich und setzen sich als Iliopsoas fort, um schließlich am Trochanter minor des Femur anzusetzen.

Praktische Überlegungen zur Biomechanik des Laufens

Die technischen Informationen im obigen Abschnitt werfen natürlich eine große Vielfalt praktischer Fragen auf.

Wie beeinflußt die Laufgeschwindigkeit die Schrittfrequenz und -länge? Sowohl die Schrittfrequenz als auch die Schrittlänge nehmen mit Erhöhung des Lauftempos zu, wobei die Schrittlänge stärker zunimmt als die Frequenz (Abbildung 1.8). Die exakte Kombination der Länge und Frequenz bei einer gegebenen Geschwindigkeit kann sich von Läufer zu Läufer aufgrund unterschiedlicher Beinlänge, Hüftbeugung, Atemfrequenz und Ermüdungsgrad leicht unterscheiden. Ein beträchtlicher Teil des gegenwärtigen Wissens über die Biomechanik des Laufens entstammt den fundierten, sich über die letzten 12 Jahre erstreckenden Untersuchungen von Peter Cavanagh, Keith Williams und Mitarbeitern (Cavanagh et al., 1985; Cavanagh & Kram, 1990; Williams & Cavanagh, 1987).

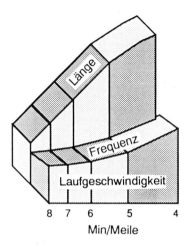

Abbildung 1.8: Das Verhältnis zwischen Schrittfrequenz und Schrittlänge. Mit Zunahme der Laufgeschwindigkeit nimmt die Schrittlänge zu, was am wahrscheinlichsten auf die Rekrutierung zusätzlicher Skelettmuskelfasern zurückzuführen ist. Anmerkung: Aus „Should You Change Your Stride Length?" von P. Cavanagh und K.R. Williams, 1979, Runners World, 14 (7), S. 64. Copyright 1979 Runners World. Mit freundlicher Genehmigung übernommen.

Woher wissen Läufer, wann sie die optimale Schrittlänge für eine bestimmte Laufgeschwindigkeit gewählt haben? Sofern Läufer nicht bewußt versuchen, längere oder kürzere Schritte als normal zu machen, wählen sie die optimale Schrittlänge vermutlich unbewußt. Je leistungsfähiger der betreffende Läufer ist, desto präziser ist dieses Verhältnis. Dieses Verhältnis zwischen Schrittlänge und Laufgeschwindigkeit entwickelt sich mit zunehmender Übung auf der Basis von cerebraler Integration der von Gelenkrezeptoren übermittelten Informationen. In Abbildung 1.9 ist das Verhältnis zwischen Sauerstoffverbrauch und bestimmten Schrittlängen sowohl beim Optimalwert als auch bei darunter und darüber liegenden Werten dargestellt. Eine Vergrößerung oder Verkürzung der Schrittlänge würde dazu führen, daß der Läufer aufgrund eines übermäßigen Energieverbrauchs vorzeitig ermüdet.

Wie interagieren Rücken und Becken mit den Beinen beim Laufen? Man muß sich daran erinnern, daß, obwohl der Fuß den Boden berührt, der eigentliche Drehpunkt des die Bewegungen verursachenden Hebelsystems die Lendenwirbelsäule und das Becken sind. Während der Phase des Mittelfußstützes und des Abdrucks kippt das Becken aufgrund der Aktionen der Lendenmuskeln nach vorne, und dies ermöglicht eine größere Abdruckkraft der Beine nach hinten (Abbildung 1.3 b, c). Um das seitliche Schwanken zu minimieren, dreht sich der gesamte Rumpf aus Gleichge-

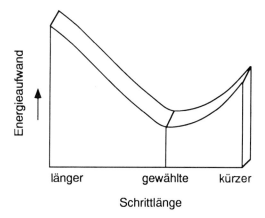

Abbildung 1.9: Das Verhältnis zwischen O_2-Verbrauch und Schrittlänge. Es wird gezeigt, inwiefern ein Abweichen von der automatisch gewählten Schrittlänge (die in der Regel nur einen minimalen Energieverbrauch erfordert) die Effizienz verringert. In Abhängigkeit von individuellen Unterschieden kann es energieaufwendiger sein, die Schrittlänge zu verkürzen oder zu vergrößern. Anmerkung: Aus „Should You Change Your Stride Length?" von P. Cavanagh und K.R. Williams, 1979, Runners World, 14 (7), S. 64. Copyright 1979 Runners World. Mit freundlicher Genehmigung übernommen.

wichtsgründen entgegen der Stoßrichtung. In dieser Hinsicht spielen die wichtigsten Hüftmuskeln wie der Glutaeus maximus und der Glutaeus medius eine bedeutende Rolle. Die Lendenwirbelsäule erreicht im Moment der Streckung des hinteren Beins ebenfalls ihre maximale Streckung (Abbildung 1.3 d) und in der Phase des Vorschwungs ihre maximale Beugung (Abbildung 1.3 g).

Wie kann die Schritteffizienz erhöht werden? Der effizienteste Läufer wird wahrscheinlich seine Beschleunigung im Moment des Fußaufsatzes am wenigsten verringern, er wird die geringste Vertikaloszillation aufweisen, und er wird mit jedem Schritt die größte Vorwärtsbewegung erzielen. Das Abbremsen beim Fußaufsatz nimmt bei längeren Schritten zu, das heißt, wenn der Läufer weit vor seinem Körperschwerpunkt landet. Die Vertikaloszillation hängt ab von der Kombination von Rumpf- und Beinlänge, die durch ihren Streck- oder Beugezustand bestimmt wird. Die Laufeffizienz nimmt zu als Ergebnis der auf das Energiesparen ausgerichteten Feineinstellungen dieser Variablen. In Abhängigkeit von der angeborenen Lauffähigkeit zeigen einige Läufer selbst nach jahrelangem Lauftraining meßbar ausgeprägtere Oszillationen als andere Läufer. Die maximale Vorwärtsbewegung hängt größtenteils von den drehmomentserzeugenden Fähigkeiten der wichtigsten an der Bewegung beteiligten Muskeln ab. Diese werden ihrerseits durch eine gesteigerte Rekrutierung motorischer Einheiten und die Kräftigung der Bein- und Hüftmuskeln entwickelt.

Zeichnen größere Läufer sich durch ähnliche biomechanische Merkmale aus wie kleinere Läufer? Obwohl die Antwort wahrscheinlich ja lautet, haben große Läufer einige Nachteile. Größere Menschen sind in der Regel auch schwerer. Es handelt sich hier um eine Exponentialbeziehung, das heißt, das Gewicht nimmt schneller zu als die Körperhöhe. Einer Umfrage unter fast 1.500 Teilnehmern am New York City Marathon (Stipe, 1982) zufolge nimmt die Körperhöhe linear zu, während das Gewicht exponentiell ansteigt (bis zum Exponent 2,5). Wenn Läufer A also 167 cm groß ist und Läufer B 184,4 cm - ein um das 1,1fache höherer Wert -, dann beträgt das erwartete Körpergewicht von Läufer B (70,9 kg) das 1,3fache des Körpergewichts von Läufer A (54,5 kg). Diese Beziehung läßt exponentiell größere Auftreffkräfte bei der Landung erwarten. Nimmt auch die Fußgröße proportional, also um das 1,3fache, zu? Nein. Die Fußgröße wie auch die stoßdämpfende Fußsohlenfläche nehmen nicht relativ zum Anstieg des Körpergewichts zu. Daher haben größere Läufer größere Laufbelastungen auszuhalten, verfügen jedoch über eine geringere Sicherheitszone, um die mit diesen Belastungen einhergehenden Auftreffbeanspruchungen zu bewältigen. Daher müssen die stoßdämpfenden Merkmale der Schuhe mit zunehmenden Schuhgrößen ebenfalls angemessen ansteigen, um diese höheren Beanspruchungen zu tolerieren.

Gibt es erwähnenswerte Unterschiede zwischen Männern und Frauen hinsichtlich der Laufmechanik? Dieses Problem steht gegenwärtig kurz vor seiner Lösung. Vor kurzem wurde eine Untersuchung an Spitzenläuferinnen (Williams, Cavanagh & Ziff, 1987) als Ergänzung zu früheren Untersuchungen an männlichen Spitzenläufern (Cavanagh et al., 1977) fertiggestellt. Obwohl diesen Untersuchungen keine sehr große Datenbasis zugrundeliegt, sind dennoch einige Geschlechtsunterschiede erkennbar. Spitzenläufer scheinen eine geringere Hüftbeugung, kürzere Schrittlängen in Relation zur Beinlänge und eine größere Vertikaloszillation aufzuweisen als Spitzenläuferinnen. Obwohl vielfach berichtet wurde, daß Frauen im allgemeinen über ein breiteres Becken verfügen, scheint dies nicht klar belegbar zu sein und ist vermutlich davon abhängig, wie man die Beckengröße mißt.

Kann biomechanisches Wissen das Verständnis von Laufverletzungen verbessern? Die Antwort ist eindeutig ja, und hierfür gibt es viele Beispiele. Sehen wir uns eins an. Was geschieht, wenn sich Läufer eine Zerrung im Bereich der ischiocruralen Muskulatur zuziehen? Erinnern Sie sich, daß im Rahmen unserer Erläuterung des Laufzyklus erwähnt wurde, daß es einen kurzen Augenblick gibt, in dem sowohl der Quadrizeps als auch die ischiocruralen Muskeln zusammen Spannung erzeugen. Die Quadrizeps-Gruppe ermöglicht die Hüftbeugung und Kniestreckung mit dem Ziel einer verbesserten Vorwärtsbewegung des Beins als Vorbereitung auf die Fußabsenkung und den Fußaufsatz. Die ischiocruralen Muskeln versuchen, das Ausmaß der Hüftbeugung und Kniestreckung einzuschränken. Sie kommen also ihrer Aufgabe als Antagonisten nach und dienen insofern der Abbremsung des Ober- und Unterschenkels (Stanton & Purdam, 1989). Während des frühen Fußaufsatzes sind die ischiocruralen Muskeln über das Hüft- und Kniegelenk maximal gedehnt und erzeugen zusammen mit den Quadrizepsmuskeln und Glutealmuskeln Spannung, um die nach unten gerichtete Kraft des Körpergewichtes im Moment des Auftreffens auf dem Untergrund zu absorbieren. Der Nettoeffekt der beiden gleichzeitig agierenden antagonistischen Muskelgruppen wird durch ihre relativen spannungserzeugenden Fähigkeiten bestimmt. Die Quadrizeps-Gruppe ist typischerweise stärker als die ischiocrurale Gruppe. Wenn die ischiocrurale Gruppe aufgrund von Unbeweglichkeit (die z.B. auf ein unzureichendes Stretchen zurückzuführen sein kann) nur einen eingeschränkten Bewegungsumfang aufweist, oder wenn die Sehnen, die diese Muskeln mit dem Becken verbinden, nicht kräftig genug sind, kann es in der kurzen Zeitspanne, innerhalb derer beide Muskelgruppen Spannung erzeugen, zu Geweberissen kommen. Dieses Risiko ist bei hohen Laufgeschwindigkeiten größer, da sowohl die erzeugten Kräfte als auch die erforderliche Dehnung sehr hoch sind. Obwohl derartige Verletzungen eher bei Sprintern vorkommen, können sie auch Mittel- und Langstreckler betreffen, die in den belastungsintensivsten Phasen ihrer Vorbereitung auf wichtige Wettkämpfe kurze Intervalle mit nahezu maximaler Geschwindigkeit absolvieren.

Evaluation und Verbesserung der biomechanischen Aspekte des Laufens

Ein guter Laufstil basiert auf der Vereinigung aller separaten Rumpf- und Extremitätenbewegungen, so daß nicht nur eine optimale mechanische Effizienz erzeugt wird, sondern daß der Betrachter auch den Eindruck hat, der Läufer absolviere die verlangte Aufgabe mit minimaler Anstrengung. Der Laufstil ist also eine Kombination biomechanischer Aspekte mit einem guten visuellen Eindruck oder einer guten Form. Wenn wir den Laufstil mit dem Ziel seiner Verbesserung beurteilen, suchen wir nach Verbesserungen der Biomechanik, die dazu beitragen, den für die Bewegungen notwendigen Energieaufwand zu reduzieren; das Endergebnis ist wahrscheinlich der Eindruck, daß der Lauf des betreffenden Athleten flüssiger ist. Ein Element eines guten Laufstils ist z.B. die optimale Kombination von Schrittfrequenz und -länge. Diese jeweils optimale Verbindung schwankt nicht nur von Disziplin zu Disziplin, sondern auch in Abhängigkeit von der Körperhöhe und der Beweglichkeit eines jeden Läufers. Sowohl ein zu langer als auch ein zu kurzer Schritt kosten Energie (Abbildungen 1.8, 1.9). Der für die eine Disziplin geeignete Laufstil kann für eine andere Disziplin völlig ungeeignet sein: Ein Marathonlauf kann nicht in einem Stil absolviert werden, der für den 100- oder 1.500-m-Lauf geeignet ist. Dies doch zu tun, würde bedeuten, ein Tempo einzuschlagen, daß über 42.195 m nicht durchgehalten werden kann.

Ein guter Laufstil garantiert nicht automatisch auch eine hervorragende Laufleistung, aber ein schlechter Laufstil kann mit Sicherheit leistungsbeeinträchtigend sein. Es mag hier Ausnahmen geben, aber sicherlich nicht viele. Emil Zatopek wurde oft als Beispiel angeführt, um zu belegen, daß der Stil wirklich nicht so wichtig ist, und daß es am besten ist, sich natürlich zu bewegen (ohne sich großartig um Verbesserung zu bemühen). Immerhin spräche ja Zatopeks Rekord bei den Olympischen Spielen 1952 in Helsinki - drei Goldmedaillen über 5.000, 10.000 m und im Marathonlauf - für diese These.

Unsere Antwort hierauf ist, daß Zatopek vermutlich schneller gewesen wäre, wenn er seinen Laufstil etwas verbessert hätte. Ohne die übertriebene Gegenrotation seines Schultergürtels, seine verkrampfte und hohe Armführung und seine angespannten Gesichts- und Nackenmuskeln, die seinen typisch schmerzverzogenen Gesichtsausdruck erzeugten, während er seinen Kopf von einer Seite zu anderen bewegte, hätte Zatopek einiges an Energie einsparen können. Die nüchterne Tatsache ist, daß Zatopek triumphierte, weil er härter als seine Konkurrenten trainierte. Er war der erste, der ein sehr umfangreiches Ausdauertraining zusammen mit gehäuften Wiederholungsläufen über kurze Distanzen absolvierte. Im Vergleich mit seinen Zeitgenossen war seine Ausdauer unübertroffen - was seine Medaillen beweisen -, aber er entwickelte nie die Grundlagenschnelligkeit, die heutige Langstreckler auszeichnet. Seine schnellste 1.500-m-Zeit war 3:52, eine Zeit, die heute 16jährige Jungen erreichen können. Viele seiner 400-m-Wiederholungsläufe absolvierte er nicht schneller als die Überdistanzläufe, die heutzutage von einigen Spitzenläufern absolviert werden.

In unseren Augen vertreten diejenigen, die behaupten, daß der „natürliche" Stil eines Läufers nicht nur der beste, sondern auch unveränderbar ist, eine defätistische Anschauung. Sie ignorieren die Tatsache, daß das Nervensystem über eine große Anpassungsfähigkeit verfügt, um kleine Veränderungen im Daten-Input, die zu einem verbesserten Bewegungsmuster führen, einzubauen. In vielen anderen Sportarten - Golf, Tennis, Schwimmen, Turnen etc. - kann die Fähigkeit der Trainer, Korrekturübungen zu entwerfen und richtige methodische Hinweise zu geben, zu deutlich sichtbaren Stilverbesserungen führen, die letztlich die Leistung verbessern. Das gleiche kann auch beim Laufen geschehen.

Wir sehen Beispiele dieser Plastizität der Entwicklung des Nervensystems, wenn wir die Veränderungen des Laufstils im Laufe der kindlichen Entwicklung betrachten. Marjorie Beck (1966) untersuchte amerikanische Jungen der Grundschulklassen 1 bis 6 und zeichnete die Veränderungen ihres Laufstils mit zunehmender Reife auf. Diese Veränderungen stellen Verbesserungen der Lauf-Biomechanik sowie des Laufstils dar. Ein gutes Coaching sollte reiferen Läufern helfen, ihren Laufstil auf ähnliche Weise zu verfeinern. Beck beobachtete fünf Verbesserungen:

1. längere Laufschritte,
2. der Fußaufsatz verlagerte sich mehr in Richtung auf einen Punkt unterhalb des Körperschwerpunktes hin,
3. eine Verlängerung der Flugphase,
4. eine Abnahme der Vertikaloszillationen,
5. eine ausgeprägtere Kniebeugung am Ende der Vorschwungphase.

Der Laufstil von Seb Coe wurde von Sportjournalisten und -kommentatoren als „Poesie der Bewegung" beschrieben. Dies war jedoch nicht immer so. Als er im frühen Teenageralter mit dem Training begann, war seine Armführung verkrampft und hoch und seine Schulterbewegung übertrieben. Nach einer etwa dreijährigen Korrekturphase waren diese Fehler behoben, und die neue Stilvariante wurde zu seinem „natürlichen" Stil. Ein wichtiges Kriterium für die erfolgreiche Fehlerkorrektur ist, daß die betreffenden Fehler auch dann nicht mehr auftreten, wenn der Athlet sich in einer Streßsituation befindet. Es ist offensichtlich, daß Fehler am besten möglichst früh behoben werden, also dann, wenn die Bewegungsmuster noch nicht so gefestigt sind. Aber es ist nie zu spät zu versuchen, den Stil eines Läufers zu verbessern, wenn man zu der Erkenntnis kommt, daß diese Veränderung die Effizienz positiv beeinflussen könnte. Natürlich trifft auch die entgegengesetzte Seite dieses Argumentes zu: Wirkliche Perfektion wird nur selten erreicht, und ein guter Trainer muß erkennen können, wann weitere Korrekturversuche nicht mehr produktiv sind. Selbst heute können Puristen noch sehen, daß Seb Coe bei sehr hohem Tempo einen Ellenbogen etwas abgespreizt hält, aber nach 20 Jahren Hochleistungssport würde es wenig bringen, ihm ständig Korrekturübungen abzuverlangen, um diese Eigentümlichkeit zu korrigieren.

Eine Stilanalyse impliziert die Untersuchung der wichtigsten Phase eines Laufzyklus, um sowohl optimale als auch verbesserungswürdige Elemente zu identifizieren. Beginnen wir mit den Füßen. Wenn ein Sportler auf einer Geraden läuft, sollten die Füße in Laufrichtung parallel (oder nahezu parallel) zueinander aufsetzen. Dies trägt zur Reduzierung von Rotations-Drehmomenten im Bereich der Sprung- und Kniegelenke bei und verhindert eine Schrittverkürzung aufgrund des Auswärtsdrehens der Füße. Da das Hüftgelenk sowie die Knie- und Sprunggelenke beim Laufen einer erheblichen Belastung ausgesetzt sind, ist es am besten, Rotations-Drehmomente zu minimieren und stattdessen Drehmomente zu erzeugen, die die Vorwärtsbewegung optimieren.

In Abbildung 1.10 werden vor diesem Hintergrund eine gute und eine weniger gute Fußplazierung dargestellt. Das Photo wurde dicht vor dem Zieleinlauf des 800-m-Finales bei den Europameisterschaften 1986 in Stuttgart aufgenommen und zeigt Seb Coe (326) und Tom McKean (351), die die Gold- bzw. die Silbermedaille gewannen. Ihr Fußaufsatz parallel zur Laufrichtung ist sehr gut sichtbar. Beim Bronzemedaillengewinner Steve Cram (328) fallen jedoch der deutlich nach außen gedrehte linke Fuß und das linke Knie auf. Der nach vorne gerichtete Kraftvektor dieses Beins ist also im Moment der Antriebserzeugung reduziert. Mehr von Crams Vortriebsenergie wird von den Knie- und Sprunggelenken absorbiert, die den Torsionsbelastungen, die durch seinen abgespreizten Fußaufsatz erzeugt werden, einen Widerstand entgegensetzen müssen. Diese Methode des Fußaufsatzes erhöht nicht nur das Risiko von Verletzungen im Bereich der unteren Extremitäten, sondern reduziert die Schrittlänge auch um mehr als 1 cm. Bei seinem Tempo und seiner Schrittlänge in Stuttgart verlor Cram pro 100 m etwas mehr als 50 cm. In heutigen Rennen ist dies ein enormer Nachteil, der kompensiert werden muß. Cram ist also ein ausgezeichnetes Beispiel für einen Läufer, dessen potentielle Leistungsfähigkeit durch ein kontinuierliches Programm von den Fußaufsatz korrigierenden und verbessernden Kraftübungen erheblich gesteigert werden könnte.

Abbildung 1.10: Laufmechanik der unteren Extremitäten bei drei der besten britischen 800-m-Läufer. Achten Sie auf die optimale Fußausrichtung parallel zum Bewegungsweg im Falle von Seb Coe (326) und Tom McKean (351), aber auch auf die ausgeprägte Beinrotation bei Steve Cram (328).

Ein wichtiges zu untersuchendes Merkmal bei der Beurteilung des Sprunggelenks ist seine Beweglichkeit. Eine bessere Beweglichkeit macht sich für die Schrittlänge bezahlt. Bei großen Leichtathletik-Meetings wird eine große Sprunggelenkbeweglichkeit am überzeugendsten von den afrikanischen Läufern demonstriert, vor allem von denen, die im Kindesalter barfuß liefen. Ihr Stil ist dadurch gekennzeichnet, daß das Knie des Stützbeins sich weit vor dem Sprunggelenk befindet, wodurch der Fuß im Moment des Abdrucks einen größeren Bewegungsumfang aufweist. Es ist eine wohlbekannte physiologische Tatsache, daß ein Muskel eine ausgeprägtere Verkürzung erzeugen kann, wenn er, bevor die Spannungserzeugung beginnt, gedehnt wurde. Je länger die Ferse den Bodenkontakt beibehält, während sich das Knie nach vorne bewegt, desto größer ist die Vordehnung der Wadenmuskeln. Dies führt sowohl zu einer Vergrößerung der Schrittlänge als auch der Schrittkraft. In Abbildung 1.11 ist dieser Effekt eines frühen und späten Abdrucks, der durch eine geringer oder stärker ausgeprägte Sprunggelenkbeweglichkeit verursacht wird, dargestellt.

Was das Knie anbelangt, bestimmt auch hier die Geschwindigkeit den Stil. Laufen mit hoher Geschwindigkeit erfordert einen hohen Kniehub. Beim Marathonlauf ist dies nicht der Fall, und dazwischen gibt es je nach Disziplin relativ stark ausgeprägte Abstufungen. Sprinter führen beim Vorschwung einen derart schnellen ballistischen Schlag aus, daß die Ferse des Schwungbeins nahezu das Gesäß berührt; im Coaching-Jargon wird diese ausgeprägte Kniebeugung oft „Anfersen" genannt. Sprinter weisen also sowohl einen hohen Kniehub als auch ein ausgeprägtes Anfersen als Resultat der erforderlichen schnellen Vorwärtsbewegung der Beine auf. Langstreckenläufer brauchen eine derartige Bewegung nicht auszuführen. Wenn sie es trotzdem tun, nimmt ihre Vertikaloszillation zu. Dies ist ineffektiv, weil Energie, die in die Vorwärtsbewegung einfließen sollte, nicht zweckgerichtet eingesetzt wird.

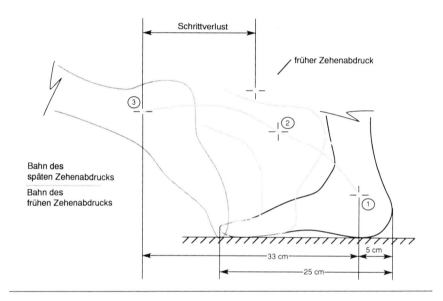

Abbildung 1.11: Auswirkungen eines durch eine weniger bzw. stärker ausgeprägte Sprunggelenkbeweglichkeit verursachten frühen und späten Abdruckes auf die Schrittlänge. Ein früher Abdruck führt zu einem kürzeren Schritt und einer stärkeren Vertikalverlagerung des Körperschwerpunktes, was in einem weniger effizienten Laufstil resultiert, als dies bei einem späten Abdruck der Fall ist. Dieser vergrößert die Schrittlänge und verringert die Vertikalverlagerung.

Läufer sollten nicht versuchen, ihre Schrittlänge über das für sie natürliche Maß zu vergrößern. Eine Kräftigung der Beinmuskulatur führt aufgrund des gesteigerten vortriebserzeugenden Stoßes automatisch zu einer Verlängerung des Schrittes. Eine Landung vor dem Körperschwerpunkt hat, wie bereits oben erwähnt, eine Bremswirkung und ist daher konterproduktiv. Eine Verlängerung des Schrittes resultiert aus einer gesteigerten Frequenz des Vorwärtsschwungs des hinteren

Beines, wodurch auch der Kniehub vergrößert wird. Eine verbesserte Muskelkraft und Gelenkbeweglichkeit (Bewegungsumfang) sind die Schlüssel zu einer verbesserten Schrittlänge.

Das Becken ist das nächste Gelenk innerhalb der kinetischen Kette, und es spielt ebenfalls eine einzigartige und entscheidende Rolle beim Laufen. Aufgrund seiner großen Dimensionen ist es mit vielen Muskeln verbunden, die den kräftigen nach vorne gerichteten Abdruck des aufsetzenden Fußes sowie den Beugerstoß des vorschwingenden Beins erzeugen. Eine reduzierte Hüftgelenkbeweglichkeit führt ebenfalls zu einer Begrenzung der Schrittlänge. Die Muskeln, die das Hüftgelenk gegen Rotations-Drehmomente stabilisieren, müssen besonders stark sein, damit es nicht zu Verletzungen kommt, wenn sie extrem belastet werden. Adduktorenverletzungen heilen aufgrund ihrer kleinen Ansatzflächen sehr langsam. Auf die Bedeutung der Iliopsoas-Muskelgruppe für die Hüftbeugung wurde bereits hingewiesen. Diese Muskeln bedürfen zusammen mit den großen Glutealmuskeln und Adduktoren einer besonderen Kräftigung und Dehnung, um den Sportler in die Lage zu versetzen, große und kräftige Schritte auszuführen, wenn ein hohes Tempo von ihm verlangt wird. Der große australische Langstreckler Ron Clarke bemerkte oft in Unterhaltungen mit Athleten und Trainern, daß ein Läufer nie zu kräftig im Bereich der Körpermitte sein kann, und diese Anschauung ist vernünftig. Es kommt häufig zu einer Vorbeugung des Rumpfes als Kompensation für einen Mangel an Hüftgelenkbeweglichkeit. Daher kann eine Verbesserung der Hüftgelenkbeweglichkeit häufig zu einem aufgerichteteren, energie-effizienteren Laufstil führen.

Den Schultern und Oberarmen kommt beim Laufen ebenfalls eine wichtige Bedeutung zu. Sie dienen zwar primär der Gleichgewichtsstabilisierung bei relativ langsamen Geschwindigkeiten, gewinnen jedoch an Bedeutung bei Zunahme der Laufgeschwindigkeit und beim Berganlaufen, da sie in diesen Situationen die Beinmuskeln unterstützen. Eine angemessene Interaktion der Arme und Schultern reduziert die Notwendigkeit der Gegendrehung der Schultermuskulatur, was mehr Energie kosten würde. Ein guter Laufstil bedeutet, daß die Arme einigermaßen locker schwingen und ganz natürlich gehalten werden, nie extrem gebeugt. Auch die Schultern sollten nicht zurückgezogen und die Brust nicht nach vorne gewölbt werden. Unnötig angespannte Muskeln bedeuten einen nutzlosen Energieverlust. Die Schultern sollten sich vertikal über der Hüfte befinden.

Die Armaktion verändert sich mit der Laufgeschwindigkeit; sie ist viel heftiger bei hohen als bei langsamen Laufgeschwindigkeiten. Wenn die Ellenbogen dicht am Körper gehalten werden, reduziert sich die Tendenz der Hände und Unterarme, über die Mittellinie der Brust hinaus zu schwingen. Über ein großes Spektrum von Laufgeschwindigkeiten sind die Ellenbogengelenke etwa 90 Grad gebeugt und verbleiben so während des gesamten Armschwunges. Bei sehr hohen Laufgeschwindigkeiten löst sich dieser Beugungswinkel in den Ellenbogengelenken und weicht sowohl nach unten als auch nach oben von 90 Grad ab, um einen verbesserten Bewegungsfluß zu gewährleisten. Armschwung und Beinaktion sind untrennbar miteinander verbunden. Wenn der Armschwung zum Fehlerhaften tendiert, verschlechtert sich der Laufstil und der Energieverbrauch steigt.

Stets sollten die Hände locker und entspannt gehalten werden. In Abbildung 1.10 ist ersichtlich, daß dies sogar in Endphasen von Rennen vorkommt, wie z.B. bei den hier abgebildeten 800-m-Läufern, die mit Höchstgeschwindigkeit auf die Ziellinie zulaufen. Ihre Daumen sind nicht wie Spikes aufgerichtet, ihre Handgelenke sind einigermaßen locker, und ihre Finger sind leicht gebeugt. Ohne zu locker zu sein, sind ihre Hände noch immer entspannt, was wiederum den Energieverbrauch reduziert.

Der Kopf sollte aufrecht gehalten werden; die einzige Ausnahme kann der Zieleinlauf sein, wenn man verzweifelt versucht, durch ein Vorbeugen doch noch Erster zu werden. Der Kopf ist ziemlich schwer, und wenn er falsch gehalten wird, können zwei Nachteile entstehen. Liegt der Kopf zu sehr im Nacken, werden die Nackenmuskeln unnötig belastet. Wenn er zu weit nach vorne geneigt wird, kann er die Luftröhre verengen und das Atmen erschweren.

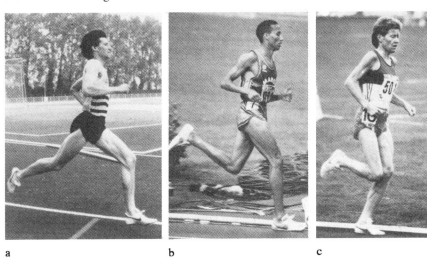

a   b   c

Abbildung 1.12: Beurteilung verschiedener Merkmale des Laufstils bei gegenwärtigen Spitzenathleten, die mit unterschiedlicher Geschwindigkeit laufen. In Abbildung 1.12 a läuft Sebastian Coe (Großbritannien) in einem Tempo von 50 sec/400 m im Training. In Abbildung 1.12 b läuft Said Aouita (Marokko) in einem Tempo von 64 sec/400 m in einem 5.000-m-Rennen. In Abbildung 1.12 c läuft Ingrid Kristiansen (Norwegen) in einem Tempo von 75 sec/400 m in einem 10.000-m-Rennen. Beide Rennen fanden während der Weltmeisterschaften in Rom 1987 statt. Bei allen Läufern sind die Hände entspannt, der Ellenbogenwinkel beträgt 90 Grad. Die Schrittlänge ist je nach Tempo unterschiedlich; Coe benötigt einen kräftigeren Beinimpuls als die anderen Läufer, was zu einem gestreckteren hinteren Bein führt. Rumpf und Kopf werden aufrecht gehalten. Bei Kristiansen ist im Gegensatz zu den beiden anderen Läufern eine verstärkte Muskelanspannung im Bereich der Stirn zu erkennen. Alle Läufer laufen am inneren Rand der Innenbahn, um Distanz zu sparen.

In Abbildung 1.12 sind drei bekannte Läufer dargestellt - Seb Coe, Said Aouita und Ingrid Kristiansen, wobei Coe ein 400-, Aouita ein 5.000- und Kristiansen ein 10.000-m-Tempo laufen. Einige Bemerkungen sollen dem Leser bei seinen eigenen Stilanalysen behilflich sein. Es ist ratsam, daß Läufer einen Freund bitten, ähnliche Schnappschüsse (oder Videoaufnahmen) zu Analysezwecken zu machen. Unter Heranziehung der hier gegebenen Informationen dürften die Läufer in der Lage sein, individuell verbesserungswürdige Bereiche zu identifizieren. Obwohl solche Aufgaben, wie das Am-Körper-Halten der Ellenbogen oder das Entspannen der Hände, zunächst bewußt geübt werden müssen, können diese Bewegungen im Laufe der Zeit automatisiert und zu einem festen Bestandteil des verbesserten Stils werden. Beweglichkeits-, Stretching- oder Kräftigungsübungen, die geeignet sind, mechanische Aspekte zu verbessern, können auch entwickelt werden, falls nötig.

Physiologie der Skelettmuskulatur

Jedes Organsystem des Körpers trägt auf seine eigene Art zu der Bewegungskoordination bei, die für die alltäglichen Aktivitäten nötig ist. Die Skelettmuskeln sind jedoch das Organsystem, das vermutlich am meisten zur sportlichen Leistung beiträgt. Die Skelettmuskeln machen bei einem Mann durchschnittlicher Statur typischerweise 40 % der Gesamtkörpermasse aus (ein bißchen weniger als bei Frauen). Diese Gewebemasse verbraucht im Ruhezustand 15 bis 30 % des insgesamt aufgenommenen Sauerstoffes. Die Skelettmuskulatur ist die größte Gewebemasse, die nur eine einzige Funktion hat, nämlich die Fortbewegung des Skeletts. Diese Muskeln können allerdings alleine nicht funktionieren. Sie bedürfen auch einer funktionellen Innervation, einer guten Durchblutung zur Nährstoffversorgung sowie zur Kühlung, und einer guten Stoffwechseldynamik in der Form von Energiereserven und die Nährstoffe verstoffwechselnden Enzymen.

Das Training von Langstreckenläufern bedeutet in hohem Maße das Training der Skelettmuskeln, damit diese, wenn es darauf ankommt, optimal funktionieren. Trainer und Sportler werden mit Literatur vieler Trainingsgerätehersteller überschwemmt, und alle behaupten, daß ihre Ausrüstung oder ihre Strategie am besten geeignet ist, optimale Leistungen zu erzielen. Begriffe wie Fast-twitch- (= schnell zuckende) und Slow-twitch- (= langsam zuckende) Muskelfasern, Faserumwandlung, Rekrutierung motorischer Einheiten, Hypertrophie und viele andere frustrieren jene, die zwar sportlich sehr interessiert sind, aber über kein biologisch-medizinisches Grundlagenwissen verfügen. In den letzten Jahren wurden so viele neue Erkenntnisse gewonnen, daß die Muskelphysiologie zu einer ziemlich labilen Wissenschaft wird: Die Hypothesen von heute können die Fakten, aber auch die Irrtümer von morgen sein. Eine kurze Zusammenfassung dessen, was im Moment als richtig erscheint, sollte wiederum nicht nur zur besseren Kommunikation zwischen Athleten, Trainern und Wissenschaftlern beitragen, sondern sollte auch zu einer intelligenteren Beurteilung von Trainingskonzepten zur Verbesserung der Funktion der Skelettmuskeln führen.

Anatomische Aspekte der neuromuskulären Integration

Die Bestimmung der Anzahl der Skelettmuskeln im menschlichen Körper führt zu Zahlen zwischen 435 (Gregor, 1989) und 650 (Thomas, 1989), je nachdem, welches Nomenklatursystem zugrundegelegt wird. Die meisten dieser Muskeln treten in Paarform auf, und ein Läufer setzt im Wettkampf nahezu alle diese Muskeln ein. Muskeln treten in vielfältiger Größe auf. Der M. stapedius des Mittelohrs ist nur 2 bis 3 mm lang, wohingegen der M. sartorius des Oberschenkels (Abbildung 1.4) bei großen Personen mehr als einen halben Meter lang sein kann. Die Skelettmuskeln sind normalerweise von einer dünnen Bindegewebeschicht, dem sogenannten Epimysium (Abbildung 1.13), umgeben.

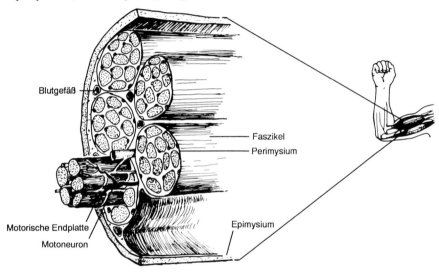

Abbildung 1.13: Allgemeine Aufteilung eines Skelettmuskels in kleine Gruppen von Muskelzellen, sogenannte Faszikel, wobei jedes Faszikel von einer Bindegewebehülle, dem Perimysium, umgeben ist. Jede Muskelzelle wird vom Ast eines Motoneurons innerviert.

Jeder Skelettmuskel besteht aus Dutzenden bis Hunderten Muskelzellen, die auch Muskelfasern genannt werden. Diese Muskelfasern setzen über Sehnen an den Knochen an. Das Epimysium setzt sich in den Körper eines jeden Muskels fort und umgibt kleine Gruppen von etwa einem Dutzend Muskelfasern. Diese umhüllende Bindegewebeschicht heißt Perimysium, und die Muskelfaserbündel heißen Faszikel. Diese sind manchmal so groß, daß man sie ohne Mikroskop erkennen kann.

Muskeln sind häufig auch von einem weißglänzenden, dichten und faserigen Bindegewebe, der sogenannten Faszie, umgeben. Dieses faserige Bindegewebe findet sich auch an anderen Stellen: Sehnen verbinden Muskeln mit Knochen, und

Bänder verbinden Knochen untereinander. Der Begriff Faszie geht auf das lateinische Wort für Band zurück, und es könnte nützlich sein, sich die die Muskeln umgebenden Faszien als eine Art Bandage vorzustellen, die die Haltestabilität erhöht. Das Läufern vielleicht bekannteste Band ist das Iliotibialband, das innerhalb der Fascia lata liegt (siehe Abbildung 1.14).

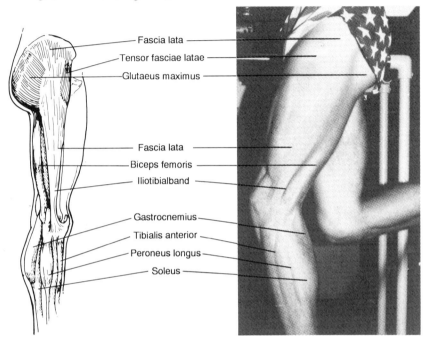

Abbildung 1.14: Seitliche Ansicht des Beines mit dem M. glutaeus maximus und den Mm.tensor fasciae latae der Hüfte, den Seitenbändern des Oberschenkels (fascia lata und Iliotibialband) und einigen Unterschenkelmuskeln

Zwei Muskeln in der Nähe der Hüfte, der M. glutaeus maximus und die Mm. tensor fasciae latae setzen am oberen Ende dieses Bandes an. Die Fascia lata erstreckt sich, wie gezeigt, über die Außenseite des Oberschenkels und setzt an der lateralen Tibiakondyle an der Außenseite des Unterschenkels an. Sie ist in diesem Bereich als das iliotibiale Band bekannt. Spannung in dieser Faszie trägt zur Stabilisierung des Kniegelenkes bei. Der Tensor fasciae latae zieht das Band während der Oberschenkelbeugung von vorne, während der Glutaeus maximus das Band während der Oberschenkelstreckung von hinten zieht. Wenn sich die Laufmechanik verändert, kann eine übermäßige Reibung, die dadurch verursacht wird, daß das Iliotibialband über die Spitze der lateralen Femurkondyle (Epikondyle des Femur) zieht, zu einer Entzündung und Schmerzen führen. In Kapitel 6 wird dieses Problem diskutiert, und Vorschläge zur Reduzierung seines Auftretens werden unterbreitet.

Die Anordnung der Faszikel in den Skelettmuskeln bestimmt zum Teil die Muskelkraft und den Bewegungsumfang des Gelenks, an dem sie ansetzen. Hinsichtlich der Anordnung der Fasern in den Skelettmuskeln gibt es beträchtliche Unterschiede. In den Abbildungen 1.14, 1.15 und 1.16 werden einige dieser Möglichkeiten dargestellt. Die Kombination von Zeichnungen und Fotos der Muskeln von Spitzenläufern soll einen bestmöglichen praktischen Einblick in diese Anordnungen vermitteln. Bei einem Muskel der Quadrizepsgruppe (dem Rectus femoris) sind die Faszikel federartig angeordnet. Die Sehne liegt in der Mitte, und die Faszikel laufen von zwei Seiten auf sie zu (Abbildung 1.14). Dieser Muskel wird doppelseitig gefiederter Muskel genannt. Einige Muskeln der ischiocruralen Gruppe (wie z.B. der M. semimembranosus und der M. semitendinosus) zeichnen sich auch durch eine gefiederförmige Anordnung der Faszikel aus, aber bei ihnen läuft die Sehne an einer Seite entlang (Abbildung 1.15). Diese Muskeln werden einseitig gefiedert genannt. Die Longitudinalmuskeln, deren bestes Beispiel der M. sartorius ist (Abbildung 1.14), sind riemenartig und dünn, und ihre Fasern sind über die gesamte Länge des Muskels parallel angeordnet.

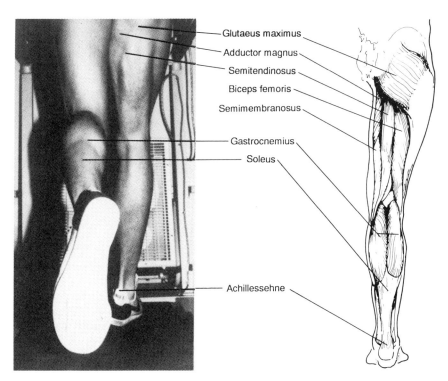

Abbildung 1.15: Rückansicht der Hüft- und Beinmuskeln, wobei besonders die drei Muskeln der ischiocruralen Gruppe zu sehen sind

In Abbildung 1.16 sind der M. pectoralis maior und der M. deltoideus dargestellt, die verschiedene Aktionen ausführen. Der M. pectoralis wird aufgrund seines fächerförmigen Aussehens dreiteiliger Muskel genannt; die Muskelfasern strahlen von dem engen Ansatz am Humerus kreisförmig zum Brust- und Schlüsselbein aus. Der mittlere Teil des M. deltoideus ist mehrfach gefiedert: Die Muskelfasern erstrecken sich diagonal zwischen mehreren Sehnen. Andere Teile des M. deltoideus sind spindelförmig. Ein anderer mehrfach gefiederter Muskel ist der M. glutaeus maximus (Abbildungen 1.14, 1.15). Der Gluteaus medius und minimus sind fächerförmig. Bei all diesen Muskeln ist die Faseranordnung optimal auf ihre speziellen Funktionen abgestimmt. So sind gefiederte Muskeln charakteristischerweise sehr kräftig für ihre Größe, haben dafür jedoch einen geringeren Bewegungsumfang als nichtgefiederte Muskeln.

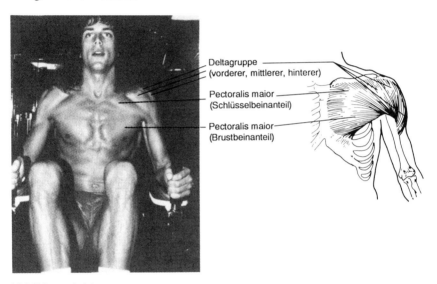

Abbildung 1.16: Vorderansicht der oberflächlichen Muskeln des Schultergelenks einschließlich der Pectoralis maior und Deltamuskeln

Die beiden Ansatzpunkte eines Muskels am Skelett werden Ursprung und Insertion genannt. Der **Ursprung** ist das weniger bewegliche Ende, das dichter am Körper liegt, während die **Insertionsstelle** beweglicher und weiter vom Körper entfernt ist. Nahezu alle mit Gelenken verbundenen Muskeln führen Aktionen aus, denen die Aktionen anderer Muskeln entgegengerichtet sind. Bei solchen Muskelpaaren ist der eine Muskel der Agonist - das heißt, er löst die betreffende Bewegung aus -, während der andere Muskel der Antagonist ist und zur Stabilisierung des betroffenen Gelenkes beiträgt. Der Antagonist bleibt entspannt, während der Agonist aktiv ist oder eine entgegengesetzte Bewegung ermöglicht. Eines der bekanntesten Muskelpaare sind der Bizeps und Trizeps des Oberarmes; während der erstere den Arm beugt, streckt der letztere ihn.

Die motorische Innervation ist im Zusammenhang mit der Muskelfunktion entscheidend. Ein **motorischer Nerv** besteht aus Dutzenden einzelner *Nervenzellen (Neurone)*, die sich verzweigen und sich mit einer unterschiedlichen Anzahl von Muskelfasern verbinden. Der motorische Punkt ist die Stelle, an der der Nerv in den Muskel eintritt. Physiotherapeuten kennen diese Stellen sehr gut, denn sie sind ausgebildet, die Muskelfunktion über die Dynamik der Muskelspannungserzeugung mittels Elektrostimulation zu untersuchen. Am motorischen Punkt führt bereits ein sehr geringer elektrischer Reiz zur Muskelerregung.

Unter einer **motorischen Einheit** versteht man ein einziges Motoneuron zusammen mit allen von ihm innervierten Skelettmuskelfasern. Diese Fasern sind im Muskel verteilt und liegen keineswegs eng beieinander. Auf diese Weise ist die Formveränderung des Muskels im Falle seiner Innervierung einheitlicher. Des weiteren verhindert diese Tatsache, daß viele aktive Muskelfasern sozusagen um die gleiche Blutversorgung wetteifern, was allerdings dann der Fall ist, wenn der gesamte Muskel extrem aktiv ist. In Abbildung 1.17 sind verschiedene Neuronverzweigungen dargestellt, wobei sich jede über ein neuromuskuläres Verbindungsstück (siehe auch Abbildung 1.13) mit einer Muskelfaser verbindet. Die Anzahl der Muskelfasern pro Motoneuron variiert sehr, in Abhängigkeit von der Spezifität der Muskelaktivität. Der mediale Kopf des menschlichen M. gastrocnemius weist z.B. etwa 1.900 Muskelfasern pro motorischer Einheit und nahezu 580 motorische Einheiten auf (Gregor, 1989). Dieser Muskel kann nur grobmotorische, relativ unspezifische Aktivitäten ausführen. Im Gegensatz hierzu verfügen die Neurone der Laryngalmuskeln über nur zwei bis drei Muskelfasern pro Neuron, deren Aktion sehr präzise ist. Bei allen motorischen Einheiten überlappen sich die Muskelfasern nur sehr gering; das heißt, die Muskelfasern verteilen sich gut innerhalb des Muskels.

Erzeugung von Muskelspannung

Normalerweise sind Neuron- und Muskelzellmembranen elektrisch polarisiert. Wenn ein motorischer Nerv ausreichend elektrisch gereizt wird, bewegt sich eine sehr kurze Depolarisationswelle (das sogenannte Neuron-Aktionspotential) durch seine verschiedenen Neurone (und durch ihre Verzweigungen), bis sie alle neuromuskulären Endplatten erreicht. Die Depolarisationswelle durchquert diese Endplatten und wird an ihrer Oberfläche als Muskelzellaktionspotential wieder reinitiiert. An bestimmten Punkten setzt sich diese Welle auch über transversale (T) Röhrchen, die als Einstülpungen der Zellmembran dienen, tief in den Muskel fort (Abbildung 1.18).

Beachten Sie, daß jede Muskelzelle über Dutzende parallel angeordnete Myofibrillen verfügt (Abbildung 1.18, 1.19), wobei dazwischen mehrere Arten von Zellorganellen liegen. Diese Organellen üben viele spezielle Funktionen aus, die erforderlich sind, um Zellen lebendig und bei Funktion zu halten. Der Zellkern ist z.B. für die Zellteilung verantwortlich. Jede Myofibrille setzt sich aus einer Vielzahl paralleler Myofilamente zusammen, die die beiden primären spannungserzeugenden Proteine Aktin und Myosin enthalten. Dickere Myosinfilamente sind um dünnere Aktinfilamente auf solche Weise herumgelagert, daß abgemessene Segmente, die sogenannten Sarkomere, gebildet werden. Ein anderes Organell, das sogenannte sarkoplasmatische Retikulum, dient als Speicher für Kalzium- (Ca^{++}-) Ionen, die für die physikochemische Interaktion von Aktin und Myosin notwendig sind.

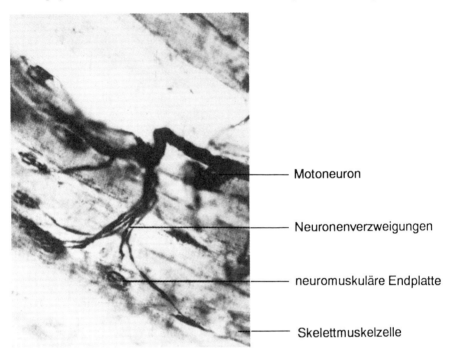

Abbildung 1.17: Bestandteile einer motorischen Einheit: ein Motoneuron mit seinen zahlreichen Verzweigungen, die sich über neuromuskuläre Endplatten mit einzelnen Muskelfasern verbinden

Aus dem Blickwinkel von Energie und Bewegung sind die Mitochondrien die wichtigsten Organellen (Abbildungen 1.19, 1.20). In diesen Organellen finden sich die Enzymsysteme, die einen völligen Abbau der Brennstoffe unter Anwesenheit von Sauerstoff ermöglichen. Dabei werden große Energiemengen freigesetzt, die Bewegung ermöglichen. Die bei diesem Abbau freigesetzte Energie wird in einem Molekül namens *Adenosintriphosphat (ATP)* gespeichert, das weiter unten genauer beschrieben wird. Wegen ihrer Rolle werden die Mitochondrien häufig als die Kraftwerke der Zelle bezeichnet. Sie sind in der Regel 1 bis 2 Mikrometer (µm) lang und 0,3 bis 0,7 µm breit. Ihre Größe und Form können jedoch je nach ihrer Lokalisierung im Gewebe und dessen metabolischem Zustand erheblich schwanken. Mitochondrien zeichnen sich durch eine auffällige Doppelmembranstruktur aus, wobei die innere Membran zu sogenannten *Cristae* gefaltet ist, wodurch sich ihre Oberfläche vergrößert. 25% des Gesamtproteingehaltes dieser inneren Mitochondrienmembrane enthalten all die verschiedenen für die aerobe Nährstoffverbrennung notwendigen Enzyme. Eine Anpassung des Skelettmuskels, die mit einer Steigerung der Stoffwechselaktivitäten einhergeht, drückt sich sowohl in einer Größenzunahme der Mitochondrien als auch in einer Zunahme ihrer Zahl aus.

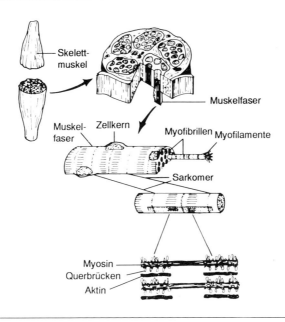

Abbildung 1.18: Mikroskopische Details der Skelettmuskelstruktur, wobei die sukzessive Unterteilung in Myofibrille und Myofilamente dargestellt wird. Die zwei wichtigsten Arten von Myofilamenten sind Aktin und Myosin. Myosinmoleküle sind dicker und schwerer, und ihre enzymatische Aktivität ist auf die sogenannten Querbrücken konzentriert. In Ruhe werden Aktin und Myosin durch die Anwesenheit anderer Proteinmoleküle, dem zwischen ihnen liegenden, hier nicht gezeigten Troponin-Tropomyosin-Komplex, an der Interaktion gehindert.

Aktinmoleküle verfügen über gebundenes ATP. In Myosinmolekülen findet eine Enzymaktivität statt, so daß sie ATP abbauen können; sie sind also ATPasen. Normalerweise werden diese beiden Moleküle an der Interaktion und Spannungserzeugung durch das Vorhandensein verschiedener Proteine, die wir der Einfachheit halber als *Troponin-Tropomyosin-Komplex* gruppieren können, gehindert (Abbildung 1.18). In diesem Zustand befindet sich der Muskel in Ruhe, das heißt, er erzeugt nur eine minimale Spannung. Eine Funktion der elektrischen Reizwelle, die sich über die Zellmembran hinwegbewegt, ist die Freisetzung von Ca^{++}-Ionen aus ihren Speichern innerhalb des sarkoplasmatischen Retikulums.

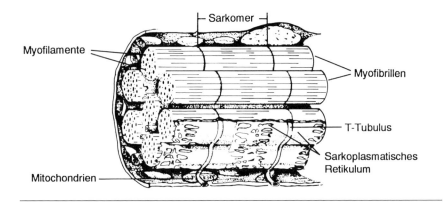

Abbildung 1.19: Die Ultrastruktur des Skelettmuskels. Es werden die Beziehungen zwischen den um die Myofibrillen herumgelagerten transversalen Tubuli (T) und dem sarkoplasmatischen Retikulum gezeigt. Das Muskelzellaktionspotential wandert die T-Tubulusmembran hinab und wirkt schließlich auf das Kalziumione enthaltende sarkoplasmatische Retikulum über dichte Kontaktpunkte ein. Der Einfluß des Aktionspotentials verursacht eine Freisetzung der Kalziumione aus dem sarkoplasmatischen Retikulum in den umgebenden myofibrillären Bereich, wodurch eine Interaktion (Aneinandervorbeigleiten) von Aktin- und Myosinmolekülen und eine Muskelverkürzung ermöglicht werden.

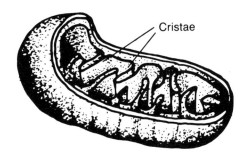

Abbildung 1.20: Anatomische Struktur eines Mitochondriums. Diese Zellorganellen sind eiförmig, ca. 2 µm lang und 0,7 µm breit, und verfügen über zwei unterschiedliche Membranstrukturen. Die innere Mitochondrienmembran ist grob gefaltet und zu Cristae geformt. Die Enzyme, die für die oxidative Brennstoffverwertung verantwortlich sind, sind ein integraler Bestandteil der Cristae.

Kalziumionen heben kurzfristig die vom Troponin-Tropomyosin-Komplex hervorgerufene Blockade auf, so daß eine Interaktion von Myosin und Aktin dank der Energiefreisetzung durch den enzymatischen Abbau von ATP stattfinden kann. Die Interaktionen zwischen den Aktin- und Myosinmolekülen werden als *Querbrückenverbindungen* bezeichnet. Sie bilden die Grundlage der muskulären Spannungserzeugung. Eine Gleitfilamenttheorie der muskulären Spannungserzeugung, wobei die Aktin- und Myosinmoleküle schlicht dadurch aneinander vorbeigleiten, daß sich ihre Querbrückenverbindungen rasch bilden und wieder lösen, wurde vor 36 Jahren von zwei unterschiedlichen Forschergruppen formuliert (Huxley & Hanson, 1954; Huxley & Niedergerke, 1954). Diese Verkürzung oder Verlängerung der Sarkomere verursacht dieser Theorie zufolge entsprechende Änderungen der Muskellänge. Die Theorie dieser Forscher hat sich als im wesentlichen korrekt herausgestellt.

Spannung kann ohne Veränderung der Muskellänge aufrechterhalten werden (sogenannte *isometrische* oder *statische* Spannung), oder sie führt dazu, daß die Myofilamente aneinander vorbeigleiten (Abbildung 1.18). Dieses Aneinandervorbeigleiten kann zu einer Verlängerung (exzentrische Spannung) oder Verkürzung (konzentrische Spannung) führen, je nach Stellung und Belastung des Muskels. Wenn es einmal zu einer Spannungserzeugung gekommen ist, führt ein Rückfluß der Ca^{++}-Ione in ihre Speicher wieder zur Entspannung. Eine Steigerung der Stimulationshäufigkeit und -stärke (Steigerung der Anzahl der aktivierten motorischen Einheiten) führt zu einer Steigerung der Gesamtmuskelspannung.

Zwischen dem Grad der Spannung (und damit der Kraft), die ein Muskel erzeugen kann, und der Geschwindigkeit, mit der die Verkürzung oder Verlängerung stattfindet, besteht ein spezifischer Zusammenhang. Je schneller die Querbrückenverbindungen zwischen den Aktin- und Myosinfilamenten hergestellt werden, desto schneller können sie aneinander vorbeigleiten und desto schneller erfolgt die Spannungserzeugung im Muskel. Je schneller jedoch die Querbrückenverbindung erfolgt, desto geringer ist die Anzahl der Verbindungen zu einem gegebenen Zeitpunkt, und desto geringer ist der Nettowert der erzeugten Spannung.

Für Sprinter, die gleichzeitig schnell und kräftig sein sollen, stellt diese Situation ein wirkliches Dilemma dar. Die einzige Weise, wie sie diesem Ziel gerecht werden können, ist die Rekrutierung einer großen Anzahl von Muskelfasern und ihre Entwicklung durch ein vorangehendes Training, das den Proteingehalt jeder Zelle erhöht. Dies erklärt zumindest ansatzweise, warum herausragende Sprinter charakteristischerweise über eine ausgeprägte Beinmuskulatur verfügen. In Abbildung 1.21 ist dieses Kraft-Geschwindigkeits-Verhältnis dargestellt.

Auf der Vertikalachse (Ordinate) ist die Muskelkraft eingetragen und auf der Horizontalachse (Abszisse) die Schnelligkeit der Muskelbewegung. Mit Zunahme der Geschwindigkeit der Muskelverkürzung oder -dehnung nimmt die tolerierte Belastung ab. Training führt bei einer gegebenen Geschwindigkeit zu einer Verbesserung der tolerierten Arbeitsbelastung (Punkt Y auf der Kurve) aufgrund einer Zunahme des Muskelproteins und der Fähigkeit, mehr Fasern zu rekrutieren. Durch eine neurologische Hemmung wird eine extreme Kraftentfaltung ganzer Muskeln bei sehr geringen Geschwindigkeiten verhindert; dies ist nicht zu beobachten, wenn einzelne Muskelpräparate experimentell stimuliert werden.

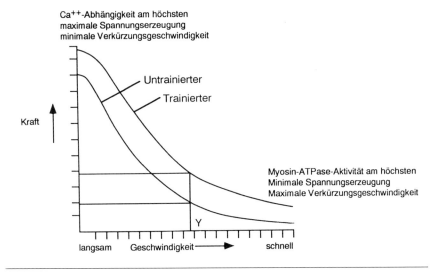

Abbildung 1.21: Beziehung zwischen der entwickelten Muskelkraft (die auch als Arbeitsbelastung, Muskelspannung oder Drehmoment bezeichnet wird) und der Geschwindigkeit der Muskelverkürzung. Das Training eines Muskels mit dem Ziel einer größeren Belastungstoleranz führt zu Anpassungen innerhalb der Muskelzelle, wodurch bei submaximalen Geschwindigkeiten eine größere Leistung möglich wird.

Skelettmuskelfaserarten

Bereits im ausgehenden 19. Jahrhundert wurde in der wissenschaftlichen Literatur (Ranvier, 1873) auf grobe Unterschiede in der Farbe der Skelettmuskeln sowohl innerhalb einer Art als auch zwischen unterschiedlichen Arten hingewiesen.

Man braucht nur einmal in die Fleischabteilung eines Lebensmittelladens zu gehen und das weiße und dunkle Fleisch von Hühnchen oder die roten Scheiben Rindfleisch mit den gräulichen Scheiben Schweinefleisch zu vergleichen, um sich bewußt zu machen, daß es große Variationen gibt. Derartige offensichtliche individuelle Unterschiede in der Muskulatur führten zu sehr detaillierten Untersuchungen dieses Gewebes mit dem Ziel, herauszufinden, wie man mit Hilfe dieser Farbunterschiede die Eigenschaften einzelner spannungserzeugender Muskelzellen erklären könnte. Die Folge ist, daß wir mehr über die Funktion der Skelettmuskeln - bis auf die Molekularebene hinunter - wissen als über irgendein anderes Organsystem. Eine Erklärung für die Farbunterschiede konnte relativ schnell gefunden werden. Jede von zwei verschiedenen Arten rot-pigmentierter Substanzen spielt eine wichtige Rolle im kompletten Stoffwechsel der Brennstoffe. Bei der einen

Substanz handelt es sich um Myoglobin, ein sauerstoffbindendes Pigment, das hinsichtlich seiner Funktion dem Hämoglobin ähnelt. Bei der anderen Substanz handelt es sich um eine Reihe von Molekülen, die Cytochrom-Enzyme genannt werden. An späterer Stelle wird auf die Rolle dieser Enzyme im Rahmen der Nährstoffverwertung, Energiefreisetzung und Interaktion mit Sauerstoff näher eingegangen.

Muskeln, die nahezu weiß aussehen, bestehen aus Zellen, die erheblich weniger Myoglobin und Cytochrom-Enzyme enthalten als Muskelzellen, die eine brillantrote Farbe aufweisen. Die Muskeln, die farblich zwischen diesen beiden Extremen liegen, sind im Hinblick auf ihre Faserzusammensetzung heterogen, das heißt, sie setzen sich aus einer Mischung beider Zellarten zusammen. Die wichtige Frage für diejenigen, die sich für körperliche Arbeit und Belastung interessieren, ist die nach der Beziehung zwischen Farbe und Leistung.

Frühe physiologische Untersuchungen der Muskelfunktion ließen vermuten, daß zwischen Struktur und Funktion einige allgemeine Beziehungen bestehen. Im allgemeinen gehören Muskeln, die bei der Körperhaltung eine wichtige Rolle spielen (die Anti-Schwerkraft-Muskeln), eher der roten Spezies an, während die schwerkraft-unterstützten Muskeln eher heller gefärbt sind. Diese Erkenntnis führte zur Einführung der Begriffe *tonisch* (oder ermüdungsresistent) für die roten Fasern und *phasisch* (oder ermüdungsanfällig) für die weißen Fasern.

Während der späten 60er und der frühen 70er Jahre, besonders mit Einführung von Labormethoden der Enzym-Histochemie, lenkte das fortgesetzte Interesse am Verständnis der Details der Muskelstruktur und -funktion den Forschungsschwerpunkt nicht nur auf spezifische Enzyme, die eine Rolle im Stoffwechsel spielen, sondern auch auf unterschiedliche Arten des myofibrillären Proteins. Freiwilligen wurde Muskelgewebe in Form von Nadelbiopsieproben entnommen. Bei der Nadelbiopsie wird der Schmerz durch eine örtliche Betäubung minimiert. Sofort nach der Entnahme wird das entnommene Muskelgewebe tiefgefroren und für die spätere Sektion und Untersuchung mittels einer Vielzahl von Labormethoden konserviert. Die Ergebnisse dieser verfeinerten Analysen führten zu einigen neuen Faser-Klassifikationsschemata in der wissenschaftlichen Literatur. Leider sind aus unterschiedlichen technischen Gründen nicht alle dieser Schemata exakt austauschbar. Es existieren einige hervorragende Überblicksartikel über den Fortschritt in diesen Bereichen (Gollnick & Hodgson, 1986; Rice, Pettigrew, Noble & Taylor, 1988; Saltin & Gollnick, 1983). Unsere Absicht ist, einige grundsätzliche Informationen zu vermitteln - Begriffe, Konzepte und Schlußfolgerungen -, die uns eine bessere Einschätzung der Bedeutung der Muskelfaserarten aus der Sicht der Leistungsphysiologie ermöglichen.

Ein Begriffssystem stammt aus der Arbeit von Brooke und Engle (1969). Diese Forscher untersuchten das Verhalten der Myosin-ATPase in den Myofibrillen. Sie unterteilten die Muskelfasern in zwei Gruppen, die sie Typ I und Typ II nannten. Ihre Typ-I-Fasern entsprachen grob den ermüdungsresistenten Fasern, während die Muskelfasern des Typs II den ermüdungsanfälligen Fasern entsprachen. Edstrom und Nystrom (1969) bezeichneten die Typ-I-Fasern als rote Fasern und die Typ-II-Fasern als weiße Fasern. Man fand jedoch schon wenig später heraus, daß die Typ-II-Fasern einer von zwei unterschiedlichen Kategorien zuzuordnen waren, in

Abhängigkeit davon, ob sie zusätzlich eine hohe (Typ IIa) oder niedrige (Typ IIb) oxidative Enzymaktivität zeigten (Brooke & Kaiser, 1970).

Folgende physiologische Untersuchungen von Gollnick, Armstrong, Saubert, Piehl und Saltin (1972) veranschaulichten, daß die Muskelzellen vom Typ I im Falle einer Reizung längere Zeit zur Erzeugung einer maximalen Spannung benötigen als Muskelzellen des Typs II (75 im Vergleich zu 35 Millisekunden). Dies wird in Abbildung 1.22 dargestellt. Auf diese Weise kamen die Begriffe *slow-twitch (ST = langsam zuckend)* und *fast-twitch (FT = schnellzuckend)* in „Mode", um die Typ-I- bzw. die Typ-II-Fasern zu beschreiben. In Tabelle 1.1 sind einige grundlegende Unterschiede zwischen diesen primären Fasertypen dargestellt. Es sollte jedoch darauf hingewiesen werden, daß es sich bei dieser Gegenüberstellung um eine übertriebene Vereinfachung handelt.

Zu ungefähr gleicher Zeit untersuchten J.B. Peter und seine Kollegen (Peter, Barnard, Edgerton, Gillespie & Stempel, 1972) die Eigenschaften der beiden Kategorien von Typ-II-Fasern weiter. Sie stellten ein weiteres Begriffssystem zur Diskussion, das spannungserzeugende Eigenschaften und Stoffwechseleigenschaften zur Identifizierung der verschiedenen Faserarten verband. Die Fasern des Typs I wurden *slow oxidative (SO = langsam-oxidativ)* genannt. Der Begriff *slow oxidative* bezieht sich auf die vollständige Nährstoffverbrennung bei Sauerstoffverbrauch. Die Fasern des Typs II erhielten zwei Bezeichnungen: *fast glycolytic (FG = schnell-glykolytisch)*, wobei sich der Begriff glykolytisch auf einen Schwerpunkt auf der Glykogen- und Glukoseverwertung zu Milchsäure, die keinen Sauerstoff benötigt, bezieht, oder *fast oxidative-glycolytic (FOG = schnell-oxidativ-glykolytisch)*, was auf eine gute Fähigkeit zum kompletten (oxidativ oder aeroben) Stoffwechsel wie auch zum unvollständigen (glykolytischen oder anaeroben) hindeutet. FG-Fasern ähneln also Typ-IIb-Fasern, wobei die FOG-Fasern den Fasern vom Typ IIa entsprechen.

Vor diesem detaillierten Hintergrundwissen sollen im folgenden die menschlichen Skelettmuskeln unter dem Gesichtspunkt des Fasertyps und der Leistung betrachtet werden.

Wie sind die verschiedenen Faserarten in den menschlichen Muskeln angeordnet? Im Unterschied zu bestimmten Säugetieren setzen sich menschliche Skelettmuskeln nie ausschließlich aus FT- oder ST-Fasern zusammen. Die meisten Muskeln sind sehr heterogen zusammengesetzt. Selbst innerhalb eines einzigen Muskels variiert die Faseranordnung in unterschiedlichen Regionen. Als Beispiel zeigten Bengt Saltin und seine Mitarbeiter (Saltin, Henriksson, Nygaard & Andersen, 1979), daß Muskeln wie z.B. der Gastrocnemius des Unterschenkels, der Vastus lateralis und Rectus femoris im Oberschenkel und der Biceps brachii im Arm bei Untrainierten zu 50% aus FT- und zu 50% aus ST-Fasern bestehen. Der Soleus (ein Anti-Schwerkraft-Muskel) besteht hauptsächlich aus ST-Fasern (zu 75 bis 90%), während der Triceps brachii vorwiegend aus FT-Fasern besteht (60-80%).

Verfügen Ausdauer- oder Kraftsportler der Spitzenklasse über größere Anteile von Muskeln der einen oder anderen Faserart? Zahlreiche Belege deuten darauf hin, daß diese Frage zu bejahen ist. Leider wurden diese Sportler vor Beginn ihres systematischen Trainings keiner Muskelbiopsie unterzogen. Daher wird die Interaktion zwischen Vererbung und Training noch immer nicht richtig verstanden. Empfanden die betroffenen Athleten ihre jeweilige Sportart als eine leichte Sportart, um über andere Personen zu dominieren, weil sie zusätzlich zu ihrem harten Training über eine genetische Veranlagung für die betreffende Sportart oder Disziplin in Gestalt des richtigen Fasertyps verfügten? Eine eindeutige Antwort auf diese Frage ist nicht möglich. So zeigte z.b. der seitliche Kopf des M. gastrocnemius von 14 männlichen Langstrecklern eine Spannweite von 50 bis 98% ST-Fasern (Fink, Costill & Pollock, 1977) im Vergleich zu einer Spannweite von 50 bis 64% bei untrainierten Personen (Rice et al., 1988). Bei den Spitzenläufern bestanden jedoch 82% des Muskelquerschnitts aus ST-Fasern, da die ST-Fasern 29% größer als die FT-Fasern waren. Training kann also zu einer selektiven Vergrößerung von Muskelfasern führen, und im folgenden werden einige der Veränderungen, die Training verursachen kann, beschrieben.

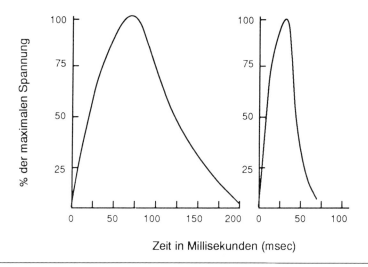

Abbildung 1.22: Unterschied zwischen den Zuckungscharakteristika der Fast-twitch- und der Slow-twitch-Skelettmuskelfasern. Slow-twitch-Fasern (links) erreichen ihre maximale Spannung etwa 75 msec nach der Reizung und haben sich nach ca. 200 msec völlig erholt. Fast-twitch-Fasern erreichen ihre maximale Spannung hingegen schneller (in 30 bis 35 msec) und erholen sich schneller (in etwa 70 msec). Quelle: Aus: „Relationship of Strength and Endurance With Skeletal Muscle Structure and Metabolic Potential" von P.D. Gollnick, 1982, International Journal of Sports Medicine, 3, S. 26. Copyright Georg Thieme Verlag 1982. Nachdruck mit freundlicher Genehmigung.

Innerhalb dieser Gruppe von Spitzenläufern korrelierte das Verhältnis von ST- zu FT-Fasern nur schlecht mit dem Lauferfolg, der anhand der jeweiligen persönlichen Bestzeit bestimmt wurde. Auf diese schlechte Korrelation wurde bereits an anderer Stelle hingewiesen (Gollnick & Matoba, 1984). Zusätzliche Faktoren tragen zur erfolgreichen Vorbereitung eines Sportlers bei, wie z.b. der Wille, ein langjähriges, anspruchsvolles Training zu absolvieren, ein geeigneter Trainingsplan, der eine Entwicklung ohne Verletzung ermöglicht, und eine verbesserte Laufeffizienz. Viele Variablen sind auch für eine herausragende Wettkampfleistung erforderlich, wie z.B. das Erreichen einer Spitzenform zum entscheidenden Zeitpunkt, ein psychisches Profil und eine Bereitschaft, die optimal zum Erfolg beiträgt, und nahezu perfekte Wettkampfbedingungen. Schließlich gibt es beträchtliche Überlappungen hinsichtlich des Ausmaßes, in dem verschiedene Fasertyp-Kombinationen sportliche Leistungen erklären können. Betrachten Sie z.b. die folgenden sechs Leistungen des Marokkaners Said Aouita während zweier Monate im Jahre 1986:

Disziplin	Zeit	Datum	Platz in der Weltbestenliste 1986
1 Meile	3:30.33	Aug.	4. Platz
2.000 m	4:51.98	Sept.	1. Platz
3.000 m	7:32.23	Aug.	1. Platz
2 Meilen	8:14.08	Sept.	1. Platz
5.000 m	13:00.86	Aug.	1. Platz
10.000 m	27:26.11	Juli	2. Platz

Tabelle 1.1: Merkmale der langsamen oxidativen und schnellen glykolytischen Fasern

Slow-twitch- (ST) Muskelfasern	Fast-twitch- (FT) Muskelfasern
Grob bezeichnet als rote bzw. tonische Fasern	Grob bezeichnet als weiße oder phasische Fasern
Beispiel eines überwiegenden ST-Muskels beim Menschen: Soleus	Beispiel eines überwiegenden FT-Muskels beim Menschen: Trizeps brachii
Längere Muskelfasern, daher größere Fähigkeit zur Längenänderung	Kürzere Muskelfasern, daher geringere Fähigkeit zur Längenänderung
Aufrechterhaltung der Körperhaltung	Schnellere, willkürliche Bewegungen
Schnellere Rekrutierbarkeit; niedrigere Stimulationsschwelle (-70 mV) und kleineres Verbindungsneuron	Langsamere Rekrutierbarkeit; höhere Stimulationsschwelle (-85 mV) und größeres Verbindungsneuron
Längere Zeit bis zum Erreichen maximaler Spannung (75 msec)	Kürzere Zeit bis zum Erreichen maximaler Spannung (35 msec)
Weniger Muskelzellen pro motorische Einheit; geringere Kraftfähigkeit	Mehr Muskelzellen pro motorische Einheit; größere Kraft
Gute Ausdauer, langsame Ermüdbarkeit	Schlechte Ausdauer, schnelle Ermüdbarkeit
Überwiegend oxidative Enzyme	Überwiegend glykolytische Enzyme
Mehr Mitochondrien	Weniger Mitochondrien
Enthalten H-Form der Dehydrogenase	Enthalten M-Form der Dehydrogenase
Höhere umgebende Kapillarisierung	Geringere umgebende Kapillarisierung
Keine Veränderung des Glykogengehalts nach wiederholter Stimulation über einen Zeitraum von 2 Stunden mit einer Frequenz von 10/sec	Stimulation mit relativ niedrigen Frequenzen (5/sec) reduziert das gespeicherte Glykogen
Höherer Myoglobingehalt	Mehr Speicherkalzium zur Interaktion mit spannungserzeugenden Proteinen

Es wird offensichtlich, daß Aouita über eine herausragende Leistungsspannbreite verfügt. Was die Kurzstrecken angeht, so ist ein genetisch bedingter großzügiger FT-Faseranteil entscheidend, aber die 10.000 m können nicht ohne einen erheblichen, ebenfalls genetisch festgelegten ST-Faseranteil, der für die aeroben Fähigkeiten sorgt, gelaufen werden. Angesichts der vielfältigen Ergebnisse publizierter Untersuchungen zum Verhältnis von Leistung und Fasertyp könnte somit die Vermutung plausibel sein, daß eine Biopsie Aouitas wichtigster Laufmuskeln ein prozentuales Verhältnis der FT- zu den ST-Fasern irgendwo im Bereich von 60:40 über 50:50 bis 40:60 ergeben könnte, um die aufgeführten Laufleistungen zu erklären.

Wie sind Muskelfasertypen in den motorischen Einheiten angeordnet, und wie werden sie während körperlicher Belastung rekrutiert? Motorische Einheiten sind entweder durchweg schnellzuckend oder durchweg langsamzuckend; es gibt keine Mischformen. Man unterscheidet zwei Mechanismen zur Steigerung der vom Skelettmuskel erzeugten Spannung: die sogenannte *Frequenzkodierung* - die Intensität der Aktivität der stimulierten Neurone nimmt zu - und die *Rekrutierung*, das heißt, zusätzliche Motoneurone werden aktiviert. Wie vor kurzem von Deschenes (1989) gezeigt, scheint das Prinzip der Rekrutierung (auf Basis der Neuronengröße) der bevorzugte Mechanismus zu sein, obwohl die Frequenzkodierung während Belastungen höherer Intensität ins Spiel kommen kann. Bei relativ geringen Belastungsintensitäten werden vorwiegend ST-Fasern genutzt. Dies liegt daran, daß ihre Innervation vorwiegend über kleinere Neurone erfolgt, die durch eine Reizung niedriger Intensität aktiviert werden. Steigende Belastungen erfordern die Aktivierung von mehr Muskelprotein, was durch die Rekrutierung zusätzlicher motorischer Einheiten erreicht wird.

In Abbildung 1.23 ist diese Beziehung deutlicher dargestellt. Langsam zuckende motorische Einheiten reagieren, um die Anforderungen bei leichteren submaximalen Belastungen zu decken. Die FT-Fasern vom Typ IIa und IIb treten dann in Aktion, wenn die Belastungen anspruchsvoller werden und eine maximale Intensität erreichen. Dies ist ein ideal gestaltetes System, um erstens eine optimale Nutzung der Muskelfasern zu gewährleisten, die auf den vollständigen Stoffwechsel während geringerer Belastungen spezialisiert sind, zweitens die Anhäufung anaerober Stoffwechselabfallprodukte (wie z.B. Milchsäure), die dann auftreten würde, wenn FT-Fasern des Typs IIa (und besonders des Typs IIb) mobilisiert würden, zu minimieren, und um drittens die Nutzung beider Brennstofformen (Kohlenhydrate und Fettsäuren) zu nutzen. Wenn die Belastung intensiver wird, werden die ST-Fasern nicht durch die FT-Fasern ersetzt, sondern die FT-Fasern tragen sozusagen in Teamarbeit zu der von den bereits aktivierten ST-Fasern erbrachten Leistung zusätzlich bei. Die praktische Bedeutung dieser Tatsache für ausdauerorientierte Läufer besteht darin, daß im Falle eines monatelangen Trainings ohne hochintensive Belastungen eine beträchtliche Anzahl von Muskelfasern - das gesamte FT-Komplement - nur eines geringen Trainingsreizes bedarf, um ihr Leistungspotential zu verbessern. Dies ist eine physiologische Erklärung für einen später in diesem Buch immer wieder betonten Trainingsgrundsatz: Verzichten Sie über längere Zeiträume nie völlig auf die periodische Einbeziehung von Läufen im schnelleren Tempo, um die Leistungsfähigkeit der FT-Fasern aufrechtzuerhalten.

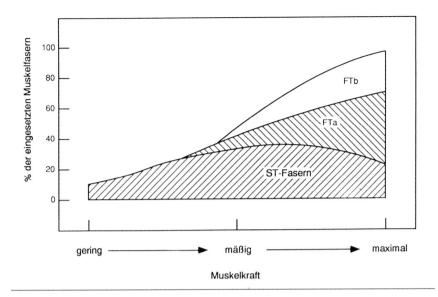

Abbildung 1.23: Beziehung zwischen Belastungsintensität und Utilisation der schnell- und langsamzuckenden Muskelfasern. Geht man vom hypothetischen Beispiel eines Individuums mit 45 % ST-Fasern, 40 % FT-Fasern des Typs IIa und 15 % FT-Fasern des Typs IIb aus, so wird es sich bei maximalen Belastungen bei mehr als der Hälfte der genutzten Fasern um FT-Fasern handeln. Die relativ hohe Stimulationsschwelle dieser Fasern führt jedoch dazu, daß der Einfluß der ST-Fasern bei leichten und sogar mäßigen Belastungsintensitäten dominant ist. Anmerkung: Aus „Weight Training for Swimmers - A Practical Approach" von R. Uebel, 1987, National Strength and Conditioning Association Journal, 9 (3), S. 39. Copyright 1987 National Strength and Conditioning Association Journal. Nachdruck mit freundlicher Genehmigung der National Strength and Conditioning Association, Lincoln, Nebraska.

Was bestimmt den Prozentsatz der verschiedenen Fasertypen? Untersuchungen von Komi et al. (1977) an eineiigen Zwillingen lassen vermuten, daß der Fasertyp in den Skelettmuskeln genetisch festgelegt ist. Zusätzliche beachtenswerte Arbeiten von Buller, Eccles und Eccles (1960) deuten darauf hin, daß das Nervensystem bestimmt, ob es sich bei einer Muskelzelle um eine FT- oder eine ST-Faser handelt. Dies wurde in späteren Tieruntersuchungen von Close (1969) und Barany/Close (1971) unter Verwendung der Cross-Reinnervation (d.h. Durchtrennung von Nerven, die vorwiegend FT- und ST-Fasern innervieren, mit daran anschließender Verbindung der entgegengesetzten Enden) noch deutlicher gezeigt. Bei Ratten und Katzen wurden nach der Cross-Reinnervation aus FT- ST-Fasern, nicht nur hinsichtlich ihrer Myosineigenschaften, sondern auch hinsichtlich anderer Eigenschaften, wie z.B. der Mitochondriendichte, Enzymzusammensetzung und sogar der Anzahl der Kapillaren um eine Muskelzelle (bei ST-Fasern finden sich mehr Kapillaren als bei FT-Fasern).

Gibt es hinsichtlich des Fasertyps Unterschiede zwischen Mittel- und Langstreckenläufern und -läuferinnen? Die wenigen vorhandenen Daten lassen vermuten, daß keine Unterschiede bestehen. Zwei bekannte Untersuchungen an Spitzenlangstreckenläufern (Fink et al., 1977) und -läuferinnen (Costill, Fink, Flynn & Kirwan, 1987) zeigten ganz ähnliche Faserverhältnisse und Faserzusammensetzungen (Mitochondriengröße und Enzymaktivitätsprofile) bei Athleten, die sich in ähnlichen Disziplinen spezialisierten. So tendierten Marathonläufer zu einem höheren ST-Faseranteil als Mittelstreckenläufer. Ein immer wieder festgestellter Geschlechtsunterschied bei Läufern, unabhängig von der jeweiligen Spezialdisziplin, ist jedoch der bei Männern größere Faserquerschnitt vor allem in FT-Fasern. Dies ist vermutlich das Ergebnis der muskelproteinbildenden Funktion von Testosteron, das bei Männern in einer höheren Konzentration vorliegt als bei Frauen.

Kann der Reiz eines systematischen Ausdauer- oder Krafttrainings dazu führen, daß FT-Fasern sich in ST-Fasern umwandeln oder umgekehrt? Dieser Frage wird seit mehreren Jahren in sorgfältig kontrollierten Längsschnittstudien an Menschen und Versuchstieren nachgegangen (Pette, 1984). Die Ergebnisse lassen noch keine eindeutige Schlußfolgerung zu, ob eine komplette Faserumwandlung (FT- zu ST-Fasern oder ST- zu FT-Fasern) mit enzymatischen Veränderungen, Veränderungen des myofibrillären Proteins und anderer physiologischer Aspekte auftreten kann. Eine Änderung der relativen Anzahl der FG- und FOG-Fasern wurde jedoch mit ziemlicher Sicherheit nachgewiesen (Henriksson & Reitman, 1976; Ingjer, 1979; Prince, Hikida & Hagerman, 1976). Als Reaktion auf einen chronischen submaximalen Trainingsstimulus in Gestalt langdauernder Läufe, der eine größere oxidative Kapazität der arbeitenden Muskeln bewirkt, können FG- (Typ IIb) Fasern demzufolge vor allem die Merkmale von FOG- (Typ IIa) Fasern annehmen. Dies bedeutet eine Aufrechterhaltung der anaeroben Aspekte der Zellfunktion und eine Verbesserung der aeroben Aspekte. Insgesamt wird die Wettkampfleistung gesteigert. Eine entgegengesetzte Änderung kann bei Krafttraining auftreten.

Auswirkungen von Training auf die Leistung der Skelettmuskeln

Das Skelettmuskelgewebe verfügt über eine enorme Kapazität, sich an gesteigerte kraft- sowie ausdauerorientierte Belastungen anzupassen. Bei diesen Veränderungen handelt es sich um strukturelle, biochemische, ernährungsbezogene und kardiovaskuläre Verbesserungen der Arbeitskapazität. Die resultierende Steigerung der Kraft und Toleranz gegenüber submaximaler Arbeit verbessert die Leistungsfähigkeit, was seinerseits (in vernünftigen Grenzen) wiederum zu einer verbesserten Verletzungsresistenz führt. Zwei lesenswerte Berichte über die Fortschritte in diesem Bereich wurden von Holloszy und Coyle (1984) sowie Nadel (1985) publiziert.

Eine positive Anpassung an Ausdauertraining ist eine Erhöhung des Myoglobingehalts der Skelettmuskulatur um 80 % (Pattengale & Holloszy, 1967). Diese Untersuchung bestätigt, was mehr oder weniger stets angenommen wurde, seit G.H. Whipple im Jahre 1926 zeigte, daß Jagdhunde über mehr Myoglobin in ihren Arbeitsmuskeln verfügen als Haushunde. Dieses vermehrte Myoglobin bedeutet ein größeres Sauerstoffreservoir der Arbeitsmuskeln, wenn die Sauerstoffversorgung über das Kreislaufsystem nicht mehr ausreicht.

Zusammen mit einem verbesserten intrazellulären Sauerstoffreservoir wird auch die Sauerstoffabgabefähigkeit verbessert. Untersuchungen von Brodal, Ingjer und Hermansen (1977) haben gezeigt, daß Ausdauersportler über eine bessere Kapillarisierung ihrer Arbeitsmuskeln verfügen als untrainierte. Beachten Sie in Tabelle 1.1, daß untrainierte Skelettmuskeln durch weniger Kapillaren in der Umgebung der FT-Fasern als in der Umgebung der ST-Fasern gekennzeichnet sind. Untersuchungen von Saltin et al. (1977) zufolge befinden sich typischerweise vier Kapillaren in der Umgebung der ST- und FT-Typ-IIa-Fasern und drei in der Umgebung der FT-Zellen vom Typ II b. Ausdauertraining führt zu einer signifikanten Steigerung der Anzahl der Kapillaren in der Umgebung der ST-Fasern. Dadurch verringert sich die Diffusionsstrecke für den aus dem Kapillarblut in die arbeitende Muskelzelle wandernden Sauerstoff. Wie in Abbildung 1.24 dargestellt, zeigte Karlsson (1986), daß zwischen dem Prozentsatz der ST-Fasern in den Arbeitsmuskeln und der maximalen Sauerstoffaufnahme während körperlicher Belastung (VO_{2max}) eine positive Beziehung besteht. Saltin et al. (1977) zeigten eine ähnliche Beziehung zwischen der Kapillarisierung der Skelettmuskelfasern und der VO_{2max}. Die kardiopulmonalen Aspekte der Sauerstoffabgabe und der Kapillarisierung und ihre Beziehung zur Ausdauerleistung werden in Kapitel 2 diskutiert.

Holloszy (1967) zeigte ebenfalls, daß sich während des Ausdauertrainings in den nunmehr größeren Mitochondrien der FT-Fasern vom Typ II a und ST-Fasern wesentlich mehr an der Verstoffwechselung der Nährstoffe beteiligte Enzyme befinden. Somit kann es zu einer Steigerung der Wiederauffüllungsrate der ATP-Speicher kommen (ATP ist die zelluläre Speicherform von Energie). Es kommt auch zu einer Steigerung der Mitochondrienanzahl (Hoppeler, Luthi, Claassen, Weibel & Howald, 1973). Der Nettoeffekt dieser Anpassungen ist in etwa dem Einsetzen eines stärkeren Motors in ein Auto ähnlich. Oder, im Körperkontext, trainierte Skelettmuskeln werden dem Herzmuskel hinsichtlich ihrer Fähigkeit, lange submaximale Belastungen zu tolerieren, immer ähnlicher. Nur die vom Training beeinflußten Muskeln zeigen diese gesteigerte mitochondriale Dynamik. Die Erklärung hierfür liegt z.T. im wichtigen Prinzip der **Symmorphose** (Taylor & Weibel, 1981), demzufolge das Ausmaß der Anpassung lediglich den Erfordernissen des Stimulus entspricht. Dies bedeutet, daß es vermutlich nie zu einer Überanpassung kommt, da dies in metabolischer Hinsicht zu „teuer" wäre. Die Zeit, die diese Anpassung benötigt, wird durch die Grenzen der intrazellulären

Stoffumwandlung und -produktion diktiert. (Ein Maurer, der in seinem höchsten Tempo arbeitet, wird vermutlich nicht mehr Steine verarbeiten, wenn er besser bezahlt wird, ganz einfach, weil sich durch den erhöhten Lohn sein fachliches Können nicht verbessert.) Je länger die an das System gestellten Anforderungen sind, desto größer ist das Ausmaß der Anpassungsreaktion, was sich in den Leistungsmerkmalen der Muskelfasern widerspiegelt.

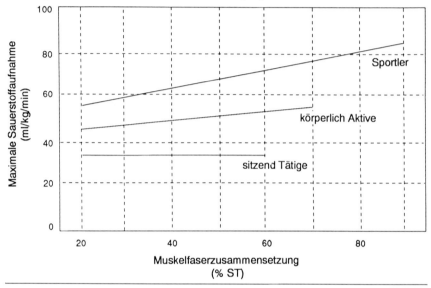

Abbildung 1.24: Beziehung zwischen der VO_{2max} und dem Prozentsatz langsam zuckender Fasern bei drei wichtigen Personengruppen. Ausdauertraining verbessert die Leistungsfähigkeit dieser Muskeln. Menschen mit einem höheren Prozentsatz langsam zuckender Fasern reagieren besser als Personen mit einer geringeren Anzahl langsam zuckender Fasern und verbessern ihre maximale Sauerstoffaufnahmefähigkeit in einem größeren Ausmaß. Aus: „Muscle Fiber Composition, Metabolic Potentials, Oxygen Transport and Exercise Performance in Man" von J. Karlsson. In Biochemical Aspects of Physical Exercise (S. 4) von Genzi, L. Packer, N. Siliprandi (Hrsg.) 1986, Amsterdam: Elsevier Science. Copyright Elsevier Science 1986. Abdruck mit freundlicher Genehmigung.

Die Glykogenvorräte in den Arbeitsmuskeln können ebenfalls ansteigen. Dies liegt teilweise an der gesteigerten enzymatischen Aktivität in diesen Zellen, was zur Synthese von mehr Speicherglykogen führt. Aber hauptsächlich ist diese Steigerung ein Ergebnis des Belastungsreizes. Die Entleerung der Kohlenhydratspeicher der Muskeln ist gleichzeitig ein Reiz für deren Wiederauffüllung in der Erholungsphase über das Ausgangsniveau hinaus (Saltin & Gollnick, 1983). In Kapitel 5 wird die Technik, die Läufer anwenden können, um ihre Kohlenhydratspeicher anzureichern, detailliert erläutert. Obwohl die Fettspeicher sogar für die längsten

Wettkampfdisziplinen ausreichen, sind diese vergrößerten Kohlenhydratspeicher für die Herauszögerung der Ermüdung von großem Nutzen. Der Grund hierfür ist die interessante Beziehung zwischen diesen beiden wichtigsten Brennstoffen hinsichtlich ihres Einsatzes bei körperlicher Belastung. Hierauf wird weiter unten eingegangen.

Krafttraining kann in Verbindung mit Ausdauertraining auch die Muskelfunktion verbessern. So übt Krafttraining vor allem auf das Nervensystem einen wichtigen Reiz aus, der beim Ausdauertraining nicht in diesem Maß zu beobachten ist. Die Synchronisation der motorischen Einheiten und ihre Rekrutierbarkeit werden optimiert (Sale, MacDougall, Upton & McComas, 1983). Die Zusammenarbeit der motorischen Einheiten ist also besser; bei einer gegebenen Belastung tragen mehr motorische Einheiten zur Lösung der gesetzten Aufgabe bei, und jede Einheit arbeitet mit geringerer Intensität.

Veränderungen des Skelettmuskelquerschnitts, die zu einer Vergrößerung der Skelettmuskeln führen (Hypertrophie), treten verstärkt bei hochintensivem Krafttraining auf und werden durch eine gesteigerte Muskelspannung ausgelöst (McDonagh & Davies, 1984). Der Querschnitt der FT-Fasern scheint sich allerdings mehr zu vergrößern als der von ST-Fasern, obwohl beide Fasertypen stimuliert werden. Dies mag an der unterschiedlichen Reaktion der beiden Arten von Myosin in diesen Zellen auf ganz verschiedene intrazelluläre Säurekonzentrationen liegen. Dies erklärt vielleicht, warum Elite-Langstreckler, die über eine gesteigerte Anzahl von ST-Fasern verfügen, nicht die Muskelhypertrophie der Sportler erreichen, die eine Mehrheit von FT-Fasern aufweisen, selbst wenn sie ein systematisches Krafttraining in ihr Programm integrieren (um die Gelenkkraft zu verbessern und dadurch das Verletzungsrisiko zu reduzieren).

Der Körper verfügt also über das Potential, sich auf verschiedene Weise an den durch systematisches Training gesetzten Stimulus anzupassen. Jedes Organsystem reagiert auf die ihm eigene Weise. Das Ziel ist jedoch letztlich immer, sich an eine Trainingsbelastung größeren Ausmaßes anzupassen und diese leichter tolerierbar zu machen. Im Anschluß hieran kann die Belastung gesteigert werden, was eine weitere Anpassung und - hoffentlich - eine bessere Leistung im Training und Wettkampf erlaubt. Es ist wesentlich, sich bewußt zu machen, daß Anpassungen Zeit benötigen (man wird nicht über Nacht fit) und daß der Reiz sowohl vernünftig als auch angemessen, d.h. nicht exzessiv, sein muß. In Kapitel 3 und 4 wird auf die vielfältigen Trainingsmodalitäten eingegangen, und Kapitel 6 handelt von der Herausforderung, das Training innerhalb überschaubarer Grenzen zu halten.

Was auch immer die spezifischen Details der Trainingsplangestaltung sein mögen, sie dürfen die energetischen Möglichkeiten der belasteten Muskeln nie überschreiten. Die Dynamik der energetischen Brennstoffe innerhalb der Muskelzellen muß akzeptabel sein: ausreichend, um Bewegung zu ermöglichen und nicht zu verhindern. Es ist daher angebracht, die Aufmerksamkeit kurz den metabolischen Aspekten dieser Beziehung zuzuwenden und die biochemischen Prinzipien zu betrachten, die dafür sorgen, daß Energie zur Erzeugung von Bewegung zur Verfügung gestellt wird.

Biochemische Aspekte des Laufens

Für die Erzeugung muskulärer Spannung werden erhebliche Mengen chemischer Energie benötigt. Dies steht im Gegensatz zu den meisten von Menschenhand gefertigten Maschinen, die entweder auf Wärme oder elektrische Energie angewiesen sind. Die Stoffwechselrate der Skelettmuskulatur kann ausgehend vom Ruheniveau wesentlich mehr ansteigen als die jedes anderen Körpergewebes, und enorme mechanische Arbeit kann im Rahmen dieses Prozesses geleistet werden. Die Untersuchung dieser Leistungsdynamik auf Zellebene gehört dem Bereich der angewandten Biochemie an. Das Verständnis dieser chemischen Energiedynamik im Kontext spannungserzeugender, muskulärer Prozesse ermöglicht eine vollständigere Vorstellung davon, wie der Körper mechanische Arbeit verrichtet.

Es ist nicht entscheidend, die präzisen Details jeder chemischen Reaktion, die an der Umwandlung von Nährstoffen in chemische Energie beteiligt ist, zu verstehen; aber es ist wichtig, die zugrundeliegenden Konzepte zu begreifen. Es ist - um eine Analogie herzustellen - ja auch wichtiger, die Regeln des Fußballspiels zu kennen, als die Namen der Spieler zu wissen, wenn man verstehen will, wie das Spiel gespielt wird. Erst wenn wir das Spiel verstehen, trägt die Kenntnis einiger persönlicher Details über die Spieler noch zum zusätzlichen Genuß der Spielbeobachtung bei. Genauso ist es mit dem Laufen und der Biochemie. Die Kenntnis allgemeiner Prinzipien des Stoffwechsels - der eingesetzten Brennstoffe, der Menge der potentiell erzeugten Energie und der Art und Weise der Steuerung der Energieproduktion - erlaubt ein gutes Verständnis der Grenzen und Möglichkeiten des Körpers, Energie bereitzustellen. Hat man diese allgemeinen Prinzipien erst einmal klar verstanden, ist man besser imstande, sie so anzuwenden, daß sie dem Ziel der Leistungsverbesserung dienen.

Thermodynamische Aspekte

Der Stoffwechsel unterliegt den Gesetzen der Thermodynamik. Zwei dieser Gesetze verdienen Beachtung. Das erste Gesetz besagt schlicht, daß die Gesamtenergie des Universums konstant bleibt. Wir können **Energie** als alle Formen von Arbeit und Wärme definieren. Das zweite Gesetz besagt, wiederum ganz einfach, daß die **Entropie** des Universums zunimmt, wobei Entropie als Unordnung oder Zufälligkeit interpretiert wird. In welcher Beziehung stehen diese beiden Gesetze zum Laufen? Ganz einfach: Laufen benötigt Energie, die durch den Abbau energiereicher Brennstoffe gewonnen wird. Die Energie, die beim Nährstoffabbau freigesetzt wird, steht nicht in ihrer Gesamtheit zur Erzeugung von Bewegungen zur Verfügung. Ein großer Teil dieser Energie liegt in Form von Wärme vor, was Läufer sehr schnell beim Training feststellen werden! Unsere gespeicherten Brennstoffreserven werden aus den Nahrungsmitteln, die wir konsumieren, assimiliert. Unser Verständnis des Stoffwechsels muß daher auch die Brennstoffaufnahme, -verarbeitung, -speicherung sowie den -abbau und die -ausnutzung einbeziehen.

Die Quelle aller biologischen Energie ist die Sonnenenergie. Die dem Sonnenlicht entspringende Energie entsteht tatsächlich aus Nuklearenergie. Wegen der immens hohen Temperatur der Sonne wird ein Teil der in den Wasserstoffatomkernen eingeschlossenen Energie freigesetzt, wenn diese Atome durch Kernverschmelzung in Heliumatome und Elektrone umgewandelt werden. Die grüne Pflanzenwelt nutzt diese Energie aus. Pflanzen besitzen ein Pigment, das sogenannte Chlorophyll, welches die strahlende Lichtenergie in chemische Energie umwandeln kann. Diese chemische Energie wird ihrerseits ausgenutzt, um durch die chemische Reduktion des atmosphärischen Kohlendioxyds (CO_2) Glukose zu produzieren. Dieser Prozeß wird Photosynthese genannt. Molekulares O_2 wird gebildet und in die Atmosphäre freigesetzt. Die Gesamtgleichung für diese photosynthetische Reaktion lautet:

$$6\,CO_2 + 6\,H_2O \xrightarrow{\text{Energie}} C_6H_{12}O_6 + O_2$$
ΔG = freie Energie = + 686 kcal/mol = + 2.872 kJ/mol
ΔH = Wärmeenergie = + 673 kcal/mol = + 2.817 kJ/mol
ΔS = Entropie = - 43,6 cal/mol = - 183 J/mol (1.2)

Diese thermodynamische Fachsprache mag auf den ersten Blick selbst denjenigen, die ihre Schulchemie oder -physik noch nicht allzusehr verdrängt haben, unverständlich erscheinen. Einige zusätzliche Erläuterungen sind daher sinnvoll. ΔG, ΔH und ΔS beschreiben die Details der energetischen Beziehungen innerhalb der photosynthetischen Reaktion. Um diese Details besser zu verstehen, muß man sich zunächst bewußt machen, daß, wenn Energie gemessen wird, diese entweder in Kalorieeinheiten (cal) oder in Joules (J) quantifiziert wird. Kalorien und Joule können folgendermaßen gegeneinander umgerechnet werden:

1 cal = 4,186 J; 1 J = 0,24 cal (1.3)
1.000 cal = 1 Kilocalorie (kcal); 1.000 J = 1 Kilojoule (kJ) (1.4)

ΔG bezeichnet die *freie Energie* oder den Anteil der Gesamtenergie des Systems, der zur Leistung von Arbeit zur Verfügung steht. Das „+"-Zeichen kennzeichnet die Energie, die für die Synthese (nicht den Abbau) gebraucht wurde. ΔH bezieht sich auf die *Wärmeenergie,* und hier bedeutet das „+"-Zeichen, daß Wärmeenergie im Prozeß der Glukosebildung verbraucht bzw. absorbiert wurde. ΔS bezieht sich schließlich auf die *Entropie.* Das „-"-Zeichen bedeutet hier, daß ein geringeres Maß an Zufall bei der chemischen Verbindung von CO_2- und Wasser-(H_2O-)Molekülen zu Glukose besteht.

Unsere eigenen Zellen benötigen die komplexen energiereichen Produkte der Photosynthese als Brennstoff und als Kohlenstoffquelle. Dies liegt daran, daß wir nicht in der Lage sind, so einfache Moleküle wie CO_2 entweder als Brennstoff oder als Baustoff für die Synthese der Komponenten unserer Zellen zu verwenden. Wir sind auf die Pflanzenwelt als letztliche Quelle unserer Nahrungsmittel und Energie angewiesen. Die Pflanzenwelt versorgt uns mit Fettsäuren (gespeichert als Triglyzeride), Zucker (gespeichert in Form von komplexen Kohlenhydraten wie z.B. Glykogen) und Aminosäuren (die zu Proteinen zusammengesetzt sind). Wir nehmen diese Brennstoffe auf, und der nächste wichtige Schritt im Fluß der biologischen Energie ist der Abbau dieser gespeicherten Brennstoffe durch das Verdauungssystem zurück in ihre kleinsten Komponenten: Einfachzucker, Fettsäuren und Aminosäuren. Dann werden unterschiedliche Mengen von Brennstoffvorräten in Form komplexer Kohlenhydrate und Fette zusammen mit der in ihren Molekularstrukturen gespeicherten Energie durch die Absorption in unser Kreislaufsystem und die schließliche Reassimilation *(Anabolismus)* durch unsere Gewebezellen gespeichert. Der anschließende Brennstoffabbau bzw. *Katabolismus* mit der Freisetzung der gespeicherten Energie befriedigt die besonderen Bedürfnisse der verschiedenen Zelltypen. Was die Muskelzellen angeht, so wird natürlich ein Teil der gespeicherten Energie zur Erzeugung von Bewegung verwandt. Wenn man davon ausgeht, daß diese sogenannte zelluläre Respiration zu einem völligen Brennstoffabbau führt, resultieren hieraus die stabilen Endprodukte von CO_2 und H_2O. Die Gleichung für die zelluläre Respiration ist daher in ihrer einfachsten Form geradezu das genaue Gegenteil der Photosynthese-Gleichung. Nimmt man Glukose, ein einfaches Kohlenhydrat, als Beispiel, kann man schreiben:

$$C_6H_{12}O_6 + 6\,CO_2 \longrightarrow 6\,CO_2 + 6\,H_2O + \text{Energie}$$
ΔG = freie Energie = -686 kcal/mol = -2.872 kJ/mol
ΔH = Wärmeenergie = -673 kcal/mol = -2.817 kJ/mol
ΔS = Entropie = +43,6 cal/mol = +183 J/mol (1.5)

Betrachtet man diese Gleichung wiederum unter thermodynamischen Gesichtspunkten, dann bedeutet ΔG „-", was auf die Erzeugung einer großen Menge freier Energie zu Speicherzwecken und für den späteren Gebrauch hindeutet. Der „-" Δ-H-Wert deutet auf die Freisetzung einer erheblichen Wärmemenge hin. Die Entropie des Systems ist positiv, was sich am „+" Δ-S-Wert ablesen läßt. Dies zeigt, daß der Abbau von Glukose das Universum in eine größere Unordnung gebracht hat.

An dieser Stelle sind einige Hinweise wichtig. Erstens handelt es sich bei Proteinen typischerweise nicht um eine primäre Energiequelle, obwohl es bei intensiven Belastungen zu einem Proteinabbau und einer Reassimilation kommen kann. Unsere primären Energiequellen sind die Kohlenhydrate (in Form von Glukose) und die Fette (in Form von Fettsäuren). Sowohl die Synthese als auch der Abbau dieser beiden Brennstoffe sind sich in vielen Details sehr ähnlich, wie wir sehen werden. Allerdings gibt es auch einige wichtige Unterschiede. In Tabelle 1.2 werden Glukose (ein typisches Kohlenhydrat) und Palmitinsäure (eine Fettsäure) als zelluläre Brennstoffe miteinander verglichen. Es wird deutlich, daß der Energiewert von Palmitinsäure auf einer pro-Gramm-Grundlage nahezu 2 $1/2$ mal größer ist als der Energiewert von Glukose.

Zweitens dürfte die die Stoffwechselprozesse begleitende Wärmeentwicklung bekannt sein. Unsere Ruhekörpertemperatur beträgt 37 Grad C. Wir haben Mechanismen entwickelt, um diese Wärme über den Schweiß und die Erweiterung von Hautblutgefäßen abzugeben. Bei körperlicher Belastung steigt die Körpertemperatur an, und die diesen Anstieg begleitende Blutumverteilung, die das Schwitzen und die Erweiterung der Hautblutgefäße ermöglicht, reduziert die

Durchblutung der Arbeitsmuskeln. Dies erklärt die in der Regel schlechteren Wettkampfleistungen bei sehr warmer Witterung.

Drittens handelt es sich bei den oben angegebenen Werten der freien Energie lediglich um theoretische Maximalwerte für den Fall, daß die Stoffwechselprozesse 100prozentig effektiv wären. Dies entspricht jedoch nicht der Realität, denn es kommt zu einem Verlust von 40 bis 60 % dieser theoretisch verfügbaren freien Energie.

Viertens scheint die Gleichung für den Abbau von Glukose als eines typischen Brennstoffs einfach zu sein. In Wirklichkeit erfordert der chemische Abbau von Glukose zu CO_2 und H_2O einige Dutzend getrennte, aufeinander folgende, enzymatisch gesteuerte Schritte (siehe Abbildungen 1.36 und 1.38). Wir werden hier weder die Details dieser Reaktionen noch diejenigen des Fettsäurestoffwechsels näher beschreiben. Dies soll Hochschulkursen in Biochemie vorbehalten sein. Wir können jedoch einige der wichtigsten Schritte dieser metabolischen Prozesse, vor allem diejenigen, die für die Leistungsverbesserung im Training oder Wettkampf am entscheidensten sind, identifizieren. Zuvor wird jedoch kurz erläutert, wie die im Rahmen des Nährstoffabbaus produzierte freie Energie gesammelt und in chemischer Form für die spätere eventuelle Bewegungserzeugung gespeichert wird.

Energiespeicherung in den Geweben: ATP und KP

Es wurde bereits erwähnt, daß die Energie, die aus dem völligen Abbau der Brennstoffe freigesetzt wird, in Form von ATP konserviert wird. Für diesen vollständigen Katabolismus ist Sauerstoff notwendig, und daher wird im allgemeinen der Ausdruck *oxidativer Katabolismus* gebraucht, um die hierbei ablaufenden Reaktionen zu beschreiben. Abbildung 1.25 zeigt die Struktur des Ausgangsmoleküls Adenosinmonophosphat (AMP), an das sich zusätzliche Phosphat- (PO_4)-Gruppen anbinden können, wodurch sich zuerst Adenosindiphospat (ADP) und dann ATP bilden. Diese chemische Bindung erfordert jedoch wesentlich mehr Energie als die in den anderen Atombindungen vorhandene. Die gekrümmte Linie bezeichnet die sogenannten *energiereichen Verbindungen* im Gegensatz zu den geraden Linien der energieärmeren Verbindungen. In der biologischen Welt sind also energiereiche PO_4 -Bindungen eine Art „Goldwährung der Stoffwechselenergie". Die aus der Oxidation der Nährstoffe verfügbare freie Energie wird gebraucht, um eine PO_4 -Gruppe an Adenosindiphosphat (ADP) anzubinden, was zu einem Molekül ATP führt. Wenn Zellen Energie für die Biosynthese anderer Substanzen oder für chemische Interaktionen, wie z.B. die Interaktion zwischen Aktin und Myosin im Muskel zur Spannungserzeugung benötigen, wird auf ATP zurückgegriffen. Durch die Kopplung der Oxidation (den Verbrauch von Sauerstoff zur Ermöglichung des vollständigen Brennstoffabbaus mit Nährstofffreisetzung) mit der Phosphorylation (die Speicherung dieser Energie als ATP) kann die aus dem Brennstoffabbau entstandene freie Energie für mechanische Arbeit gebraucht werden.

Tabelle 1.2: Metabolische Aspekte der Kohlenhydrate und Fettsäuren als Brennstoffe. Aus B.J. Whipp: „Dynamics of pulmonary gas exchange". In: Circulation, 76 (1987) (Suppl. VI), VI-19. Nachdruck mit freundlicher Genehmigung der American Heart Association, Inc.

Struktur	Kohlenhydrat (Glukose)		Fettsäure (Palmitinsäure)	
	(Glukose-Struktur)		$CH_3(CH_2)_{14}COOH$	
Molekulargewicht, g	180		256	
% Kohlenstoff und Wasserstoff	47		88	
% Sauerstoff	53		12	
Relative gespeicherte Energie kcal/g kJ/g	3,81	15,9	9,1	38,1
Insgesamt gespeicherte Energie kcal kJ	686	2.872	2.340	9.795
In Form von ATP erzeugte Energie kcal kJ	360	1.507	1.300	5.442
Energiewert kcal/ATP kJ/ATP	19	79,5	18	75,4
Für den Katabolismus benötigtes O_2	130		515	
Energieerzeugung pro l O_2 kcal kJ	5,28	22,1	4,54	19,0
Beim Katabolismus erzeugtes O_2	130		358	
Energieerzeugung pro l O_2 kcal kJ	5,28	22,1	6,54	27,4
Erzeugtes CO_2/verbrauchtes O_2 (Respiratorisches Austauschverhältnis)	1,00		0,71	

Historisch geht die Entdeckung, daß Phosphate die Speicherform der aus der Brennstoffoxydation stammenden freien Energie sind, auf das Jahr 1925 zurück. Gustav Embden, ein deutscher Biochemiker, beobachtete, daß wesentlich mehr PO_4 in eine Lösung diffundiert, in der sich ein isolierter, zuckender Skelettmuskel befindet, als in eine Lösung, in der sich ein ruhender Muskel befindet. Zwei Jahre später, 1927, entdeckten zwei Forschergruppen unabhängig voneinander eine Substanz namens *Kreatinphosphat* (KP), einen sehr instabilen Abkömmling einer Stickstoff enthaltenden Substanz namens Kreatin (Abbildung 1.26). Kreatin findet sich in beträchtlicher Konzentration in Muskel- und Nervenzellen, wobei sich in den Skelettmuskeln die größten Vorräte befinden. Im Jahr 1929 wurden unabhängig voneinander ATP und ADP von Karl Lohmann in Deutschland und von zwei amerikanischen Wissenschaftlern entdeckt. In den folgenden Jahren machte die Arbeit an der Lösung der Frage, wie diese verschiedenen PO_4-enthaltenden Substanzen bei der Energiespeicherung und -freisetzung zusammenarbeiten, stetige Fortschritte (Lehninger, 1982).

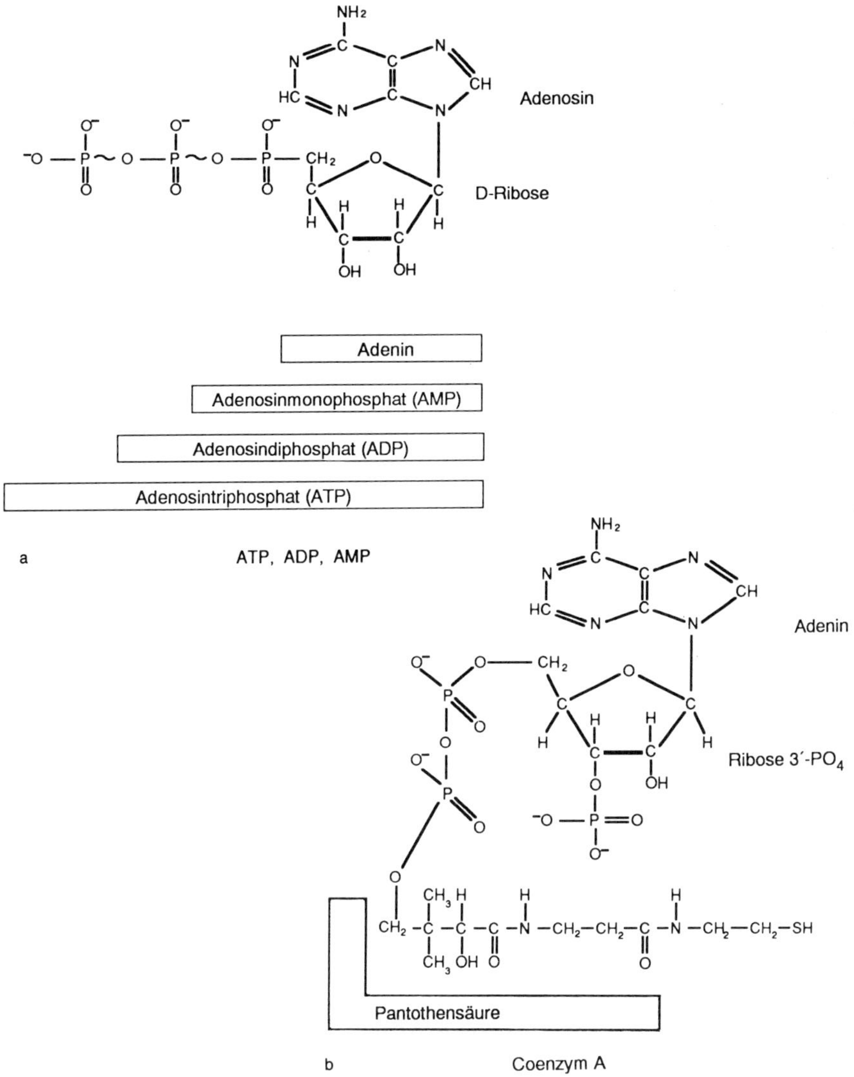

Abbildung 1.25: Strukturen vitaminhaltiger Substanzen, die im Energiestoffwechsel eine bedeutende Rolle spielen: ATP, Coenzyme A, NAD und FAD. Beachten Sie, daß alle Moleküle Adenosin und einen Zucker, Ribose, enthalten. ATP ist die einfachste dieser Substanzen. ATP enthält zusätzlich zu Adenosin und Ribose nur Phosphatgruppen. Die anderen Substanzen enthalten darüber hinaus alle ein Vitamin: Coenzym A enthält Pantothensäure, NAD Nikotinsäure und FAD Riboflavin.

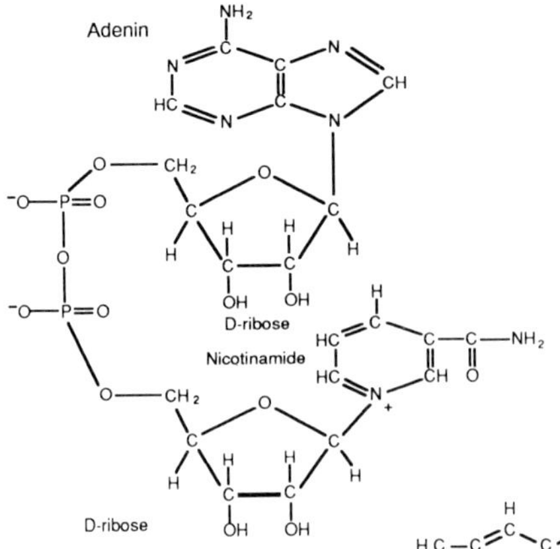

c NAD

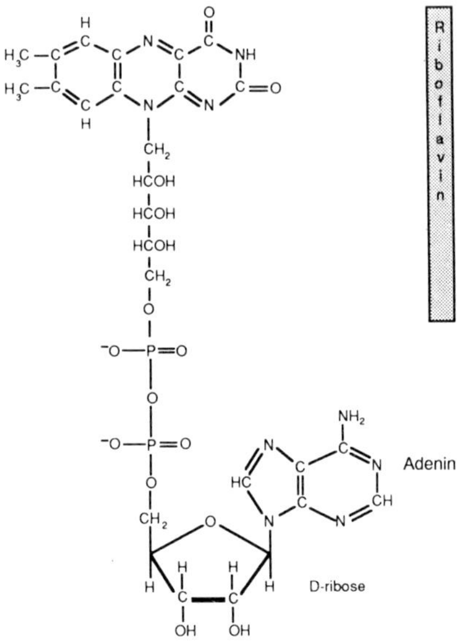

d FAD

Abbildung 1.25 (Fortsetzung)

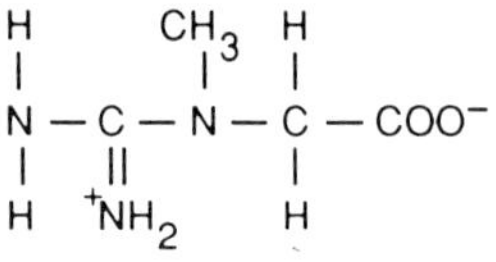

Kreatin

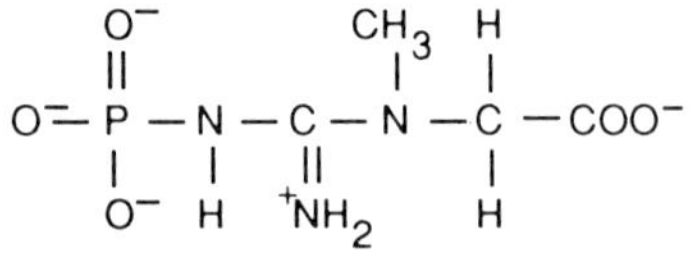

Kreatinphosphat

Abbildung 1.26: Strukturen von Kreatin und Kreatinphospat

Die klassische Studie stammt aus dem Jahr 1934, als Lohmann zeigte, daß zellfreie Muskel-KP-Extrakte PO_4 nur in Anwesenheit von ADP von Kreatin abspalten, mit der daraus folgenden Bildung von ATP. Lohmanns Erklärung dieses Phänomens war simpel: KP ist ein PO_4 -Reservoir (tatsächlich ein Energiereservoir), das nur dann ausnutzbar ist, wenn vorrangig ein ATP-Bedarf besteht. Lohmann stellte sich die Erzeugung von Muskelspannung so vor, als ob dabei ATP auf irgendeine Weise direkt zu ADP abgebaut würde. Sobald ADP gebildet worden wäre, wäre das vorhandene KP zu seiner Rephosporylierung zu ATP herangezogen worden. Darauf folgende Untersuchungen zeigten, daß Lohmann Recht hatte, und die Gleichungen 1.6 und 1.7 werden in Anerkennung der Brillanz, mit der er die Prozesse durchschaute, häufig Lohmann-Gleichungen genannt.

$$ATP + H_2O \xrightarrow{\text{Myosin-ATPase}} ADP + H_3PO_4 \quad (1.6)$$

$$\text{Kreatinphosphat} + ADP \underset{\text{Kinase}}{\overset{\text{Kreatin}}{\rightleftarrows}} \text{-Kreatin} + ATP \quad (1.7)$$

Die Gleichung 1.7 ist, wie ersichtlich, reversibel. Das heißt, sie kann in beide Richtungen ablaufen, aber ihr Gleichgewicht ist normalerweise nach rechts verlagert, so daß ADP mit Hilfe von KP ständig zu ATP phosphoryliert ist. Der KP-Pool ist also ein kleines, labiles Reservoir energiereicher PO_4 -Gruppen. Wenn reichlich ATP vorhanden ist, ist auch reichlich KP vorhanden. Wenn es in den Muskelzellen zu einem plötzlichen enormen ATP-Bedarf kommt, so daß der Kohlenhydrat- und Fettstoffwechsel nicht in der zur Verfügung stehenden Zeit ablaufen kann, um die nötige Energie bereitzustellen, kann das KP diesen Bedarf decken. So spielt KP z.B. im Sprint, im 100-m-Lauf genauso wie beim Spurt über die letzten 50 m im 10.000-m-Lauf, eine wichtige Rolle. Die Skelettmuskulatur ist also biochemisch imstande, Spannung über kurze Zeiträume (etwa 20 sec) zu erzeugen, ohne hierzu auf Energie aus dem Kohlenhydrat- oder Fettabbau zurückzugreifen. Zwischen dem Zytoplasma und den Mitochondrien besteht eine Art KP-Pendelverkehr, wie in Abbildung 1.27 ersichtlich. In der myofibrillären Region des Zytoplasmas wird PO_4 dem KP entnommen, um ADP in ATP umzuwandeln. Dies schafft eine kurzfristig verfügbare ATP-Quelle zur Erzeugung von Muskelspannung. Wenn das KP zurück zur Mitochondrienmembran gelangt, wird Kreatin rephosporyliert.

Das in Gleichung 1.7 gezeigte *Kreatinkinase-(KK)-Enzym* tritt in drei Formen, sog. Isoenzymen, auf. Diese beschränken sich auf die Skelettmuskulatur (KK-MM), den Herzmuskel (KK-MB) und das Hirngewebe (KK-BB), obwohl auch die Skelettmuskulatur etwas KK-MB produziert. Wenn diese Gewebe einem traumatischen Einfluß (wie z.B. in einem Boxkampf) bzw. einer Kreislaufunterbrechung (wie z.B. im Falle eines Thrombus in einer Koronararterie des Herzens) ausgesetzt werden, oder wenn es zu einer Erschöpfung der Brennstoffvorräte kommt, sind für einige Tage im Anschluß an diese Vorkommnisse die Konzentrationen der entsprechenden KK-Isoenzyme im Blut erhöht (Rogers, Stull & Apple, 1985). Daher können vor allem bei Mittel- und Langstreckenläufern die Meßwerte der Serum-

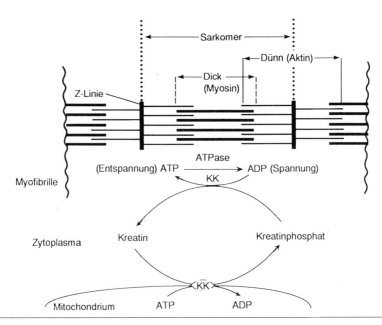

Abbildung 1.27: Phosphokreatin-Pendelverkehr zwischen den Mitochondrien und den Muskel-Myofibrillen. Während der Erzeugung muskulärer Spannung liefert ATP durch Zerfall zu ADP Energie. Kreatinkinase (KK) in der Nachbarschaft des spannungserzeugenden Proteins (Myosin und Aktin) ermöglicht die Regeneration des ATP. Auf ähnliche Weise sorgt KK an der Mitochondrienmembran für die Regeneration des Phosphokreatins unter Ausnutzung von Energie aus dem Stoffwechsel der Nahrungsstoffe.

Kreatinkinase als Indikator eines übermäßigen Trainings oder übertriebener Wettkampfbelastungen dienen. In diesen Fällen deuten diese Werte auf die Notwendigkeit einer zeitweisen Trainingsreduzierung und einer intensivierten Anwendung entsprechender therapeutischer Modalitäten zur Verbesserung der Erholung hin.

Das Wesen des Stoffwechsels ist also die Umwandlung der Brennstoffe in Endprodukte, wobei die entstandene Energie zur Aufrechterhaltung der zellulären Funktionen in einer wiederverwendbaren Form gespeichert wird (ATP) (Abbildung 1.28). Interessant ist, daß ATP nur in kleinen Mengen in den Zellen vorkommt. Ein warmblütiger Skelettmuskel enthält typischerweise etwa 6 µmol ATP/g im Vergleich zu etwa 20 bis 30 µmol KP/g. Nach Lehninger (1982) besitzt ein untrainierter 70 kg schwerer Mann in seinem gesamten Körper nur etwa 50 g ATP, obwohl er vermutlich etwa 190 kg ATP bräuchte, um seinen täglichen Energieanforderungen zu erfüllen!

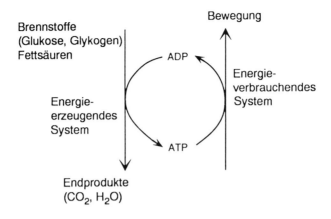

Abbildung 1.28: Das Wesen des Stoffwechsels: Die verfügbaren Brennstoffe werden abgebaut, und die entstandene Energie wird in einer wiederverwendbaren Form (ATP) für Zwecke wie die muskuläre Spannungserzeugung und damit Bewegung gespeichert.

Es findet daher in den Muskeln und anderen Zellen viele Male pro Minute ein Ab- und Aufbau von ATP bzw. ADP statt, wobei die PO_4-Gruppen vom KP auf das ADP und von dort zum ATP wechseln. Extrem intensive Belastungen führen zu einer Reduzierung der KP-Vorräte, aber gleich im Anschluß wird das KP durch den fortlaufenden Stoffwechsel wieder regeneriert. Dieses KP-ATP-System kann bei intensiver Belastung die Energiebedürfnisse ohne den Abbau solcher Brennstoffe wie Glukose oder Fettsäuren für etwa 15 bis 20 sec decken. Dies wird manchmal das Sprinter-Energiesystem genannt, da es gerade bei den Kurzsprints eine sehr wichtige Rolle spielt. Im Gegensatz dazu sind Mittel- und Langstreckenläufer auf eine hervorragend entwickelte Stoffwechselmaschine angewiesen, die zwar nicht so viel Energie pro Zeiteinheit zur Verfügung stellt (es sei denn im Falle eines Schlußspurts), die aber insgesamt viel größere Energiemengen, die aus der Verbrennung der Fette und Kohlenhydrate gewonnen werden können, produziert. Abbildung 1.29 ist eine graphische Zusammenfassung der relativen Beiträge der verschiedenen Energiequellen beim Laufen: KP und ATP, wobei ATP entweder in An- oder Abwesenheit von O_2 gebildet wird. Bevor die Details des Stoffwechsels der unterschiedlichen Brennstoffe erläutert werden, wird die spezifische Rolle des Sauerstoffs im Rahmen des Stoffwechsels auf einer allgemeinen Basis erläutert. Vor allem die Verfügbarkeit von Sauerstoff entscheidet darüber, ob der Körper die Brennstoffe völlig abbaut und dabei enorme Energiemengen freisetzt, oder ob ein derartiger Abbau eingeschränkt ist und mit einer nur minimalen Energiefreisetzung einhergeht.

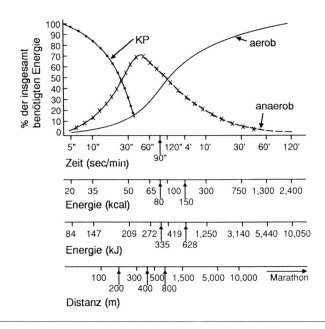

Abbildung 1.29: Graphische Zusammenfassung des relativen Beitrags der unterschiedlichen Energiequellen für den maximalen Einsatz über das Spektrum der Laufstrecken von den Sprints bis hin zum Marathon. Für die Kurzsprints ist Kreatinphosphat die primäre Energiequelle zusammen mit einem zunehmend bedeutenden Beitrag der anaeroben Glykolyse bei Disziplinen bis zu 1 min Dauer. Für Disziplinen, die länger als 1 min dauern, reichen die KP-Vorräte nicht aus, und der aerobe (völlige) Abbau der Brennstoffe (Fettsäuren und Glukose) wird immer wichtiger; beim Marathonlauf ist der aerobe Stoffwechsel die weitaus wichtigste Energiequelle.

Aerober versus anaerober Stoffwechsel

Der vollständige Katabolismus der Kohlenhydrate und Fettsäuren in den Mitochondrien ist auf die Interaktion mit O_2 angewiesen. Der Begriff *aerober Stoffwechsel* wird verwandt, um diese Folge chemischer Abbauprozesse zu beschreiben, und bedeutet soviel wie „in Anwesenheit von O_2". Wenn die Sauerstoffversorgung der Mitochondrien nicht ausreicht, um den Bedarf zu decken, können die Zellen trotzdem noch Energie für Bewegung produzieren, allerdings nur in begrenztem Umfang. Dieser Prozeß wird mit dem Begriff *anaerober Stoffwechsel* umschrieben. Die Möglichkeit des anaeroben Stoffwechsels in den Skelettmuskeln hat diesen den Spitznahmen „Zucke-jetzt-bezahle-später-Muskel" eingebracht. Im Gegensatz zu den Skelettmuskeln wird der Herzmuskel, der nie auf Sauerstoff zur Spannungserzeugung verzichten könnte, „Zucke-jetzt-bezahle-jetzt-Muskel" genannt.

Die Sauerstoffversorgung kann aus verschiedenen Ursachen eingeschränkt sein. Es kann eine unzureichende Blutversorgung vorliegen, oder die Intensität der körperlichen Belastung kann so hoch sein, daß selbst ein optimal funktionierendes Kreislaufsystem hinsichtlich der Sauerstoffversorgung überfordert ist. Die Unfähigkeit, in einem Rennen oder einer Trainingseinheit trotz Ermüdung das Tempo zu erhöhen, der Verstand also „lauf", der Körper jedoch „nein" sagt, deutet darauf hin, daß die äußersten Grenzen des aeroben und anaeroben Stoffwechsels erreicht wurden. Ein wichtiges Trainingsziel besteht darin, diese aeroben und anaeroben Grenzen so weit wie möglich hinauszuschieben.

Damit O_2 in den Mitochondrien zur Verfügung steht, muß es aus der äußeren Umgebung in die Zellen, in denen der Stoffwechsel stattfindet, transportiert werden. Dieser komplexe Transport verläuft über das Atemsystem, dann durch den Blutkreislauf und durch die interstitielle Flüssigkeit. Er endet schließlich im Zytoplasma der einzelnen Zellen. Die einzelnen Stufen dieses Weges bewältigt das O_2 durch Diffusion von Orten höherer Konzentration zu Orten niedriger Konzentration. Dieser schrittweise Transport des O_2 zu den Zellen, die seine Ankunft erwarten, wird häufig als O_2-Kaskade bezeichnet. Der Partialdruck, der von O_2 sowohl in der Atmosphäre als auch in gelösten Flüssigkeiten wie dem Blut

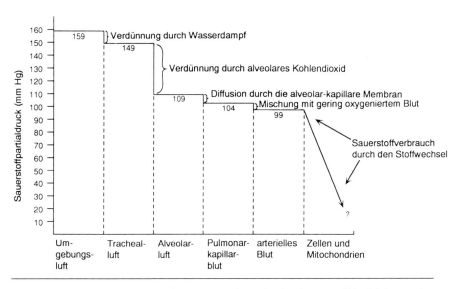

Abbildung 1.30: Die Sauerstoffkaskade zeigt, wie der Sauerstoff in Richtung des Konzentrationsgradienten von der Umgebungsluft in die Mitochondrien der lebenden Zellen gelangt. Aufgrund von Verdünnung verringert sich ständig der Partialdruck des Sauerstoffs, bis schließlich die Ausnutzung des Sauerstoffs in den Zellen die Konzentration enorm verringert.

und dem Zell-Zytoplasma ausgeübt wird (PO_2), wird typischerweise in Millimeter Quecksilbersäule (mmHg) ausgedrückt. Abbildung 1.30 zeigt die unterschiedlichen PO_2-Werte, die zwischen der äußeren Umgebung und den Mitochondrien zu finden sind.

Die verallgemeinerte Gleichung für den aeroben Abbau von Kohlenhydraten wie z.b. Glukose resultiert in enormen, für Arbeitsleistungen zur Verfügung stehenden Energiemengen, wie im folgenden gezeigt:

$$C_6H_{12}O_6 + 6\,O_2 \longrightarrow 6\,CO_2 + 6H_2O + 36\,ATP \qquad (1.8)$$

Für den Fettsäureabbau sieht die Reaktion prinzipiell ähnlich aus, und es wird auch reichlich Energie freigesetzt. Die folgende Gleichung faßt den Prozeß des Fettsäureabbaus am Beispiel der Palmitinsäure zusammen:

$$C_{16}H_{32}O_2 + 23\,O_2 \longrightarrow 16\,CO_2 + 16\,H_2O + 130\,ATP \qquad (1.9)$$

Wenn nicht genügend Sauerstoff für den vollständigen Abbau der Nährstoffe zur Verfügung steht, kann eine kleine Menge Energie freigesetzt werden, indem Glukose in eine Zwischensubstanz - Pyruvatsäure - umgewandelt wird. Pyruvatsäure kann ihrerseits in Milchsäure umgewandelt werden, und diese Reaktionen laufen im Zytoplasma ohne Beteiligung der Mitochondrien ab. Im Gegensatz dazu ist mit Fettsäuren eine derartige anaerobe Energiefreisetzung nicht möglich; die in den Fettsäuren gespeicherte Energie ist nur zugänglich, wenn diese vollständig abgebaut werden. Unter physiologischen Bedingungen dissoziiert die im Rahmen des anaeroben Kohlenhydratstoffwechsels produzierte Milchsäure sofort und vollständig (Gladden, 1989) in Laktat-Ione (Lac^-) und Wasserstoffione (H^+). Das gleiche gilt für eine große Zahl weiterer metabolischer Säuren, denen wir im Energiestoffwechsel begegnen. Es ist allgemein akzeptierte biochemische Fachsprache, diese Säuren mit dem Namen ihres negativen Ions zu bezeichnen; z.B. Laktat (Lac^-) für Milchsäure, Oxalacetat für Oxalessigsäure etc. Wir werden uns auch hier an diese Konvention halten.

Eine zusammenfassende Gleichung für die anaerobe Umwandlung von Glukose zu Laktat ist Gleichung 1.10:

$$\begin{array}{c} C_6H_{12}O_6 \longrightarrow 2\,ATP + \\ 2\,\text{Milchsäure} \rightleftarrows 2H^+ + 2\,Lac^- \end{array} \qquad (1.10)$$

Ein Vergleich der in den Gleichungen 1.8 und 1.10 produzierten ATP-Mengen zeigt, daß im anaeroben Stoffwechsel nur 1/18 - etwa 5,5 % - der im aeroben Stoffwechsel gewonnenen Energie erzeugt wird (2 ATP im Vergleich zu 36). Der anaerobe Stoffwechsel ist also äußerst substrataufwendig, das heißt, große Mengen Glukose werden aufgebraucht mit einer nur minimalen Energieausbeute. Auch die rasche Anhäufung von H^+-Ionen (allgemein Protone genannt) als Ergebnis der Dissoziation von Milchsäure behindert letztlich die enzymatische Abbau-Kette. Die Enzyme der Glykolyse arbeiten am besten innerhalb eines spezifisch engen

Säurebereichs. Der Säuregrad wird von der Anzahl der verfügbaren Protone bestimmt. Eine übermäßige Übersäuerung des Gewebes (Azidose) hemmt die Aktivität vieler Enzymreaktionen im Rahmen des Energiestoffwechsels. Eine optimale Zellfunktion hängt daher von einer angemessenen O^2-Versorgung ab, um die Energie-(ATP-)Produktion über den aeroben Stoffwechsel zu maximieren. Die Verbesserung der Leistungsfähigkeit der Skelettmuskeln impliziert eine umfassende Anpassung, um ein höheres Niveau der Freisetzung von aus ATP stammender Energie mit einer minimalen Übersäuerung des Gewebes oder des Blutes zu gewährleisten.

Kohlendioxid ist ebenfalls eine Säure. Eine Säure ist definiert als eine Substanz, die H^+-Ione in die sie umgebende Lösung abgibt. Wenn CO_2 sich im Körperwasser auflöst, wird es zu Kohlensäure hydriert (H_2CO_3), welche dann in H^+-Ione und Bikarbonat-(HCO_3^-)Ione entsprechend der folgenden Gleichung dissoziiert:

$$CO_2 + H_2O \rightleftharpoons H_2CO_3 \rightleftharpoons H^+ + HCO_3^- \quad (1.11)$$

Kohlensäure wird eine flüchtige Säure genannt, da sie als Gas über die Lunge abgegeben werden kann. Diese Elimination erfolgt, wenn das vom Körper zurückkehrende Blut durch die Lunge zur Reoxygenation verteilt wird. Die Lungen sind demnach das leistungsfähigste Organ des Körpers zur Säureausscheidung. Lakat auf der anderen Seite ist keine flüchtige Säure und wird nicht über die Lungen ausgeschieden. Obwohl das Laktat-Ion selbst von vielen Geweben als Brennstoff verwandt wird, müssen die hemmenden Effekte seines H^+-Ions auf den Stoffwechsel minimiert werden. Eine Substanz, die in diesem Zusammenhang eine wichtige Rolle spielt, ist Sodiumbikarbonat ($NaHCO_3$), das im Blutkreislauf und in der die Zellen umgebenden interstitiellen Flüssigkeit zirkuliert. Gleichung 1.12 stellt die sogenannte Pufferfunktion des $NaCHO_3$ in dem Blut dar, das das arbeitende Gewebe durchströmt. In diesem Prozeß verbinden sich viele der H^+-Ione, die aus der Laktatbildung stammen, mit HCO_3^- zu H_2CO_3. Nur die H^+-Ionen selbst tragen zur Säuerung bei.

$$Na^+ + HCO_3^- + H^+ + Lac^- \longrightarrow NaLaktat + H_2CO_3 \longrightarrow H_2O + CO_2 \quad (1.12)$$

Sportler, die ihr Leistungspotential durch eine Minimierung der Blut- und Gewebeazidose im Training und Wettkampf steigern wollen, sollten sich an folgenden auf den erwähnten Konzepten basierenden Vorschlägen orientieren. Stellen Sie zunächst eine angemessene Erholung nach einer Belastung durch ein körperliches Abwärmen und eine Massage zur Verbesserung der Blut- und Lymphdrainage in den belasteten Muskeln sicher. Dies trägt zur Wiederherstellung eines normalen Flüssigkeits- und Säure-Basen-Status in diesen Geweben bei. Achten Sie zweitens auf eine angemessene Flüssigkeitsaufnahme und Zufuhr energiereicher Nahrungsstoffe frühzeitig nach der harten Trainingseinheit, um das Blutvolumen für eine angemessene Gewebeperfusion wiederherzustellen und um eine Wiederauffüllung der muskulären Energiespeicher und damit die Erholung des aeroben Stoffwechselzustandes zu ermöglichen.

Eine Übersäuerung der Gewebe hat mehrere unerwünschte Effekte. Der hemmende Einfluß auf eine optimale Enzymfunktion für einen effizienten Stoffwechsel wurde bereits erwähnt. Ein anderer Effekt ist die Destabilisierung der Zellmembranen, wodurch einige wichtige Enzyme nach außen dringen und entweder in die Blutbahn oder in die interstitielle Flüssigkeit gelangen. Ein dritter Effekt ist, daß H_2O in die Zellen dringt, um das osmotische Gleichgewicht zwischen den Zellen und der sie umgebenden Flüssigkeit aufrechtzuerhalten. Im Flüssigkeitsanteil eines azidotischen Zell-Zytoplasmas befindet sich eine übermäßige Anzahl gelöster Ione (Elektrolyte) (H^+, Lac^-, Na^+, HCO_3^- etc.). Dies führt dazu, daß das Zell-Zytoplasma pro Volumeneinheit relativ weniger H_2O-Moleküle enthält als die umgebenden Lösungen wie Blut oder die extrazelluläre Flüssigkeit. Ein osmotischer Einstrom von H_2O ist Ausdruck des Bemühens, das Flüssigkeits-Elektrolyt-Gleichgewicht wiederherzustellen. Wenn dies in hochaktiven Muskelzellen geschieht, die normalerweise lang und dünn sind, werden sie durch die Steigerung ihres Flüssigkeitsgehalts kürzer und dicker. Sportler merken dies nach einer harten Trainingseinheit funktionell an der Abnahme des Gelenkbewegungsumfangs.

Die Aufrechterhaltung einer gesteigerten Durchblutung im Anschluß an ein derartiges Training, typischerweise in Form lockeren Laufens, verbessert die Erholung. Dies wird häufig schlicht als *Abwärmen* bezeichnet, da sich im Verlauf dieses Prozesses die Körpertemperatur allmählich vom Maximalwert während Belastung wieder auf den Ruhewert senkt. Es handelt sich beim Abwärmen um einen wichtigen Zwischenschritt innerhalb des Aktivitätskontinuums vom hochaktiven Zustand am einen Ende der Belastung zum letztendlichen Ruhezustand. Die aerob aufrechterhaltene, wenig energieaufwendige verbesserte Durchblutung trägt dazu bei, daß das muskuläre Flüssigkeits- und Elektrolytgleichgewicht in der Arbeitsmuskulatur wiederhergestellt wird. Gleichzeitig ist auf diese Weise eine kontinuierliche Perfusion von O_2-reichem Blut in die Arbeitsmuskulatur gewährleistet, wodurch der völlige Abbau der noch vorhandenen Stoffwechselsäuren erleichtert wird.

Kohlenhydrate und Fettsäuren als Brennstoffe

Tabelle 1.3 vermittelt eine quantitative Vorstellung von den im Körper verfügbaren Energiesubstraten. Die wichtigste Speicherform der Kohlenhydrate ist Glykogen. Glykogen ist im wesentlichen polymerisierte Glukose - lange Ketten, die sich manchmal verästeln, wie in Abbildung 1.31 dargestellt. Diese Glykogenpolymere sind manchmal so groß, daß entsprechend gefärbte histologische Gewebeabschnitte sie als zytoplasmatische Glykogenpartikel, die in der Leber größer als im Skelettmuskel sind, erkennen lassen. Wenn Glykogen zu Glukose abgebaut wird (ein mit dem Begriff *Glykogenolyse* bezeichneter Prozeß), wird ein ATP pro mol der entfernten Glukose gebildet.

Das Fettgewebe und die Leber stellen das größte Reservoir fettbezogener Energie dar. Das im Vergleich zu den Kohlenhydraten viel größere Fettreservoir ist aus Tabelle 1.3 ersichtlich. Muskelzellen verfügen über eine größere Kapazität zur

Fettausnutzung, und es kann über die Zellmembran leicht in die Zellen diffundieren. Ausdauertraining erhöht sowohl die Kohlenhydrat- als auch die Fettvorräte in der Skelettmuskulatur. Der Herzmuskel, der mehr als 100.000 mal pro Tag schlägt, verfügt zur Deckung seines Bedarfs über spezielle Fettspeicher und Mitochondrien.

Tabelle 1.3: Für den Stoffwechsel zur Verfügung stehende Energiesubstrate

	kg	kcal	kJ
Gewebe			
Fett	15	141.000	590.000
Protein	6	24.000	100.500
Muskelglykogen	0,35	1.400	5.900
Leberglykogen	0,085	340	1.400
	21,435	166.740	697.800
Zirkulierende Brennstoffe			
Glukose in der extrazellulären Flüssigkeit	0,020	80	335
Fettsäuren	0,0004	4	17
Triglyzeride	0,003	30	126
	0,0234	114	478

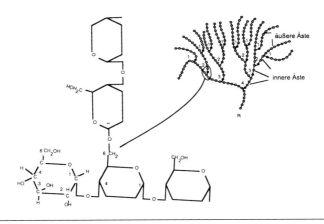

Abbildung 1.31: Das Glykogenmolekül mit aus Glukose-Untereinheiten bestehenden Verzweigungen

Fette sind essentiell wasserunlöslich und liegen im Körper als Triglyzeride vor. Diese resultieren aus der Verbindung von Glyzerol mit drei Fettsäuremolekülen - ein mit dem Begriff Veresterung bezeichneter Vorgang, der in Abbildung 1.32 dargestellt ist. Das in Nahrungsstoffen (z.b. Butter, Speck, Margarine, Öle) enthaltene Fett liegt hauptsächlich in Form von Triglyzeriden vor. Diese Fette, die bei Zimmertemperatur flüssig sind, sind meist pflanzlichen Ursprungs, während die festen Fette eher tierischer Herkunft sind. Die Anzahl der an die Fettsäuren gebundenen H^+-Ione (d.h. ihr Grad der Hydrogenation oder Sättigung) bestimmt ihren Schmelzpunkt und somit, ob sie bei Zimmertemperatur flüssig oder fest sind. Kochöle sind mehrfach ungesättigt, d.h. nicht sehr hydrogeniert. Tierisches Fett, wie z.B. Schmalz, ist wesentlich mehr gesättigt.

Wenn Fette aufgenommen werden, werden sie zuerst von Triglyzeriden zu Fettsäuren abgebaut (manchmal unveresterte Fettsäuren genannt, da sie nicht an Glyzerol gebunden sind). Diese werden in das Blut aufgenommen und für den Transport an Albumin, das wichtigste Plasmaprotein, gebunden. Da die Fettsäurekonzentration im Plasma typischerweise höher ist als die in Geweben wie der Leber, dem Fettgewebe und den Muskelzellen, ermöglicht dieses Konzentrationsgefälle einen stetigen Einstrom von Fettsäuren in diese Zellen. Es ist kein aktiver Transportmechanismus für Fettsäuren bekannt, und sobald sie in die Zellen eingetreten sind, steht das freie Albumin für den Transport weiterer Fettsäuren zur Verfügung. Wie in Abbildung 1.33 gezeigt, werden die Fettsäuren letztendlich wieder als Triglyzeride gebunden und in den Stoffwechselzellen für die spätere Verwendung gespeichert.

Wenn man die Gleichungen 1.8 und 1.9 zusammen mit Tabelle 1.2 studiert, kann man einige interessante Unterschiede zwischen Kohlenhydraten und Fetten als Brennstoffen erkennen. Zunächst einmal fällt auf, daß Fette eine effizientere Form gespeicherter Energie als Kohlenhydrate darstellen. Fette bestehen zu 88 % aus

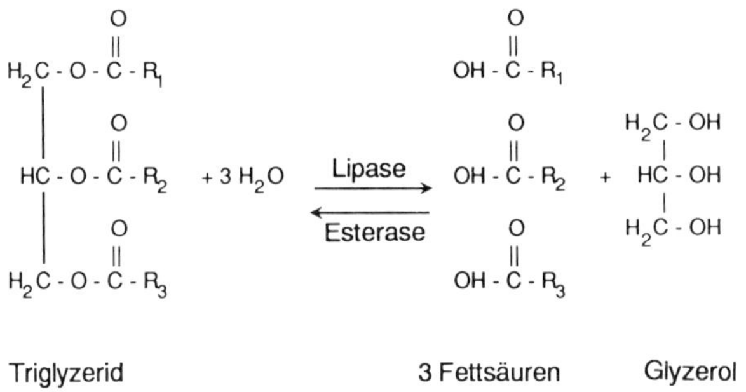

$$H_2C-O-\overset{O}{\underset{\|}{C}}-R_1$$
$$HC-O-\overset{O}{\underset{\|}{C}}-R_2 \quad +3\,H_2O \quad \underset{\text{Esterase}}{\overset{\text{Lipase}}{\rightleftarrows}} \quad OH-\overset{O}{\underset{\|}{C}}-R_1$$
$$H_2C-O-\overset{O}{\underset{\|}{C}}-R_3 \qquad OH-\overset{O}{\underset{\|}{C}}-R_2 \quad + \quad \begin{array}{l} H_2C-OH \\ HC-OH \\ H_2C-OH \end{array}$$
$$OH-\overset{O}{\underset{\|}{C}}-R_3$$

Triglyzerid   3 Fettsäuren   Glyzerol

Abbildung 1.32: Der Abbau eines Triglyzerids zu drei Fettsäuren. Ein Lipase-Enzym ermöglicht die Lösung der Fettsäuren von dem Glyzerolmolekül, an das sie gebunden waren. Ein Esterase-Enzym ermöglicht die Speicherung von Fettsäuren, die mit Glyzerol zu einem Triglyzerid verbunden sind; dieser Speicherungsprozeß wird Veresterung genannt.

Kohlenstoff und Wasserstoff und zu 12 % aus O_2. Im Gegensatz dazu bestehen die Kohlenhydrate zu 47 % aus Kohlen- und Wasserstoff und zu 53 % aus O_2. Die Sauerstoffatome in einem Molekül gespeicherter Energie sind nur zusätzlicher Ballast, da sie normalerweise im Bedarfsfall aus der Umgebung genommen werden können. Wenn jedoch die Belastungsintensität zunimmt, kann sich dies positiv auswirken. Kohlenhydrate werden nämlich dann den Fetten vorgezogen, wenn der O_2-Bedarf sich den Grenzen der O_2-Aufnahmefähigkeit nähert. Des weiteren benötigen Kohlenhydrate zu ihrer Verstoffwechselung weniger O_2 als Fette. So werden im Falle von Glukose pro 6 mol verbrauchtem O_2 36 mol ATP produziert (36/6 = 6). Im Falle von Palmitinsäure sind es 130 mol ATP pro 23 mol verbrauchtem O_2 (130/23 = 5,7).

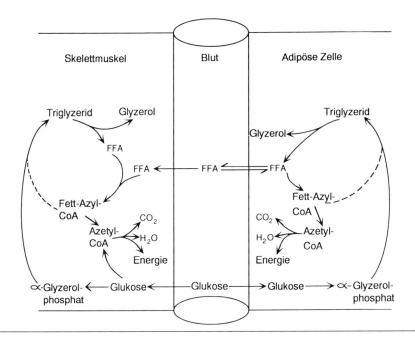

Abbildung 1.33: Zusammenfassung der Beziehungen zwischen Fettsäuren und Glukose im Stoffwechsel. Blutglukose kann entweder in die Skelettmuskelzellen für den späteren Abbau eintreten oder in Fettzellen für die spätere Umwandlung in Triglyzeride. Fettsäuren können ebenfalls entweder in die Skelettmuskelzellen oder die Fettzellen eintreten. In den Muskelzellen werden Fettsäuren zur Energiegewinnung verstoffwechselt; in den Fettzellen können sie für die spätere Freisetzung und den Transport in das Muskelgewebe gespeichert werden.

Zweitens ist ersichtlich, daß Fette weniger sauer sind als Kohlenhydrate; das heißt, es wird pro Einheit im Brennstoffabbau verbrauchten Sauerstoffs weniger Kohlendioxid erzeugt. Das Verhältnis zwischen dem von den Zellen produzierten CO_2 und dem von den Zellen verbrauchten O_2 wird respiratorischer Quotient (RQ) genannt. Praktischer ist es, das von der Lunge ausgetauschte CO_2- und O_2-Volumen zu messen. In diesem Fall wird das Verhältnis von CO_2 zu O_2 als respiratorisches Austauschverhältnis (R) bezeichnet.

Für Glukose $\quad$ R = 6 CO_2/6 O_2 = 1,00 $\hfill$ (1.13)

Für Palmitinsäure $\quad$ R = 16 CO_2/23 O_2 = 0,70 $\hfill$ (1.14)

Drittens sind Fette ballaststoffärmer als Kohlenhydrate; das heißt, Fette enthalten pro Masseneinheit mehr Energie als Kohlenhydrate. Die Oxidation von 1 Gramm Fett ergibt 508 mol ATP im Vergleich von nur 211 mol bei der Oxidation von Kohlenhydraten des gleichen Gewichts.

Eine nicht körperlich aktive Person, die sich normal ernährt, hat einen Ruhe-R-Wert von etwa 0,80, was darauf hindeutet, daß der Großteil des Energiebedarfs durch die Fettoxidation und nur ein Drittel durch die Oxidation von Kohlenhydraten gedeckt wird. Wenn diese Person nun beginnt, sich mit allmählich steigender Intensität zu belasten, wird der Kohlenhydratstoffwechsel zur mehr und mehr dominierenden Energiequelle. Der Verlauf dieser Veränderung läßt sich am Anstieg des R-Werts nachvollziehen. Tabelle 1.4 zeigt dies sehr schön in Form von Daten, die an einer Spitzenläuferin gewonnen wurden, die sich einer Leistungsdiagnostik auf dem Laufband zur Bestimmung der VO_{2max} unterzog. Die mit „Ruhe" bezeichnete Datenzeile markiert die Ausgangswerte vor Beginn des Tests. Die nächsten vier Datenzeilen zeigen den progressiven Anstieg der R-Werte sowie andere begleitende physiologische Reaktionen auf die allmählich ansteigende Belastung. Die Werte der letzten fünf Datenzeilen wurden kurz vor der willkürlichen Erschöpfung gemessen. R hat nicht nur 1,00 erreicht, sondern dieser Wert wird sogar übertroffen. Die Erklärung hierfür ist der hohe Grad der Azidose, die einen zusätzlichen Atemreiz darstellte. Die CO_2-Produktion übertraf die durch den reinen Kohlenhydratstoffwechsel erklärbare Produktion. In Kapitel 2 werden die Ursachen hierfür erklärt.

Glykogenolyse: Abbau von Glykogen zu Glukose

Es ist bekannt, daß bei intensiver körperlicher Belastung der Glykogengehalt der arbeitenden Muskulatur stetig abnimmt, und wenn es in diesen Muskeln zur Ermüdung kommt, ist die Entleerung der Glykogenspeicher hierfür eine mögliche Erklärung (Costill, Bowers, Branam & Sparks, 1971). Höhere Belastungsintensitäten führen sehr viel schneller zum Aufbrauchen der vorhandenen Glykogenvorräte als weniger intensive Belastungen. Wie wird das Glykogen mobilisiert, damit körperliche Belastungen möglich werden? Wie kann Glykogen gespeichert, und wie können diese Speicher in den arbeitenden Muskeln wieder aufgefüllt werden? Der Glykogengehalt der Gewebe variiert erheblich in Abhängigkeit vom Ernährungsstatus, dem Trainingszustand, dem Meßwert vor der Belastung und dem Einfluß mehrerer Hormone. Kortison (aus der Nebennierenrinde) und Insulin (aus der Bauchspeicheldrüse) steigern den Glykogengehalt des Gewebes, indem sie die Glykogensynthese aus Glukose fördern. Adrenalin (aus dem Nebennierenmark) und Glukagon (aus der Bauchspeicheldrüse) reduzieren den Glykogengehalt der Gewebe wie z.b. der Leber und der Muskeln, indem sie den Abbau von Glykogen zu Glukose fördern.

Tabelle 1.4: Auswirkungen einer Laufbandbelastung mit ansteigender Belastung auf den Sauerstoffverbrauch, die Kohlendioxidproduktion und den Anstieg des respiratorischen Austauschverhältnisses (R)

Verstrichene Zeit (min)	Herzfrequenz (Schläge/min)	Atemfrequenz (Atemzüge/min)	Sauerstoffverbrauch (ml/min)	Sauerstoffverbrauch (ml/kg/min)	Kohlendioxiderzeugung (ml/min)	Respiratorisches Austauschverhältnis (R)
Ruhe	60	14	320	6,8	260	0,79
1/2	136	32	1.522	29,4	1.293	0,84
1	136	33	1.612	31,2	1.364	0,85
1-1/2	140	33	1.904	36,8	1.625	0,86
2	145	35	1.914	37,0	1.634	0,86
14-1/2	167	46	3.220	62,3	3.053	0,95
15	170	46	3.353	64,9	3.206	0,96
15-1/2	176	47	3.414	66,0	3.329	0,97
16	180	47	3.474	67,2	3.503	1,02
16-1/2 Ende	188	48	3.691	71,4	3.862	1,04

Die Freisetzung von Noradrenalin (aus dem sympathischen Nervensystem) und Adrenalin regt die Glykogenmobilisierung während körperlicher Belastung an. Wenn Athleten von einem „Adrenalinstoß" reden, hat dies also einen gewissen Wahrheitsgehalt und deutet hin auf das „Kampf-Flucht-oder-Angst-Syndrom", das die Aktivierung des sympathischen Nervensystems begleitet. Diese Substanzen mobilisieren nicht nur Glukosereserven auf dem Wege des Glykogenabbaus, sondern steigern auch die Herzfrequenz und den Blutdruck, wodurch die Durchblutung der arbeitenden Muskulatur ansteigt.

Der Glykogenabbau erfolgt über die Aktion eines Enzyms namens *Phosporylase,* wie in Abbildung 1.34 gezeigt. Die Abbildung zeigt nicht alle Schritte, das Endprodukt ist jedoch die Bildung von Glukose-1-PO_4. Das Phosphorylase-Enzym liegt typischerweise in einer inaktiven Form vor. Seine Aktivierung ist das Ergebnis einer ziemlich komplexen Reihenfolge chemischer Reaktionen. Insgesamt drei im

Blut zirkulierende Substanzen - zwei Hormone (Adrenalin und Glukagon) und Noradrenalin aus dem sympathischen Nervensystem - verfügen über die Fähigkeit, mit einem spezifischen Enzym namens *Adenylcyclase*, das in den Zellmembranen vorkommt, zu interagieren. Diese Interaktion ermöglicht den Abbau des intrazellulären ATP zu einer Substanz namens *zyklisches 3',5'-AMP*. Der Ablauf dieser Reaktion ist auch auf die Anwesenheit von Magnesium-Ionen angewiesen. Zyklisches AMP seinerseits aktiviert das Phosphorylase-Enzym, wodurch die Abspaltung eines Glukosefragments vom Glykogen möglich wird.

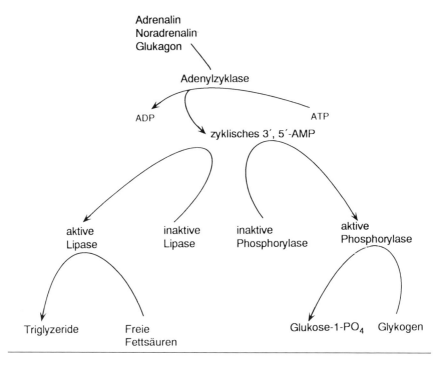

Abbildung 1.34: Mechanismus, durch den zirkulierende Hormone, wie Adrenalin, Noradrenalin und Glukagon, die Mobilisierung von freien Fettsäuren und Glukose fördern können, wenn diese für den Energiestoffwechsel benötigt werden. In jedem Fall wird ein inaktives für den Brennstoffabbau notwendiges Enzym durch die Anwesenheit von zyklischem 3',5'-AMP, welches seinerseits durch die Aktion von Adenylcyclase auf ATP produziert wird, aktiviert. Die drei involvierten Hormone ermöglichen die Wirkung dieses Enzyms durch ihre Bindung an Adenylcyclase.

Die fortgesetzte Bereitstellung von Adrenalin, Glukagon oder Noradrenalin führt zu einem Anstieg der Produktion von zyklischem AMP in der Leber und den Muskelzellen, wodurch in beiden Organen Glukose bereitgestellt wird. Es gibt zwischen diesen beiden Zelltypen jedoch einen wichtigen Unterschied hinsichtlich der Art und Weise, wie diese Glukose ausgenutzt wird. In den Leberzellen kann Glukose-1-PO_4 entweder völlig zu CO_2, H_2O und ATP verstoffwechselt werden, um den Energiebedarf der Zelle zu decken, oder sie kann in freie Glukose umgewandelt werden (d.h. Glukose, die nicht an PO_4 gebunden ist). Diese freie Glukose kann aus der Zelle diffundieren, wohingegen die phosporylierte Form dies nicht kann. Wie in Abbildung 1.35 dargestellt, verfügen Leberzellen also über zwei wichtige Enzyme, Hexokinase und Glukose-6-Phosphatase. Das erstgenannte Enzym ermöglicht der Glukose, in den zellulären Stoffwechsel einzutreten, das letztgenannte erlaubt der Glukose, in die Blutbahn zurückzukehren. Wenn sie einmal in der Blutbahn ist, kann die Glukose zu den Muskelzellen transportiert werden.

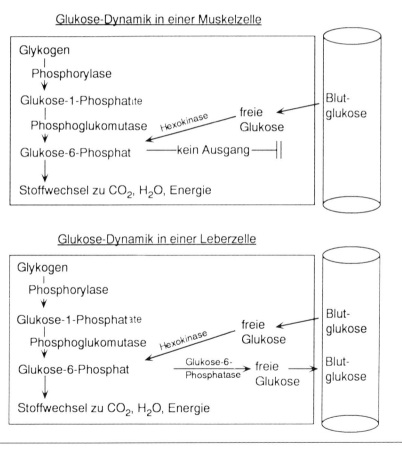

Abbildung 1.35: Glukosedynamik im Muskel im Vergleich zu den Leberzellen

Muskelzellen verfügen nicht über Glukose-6-Phosphatase und können daher ihre Glukose nach der Abspaltung vom Glykogen nicht in die Blutbahn freisetzen. Diese Situation ist Ursache eines interessanten Dilemmas. Die Glykogenreserven der nichtarbeitenden Muskeln können nicht auf die arbeitenden Muskeln übertragen werden, denn wenn Glukose sich einmal in der Muskelzelle befindet, muß sie dort bleiben und innerhalb dieser Zelle verstoffwechselt werden. Daher könnte die Beobachtung, daß Läufer bei langen Ausdauerwettkämpfen wie dem Marathonlauf oft Strecken bevorzugen, die in gewissen Abständen leichte Anstiege aufweisen, zumindest teilweise dadurch erklärt werden, daß die begleitende Variation der Muskelaktivierung die Verteilung der Glykogenreserven auf eine größere Anzahl arbeitender Muskeln erlaubt.

Für jedes Gramm Speicher-Glykogen werden etwa 3,0 g H_2O gespeichert, um das osmotische Gleichgewicht aufrechtzuerhalten (Costill & Miller, 1980). Dies trägt u.a. zu einer Zunahme des Gesamtkörpergewichts bei, die Marathonläufer in der Phase der Belastungsreduktion im Rahmen der Wettkampfvorbereitung erfahren, wenn sie weiterhin Kohlenhydrate zu sich nehmen. Tatsächlich wird eine derartige Gewichtskontrolle normalerweise von diesen Sportlern durchgeführt, wenn sie einige Tage vor dem Rennen versuchen, ihre Kohlenhydratspeicher maximal aufzuladen. Wenn das Glykogen während des Rennens verbrannt wird, kann das gebundene H_2O zusammen mit dem im Rahmen des Brennstoffabbaus freigesetzten H_2O eine wichtige Ergänzung der im Körper verfügbaren H_2O-Vorräte darstellen. Dies kann bei warmer Witterung, wenn H_2O über den Schweiß ausgeschieden wird, von Vorteil sein.

Anaerober Glykolyseabbau

Sowohl Glykogen als auch Glukose werden im Flüssigkeitsanteil der Zellen - dem Zytoplasma bzw. dem Sarkoplasma der Muskeln - abgebaut. Der gesamte Prozeß, vom Abbau des Glykogens zu Glukose und dann zu Pyruvatsäure, kann ohne O_2 ablaufen. Dieser Prozeß wird daher anaerob genannt. Der Begriff Glykolyse bezieht sich auf den Abbau der Glukose zu Pyruvat. Die wichtigsten hierbei ablaufenden chemischen Reaktionen sind in Abbildung 1.36 zusammengefaßt.

Beachten Sie, daß wir die Glykolyse in zwei Phasen differenziert haben. In der Anfangsphase wird die Zufuhr von ATP benötigt und schließlich das 6 Kohlenstoffatome enthaltende Glukosemolekül in zwei 3 Atome enthaltende Einheiten gespalten. Jede dieser Einheiten wird dann zu Pyruvat abgebaut, wobei kleine Mengen ATP entstehen. Zur Bestimmung der Netto-Energieproduktion muß die in dieser Phase gewonnene Energie von der in der zweiten Phase gewonnenen Energie abgezogen werden. Dies ist eine interessante Aufgabe, da ein Unterschied besteht zwischen der Energiedynamik der aus dem Muskelglykogenabbau gewonnenen Glukose und der aus der Leber stammenden Glukose, die über das Blut zum gleichen Muskel gelangt. Dies wird in Abbildung 1.37 dargestellt.

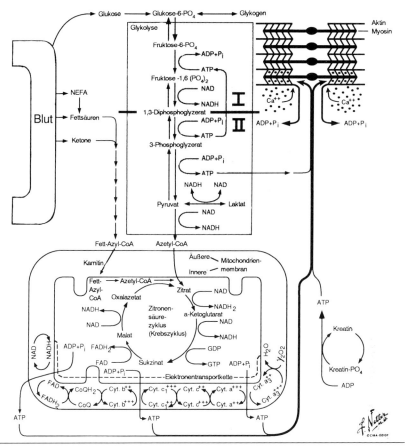

Abbildung 1.36: Grober Überblick über die chemischen Reaktionen beim Abbau von Glukose und Fettsäuren im Rahmen der Energiegewinnung. Im Falle von Glukose geschieht der Abbau zunächst (anaerob) im Zytoplasma mit der schließlichen Bildung kleiner 2-Kohlenstoff-(Azetyl-)Fragmente, die sich mit dem Coenzym A für den Eintritt in die Mitochondrien zu Azetyl-Coenzym A verbinden. Dabei wird etwas Energie freigesetzt. Fettsäuren müssen jedoch zunächst in die Mitochondrien eintreten, wo sie in ähnliche Azetyl-Coenzym-A-Einheiten gespalten werden. Jede Azetylgruppe kann sich mit Oxalazetat zu Zitrat verbinden, welches dann in einer Serie von Reaktionen, die insgesamt als Zitronensäurezyklus (Krebszyklus) bezeichnet werden, weiter abgebaut wird. Durch diese Abbausequenz freigesetzte Wasserstoff-Ione (oder ihre entsprechenden Elektrone) werden schließlich über die Elektronentransportkette auf den Sauerstoff übertragen. Die bei diesem Transfer freigesetzte Energie dient der Bildung von ATP aus ADP. Auf diese Weise steht aus dem Brennstoffabbau freigesetzte Energie für wichtige zelluläre Funktionen zur Verfügung wie z.B. die Spannungserzeugung in den Muskelzellen, die auf in Form von ATP gespeicherte Energie zurückgreift. Aus: Musculoskeletal System, Part I (The Ciba Collection of Medical Illustrations, Vol. 8) (S. 162) von F.H. Netter, 1987, Summit, NJ: CIBA-GEIGY. Reproduziert mit freundlicher Genehmigung der CIBA Sammlung medizinischer Illustrationen von Frank H. Netter, MD. Alle Rechte reserviert.

Aus der Muskelzelle stammend

Glykogen ⟶ Glukose-1-PO_4: kein ATP nötig
Glukose-1-PO_4 ⟶ Pyruvat: 1 mol ATP nötig
Glukose-1-PO_4 ⟶ Pyruvat: 4 mol ATP produziert

Reingewinn: 3 mol ATP

Aus der Leber stammend

Freie Glukose
(aus der Leber über das Blut) ⟶ Glukose-1-PO_4: 1 mol ATP nötig
Glukose-1-PO_4 ⟶ Pyruvat: 1 mol ATP nötig
Glukose-1-PO_4 ⟶ Pyruvat: 4 mol ATP produziert

Reingewinn: 2 mol ATP

Abbildung 1.37: Zusammenfassung der Energiedynamik der aus dem Muskel stammenden Glukose im Vergleich zu der aus der Leber stammenden Glukose im Stoffwechsel

Stammt die Glukose *innerhalb* einer Muskelzelle aus dem Glykogen, ist 1 mol ATP nötig, um Energie bereitzustellen und den Abbauprozeß zu initiieren. Es wird genug Energie gewonnen, um 4 mol ATP zu bilden. Der Reingewinn ist also 3 mol ATP. Glukose, die von der Leber über die Blutbahn zum Muskel gelangt, benötigt 2 mol ATP, um den Abbau zu initiieren, wobei 4 mol ATP gebildet werden. Dies ist also ein Reingewinn von 2 mol ATP. Die Schlußfolgerung hieraus ist, daß die Muskelzellen im Sinne einer metabolischen Effizienz auf ihr eigenes gespeichertes Glykogen zurückgreifen sollten statt auf aus der Leber mobilisierte Glukose. Dies ist im Falle von Rennen bis 21 km und bei Trainingsläufen unter 29 km kein Problem, da die Muskelglykogenspeicher völlig ausreichen. Marathonläufer haben im Hinblick auf ihre Energiedynamik jedoch einige logistische Probleme, die in Kapitel 5 zusammen mit ihrer Wettkampfvorbereitung besprochen werden.
Achten Sie in Phase I der in Abbildung 1.36 dargestellten Glykolyse auf die Substanz namens NAD, die die Umwandlung von 3-Phosphoglyzerinaldehyd in 1,3-Diphosphoglyzerat ermöglicht. Bei dieser Substanz handelt es sich um *Nicotinamid-Adenin-Dinucleotid (NAD)*, deren Struktur in Abbildung 1.25 dargestellt ist. Biochemiker nennen diese Substanz ein Coenzym, von denen es mehrere gibt. Beachten Sie, daß ein integraler Bestandteil der Struktur von NAD Nikotinsäure (Vitamin B_3) ist. Wir werden sehen, daß mehrere wasserlösliche Vitamine für einen effektiven Glukosestoffwechsel wichtig sind. Dies unterstreicht die Notwendigkeit einer angemessenen Vitaminzufuhr über die Nahrung. Die oxidierte Form von NAD ist notwendig, um die 1,3-Diphosphoglyzerat produzierende Reaktion zu beschleunigen. In diesem Prozeß wird NAD reduziert (oder hydroge-

niert); die dann entstandene Substanz ist $NADH_2$. Unter aeroben Bedingungen ermöglicht O_2 schließlich die Entfernung der H^+-Ione von diesem Coenzym, wodurch NAD regeneriert wird und der weitere Brennstoff-(Glukose-)Abbau möglich wird. Eine ausreichende O_2-Zufuhr impliziert also ausreichend NAD, welches seinerseits den Fortgang der Glykolyse ermöglicht.
Wir wissen jedoch, daß die Glykolyse auch anaerob ablaufen kann. Wie entsteht NAD in der Abwesenheit von O_2? Die Antwort ist relativ einfach. Das bereits vorliegende Pyruvat wird unter Ausnutzung von $NADH_2$ und des Enzyms Laktatdehydrogenase (LDH) in Laktat umgewandelt. Die Gleichung dieser Reaktion lautet:

$$\underset{\text{Pyruvat}}{\begin{array}{c} COO^- \\ | \\ C=O \\ | \\ CH_3 \end{array}} \xrightleftharpoons[NAD]{\text{Laktatdehydrogenase} \atop NADH_2} \underset{\text{Laktat}}{\begin{array}{c} COO^- \\ | \\ H-C-OH \\ | \\ CH_3 \end{array}} \quad (1.15)$$

Dies ist also die biochemische Erklärung für die Produktion von Laktat im Falle nicht ausreichender O_2-Versorgung. Es handelt sich hierbei um einen Mechanismus der NAD-Produktion. NAD seinerseits ermöglicht die Glykolyse. Das LDH-Coenzym tritt in Abhängigkeit von seiner Lokalisation in zwei Formen auf. Im Herzen sowie in allen ST-Muskelfasern liegt es als H-LDH-Isoenzym vor (das erste H steht für Herz), und durch seine Aktivierung verschiebt sich die Reaktion nach links, wodurch die Laktatbildung minimiert wird. In FT-Muskelfasern bewirkt das sogenannte M-LDH-Isoenzym (M steht für Muskel) ein nach rechts verlagertes Gleichgewicht, wodurch mehr Laktat gebildet wird.

Läufer, die versuchen, im Rennen oder Training über Distanzen zwischen 200 und 800 m mit nahezu maximaler Geschwindigkeit zu laufen, können dieses Tempo nicht sehr lange durchhalten. Trotz der ausgeprägten Anpassungserscheinungen bei einem aeroben Training (gesteigerte Myoglobin- und Hämoglobinkonzentration für die O_2-Speicherung und den O_2-Transport, verbesserte Kapillarisierung, gesteigerte CO_2-Abgabe und Säurepufferung und erhöhte Konzentrationen des energiereichen PO_4) übersteigt der O_2-Bedarf noch immer die O_2-Bereitstellung. Zwar trägt der anaerobe Stoffwechsel zur insgesamt verfügbaren Energiemenge bei, aber dieser Prozeß ist sowohl ineffektiv als auch selbstbegrenzend. Inwiefern ist dieser Prozeß ineffektiv? Erinnern Sie sich an die Gleichungen 1.8 und 1.10, aus denen hervorgeht, daß der anaerobe Glukosestoffwechsel 18mal mehr Brennstoff benötigt als der aerobe Stoffwechsel, um die gleiche Menge ATP zu erzeugen.

Inwiefern ist die anaerobe Energiebereitstellung selbstbegrenzend? Mit Zunahme des Säuregrades innerhalb der arbeitenden Muskelzellen nimmt die funktionelle Kapazität bestimmter entscheidender glykolytischer Enzyme ab, wodurch der Brennstoffabbau verlangsamt wird. Es handelt sich hierbei um einen Sicherheitsmechanismus zur Verhinderung der Zellzerstörung. Würde die Azidose übermäßig zunehmen, hätte sie katastrophale Auswirkungen für die Aktivität der Muskelzellen aufgrund der Anwesenheit intrazellulärer Organellen, sogenannter Lysosome. Lysosome enthalten verschiedene Enzyme, die in der Lage sind, die Verdauung der Muskelzelle selbst zu verursachen. Die Außenmembran der Lysosome ist unter sauren Bedingungen instabil. Wenn sie platzt, kommt es zum Zelltod. Der anaerobe Stoffwechsel muß daher ein ausgeprägter selbstlimitierender Prozeß sein, der automatisch abgebrochen wird, wenn es zu einer derartigen „Umweltverschmutzung" kommt, daß die eigene Existenz gefährdet ist.

Die Notwendigkeit eines derart effektiven Hemmechanismus wird offensichtlich, wenn man sich 400-m- und 800-m-Läufer vor allem im Schlußabschnitt dieser Rennen ansieht: der verzweifelte Kampf, das Tempo aufrechtzuerhalten, der feste Wille, die größten Schmerzen zu ertragen, wenn sie nur den Sieg sichern. Die allmähliche Hemmung der Stoffwechselprozesse in den primären Muskeln dieser Läufer bedeutet unausweichlich eine Reduzierung des Lauftempos, es sei denn, andere „Hilfsmuskeln" können mobilisiert werden, um zusätzlich Energie zu liefern. Dies ist oft daran erkennbar, daß diese Läufer beginnen, die Fußspitzen nach außen zu drehen, um auf diese Weise einige Beinmuskeln einzusetzen, deren aerobe Fähigkeiten noch nicht ausgeschöpft sind. Aus biomechanischer und stilistischer Sicht mag dies nicht schön erscheinen, aber es kann dennoch über Sieg oder Niederlage entscheiden. Würden diese Läufer über keinen metabolischen Hemmechanismus verfügen, der ihre übersäuerten Zellen „aus dem Verkehr zieht", würde es zu einem ausgebreiteten Zelltod und einer Zerstörung ihrer Beinmuskeln kommen. Dies kommt tatsächlich in einigen pathologischen Zuständen vor und wird *Rhabdomyolyse* genannt.

Können Sportler vor Beginn ihrer intensiven Trainingseinheiten oder vor Rennen Vorbeugemaßnahmen ergreifen, um eine exzessive Muskelazidose zu bewältigen? Sicherlich, und eine dieser Vorbeugemaßnahmen ist das bekannte Aufwärmen, wobei es sich um eine Aktivität niedriger Intensität vor einer intensiven Belastung handelt. Zusammen mit dem Abwärmen nach einer intensiven Belastung ist das Aufwärmen ein weiterer notwendiger Schritt innerhalb des Energiekontinuums. Enzyme arbeiten optimal bei Temperaturen, die leicht über der normalen Körperkerntemperatur von 37 Grad C liegen. Ein leichtes Jogging, das allmählich gesteigert wird, aber immer noch locker bleibt, steigert die Stoffwechselaktivität und damit die Körpertemperatur und verbessert die Durchblutung. Es kommt nicht nur zur Verbesserung des enzymgesteuerten Brennstoffabbaus, sondern ebenfalls zu einer Zunahme der Muskelelastizität, wodurch ein größerer Bewegungsumfang möglich wird.

Der aerobe Glukosestoffwechsel

Soll der Glukosestoffwechsel über die Bildung von Pyruvat und Laktat mit der schließlichen Freisetzung erheblicher Energiemengen fortgesetzt werden, muß ausreichend O_2 zur Verfügung stehen. Da die Mehrheit dieser chemischen Reaktionen in den Mitochondrien stattfindet, muß Pyruvat ebenfalls durch die Mitochondrienmembran hinaus transportiert werden. Im folgenden wird untersucht, wie dies geschieht (siehe Abbildungen 1.36 und 1.38).

Statt in Laktat umgewandelt zu werden, wird das Pyruvat weiter abgebaut zu einem Stoffwechselfragment namens *Azetylgruppe*, wobei im Verlaufe dieses Vorgangs CO_2 verlorengeht. Diese Azetylgruppe verbindet sich mit einem Molekül namens Coenzym-A, wodurch es zur Bildung von *Azetyl-Coenzym-A* kommt. In Abbildung 1.25 ist die Struktur dieses Coenzyms dargestellt, und seine Ähnlichkeit sowohl mit NAD als auch ATP ist offensichtlich. Bei allen drei Molekülen ist Adenin an einen Zucker namens Ribose gebunden. Bei NAD und Coenzym-A sind Vitamine an den Zucker gebunden - beim NAD Nikotinsäure und beim Coenzym-A Pantothensäure (Vitamin B_3). In Abbildung 1.38 ist die Azetylgruppe des Pyruvats eingekreist, wodurch es uns möglich wird zu beobachten, wie Coenzym-A an der Übertragung dieser Gruppe auf Oxalazetat und der Bildung von Zitronensäure (Zitrat) beteiligt ist. Das Coenzym-A dient also der Übertragung zytoplasmatischer Glukosefragmente in die Mitochondrien, ohne selbst verändert zu werden. Der berühmte britische Biochemiker Sir Hans Krebs war der erste, der den vollständigen Reaktionsablauf schilderte, in dessen Rahmen Zitronensäure schrittweise zu Oxalazetat abgebaut wird, wodurch ein sich wiederholender Zyklus möglich wird, innerhalb dessen zusätzliche Azetylgruppen des Pyruvats benutzt werden können, um mehr Zitronensäure zu bilden (Krebs, 1970). Diese Reaktionsserie wird im allgemeinen *Krebs-Zyklus* oder *Zitronensäurezyklus* genannt.

Durch den Abbau über mehrere Zwischenschritte (siehe Abbildung 1.36) wird die 2-Kohlenstoff Azetylgruppe zu CO_2 und H^+-Ionen abgebaut. Jeder Schritt wird durch Enzyme gesteuert, und bei diesem Prozeß wird kein O_2 direkt verbraucht. Im Falle von Glukose werden 8 H^+-Ione gebildet (vier für jede 2-Kohlenstoff Azetylgruppe). Die Schritte, über die die H^+-Ione entfernt werden, heißen Dehydrogenationsschritte. Beachten Sie, daß im Falle von drei H^+-Ionen NAD als Wasserstoffakzeptor dient. Beim vierten übernimmt FAD diese Funktion. FAD ist *Flavin-Adenin-Dinucleotid*, ein Verwandter des NAD mit der Ausnahme, daß noch ein weiteres Vitamin, Riboflavin (B_2), das Nikotinamid ersetzt. In Abbildung 1.25 ist die Struktur von FAD dargestellt.

Vier wichtige Punkte sind beim Zitronensäurezyklus zu beachten: Erstens spielt O_2 nur eine indirekte Rolle, da seine Anwesenheit in der Zelle die Oxidation von $NADH_2$ zu NAD (durch Entfernung der 2 H^+-Ione zur Bildung von H_2O) ermöglicht. Ohne Vorhandensein von NAD, welches die Umwandlung von Dihydroliponsäure zu Liponsäure (Lipoat) ermöglicht, könnte die Produktion von Coenzym-A nicht stattfinden (Abbildung 1.38).

Zweitens stellt diese Serie von Reaktionen das Verbindungsglied zwischen den anaeroben und aeroben Aspekten des Kohlenhydratabbaus dar. Der Glukosestoffwechsel durch die Bildung von Coenzym-A geschieht im Zellzytoplasma, während der weitere Abbau der Azetylgruppe nur in den Mitochondrien stattfinden kann.

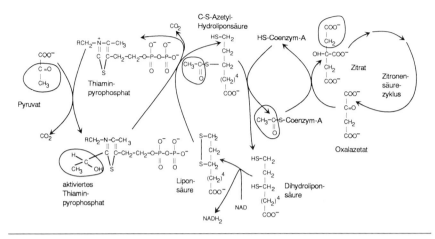

Abbildung 1.38: Chemische Reaktionsfolge für den Transport der Azetylgruppe des Pyruvats in die Mitochondrien, wo sie in den Zitronensäurezyklus eingebunden und weiter abgebaut wird.

Beachten Sie drittens, daß bei dieser Reaktionsfolge von Pyruvat zum Coenzym-A zum ersten Mal ein Kohlenstoffatom, welches der Glukose entstammt, (in der Form von CO_2) verlorengeht. Daher ist diese Reaktionsfolge irreversibel und alleine aus diesem Grund außerordentlich wichtig. Was die Glukoseausnutzung angeht, handelt es sich aus biochemischer Sicht hier um einen entscheidenden Übergang.

Beachten Sie viertens in Abbildung 1.38, daß ein zusätzliches Vitamin, Thiamin (B_1), eine Schlüsselrolle in dieser Reaktionskette spielt, indem es den Transfer der Azetylgruppe des Pyruvats zu Lipoat vermittelt.

An dieser Stelle ist eine Bemerkung über Vitamine angebracht. Es handelt sich bei den Vitaminen um organische Substanzen, die der Körper selbst nicht herstellen kann, die jedoch für Stoffwechselreaktionen erforderlich sind. Der Mensch hat im Laufe der Evolution die zur Vitaminsynthese notwendigen Gene verloren und muß sie daher über die tägliche Nahrung aufnehmen. **Die minimale pro Tag erforderliche Nahrungsmenge** (minimum daily requirement = MDR) ist die Menge jedes dieser essentiellen Nährstoffe, die nötig ist, um normale physiologische Funktionen ohne Mangelerscheinungen zu gewährleisten. **Die pro Tag empfohlene Nahrungsmenge** (recommended daily allowance=RDA) ist die tägliche Nahrungsmenge, die nach Meinung der Mitglieder des U.S.-Food and Nutrition-Ausschusses geeignet ist, die Nahrungsbedürfnisse praktisch aller gesunder Personen zu decken. RDA-Werte sind normalerweise höher als MDR-Werte.

Sporttreibenden Menschen ist normalerweise daran gelegen sicherzustellen, daß sie genug Vitamine zu sich nehmen. Dies ist verständlich, denn Vitamine spielen im Stoffwechsel eine wichtige Rolle. Aber wieviel ist ausreichend? Die Hersteller von Gesundheitskost versichern in Fitneß-Magazinen, daß die über den Versand oder in

Spezialgeschäften, d.h. Läden für sogenannte Gesundheitskost, angebotenen Megavitamin-Präparate oder individuelle hergestellte Vitaminmischungen die Trainings- und Wettkampffähigkeit verbessern (Jarvis, 1983). Die Besitzer dieser Läden setzen sich für das Recht ihrer Kunden ein, sich frei zu entscheiden. Gleichzeitig wollen sie sie jedoch zur richtigen Wahl überreden (und die ist offensichtlich das von ihnen angebotene Spezialprodukt). Die Alternative hierzu besteht natürlich in der akzeptableren Methode, nahrhaftes Frischobst zu sich zu nehmen, welches eine Vielfalt von Vitaminen enthält und darüber hinaus weitere essentielle Nährstoffe wie Energiebrennstoffe, H_2O und Spurenelemente.

Da der Stoffwechsel sehr präzise abläuft, werden spezifische Mengen eines jeden Vitamins benötigt. Wasserlösliche Vitamine, wie z.b. die oben erwähnte B-Serie, die im Übermaß zugeführt werden, werden durch den Urin wieder ausgeschieden. Der Kauf dieser Vitaminpräparate ist demnach Geldverschwendung. Was die B-Vitamine betrifft, so sind grünes Blattgemüse, Nüsse und Hefe hervorragende Quellen. Dies ist eine Erklärung dafür, warum so viele Läden für Gesundheitskost spezielle Hefe-, Nuß- oder Kornmischungen anbieten. Die Kosten dieser Mischungen liegen höher als die ebenso hervorragenden und schmackhaften Quellen dieser Vitamine wie z.b. ein angemachter Salat mit frischem Gemüse aus dem Lebensmittelladen oder vom Bauernmarkt.

Unter dem Gesichtspunkt der Leistungssteigerung gibt es keinen vernünftigen Grund für die Megavitamineinnahme (Weight, Myburgh & Noakes, 1988). Selbst Sportler, die mehrere Stunden pro Tag trainieren, brauchen nicht soviel Nahrung bzw. Energie zuzuführen, wie oft vermutet wird. Ein 60 kg schwerer Läufer benötigt für einen Marathonlauf etwa 2.600 kcal (10.880 kJ), was ungefähr dem gesamten täglichen Energiebedarf dieser Person entspricht, wenn sie nicht trainiert. Mit anderen Worten: Dieser Läufer benötigt das doppelte seines normalen täglichen Energiebedarfs. Dies ist in der Tat eine deutliche Zunahme des Energiebedarfs, entspricht jedoch längst noch nicht den in Vitaminpräparaten enthaltenen Vitaminkonzentrationen. Darüber hinaus ist das tägliche Training eines Läufers nur selten so hart oder umfangreich, daß die einem Marathonlauf entsprechende Energie benötigt wird. Oft wird die Meinung vertreten, daß ein Sportler dann zusätzlich große Mengen an Vitaminen zuführen muß, wenn er zeitlich derart ausgelastet ist, daß er Mahlzeiten ausfallen läßt. Diese Praxis bedarf im Hinblick auf die zu setzenden Prioritäten einer kritischen Untersuchung. Eine angemessene Nährstoffzufuhr ist wesentlich, wenn die Brennstoff-, Mineral- und Vitaminversorgung sichergestellt werden soll. Nahrhafte und schmackhafte Mahlzeiten sind ebenso wichtig wie angenehm und stellen ein gutes Nährstoffgleichgewicht sicher. Sie sollten für jeden Sportler eine Priorität darstellen und sind ein wichtiger (und angenehmer) Bestandteil jedes Trainingsprozesses.

Elektronentransportkette

Obwohl der Krebszyklus tatsächlich das Schicksal des Kohlenstoffskeletts des Pyruvat-Azetylanteils beschreibt, hat der Zyklus selbst nicht direkt etwas mit dem

Mechanismus des Energieerhalts zu tun. Hierbei spielen die H^+-Ione (mit ihren Elektronen), die gesammelt und an NAD oder FAD gebunden wurden (siehe Abbildung 1.36), eine Rolle. Diese reduzierten Moleküle, $NADH_2$ und $FADH_2$, geben ihre Elektrone an eine andere Reihe von Enzymen weiter, die insgesamt als Elektronentransportkette bezeichnet werden und im unteren Teil der Abbildung 1.36 dargestellt sind. Dies ist der letzte gemeinsame Weg, auf dem die aus den verschiedenen zellulären Brennstoffen - Fettsäuren, Kohlenhydraten und sogar Proteinen - stammende Energie, letztlich durch die Interaktion mit O_2 - dem letztendlichen Oxidationsmittel oder Elektronenakzeptor in aeroben Zellen -, gewonnen wird. Diese Phase des Brennstoffabbaus ist daher das „finanzielle Endprodukt" des Wirtschaftsunternehmens Energiestoffwechsel, denn hier wird die metabolische Währung (ATP) hergestellt.

Bei der komplexen Folge der Reaktionen im Elektronentransportsystem spielen verschiedene Moleküle unterschiedlichster Struktur eine Rolle, von denen nur einige in Abbildung 1.36 dargestellt sind. Eine Gruppe von Proteinen, die insgesamt als Zytochrome bezeichnet und als Zyt abgekürzt werden, weisen eine Ähnlichkeit mit Hämoglobin auf. Ein wichtiger Unterschied ist der Oxidationszustand des Eisens innerhalb ihrer Molekularstruktur. Im Hämoglobin liegt das Eisen als Fe^{++} vor, während es in den Zytochromen als Fe^{+++} vorliegt. Jedes Zytochrom in der oxidierten Form (d.h. mit Fe^{+++}) kann ein Elektron eines Wasserstoffatoms akzeptieren und reduziert werden (Fe^{+++} wird zu Fe^{++}). Das Wasserstoffatom wird zu einem H^+-Ion und trägt insofern zum Säuregrad des Mediums bei. Das Zytochrom seinerseits kann dann sein Elektron an den nächsten Träger in oxidierter Form weitergeben usw. Beachten Sie z.B., wie Zytochrom b^{+++} ein Elektron an Zytochrom c_1^{++} weitergibt, wodurch Zytochrom $c1^{+++}$ und Zytochrom b^{++} entstehen. Das schließliche Zytochrom a_3^{+++} oder Zytochromoxidase gibt sein Elektron direkt an den molekularen Sauerstoff weiter. Wenn sich zwei Elektrone an ein Sauerstoffatom heften, werden gleichzeitig zwei H^+-Ione gebunden. Das Ergebnis ist die Bildung von H_2O. Jede Elektronenübertragung setzt eine beträchtliche Energiemenge frei, die als ATP gespeichert wird. In Abbildung 1.36 ist nur die vereinfachte Form eines in Wirklichkeit wesentlich komplexeren Systems dargestellt. Neben den Zytochrompigmenten sind auch andere Substanzen (eine von ihnen ist Coenzym-Q [CoQ]) einschließlich FAD und NAD beteiligt.

Wir sind jetzt imstande, die Energiebilanz der Glukoseoxidation zu erstellen (siehe Abbildung 1.39) und zusammenzufassen, wieviel Energie im Rahmen des Stoffwechselgeschehens produziert wird und woher sie stammt (Abbildung 1.36). Zwei mol ATP sind notwendig, um die Glykolyse in die Wege zu leiten, und 4 mol ATP werden gebildet. In der anaeroben Phase der Glykolyse werden 4 Wasserstoffatome freigesetzt und als $NADH_2$ gebunden. Für je zwei transportierte Wasserstoffatome werden 3 mol ATP gebildet, wenn die Abgabe in das Elektronentransportsystem über NAD läuft. Diese vier Wasserstoffatome ergeben also 6 mol ATP als energetische Ausbeute. Vier Wasserstoffatome werden beim Transfer von Pyruvat zu Coenzym-A freigesetzt. Dies ergibt 6 mol ATP, da wiederum NAD der Träger ist. Im Krebszyklus werden 6 Sätze zu je zwei

Wasserstoffatomen an NAD freigegeben, was 18 mol ATP ergibt. Zwei Sätze Wasserstoffatome werden an FAD freigegeben, und hier kommt es nur zur Bildung von 4 mol ATP (2 mol ATP pro Wasserstoffatompaar). Der Kebszyklus produziert also 11 mol ATP pro Azetylgruppe bzw. 22 mol ATP pro mol Glukose. Die dem Krebszyklus vorgelagerten Prozesse ergeben 16 mol ATP, wobei in der Einleitung der Reaktionskette 2 mol ATP verlorengehen. Die Netto-ATP-Produktion beträgt demnach 22 + 16 - 2 = 36 mol ATP.

2 ATP werden zur Einleitung der Glykolyse benötigt	- 2 mol ATP
4 ATP werden bei der anaeroben Glykolyse erzeugt	+ 4 mol ATP
4 H+-Ione werden bei der anaeroben Glykolyse freigesetzt und als NADH$_2$ gebunden	+ 6 mol ATP
4 H+ werden bei der Umwandlung von Pyruvat zu Azetyl-Coenzym-A freigesetzt und als NADH$_2$ gebunden	+ 6 mol ATP
6 Sätze zu je 2 H$^+$-Ionen werden im Krebszyklus freigesetzt und als NADH$_2$ gebunden	+ 18 mol ATP
2 Sätze zu je 2 H$^+$-Ionen werden im Krebszyklus freigesetzt und als FADH$_2$ gebunden	+ 4 mol ATP
Gesamt ATP	38 mol
minus 2 verlorene ATP	- 2 mol
Netto-ATP-Gewinn	36 mol

Abbildung 1.39: Energiebilanz der Glukoseoxidation

Der Metabolismus von Fett als Brennstoff

Wir haben uns bislang nur auf den Kohlenhydratstoffwechsel konzentriert, und wir müssen uns bewußt sein, daß dieser nur ein Teil der Energie für den Stoffwechsel liefert. In Kohlenhydraten ist nur ein Teil der in Fetten enthaltenen Energie vorhanden. Fette sind die wichtigste Stütze der Energieversorgung für das gesamte Kontinuum vom Ruhezustand bis zum Marathonlauf und darüber hinaus. Trainierte Skelettmuskeln verfügen wie die Herzmuskeln über mehr gespeicherte Fette, fettmetabolisierende Enzyme (die gleichen Krebszyklus-Enzyme, die Glukose abbauen) und zahlreichere und auch größere Mitochondrien. Je höher das Potential der Fettoxidation in den Muskeln ist, desto höher ist die Ausdauerleistungsfähigkeit des betreffenden Muskels. Die Ausdauerleistungsfähigkeit des Herzens ist enorm.

Glykogen und Triglyzeride verfügen über ein ähnliches Anfangsmuster des Katabolismus. Aktivierte Phosphorylase und Lipase interagieren jeweils mit zyklischem 3',5'-AMP, um die Brennstoffabbaukette einzuleiten (Abbildung 1.34). Die durch diesen Prozeß freigesetzten Fettsäuren müssen dann in die Mitochondrien eintreten, wo der weitere Katabolismus stattfindet. Die Bewegung durch die doppelte Mitochondrienmembran erfordert die Verbindung mit einer Substanz namens *Carnitin*. Dieser Prozeß läuft in drei Schritten ab. Zunächst führt die Bindung von Azetyl-Coenzym-A an das Fettsäuremolekül zur Bildung *fettsäurehaltigen Coenzyms A*, welches die äußere Mitochondrienmembran durchdringt (Abbildung 1.36). Dann tauscht Carnitin-Azyltransferase II Carnitin gegen Coenzym A ein, wodurch *fettsäurehaltiges Azyl-Carnitin* entsteht. Diese Substanz durchdringt die innere Mitochondrienmembran. Schließlich tauscht Carnitin-Azyltransferase II Carnitin gegen intramitochondriales Coenzym A aus, wodurch wieder fettsäurehaltiges Coenzym A gebildet wird. Die Verbindung von Carnitin mit fettsäurehaltigem Coenzym A ist folglich der die Geschwindigkeit der Fettsäureoxidation hemmende Schritt. Dies kann auch erklären, warum ausdauertrainierte Läufer über mehr Carnitin in ihren Skelettmuskeln verfügen - dies ist ein Indiz für ihre besser ausgeprägte Fähigkeit der Fettsäureoxidation (de Palo et al., 1986).

Nun beginnt die systematische, enzymgesteuerte Abspaltung von C_2-Bruchstücken vom multikohlenstoffhaltigen Fettsäureskelett. Diese Reaktionsfolge heißt *Beta-Oxidation*, weil die Abspaltung am zweiten (beta) Kohlenstoffatom statt am ersten (alpha) erfolgt. Bei der C_{16}-Palmitinsäure würde z.B. ein siebenmaliges Abspalten von Azetylgruppen zu einem völligen Abbau führen. Jedes C_2-Bruchstück verbindet sich innerhalb der Mitochondrien mit Coenzym A, was zur Bildung von Azetyl-Coenzym A führt (Abbildung 1.36). Die Interaktion mit Oxalazetat und die Bildung von Citrat ermöglichen wie beim Kohlensäureabbau die schließliche Freisetzung von Energie. Hierfür gelten prinzipiell die gleichen Richtlinien, die bereits im Zusammenhang mit dem Krebszyklus und der Elektronentransportkette erläutert wurden.

Reziproke Steuerung des Fettsäure- und Kohlenhydratstoffwechsels

In Ruhe sind Fette unsere vorherrschenden Energiequellen, während die Kohlenhydrate nur eine geringere Rolle spielen. Da wir ausreichend O_2 für unsere Stoffwechselbedürfnisse aufnehmen, erfolgt der Brennstoffabbau völlig aerob. Fettsäuren können nicht ohne ausreichend O_2, der einen völligen Abbau garantiert, verstoffwechselt werden. Was verursacht die Verlagerung auf den Kohlenhydratstoffwechsel, wenn wir beginnen, uns körperlich zu belasten, und wenn wir mit Situationen konfrontiert werden, in denen der O_2-Bedarf die O_2-Zufuhr übersteigt? Die Antwort liegt in einer Art reziproker Steuerung: Jeder Brennstoff steuert den anderen. Die vollständige Erklärung ist komplex, aber einige der wichtigsten Konzepte verdienen Erwähnung. Ein wichtiger Steuermechanismus des Glukosestoffwechsels ist die Menge der verfügbaren Zitronensäure. Im Rahmen des Fettsäurestoffwechsels werden große Mengen Zitronensäure erzeugt, die einen hemmenden Effekt auf ein Schlüsselenzym der Glykolyse ausübt, der Phosphofruktokinase. Folglich verläuft die Glykolyse auf niedrigem Niveau, und die normale Dominanz des Fettsäurestoffwechsels wird verständlich.

Wenn wir beginnen, uns zu belasten, kommt es in den arbeitenden Skelettmuskeln zu einer kurzen Hypoxiephase, da die Zunahme der Kreislaufaktivität mit dem unmittelbar ansteigenden Sauerstoffbedarf nicht ganz parallel läuft. Es kommt zu einer kurzen anaeroben Phase mit Laktatbildung und zunehmender Gewebeübersäuerung. Diese sich entwickelnde intrazelluläre Azidose verringert die Aktivität des Enzyms Carnitin-Acyl-Transferase. Für eine kurze Zeitspanne kommt es zu einer Abnahme der Zitronensäurekonzentration, da der Fettsäureabbau weniger Azetylgruppen zur Kombination mit Oxalazetat zur Bildung von Zitronensäure bereitstellt. Da die Zitronensäurekonzentration die Glykolyse steuert, entfällt während dieser kurzfristigen Abnahme der Zitronensäureversorgung die Hemmung des Glukoseabbaus, wodurch dieser zunimmt. Hypoxie steigert auch die Aktivität der Phosphorylase, wodurch der Abbau zusätzlicher Glukoseeinheiten des Glykogens zunimmt. Hypoxie steigert ebenfalls die Hexokinaseaktivität, was zu einer Steigerung der Umwandlungsrate freier Glukose zu Glukose-6-PO_4 führt.

Die Laufgeschwindigkeit und die Zeitspannen, während derer diese Geschwindigkeit beibehalten werden kann, stehen in umgekehrter Beziehung zueinander. Wenn man zu lange zu schnell läuft, sind der Dauer einer derart intensiven Aktivität schnell Grenzen gesetzt. Die aus der übermäßigen Laktatbildung herrührenden H^+-Ionen hemmen auch die Aktivität der Phosphofruktokinase, wodurch die Glykolyse abnimmt. Diese H^+-Ionen wetteifern auch mit den Ca^{++}-Ionen um die Bindeorte, die die Aktin-Myosin-Interaktion steuern (Katz, 1970). Obwohl die H^+-Ionen einerseits „metabolische Monster" darstellen, da sie den Brennstoffabbau hemmen, ist ihre Anwesenheit aus anderer Perspektive positiv. Indem sie den Stoffwechsel verlangsamen, halten sie den Säuregrad über dem kritischen Punkt, an dem die Lysosom-verursachte Zellzerstörung einsetzen könnte. Gleichzeitig haben H^+-Ionen durch ihre unmittelbare Beeinflussung des Muskeltonus eine direkte gefäßerweiternde Wirkung auf benachbarte Arteriolen, die die betreffende Region mit Blut versorgen. Es kommt zu einer Verbesserung der Perfusion und damit zur Verteilung von Nährstoffen, O_2 und Puffersubstanzen.

Zusammenfassung

1. Laufen ist eines unserer grundlegenden Bewegungsmuster, das wir von Kindheit an üben, während unserer Kindheit in biomechanischer Hinsicht verbessern und schließlich soweit verfeinern, daß wir als Erwachsene Schrittfrequenz und -länge normalerweise so optimal kombinieren können, daß wir bei geringem Einsatz in Form von Stoffwechselenergie den größten Gewinn in Form von Bewegung erreichen können. Reife Athleten, die ihre Wettkampfleistung verbessern wollen, halten es funktionell für sinnvoller, sich auf die Steigerung ihrer Fitneß als auf die

Verbesserung ihrer Biomechanik zu konzentrieren. Das Verständnis einiger biomechanischer Prinzipien des Laufens stellt jedoch die Basis der Kommunikation mit Experten dar, die Ratschläge geben können, wie man seine Stärken optimiert und seine Schwächen minimiert, um seine Leistung zu verbessern und dabei das Verletzungsrisiko gleichzeitig gering zu halten.

2. Die Details bezüglich der Muskeln, die wir einsetzen, um zwei Schritte zu absolvieren (Landung auf jedem einzelnen Fuß), die einen Laufzyklus darstellen, wurden herausgearbeitet und kurz beschrieben. Wenn wir schneller laufen, treffen wir mit größerer Kraft auf dem Untergrund auf, wobei das Muskel- und Skelettsystem einer größeren Belastung ausgesetzt wird. Ein guter Trainingsplan muß daher die Leistungsfähigkeit der betroffenen Gewebe verbessern.

3. Um die verletzungsanfälligsten Gewebe - nämlich die Muskeln und teilweise auch das Bindegewebe - intelligent zu belasten, bedarf es des Verständnisses ihrer Struktur und Funktion. Die Muskelstruktur wurde sowohl hinsichtlich der makro- wie auch der mikroskopischen Ebene beschrieben. Ebenso wurde der Mechanismus der Spannungserzeugung erläutert. Die Anpassungen, die unterschiedliche Trainingsarten bei unterschiedlichen Typen von Skelettmuskelzellen (langsamzuckende Fasern und die beiden wichtigen Formen schnellzuckender Fasern) bringen, wurden ebenfalls umrissen.

4. Aus metabolischer (biochemischer) Sicht sind wir für die Strapazen von Wettkämpfen über die mittleren und langen Distanzen nicht angepaßt, obwohl wir die Fähigkeit besitzen, diese Distanzen ohne ein umfangreiches Spezialtraining zu absolvieren, wenn die dazu zur Verfügung stehende Zeit keine Rolle spielt. Um die Distanzen in immer kürzerer Zeit bewältigen zu können, müssen wir spezifische Aktivitäten, die Training genannt werden, absolvieren. Ein derartiges Training läßt den Erfolg in biochemischer Hinsicht erreichbarer erscheinen. Mehr Arbeit muß in einer kürzeren Zeiteinheit geleistet werden, wenn man effektiver Wettkämpfe bestreiten will. Die energetische Währung muskulärer Arbeit ist ATP (wobei 1 mol dieser Substanz etwa 46 kJ oder 11 kcal Energie entspricht). ATP wird in Abhängigkeit von der Intensität, mit der das Training oder Wettkämpfe absolviert werden, auf verschiedene Weise bereitgestellt. Einige dynamische Aspekte dieser Energiebereitstellung wurden erläutert.

5. Die Energie für kurze, maximale Sprints von etwa 20 sec Länge stammt völlig aus den Kreatinphospatspeichern in den Muskeln. Während dieser kurzen Zeitspanne werden diese Speicher aus dem ATP wieder aufgefüllt, ohne daß auf andere Stoffwechselquellen zurückgegriffen werden muß. Derartige explosive Belastungen gehören jedoch mehr in die Welt der Sprints als in die des Mittel- und Langstreckenlaufs.

6. Hochintensive Belastungen über längere Zeiträume - d.h. zwischen 20 sec und 8 min - sind auf mehr Energie angewiesen, als durch den aeroben Brennstoffwechsel

bereitgestellt werden kann. Mit anderen Worten, die energetischen Anforderungen sind zu groß, um über die Aufnahme von O_2 einen vollständigen Brennstoffabbau zu erreichen. Der O_2-Verbrauch für Wettkampfdistanzen zwischen 200 und 400 m liegt z.b. höher als 100 ml/kg/min. Der primäre Brennstoff für Belastungen, die die der VO_{2max} entsprechende Intensität erreichen oder übertreffen, sind die Kohlenhydrate. Dieser Prozeß ist jedoch extrem brennstoffverbrauchend und aufgrund der mit der Azidose einhergehenden Effekte selbstlimitierend. Mit zunehmender Länge der Wettkampfdistanzen von 800 m bis 10.000 m wirkt die Milchsäureanhäufung erneut leistungsmindernd, aber es wird zunehmend möglich, eine dem O_2-Bedarf entsprechende Sauerstoffmenge bereitzustellen. Ausreichend Muskelglykogen und Triglyzeride stehen als Brennstoff zur Verfügung, ebenso Blutglukose. Je länger die Distanz, desto geringer die maximale Geschwindigkeit, die beibehalten werden kann, da wir uns mehr und mehr auf den vollständigen (aeroben) Stoffwechsel verlassen müssen, bei dem die Anhäufung von H+-Ionen gering ist. Der Fettstoffwechsel gerät mehr und mehr in den Mittelpunkt, ebenso eine angemessene O_2-Versorgung.

7. Der Zweck des Trainings ist also die Verbesserung der Fähigkeit der Muskelzellen, die Auswirkungen der Azidose zu beseitigen (zu puffern) und die O_2-Ausnutzung zu steigern, so daß der anaerobe Beitrag bei jeder Geschwindigkeit niedriger ist als vor dem Training. Das Verständnis der Art und Weise, wie sich die relative Dominanz der verschiedenen Brennstoffe verschiebt, um den energetischen Anforderungen bei bestimmten Belastungsintensitäten gerecht zu werden, verlangt ein gutes Grundwissen der Prinzipien des Brennstoffabbaus durch den Körper. Das Wesentliche dieses Themas wurde erläutert.

8. Eine langfristige Trainingsanpassung und kurzfristige Zunahmen der gespeicherten Brennstoffe durch eine Kombination von Ruhe und fortgesetzter Brennstoffzufuhr sollten die Fähigkeiten der Energiebereitstellung verbessern. Ein ausführliches Aufwärmen vor einer Trainings- oder Wettkampfbelastung erhöht die Muskeldurchblutung allmählich auf ein Niveau, welches sicherstellt, daß bereits vor Belastungsbeginn eine gesteigerte Stoffwechselaktivität erreicht wird. Ziel ist, daß sowohl der Fett- als auch der Kohlenhydratstoffwechsel mit einer Intensität ablaufen, die der Intensität der Wettkampf- oder Trainingsbelastung entspricht. Entsprechend sollte nach Abschluß des Trainings locker gelaufen werden, um den Prozeß der Wiederherstellung des Stoffwechselgleichgewichts einzuleiten (Versorgung der belasteten Muskeln mit Nahrungsstoffen zur Wiederauffüllung der Energiespeicher und mit O_2 zur vollständigen Verstoffwechselung der anaeroben Abbauprodukte wie z.B. Laktat). Auslaufen beschleunigt also die Regeneration.

Literatur

Adelaar, R.S. (1986). The practical biomechanics of running. American Journal of Sports Medicine, 14, 497-500.

Barany, M. & Close, R.I. (1971). The transformation of myosin in cross-innervated rat muscle. Journal of physiology, 213, 455-474.

Beck, M. (1966). The path of the center of gravity during running in boys grade one to six. Unpublished doctoral dissertation, University of Wisconsin, Madison.

Brodal, P., Ingjer, F. & Hermansen, L. (1977). Capillary supply of skeletal muscle fibers in untrained and endurance-trained men. American Journal of Physiology, 232, H705-H712.

Brooke, M.H. & Engel, W.K. (1969). The histographic analysis of human muscle biopsies with regard to fiber types. I. Adult males and females. Neurology, 19, 221-233.

Brooke, M.H. & Kaiser, K.K. (1970). Muscle fiber types. How many and what kind? Archives of Neology, 23, 369-379.

Buller, A.J., Eccles J.C. & Eccles, R.M. (1969). Interaction between motoneurons and muscles in respect of the characteristic speeds of their response. Journal of Physiology (London), 150, 417-439.

Cavanagh, P.R., Andrew, G.C., Kram, R., Rodgers, M.M., Sanderson, D.J. & Hennig, E.M. (1985). An approach to biochemical profiling of distance runners. The International Journal of Sports Biomechanics, 1, 36-62.

Cavanagh, P.R., Kram, R. (1990). Stride length in distance running: Velocity, body dimensions, and added mass effects. In P.R. Cavanagh (Ed.), Biomechanics of Distance Running (S. 35-60). Champaign, IL: Human Kinetics.

Cavanagh, P.R., Pollock, M.L. & Landa, J. (1977). A biomechanical comparison of elite and good distance runners. Annals of the New York Academy of Sciences, 301, 328-345.

Close, R.I. (1969). Dynamic properties of fast and slow skeletal muscle after nerve cross-union. Journal of Physiology, 204, 331-346.

Costill, D.L., Bowers, R., Branam, G. & Sparks, K. (1971). Muscle glycogen utilization during prolonged exercise on consecutive days. Journal of Applied Physiology, 31, 834-838.

Costill, D.L., Fink, W.J., Flynn, M. & Kirwan, J. (1987). Muscle fiber composition and enzyme activities in elite female distance runners. International Journal of Sports Medicine, 8, 103-106.

Costill, D.L. & Miller, J.M. (1980). Nutrition for endurance sport: Carbohydrate and fluid balance. International Journal of Sports Medicine, 1, 2-14.

de Palo, E., de Palo, C., Macor, C., Gatti, R., Federspil, G. & Scandellari, C. (1986). Plasma free fatty acid, carnitine and acetylcarnitine levels as useful biochemical parameters in muscular exercise. In: G. Benzi, L. Packer & N. Siliprandi (Ed.), Biochemical aspects of physical exercise (S. 461-467). Amsterdam: Elsevier Science.

Deschenes, M. (1989). Short review: Rate coding and motor unit recruitment patterns. Journal of Applied Sport Science Research, 3, 34-39.

Eccles, J.C., Eccles, R.M. & Kozak, W. (1962). Further investigations on the influence of motoneurones on the speed of muscle contraction. Journal of Physiology, 163, 324-339.

Edstrom, L. & Nystrom, B. (1969). Histochemical types and sizes of fibers in normal human muscles. Acta Neurologica Scandinavica, 45, 257-269.

Fink, W.J., Costill, D.L. & Pollock, M.L. (1977). Submaximum and maximum working capacity of elite distance runners. Part II. Muscle fiber composition and enzyme activities. Proceedings of the New York Academy of Sciences, 301, 323-327.

Gladden, L.B. (1989). Lactate uptake by skeletal muscle. Exercise and Sports Sciences Reviews, 17, 115-155.

Gollnick, P., Armstrong, R., Saubert, C., Piehl, K. & Saltin, B. (1972). Enzyme activity and fiber composition in skeletal muscle of untrained and trained men. Journal of Applied Physiology, 33, 313-319.

Gollnick, P.D. & Hodgson, D.R. (1986). The identification of fiber types in skeletal muscle: A continual dilemma. Exercise and Sports Sciences Reviews, 14, 81-104.

Gollnick, P.D. & Matoba, H. (1984). The muscle fibre composition of muscle as a predictor of athletic success. American Journal of Sports Medicine, 12, 212-217.

Gregor, R.J. (1989). The structure and function of skeletal muscles. In P.J. Rasch (Ed.), Kinesiology and applied anatomy (7th ed., S. 32-47). Philadelphia: Lea & Febiger.

Henatsch, H.-D. & Langer, H.H. (1985). Basic neurophysiology of motor skills in sport: A review. International Journal of Sports Medicine, 6, 2-14.

Henriksson, J. & Reitman, J.S. (1976). Quantitative measure of enzyme activities in type I and type II muscle fibers of man after training. Acta Physiologica Scandinavica, 97, 392-397.

Holloszy, J.O. (1967). Biochemical adaptation in muscle. Effects of exercise on mitochondrial oxygen uptake and respiratory enzyme activity in skeletal muscle. Journal of Biological Chemistry, 242, 2278-2282.

Holloszy, J.O. & Coyle, E.F. (1984). Adaptation of skeletal muscles to endurance exercise and their metabolic consequences. Journal of Applied Physiology, 56, 831-838.

Hoppeler, H., Luthi, P., Claassen, H., Weibel, E.R. & Howald, H. (1973). The ultrastructure of the normal human skeletal muscle. A morphometric analysis of untrained men, women, and well-trained orienteers. Pflügers Archiv für die gesamte Physiologie, 344, 217-232.

Huxley, H.E. & Hanson, J. (1954). Changes in the cross-striations of muscle during contraction and stretch and their structural interpretation. Nature, 173, 973-976.

Huxley, A.F. & Niedergerke, R. (1954). Structural changes in muscle during contraction. Nature, 173, 971-973.

Ingjer, F. (1979). Effects of endurance training on muscle fibre ATPase inactivity, capillary supply and mitochondrial content in man. Journal of Physiology, 294, 419-432.

James, S.L. & Brubaker, C.E. (1972). Running mechanics. Journal of the American Medical Association, 221, 1014-1016.

Jarvis, W.T. (1983). Food: faddism, cultism, and quackery. Annual Review of Nutrition, 52, 3-35.

Kaggestad, J. (1987). So trainierte Ingrid Kristiansen 1986. Die Lehre der Leichtathletik, 26, in Leichtathletik, 38, 831-834 und 945-946.

Karlsson, J. (1986). Muscle exercise, energy metabolism and blood lactate. Advances in Cardiology, 35, 35-46.

Katz, A.M. (1979). Contractile proteins of the heart. Physiological Reviews, 50, 63-158.

Komi, P.V., Viitasalo, J.H.T., Havu, M., Thorstensson, A., Sjodin, B. & Karlsson, J. (1977). Skeletal muscle fibers and muscle enzyme activities in monozygous and dizygous twins of both sexes. Acta Physiologica Scandinavica, 100, 385-392.

Krebs, H. (1970). The history of the tricarboxylic acid cycle. Perspectives in Biology and Medicine, 14, 154-170.

Lehninger, A.L. (1982). Principles of biochemistry. New York: Worth.

Mann, R.A. (1982). Foot problems in adults. Instructional Course Lectures, 31, 167-180.

Mann, R.A., Moran, G.T. & Dougherty, S.E. (1986). Comparative electromyography of the lower extremity in jogging, running, and sprinting. The American Journal of Sports Medicine, 14, 501-510.

McDonagh, M.J.N. & Davies, C.T.M. (1984). Adaptive response of mammalian muscle to exercise with high loads. European Journal of Applied Physiology, 52, 139-155.

Nadel, E.R. (1985). Physiological adaptation to aerobic exercise. American Scientist, 73, 334-343.

Pattengale, P.K. & Holloszy, J.O. (1967). Augmentation of skeletal muscle myoglobin by a program of treadmill running. American Journal of Physiology, 213, 783-785.

Peter, J.B., Barnard, R.J., Edgerton, V.R., Gillespie, C.A. & Stempel, K.E. (1972). Metabolic profiles of three fiber types of skeletal muscles in guinea pigs and rabbits. Biochemistry, 11, 2627-2633.

Pette, D. (1984). Activity-induced fast to slow transitions in mammalian muscle. Medicine and Science in Sports and Exercise, 16, 517-528.

Prince, F.P., Hikida, R.S. & Hagerman, F.C. (1976). Human muscle fiber types in power lifters, distance runners, and untrained subjects. Pflügers Archiv, 363, 19-26.

Ranvier, L. (1873). Propriétés et structures différentes des muscles rouges et des muscle blancs chez les lapins et chez les raies. Compte Rendu Hebdomadaire des Séances de l'Académie des Sciences (D) Paris, 77, 1030-1034.

Rice, C.L., Pettigrew, F.P., Noble, E.G. & Taylor, A.W. (1988). The fibre composition of skeletal muscle. Medicine and Sport Science, 27, 22-39.

Rogers, M.A., Stull, G.A. & Apple, F.S. (1985). Creatine kinase isoenzyme activities in men and women following a marathon race. Medicine and Science in Sports and Exercise, 17, 679-682.

Root, M.L., Orien, W.P. & Weed, J.H. (1977). Normal and abnormal function of the foot (S. 157). Los Angeles: Clinical Biomechanics Corp.

Sale, D.G., MacDougall, J.D., Upton, A.R.M. & McComas, A.J. (1983). Effect of strength training upon motoneuron excitability in man. Medicine and Science in Sports and Exercise, 15, 57-62.

Saltin, B. & Gollnick, P.D. (1983). Skeletal muscle adaptability: Significance for metabolism and performance. In: L.D. Peachey, R.H. Adrian & S.R. Geiger (Ed.), Handbook of physiology: Sec. 10. Skeletal muscle (S. 555-663). Washington, DC: American Physiological Society.

Saltin, B., Henriksson, J., Nygaard, E. & Andersen, P. (1977). Fiber type and metabolic potentials of skeletal muscles in sedentary man and endurance runners. Annals of the New York Academy of Sciences, 301, 3-29.

Slocum, D.B. & Bowerman, W. (1962). The biomechanics of running. Clinical Orthopedics, 23, 39-45.

Slocum, D.B. & James, S.L. (1968). Biomechanics of running. Journal of the American Medical Association, 205, 721-728.

Stanton, P. & Purdam, C. (1989). Hamstring injuries in sprinting - the role of eccentric exercise. Journal of Orthopaedic and Sports Physical Therapy, 10, 343-349.

Stipe, P. (1982). Scaling of body size and cushioning in running shoes. NIKE Research Newsletter, 1(2), 3-4.

Taylor, C.R. & Weibel, E.R. (1981). Design of the mammalian respiratory system. I. Problem and strategy. Respiration Physiology, 44, 1-10.

Thomas, C.L. (1989). Tabor's cyclopedic medical dictionary (16th ed.). Philadelphia: Lea & Febiger.

Weight, L.M., Myburgh, K.H. & Noakes, T.D. (1988). Vitamin and mineral supplementation: Effect on the running performance of trained athletes. American Journal of Clinical Nutrition, 47, 192-195.

Whipp, B.J. (1987). Dynamics of pulmonary gas exchange. Circulation, 76 (Suppl. 6), 18-28.

Whipple, G.H. (1926). The hemoglobin of striated muscle. I. Variations due to age and exercise. American Journal of Physiology, 76, 693-707.

Williams, K.R. & Cavanagh, P.R. (1987). Relationship between distance running mechanics, running economy, and performance. Journal of Applied Physiology, 63, 1236-1245.

Williams, K.R., Cavanagh, P.R. & Ziff, J.L. (1987). Biomechanical studies of elite female distance runners. International Journal of Sports Medicine, 8 (Suppl. 2), 107-118.

Kapitel 2

Herz-, Lungen- und Blutdynamik während körperlicher Belastung

Einer Gruppe von Elite-Langstreckenläufern beim Aufwärmen vor einem wichtigen Rennen zuzusehen, ist ähnlich, wie wenn man eine Diesel-Lokomotive, der gerade 100 oder mehr Waggons angehangen werden, in einem Bahnhof betrachtet. Kein Mensch vermag auch nur entfernt die enorme Leistungsfähigkeit dieser beiden „Maschinen" abzuschätzen, solange er sie nicht in Aktion sieht - Läufer, die im annähernden Weltrekordtempo laufen, und die Lokomotive, die einen steilen Anstieg leicht bewältigt.

Die wichtigsten Organe, die beim Laufen eine Rolle spielen, sind das Herz und die Blutgefäße, die Lunge und das durch die Arbeitsmuskulatur fließende Blut. Sie sind hervorragend an hochintensive Belastungen angepaßt und ermöglichen dieselben. Zum kardiopulmonalen System gehören eine Pumpe, die ihren Ausstoß regulieren kann (das Herz) sowie ein gegebenes Flüssigkeitsvolumen (das Blut), das sich in einem Behälter befindet, dessen Fassungsvermögen variieren kann (die vaskuläre Kapazität der Blutgefäße). Das Blut durchläuft in regelmäßigen Abständen einen Gasaustauschapparat (die Lunge). Der auf den Blutgefäßen lastende Druck wird bestimmt durch das vorliegende Blutvolumen und den variablen Muskeltonus dieser Gefäßwände. Dies dient dazu, die vaskuläre Kapazität zu vergrößern oder zu verkleinern. Die Durchblutung, das Blutvolumen, die Blutgaskonzentration (O_2 und CO_2), der Blutdruck und die Blutverteilung sind also allesamt variabel, so daß sie sich an aktuelle Bedürfnisse anpassen und steigende Anforderungen bewältigen können. Die Lungendurchblutung nimmt mit der Lungenventilation zu, und das venöse Blut, das aus dem Körper zu den Lungen zurückkehrt, verläßt diese fast völlig mit Sauerstoff gesättigt und von übermäßigem CO_2 befreit.

Wir beginnen, das Ausmaß der Leistungssteigerung vom bloßen Traben zum Wettkampftempo eines Spitzenläufers zu verstehen, indem wir die Werte einiger physiologischer Variablen in Ruhe und während maximaler Belastung miteinander vergleichen. Zu den beeindruckendsten Steigerungen gehört die Zunahme der O_2-Menge, die das Gewebe ausnutzen kann. In Ruhe beträgt diese Menge durchschnittlich 3,5 ml pro Kilogramm Körpergewicht pro Minute; dies sind bei einem 60 kg schweren Sportler 210 ml/min. Diese Sauerstoffaufnahme kann bei einem hochtrainierten Läufer jedoch 85 ml/kg/min und mehr betragen - mehr als 5 l/min. Diese sogenannte VO_{2max} ist bei trainierten Ausdauersportlern mehr als doppelt so hoch als bei untrainierten. Die verschiedenen oben genannten Gewebe leisten hervorragende Teamarbeit, um den O_2-Transport vom Mund zu den Mitochondrien zu ermöglichen. Um der Herausforderung, die körperliche Belastung darstellt, gerecht zu werden, besteht eine funktionelle Kopplung zwischen äußerer Atmung (das Einatmen von O_2 in den Körper) und innerer Atmung (zelluläre O_2-Ausnutzung) (Wasserman, 1984).

Die Atemfrequenz kann auf 45 bis 50 Atemzüge/min zunehmen im Vergleich zu etwa 12 Atemzügen in Ruhe. Das Volumen der insgesamt ausgeatmeten Luft kann auf das dreißigfache gesteigert werden, von 6 auf 180 l/min. Die aus dem Herz herausgepumpte Blutmenge kann um das 8fache gesteigert werden, von 5 l/min im Ruhezustand auf mehr als 40 l/min bei hochtrainierten Ausdauersportlern bei maximaler Belastung (Ekblom & Hermansen, 1968). Die arbeitenden Skelettmuskeln können ihren Durchblutungsbedarf von 20% des Herzminutenvolumens auf mehr als 85% während Maximalbelastungen steigern. Die Durchblutung der Skelettmuskulatur kann von 1,2 l/min auf mehr als 22 l/min (Abbildung 2.1) zunehmen. Dies bedeutet, daß vielen anderen Geweben, vor allem den Eingeweiden, Blut entzogen wird; es ist

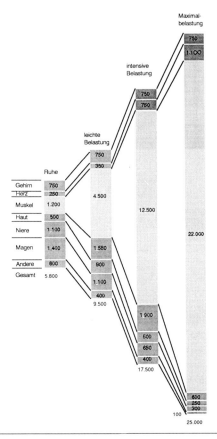

Abbildung 2.1: Umverteilung des Blutflusses zu den arbeitenden Muskeln mit zunehmender Belastungsintensität. Die Durchblutung der verschiedenen Organe ist in ml/min angegeben. Aus: „The Physiology of Exercise" von C.B. Chapman und J.H. Mitchell, 1965, Scientific American, 212 (5), S. 91. Copyright Scientific American, Inc., 1965. Abgedruckt mit freundlicher Genehmigung.

einfach nicht ausreichend Blut vorhanden. Diese Gewebe werden jedoch noch immer genügend durchblutet, um ihre Funktion nicht zu gefährden.

Neben der Versorgung der arbeitenden Muskeln mit Blut um das bis zu 20fache Maß im Vergleich zur Ruhe muß der Körper mit der Dynamik des Abtransports der Stoffwechselprodukte fertig werden. Zwei wichtige metabolische Säuren werden gebildet: flüchtige Säuren wie CO_2 (das als Gas über die Lunge abgegeben wird) und nichtflüchtige Säuren (das beste Beispiel hierfür ist Laktat). Die Brennstoffe müssen aus den Speichern der Leber und dem Fettgewebe mobilisiert und mit dem Blutstrom zu den arbeitenden Muskeln transportiert werden, um deren Speicher zu ergänzen. Schließlich nimmt die Wärmeproduktion bis auf das 100fache zu, auf 5.000 kJ/h (1.194 kcal/h) und höher. Diese Wärme muß abgegeben werden, was vor allem über die Verdampfung des Schweißes, dessen Produktion 2 l/h erreichen kann, geschieht. Die andere wichtige Methode der Wärmeabgabe ist die Konvektion von erweiterten Blutgefäßen an der Hautoberfläche. Flüssigkeitsverluste durch Schwitzen stammen aus dem gesamten Körperwasser, aber besonders aus dem Blutplasma. Wenn der Schweißverlust übermäßig ist, kann das letztlich reduzierte Blutvolumen die effektive Gewebeperfusion gefährden.

Das letztliche Ziel des Trainings ist die Steigerung der funktionalen Kapazität der Organsysteme, die am meisten mit der Bewegungsproduktion zu tun haben. Dies sind primär der Herzmuskel und die Skelettmuskulatur. Wir haben bereits in Kapitel 1 gesehen, wie diese funktionale Kapazität aus biochemischer Sicht den Verbrauch von O_2 impliziert, um den vollständigen Brennstoffabbau zu ermöglichen, mit der schließlichen Entfernung des produzierten CO_2 und der Speicherung der Energie in Form von ATP. Es ist die gemeinsame Rolle der Lunge, des Blutes und der Blutgefäße, den notwendigen Sauerstoff und die Brennstoffe zu den Skelettmuskeln und dem Herz zu schaffen, so daß sie zur Bewegungserzeugung verwandt werden können, und die Durchblutung aufrechtzuerhalten. Der Zweck dieses Kapitels besteht darin, ein besseres Verständnis der Interaktion dieser Systeme zu ermöglichen. Ferner soll gezeigt werden, wie die genetische Veranlagung sowie der Effekt eines richtigen Trainings zur Maximierung der körperlichen Fähigkeiten und damit zur Verbesserung der sportlichen Leistung beitragen und wie diese Fähigkeiten gemessen und mittels der Auswertung im Labor kontrolliert werden können.

Aerobe und anaerobe Beiträge zur Leistung

In Kapitel 1 wurde erklärt, wie es kommt, daß beim Übergang von Ruhe zu intensiver Belastung der Sauerstoffbedarf für den vollständigen Stoffwechsel in der Arbeitsmuskulatur nicht immer durch eine ausreichende Sauerstoffversorgung gedeckt wird. Werfen wir nun einen Blick auf einige der metabolischen und kardiopulmonalen Interaktionen, die auftreten, wenn ein Sportler ein Kontinuum durchläuft, welches mit dem Ruhezustand beginnt, sich mit stufenweise erhöhter Intensität fortsetzt und etwa 20 Minuten später mit dem willkürlichen Belastungsabbruch aufgrund von Erschöpfung und Belastungsintoleranz endet. Derartige Belastungstests werden häufig auf Laufbändern absolviert. Die ausgeatmete Luft der Versuchsperson wird im Hinblick auf die O_2-Aufnahme und die CO_2-Bildung analysiert, aus einem Armgefäß wird mittels eines Katheters in regelmäßigen Abständen Blut entnommen und auf die Milchsäurekonzentration hin untersucht. Falls der Sportler dies bevorzugt, werden häufig statt einer Gefäßkatheterisierung und des Laufens auf flachem Untergrund Blutentnahmen aus der Fingerspitze und Berganlaufen gegen Ende des Tests gewählt. Beim Laufen auf einer ansteigenden Fläche werden außerdem höhere VO_{2max}-Werte erreicht.

In Abbildung 2.2 sind auf der Horizontalachse Laufgeschwindigkeitswerte eingetragen, die mit dem Leistungsniveau unserer talentierten, trainierten und für harte Wettkämpfe vorbereiteten Läufer übereinstimmen. Nach dem Aufwärmen beginnt der Sportler die Belastung aus einer stehenden Ruheposition (Punkt P) und beginnt in einem subjektiv empfundenen lockeren Lauftempo von 4:40/km, das einer Geschwindigkeit von 215 m/min bzw. 12,9 km/h entspricht. Beachten Sie, daß Trainer und Sportler Bewegung typischerweise mit Tempo (die Zeit, die für das Zurücklegen einer bestimmten Distanz benötigt wird) assoziieren, während Wissenschaftler normalerweise an Geschwindigkeit (die im Verlaufe eines bestimmten Zeitabschnitts zurückgelegte Distanz) denken. Die O_2-Aufnahme des Läufers ist auf der Vertikalachse eingetragen und beträgt bei diesem Tempo etwa 35 ml/kg/min. Das heißt, sie ist bereits jetzt 10mal höher als im Ruhezustand. Weniger talentierte oder leistungsfähige Läufer sollten ihren Lauf langsamer beginnen, aber auch für sie bedeutet der Belastungsbeginn eine abrupte Steigerung des Energiebedarfs, so daß die gleichen physiologischen Reaktionen auftreten. Bei einem derartigen Stufentest mit allmählich ansteigender Intensität lassen sich die Reaktionen des Läufers auf eine kontinuierliche Belastung beobachten, und das jeweilige Tempo, bei dem es zu diesen Veränderungen kommt, kann festgehalten werden.

Eine Reaktion, die allen Sportlern bekannt ist, besteht darin, daß die Atmung, Herzfrequenz und Durchblutung nicht direkt so steigen, daß die völlig aerobe Versorgung der arbeitenden Muskeln gewährleistet wäre. Des weiteren sind die Bewegungen in diesem Belastungsstadium noch nicht so effizient wie zu einem späteren Zeitpunkt. Während eines Zeitabschnitts, der durch die Strecke zwischen den Punkten P und Q repräsentiert wird, ist der O_2-Bedarf größer als die O_2-Versorgung. Die anaerobe Glykolyse in den Skelettmuskeln liefert die zusätzlich benötigte Energie aus dem ATP, die für die Bewältigung dieser Anfangsbelastung notwendig ist. Wie in Kapitel 1 erläutert, stehen einige der bei der Katabolisierung von Glukose zu Pyruvat vermehrt gebildeten H^+-Ione zur Verfügung, um das Pyruvat durch Interaktion mit Laktatdehydrogenase (LDH) in Laktat und $NADH_2$ zu verwandeln. Bei diesem relativ langsamen Anfangstempo werden vor allem ST-Muskelfasern rekrutiert. LDH liegt in zwei unterschiedlichen Isoenzymformen vor. In den ST-Muskelfasern sorgt das H-LDH-Isoenzym (das erste H steht für Herz) dafür, daß das hier gezeigte Gleichgewicht bevorzugt zum Pyruvat hin verlagert wird, wodurch die Laktatbildung minimiert und die vermehrte Bildung von H^+-Ionen ermöglicht wird:

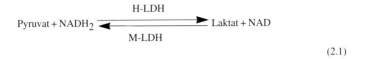

(2.1)

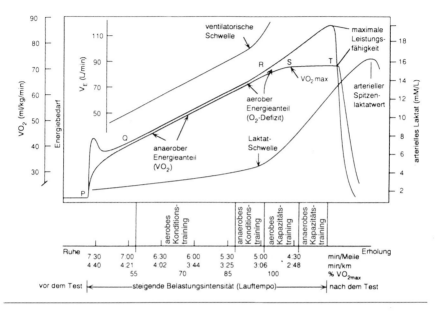

Abbildung 2.2: Graphische Zusammenfassung der aeroben/anaeroben Energiebereitstellung, des O_2-Verbrauchs und des Blutlaktatanstiegs während eines Laufbandtests eines Läufers der Spitzenklasse. Die Belastungsintensität nimmt kontinuierlich zu, bis es nach etwa 20 Minuten zum willkürlichen Belastungsabbruch aufgrund von Erschöpfung kommt. Die Ausgangsgeschwindigkeit beträgt 4:40/km (P). Zu Beginn übersteigt der O_2-Bedarf die O_2-Aufnahme, was dazu führt, daß die benötigte Energie anaerob bereitgestellt wird. Am Punkt Q wird fast die gesamte zusätzlich benötigte Energie aerob bereitgestellt, und dies setzt sich bis Punkt R fort. Der aerobe Stoffwechsel kann den Energiebedarf nicht länger decken, und die Auswirkungen des steigenden anaeroben Stoffwechsels schlagen sich in einer schnelleren Blutlaktatanhäufung nieder. Die VO_{2max} wird bei einem Tempo von etwa 2:50/km erreicht (S). Aufgrund des Ausnutzens anaerober Reserven kann die Belastung fortgesetzt werden. Wenn die maximale Belastbarkeit erreicht wird (T), wird der Test abgebrochen. Noch während des Abwärmens sind Atem- und Herzfrequenz erhöht, bis schließlich eine völlige Erholung erreicht wird. Die Blutlaktatkonzentration erreicht 5 Minuten nach Testende einen Gipfel.

Interessanterweise ist es gerade die Anwesenheit der vermehrt gebildeten H^+-Ione, die eine deutlich verstärkte Durchblutung der arbeitenden Muskulatur und damit eine Steigerung ihrer O_2-Versorgung gewährleistet. Sowohl die H^+-Ionen (aus der anaeroben Glykolyse) und das CO_2 (aus der mitochondrialen Oxidation) hemmen die Erzeugung einer fließenden Muskelspannung in den Blutgefäßen. Dadurch kommt es zu einer Erweiterung der kleinen lokalen Blutgefäße, wodurch sich die lokale Durchblutung verbessert. Die Versorgung mit mehr O_2 aufgrund des gesteigerten Kreislaufs und des Atmungsanstiegs ermöglicht einen höheren Beitrag des aeroben Stoffwechsels. Die Entfernung von CO_2, Laktat und H^+-Ionen trägt dazu bei, daß ein ausgewogenes Säure-Basen-Gleichgewicht im aktiven Gewebe wieder hergestellt und aufrechterhalten wird. Schließlich erlauben eine Kreislauf- und Atmungszunahme, daß die O_2-Abgabe den Bedarf fast völlig deckt (Punkt Q). Einige Personen haben die Vermutung geäußert, daß das Phänomen des sogenannten *Zweiten Windes*, welches wir als eine plötzliche Verbesserung des allgemeinen Befindens und der Fähigkeit, das Tempo nach einigen Laufminuten zu tolerieren, definieren können, mit dem Erreichen dieser aeroben Stoffwechseldominanz (Punkt Q), wenn die externe mit der internen Atmung gleichgezogen hat, korreliert. Ob dies allerdings tatsächlich der Fall ist, kann niemand sagen.

Hat unser Sportler erst einmal einen dominant aeroben Zustand in seiner Skelettmuskulatur erreicht, obwohl er sein Tempo noch immer allmählich erhöht, ist die Belastungssteigerung langsam genug, um einen allmählichen Anstieg der O_2-Aufnahme, des O_2-Kreislaufs und der O_2-Ausnutzung zu erlauben, so daß der Stoffwechselbedarf gedeckt ist. Es wird eine nahezu ausgeglichene Situation zwischen der Produktion saurer Stoffwechselprodukte und ihrer Entfernung erreicht. Fast das gesamte Laktat wird von anderen Geweben verstoffwechselt oder in Glukose zurückverwandelt, und im Verlaufe der Geschwindigkeitssteigerung vom Punkt Q zum Punkt R steigt die Blutlaktatkonzentration nur geringfügig an. Zwar sind sowohl Fettsäuren als auch Glukose wichtige Brennstoffe, aber die Glukose wird immer wichtiger.

Schließlich resultiert die kontinuierliche Steigerung der Geschwindigkeit in einem Belastungsgrad (Punkt R), dessen zusätzlicher Energiebedarf wiederum nicht alleine vom aeroben Stoffwechsel gedeckt werden kann. Dies wird zum Teil durch die gesteigerte Rekrutierung von FT-Muskelfasern verursacht. Diese Fasern sind eher auf den anaeroben als auf den aeroben Stoffwechsel spezialisiert, das heißt, sie verwandeln Glukose schnell in Pyruvat. In den FT-Fasern trägt das Isoenzym M-LDH (M für Muskel) dazu bei, daß die Gleichung 2.1 sich verstärkt nach rechts verlagert, wodurch die Bildung zusätzlichen Laktats ermöglicht wird. Bei dieser Belastungsintensität (Punkt R) beginnt sich das Blutlaktat schneller anzuhäufen, da die gesteigerte Laktatproduktion der arbeitenden Muskeln und die Freisetzung in das Blut größer sind als die Ausnutzung des Laktats (als Brennstoff) durch andere Gewebe. Dieser Punkt wird *Laktatschwelle* genannt. Kontinuierliche Messungen der steigenden Ventilation während körperlicher Belastung zeigen hier normalerweise auch eine Änderung des Ventilationsmusters. In Abbildung 2.2 repräsentiert der Punkt R diese *ventilatorische Schwelle* zusammen mit der

Laktatschwelle. Läufer können die Veränderung der Atemintensität bei dieser Belastung häufig spüren.

Trotz der verschiedenen Stoffwechselveränderungen bei steigendem Lauftempo bewältigt unser Sportler die Situation gut und läuft immer schneller, bis er schließlich seine VO_{2max} (Punkt S) erreicht. Obwohl diese Belastung, die einem 5.000-m-Wettkampftempo entspricht, sehr streßintensiv ist, kann der Läufer ein oder zwei Minuten lang sogar noch schneller laufen, wenn man ihn anfeuert und seine Wettkampfform und sein Leistungswille gut sind. Die anaerobe Glykolyse deckt jetzt den gesamten zusätzlichen Energiebedarf der vom Sportler noch zu bewältigenden Belastungen jenseits des Punktes S, und die Blutlaktatkonzentration steigt exponentiell an. Im Punkt T kommt es zum Belastungsabbruch, der Sportler hat seine maximale Leistungsfähigkeit erreicht.

Nach Beendigung dieses Testlaufs bis zur willkürlichen Erschöpfung verlangsamt der Sportler sein Tempo, so daß er nur noch leicht trabt, um sich abzuwärmen; die Regeneration setzt ein. Atem- und Herzfrequenz sinken schnell, bleiben jedoch noch während der Stoffwechselerholung für einen unterschiedlich langen Zeitraum leicht erhöht. Die gesteigerte Kreislauftätigkeit versorgt die Arbeitsmuskulatur, die nicht mehr imstande war, die vorhandenen Brennstoffe völlig zu verstoffwechseln, mit Sauerstoff und ermöglicht auch den Abtransport von CO_2. Die Blutlaktatkonzentration steigt im Verlauf weiterer 5 Minuten noch an und beginnt dann zu fallen (Gollnick, Bayly & Hodgson, 1986). In Kapitel 1 wurde auf die Vorteile des Abwärmens im Anschluß an harte Belastungen zur Aufrechterhaltung einer gesteigerten Kreislauftätigkeit zwecks Beschleunigung der Erholungsprozesse hingewiesen.

Physiologische Leistungsmerkmale

In Abbildung 2.2 wurden drei Belastungsintensitäten von physiologischer Bedeutung identifiziert. Eine dieser Belastungsstufen, die die *maximale Leistungsfähigkeit* genannt wurde, ist sehr leicht zu spüren, da es sich um den Punkt handelt, an dem die Belastung abgebrochen wird, aber sie ist nicht so leicht zu quantifizieren. Es handelt sich um die Summe der Auswirkungen des maximalen anaeroben Stoffwechsels, die den maximalen aeroben Stoffwechsel überlagern. Nach Erreichen der VO_{2max} läuft der Prozeß der anaeroben Glykolyse weiter, und weil die VO_{2max} ein Plateau erreicht hat, stammt die zusätzliche Steigerung der Energieversorgung alleine aus anaeroben Quellen, wobei das Endprodukt, Laktat, aus den arbeitenden Muskelzellen in das Blut diffundiert. Diese gesteigerte Energieproduktion durch die anaerobe Glykolyse ist ebenso enorm wie ineffektiv - um die gleiche Menge ATP zu bilden, ist ein 18mal höherer Brennstoffabbau nötig als bei der aeroben Glykolyse. Die rasche Anhäufung von H^+-Ionen im Muskelgewebe führt bereits bald zum Arbeitsabbruch, obwohl ein Teil dieser H^+-Ionen in das Blut diffundiert. Margaria, Cerretelli und Mangili (1964) behaupten, daß eine derartige Belastung in Abhängigkeit von der individuellen Fitneß nicht länger als 30 bis 40 Sekunden nach Erreichen der VO_{2max} durchgehalten werden kann. Unsere eigenen Erfahrungen mit Mittelstreckenläufern olympischen Kalibers, die im Bereich ihres Wettkampfhöhepunktes, wenn sie gegenüber intensiven anaeroben Belastungen extrem resistent sind, bewertet werden, deuten darauf hin, daß diese Zeitspanne sogar 2 Minuten übersteigen kann. Wenn wir auf Techniken der Erstellung eines Leistungsprofils eingehen werden, werden wir einige Meßgrößen identifizieren, die helfen können, die Größe dieser maximalen Leistungsfähigkeit zu beschreiben.

Die anderen beiden in Abbildung 2.2 identifizierten Belastungsindikatoren der Leistung sind die VO_{2max} und die Laktatschwelle bzw. die ventilatorische Schwelle. Diese Schwellen können relativ leicht im Labor quantifiziert werden, obwohl sie weniger leicht zu spüren sind. Das Zusammenwirken von Herz, Lunge, Blutgefäßen und Blut sichert den Transport des Brennstoffs und des O_2 zur arbeitenden Muskulatur. Die Dynamik dieser Brennstoff- und O_2-Verfügbarkeit bestimmen, wie groß die VO_{2max} werden kann und an welchem Punkt die Laktatschwelle oder ventilatorische Schwelle vorliegt. Bevor wir erläutern, wie sich diese Organsysteme an das Training anpassen, um die VO_{2max} und die Laktatschwelle bzw. ventilatorische Schwelle anzuheben, ist es angebracht, diese beiden wichtigen Variablen zumindest allgemein zu beschreiben. Wenn man sie quantifiziert, können sie als Basis der Festlegung geeigneter Trainingsgeschwindigkeiten dienen, um die aerobe und anaerobe Leistungsfähigkeit weiter zu verbessern.

Maximale Sauerstoffaufnahme (VO_{2max})

In funktioneller Hinsicht ist die VO_{2max} die maximale Sauerstoffmenge, die dem zirkulierenden Blut entnommen und während einer bestimmten Zeit von der arbeitenden Muskulatur ausgenutzt werden kann. (Mitchell & Blomqvist, 1971; Mitchell, Sproule & Chapman, 1958). Ob sich die Beziehung zwischen dem steigenden O_2-Verbrauch und der Laufgeschwindigkeit als Gerade oder Kurve darstellen läßt, ist seit den frühen Studien von Hill und Lupton in den 20er Jahren Gegenstand großen Interesses gewesen und hat unterschiedliche Meinungen provoziert. Die Untersuchungen von Rodolfo Margaria und seinen Kollegen in den 60er Jahren, die zeigten, daß der submaximale aerobe Energiebedarf für das Laufen 1 kcal pro kg Körpergewicht pro zurückgelegtem Kilometer beträgt, waren die Basis zur Abschätzung des Energieverbrauchs bei einer Vielzahl anderer Aktivitäten. Diese Untersuchungen waren auch die Grundlage der von Cooper (1968) popularisierten aeroben Sportprogramme zur Aufrechterhaltung der Fitneß und eines optimalen Körpergewichts. Obwohl Abbildung 2.2 einen linearen Anstieg des O_2-Verbrauchs bei ansteigender submaximaler Belastung bis zum Erreichen der VO_{2max} zeigt, ist dies auf keinen Fall das letzte Wort. Das American College of Sports Medicine (1986) entwickelte eine Gleichung zur Bestimmung der VO_2 bei jeder beliebigen Geschwindigkeit eines Laufs auf ebenem Untergrund, wobei von einer linearen Beziehung ausgegangen wird:

$$VO_2 = (\text{Geschwindigkeit} \times 0{,}2) + 3{,}5 \qquad (2.2)$$

Der VO_2 wird hier in ml/kg/min und die Geschwindigkeit in m/min gemessen. 0,2 ml O_2/kg/min werden für jeden m/min Geschwindkeitsanstieg verbraucht. 3,5 ml/kg/min ist der typische Ruhe-Stoffwechselwert ohne körperliche Aktivität (oft als MET = resting metabolic energy level bezeichnet). Es gibt keinen Unterschied zwischen dem O_2-Verbrauch beim Laufen auf einem ebenen Laufband und dem Laufen in ebenem Gelände. Das Laufen auf einem ansteigenden Laufband ist jedoch weniger energieaufwendig als das Laufen im Gelände. Die Gleichungen für den Sauerstoffverbrauch, der bei der horizontalen Komponente hinzukommt, sind wie folgt, wobei der Anstieg als dezimaler Wert dargestellt wird (z.B. 2 % = 0,02):

$$VO_2 = \text{Geschwindigkeit} \times \text{Steigung} \times 0{,}9 \text{ od. } 1{,}8 \qquad (2.3)$$

wobei 0,9 und 1,8 ml O_2/kg/min für jeden m/min Geschwindigkeitsanstieg beim Laufen auf dem Laufband bzw. beim Laufen im Gelände verbraucht werden.

Der Einfluß des Trainings, der genetischen Komponente und des Lebensalters

Während eine junge Frau (20 bis 29 Jahre alt) mit durchschnittlicher Fitneß über eine VO_{2max} zwischen 35 und 43 ml/kg/min verfügt (Nagle, 1973), hat eine Spitzenläuferin gleichen Alters eine VO_{2max} von 61 bis 73 ml/kg/min (Pate, Sparling, Wilson, Cureton & Miller, 1987). Entsprechend schwankt die VO_{2max} eines Mannes durchschnittlicher Fitneß zwischen 44 und 51 ml/kg/min (Nagle, 1973), während ein Spitzenläufer eine VO_{2max} von 71 bis 84 ml/kg/min aufweist (Pollock, 1977).

Ein Großteil dieses Unterschieds, d.h. zwischen 30 und 50 %, ist dem Training zuzuschreiben (Klissouras, 1972; Shepard, 1984). Wenn aktive oder sitzend tätige Personen ein systematisches aerobes Training absolvieren, nimmt ihre VO_{2max} normalerweise zu. Die Fähigkeit, sich an gesteigerte Ausdauerbelastungen anzupassen, ist folglich eine trainierbare Eigenschaft gesunder Personen, und die VO_{2max} ist ein geeigneter Indikator der verbesserten aeroben Leistungsfähigkeit.

Das Ausmaß, in dem Größen wie die VO_{2max} sich mit dem Training verbessern können, ist allerdings von Person zu Person verschieden. Wie Claude Bouchard et al. feststellten (1988), reagieren bestimmte Menschen auf Training genetisch bedingt gut, während andere weniger gut reagieren. Es gibt auch eine genetische Variabilität hinsichtlich der Determinanten der Ausdauerleistung (Bouchard & Lortie, 1984), wobei der größte Unterschied wahrscheinlich die unterschiedliche Zusammensetzung der FT- und ST-Fasern ist. Zusätzlich muß erwähnt werden, daß nicht jeder im gleichen Alter beginnt, auf Training zu reagieren; einige reagieren in jungen Jahren besser, andere in späten. Aussichten auf eine Olympische Goldmedaille haben daher am ehesten diejenigen,

- die ein Interesse für das Training zeigen,
- die über eine ausgeprägte genetische Veranlagung hinsichtlich der physiologischen Merkmale verfügen, die mit guten Laufleistungen in Zusammenhang stehen,
- die sehr gut auf Training reagieren und
- die nach einem gut gestalteten Trainingsplan trainieren.

Um mit den Worten von Per-Olof Astrand (1982) zu sprechen: „Spitzensportler in den Ausdauerdisziplinen sind nur zum Teil Produkte eines harten Trainingsprogramms." (193)

Ein weiterer wichtiger, die VO_{2max} beeinflussender Faktor ist der Alterungsprozeß. Wenn wir älter werden, nimmt die Leistung allmählich ab; Altern ist sozusagen der Preis, den wir für das Leben zahlen. Astrand und Rodahl (1977) vermuten, daß bei überwiegend sitzend tätigen Menschen die VO_{2max} vom 25. Lebensjahr an jährlich etwa 1 % abnimmt. Viele Veränderungen, die als Teil des Alterungsprozesses auftreten, tragen in späteren Jahren zum allmählichen Rückgang der VO_{2max} bei. Die maximal erreichbare Herzfrequenz in Schlägen/Minute nimmt pro Jahrzehnt etwa um zehn Schläge ab, und sie ist eine wichtige Komponente der VO_{2max}. Falls das Schlagvolumen nicht entsprechend zunimmt, nimmt das maximale Herzminutenvolumen ab. Nach dem 60. Lebensjahr scheinen die Muskelzellen rascher zu altern als vorher, was zu einem allmählichen Rückgang der Muskelkraft führt. Campbell, McComas und Petito (1973) vermuten, daß diese Veränderungen auf eine beschleunigte Degeneration des Nervensystems in diesen späteren Lebensjahren zurückzuführen sind, vor allem bei sitzend tätigen Menschen.

Ein systematisches Fitneßtraining als fester Bestandteil der Lebensführung kann diese Prozesse beträchtlich verlangsamen. Sportler werden während ihres 3. und 4. Lebensjahrzehnts vermutlich kaum einen Rückgang ihrer VO_{2max} erfahren, vorausgesetzt, sie fahren mit ihrem systematischen Training fort. Die Verbindung von genetisch bedingter Trainierbarkeit mit einem fortgesetzten aeroben Training kann die Grundlage lange dauernder vergleichsweise herausragender Leistungen sein, vorausgesetzt, es kommt nicht zu einer Trainingsunterbrechung aufgrund einer Verletzung. Der Marathonlauf ist die am ausgeprägtesten aerobe olympische Laufdisziplin, und viele bekannte Marathonläufer geben Zeugnis von diesem Trainingseffekt. Viele werden sich an den Marathonsieg des 37jährigen Portugiesen Carlos Lopes bei den Olympischen Spielen 1984 in Los Angeles (2:09:21) erinnern. (Seine ein Jahr später in Rotterdam gelaufene 2:07:12 bedeuteten neue Weltbestzeit.) Ebenso herausragend ist die 1990 beim Boston-Marathon erzielte Altersklassen-Weltbestzeit (2:11:04) des 41 Jahre alten Neuseeländers John Campbell. Zu den besten Marathonläuferinnen gehören Priscilla Welch, die 1987 im Alter von 42 Jahren mit 2:26:51 einen neuen britischen Rekord aufstellte, und die Schwedin Evy Palm, die 1989 im Alter von 47 Jahren mit 2:31:05 einen neuen nationalen Rekord lief. Diese beiden Bestzeiten wurden auf der schnellen Londoner Marathonstrecke erzielt.

Es ist schwierig, genau zu quantifizieren, wie die VO_{2max} und andere Leistungsmerkmale dieser Athleten sich im Laufe der Zeit verändern. Dies liegt daran, daß sich der Lebensstil von Sportlern mit zunehmendem Alter ebenfalls ändert, so daß sie weniger Zeit zum Training haben. Des weiteren führt das mit zunehmendem Alter größere Erholungsbedürfnis nach harten Trainingseinheiten zu einer Reduzierung des Wochentrainingsumfangs, so daß die mögliche Schnelligkeit der Anpassung abnimmt.

Unterschiede zwischen Männern und Frauen

Ein Unterschied zwischen den Geschlechtern besteht darin, daß Frauen als Gruppe über niedrigere VO_{2max}-Werte als Männer verfügen. Männer sind zwar typischerweise größer (und damit schwerer) als Frauen, aber auch wenn die VO_{2max}-Werte in ml/kg/min ausgedrückt werden, bleibt der Unterschied bestehen. Die Untersuchungen, die zur Feststellung dieser Unterschiede führen, gehen natürlich von einem gleichen Trainingszustand aus, aber dies mit Sicherheit festzustellen, ist schwierig. Zwar wurden für derartige Untersuchungen Sportler und Sportlerinnen der gleichen Disziplinen und der gleichen Leistungsklasse herangezogen, aber trotzdem ist es fraglich, ob sie ein identisches Training absolvierten. Da Männer bereits seit längerer Zeit Langstreckenwettbewerbe bestreiten als Frauen, kann das Spitzenniveau der Frauen noch nicht entsprechend hoch sein wie das der Männer.

Einige haben vermutet, daß es besser wäre, die VO_{2max}-Werte als ml/kg/min der fettfreien Körpermasse auszudrücken, wenn man Männer mit Frauen vergleicht (Astrand, 1984). Frauen verfügen über einen größeren Körperfettanteil als Männer, da sie über eine höhere Konzentration des fettspeichernden Hormons Östrogen verfügen. Darüber hinaus besitzen Männer eine größere Muskelmasse als Frauen als Folge höherer Testosteronkonzentrationen. Das Fettgewebe verbraucht O_2, verfügt aber nicht über die Fähigkeit, zur Steigerung der Belastungsintensität beizutragen. Im Gegenteil, es kann die Maximalleistung verringern, da es beim Laufen mitgeschleppt werden muß. Wenn also bei den Vergleichen zwischen Männern und Frauen die fettfreie Körpermasse zugrundegelegt wird, reduziert sich der Unterschied hinsichtlich der VO_{2max} etwas, bleibt aber noch immer existent.

Ein Faktor, der zu diesem Geschlechtsunterschied beiträgt, ist die größere Bluthämoglobinkonzentration der Männer im Vergleich zu den Frauen mit ähnlicher Fitneß und vergleichbarem absoluten Körpergewicht. Dies wird auch zum Teil durch die anabolen (eiweißaufbauenden) Effekte des Testosterons bewirkt. Bei Männern stimuliert dieses Hormon nicht nur die Produktion größerer Mengen von Erythropoetin - das Glykoproteinhormon, das das Knochenmark veranlaßt, mehr Erythrozyten freizusetzen -, sondern es fördert auch die Produktion von Hämoglobin, welches ebenfalls ein Protein ist. Da 98,5 % des im Blut enthaltenen O_2 vom Hämoglobin transportiert werden, bedeutet mehr Hämoglobin eine größere O_2-Transportkapazität. Bei Männern führt eine Hämoglobinkonzentration von 15 g pro Deziliter (dl) Blut, multipliziert mit 77 ml Blutvolumen/kg Körpergewicht, zu 11,6 g Hämoglobin/kg. Bei Frauen ergibt sich folgender Wert: 14 g Hämoglobin/dl x 66 ml Blutvolumen/kg = 9,2 g Hämoglobin/kg. Frauen verfügen also über etwa 21 % weniger Hämoglobin/kg als Männer. Ähnliche Rechnungen, auf die später genauer eingegangen wird, zeigen, daß Frauen über etwa 11 % weniger O_2/dl Blut verfügen als Männer.

Einfluß der Laufökonomie

Nahezu alle der von uns getesteten hochtrainierten Mittel- und Langstreckenläufer der Spitzenklasse zeigten bei submaximalem Lauftempo geringere Werte der O_2-Aufnahme als die von der ACSM-Formel vorausgesagten Werte (Gleichungen 2.2 und 2.3). Dies wird durch andere Untersuchungen bestätigt (Bransford & Howley, 1977; Conley & Krahenbuhl, 1980). Entweder genetische Faktoren oder das jahrelange, umfangreiche Training dieser Läufer haben also dazu beigetragen, daß ihr O_2-Verbrauch sehr sparsam ist und sie insofern ökonomischer arbeiten. Um zur Quantifizierung dieses Konzepts beizutragen, definierte Daniels (1974) *Laufökonomie* als die O_2-Menge, die nötig ist, damit ein Läufer jede gegebene submaximale Laufgeschwindigkeit beibehalten kann.

In gewissem Maße steigert sich die Laufökonomie einfach, je mehr man läuft. So streben wir z.B. ganz natürlich nach einem optimalen Gleichgewicht zwischen Schrittlänge und -frequenz, welches ein Minimum an O_2 verbraucht (besser eingestellter aerober Bedarf). Ermüdung beeinträchtigt jedoch die Ökonomie, insofern der Sauerstoffbedarf dadurch ansteigt, daß neben den ermüdeten, primär an der Bewegung beteiligten primären Muskeln andere Muskeln, zusätzlich eingesetzt werden, um das Tempo halten zu können. Guttrainierte Läufer stellen sicher, daß sie vor einem Rennen frisch sind und sich von den leistungsbeeinträchtigenden Folgen eines vorangegangenen harten Trainings völlig erholt haben. Auf diese Weise halten sie ihren aeroben Bedarf so niedrig wie bei ihrem Lauftempo möglich. Wenn sich gegen Ende des Rennens Erschöpfung einstellt, nimmt auch ihre Laufökonomie ab.

So wie wir Variationen der Ökonomie innerhalb von Populationen sehen können, können wir bestimmen, ob sich die Ökonomie eines Läufers im Laufe eines Trainings von einer bestimmten Dauer verbessert hat, indem wir den aeroben Bedarf zu Beginn und am Ende des betreffenden Zeitabschnitts vergleichen. Ein Beispiel: Wenn der O_2-Verbrauch eines Läufers bei einem Tempo von 3:44/km im November mit 47 ml/kg/min gemessen wurde und dann 5 Monate später bei gleichem Tempo 41 ml/kg/min gemessen werden (unter der Voraussetzung, daß sich der Körperfettanteil und das Körpergewicht des Läufers nicht verändert haben), kann man (korrekterweise) schlußfolgern, daß dieser Läufer im April ökonomischer läuft als im November.

Im Idealfall sollte das wichtigste Ziel eine hohe Laufökonomie im Renntempo sein. Je länger das Rennen und je kleiner damit die anaerobe Komponente, desto größer ist der Einfluß der Laufökonomie auf die Leistungsqualität. Daher können Marathonläufer möglicherweise am meisten von entweder einer überdurchschnittlichen Laufökonomie aufgrund genetischer Faktoren oder einem spezifischen Training zur Verbesserung der Laufökonomie profitieren. Dies wurde als Erklärung für die relativ niedrigen VO_{2max}-Werte einiger Marathonläufer der Spitzenklasse angeführt.

Einige bemerkenswerte Beispiele mögen dies stützen. Der ehemalige australische Marathon-Weltbestzeitinhaber Derek Clayton (persönliche Bestzeit: 2:08:34), der von Costill, Thomason und Roberts untersucht wurde (1973), hatte eine VO_{2max} von 69,7 ml/kg/min. Ein anderes Beispiel ist der schwedische Marathonläufer Kjell-Erik Stahl (persönliche Bestzeit 2:10:38 und mehr als 60 Marathonläufe unter 2:20:00), der von Sjodin und Svendenhag untersucht wurde (1985), hatte eine VO_{2max} von 66,8. Beide Marathonläufer zeigten einen extrem niedrigen Sauerstoffbedarf, wenn sie bei ausgewählten submaximalen Geschwindigkeiten gemessen wurden: Clayton 59,5 und Stahl 59,7 ml/kg/min bei einem Tempo von 20 km/h (3:00/km). Wir selbst (und andere) haben Marathonläufer studiert, deren Leistungen nicht schlechter waren als die von Clayton und Stahl, die jedoch einen wesentlich höheren O_2-Verbrauch bei submaximalen und maximalen Belastungen zeigten. Dies erinnert uns an die Worte von Mark Twain: „Am schwierigsten ist es, sich mit dem Ärgernis eines guten Beispiels abzufinden!"

In der Gesamtanalyse sportlicher Spitzenleistungen interagiert der Einfluß der Laufökonomie sicherlich mit anderen Leistungsmerkmalen. Dieses Kapitel erklärt, was physiologisch verlangt wird, um sowohl die Laufökonomie und die VO_{2max} zu verbessern; in Kapitel 3 werden die praktischen Details behandelt.

Laktat- und Ventilationsschwellen

Es waren vermutlich Hill und Lupton (1923), die als erste mutmaßten, daß der Stoffwechselbedarf der Skelettmuskeln, wenn sie allmählich ansteigenden Belastungen ausgesetzt werden, schließlich so hoch wird, daß er nicht mehr alleine über den vollständigen (aeroben) Stoffwechsel gedeckt werden kann. Um mit dem gesteigerten Bedarf fertig zu werden, kommt es zur anaeroben Energiebereitstellung, das heißt, Glukose wird zu Pyruvat und Laktat umgewandelt. 1930 schuf W. Harding Owles den ersten Slogan zur Bezeichnung dieses Konzepts. Er sprach von einer *kritischen Stoffwechselschwelle* der Belastungsintensität (wobei er sich auf Geh-, nicht Laufbelastungen bezog), nach deren Überschreiten die Blutlaktatkonzentration über den Ruhewert ansteigt. Ebenfalls im Jahr 1930 fanden Harrison und Pilcher heraus, daß Patienten mit einer Herzerkrankung mehr CO_2 während körperlichen Belastungen produzierten als normale gesunde Personen, die der gleichen Belastung unterzogen wurden. Diese Wissenschaftler stellten die Hypothese auf, daß das übermäßige CO_2 aus dem Plasma-HCO_3^- freigesetzt würde als Ergebnis des chemischen Puffern des aufgrund des Herzversagens verstärkt gebildeten Laktats.

Mehrere Jahre lang war es technisch schwierig, O_2 und CO_2 simultan und online während der Belastung zu analysieren, um Änderungen der Reaktionen auf die Belastung zu messen. Pioniere wie Issekutz, Birkhead & Rodahl (1962) machten hinsichtlich dieser Technik große Fortschritte, genauso wie das von Karlman Wasserman angeführte Team in Kalifornien. Es waren Wasserman und McIlroy (1964), die als erste den Begriff *anaerobe Schwelle* verwandten, um eine bestimmte Belastungsstufe während eines Tests zur Bestimmung der Belastbarkeit zu bezeichnen, auf der die Blutlaktatkonzentration über ihren Ruhewert anzusteigen beginnt. Ebenfalls zeigte sich eine Zunahme der Anstiegsrate des exspiratorischen

Ventilationsvolumens (V_E), die größer war als die Steigerungsrate der gleichzeitig ablaufenden O_2-Aufnahme. Der Begriff schien logisch zur Bezeichnung des Phänomens, daß die Rolle anaerober Stoffwechselprozesse im Rahmen der Energiebereitstellung für die körperliche Aktivität von diesem Punkt an zunahmen. Der Begriff anaerob meint wörtlich „ohne O_2", bezieht sich jedoch hier auf den anaeroben Stoffwechsel

Der Begriff *Schwelle* bezieht sich auf eine Zone der Veränderung. Wie weiter unten beschrieben, ist dies nicht die gleiche Laktatschwelle bzw. ventilatorische Schwelle, die in Abbildung 2.2 identifiziert wurde. Die dargestellte Schwelle bezieht sich auf eine rasche Blutlaktatanhäufung und nicht auf einen mäßigen Anstieg. Die anaerobe Schwelle laut Wasserman trat bei unserem Sportler in Abbildung 2.2 irgendwo zwischen den Punkten P und Q auf.

Unmittelbar nach Erscheinen von Wassermans Arbeit entstand eine große Kontroverse, die auch 25 Jahre danach noch nicht nachzulassen scheint! Es war nicht die Qualität von Wassermans Forschungsarbeit, die in Zweifel gezogen wurde; die Qualität war hervorragend. Aber als Wissenschaftler überall in der Welt versuchten, seine Arbeit zu bestätigen und dazu unterschiedliche Gruppen mit Versuchspersonen (Patienten, sitzend tätige Kontrollpersonen und Sportler) und Methoden (unterschiedliche Testlängen und -intensitäten, Laufband- und Fahrradergometrie, Blutlaktatmessungen und Messung der ventilatorischen Veränderungen usw.) verwandten, kam es zu einer großen Verwirrung. Eine Hauptursache der Verwirrung ist die Existenz von zwei Schwellen, in deren Bereich anaerobe Einflüsse beobachtet werden können: eine Schwelle, die zu Beginn leichter Belastungen beobachtet werden kann (begleitet von Atmungsveränderungen und einem geringen Blutlaktatanstieg), und eine weitere Schwelle, die bei intensiveren Belastungen auftritt (begleitet von Atmungsveränderungen und einem rapiden Blutlaktatanstieg). Die genauen Ursachen der Ventilations- und Blutlaktatänderungen und die Frage, ob sie eng zusammenhängen, konnten bislang noch nicht völlig erklärt werden. Die meisten der allgemeinen Konzepte wurden jedoch identifiziert, und wir werden versuchen, sie im Kontext der praktischen Anwendung im Training von Mittel- und Langstrecklern zu beschreiben.

Laktat spielt eine unterschiedliche Rolle im Stoffwechsel, auf die hier eingegangen werden muß, denn die Kontroverse bezüglich der anaeroben Schwelle kreiste zum Teil um die Behauptung einiger Wissenschaftler, daß im Ruhezustand kein anaerober Stoffwechsel (und damit auch keine Laktatbildung) stattfindet. Dies ist falsch, da Milchsäure selbst im ausgeprägtesten Ruhezustand produziert wird, und dies führt zur Ruhelaktatkonzentration im Blut. Wenn man einer untrainierten Person morgens 12 Stunden nach der letzten Nahrungsaufnahme und vor irgendeiner körperlichen Belastung aus einer Armvene Blut entnimmt, wird man eine Laktatkonzentration zwischen 4 und 15 mg/dl finden (da 1 mg/dl 0,1112 Millimol pro Liter [mmol/l] entspricht, sind dies 0,44 bis 1,7 mmol/l). Wenn ein trainierter Mittel- oder Langstreckenläufer der Spitzenklasse einer ähnlichen Untersuchung unterzogen wird, wird man charakteristischerweise einen Wert im unteren Bereich dieser Spannbreite messen (etwa 3 bis 5 mg/dl oder 0,3 bis 0,6 mmol/l). Laktat kann vom Darm und den Skelettmuskeln produziert und in die Blutbahn freigesetzt werden. Erythrozyten sind eine weitere Quelle, da sie zur Glykolyse fähig sind, aber über keine Mitochondrien verfügen. Daher diffundieren Laktat und Pyruvat, anstatt sich anzuhäufen, ins Plasma. Inaktive Skelettmuskeln verstoffwechseln Laktat (Essen, Pernow, Gollnick & Saltin, 1975). Das gleiche trifft auf die Leber (Wahren, Hagenfeld & Felig, 1975), die Nieren (Yudkin & Chen) und auch auf das Herz zu (Welch, 1973).

Selbst aktive Skelettmuskeln können Laktat verstoffwechseln. Wir wissen, daß Laktat eine wichtige Energiequelle ist und sowohl von den FT- als auch ST-Fasern freigesetzt wird. Vor allem ST-Muskelfasern verwenden Laktat als Brennstoff. Laktat ist also keineswegs eine Art „Bösewicht-Molekül", das man als inneres Gift verteufeln sollte, sondern es wird auf eine wohldurchdachte Art produziert und ist als wichtige Energiequelle nutzbar. Die Blutlaktatkonzentration, die man im Ruhezustand oder auf irgendeiner Belastungsstufe mißt, repräsentiert ein Gleichgewicht zwischen der Produktionsrate, der Freisetzung ins Blut und der Laktatbeseitigung.

Die zwei Schwellen der Veränderung der Ventilation und der Blutlaktatkonzentration

Wenn Läufer eine Trainingseinheit beginnen und ihr Tempo allmählich erhöhen, bis sie eine bequeme aerobe Geschwindigkeit erreicht haben (z.B. Übergang von Punkt P zu Punkt Q in Abbildung 2.2), nimmt ihre arterielle Blutlaktatkonzentration typischerweise auf etwa 15 bis 22 mg/dl (1,7 bis 2,4 mmol/l) zu und bleibt dann relativ unverändert, trotz folgender, im vernünftigen Rahmen liegender Steigerungen der submaximalen Geschwindigkeit. Die besondere Schwelle der Arbeitsintensität, die einen derart kleinen Anstieg der Blutlaktatkonzentration über den Ruhewert hinaus einleitet, wurde anaerobe Schwelle (Wasserman & McIlroy, 1964) genannt, wie bereits oben beschrieben. Andere Forscher gaben dieser Schwelle einen anderen Namen: aerobe Schwelle (Skinner & McLellan, 1980); Laktatschwelle (Ivy, Withers, Van Handel, Elger & Costill, 1980); Beginn der Plasmalaktatanhäufung (Farrell, Wilmore, Coyle, Billing & Costill, 1979); erste Schwelle (Heck u.a., 1985); aerobe Schwelle (2 mmol) (Kindermann, Simon & Keul, 1979); usw.

Sowohl Steigerungen der Ventilation als auch der Blutlaktatkonzentration können im Bereich dieser ersten Schwelle beobachtet werden. Der Ventilationsanstieg ist auf Basis der HCO_3-Puffermechanismen erklärbar. Das aus der Laktatdissoziation stammende H^+-Ion verbindet sich mit dem verfügbaren HCO_3^-, um H_2CO_3 zu bilden. Mit Hilfe des Enzyms Carboanhydrase wird H_2CO_3 in H_2O und CO_2 verwandelt. Wie von Harrison und Pilcher hypothetisiert (1930), sind diese Veränderungen stöchiometrisch äquivalent; d.h., ein H^+-Ion aus der Milchsäure verbindet sich mit einem Mol HCO_3^- aus dem Bikarbonat-Puffer-Vorrat, um CO_2 über Kohlensäure zu bilden. Erinnern Sie sich an Gleichung 1.12 in Kapitel 1, mit der diese Beziehung eingeführt wurde.

Dieses zusätzliche durch den aeroben Stoffwechsel produzierte CO_2 - 22 ml CO_2 für jedes Millimol gepuffertes CO_2 - bedeutet einen zusätzlichen ventilatorischen Stimulus. Es ist also ein disproportionaler Anstieg der Exspirationsluft (V_E) im

Vergleich zur weiterhin ansteigenden VO_2-Aufnahme zu verzeichnen. Daher steigt V_E/VO_2 (ventilatorisches Äquivalent für O_2) ohne begleitenden Anstieg der V_E/VCO_2 (ventilatorisches Äquivalent für CO_2). VCO_2 steigt jedoch mit einer dem Anstieg von VE entsprechenden Rate an. Zur Beschreibung dieses Phänomens wird häufig der Begriff isokapnische Pufferung verwandt, wobei sich isokapnisch auf den relativ gleichen Anstieg des CO_2 mit V_E und Pufferung auf den relativ stabilen Säuregrad während dieses Zeitraums bezieht. Mehr als 90 % der Pufferung des Laktats geschehen über die Aktion von $NaHCO_3$. Diese Schwelle tritt normalerweise zwischen 35 und 60 % der VO_{2max} auf, wenn R zwischen 0,85 und 0,90 beträgt.

Wenn diese Schwelle einmal erreicht ist, kann die körperliche Belastung beträchtlich zunehmen (z.b. von Punkt Q zu R in Abbildung 2.2) bei nur allmählichen und relativ geringen Zunahmen des zirkulierenden Laktats. Trainierte Marathonläufer können z.b. relativ stabile arterielle Laktatkonzentrationen (zwischen 26 mg/dl [2,9 mmol/l] und 44 mg/dl [4,9 mmol/l]) während Laufbelastungen, die Geschwindigkeiten über 3:06/km (19,4 km/h; 322 m/min) entsprechen, beibehalten. Marathonläuferinnen können diese Blutlaktatstabilität bei Geschwindigkeiten von über 3:38/km (16,5 km/h; 276 m/min) aufrechthalten. Bei weniger trainierten oder talentierten Läufern ist der Geschwindigkeitsbereich für eine stabile Blutlaktatkonzentration erheblich niedriger.

Bei körperlichen Belastungen, die höher sind als die beschriebenen, oder bei vergleichbaren Geschwindigkeiten für andere Läufer (75 % bis 90 % der VO_{2max} bei R um 1,0) beginnt die Blutlaktatkonzentration rapider anzusteigen (in Punkt R in Abbildung 2.2). Die Schwelle, bei der es zu diesem plötzlichen Anstieg kommt, kann auch anaerobe Schwelle genannt werden (Skinner & McLellan, 1980), aber sie wurde auch folgendermaßen genannt: respiratorische Kompensation metabolischer Azidose (Wasserman, 1984); Laktatwendepunkt (Davis et al., 1983); Beginn der Blutlaktatakkumulation über 4 mmol (Sjodin & Jacobs, 1981); individuelle anaerobe Schwelle (Stegmann, Kindermann & Schnabel, 1981); zweite Schwelle (Heck et al., 1985); anaerobe Schwelle (4 mmol) (Kindermann et al., 1979).

Bei der zweiten Schwelle treten ebenfalls sowohl ventilatorische als auch Blutlaktatveränderungen auf. Bei der Belastungsintensität, bei der die Blutlaktatkonzentration rasch anzusteigen beginnt, kann durch die ventilatorische Beseitigung von CO_2 die Blutazidität (gemessen als pH) nicht mehr in vertretbaren Grenzen gehalten werden. Der rapide Anstieg der Blutlaktatkonzentration geht Hand in Hand mit einem sinkenden pH-Wert des Blutes, und diese steigende H^+-Ionen-Konzentration (erinnern Sie sich daran, daß eine Reduzierung des pH-Wertes eine Zunahme der H^+-Ionen bedeutet) stellt einen zusätzlichen beträchtlichen ventilatorischen Reiz dar.

Der vielleicht negativste Aspekt dieser Kontroverse ist, daß keiner der genannten Begriffe auf allgemeine Zufriedenheit stößt. Dies zeigt, daß das Konkurrenzverhalten von Wissenschaftlern, wenn es um die Verteidigung unterschiedlicher terminologischer Konzepte geht, vielleicht nur mit dem aggressiven Kampf von Sportlern um den ersten Platz in einem Rennen verglichen werden kann. Noch nicht einmal mehr die anaerobe Schwelle wird allgemein akzeptiert (Walsh & Banister,

1988). In diesem Buch werden wir uns vor allem auf die sogenannte zweite Schwelle beziehen, da sie für das Training von Sportlern am interessantesten ist. Wenn wir uns auf die mittels Blutlaktatmessungen bestimmte Schwelle beziehen, werden wir den Begriff Laktatschwelle verwenden, und wir werden den Begriff ventilatorische Schwelle benutzen, wenn wir den mittels respiratorischer Veränderungen bestimmten Bereich metabolischer Veränderungen meinen. In anderen Fällen werden wir die Begriffskombination Laktat-/ventilatorische Schwelle gebrauchen. Doll und Keul (1968) berichten, daß es bei untrainierten gesunden Personen bei ansteigenden Belastungstests bereits bei einer Belastungsintensität von etwa 50 % ihrer VO_{2max} zu einem plötzlichen Beginn des rapiden Anstiegs der Blutlaktatkonzentration kommt. Bei trainierten Läufern wird dieser Anstieg erst im Bereich von 80 bis 90 % der VO_{2max} gemessen (normalerweise ventilatorische Veränderungen) (Martin, Vroon, May & Pilbeam, 1986).

Zwei der oben erwähnten Synonyme für die Laktatschwelle beziehen sich auf einen Wert von 4 mmol/l. Die Bedeutung dieses Wertes geht auf die Arbeit von Mader et al. (1976) zurück, der von einer Gruppe von Versuchspersonen berichtet, bei denen die Schwelle des rapiden Laktatanstiegs charakteristischerweise bei einer Konzentration von 4 mmol/l (36 mg/dl) auftrat. Aufgrund dieser Untersuchung wurde vielfach angenommen, daß dieser Wert auch für alle Ausdauersportler gelte und daß die Sportler, die interessiert sind, jene Trainingsintensität zu identifizieren, die diese Schwelle weiter hebt, mit einer Geschwindigkeit trainieren sollten, die einer Laktatkonzentration von 4 mmol/l entspricht. Stegmann et al. berichteten, daß dies nicht allgemein zutrifft, weder logisch noch tatsächlich. Sie fanden heraus, daß die Schwelle, in deren Bereich die Blutlaktatkonzentration anzusteigen beginnt, individuell zwischen 2 und 7 mmol/l (18 bis 63 mg/dl) stark variiert. Man kann sich ausmalen, wie viele Spitzen-Mittel- und -Langstreckler im Laufe der Jahre falsch trainierten, indem sie dem Ratschlag folgten, mit Laufgeschwindigkeiten zu trainieren, die willkürlich einer Belastungsintensität von 4 mmol/l zugeordnet wurden, von der man glaubt, sie entspräche generell der anaeroben Schwelle. Zweifellos gerieten einige dieser Läufer unnötigerweise in den Zustand des Übertrainings, während andere nicht intensiv genug trainierten und ihr Ziel, das mit der Laktatschwelle einhergehende Tempo zu erhöhen, verfehlten.

Interaktion von Variablen bei der Bestimmung der sportlichen Leistung

Vier Komponenten tragen zum maximal tolerierbaren Tempo eines Läufers bei:

1. die genetisch bestimmte Zusammensetzung der Muskelzellen (d.h. ein höherer Prozentsatz von ST-Fasern),
2. eine allmähliche (aus geeignetem Training resultierende) Reduzierung des aeroben Energiebedarfs bei beliebigem submaximalen Tempo (gleichbedeutend mit einer verbesserten Laufökonomie),

3. eine Verbesserung der Fähigkeiten des O_2-Verbrauchs der Arbeitsmuskeln (mehr intrazelluläre Mitochondrien, bessere Blutversorgung etc.),
4. eine allmähliche Verbesserung der Fähigkeit, die Auswirkungen einer zunehmenden Azidose, die mit der Rekrutierung zusätzlicher FT-Fasern zur Bewältigung höherer Belastungsintensitäten einhergeht, zu puffern.

Wir versuchen, diese Komponenten zu quantifizieren, indem wir Variablen wie die VO_{2max}, die Laktat-/ventilatorische Schwelle und die Laufökonomie messen und die maximale Leistungsfähigkeit beschreiben. Der Sportler, der über die höchste VO_{2max} plus die höchste Laktat-/ventilatorische Schwelle plus die größte Laufökonomie plus die größte Fähigkeit der Toleranz metabolischer Azidose verfügt, hat die besten Siegeschancen. Die Kombination von genetischen Anlagen und dem Trainingsschwerpunkt bestimmt, welche dieser Variablen bei jedem Sportler höher oder niedriger sind.

Eine hohe VO_{2max} stellt zweifellos eine Art Mitgliedskarte dar, die für den Eintritt in die Welt der Weltklasse-Mittel- und -Langstreckler erforderlich ist. Aber auch anaerobe Leistungsaspekte tragen zum Unterschied zwischen dem Erst- und Zweitplazierten eines Rennens bei, denn diese interagieren mit der VO_{2max}. Da jedoch die VO_{2max} viel leichter zu quantifizieren ist, wurde sie vielleicht ungerechtfertigterweise als das entscheidendste Merkmal der Laufleistung angesehen. Die möglicherweise wichtigste physiologische Variable des Erfolgs im Mittel- und Langstreckenlauf ist das *maximal tolerierbare Tempo*. Diese Variable besitzt sowohl aerobe als auch anaerobe Aspekte; sie wird definiert als das schnellste Tempo, mit dem eine gegebene Distanz bewältigt werden kann, ohne daß man die leistungsbeeinträchtigenden Auswirkungen einer sich entwickelnden Azidose erfährt. Dieses Konzept wird vielleicht am häufigsten unter Marathonläufern diskutiert. Die große Länge dieser Strecke schließt die Anhäufung von Blutlaktat aus, es sei denn am Ende des Rennens. Es wurde tatsächlich deutlich gezeigt, daß das Leistungspotential eines Marathonläufers in einer homogenen Population (d.h. unter talentierten Marathonspezialisten) besser mit dem Tempo im Bereich der Laktat-/ventilatorischen Schwelle korreliert (ausgedrückt entweder als das betreffende Tempo selbst oder als Prozentsatz der VO_{2max}-Geschwindigkeit) als mit der VO_{2max} (Farrell et al., 1979; Sjodin & Svedenhag, 1985). Costill et al. (1973) sprechen von dieser Beziehung zwischen der Laktat-/ventilatorischen Schwelle und der VO_{2max} als teilweise Ausnutzung der aeroben Kapazität.

Wählen wir ein praktisches Beispiel, um zu sehen, wie dieses Konzept funktioniert. Jim und John haben beide VO_{2max}-Werte von 75 ml/kg/min. Wenn ihre Laufökonomie identisch ist und sie im VO_{2max}-Tempo auf einer ebenen Oberfläche laufen, werden sie Seite an Seite laufen. Jim kann jedoch 85 % dieses Tempo über die Marathonstrecke aufrechterhalten, während John nur 81 % durchhalten kann. Wenn alle anderen Faktoren identisch sind, wird Jim die Marathondistanz schneller bewältigen. Dieses Prinzip gilt für das gesamte Mittel- und Langstreckenspektrum, vom Marathonlauf, bei dem die Läufer versuchen, das schnellstmögliche aerobe Tempo aufrechtzuerhalten, bis hinunter zum 800-m-Lauf, bei dem sie zusätzliche hohe Laktatkonzentrationen über einen kurzen

Zeitraum bewältigen müssen. Je höher ihre VO_{2max} ist, desto geringer ist der anaerobe Anteil bei jeder beliebigen Geschwindigkeit oder desto schneller können sie laufen, bevor anaerobe Auswirkungen beginnen, ihre Leistungen einzuschränken. Wenn jedoch die VO_{2max} so hoch ausgebildet wurde, wie nur irgend möglich ohne eine ungeheure Steigerung des Trainingsumfangs, wird die anaerobe Entwicklung den zusätzlichen Unterschied zwischen einer optimalen Fitneß (das ist die Fähigkeit, alle trainierbaren Leistungsmerkmale auszunutzen) und einer nur annähernden Fitneß (das ist ein nicht optimaler Trainingszustand) ausmachen.

Sportler und Trainer sind stets daran interessiert, physiologische Daten auf sinnvolle Weise anzuwenden, um die Trainings- oder Wettkampfeffektivität zu verbessern. In Abbildung 2.3 wird graphisch zusammengefaßt, wie die soeben identifizierten Fitneßvariablen die Leistung verbessern können, wenn sie trainiert werden. Ähnlich wie bei Abbildung 2.2 haben wir die O_2-Aufnahme und die Blutlaktatkonzentration auf der Vertikalachse und die steigende körperliche Belastung (in Form der Laufgeschwindigkeit) auf der Horizontalachse eingetragen. Betrachten Sie Läufer A, der versucht hat, seine Leistung durch entsprechendes Training zur Steigerung der VO_{2max} und der Laufökonomie zu steigern, und Läufer B, der versucht hat, seine Laktatschwelle zu steigern. Läufer A trainierte effektiv zwischen Februar und Juni 1986 und erreichte eine meßbare Verbesserung seiner Laufökonomie, aber nicht seiner VO_{2max}, die bei 73 ml/kg/min stagnierte. Wenn dieser Sportler ein 10.000-m-Rennen mit einer Intensität entsprechend 92 % seiner VO_{2max} bestreiten würde, würde seine Laufzeit im Juni deutlich schneller als im Februar sein.

Zwischen Juni 1986 und Juni 1987 verbesserte sich die VO_{2max} von Läufer B von 73 auf 78 ml/kg/min, während sein Körpergewicht unverändert blieb. In diesem Trainingsjahr von 1986 bis 1987 konnte Läufer A allerdings keine Verbesserung seiner Laufökonomie erzielen. Bei der erwähnten Laufintensität entsprechend 92 % seiner VO_{2max} würde seine 10.000-m-Zeit im Juni 1987 ebenfalls beträchtlich schneller sein als im Juni 1986 als Ergebnis der verbesserten VO_{2max}. Läufer B absolvierte ein Trainingsprogramm, das den Schwerpunkt auf die Entwicklung einer höheren Toleranz gegenüber anaeroben Belastungen legte. Während zu Beginn des Trainings seine Blutlaktatkonzentration bei einem Tempo von 3:06/km deutlich anzusteigen begann, war dies mehrere Monate später erst bei einem Tempo von 2:57/km der Fall. Dies stellt wiederum eine deutliche Leistungsverbesserung dar.

Die interessante Frage in diesem Zusammenhang bezieht sich auf die Art des Trainings, welches zu derart deutlichen Verbesserungen der VO_{2max}, der Laufökonomie und der Laktat-/ventilatorischen Schwelle führt. Das bloße Laufen langer Strecken in einem leicht zu bewältigenden Tempo bedeutet kaum eine Stimulation der FT-Fasern und ist daher nur ein ungenügender Trainingsreiz. Verschiedene Muster des schnelleren Laufens stellen folglich einen entscheidenden Reiz für die Auslösung der Anpassungen dar, die eine erfolgreiche Wettkampfteilnahme ermöglichen. Aber ein derartiges Training muß im Hinblick auf Streckenlänge, Tempo und Erholung korrekt sein. Wenn wir uns wieder Abbildung 2.2 zuwenden, so wurden mit Hilfe der Laktat-/ventilatorischen

Schwelle und VO_{2max}-Punkten vier Zonen oder Tempobereiche gekennzeichnet, die nach den vorherrschenden physiologischen Auswirkungen benannt wurden, die als Folge des Trainings in eben diesen Bereichen auftreten. In Kapitel 3 werden wir sowohl die jeder dieser Zonen entsprechenden Trainingsarten als auch die resultierenden physiologischen Anpassungen im Detail beschreiben. Vor einer Betrachtung dieser praktischen Trainingsdetails erscheint es jedoch sinnvoll, die wichtigsten Konzepte der Physiologie des kardiopulmonalen Systems und des Bluts zusammenzufassen, die die Arten der möglicherweise auftretenden Anpassungen erklären, sowie auf Methoden ihrer Messung mit Hilfe der Erstellung von Leistungsprofilen im Labor oder mittels Feldtests wie z.B. Zeitkontrolläufen einzugehen.

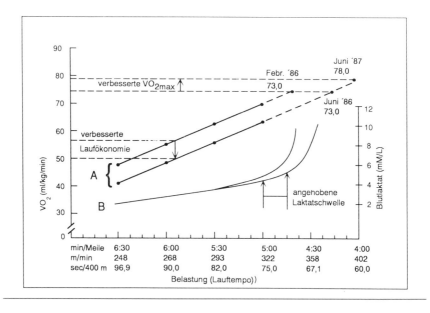

Abbildung 2.3: Graphische Darstellung des O_2-Verbrauchs und des Blutlaktats als Funktion der Laufgeschwindigkeit, um zu zeigen, daß eine höhere VO_{2max}, eine verbesserte Laufökonomie und eine höhere Laktat-/ventilatorische Schwelle das Leistungspotential im Rennen verbessern können

Körperliche Belastungen als Herausforderung für Herz, Lungen und Blut

Von allen vitalen Zeichen, die jeder bei der Bewertung der Gesundheit in Betracht zieht, sind die Puls- bzw. Herzfrequenz für einen Läufer sicherlich am ehesten symbolisch für die Leistungsfähigkeit. Der pochende Herzschlag, den man spürt, wenn die Spitze des Herzens im Anschluß an maximale Belastungen gegen die innere Brustwand schlägt, ist allen vertraut. Eine erhöhte Pulsfrequenz während der im Anschluß an anspruchsvolle Trainingseinheiten folgenden Tage ist ein sicheres Zeichen, daß man zusätzliche Erholung benötigt. Die Messung der Herzfrequenz als Indikator der Belastungsintensität oder einer ausreichenden Erholung vor Beginn eines neuen Intervalls höherer Laufgeschwindigkeit ist im Training weitverbreitet. Die allmähliche Reduzierung der Ruheherzfrequenz im Anschluß an ein erfolgreiches Ausdauertrainingsprogramm - eine Abnahme von etwa 60 bis 80 Schlägen auf bis etwa 30 bis 40 Schläge pro Minute - ist bei Ausdauersportlern häufig zu beobachten. Wie paßt sich das Herz eines Läufers an die Belastungsintensität an? Sicherlich muß es zu einer funktionelleren Pumpe werden, aber wie wird das erreicht? Wie werden die Bedürfnisse des Herzens nach einer immer besseren eigenen Durchblutung (über die Koronararterien) erfüllt, um sicherzustellen, daß seine Zellen ausreichend mit O_2 und Brennstoffen versorgt werden? Eine bessere Kenntnis der Funktion des kardiovaskulären Systems kann uns helfen, richtig einzuschätzen, wie es diesem System gelingt, sich bemerkenswert gut an die Erfordernisse der Belastung anzupassen und wie seine eigenen Begrenzungen ihrerseits die körperliche Leistungsfähigkeit begrenzen.

Körperliche Belastung als Herausforderung für Herz und Herzkreislauf

In funktioneller Hinsicht besitzt der Mensch zwei Herzen: das rechte, das Blut zu den Lungen transportiert, und das linke, das den übrigen Körper mit Blut versorgt. Jedes Herz ist durch zwei wesentliche Operationsvariablen gekennzeichnet: die Schlag- oder *Herzfrequenz* (HF) und das mit jedem Schlag ausgepumpte Volumen, das sogenannte *Schlagvolumen* (SV). Das Produkt dieser beiden Größen stellt das *Minutenvolumen* dar (MV), welches normalerweise in ml oder l Blut gemessen wird. Also

$$HF \times SV = MV \quad (2.4)$$

Am Beispiel der Ruheherzfrequenz eines Untrainierten ergeben eine Herzfrequenz von 70 Schlägen/min und ein Schlagvolumen von 70 ml/Schlag ein Minutenvolumen von 4.900 ml/min. Wenn man das Beispiel der Maximalwerte eines Trainierten wählt, ergeben eine Herzfrequenz von 190 Schlägen/min und ein Schlagvolumen von 190 ml/Schlag 36.000 ml/min.

Das Herz kann an die Arterien nur das Blut weitergeben, welches aus den Venen zum Herzen zurückfließt. Daher muß das Herzminutenvolumen der Menge Blut entsprechen, die aus den Venen zurückfließt. Bei einer in Ruhe befindlichen Person kontrollieren vier prinzipielle Faktoren den Blutrückfluß aus den Venen:

1. der Tonus oder der Durchmesser der Venen,
2. die Lage des Körpers im Raum,
3. das Gesamtblutvolumen des Körpers,
4. die Atemtiefe.

Bei Belastungsbeginn wird ein fünfter Faktor wichtig, und zwar die Muskelpumpe, die hilft, das Blut durch die Venen zurück zum Herzen zu transportieren.

Die Interaktion dieser Faktoren dürfte leicht verständlich sein und kann an drei Beispielen illustriert werden. Erstens: Wenn das Blutvolumen groß ist oder wenn eine Person einen hohen Blutdruck aufweist, der das nichtzusammenpreßbare Blut in ein kleineres Volumen zwingt, ist der venöse Rückfluß leicht aufrechtzuerhalten oder sogar zu steigern. Zweitens: Da die Atmung den intrathorakalen subatmosphärischen Druck abwechselnd hebt und senkt, steigt und sinkt auch der venöse Rückfluß abwechselnd. Eine gesteigerte Atmung während körperlicher Belastung vergrößert derartige Fluktuationen. Drittens: Wenn der venöse Tonus reduziert wird, strömt das Blut in die Peripherie, wodurch der venöse Rückfluß abnimmt. Dies kann bei harten körperlichen Belastungen geschehen, da die Durchblutung der Arbeitsmuskulatur steigt. Ein plötzlicher Belastungsabbruch reduziert den venösen Rückfluß aufgrund verringerter körperlicher Aktivität, und es kann aufgrund einer Mangelversorgung des Gehirns zu einer Ohnmacht kommen. Der Anblick von Läufern, die sich nach einem harten Rennen vornüberbeugen (Abbildung 2.4), ist vielen vertraut und vor dem Hintergrund dieser Information leicht zu erklären. Diese Läufer würden vermutlich bewußtlos werden, wenn sie aufrecht stehen blieben, da die große Blutmenge, die sich in der Peripherie befindet, nicht schnell genug zum Herzen zurücktransportiert werden kann. Ein Einknicken in der Hüfte läßt den Kopf in Herzhöhe baumeln, wodurch der Druck abnimmt, der nötig ist, um eine angemessene Zerebraldurchblutung aufrechtzuerhalten.

Der Herzmuskel selbst wird sogar im Ruhezustand sehr gut durchblutet - etwa 80 ml/100 g Gewebe/min, was etwa 5 % des Ruheminutenvolumens entspricht. Bei körperlicher Belastung kann diese Durchblutungsmenge um das bis zu Fünffache ansteigen. Wenn wir uns an die Anatomie der Koronararterien erinnern, wie in Abbildung 2.5 dargestellt, sehen wir, daß diese Gefäße über große Strecken an der äußeren Oberfläche des Herzens entlanglaufen. Die linke Koronararterie ist sehr kurz und teilt sich fast sogleich in zwei Äste. Die große zirkumflexe Arterie erstreckt sich nach links und verläuft in einem Spalt zwischen dem linken Vorhof und Ventrikel und setzt sich als großes Gefäß fort, welches an der Rückseite des linken Ventrikels weiter nach unten verläuft.

Sie versorgt den linken Vorhof sowie den oberen Vorderteil und die gesamte Rückseite des linken Ventrikels. Beim anderen Ast handelt es sich um die vordere absteigende Arterie, die links neben der Pulmonalarterie kreisförmig verläuft und

Abbildung 2.4: Mittelstreckenläufer unmittelbar im Anschluß an ein 800-m-Rennen. Durch Vornüberbeugen und die Verlagerung des Kopfes auf die Ebene des Herzens bedarf es eines geringeren Blutdrucks, um eine ausreichende Zerebraldurchblutung zu gewährleisten. Eine extreme Vasodilatation der Skelettmuskeln sowie das Ausbleiben der Muskelpumpfunktion zur Steigerung des venösen Rückflusses führen zu einer zeitweiligen Reduzierung des Blutdrucks.

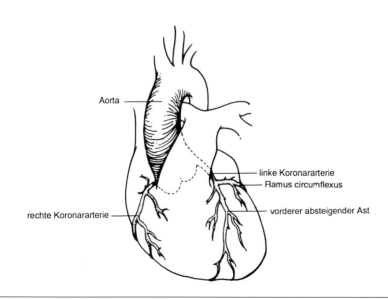

Abbildung 2.5: Lage der rechten und linken Koronararterien und ihrer Hauptäste an der Oberfläche des Herzens

dann in einer Furche abwärts zur Herzspitze läuft. Sie versorgt die Vorderwand des linken Ventrikels und einen kleinen Teil der Rückseite des rechten Ventrikels. Die rechte Koronararterie, die in Fett eingebettet ist, verläuft in einem Spalt zwischen dem rechten Vorhof und der rechten Kammer und transportiert Blut zu beiden Strukturen. Sie hat ebenfalls zwei Äste, die hinteren absteigenden und die Randarterien. Vier spezifische Merkmale des Herzmuskels und seiner Versorgung über den Koronarkreislauf tragen zur Fähigkeit des Herzens bei, sich an körperliche Belastungen anzupassen.

Merkmal I:
Sauerstoffentnahme aus dem das Herz durchströmenden Blut

Wenn Blut aus den Koronararterien und dem koronaren venösen Sinus entnommen und hinsichtlich seines O_2-Gehalts analysiert wird, stellt man fest, daß eine sehr große O_2-Menge entnommen wurde. Der O_2-Gehalt des koronaren Sinus beträgt vielleicht nur 1 bis 2 ml/dl Blut im Vergleich zu 4 bis 5 ml/dl Blut aus den Venen, die das Blut aus den Skelettmuskeln sporttreibender Athleten zum Herzen transportieren, oder 15 ml/dl, die man in der Regel im zum Herzen zurückfließenden Blut einer ruhenden Person findet. Die O_2-Konzentration des in den Koronararterien enthaltenen Blutes beträgt im Durchschnitt 20 ml/dl, so daß die arteriovenöse O_2-Differenz in den Koronararterien 18 bis 19 ml/dl beträgt. Diese O_2-Entnahmefähigkeit des Herzens ist so enorm, daß bei zunehmender Belastung nahezu keine zusätzliche Sauerstoffausschöpfung erfolgt. Zusätzliche Steigerungen der O_2-Aufnahme des Herzmuskels können nur durch einen gesteigerten Blutfluß durch die Herzgefäße erfolgen.

Merkmal II:
Gesteigerte Koronardurchblutung durch Dilatation

Wenn sich das Herz aufgrund von körperlichen Belastungen vergrößert, erweitern sich auch die Koronargefäße. Eine logische Konsequenz dieser erweiterten Gefäße ist eine gesteigerte Koronardurchblutung. Der erhebliche vasodilatatorische Effekt des CO_2 ist hier allerdings ebenso effektiv wie in anderen aktiv am Stoffwechsel beteiligten Gewebebereichen. Mit der belastungsbedingten Zunahme der Stoffwechselaktivität im Herzen steigert also auch die kompensatorische, durch diesen wichtigen Metaboliten verursachte Vasodilatation die koronare Durchblutung.

Das Herz hochtrainierter Langstreckenläufer wurde selten nach deren Tod untersucht, aber in den Fällen, in denen dies möglich war, ergaben sich sehr interessante Untersuchungsergebnisse. Das vermutlich interessanteste Beispiel ist Clarence DeMar, der im Laufe seines Lebens mehr als 100 Marathonrennen bestritten, siebenmal den Boston-Marathon gewonnen und zwischen seinem 21. und 69. Lebensjahr mehr als 1.000 Langstreckenrennen absolviert hatte.

DeMar war eine bereitwillige Versuchsperson in einigen der ersten Laufbanduntersuchungen, die am Harvard Fatigue Laboratory in den 20er Jahren durchgeführt wurden. Seine Bereitwilligkeit ermöglichte bedeutende Erkenntnisse bezüglich der Anpassungen, die bei Läufern wie bei ihm vorliegen. Er starb 1958 an einem metastasierten Rektalkarzinom. Es wurde eine Autopsie vorgenommen, und die Ergebnisse wurden in der wissenschaftlichen Literatur von dem bekannten Kardiologen Paul Dudley White dargestellt (Currens & White, 1961). DeMars Herz wog normale 340 g, aber seine linke Ventrikelwand war 18 mm dick, verglichen mit einer Normaldicke von 10 bis 12 mm. Seine rechte Ventrikelwand war 8 mm dick, das doppelte des normalen Wertes. Seine Herzklappen waren normal, aber seine Koronararterien wurden auf das zwei- oder dreifache der normalen Größe geschätzt. Er hatte sichtbare Anzeichen von Arteriosklerose in seinen Koronargefäßen wie die meisten Menschen in seinem Alter. Aufgrund der Größe seiner Koronargefäße verfügte er jedoch über eine große Sicherheitszone, die ihn vor einer nennenswerten Einschränkung der funktionalen Koronardurchblutung schützte und die eine optimale kardiale Durchblutung im Verlauf seiner langjährigen Läuferkarriere garantierte.

Merkmal III:
Schutz vor einer sich entwickelnden O_2-Schuld

Eine verbesserte Koronardurchblutung und eine verbesserte O_2-Ausschöpfung des Blutes sind beides wünschenswerte Merkmale eines Sportherzens. Ein vorrangiger Grund für die gesteigerte O_2-Ausschöpfung ist das dritte Anpassungsmerkmal des Herzens, nämlich ein gleichbleibend hoher Gradient der O_2-Bewegung in die Herzmuskelzellen aus dem Koronarblut. Innerhalb der Herzzellen selbst finden sich Anpassungen, die die Ausnutzung großer O_2-Mengen ermöglichen. Das Herz kann unter keinen Umständen eine O_2-Schuld eingehen. Es ist konstant sehr aktiv, und es wäre nie Zeit, eine derartige Schuld wieder effektiv auszugleichen. Der Herzmuskel ist also das beste Beispiel eines „Zucke-jetzt-bezahle-jetzt"-Muskels.

Kardiale Zellen verfügen in sehr ausgeprägter Form über die Anpassungsmerkmale von ST-Fasern. Diese Anpassungen sind so umfassend, daß - würden die Muskelzellen über Persönlichkeiten verfügen - die ST-Mitglieder dieser Population sehr neidisch wären. Jede Anpassung, durch die sich ST-Fasern auszeichnen, ist in größerem Ausmaß im Herzmuskel zu finden. Der Herzmuskel verfügt z.B. über eine erhöhte Konzentration des O_2-speichernden Pigments Myoglobin. Der Herzmuskel enthält eine enorme Anzahl von Mitochondrien, und die Zellen können neben Fetten und Glukose auch Laktat sehr effektiv verstoffwechseln. Während körperlicher Belastungen ist die Laktataufnahme sogar derart stark, daß es den Fetten als Brennstoff vorgezogen wird. Diese Fähigkeit ist von offensichtlichem Wert beim Hinauszögern der metabolischen Azidose während intensiver körperlicher Belastung.

Merkmal IV:
Gesteigerte diastolische Diffusionszeit

Eine interessante Herausforderung im Hinblick auf die adäquate Durchblutung des Herzmuskels ist feststellbar, wenn man die Zirkulation des Blutes durch diesen Muskel während des gesamten Zyklus der kardialen Muskelspannungserzeugung *(Systole)* und Muskelentspannung *(Diastole)* betrachtet. Je länger jedes Diastolenintervall ist, desto gründlicher kann die Durchströmung sein. Daher sind weniger, aber längere Durchströmungsphasen besser als mehr, aber kürzere Phasen. Das genau ist beim trainierten Herz der Fall. Als Ergebnis der Vergrößerung der Herzkammern und der niedrigeren Herzfrequenz ist die Durchströmungszeit länger. Während der Systole ist die Muskelspannungserzeugung so stark, daß sich die Koronardurchblutung extrem verlangsamt und sogar momentan stoppen kann. Diese Wirkung des Herzmuskels auf seine Blutgefäße wird *extravaskuläre Kompression* genannt.

Die Durchblutungssituation im linken und rechten Ventrikel ist unterschiedlich. Ein höherer linksventrikulärer systolischer Druck erzeugt genügend extravaskuläre Kompression, um die Durchblutung der linken Koronararterie genau an dem Punkt nahezu zu stoppen, an dem dieses Gefäß in das Herzmuskelgewebe eintritt. Die Durchblutung des von der rechten Koronararterie versorgten Gewebes ist in einem geringeren Maß beeinflußt und setzt sich, wenn auch reduziert, während der gesamten Systole fort.

Während körperlicher Belastung steigt der linksventrikuläre systolische Druck, wodurch der Aortendruck steigt. Da die Koronararterien als erste Gefäße von der Aorta abzweigen, nimmt auch ihre Durchströmung zu. Denken Sie daran, daß, weil die Öffnung dieser Gefäße unmittelbar hinter den halbmondförmigen Aortenklappen liegt, der Blutstrom in sie hauptsächlich während der Diastole erfolgt. Selbst im Falle der ausgedehnten diastolischen Durchströmungszeit beim trainierten Herzen kann der linke Ventrikel während erschöpfender Belastung Hypoxiesymptome zeigen (besonders bei Personen, bei denen sich eine Koronarerkrankung entwickelt). Der rechtssystolische Druck nimmt bei körperlicher Belastung in viel geringerem Ausmaß zu, und daher ist die effektive Durchströmung des rechten Ventrikels über diese Koronararterie im allgemeinen nicht eingeschränkt.

Kardiovaskuläre Determinanten der maximalen aeroben Kapazität

Die Messung und Wichtigkeit der VO_{2max} als leistungsbestimmendes Merkmal wurde bereits erörtert. VO_{2max} und $VO_{2submax}$ können mathematisch in Form der kardiovaskulären Dynamik des O_2-Transports ausgedrückt werden. VO_2 ist das Produkt aus Herzminutenvolumen mal aus dem Blut entnommenem O_2. Die O_2-Ausschöpfung wird gemessen, indem man die gemischte O_2-Konzentration des venösen Blutes von der O_2-Konzentration des arteriellen Blutes abzieht. Der Begriff für diese O_2-Ausschöpfung ist *arteriovenöse O_2-Differenz* oder *a-vO_2-Differenz*. Es ergibt sich also folgende Gleichung:

$$VO_2max = (HRmax \times SVmax) \times max\ a\text{-}vO_2\text{-Differenz} \qquad (2.5)$$

Das Herzminutenvolumen ist in Abbildung 2.6 grafisch als Funktion der arteriovenösen O_2-Differenz dargestellt. Die typische Ruhe-VO_2 und -VO_{2max} eines trainierten Läufers sind dargestellt. Veränderungen einer dieser Variablen, die während des Trainings oder körperlicher Belastung auftreten können, können die VO_2 ändern. Veränderungen der Herzfrequenz und des Schlagvolumens stellen sogenannte zentrale zirkulatorische Anpassungen dar im Gegensatz zu Veränderungen der Blut-O_2-Ausschöpfung in den Geweben, die periphere Anpassungen darstellen. Es ist daher von großem Interesse zu verstehen, wie Training die Fähigkeit dieser Variablen hinsichtlich ihrer Reaktion auf körperliche Belastung verbessern kann, und sich der Größe möglicher Veränderungen dieser Variablen bei Belastungen unterschiedlicher Intensität bewußt zu sein. Wir werden sehen, daß die maximale Herzfrequenz durch Ausdauertraining entweder unverändert bleibt oder nur leicht reduziert wird und daß Spitzenwerte der maximalen arteriovenösen O_2-Differenz bei etwa 16 ml/100 ml Blut liegen. Es sind daher hauptsächlich Steigerungen des maximalen Schlagvolumens, die die Fähigkeit des Herzens verbessern, die aerobe Kapazität des Körpers zu steigern.

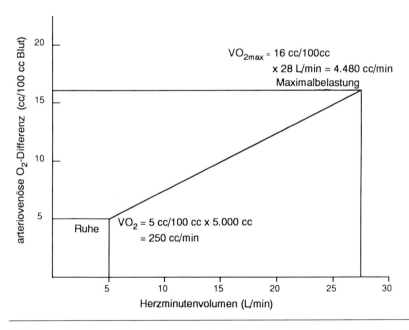

Abbildung 2.6: Grafische Darstellung der VO_2 als Produkt der arteriovenösen O_2-Differenz und des Herzminutenvolumens. Umgekehrt ist das Herzminutenvolumen das Produkt der Herzfrequenz und des Schlagvolumens. Anmerkung: 1 cc = 1 ml.

Herzfrequenz

Alle unterschiedlichen Zellarten im Herzen sind funktionell-anatomisch durch mikroskopische Strukturen, sogenannte Interkalarscheiben, miteinander verbunden. Auf diese Weise kann die Aktivität in einer Zelle in kurzer Zeit auf alle anderen Zellen übertragen werden. Bestimmte Herzbereiche verfügen über Gewebeknoten, die nicht auf die Spannungserzeugung spezialisiert sind, sondern die aus Zellen zusammengesetzt sind, die weder Muskeln noch Nerven darstellen. Ihre Zellmembranen sind ziemlich instabil, vor allem, was das Aufrechterhalten eines stabilen Ionen-Gleichgewichts zwischen der umgebenden Flüssigkeit und ihrem Zytoplasma angeht. Ein langsamer, kontinuierlicher Ca^{++}-Einstrom durch die Zellmembran führt zu einer allmählichen Depolarisierung, bis es zu einer plötzlichen, fast explosiven membran-orientierten Ionen-Störung kommt. Dieses sogenannte Aktionspotential setzt sich über das gesamte Herz fort und führt zu einer Depolarisierung mit einer kurzfristigen plötzlichen Spannungserzeugung (Systole) in allen Muskelzellen des Herzens. Es kommt zu einer sehr schnellen Erholung, und dieser kontinuierlich wiederholte Prozeß der zellulären Depolarisierung und Repolarisierung verursacht eine Spannungserzeugung und Entspannung und bildet die Basis des kontinuierlichen Herzrhythmus. Der Sinoatrialknoten ist vorrangig verantwortlich für diese kardiale Depolarisierung und wird daher oft der Schrittmacher des Herzens genannt. Er verfügt über einen intrinsischen, basalen Rhythmus von etwa 105 Depolarisierungen pro Minute. Die Systole stellt also die Phase innerhalb des kardialen Zyklus dar, in der das Blut aus den Ventrikeln ausgestoßen wird, während die Diastole die ventrikuläre Füllphase darstellt.

Chemische Transmittersubstanzen aus den zwei Bereichen des autonomen Nervensystems (parasympathisches und sympathisches Nervensystem) beeinflussen die intrinsische Frequenz der Depolarisierung des Sinoatrialknotens und verändern somit die Herzfrequenz. In Abbildung 2.7 sind diese beiden Innervationen des Herzens dargestellt. Aus den Vagusnerven (parasympathisches Nervensystem) freigesetztes Azetylcholin steigert die Stabilität der nodalen Zellmembranen und reduziert somit die Depolarisierungsrate, was zu einer Verlangsamung der Herzfrequenz führt. Im Ruhezustand und vor allem während des Schlafs dominiert das parasympathische Nervensystem. Eine Stimulierung des Herzens über den Vagusnerv hält die Herzfrequenz auf dem niedrigsten Wert. Die Antizipation einer Trainingseinheit oder eines Wettkampfes bzw. die damit einhergehende Erregung führen zu einer Steigerung der Aktivität des sympathischen Nervensystems (mit einer Freisetzung von Noradrenalin von den Nerven, die für eine Beschleunigung der Herzfrequenz verantwortlich sind) sowie einer zunehmenden Freisetzung von Adrenalin aus dem Nebennierenmark. Als Konsequenz steigt die Herzfrequenz. Die zu einem beliebigen Zeitpunkt gemessene Herzfrequenz reflektiert also ein Gleichgewicht zwischen der relativen Aktivität dieser drei physiologischen Einflüsse auf den basalen intrinsischen Rhythmus. Im Ruhezustand dominiert der parasympathische Tonus über den sympathischen, was zu einer Netto-Ruheherzfrequenz von etwa 60 bis 70 Schlägen/Minute bei untrainierten Personen führt. Bei Beginn körperlicher Aktivität geht dieser vagale Tonus allmählich

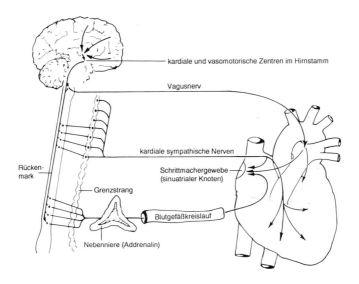

Abbildung 2.7: Verbindungen des autonomen Nervensystems mit dem Herzen. Aus dem parasympathischen Nervensystem stammende vagale Nervenfasern sind hauptsächlich mit dem Schrittmachergewebe verbunden. Ihre Stimulation senkt die Herzfrequenz. Aus dem sympathischen Nervensystem stammende Nervenfasern zur Beschleunigung der Herzfrequenz steigen vom Rückenmark auf, verlaufen durch den benachbarten Grenzstrang und erreichen dann das Herz. Eine Stimulation dieser Fasern beschleunigt die Herzfrequenz. Die Aktivierung des sympathischen Nervensystems kann auch zu einer Zunahme der Freisetzung von Adrenalin aus dem Nebennierenmark führen, was ebenfalls zu einer Steigerung der Herzfrequenz führt.

zurück, bis etwa eine Herzfrequenz von 100 Schlägen/Minute erreicht ist; von diesem Moment an nimmt der sympathische Tonus signifikant zu.

Die Atmung beeinflußt ebenfalls den Herzrhythmus durch Mechanismen, zu denen in der Arteria carotis lokalisierte Blutdruckrezeptoren gehören. Diese Druckrezeptoren (die Karotissinus-Barorezeptoren genannt werden) sind optimal plaziert, um den vom Herzen während des Pumpens von Blut zum Gehirn erzeugten Blutdruck zu kontrollieren. Die geringste Abnahme des Perfusionsdrucks auf diese Rezeptoren wird registriert und führt zu einer entsprechenden Steigerung des nervösen Impulsflusses zu den Gehirnzentren, die für die Regulierung des Blutdrucks und der Herzfrequenz verantwortlich sind. Bei der Einatmung behindert die Zunahme des von den Lungen beanspruchten Volumens im Brustraum kurzfristig den venösen Rückstrom, was zu einer Abnahme des Schlagvolumens führt (siehe

Abbildung 2.8). Diese geringe Reduzierung der Aorta-Durchblutung wird von den Barorezeptoren registriert, und es kommt zu einer kurzen Reflexsteigerung der Herzfrequenz, bedingt durch eine gesteigerte, auf die kardialen Zentren im Gehirn gerichtete nervöse Aktivität. Dies verursacht seinerseits eine Abnahme der parasympathischen nervösen Aktivität (über den Vagusnerv); die Herzfrequenz steigt und der Blutdruck wird aufrechterhalten. Zu diesem Zeitpunkt hat jedoch die Ausatmung stattgefunden, wobei der venöse Rückfluß und das Schlagvolumen als Konsequenz des reduzierten Lungenvolumens im Thoraxraum reduziert wurden. Auch dies wird von den Barorezeptoren in Form einer gesteigerten Blutdurchströmung und eines gesteigerten Drucks in den Karotis-Arterien wahrgenommen. Die resultierende atmungsbedingte Zu- und Abnahme der Herzfrequenz wird manchmal als *respiratorische* oder *rhythmische Arrhythmie* bezeichnet.

Ein komplexes Zusammenspiel zwischen der Aktivität des nervösen und des respiratorischen Systems sorgt also dafür, daß sich der Ruhepuls auf rhythmische Weise verändert. In der EKG-Kurve eines trainierten Marathonläufers in Abbildung 2.8 sind die variierenden Zeitintervalle zwischen jedem Herzschlag deutlich sichtbar. Dieser Sportler hat eine geringere Ruheherzfrequenz (zwischen 45 und 55 Schlägen/min) als untrainierte (normalerweise 70 Schläge/min). Die respiratorische Arrhythmie ist bei Sportlern deutlicher und wirklich auffällig bei hochtrainierten Läufern, die eine Ruheherzfrequenz bis zu 30 Schlägen/min haben! Die dargestellte EKG-Kurve zeigt, wie schwierig es ist, die Ruheherzfrequenz einer Person nur auf Basis der Zeitdifferenz zwischen zwei Herzschlägen zu bestimmen. Normalerweise wird eine Serie von Herzschlägen über einen Zeitraum von 10 oder 20 sec registriert und dann entweder mit 6 oder 3 multipliziert, um die Herzfrequenz/min zu bestimmen.

Wodurch kommt es zu der bei trainierten Läufern beobachtbaren Reduzierung der Ruheherzfrequenz? Es gibt zwei mögliche Mechanismen, die hierfür verantwortlich sind: eine Zunahme der Aktivität des parasympathischen Nervensystems oder eine Abnahme der Aktivität des sympathischen Nervensystems (Frick, Elovainio & Somer, 1967). Eine gesteigerte Stimulation des Vagusnervs reduziert die Frequenz der spontanen Depolarisierung spezialisierter Zellen im Sinoatrialknoten, der, wenn er ausreichend stimuliert wird, eine myokardiale Depolarisierung auslöst, die ihrerseits einen Herzschlag hervorruft. Eine Abnahme der Aktivität dieser Zellen reduziert daher die Frequenz der Herzschlagerzeugung. Das Umgekehrte geschieht im Falle der Aktivierung der für die Beschleunigung der Herzfrequenz verantwortlichen Nerven. Vorliegende Befunde deuten darauf hin, daß sowohl die sympathischen Reduzierungen wie auch die parasympathischen Steigerungen der kardialen Funktion als Resultat des Trainings auftreten. Was genau jedoch diese adaptiven Veränderungen bei Langstreckenläufern hervorruft, ist unklar. Das Endergebnis ist auf jeden Fall die oft zu beobachtende reduzierte Ruheherzfrequenz *(Bradykardie)* und die ebenfalls reduzierte maximale Herzfrequenz.

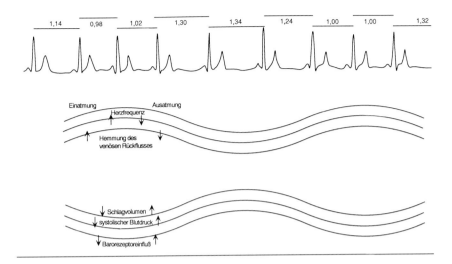

Abbildung 2.8: Auswirkungen der Veränderungen des intrathorakalen Drucks während der Atmung auf das Herzminutenvolumen und das elektrokardiographische Muster. Die Einatmung behindert den venösen Rückfluß zum Herzen, wodurch sich das Schlagvolumen kurzfristig verringert. Dies führt zu einer ebenfalls kurzfristigen Reflexsteigerung der Herzfrequenz. Die Ausatmung zeigt umgekehrte Auswirkungen. Die durchschnittliche Herzfrequenz dieses Athleten betrug 53 Schläge/min; die Atemfrequenz 10/min. Die Zahlen oben in der Abbildung sind die Zeitintervalle (in Sekunden) während der Herzschläge.

Schlagvolumen

Bei trainierten Mittel- und Langstreckenläufern ist das Schlagvolumen sowohl in Ruhe als auch bei Belastung reduziert. Was bewirkt diese Steigerung des Schlagvolumens? Es gibt mehrere hierfür verantwortliche Faktoren. Ein Faktor ist das enddiastolische Volumen, welches manchmal ventrikuläre Vorbelastung genannt wird. Hiermit ist die Blutmenge gemeint, die sich unmittelbar vor dem nächsten Herzschlag in den Ventrikeln befindet. Eine Studie (Rerych, Scholz, Sabiston & Jones, 1980), an der 18 College-Ausdauersportler nach 6 Monaten Training teilnahmen, zeigte eine solche Veränderung. Aber die genaue Erklärung, wie diese Veränderung verursacht wird, ist unklar.

Eine Möglichkeit ist einfach eine gesteigerte zirkulierende Blutmenge als eine Anpassung an Ausdauertraining. Dies wurde in der Tat als Steigerung sowohl des Plasmavolumens als auch der Anzahl der Erythrozyten nachgewiesen (Brotherhood, Brozovic & Pugh, 1975). Diese Forscher fanden eine 16prozentige Zunahme des Blutvolumens, woran eine 13prozentige Zunahme der Masse der Erythrozyten und eine 18prozentige Steigerung des Plasmavolumens beteiligt waren. Dieser gesenkte Hämatokrit (Prozentanteil der Erythrozyten am Volumen des Blutes) reduziert die Blutviskosität, wodurch es leichter durch die Gefäße fließt. Da die gesamte Masse der Erythrozyten bei trainierten Läufern tatsächlich höher ist, wird der Begriff *Dilutions-Pseudoanämie* zur Beschreibung dieser veränderten Blutvolumenbeziehung gebraucht (Eichner, 1986).

Ein zweiter Faktor ist die Zunahme der Herzdimensionen. Eine größere Ventrikelkammer produziert bei ihrer Leerung ein größeres Schlagvolumen. Im Jahre 1927 wurde mit der englischen Übersetzung eines deutschen Buches von Felix Deutsch und Emil Kauf aus dem Jahre 1924 die detaillierteste jemals durchgeführte Untersuchung zur Dokumentation der Herzgröße unter Sportlern vorgelegt. Seitdem wurde eine ähnliche Untersuchung nicht mehr durchgeführt, und die Schlußfolgerungen der Autoren sind heute noch gültig. In einem Vergleich von Sportlern mit Nicht-Sportlern zeigten sie, daß die meisten Leistungssportler in Sportarten wie Rudern, Radfahren, Skilanglauf, Schwimmen und Laufen statistisch gesehen ein vergrößertes Herz aufwiesen. Die Herzvergrößerung bedeutet eine Vergrößerung der Herzkammern (Dilatation) sowie eine gesteigerte Herzmuskelmasse. Beide Kammern des rechten und linken Herzens sind betroffen.

Die Zunahme der Herzmuskelmasse ist das Resultat einer Steigerung der Größe der vorhandenen myokardialen Zellen (Hypertrophie) und nicht einer Zunahme der Anzahl der Zellen (Hyperplasie). Eine Zunahme der Anzahl der Mitochondrien und Myofilamente steigert den Durchmesser jeder Zelle. Es kommt auch zu einer Steigerung der Sarkomeranzahl, wodurch die Länge dieser Muskelfasern zunimmt. Leider liegen nur sehr wenige Daten zur Herzgröße dieser Athleten vor Beginn des Trainings vor. Fallen denjenigen Sportlern, die bereits mit einem übergroßen Herz geboren wurden, Ausdauersportarten leichter als weniger begabten Athleten, was dazu führt, daß sie ebendiese Sportarten aufnehmen und dadurch ihr Herz noch weiter vergrößern? Oder ist dieses beobachtbare Ergebnis einzig und allein auf das intensive und umfangreiche Ausdauertraining dieser Athleten in Kombination mit der Fähigkeit des Herzens, sich mit Belastung zu vergrößern, zurückzuführen? Gegenwärtig läßt sich diese Frage noch nicht eindeutig beantworten.

Die Reaktion des Herzens auf körperliche Belastungen ist spezifisch hinsichtlich der Belastung, der es ausgesetzt wird. Echokardiographische Untersuchungen, bei denen die Herzen ausdauertrainierter Sportler (Schwimmer und Läufer) mit denen krafttrainierter Sportler (Ringer und Kugelstoßer) verglichen wurden, sind ganz besonders informativ (Morganroth, Maron, Henry & Epstein, 1975). In Tabelle 2.1 werden die Auswirkungen dieser beiden Trainingsschwerpunkte auf vier Aspekte der kardialen Adaptation miteinander verglichen. Ausdauersportler widmen den Großteil ihres Trainings submaximaler Arbeit und verschaffen ihrem Herzen daher lange Phasen eines gesteigerten venösen Rückflusses. Wir nennen dies *Volumenbelastung* des Herzens. Die kardiale Reaktion auf derartige Belastungen ist eine Verlängerung der ventrikulären Muskelfasern und daher eine Zunahme des Herzkammervolumens mit keiner nennenswerten Veränderung der Ventrikelwanddicke. Dies führt zu einem größeren Schlagvolumen sowohl in Ruhe als auch während Belastung. Umgekehrt ist bei jeder beliebigen Belastung eine niedrigere Herzfrequenz nötig, um das Herzminutenvolumen aufrechtzuerhalten, wodurch sich die Durchströmung des Herzmuskels während der diastolischen Phase

(Ruhephase) vergrößert. Da sich die maximal erreichbare Herzfrequenz nur wenig verändert, steigert Ausdauertraining das maximale Herzminutenvolumen, was zu einer gesteigerten VO_{2max} beiträgt.

Tabelle 2.1: Vergleich der Auswirkungen eines isotonischen (ausdauerorientierten) Trainings im Gegensatz zu einem isometrischen (kraftorientierten) Training auf die kardiale Anpassung an körperliche Belastungen

Variable	Isotonisch	Isometrisch
Herzwanddicke	Unverändert	Gesteigert
Enddiastolisches Ventrikelvolumen	Gesteigert	Unverändert
Herzmasse	Gesteigert	Gesteigert
Herzminutenvolumen	Gesteigert	Unverändert

Im Gegensatz dazu zeigen Kraftsportler eine linksventrikuläre Reaktion, die eine Anpassung an kurzfristige, mit hohem Druck einhergehende Belastungen darstellt. Während Phasen maximaler oder nahezu maximaler Aktivität üben die arbeitenden Skelettmuskeln eine derart hohe Kompressionskraft auf die in ihnen verlaufenden Blutgefäße aus, daß die Durchblutung kurzfristig unterbrochen wird. Als Reaktion hierauf erzeugt das Herz eine enorme muskuläre Spannung in dem Versuch, diesen hohen Durchblutungswiderstand zu überwinden. Wie in Tabelle 2.1 zusammenfassend dargestellt, besteht die entsprechende Anpassung des Herzens in einer Zunahme der Wand des linken Ventrikels in dem Versuch, das zusätzliche spannungserzeugende Protein bereitzustellen. Somit kommt es nur zu einer minimalen Änderung des maximalen Schlagvolumens und Herzminutenvolumens, aber zu einer kaum nennenswerten Verbesserung der VO_2max.

Ein dritter Faktor ist die *myokardiale Kontraktilität*. Es bestehen kaum Zweifel, daß sporttreibende Personen über eine größere myokardiale Kraft verfügen, d.h. über eine gesteigerte Geschwindigkeit und Kraft der kardialen Muskelspannungserzeugung. Es gibt jedoch nur wenige Belege dafür, daß das Training selbst das Herz im Hinblick auf seine Funktionsfähigkeit, die ja bereits bis zur Perfektion ausgebildet ist, kräftiger macht. Bei jedem Herzschlag wird fast das gesamte Blut aus dem Herzen gepumpt, und es bleibt nur ein kleines Restvolumen zurück. Bei körperlicher Aktivität verringert sich dieses Restvolumen nur noch mehr, was eine Ursache des gesteigerten Schlagvolumens ist. Es besteht nur sehr wenig Raum für eine weitere Steigerung der spannungserzeugenden Effektivität. Sollte Ausdauertraining die Myokardkraft steigern, so ist dies zumindest bislang noch nicht nachweisbar.

Ein vierter möglicher Faktor ist der arterielle Blutdruck, der manchmal als die ventrikuläre Nachbelastung bezeichnet wird. Ähnlich wie bei der Myokardkraft existieren keine Belege dafür, daß Ausdauertraining zu Veränderungen des arteriellen Blutdrucks führt, die zu einem gesteigerten Schlagvolumen beitragen würden.

Wenn überhaupt, dann ist der durchschnittliche arterielle Blutdruck bei Sportlern während Belastungen im Bereich der VO_{2max} leicht reduziert. Wir wissen natürlich, daß die Skelettmuskeldurchblutung mit Training ansteigt, und daher ist diese Blutdruckabnahme durch eine gesteigerte vaskuläre Leistung innerhalb der Skelettmuskeln erklärbar. Dies bedeutet, daß eine größere Anzahl kleiner Skelettmuskel-Blutgefäße (Kapillaren) geöffnet ist, was eine bessere Durchblutung ermöglicht.

Die Entwicklung dieser Kombination von Bradykardie und gesteigertem Schlagvolumen ist eine der wichtigsten Anpassungen, die durch ein Training in höheren Tempobereichen hervorgerufen werden, und ein derartiges Training ist ein integraler Bestandteil der fortgeschrittenen Vorbereitung aller Mittel- und Langstreckenläufer. Ein anaerobes Konditionstraining, welches 15 bis 20 Minuten lang durchgehalten werden kann und in einem Tempo im Bereich der Laktat-/ventilatorischen Schwelle durchgeführt wird, stellt den Reiz dar, der letztlich zu einer Vergrößerung der Herzkammern führt. Gleichzeitig geht der intrinsische Schrittmacherrhythmus leicht zurück, wodurch sich ebenfalls die maximal erreichbare Herzfrequenz reduziert. In Tabelle 2.2 werden diese Veränderungen der Herzdynamik zusammengefaßt - reduzierte Herzfrequenz und gesteigertes Schlagvolumen -, die bei Elite-Mittel- und Langstrecklern im Vergleich zu untrainierten Personen sowohl in Ruhe als auch bei maximalen Belastungen vorliegen können. Abbildung 2.9 faßt die Faktoren zusammen, die dazu beitragen, daß die primären Anpassungen, die bei Ausdauertraining zu beobachten sind, allesamt zu einem verbesserten Leistungspotential führen: eine Abnahme der Herzfrequenz und eine Zunahme der Herzkammergröße, des Blutvolumens, der Skelettmuskelkapillarisierung und des Muskelenzymgehalts.

Tabelle 2.2: Veränderungen der Herzfrequenz und des Schlagvolumens in Ruhe und bei maximalen Belastungen bei Nichtsportlern und ausdauertrainierten Läufern[a]

Variable	Ruhebedingungen		Maximale Belastung	
	Nichtsportler	Eliteläufer	Nichtsportler	Eliteläufer
Herzminutenvolumen (ml/min)	4.900	4.515	22.800	36.100
Schlagvolumen (ml)	70	105	120	190
Herzfrequenz (Schläge/min)	70	43	190	190
VO_2 (ml/kg/min)	3,5	3,5	46	85

[a] Die Daten stammen von 60 kg schweren, männlichen Versuchspersonen.

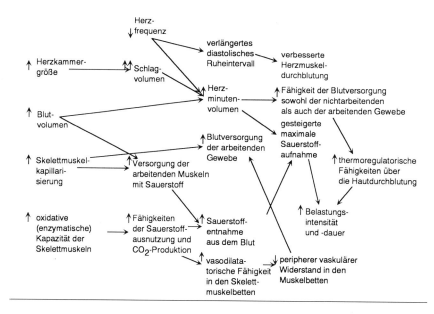

Abbildung 2.9: Flußdiagramm zur Beschreibung, wie die wichtigsten Anpassungen beim Ausdauertraining (Zunahme der Größe der Herzkammern, des Blutvolumens, der Skelettmuskelkapillarisierung, des intrazellulären Enzymgehalts und eine Abnahme der Herzfrequenz) allesamt zu einem verbesserten Leistungspotential beitragen

Arteriovenöse O_2-Differenz

Abbildung 2.10 zeigt die Veränderungen des arteriellen und venösen O_2-Gehalts des Blutes, die zu beobachten sind, wenn Sportler ihre Belastungsintensität steigern. Während der arterielle O_2-Gehalt aufgrund der Bewegung der Flüssigkeit in die aktiven Muskelzellen und den Flüssigkeitsraum außerhalb der Kapillaren nur leicht ansteigt, nimmt der durchschnittliche venöse O_2-Gehalt sehr stark ab. Nach Saltin und Gollnick (1983) ist ein wichtiger Grund für diese gesteigerte O_2-Ausschöpfung die aufgrund des Trainings gesteigerte Kapillardichte. Mehr Kapillaren in der Umgebung jeder Skelettmuskelfaser reduzieren die Diffusionsdistanz für O_2 bei dessen Bewegung vom Kreislaufsystem zum Muskelgewebe. Die Geschwindigkeit des Blutflusses durch die arbeitende Muskulatur ist ebenfalls gesteigert.

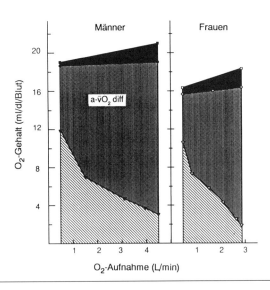

Abbildung 2.10: Veränderungen des arteriellen und venösen O_2-Gehaltes des Blutes (a-vO_2-Differenz) während steigender Belastungsintensität. Bei Männern (links) und Frauen (rechts) ist die Reaktion ähnlich. Der dunkelste Bereich im oberen Teil repräsentiert den Unterschied zwischen der errechneten O_2-Bindungskapazität und dem tatsächlichen O_2-Gehalt des arteriellen Blutes. Der untere, hell schraffierte Bereich repräsentiert den errechneten gemischten venösen O_2-Gehalt, der mit zunehmender Belastung (gemessen in l/min O_2-Aufnahme) abnimmt. Der mittlere, halbdunkel schraffierte Bereich zeigt die zunehmende arteriovenöse O_2-Differenz an. Aus: P.-O. Astrand und K. Rodahl: Textbook of Work Physiology (2. Aufl., S. 183). New York: McGraw-Hill, 1977. Copyright McGraw-Hill 1977. Abgedruckt mit freundlicher Genehmigung.

Interessanterweise steigt das Gesamtblutvolumen in den Skelettmuskeln nicht als Ergebnis des beobachteten Kapillarblutvolumens an. Dies wäre auch physiologisch gesehen nicht sinnvoll, da mehr Blut in der Peripherie wäre, was zur Reduzierung des Schlagvolumens und der ventrikulären Füllzeit führen würde. Es scheint, als ob das Skelettmuskelblutvolumen durch eine Kombination von gesteigertem Kapillarvolumen und reduziertem venösen Volumen aufrechterhalten würde.

Andere Faktoren tragen ebenfalls zu der a-vO_2-Differenz bei. Die Myoglobinkonzentration der Skelettmuskeln steigt mit dem Ausdauertraining. Dieses O_2-bindende Pigment stellt ein effektives O_2-Reservoir dar, wenn der O_2-Partialdruck in der Muskulatur zu sinken beginnt. Es ist auch eine Steigerung des Gesamtgehalts an mitochondrialen Enzymen im Muskel festzustellen, wodurch eine bessere O_2-Ausnutzung ermöglicht wird. Ein zusätzlicher Faktor, der zur a-vO_2-Differenz beiträgt, könnte der Entzug des Blutes aus allen nichtarbeitenden Geweben in die

Arbeitsmuskeln sein. Ausdauertraining scheint hier jedoch keine Änderung zu bewirken, da in diesen Geweben selbst bei Untrainierten eine nahezu maximale Vasokonstriktion auftritt. In diesen weniger durchbluteten Geweben führt also der laufende Stoffwechsel zu einer verstärkten O_2-Ausschöpfung des vermindert zur Verfügung gestellten Blutes. Dies trägt zur gesteigerten Gesamt-a-vO_2-Differenz bei. Die maximale a-vO_2-Differenz, die bei gesunden Personen gefunden wird, beträgt etwa 16 ml/100 ml Blut, was einer 85prozentigen Ausschöpfung des vorhandenen Sauerstoffs aus dem Blut ins Gewebe gleichkommt.

Die Herausforderung des pulmonalen Systems durch körperliche Belastung

Das pulmonale System spielt eine wichtige Rolle in der Ermöglichung von Belastung, da es der primäre Ort sowohl für die O_2-Abgabe an das die Arbeitsmuskulatur versorgende Gewebe als auch für die CO_2-Entfernung aus eben diesem Gewebe ist. Die Lungen ermöglichen also nicht nur den aeroben Stoffwechsel in der Arbeitsmuskulatur aufgrund ihrer O_2-Abgabe-Fähigkeiten, sondern sie sind auch das wichtigste Organ des Körpers zur Säure-(CO_2-)Ausscheidung. Im Gegensatz zu Organsystemen wie dem Herzen und der Skelettmuskulatur paßt sich das pulmonale System nicht in gleichem Maße morphologisch an langfristige Ausdauerbelastungen an. Stattdessen kommt es als Reaktion auf die Belastungsanforderungen zu räumlichen Veränderungen. Dies bedeutet, daß das pulmonale System im wesentlichen bereits aufgrund seiner vorhandenen Struktur in der Lage ist, den Anforderungen hinsichtlich der Aufrechterhaltung unveränderter O_2- (iso-oxischer) und CO_2- (isokapnischer) Konzentrationen in dem die Arbeitsmuskulatur durchströmenden arteriellen Blut einigermaßen gut gerecht zu werden.

Sauerstofftransport von den Lungen zum Blut

Unsere normale Atemfrequenz von etwa 12 Atemzügen/min, wobei pro Atemzug etwa ein halber Liter aufgenommen wird, ermöglicht ein Ruhe-Atemminutenvolumen (AMV) - oder ein exspiratorisches Volumen (V_E) - von etwa 6 l/min. Diese Luft durchströmt eine komplexe Reihenfolge von Atmungsröhren, angefangen mit dem Mund und weiter durch den Rachen, den Kehlkopf, die Luftröhre, die Bronchien und die Bronchiolen, um schließlich in etwa 300 Millionen kleinen Luftsäckchen, den sogenannten *Alveolen*, zu zirkulieren. 30 % der Gesamtluft verbleiben in den Röhren oberhalb der Alveolen, wo kein Austausch mit dem Blut stattfindet; diese Differenz zwischen dem Atemminutenvolumen und der alveolären Ventilation wird Totraumventilation genannt (V_D). In unmittelbarer Nähe der Alveolen befinden sich die Lungenkapillaren. Jede dieser assoziierten Zellmembranen hat eine Dicke von etwa 0,5 μm. Durch diese sogenannte *alveolo-*

kapillare Membran fließen die Atemgase (O_2 und CO_2) in gegenläufiger Richtung (Abbildung 2.11). Wenn man davon ausgeht, daß das Ruhe-Herzminutenvolumen etwa 4.900 ml/min und das pulmonale Kapillarblutvolumen etwa 70 ml beträgt, werden diese Kapillaren etwa 70mal pro Minute geleert und wieder gefüllt! Bei maximaler Belastung kann das Atemminutenvolumen 170 l/min und das Herzminutenvolumen 40 l/min übertreffen. Es ist faszinierend zu betrachten, wie unter diesen Voraussetzungen der Gasaustausch bewältigt wird.

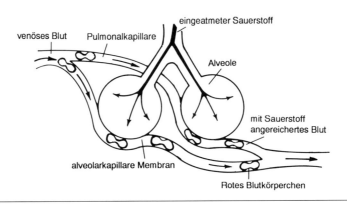

Abbildung 2.11: Der Gasaustausch durch die alveolo-kapillare Membran. Normalerweise bildet die Verbindung des kapillaren Endotheliums mit dem alveolaren Epithelium eine Membran von 1,0 µm Dicke, die ideal für den schnellen Austausch der Gase (O_2 und CO_2) zwischen dem pulmonalen Kapillarblut und dem alveolaren Gas geeignet ist. Die Erythrozyten, die etwa denselben oder einen etwas größeren Durchmesser besitzen als die Kapillaren, durch die sie sich bewegen, können sich während ihrer Fortbewegung drehen und wenden.

Die primäre Aufgabe des Pulmonalsystems während des harten Trainings oder des Wettkampfs eines Mittel- oder Langstreckenläufers besteht darin, einen angemessenen Gasaustausch zwischen den Alveolen und dem arteriellen Blut mit einer minimalen Arbeitsbelastung der Lungen und der Brust zu gewährleisten. Andernfalls würde der zusätzliche O_2-Bedarf den O_2-Gewinn nicht rechtfertigen. Zwei anspruchsvolle Aufgaben stellen sich der Lunge, wenn die Belastung intensiver wird: Die eine Aufgabe ist die Erhöhung der durch die Pulmonalarterien fließenden Blutmenge ohne Steigerung des Blutdrucks im pulmonalen System. Eine Blutdrucksteigerung würde dazu führen, daß Flüssigkeit in die Alveolen oder den interstitiellen Raum zwischen den Alveolen und den Kapillaren dringt, wo es zu Ödemen kommen könnte. Dieses Problem wird auf zwei Wegen gelöst. Erstens steigert sich während einer Belastung die Füllung der Kapillaren, die in Ruhe nicht durchblutet waren, wodurch es zu einer passiven Expansion des Pulmonalblutvolumens ohne Zunahme des Widerstands der pulmonalen Blutgefäße kommt. Zweitens ist die Lunge für den Fall einer extravaskulären Flüssigkeitsansammlung mit einem ausgeprägten lymphatischen Drainagesystem ausgestattet (Staub, Nagano & Pearce, 1967), welches eine prompte Entfernung der Flüssigkeit und die Aufrechterhaltung einer effektiven Lungenfunktion garantiert.

Ein zweites Problem ist die Bewegung stetig zunehmender O_2-Mengen aus der Umgebungsluft in das Blut. Eine große Zunahme der O_2-Ausschöpfung des Gewebekapillarblutes während körperlicher Belastung führt dazu, daß das zurückfließende venöse Blut wesentlich weniger mit Sauerstoff angereichert ist als im Ruhezustand. Dieses sogenannte *gemischte venöse Blut* fließt von der rechten Herzkammer über die Pulmonalarterie in die Lunge und dann in die kleineren Arteriolen, die sich schließlich in die Lungenkapillaren entleeren. Während der kurzen Periode, in der das Blut durch die Pulmonalkapillaren fließt, bewegt sich der Sauerstoff entsprechend seinem Konzentrationsgradienten von den luftgefüllten Alveolen durch die alveolo-kapillaren Membranen in die Lungenkapillaren (Abbildung 2.11). Der Gasaustausch mit dem Blut kann nur durch die alveolo-kapillaren Membranen erfolgen.

Die Bewegung des Sauerstoffs aus der Atmosphäre in das Blut wird von der Konzentrationsdifferenz zwischen den Alveolen und den Pulmonalkapillaren, der Löslichkeit des Sauerstoffs im Blut und von der Menge Hämoglobin, an die der Sauerstoff sich binden kann, wenn er einmal im Blut ist, bestimmt. Die Einatmungsluft ist ein Gasgemisch, welches zu 20,9 % aus Sauerstoff besteht. Den der Gasbewegung zugrundeliegenden physikalischen Gesetzen zufolge verhält sich jedes Gas in der Atmosphäre eigenständig, ohne mit den anderen Gasen eine chemische Verbindung einzugehen. Daher trägt jedes Gas unabhängig zu dem Gesamtdruck bei, den das Gasgemisch bei seiner dem Konzentrationsgradienten folgenden Bewegung von einem Ort zum anderen ausübt. Wenn der Barometerdruck auf Meereshöhe z.B. 760 mmHg beträgt und O_2 20,9 % der Atmosphäre ausmacht, läßt sich der O_2-Partialdruck (PO_2) folgendermaßen errechnen:

$$PO_2 = 760 \times 0{,}209 = 158{,}8 \text{ mmHg} \qquad (2.6)$$

Die Luft, die wir einatmen, wird angefeuchtet, wenn sie in die Alveolen eintritt. Diese Verdünnung mit Wasserdampf trägt zur Senkung des alveolaren O_2-Partialdruckes (PaO_2) auf etwa 100 mmHg bei. Wenn das pulmonale arteriolare Blut in die Kapillaren eintritt, beginnt ein sehr schneller CO_2-Transfer vom Blut in die Alveolen. Normalerweise wird ein nahezu vollständiges Gleichgewicht erreicht, und der O_2-Partialdruck des arteriellen Blutes (PaO_2) schwankt zwischen etwa 90 und 98 mmHg. Im Ruhezustand beträgt der alveolar-arterielle O_2-Gradient (geschrieben als [A-a]PO_2-Gradient) zwischen 2 und 10 mmHg (Tabelle 2.3).

Tabelle 2.3: Werte ausgewählter Variablen in Ruhe und bei intensiver Belastung bei trainierten Läufern

Variable	Ruhe	Intensive Belastung
Alveolare Ventilation (V_A) (l/min)	4,2	140
Atemzugvolumen (V_T) (l)	0,5	3
Atemfrequenz (f) (pro Minute)	12	55
Ausatmung (V_E) (l/min)	6	180
O_2-Verbrauch (VO_2) (ml/min)	270	5.500
O_2-Verbrauch (VO_2) (ml/kg/min)	3,8	85
Alveloarer PO_2 (PAO_2) (mmHg)	100	120
Arterieller $PO2$ (PaO_2) (mmHg)	97	90
(A-a) PO_2-Differenz (mmHg)	2-10	30
Gemischter venöser PO_2 (PvO_2)	40	20
Arterieller PCO_2 ($PaCO_2$) (mmHg)	40	25-32
Arterieller pH	7,4	7,2-7,3
Pulmonaldurchblutung (l/min)	5	30
Blutvolumen in den Lungenkapillaren (ml)	70	250
Mittlere rbc-Übergangszeit (sec)	0,75	0,5

Diese scheinbare Unvollkommenheit des O_2-Gleichgewichts selbst in Ruhe ist relativ unwichtig. Die Differenz zwischen dem PaO_2 der gesamten im arteriellen Blut transportierten O_2-Menge von 90 mmHg und 98 mmHg ist relativ gering. Dies liegt daran, daß zusätzlich zu der Gesamtmenge von im Blut aufgelöstem O_2 (gemessen als PO_2) eine sehr viel größere O_2-Menge an Hämoglobin gebunden ist. Sauerstoff hat eine sehr starke Affinität zu Hämoglobin. Wenn das O_2 in den Blutstrom eintritt, diffundiert es durch das Plasma und die Membran der Erythrozyten und heftet sich an die darin enthaltenen Hämoglobinmoleküle an. Der Gesamt-O_2-Gehalt des arteriellen Blutes läßt sich als Summe der aufgelösten zuzüglich der gebundenen Form errechnen. Als Beispiel kann ein Läufer mit einer Hämoglobinkonzentration von 16 g/dl und einem PaO_2 von 90 mmHg dienen. Die Bindungsaffinität des O_2 für Hämoglobin beträgt 1,31 ml/g, und O_2 setzt sich an 96 % der vorhandenen Bindestellen an (dies wird als eine 96prozentige Sättigung bezeichnet). Bei einem P_aO_2 von 90 mmHg beträgt die Menge des gelösten O_2 0,27 mm/dl. Der gebundene Sauerstoff ist die Hämoglobinkonzentration multipliziert mit der O_2-Bindungsaffinität multipliziert mit der prozentualen O_2-Sättigung (16 x 1,31 x 0,96). Also:

$$O_2\text{-Gehalt} = 0,27 + (16 \times 1,31 \times 0,96) = 20,39 \text{ ml/dl} \qquad (2.7)$$

Entsprechend würde der Gesamt-O_2-Inhalt folgendermaßen berechnet, wenn der P_aO_2 98 mmHg (was einem Wert des gelösten O_2 von 0,29 ml/dl entsprechen würde) und die Hämoglobinsättigung 98 % betragen würde:

$$O_2\text{-Gehalt} = 0{,}29 + (16 \times 1{,}31 \times 0{,}98) = 20{,}83 \text{ ml/dl} \quad (2.8)$$

Bei einer Läuferin mit einer Hämoglobinkonzentration von 14 g/dl und einer angenommenen Konzentration von gelöstem O_2 von 0,27 ml/dl sowie einer 96prozentigen Sättigung des Hämoglobins mit O_2 wäre der O_2-Gehalt wie folgt:

$$O_2\text{-Gehalt} = 0{,}27 + (14 \times 1{,}31 \times 0{,}98) = 18{,}24 \text{ ml/dl}. \quad (2.9)$$

Frauen verfügen also über 11 % weniger O_2/dl Blut als Männer.

In Abbildung 2.12 ist die Beziehung zwischen dem Blut-PO_2 und dem Prozentsatz der potentiellen mit O_2 gesättigten Bindungsstellen am Hämoglobin dargestellt. Die sigmoide Form der Bindungsbeziehung sowie die Tatsache, daß das Hämoglobin des arteriellen Blutes unter normal existierenden PO_2-Bedingungen mit O_2 gesättigt ist, bedeuten, daß eine erhebliche Reduzierung des PaO_2 ohne Reduktion des arteriellen Gesamt-O_2-Gehalts auftreten kann.

Wenn das Blut die systemischen Kapillaren erreicht, diffundiert das gelöste O_2 rasch durch die Kapillarmembranen in das angrenzende Gewebe. Dies führt zu einer Reduzierung des kapillaren PO_2, was seinerseits die Freisetzung eines Teils des Sauerstoffreservoirs des Hämoglobins in das umgebende Plasma bewirkt, um den kapillaren PO_2 zu steigern. Wenn das Blut die systemischen Kapillaren verläßt, ist das O_2-Reservoir des Hämoglobins normalerweise bereits zu einem beträchtlichen Teil geleert worden, und der PO_2 hat etwas abgenommen.

Achten Sie in Abbildung 2.12 darauf, daß der PO_2 des gemischten venösen Blutes (die Blutmischung, die aus den unterschiedlichen Gewebebetten wieder zum Herzen zurückkehrt) von wenig unter 100 mmHg auf etwa 40 mmHg gefallen ist. Bei diesem P_vO_2 sind noch immer etwa 75 % des gesamten im Blut enthaltenen O_2 an Hämoglobin gebunden. Bei intensiven Belastungen kann der P_vO_2 bis auf 20 mmHg fallen.

Bleibt der (A-a)PO_2-Gradient von 2 bis 10 mmHg während hochintensiver Belastungen bestehen? Nein, und dies deutet auf eine Begrenzung des Pulmonalsystems bei Belastung hin. Dempsey, Hanson und Henderson (1984) berichten von einer allmählichen Reduzierung des gelösten arteriellen O_2 (sogenannte arterielle Hypoxämie), wenn hochtrainierte Mittel- und Langstreckenläufer sich ihrer maximalen Leistungsfähigkeit nähern. Bei O_2-Aufnahmewerten von 4.000 ml/min kann dieser (A-a)PO_2 20 bis 30 mmHg betragen, und bei einer O_2-Aufnahme von 5.000 ml/min kann er sogar 40 mmHg erreichen (Tabelle 2.2). Obwohl sich dieses sogenannte *Diffusions-Ungleichgewicht* bei hohen Belastungsintensitäten entwickelt, steht in diesen Situationen noch immer O_2 für die Arbeitsmuskulatur zur Verfügung. Es wurde bislang noch nicht exakt bestimmt, ob dieses Ungleichgewicht bei hochtrainierten Sportlern leistungsdeterminierend ist oder nicht.

Wie lautet die Erklärung für die bei Läufern im Falle einer annähernden Maximalbelastung zu beobachtende Abnahme des P_aO_2 (und die Abnahme der O_2-Sättigung des Hämoglobins)? Sie wird durch eine Kombination zweier Faktoren verursacht: durch die Notwendigkeit, viel mehr O_2 als normalerweise dem die Lungenkapillaren durchströmenden Blut hinzuzufügen, und durch die reduzierte

Kontaktzeit des Blutes mit der alveloaren Oberfläche. Abbildung 2.13 zeigt, daß sich ein Erythrozyt normalerweise 0,75 sec in einer Pulmonalkapillare aufhält, was lange genug ist, um eine nahezu vollständige Oxygenation zu gewährleisten. Nötig sind nur 0,6 sec. Wenn die Belastungsintensität zunimmt, steigt die Durchblutung der Pulmonalkapillaren, und die Durchströmung ist schließlich so schnell, daß für den alveolaren Gasaustausch nur noch 0,45 sec zur Verfügung stehen. Dies mag zwar für die Entfernung von CO_2 ausreichen, aber möglicherweise nicht für die O_2-Aufnahme.

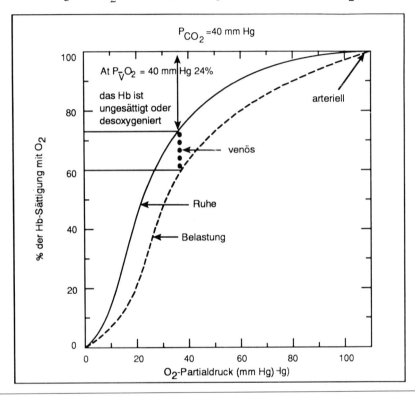

Abbildung 2.12: Die Oxihämoglobin-Dissoziationskurve (Sauerstoffbindungskurve). Wenn Hämoglobin einer steigenden Menge Sauerstoff ausgesetzt wird, der im Zellwasser der Erythrozyten gelöst vorliegt, stellt die Bindung des Sauerstoffs an Hämoglobin eine sigmoide Beziehung dar. Die arterielle Sättigung (P_aO_2 = 100 mmHg) beträgt nahezu 100 %; die gemischte venöse Sättigung (P_vO_2 = 40 mmHg) beträgt etwa 75 %. Ein steigender Blut-PCO_2 reduziert die Bindungsaffinität des Hämoglobins für O_2, wie aus der Verlagerung der Kurve nach rechts (gestrichelte Linie) deutlich wird. Diese Rechtsverschiebung tritt bei Belastung auf. Wie ersichtlich, ermöglicht diese reduzierte Affinität bei jedem beliebigen P_aCO_2 die Freisetzung erheblicher Mengen zusätzlichen Sauerstoffs in den Flüssigkeitsanteil des Blutes (als gelöstes O_2), womit ein Gradient der O_2-Bewegung vom Blut in die Arbeitsmuskulatur sichergestellt wird. Aus: D.E. Martin/J.W. Youtsey: Respiratory Anatomy and Physiology, S. 190. St. Louis: C.V. Mosby, 1988. Copyright C.V. Mosby 1988. Abdruck mit freundlicher Genehmigung.

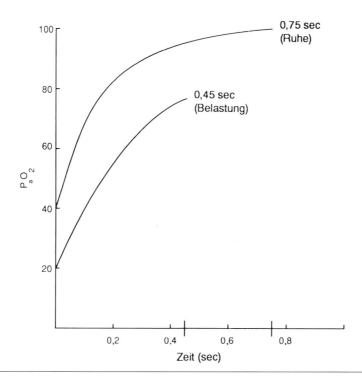

Abbildung 2.13: Der Zeitverlauf der O_2- und CO_2-Bewegung durch die alveolokapillare Membran in Ruhe und bei Belastung. In Ruhe stehen 0,75 sec zur Verfügung, aber es sind nur 0,6 sec nötig, um einen akzeptablen arteriellen PO_2 von 95 mmHg zu erreichen. Bei maximalen Belastungen hochtrainierter Mittel- und Langstreckenläufer können jedoch aufgrund der beschleunigten Durchströmung der Pulmonalkapillaren mit Blut nur 0,45 sec zur Verfügung stehen. Daher können in dem für die systemische arterielle Zirkulation bestimmten Blut PO_2-Werte von nur wenig mehr als 85 mmHg erreicht werden.

Die Atmung bei progressiv ansteigender Belastung

Das ventilatorische System optimiert sich hinsichtlich seiner Effizienz, Atemluft bereitzustellen, selbst. Genau wie mit der Durchblutung, bei der CO = HR x SV gilt, verhält es sich mit der Atmung; das exspiratorische Volumen (V_E) ist das Produkt der Atemfrequenz (f_R) und des pro Atemzug ausgeatmeten Volumens (Atemzugvolumen oder V_T), also:

$$V_E = f_R \times V_T \tag{2.10}$$

Wenige, sehr tiefe Atemzüge wären energetisch zu kostspielig. Sehr viele Atemzüge, von denen jeder einzelne hinsichtlich seines Volumens klein ist (so wie bei Hunden, die hecheln, um Körperwärme durch evaporatives Kühlen abzugeben), würden keinen ausreichenden alveolaren Gasaustausch ermöglichen. Und somit optimieren wir bei einer V_T, die nie höher als 60 bis 65 % der **Vitalkapazität** (= die maximale Luftmenge, die nach einer maximalen Einatmung ausgeatmet werden kann) ist. Unter unseren hochtrainierten Athleten, die sich einem Maximaltest mit anschließender Auswertung entziehen, messen wir in der Regel maximale f_R, die nicht größer als 55 Atemzüge/min sind. Unter der Voraussetzung, daß jeder Atemzug (V_T) etwa 3.000 ml beträgt, ergibt dies ein V_E von etwa 165 l/min. Ziemlich häufig synchronisieren Läufer ihre f_R mit ihrer Schrittfrequenz. Wenn also während der für die Einatmung und Ausatmung benötigten Zeit zwei Fußkontakte erfolgen, würde die häufig zu beobachtende Schrittfrequenz von 196 Fußkontakten/min 49 Atemzüge/min ermöglichen. Eine praktische Konsequenz dieser Information ist die Verkürzung der Schrittlänge und Erhöhung der Frequenz beim Bergauflaufen. Die Kopplung der f_R mit einer gesteigerten Schrittfrequenz trägt zur Erhöhung der O_2-Aufnahme bei.

Der primäre respiratorische Muskel während der Atmung in Ruhe ist das Zwerchfell, aber bei Belastung werden eine große Anzahl zusätzlicher Muskeln zur Unterstützung der Atmung rekrutiert. Einige, wie die Bauchmuskeln, werden vorwiegend bei der Ausatmung eingesetzt. Ihre exspiratorische Kraft trägt zur Optimierung der zur Verfügung stehenden Einatmungszeit bei, weil die Atemtiefe zunimmt. Dies unterstützt auch die Dehnung des Zwerchfells, wodurch sich die Spannung, die es im Falle seiner Stimulation entfalten kann, erhöht. Andere Muskeln, vor allem die Zwischenrippenmuskeln (Mm. intercostales), Rippenhalter (Mm. scaleni) und der Kopfwender (M. sternocleidomastoideus), leisten eine bedeutende inspiratorische Hilfe. Auch die subtile, aber wichtige Aktivität anderer Muskeln erleichtert die Atmung. Die Stimulation der laryngealen Abduktoren erhöht z.B. den Durchmesser des engsten Abschnitts der Luftröhre, wodurch der Strömungswiderstand abnimmt (Dempsey, Aaron & Martin, 1988).

Bei Beginn der Belastung und Zunahme der V_T nimmt der Teil, der in die Alveolen strömt (die sogenannte alveolare Ventilation oder V_A), mehr zu als die verbleibende Totraumventilation (V_D). Pulmonarphysiologen behaupten daher, daß das V_D/V_T-Verhältnis, zumindest bei Beginn der Belastung, zunehmend kleiner wird. Ein Steady State der gesteigerten Atemtiefe und -frequenz deckt den gesteigerten Stoffwechselbedarf ab. Diese gesteigerte Atemaktivität zur Deckung der Stoffwechselbedürfnisse wird *Belastungshyperpnoe* genannt und dauert an, bis V_T ein Plateau erreicht, das der ersten (ventilatorischen) Schwelle entspricht. Wenn die Belastungsintensität über diese Schwelle hinaus ansteigt, ist das wirkungsvollste Mittel zur Aufrechterhaltung einer gesteigerten alveolaren Ventilation (V_A) die Steigerung von f_R.

Während langdauernder Belastungen von etwa 2 Stunden Dauer mit relativ geringer Intensität (z.B. zwischen 50 und 60 % der VO_{2max}) kommt es zu einem allmählichen, aber meßbaren Anstieg der Atemfrequenz (15 bis 40 %), begleitet von einer Reduzierung der V_T (um etwa 10 bis 15 %). Dieser Prozeß wird *tachypnoeische ventilatorische Verschiebung* genannt. Die Abnahme von V_T kompensiert diese gesteigerte Frequenz nicht voll, da auch V_E ansteigt. Diese Verschiebung wird bei den in den meisten Trainingseinheiten häufigeren Läufen von kürzerer Dauer (1 Stunde oder weniger) nicht beobachtet.

Dieser leichte Anstieg der Atemfrequenz ist energieaufwendiger als die Atmung in Ruhe aufgrund der größeren reinen Luftbewegung in Relation zur aktuellen alveolaren Ventilation. Typischerweise fließen etwa 70 % jeder V_T in die Alveolen. Die verbleibende Totraumventilation füllt den nichtalveolaren Anteil des respiratorischen Trakts (vom Mund angefangen durch all die kleinen Lungengefäße oberhalb der Alveolen). Bei der ventilatorischen Verschiebung verursacht die geringe Netto-Zunahme der alveolaren Ventilation eine geringe CO_2-Anhäufung im arteriellen Blut. Wir wissen, daß CO_2 ein wichtiger ventilatorischer Reizstoff ist, und diese geringe Steigerung des P_aCO_2 verursacht vermutlich die allmähliche Zunahme von V_E (um 10 bis 30 %). Das Niveau der V_E mit der Entfernung von CO_2 dient insofern als wichtigste Determinante der arteriellen H^+-Ionen-Konzentration während dieser submaximalen langdauernden Arbeit (d.h. bei Belastungen wie einem langen Trainingslauf bis hin zum Training oder Wettkampf im Marathon-Tempo). Diese subtilen Änderungen der Volumen- und Frequenzdynamik werden automatisch gesteuert, um die mechanische Effizienz zu optimieren, während die normalen O_2- und CO_2-Konzentrationen im Blut aufrechterhalten werden. Es ist daher unklug, wenn Trainer oder Athleten versuchen, das Atemmuster während des Laufens willkürlich zu steuern, denn es ist unwahrscheinlich, daß solche Änderungen ein ohnehin bereits optimiertes Steuerungsmuster noch verbessern können.

Die Körpertemperatur modifiziert die hyperventilatorische Reaktion. Wenn die Körpertemperatur ansteigt, z.B. bei einem Lauf an einem feuchtwarmen Tag, steigt auch die Ventilation an (MacDougall, Reddan, Layton & Dempsey, 1974). Kühlung reduziert umgekehrt die Höhe der Hyperventilation.

Menschen mit gutem Fitneßzustand können bei Belastungen, die etwa 50 % ihrer VO_{2max} nicht überschreiten, typischerweise eine Steady-State-Ventilation und ein Säure-Basen-Gleichgewicht über einen langen Zeitraum aufrechterhalten. Durch Ausdauertraing kann eine Steigerung auf mehr als 80 % erreicht werden. Da ein solches Training wahrscheinlich auch die VO_{2max} anheben wird, kann dies als eine bemerkenswerte Anpassungsfähigkeit des Pulmonalsystems angesehen werden. Wenn die Belastungsintensität diese Werte übersteigt, z.B. > 50 % der VO_{2max} bei Personen mit gutem Fitneßzustand und > 80 % der VO_{2max} bei guttrainierten Läufern, ist dieses Steady State nicht länger aufrechtzuerhalten. Eine tachypnoesche Verschiebung ist zu beobachten, und bei diesen Intensitäten sind langdauernde Belastungen eindeutig zeitlich begrenzt.

Diese Begrenzungen erklären zum Teil die Intensität, mit der die unterschiedlichen Laufdisziplinen absolviert werden können. Zum Beispiel werden die 10.000 m von einem trainierten Sportler typischerweise im Bereich von 90 bis 92 % der VO_{2max} gelaufen, während der Marathonlauf mit einer Geschwindigkeit knapp unterhalb der der Laktat-/ventilatorischen Schwelle absolviert wird. Eine sich aufgrund des schnellen Tempos bildende metabolische Azidose limitiert die Zeit, die 10.000-m-Läufer effektiv bei dieser Intensität laufen können. Die Entwicklung von Ermüdung (aufgrund der Azidose beim 10.000-m-Läufer und aufgrund des Brennstoffabbaus im Marathonlauf) reduziert die Laufeffizienz, wodurch sich auch der Energieumsatz zur Aufrechterhaltung des Tempos erhöht. Umgekehrt nimmt die Wärmeentfaltung zu, wodurch die Körperkerntemperatur ansteigt. Die zunehmende Dehydratation aufgrund eines Flüssigkeitsverlusts reduziert das für die Perspiration zur Verfügung stehende Reservoir, wodurch sich das evaporative Potential verringert und die Körpertemperatur ansteigt. Beide Faktoren (Dehydration und Ermüdung) tragen zur tachypnoeischen ventilatorischen Verschiebung bei. Es kommt zu einer gesteigerten Durchblutung der Atemmuskeln, um ihre Funktion aufrechtzuerhalten. Dempsey et al. (1988) sprechen in diesem Zusammenhang von einem „Blutdiebstahl" der Atemmuskeln aus dem Pool, der eigentlich für die Versorgung der Arbeitsmuskeln zur Verfügung steht. Das Ausmaß des Energieabzugs bei harten Belastungen zur Aufrechterhaltung einer effektiven Aktivität der Atemmuskeln wurde bislang aufgrund von Meßproblemen nicht exakt quantifiziert, aber es könnte bei 25 % liegen (Pardy, Hussain & Macklem, 1984).

Trainierte Mittel- und Langstreckenläufer zeigen häufig eine reduzierte ventilatorische Reaktion auf sehr intensive Belastungen. Aus teleologischer Sicht könnte man vermuten, daß vor dem Hintergrund der Tatsache, daß eine Dyspnoe leistungslimitierend wirkt, ihre Beseitigung eine größere Belastbarkeit ermöglichen würde. Vor allem im Hinblick auf das Reservoir an hämoglobingebundenem O_2 könnte es für trainierte Läufer möglich sein, den optimalen Mittelweg zu wählen zwischen einer leicht reduzierten Ventilation auf Kosten einer ausgeprägteren arteriellen Hämoglobin-Desaturierung, wodurch eine größere Toleranz gegenüber hochintensiven Belastungen möglich würde. Tatsächlich kommt es zu einer derartigen arteriellen Hämoglobin-Desaturierung, wie sie in der Literatur beschrieben (Dempsey et al., 1984) und von uns bei trainierten Läufern beobachtet wurde.

Ein Vorteil einer reduzierten Ventilation während intensiver Belastung wäre ein reduzierter Abzug des Bluts aus den hochaktiven Extremitätenmuskeln in die ventilatorischen Muskeln. Oder die reduzierte Ventilation würde diese Auswirkungen einer Maximalbelastung hinauszögern, bis eine noch größere Belastung erreicht wäre, was zur Charakterisierung der physiologischen Größe eines Eliteläufers beitragen könnte.

Somit konnten durch die Untersuchungen an Läufern, die ein hartes Ausdauertraining absolvieren, einige der vom Pulmonalsystem ausgehenden Begrenzungen hochintensiver Leistungen identifiziert werden. Es gibt Begrenzungen hinsichtlich des Gasaustausches zwischen den Alveolen und dem Blut, Steigerungen des ventilatorischen Energieaufwandes und eine Unfähigkeit, hohe Atmungsfrequenzen über längere Zeiträume auszuhalten. Das gleiche Training hat uns auch ermöglicht, einige der vorübergehenden Phasen extrem intensiver Belastungen zu beobachten, denen wir nie begegnet wären, wenn wir die Reaktionen weniger trainierter Personen untersucht hätten.

Änderungen der Lungenfunktion bei trainierten Läufern

Ist bei trainierten Läufern die Lungenfunktion verbessert? Wenn man diese Läufer im Querschnittsverfahren mit untrainierten Personen gleichen Alters, gleicher Körpergröße und gleichen Geschlechts vergleicht, sind in einigen Bereichen Verbesserungen festzustellen. Da jedoch die gleichen Athleten vor Beginn ihres Trainings nicht untersucht wurden, ist es nicht 100prozentig sicher, ob nicht auch genetische Komponenten eine Rolle spielen. Sind diese Versuchspersonen herausragende Läufer, weil sie über überdurchschnittliche pulmonale, funktionelle Fähigkeiten verfügen, oder hat das Training positive Veränderungen bewirkt? Wir wissen es nicht genau.

In klinischer Hinsicht mißt ein *pulmonaler Funktionstest* (PFT) drei verschiedene Aspekte der Systemleistung: die Größe der Lungen, die Dynamik der Lungendurchblutung und die Fähigkeit des O_2, von der Umgebung durch die Lungen in die Blutbahn zu diffundieren. In Abbildung 2.14 ist einer unserer Athleten bei einer PFT-Untersuchung dargestellt. Standard-Richtlinien zur Quantifizierung verschiedener Lungenvolumina und Strömungsgeschwindigkeiten sowie der Diffusionskapazität wurden von der American Thoracic Society 1979 veröffentlicht. Unter Berücksichtigung dieser Richtlinien führten wir PFTs an zahlreichen trainierten Mittel- und Langstreckenläufer männlichen (Martin, May & Pilbeam, 1986) und weiblichen Geschlechts (Martin, & May, 1987) in dem Bemühen durch, eventuelle Abweichungen von einer im Hinblick auf Alter, Körpergröße und Geschlecht identischen Kontrollgruppe zu ermitteln. Aufgrund der beträchtlichen Variation innerhalb jeder Gruppe bestehen zwischen den beiden Gruppen nur geringe statistische Unterschiede; eine große Variation besteht jedoch zwischen einzelnen Sportlern. Ein weiterer Grund für die Durchführung von PFTs ist die Untersuchung hinsichtlich eventueller Erkrankungen oder die Quantifizierung des Ausmaßes eventuell vorliegender Erkrankungsprozesse. Einige unserer Athleten leiden in unterschiedlichem Ausmaß an belastungsbedingtem Asthma. PFT-Auswertungen (dargestellt in Abbildung 2.14 mit Keith Brantley als Versuchsperson) erlauben eine bessere Identifikation des Ausmaßes dieser Atmungsstörung sowie die Evaluation der Effektivität therapeutischer Maßnahmen.

Zu den verschiedenen Variablen der Strömungsgeschwindigkeit gehört die *maximale willkürliche Ventilation* (maximum voluntary ventilation = MVV), die bei trainierten Läufern und Läuferinnen häufig erhöht ist. Die MVV wird in einem 12- bis 15sekündigen Test bestimmt, bei dem die Versuchsperson maximal ein- und ausatmet. Leistungssteigerungen sind in diesem Bereich zu erwarten, da der Mittel- und Langstreckenlauf eine mäßige Aktivität der Atemmuskeln bei langen Läufen und eine hohe Aktivität bei hohem Tempo erfordert. Obwohl die MVV ein guter Indikator für die Kurzzeit-Ausdauer sein kann, ist er als Indikator der maximal tolerierbaren Ventilation (maximum sustainable ventilation = MSV) nicht so gut geeignet. Die MSV kann im Schlußabschnitt eines Laufbandtests gemessen werden, wenn der Athlet sich seiner Leistungsgrenze nähert. Die MSV trainierter Läufer ist ebenfalls höher als die untrainierter Kontrollpersonen. Die MVV ist typischerweise etwa 35 % höher als die MSV.

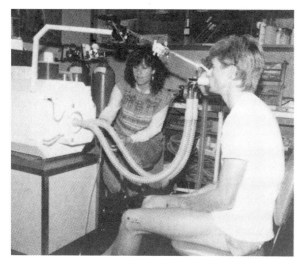

Abbildung 2.14: Evaluation der pulmonalen Funktion eines trainierten Langstrecklers. Derartige Untersuchungen beinhalten typischerweise die Bestimmung des Lungenvolumens, der Strömungsgeschwindigkeit und der Diffusionskapazität.

Ein verkomplizierender Faktor bei der Messung der Leistung des Pulmonalsystems ist, daß Läufer, die sich in Laufbandtests zur Bestimmung ihrer maximalen Leistungsfähigkeit ihrer MSV nähern, mit einem geringeren Lungenvolumen am Ende eines jeden Atemzugs arbeiten als bei Absolvierung des klinischen MVV-Tests. Die erstgenannte Situation ist effektiver als die letztgenannte, da das Zwerchfell sich in einem gedehnteren Zustand befindet und effektiver Spannung erzeugen kann. Wir verstehen nicht den Mechanismus, der erklären könnte, warum diese Athleten bei dem klinischen Test physiologisch von ihrem natürlichen Atemrhythmus während des Laufens abweichend reagieren. Vielleicht hat es damit zu tun, wie sie die ihnen auferlegte Aufgabe wahrnehmen. Während des MVV-Tests sitzen die Athleten, sie befinden sich im Ruhezustand und werden aufgefordert, so schnell und so tief wie möglich in den Auffangschlauch ein- und auszuatmen. Der erzwungene Zeitdruck des klinischen Tests ist wahrscheinlich größer als derjenige bei Aufrechterhaltung der Atmung während eines Belastungstests, und dies kann einen etwas früheren inspiratorischen Einsatz hervorrufen.

Eine der Variablen im Zusammenhang mit dem Lungenvolumen, die bei trainierten Läufern stets erhöht zu sein scheint, ist die inspiratorische Kapazität (inspiratory capacity = IC). Dies ist das größte Luftvolumen, welches nach einer normalen Ausatmung (also beginnend in der sogenannten endexspiratorischen Position) eingeatmet werden kann. Während die Verbesserung der MVV sowohl der inspiratorischen als auch der exspiratorischen Muskelfunktion zugeschrieben werden könnte, deutet die gesteigerte IC auf einen meßbaren Trainingseffekt im Bereich der inspiratorischen Muskeln, vor allem des Zwerchfells, hin. Stärkere Inspirationsmuskeln müßten in der Lage sein, den Brust- und Lungenwiderstand im Bereich hoher Volumina effektiver zu überwinden und eine größere Kapazität zu ermöglichen.

Die Lungendiffusionskapazität ist die größte O_2-Menge, die die alveolo-kapillare Membran überwinden und sich an die Hämoglobinmoleküle im pulmonalen

Kapillarblut in unmittelbarer Nähe dieser Membran binden kann. Es handelt sich somit hier sowohl um eine *Membrankomponente* (in bezug zur Dicke, Oberfläche und zu den physikochemischen Eigenschaften der alveolo-kapillaren Membran) als auch um eine *Durchströmungskomponente* (bestimmt durch das pulmonale Kapillarblutvolumen und den Hämatokrit). Wir finden bei hochtrainierten Läufern im Vergleich zu untrainierten ziemlich beständige Steigerungen der Ruhe-Diffusionskapazität; die Ursache hierfür wurde bislang noch nicht eindeutig identifiziert. Die eigentliche Lungengröße scheint durch Ausdauertraining nicht zuzunehmen. Aber das Ruhe-Herzminutenvolumen (Henderson, Haggard & Dolley, 1927) und das Gesamtblutvolumen (Brotherhood et al., 1975) sind tendenziell erhöht. Dies müßte zur einer extensiveren Lungendurchströmung mit einem möglicherweise größeren pulmonalen Blutvolumen und somit zu einer gesteigerten Diffusionskapazität führen. Untersuchungen zu diesem interessanten Bereich werden gegenwärtig in vielen Laboratorien in der ganzen Welt durchgeführt.

Der O_2-Transport als eine Herausforderung an das Blut

Stoffwechselaktive Gewebe benötigen weitaus mehr O_2 als gelöst im Blut vorliegt. Daher ist ein zusätzliches O_2-Reservoir obligatorisch. Hämoglobin bindet sich an O_2 und kommt dieser Notwendigkeit insofern auf ideale Weise entgegen. Hämoglobin transportiert 98,5 % des gesamten O_2 im Blut, und nur 1,5 % des O_2 liegen in gelöster Form vor. Obwohl Hämoglobin zusätzliche wichtige Funktionen beim Transport von CO_2 und H^+-Ionen erfüllt, wodurch es zu einer wichtigen Puffersubstanz im Falle einer Azidose wird, ist seine Rolle als O_2-Reservoir vorrangig.

Bei jedem Durchlaufen des Kreislaufsystems im Ruhezustand verlieren jeweils 100 ml Blut normalerweise zwischen 5 und 6 ml O_2 zur Deckung der Stoffwechselbedürfnisse des Körpers. Wenn es kein Hämoglobin gäbe, läge unzureichend O_2 in gelöster Form vor, um diesen Bedarf zu decken. Unter Ruhedurchblutungsbedingungen (wobei etwa je 5 l/min aus der rechten und linken Herzkammer strömen) müßte der Partialdruck des gelösten arteriellen O_2 (P_aO_2) 2.000 mmHg betragen. Aber unser Ruhe-P_aO_2 auf Meereshöhe beträgt nur annähernd 100 mmHg, begrenzt durch vorliegende atmosphärische Bedingungen. Neben dem Atmen hoher O_2-Konzentrationen aus einem Tank mit reinem O_2 wäre die einzige andere Möglichkeit der Deckung des O_2-Bedarfs alleine mit gelöstem O_2 die Steigerung der Durchblutung, aber es wäre 80 l/min nötig, um ausreichend O_2 zur Deckung alleine des Ruhebedarfs bereitzustellen. Dies ist unmöglich, denn selbst bei maximaler Belastung ist das Herz nicht in der Lage, mehr als etwa 30 l/min zu befördern! Hämoglobin ist also ein entscheidendes Molekül zur Deckung des Bedarfs des Körpers an hohen Mengen verfügbaren, gebundenen Sauerstoffs.

Die Struktur des Hämoglobins gibt entscheidenden Aufschluß darüber, wie es den Transport der respiratorischen Gase bewerkstelligt. Es handelt sich um ein grob sphärisches Molekül, das aus vier Einheiten besteht, wovon jede über eine lange Proteinkette verfügt (das sogenannte Globin), die aus 150 Aminosäuren besteht,

und die an eine komplexe organisch-chemische Ringstruktur (genannt Porphyrine) gebunden ist. Während sich CO_2 und H^+-Ionen an die Globinkomponente des Moleküls binden, bindet sich O_2 an das Häm, womit der Porphyrin-Ring einschließlich eines an sein Zentrum gebundenes Eisenatom bezeichnet wird.
Es gibt in der Natur viele Moleküle, die dem Hämoglobin ähneln. Chlorophyll weist z.b. große Ähnlichkeiten mit dem Häm auf. Der Ersatz des im Chlorophyll vorliegenden Magnesiums durch Eisen ermöglichte die Bildung von Häm, wodurch der Weg für die organische Evolution der Tiere bereitet war. Erinnern Sie sich daran, daß die Cytochromenzyme der Elektronen-Transportkette ebenfalls eine Hämstruktur aufweisen, wobei Eisen jedoch hier einen Fe^{+++}-Oxidationszustand aufweist anstatt des Fe^{++}-Zustands im Hämoglobin.

Myoglobin ist ein O_2-transportierendes Pigment, welches mit Hämoglobin in Zusammenhang steht, aber dennoch mehrere Unterschiede aufweist. Es besitzt nur ein Häm und eine Globinkette und ist daher viermal kleiner als Hämoglobin. Myoglobin bindet nur ein O_2-Molekül (Hämoglobin bindet vier), aber seine O_2-Affinität ist viel größer als die von Hämoglobin. Während Hämoglobin bei einem PO_2 von etwa 100 mmHg (der normalerweise im arteriellen Blut vorliegt) völlig mit O_2 gesättigt ist, ist Myoglobin bereits bei einem PO_2 von 27 mmHg gesättigt. Myoglobin findet sich im Muskelgewebe und nicht im Blut und dient als Muskel-O_2-Reservoir. Die beiden Pigmente interagieren sehr schön: Hämoglobin dient zum Transport des O_2 von den Lungen durch das Blut zum arbeitenden Gewebe, und Myoglobin hält die O_2-Versorgung im Muskelgewebe aufrecht, um in Situationen hoher Nachfrage, wie z.b. bei körperlichen Belastungen, dem Stoffwechselbedarf nachzukommen. Myoglobin ist somit ein integraler Bestandteil der sogenannten *O_2-Kaskade*, in deren Rahmen O_2 entsprechend seinem Konzentrationsgradienten von den Lungen ins Blut, ins Gewebe und schließlich in die Mitochondrien wandert.

Das genaue Wesen der Beziehung zwischen Hämoglobin, O_2 und CO_2 wurde zu Beginn dieses Jahrhunderts entdeckt. 1904 beschrieben der dänische Physiologe Christian Bohr und seine beiden Studenten August Krogh und Karl Hasselbalch das Wesen der in Abbildung 2.12 beschriebenen O_2-Bindungs-Beziehung an Hämoglobin. Nicht geplant war jedoch die Entdeckung eines starken Einflusses von CO_2 auf die Bindung von O_2 an Hämoglobin. Stieg der PCO_2 an, verschob sich die gesamte Kurve nach rechts. Nahm PCO_2 ab, verschob sich die Kurve nach links. Dieses Phänomen wird häufig *Bohr-Effekt* genannt. Zu einem Anstieg des PCO_2 kann es bei Fieber oder körperlicher Belastung kommen; in beiden Fällen handelt es sich um Situationen gesteigerten Stoffwechselbedarfs. Während körperlicher Belastungen nimmt auch die Körpertemperatur in den aktiven Muskeln bis auf 40 Grad C zu. Im Gewebe fördert das CO_2, welches in die Kapillaren eintritt, die Lösung des O_2 vom Hämoglobin, wobei der Gradient der O_2-Strömung aus dem Blut in die Skelettmuskelmitochondrien aufrechterhalten wird.

In der Lunge ist das Gegenteil der Fall. Dort nimmt der Blut-PO_2 schnell zu, wenn O_2 von den Alveolen in das Kapillarblut strömt. Verringert dieser gesteigerte PO_2 die CO_2-Menge, die das Blut transportieren kann, was das Gegenteil des Bohr-Effekts im stoffwechselaktiven Gewebe wäre? Ja, dies ist der Fall, weil die gesteigerte Sauerstoffanreicherung des Hämoglobins zu einer Abnahme der Menge CO_2

führt, die an Hämoglobin gebunden werden kann. Natürlich kann CO_2 in den Pulmonalkapillaren schnell in die benachbarten Alveolen diffundieren. Der Einstrom von O_2 unterstützt so tatsächlich die CO_2-Abgabe aus dem Blut, indem es die Auflösung des an Hämoglobin gebundenen CO_2 fördert. John Scott Haldane aus Oxford berichtete 1914 zusammen mit seinen Kollegen Charles Douglas und Joanne Christiansen von diesen Zusammenhängen in der Lunge.

Die wichtige Rolle des Eisens beim Transport und bei der Ausnutzung von O_2

Von allen Substanzen, die im Stoffwechsel zu den positiven Anpassungen beim Ausdauertraining beitragen, ist Eisen aus mindestens vier Gründen die wichtigste Substanz. Einer dieser Gründe hat mit Hämoglobin zu tun. Das gesteigerte zirkulierende Blutplasmavolumen und die Massenzunahme der Erythrozyten, die als Anpassung an Ausdauertraining auftreten (Brotherhood et al., 1975), wurden bereits erwähnt. Hämoglobin macht etwa ein Drittel des Volumens jedes Erythrozyts aus; eine Zunahme der Masse der Erythrozyten führt daher automatisch auch zu einer Steigerung der Gesamt-Hämoglobin-Menge. Ohne Eisen könnte kein Hämoglobin gebildet werden.

Eine gesteigerte Masse der Erythrozyten bedeutet, daß die Erythrozytenproduktion bei Ausdauersportlern ansteigt. Bei Untrainierten sieht die Dynamik der Synthese und des Abbaus der Erythrozyten so aus, daß jede Sekunde 233 Millionen Erythrozyten aus dem Knochenmark in die Blutbahn freigesetzt und eine entsprechende Anzahl Erythrozyten zerstört werden (Cronkite, 1973). Diese bereits hohen Zahlen sind bei trainierten Läufern noch höher. Ein Erythrozyt besitzt keinen Kern und kann sich daher nicht teilen, aber da sich alle seine Vorläuferzellen teilen, erfordert dieser Zellteilungsprozeß einen enormen DNS-Umsatz. Das Enzym, das die Geschwindigkeit der DNS-Synthese limitiert, Ribonukleotidreduktase, ist eisenhaltig (Hoffbrand, Ganeshaguru, Hooton & Tatersall, 1976). Ohne ausreichend Eisen kann dieses Enzym nicht in den erforderlichen Mengen produziert werden.

Ausdauertraining führt u.a. zu einer gesteigerten Myoglobinkonzentration der Skelettmuskeln (Pattengale & Holloszy, 1967). Wie bereits oben erwähnt, enthält Myoglobin Eisen; Einschränkungen der im Körper enthaltenen Eisenmenge reduzieren daher die Verfügbarkeit von Myoglobin als O_2-Speicher in der Skelettmuskulatur.

In Kapitel 1 wurde erwähnt, daß Umfang und Anzahl der Mitochondrien in der Skelettmuskulatur trainierter Mittel- und Langstreckenläufer zunehmen. Die Enzyme der oxidativen Phosphorylierung sind in diesen Organellen gelagert. Unter diesen Enzymen sind die des Krebszyklus, von denen mehr als die Hälfte Eisen enthalten (Dallman, Beutler & Finch, 1978). Die Zytochrom-Proteine enthalten ebenfalls Eisen. Sie ermöglichen die schließliche Interaktion des O_2 mit H^+-Ionen zur Bildung von H_2O, wodurch die umfangreiche Energiefreisetzung aus dem Abbau der Nährstoffe abgeschlossen wird.

Obwohl somit selbst in Ruhe ein unterschiedlicher und ausgeprägter Eisenbedarf vorliegt, um den O2-Transport durch das Blut, die Speicherung von O2 im intrazellulären Bereich der Muskulatur und den vollständigen Nährstoffabbau sicherzustellen, ist der Eisenbedarf von Sportlern, die ein umfangreiches Ausdauertraining absolvieren, erhöht. Wenn man sich dessen bewußt ist, könnte man die Hypothese aufstellen, daß Ausdauertraining die Fähigkeit des Körpers steigert, angemessene Eisenreserven zu bilden und zu speichern und daß diese Grenze die Größe der Anpassungen an den Trainingsreiz ebenfalls begrenzen kann.

Um diese Hypothese zu überprüfen, ist es angebracht, die folgende scheinbar einfache Frage zu stellen: „Zeigen Mittel- und Langstreckenläufer der Spitzenklasse eindeutige Symptome reduzierter Eisenspeicher?" Die beste Antwort hierauf ist, daß dies zuzutreffen scheint und sogar ziemlich häufig ist (Haymes & Lamanca, 1989). Wenn dem so ist, folgen mehrere andere Fragen. Erstens, was sind die Merkmale dieser Reduktion? Zweitens, könnte der Eisenmangel die Trainingseffektivität beeinträchtigen, und wenn ja, wie? Drittens, ist der Mangel durch Eisenaufnahmeprobleme bedingt? Viertens, kann ein hartes Training zu einem gesteigerten Eisenverlust beitragen? Fünftens, könnte eine Eisenzufuhr über die Nahrung bei Läufern mit reduzierten Eisenvorräten diese Speicher wieder optimal auffüllen? Sechstens, welche Mechanismen sind dafür verantwortlich, daß die reduzierte Verfügbarkeit von Eisen die Trainingseffektivität einschränken könnte? Vor allem die letzte Frage hat aufgrund ihrer praktischen Relevanz für Sportler, die nach langfristigen Trainingsanpassungen streben, zu Kontroversen geführt (Newhouse & Clement, 1988).

Eisenverlust als potentielles Problem für Mittel- und Langstreckler

Als wir zum ersten Mal damit begannen, die Leistungsmerkmale hochtrainierter Mittel- und Langstreckler auszuwerten, erweckten Literaturberichte unsere Neugier, denen zufolge unter Ausdauersportlern, die an Olympischen Spielen teilnahmen, ein gehäuftes Auftreten von Anämie festzustellen war. Die niederländische Mannschaft wurde 1968 untersucht (DeWijn, deJongste, Mosterd & Willebrand, 1971), die australische Mannschaft 1972 (Stewart, Steel, Tayne & Stewart, 1972) und die kanadische Mannschaft 1976 (Clement, Asmundson & Medhurst, 1977). Die Hämoglobinkonzentrationen waren häufig niedriger als in der übrigen Bevölkerung, vor allem bei Langstreckenläufern. Jetzt wissen wir natürlich, daß diese Hämoglobinabnahme vermutlich ein Ergebnis ihres aufgrund des Ausdauertrainings vermehrten Plasmavolumens ist. Es ist mittlerweile bekannt, daß ein derartiges Training zu einer gesteigerten Freisetzung von Hormonen wie Aldosteron, Vasopressin und Renin führt, die eine Retention von Na^+ und H_2O und damit eine Volumenerweiterung des Blutes und eine dilutionale Pseudoanämie bewirken. Diese Abnahme von Bluthämoglobin konnten wir bei den von uns untersuchten Sportlern nicht feststellen. Dies verstärkte noch unser Interesse, die Bedeutung von Eisen im Rahmen der Dynamik des Sauerstofftransportes und Brennstoffwechsels noch besser zu verstehen.

Tabelle 2.4 faßt Blutchemie-Daten von 15 unserer Athleten zusammen, deren Schwerpunkt zum Zeitpunkt der Erhebung auf dem Marathontraining und -lauf lag. Die Spannbreite ihrer persönlichen Bestzeiten unterstreicht sicherlich ihren Status als talentierte Sportler, aber ihr Gesundheitszustand bzw. ihre Wettkampfleistungen waren keineswegs durchgängig gut. Im Gegenteil, sie durchliefen oft Leistungstiefs aufgrund von Verletzungen oder Übertrainingserscheinungen (chronischer Ermüdung), und sie wollten lernen, wie sie diese Situation ändern konnten. Wir gewannen einige hilfreiche Erklärungsmöglichkeiten für ihre Tendenz zu Leistungstiefs und deren Vermeidung, als wir begannen, die Bedeutung jeder der von uns untersuchten Blutvariablen besser einzuschätzen.

Tabelle 2.4: Ausgewählte erythrozytäre und hämatologische Variablen bei Elite-Marathonläufern[a]

Variable	Referenzbereich			Sportler Durchschnitt[b]		
Erythrozyten (Milliarden/ml)	4,5	-	6,2	5,08	+/-	0,27
Hämatokrit (%)	38	-	45	44,9	+/-	2,1
Hämoglobin (g/dl)	14	-	17	15,7	+/-	0,74
Serumeisen (µg/dl)	50	-	165	97	+/-	39,2
Ferritin (µg/ml)	50	-	150	30,1	+/-	12,7
Haptoglobin (mg/dl)	50	-	139	27,6	+/-	21,4
Retikulozyten (Tausend/µl)	10	-	50	55,3	+/-	36,8

[a] n = 15; Durchschnittsalter = 27 J. (24-30); mittlere Marathonbestzeit 2:13:41 +/- 2:13.
[b] Alle Werte +/- 1 Standardabweichung.

Wie bereits erwähnt, befanden sich die Hämoglobinwerte dieser Sportler im absolut normalen Referenzbereich, und alle bis auf einen lagen im normalen mittleren Bereich von 15 bis 16 g/dl. Hämoglobin ist in den Erythrozyten enthalten, und auch die Anzahl der Erythrozyten der untersuchten Sportler befand sich innerhalb des normalen Referenzbereichs. Das gleiche war bei ihrem Hämatokrit der Fall. Unter der Voraussetzung, daß bei unseren Läufern die gleiche Zunahme des Plasmavolumens zu finden war, wie sie für diesen Personenkreis typisch ist, müssen sie auf zusätzliches Eisen aus ihren verfügbaren Speichern zurückgegriffen haben, um das zusätzliche Hämoglobin zu produzieren, das erforderlich war, um seine Konzentration gleich zu halten.

Ferritin ist in allen Zellen das wichtigste Eisen-Speichermolekül. Die mittlere Serum-Ferritin-Konzentration wie auch die meisten Einzelwerte waren signifikant niedriger als der bei gesunden untrainierten Personen akzeptierte Bereich. Nur zwei Athleten lagen diesbezüglich so hoch wie der niedrige Normalbereich; die Werte der übrigen Athleten lagen darunter. Bei Erwachsenen werden die meisten Erythrozyten im Knochenmark gebildet. Zwischen der Konzentration des zirkulierenden Blutferritins und den Eisenspeichern im Knochenmark besteht eine hohe Korrelation. Vier der 15 Ferritinwerte waren unter 20 Nanogramm pro Milliliter (ng/ml). In unserer Analyse bedeutet eine Ferritinkonzentration von 20 ng/ml oder weniger einen Eisengehalt des Knochenmarks von Null. Interessanterweise zeigten die Sportler mit den niedrigsten Ferritinwerten auch die niedrigsten Blut-Hämoglobinwerte und Konzentrationen an Erythrozyten.

Wir finden diesen Trend immer wieder bei hart trainierenden Mittel- und Langstreckenläufern. Statt routinemäßig bei ausdauertrainierten Läufern eine dilutionale Pseudoanämie mit Hämoglobinwerten unterhalb des Normalbereichs zu beobachten, finden wir normale Hämoglobinwerte begleitet von niedrigen Ferritinkonzentrationen. Bei diesen ausgesprochen leistungsfähigen Sportlern scheint sich die Ausnutzung des Eisens vorrangig auf die Fähigkeit eines optimalen Sauerstofftransports (über Hämoglobin) zu beziehen. Dadurch bleibt möglicherweise unzureichend Eisen übrig für die gesteigerte Produktion eisenhaltiger Enzyme im Zusammenhang mit dem Versuch der Skelettmuskeln, sich an das Training anzupassen.

Vier unserer Läufer zeigten eine gesteigerte Knochenmarkreaktion auf die Trainingsbelastung, was in einer gesteigerten Aktivität des Knochenmarks hinsichtlich der Produktion von mehr Erythrozyten deutlich wurde (ihre Ferritinkonzentrationen waren >25 ng/ml). Diese Reaktion zeigte sich in einer Steigerung der Retikulozytenkonzentration im Blut und in der Anwesenheit sogenannter Belastungs-Retikulozyten. Retikulozyten sind unreife Erythrozyten, und Belastungs-Retikulozyten sind noch ein wenig unreifere Zellen, die normalerweise auf das Knochenmark beschränkt sind. Die gesteigerte Anwesenheit dieser Zellen im Blut ist ein klinisches Zeichen, daß das Knochenmark auf die Notwendigkeit einer zusätzlichen O_2-Transportkapazität reagiert. Der obere Wert des Referenzbereichs für Retikulozyten ist 50.000/µl, und in unserem Labor ist ein Wert von >70.000/µl ein Anzeichen für eine heftige Reaktion. Vier Athleten befanden sich jedoch in dem niedrigen Normalbereich (<20 ng/µl), und ihre Ferritinkonzentrationen waren <20 ng/ml. Die übrigen fünf Sportler lagen zwischen diesen Extremwerten, hatten jedoch Ferritinkonzentration >20 ng/ml. Die aus diesen Daten ableitbare Vermutung ist, daß die Knochenmarksaktivität nur dann bereit ist, den gesteigerten O_2-Abgabe-Anforderungen durch die Produktion von mehr Hämoglobin enthaltender Erythrozyten nachzukommen, wenn ausreichend Eisenspeicher vorhanden sind.

Das klinische Bild bei vielen dieser Läufer ist also eine Entleerung der Eisenspeicher und kein Eisenmangel (niedrige Hämoglobinkonzentration oder Anämie zusätzlich zur Entleerung der Eisenspeicher). Ähnliche Untersuchungsergebnisse wurden von anderen Forschern, die sich mit Mittel- und Langstreckenläufern beschäftigen, gefunden (Clement & Amundson, 1982; Dufaux, Hoederath, Streitberger, Hollmann & Assman, 1981).

Die Serum-Haptoglobinkonzentrationen bei unseren 15 Läufern lagen im Durchschnitt ebenfalls unter dem niedrigen Normalbereich von 50 mg/dl bei Untrainierten. Unser Referenzbereich ist 27 bis 139 mg/dl, und 7 unserer 13 Läufer lagen unterhalb dieses Wertes. Haptoglobin ist ein normal im Blut zirkulierendes Plasmaprotein, dessen Funktion darin besteht, freies Hämoglobin zu binden, welches in das Plasma freigesetzt wird, wenn Erythrozyten zerfallen, entweder weil ihre normale Lebensdauer von etwa 120 Tagen abgelaufen ist oder aus anderen Gründen.

Dieser Haptoglobin-Hämoglobin-Komplex wird entweder von der Leber aufgefangen (Magnusson, Hallberg, Rossander & Swolin, 1984) oder von spezialisierten Zellen, die an den Innenwänden der Blutgefäße lokalisiert sind (dem sogenannten retikulo-endothelialen System), wo das Eisen gesammelt und erneut verteilt wird. Serumferritin reflektiert den Stoffwechsel des gespeicherten Eisens von beiden Wegen (Letsky, Miller, Worwood & Flynn, 1974). Eine Reduktion des zur Verfügung stehenden Haptoglobins deutet darauf hin, daß der Zerfall der Erythrozyten (Hämolyse) gesteigert ist, denn nur nichtgebundenes Haptoglobin wird durch dieses Analyseverfahren quantifiziert. Wenn ausreichend Hämoglobin durch die intravaskuläre Hämolyse freigesetzt wird, fällt die Haptoglobinkonzentration rasch und kann den Nullpunkt innerhalb von 8 bis 12 Stunden erreichen. Danach beginnt die Rückkehr zur Normalsituation aufgrund der fortgesetzten Freisetzung von Haptoglobin in den Blutkreislauf aus der Leber. Sollte die Haptoglobinkonzentration auf Null sinken, kann das verbleibende nichtgebundene Hämoglobin in den Nieren gefiltert werden, was zu einem Verlust an Eisen aus dem Blutstrom führt (Allison, 1957).

Eine neuere Untersuchung hat bestätigt, daß die wichtigste Ursache der während des Laufens auftretenden Hämolyse ein mechanisches Trauma der Erythrozyten durch die gesteigerte Auftreffkraft der Füße auf dem Boden ist (Miller, Pate & Burgess, 1988), wie in Abbildung 2.15 dargestellt. Die Laufschuhtechnologie hat in letzter Zeit hinsichtlich der Absorption der Auftreffkraft außerordentliche Fortschritte gemacht, aber Sportler, die 24 km pro Tag trainieren, müssen immerhin mehr als 15.000 Fußlandungen aushalten, wobei auf ihrer Fußsohle jeweils das Doppelte ihres Körpergewichts lastet. Eine Hämolyse ist daher in den plantaren Kapillaren der Füße unausweichlich. Diese Hämolyse ist eine ausgeprägtere Form der sogenannten Marsch-Hämoglobinurie, die zuerst bei Soldaten vor mehr als 100 Jahren beobachtet wurde (Fleischer, 1881) und später bei scheinbar gesunden Sportlern nach dem Laufen langer Distanzen auffiel (Attlee, 1937).

Es gibt weitere Ursachen der Hämolyse, die ebenfalls in Abbildung 2.15 dargestellt sind. Eine Ursache ist die Zunahme der Instabilität der Erythrozytenmembran aufgrund einer Azidose als Ergebnis intensiven anaeroben Trainings. Erythrozyten sind auf der etwas saureren venösen Kreislaufseite zerbrechlicher und anfälliger für eine Hämolyse. Die Hämolyse kann auch durch ein mechanisches Trauma verursacht werden. Wenn das Herzminutenvolumen während intensiven Trainings oder harter Wettkämpfe ansteigt, nimmt die Fließgeschwindigkeit des Blutes zu. Erythrozyten sind kaum klein genug, um sich durch die Kapillaren fortzubewegen, und häufig müssen sie sich biegen und verdrehen, um dies zu bewerkstelligen. Der Fluß durch kleinere Gefäße kann turbulent statt laminar werden, wodurch auch die Anfälligkeit für Schäden zunimmt. Die extravaskuläre Kompression durch spannungserzeugende Skelettmuskeln verengt ebenfalls die Blutgefäße und kann sie sogar zum völligen Schließen bringen, was ein zusätzliches Trauma der in diesen Gefäßen befindlichen Zellen bewirken kann.

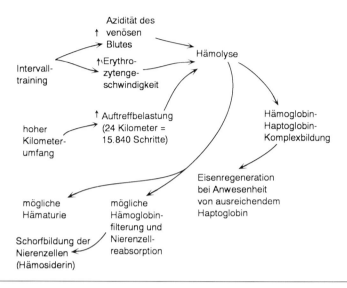

Abbildung 2.15: Ein gesteigerter Säuregrad des Blutes, eine gesteigerte Erythrozytengeschwindigkeit und Auftreffkraft auf dem Boden können die Zerstörungsrate der Erythrozyten fördern, mit dem Risiko des erhöhten Eisenverlustes über den Urin, es sei denn, Hämoglobin wird wiedergewonnen.

Wegen des Zeitverlaufs des Haptoglobinabbaus und -wiederaufbaus im Anschluß an die Trainingshämolyse ist das Timing der Blutuntersuchung, um derartige Veränderungen zu beobachten, wichtig, um maximale Reaktionen auf spezifische Trainingseinheiten zu beurteilen. Wir nehmen unseren Athleten früh morgens, 15 oder mehr Stunden nach dem letzten Training, Blut ab. Obwohl wir häufig Werte unterhalb 10 mg/dl bei unseren Athleten als Resteffekt eines sehr harten Trainings sehen, sind wir nie Werten begegnet, die so niedrig waren, daß sie nicht mehr gemessen werden konnten. Wir haben jedoch aufgrund der durch Urinuntersuchungen gewonnenen Informationen den Verdacht, daß dies der Fall sein kann. Die Nierentubuli verfügen über eine maximale Eisenabsorptionsrate, nach deren Überschreitung das übermäßig gefilterte Hämoglobin mit dem Urin ausgeschieden wird *(Hämaturie)*. In diesen Tubuluszellen gespeichertes Eisen ist an unlösliches Protein, das sogenannte *Hämosiderin*, gebunden. Als Teil der Nierenzellhomöostase und der normalen Zellabstoßung kommt Hämosiderin im Urin vor und kann durch entsprechende Einfärbungsmethoden sichtbar gemacht werden.

Es steht fest, daß das System der Eisenspeicherung und -ausnutzung im Körper umso ausgebildeter sein muß, je höher der Grad der Ausdauerleistungsfähigkeit einer Person und je höher der Sauerstoffbedarf sind, um sicherzustellen, daß es diesen Anforderungen gerecht werden kann; aber es gibt auch noch weitere Anforderungen. Die Annahme liegt nahe, daß der Körper so mit den Eisenvorräten umgeht, daß die Fähigkeit des O_2-Transports durch das Hämoglobin oberste Priorität erhält, und daß zweitens das Eisen auf die vielen eisenhaltigen Enzyme, die im aeroben Stoffwechsel eine entscheidende Rolle spielen, verteilt wird. Während klinisch normale oder leicht erniedrigte Hämoglobinwerte bei Untrainierten nicht die Rolle einer funktionellen Anämie spielen, tun sie dies sehr wohl bei körperlich aktiven Populationen (Pate, 1983). Wenn jedoch mehr eisenhaltige Enzyme zur Deckung der Stoffwechselanforderungen benötigt werden, zehrt diese Synthese noch stärker an den vorhandenen Eisenreserven. Wenn nicht ausreichend Eisen zur Verfügung steht, findet die Synthese vermutlich nicht statt, und bei dem betreffenden Sportler werden keine zellulären Trainingsanpassungen auftreten. Wenn dieser Sportler dann damit beginnt, seine Trainingsintensität oder seinen Trainingsumfang als Komponente der kontinuierlichen Entwicklungsphase zu steigern, führt die im Vorfeld unzureichende Anpassung zu Ermüdung, Krankheit oder Verletzungen.

Der gesteigerte Eisenverlust über die Hämolyse und die unzureichende Neubildung von Eisen wirft andere Fragen bezüglich der Verfügbarkeit von Eisen auf, von denen einige bereits früher erwähnt wurden. Es wird offensichtlich, daß eine reduzierte Eisenaufnahme und ein gesteigerter Eisenverlust wichtige Aspekte sind, um die Dynamik der Verfügbarkeit von Eisen bei solchen Athleten zu verstehen. Jeder dieser Aspekte wird im folgenden kurz diskutiert.

Es gibt zwei vorrangige Quellen von Eisen in der Nahrung. Die eine ist der Verzehr von rotem Fleisch, welches Hämoglobin und Myoglobin enthält; dieses Eisen wird Häm-Eisen genannt, weil das Eisen an die Häm-Komponente dieser Moleküle gebunden ist. Von allen verfügbaren Eisenquellen in der Nahrung wird das Häm-Eisen am leichtesten absorbiert (Conrad, Benjamin, Williams & Fox, 1967). Die menschliche Rasse hat sich aus allesfressenden Jägern und Sammlern entwickelt und hat infolgedessen eine genetisch bedingte Präferenz für Häm-Eisen.

Die andere Eisenquelle liegt in der Vielfalt von Nahrungsmitteln, die kein Häm enthalten. Eisen ist reichlich in Eigelb, Datteln, gebackenen oder gekochten Kartoffeln, Trockenfrüchten, gebackenen Bohnen mit Melasse, Brokkoli, Rosenkohl und Sojabohnen enthalten. Die Essenszubereitung in eisernen Töpfen und Bratpfannen ist auch eine Eisenquelle, aber der gegenwärtige Trend hin zu kunststoffbeschichtetem Kochgerät hat diesen Weg der Eisenzufuhr eingeschränkt. Die Absorption von Nicht-Häm-Eisen hängt von der Anwesenheit zusätzlicher Liganden in der Nahrung ab, die die Umwandlung von Eisen aus dem Fe^{+++}- in den Fe^{++}-Oxidationszustand entweder fördern oder hemmen. Für die Hemmung der Absorption verfügt Eigelb über ein Phosphoprotein, Polyphenole wie Tannin liegen im Kaffee und Tee vor, und Kleiefasern kommen im Weizen und in Getreideflocken vor. Auch Kalzium und Zink wetteifern mit dem Eisen um den gleichen Rezeptorort, was dazu führt, daß die Eisenabsorption abnimmt, wenn die beiden anderen Atome ebenfalls in einer gewissen Menge vorliegen. Eine Zunahme der Eisenabsorption kommt in Gegenwart von Askorbinsäure und Zitronensäure in Obst sowie Aminosäuren, die aus der Verdauung von rotem Fleisch und Fisch resultieren, vor. Dies unterstreicht die Wichtigkeit wenigstens eines geringen Anteils mageren, roten Fleisches in der Nahrung als Quelle sowohl von Häm-Eisen und als Förderer der Nicht-Häm-Eisenabsorption (Snyder, Dvorak & Roepke). Das häufige

Vorkommen eines Eisenmangels in der Nahrung steigt mit Zunahme der Menge tierischen Proteins aus der Nahrung.

Im Rahmen der gegenwärtigen Ernährungspraktiken von Spitzenläufern in vielen Teilen der Welt sowie in der amerikanischen Gesellschaft liegt der Schwerpunkt auf niedrig-gesättigten Fetten und Cholesterin, was die Zufuhr einer nur geringen Menge roten Fleisches und die Zufuhr einer größeren Menge pflanzlichen Proteins und komplexer Kohlenhydrate impliziert. Ein derartiger Nahrungsschwerpunkt ist nützlich für Sportler, die zweimal täglich trainieren und die eine hohe Zufuhr leicht und schnell assimilierbarer Energie benötigen. Bei dieser Ernährungsweise kommt es jedoch leicht zu einem Eisenmangel.

Wenn Sportler ihre Trainingsintensität steigern, vor allem die Anzahl anaerober Intervalltrainingseinheiten, führt die begleitende Ischämie des Magen-Darm-Traktes, wobei die Durchblutung um bis zu 80 % reduziert sein kann (Clausen, 1977), im allgemeinen zu einem Appetitverlust. Der Energiebedarf wird dann aus dem gespeicherten Fett gedeckt, was sich typischerweise im Laufe der Zeit in einer Körperfettreduktion niederschlägt. Obwohl diese Fettreduktion die Leistung verbessern kann, da weniger Körpermasse transportiert werden muß, kann eine längere Phase reduzierter Eiseneinnahme die Gesamtmenge des in die Enzyme des aeroben Stoffwechsels assimilierenden Eisens reduzieren. Und die Reduktion der Energiezufuhr sowie der Zufuhr anderer Ernährungselemente kann auch die Leistung beeinträchtigen, wenn sie langfristig erfolgt. Ein Nebeneffekt der auf intensives Training zurückzuführenden Ischämie kann eine gesteigerte Rate der Zellabstoßung im Magen-Darm-Trakt sein, was zu einem Verlust von bereits absorbiertem, noch nicht in die Blutbahn eingetretenem Eisen führt (Green et al., 1968). Es wird vermutet, daß der letztliche Grund dieser Zellabstoßung eine Hypoxie ist. Alle diese physiologischen Aspekte bedürfen der genaueren Untersuchung bei Langstreckenläufern, bevor das volle praktische Ausmaß dieses Problems der Eisenzufuhr über die Nahrung und des Eisenverlustes erkannt wird.

Läufer scheinen im Vergleich zu Nichtsportlern auch mehr Eisen zu verlieren. Der Körper verliert auf mindestens drei Wegen Eisen: über den Schweiß, den Magen-Darm-Trakt und den Harn. Auch hinsichtlich dieses Punktes ist das letzte Wort sicherlich noch nicht gesprochen, und weitere Untersuchungen sollten eine bessere Basis schaffen, um zu entscheiden, welchen Wegen beim Eisenverlust die wichtigste Rolle zukommt. In frühen Untersuchungen zum Eisenverlust über den Schweiß (Paulev, Jordal & Pedersen, 1983; Vellar, 1968) wurde vermutet, daß dieser Weg sehr wichtig ist, aber neuere Untersuchungen (Brune, Magnusson, Persson & Hallberg, 1986) gelangten zu der Erkenntnis, daß Eisenverluste über den Schweiß (gewonnen an Saunabesuchern) gering sind. Die Unterschiede der Schweißzusammensetzung bei Läufern und bei Saunagängern müssen allerdings noch quantifiziert werden.

Obwohl vermutet wurde, daß Läufer bei harten Rennen Eisen über den Magen-Darm-Trakt verlieren (Stewart et al., 1984), tritt dieser Verlust verstärkt in Phasen der Aspirineinnahme auf. Spitzenläufer nehmen in Phasen besonders harten Trainings häufig therapeutische Dosen von Aspirin als Analgetikum und entzündungshemmendes Mittel ein. 1 g Aspirin pro Tag verursacht einen Blutverlust von etwa 1 ml, was einem Eisenverlust von 0,5 mg (Wintrobe et al., 1981) bis 1,5 mg (Stewart et al., 1984) entspricht.

Perspektiven des Aufrechterhaltens eines gesunden O_2-Transport-Status

Wenn man die oben beschriebenen Konzepte auf einen Trainer und Athleten anwendet, die eine erfolgreiche College-Meisterschaft oder einen anderen Bahnhöhepunkt anstreben, die typischerweise zwischen dem Früh- und Spätsommer liegen, läßt sich ein trauriges Szenario aufstellen. Der Sportler hat über Monate hinweg ein hartes Training absolviert, um sich auf ein herausragendes Wettkampfergebnis vorzubereiten. Training und Lebensführung bewirken jedoch unter dem Strich eher einen Eisenverlust als ein Gleichgewicht zwischen Eisenaufnahme und -ausscheidung, und der Weg ist frei für eine letztendlich unzureichende Eisenversorgung. Nehmen wir das Beispiel eines Spät-Frühjahrs- und Früh-Sommer-Trainings. Die Tage werden wärmer, und die Eisenverluste über den Schweiß nehmen zu. Das Training wird intensiver, und daher nimmt auch die Hämolyse aufgrund der Belastung beim Fußaufsatz und der Blutazidose zu. Eine auf das Training mit höherer Intensität zurückzuführende Magen-Darm-Ischämie sowie eine begleitende Abnahme des Appetits resultieren in einer verringerten Eiseneinnahme.

Es ist fast schon ein Berufsrisiko eines derart trainierenden Läufers, daß die Eisenvorräte gerade dann zurückgehen, wenn sie am meisten gebraucht werden. Bis zur Saisonmitte kommt der Sportler noch gut über die Runden, doch gerade, wenn er noch mehrere Wochen bis zu den Meisterschaften zur Verfügung hat, kehrt sich die Situation ins Negative um. Scheinbar ohne erkennbaren Grund entwickelt sich ein Zustand, den man am besten mit „Ausbrennen" umschreibt und der einhergeht mit schlaflosen Nächten, größerer Ermüdung als es normalerweise der Fall ist, und einer Abnahme der Fähigkeit, sogar geringere Trainingsintensitäten zu bewältigen, als wenige Wochen zuvor noch problemlos bewältigt wurden. Das Training wird fortgesetzt, denn die Meisterschaften stehen vor der Tür, aber der Athlet erholt sich nicht mehr. Statt dessen nimmt die Trainingsqualität immer mehr ab, die innere Einstellung wird schlechter, und bei Meisterschaften macht der Athlet eine schlechte Figur. Dies passiert allzu häufig, und wenn ein Athlet, der sich in einem derartigen Zustand befindet (meist leider zu spät), mit uns Kontakt aufnimmt, ergibt eine Blutanalyse, daß die Hämoglobinkonzentration zwar akzeptabel, die Ferritin-, Haptoglobin- und Erythrozytenkonzentration jedoch sehr gering ist. Ferner ist der Hämosiderintest positiv. Die Eisenspeicher des betreffenden Sportlers waren wahrscheinlich nicht ausreichend, um die unterschiedlichen Stoffwechselanpassungen zu erfüllen, die in Situationen eines nicht mehr ausreichenden O_2-Transports notwendig sind.

Wir haben vielfach Gelegenheit gehabt, chemische Blutprofile von Läufern zu erstellen, die sich im Spätfrühjahr bei warmer Witterung mitten in dieser Phase der Vorbereitung auf wichtige Wettkämpfe befanden, und wir konnten das gleiche Datenmuster feststellen. Wir haben vorgeschlagen, daß der betreffende Sportler versuchen soll, seine Eisenspeicher durch die orale Einnahme eines Ergänzungspräparats (0,5 bis 1,0 mg/kg Körpergewicht) in der Form von Eisensulfat, Glukonat oder Fumarat aufzufüllen. Dies wären bei einem 60 kg schweren Athlet 30 bis 60 mg im Vergleich zu der empfohlenen täglichen Zufuhr von 15 mg/Tag für erwachsene Frauen und 10 mg/Tag für erwachsene Männer (Food and Nutrition Board, 1989). Da bereits die zusätzliche Zufuhr einer geringen Eisenmenge Nebenwirkungen haben kann, die von Verstopfung über Magenbeschwerden bis hin zu dunklem Stuhl reichen, ist die abendliche Einnahme ideal, da das Training erst viele Stunden später erfolgt. Das Abendessen enthält normalerweise auch keine Substanzen, die die Eisenabsorption hemmen. Bei den meisten Athleten führt eine derartige Maßnahme innerhalb von 2 Wochen zu einem Umschwung hinsichtlich der Trainingstoleranz - sie können höhere Belastungen wieder ertragen, verlieren das Gefühl ausgeprägter Ermüdung, und sie erlangen eine positive Einstellung zum Training zurück. Man kann den Standpunkt vertreten, es handle sich hierbei schlicht um einen Plazeboeffekt, aber dies ist nicht wahrscheinlich, da die Einnahme einer Tablette zur täglichen Routine wird. (Die spezifische Beurteilung dieser Frage ist schwierig, da die Nebenwirkungen einer Eisenzufuhr schwer in einem Plazebopräparat, welches in einem doppelblinden randomisierten Versuchsdesign eingesetzt wird, zu duplizieren sind.)

Wir schlagen eine zusätzliche Eiseneinnahme nie ohne eine fortgesetzte Blutkontrolle vor. Genauso wie man die Zeit bei Tempoläufen normalerweise genau mißt und über die Leistungsentwicklung Buch führt, so ist auch die in Abständen erfolgende Analyse des blutchemischen Status wichtig, wenn man eine zusätzliche Eiseneinnahme in Erwägung zieht. Eine derartige Eisenzufuhr sollte ohnehin nur in Betracht gezogen werden, wenn sie nötig erscheint. Ein kleiner Prozentsatz der Bevölkerung (etwa 5 bis 10 %) leiden an Eisenüberschuß, was zu Symptomen extremer Müdigkeit und zu Unwohlsein führt (Herbert, 1987), die denen ähneln, die bei Eisenmangel auftreten. Unsere Erfahrungen bei derartigen aufeinanderfolgenden Blutuntersuchungen ist, daß die Retikulozytenzahl zunimmt, ein geringer Hämoglobinzuwachs erfolgt, die Ferritinkonzentration ansteigt und sowohl die Haptoglobin- wie auch die Hämosiderindaten unverändert bleiben, es sei denn, das Training ändert sich. Wir vertreten sicherlich nicht den Standpunkt, daß sich Krankheit und Ermüdung bei gezielt trainierenden Mittel- und Langstrecklern durch eine Eisenzufuhr sofort und auf Dauer heilen lassen. Ein unangemessen exzessives Training wirkt sich auf jeden Athleten letztendlich verhängnisvoll aus. Wir sind jedoch der Meinung, daß Sportler, die ein hochintensives und -umfangreiches Training absolvieren, im Laufe der Zeit einen beträchtlichen Eisenbedarf entwickeln, der den Hämoglobinbedarf übersteigt. Wird dieser Bedarf nicht befriedigt, kommt es zu Symptomen der Leistungsverschlechterung, die denen bei einem wirklichen Eisenmangel entsprechen können, obwohl es sich in Wirklichkeit nur um eine Entleerung der Eisenspeicher handelt.

Dieser Aspekt wird hier besonders betont, da in neueren Artikeln (Eichner, 1988; Peota, 1989) die Meinung vertreten wird, daß die These von der Leistungsverschlechterung bei Sportlern als Ergebnis einer Entleerung der Eisenspeicher eher ein Irrtum als eine Tatsache ist. Leider wird hier generalisiert; Schlußfolgerungen aufgrund von Untersuchungen an „körperlich aktiven" Personen oder eher mäßig trainierenden Sportlern können nicht auf Mittel- und -Langstreckler angewandt werden, die regelmäßig mehr als 130 km in der Woche absolvieren. Eine derartige

Übertragung von Schlußfolgerungen von einer Gruppe auf die andere ist hier unangebracht. Hochtrainierte Mittel- und Langstreckler sind Sportler, deren Bedürfnisse sich von denen ernsthaft trainierender Breitensportler völlig unterscheiden.

Noch wichtiger als die Erwägung einer zusätzlichen Eisenzufuhr sind Überlegungen, wie die Trainingsumgebung auf eine Weise verbessert werden kann, die dazu beiträgt, den Eisenmangel zu verringern und die Eisenaufnahme zu steigern.

1. Trainieren Sie so häufig wie möglich auf nichtasphaltierten Wegen und auf kurz geschnittenen, ebenen Rasenflächen.
2. Verzichten Sie auf unnötige Trainingseinheiten mit niedrig intensivem Laufen, denn ein derartiges Training verbraucht nur Brennstoff, ohne die aerobe Fitneß zu verbessern, bedeutet eine zusätzliche Fußauftreffbelastung und gibt dem Sportler die bloße Genugtuung, eine hohe wöchentliche Kilometerbelastung ins Trainingsbuch einzutragen.
3. Trainieren Sie zu kühleren Tageszeiten.
4. Nehmen Sie nur mäßige Mengen roten, mageren Fleisches zu sich.
5. Verzichten Sie auf Kaffee und Tee, die die Eisenabsorption erschweren und aufgrund ihres diuretischen Effekts einer Dehydration Vorschub leisten.
6. Planen Sie hin und wieder einen lauffreien Tag ein, damit Sie die Nahrungsspeicher auffüllen, sich mental erfrischen und körperlich erholen können.

Die Messung der kardiopulmonalen Leistungsfähigkeit im Labor

Wir haben nunmehr die wichtigsten kardiopulmonalen Reaktionen und Blutreaktionen und -anpassungen, die bei Training auftreten, beschrieben, und wir haben auch darauf hingewiesen, daß es nützlich ist, spezifische Tempobereiche im Lauftraining zu identifizieren, die diese Anpassungen am ehesten bewirken. Seit Jahren sind Wissenschaftler damit beschäftigt, verschiedene Tests zu Ermittlung der individuellen Belastbarkeit zu entwickeln. Trainer und Athleten messen die Belastbarkeit ebenfalls, aber auf weniger spezifische Weise. Sie verwenden Zeitkontrolläufe über festgelegte Distanzen, oder sie simulieren den Wettkampf. Es ist allerdings möglich und sogar modern, Labortests zu entwickeln, die jedermann zufriedenstellen: Wissenschaftler gewinnen interessante Daten der physiologischen Belastungsreaktionen der getesteten Personen, und Trainer wie auch Athleten können die Ergebnisse direkt auf das Training beziehen. Datensätze einer großen Sportlergruppe vergleichbaren Fitneßzustands können mit ähnlichen Ergebnissen gleichaltriger Untrainierter verglichen werden. Wissenschaftler nennen dies eine *Querschnittsuntersuchung*. Athleten und Trainer ziehen allerdings *Längsschnittuntersuchungen* vor - hierbei handelt es sich um Datensätze, die zu verschiedenen Zeitpunkten im Verlauf der Trainingssaison und danach von Jahr zu Jahr erhoben werden, wobei der Sportler als seine eigene Kontrollperson fungiert -, um Veränderungen von Variablen wie der VO_{2max}, der Laktat-/ventilatorischen Schwelle und der Laufökonomie zu identifizieren, und auch, um auf diesen Daten basierende Laufgeschwindigkeiten im Training zu bestimmen.

Trainer, die sich der Vorteile der Laborkontrolle nicht bewußt sind, stellen hin und wieder den Wert solcher Tests in Frage: „Derartige Tests simulieren nicht die Wettkampfbelastung", behaupten sie. „Mein Athlet läuft oder trainiert nicht auf einem Laufband, weil in der tatsächlichen Wettkampfsituation so viele andere äußere Faktoren das Endergebnis beeinflussen." Obwohl dies im Grunde richtig ist, verstehen diese Trainer die den Labortests zugrundeliegende logische Grundlage nicht. Es ist gerade unser Ziel, so viele äußere Variablen wie möglich zu eliminieren, wie Wetter, Terrain und Taktik, denn nur dann sind beobachtete Veränderungen wahrscheinlich auf physiologische Trainingsanpassungen zurückzuführen. Laufbandtests bieten folgende Vorteile:

1. Trainingsverbesserungen seit der letzten Auswertung sind leicht identifizierbar.
2. Es können präzise Vorschläge für die nächste Entwicklungsphase gegeben werden.
3. Es können Renntaktiken vorgeschlagen werden, die den aktuellen Leistungsstärken des Athleten entsprechen.

All das unterstützt die Entwicklung und das „Scharfmachen" des Athleten. Laufbandtraining kann dem Sportler auch helfen, ein Gefühl für den Einsatz oder die Belastung zu entwickeln, die nötig sind, um mit einem bestimmten Tempo zu laufen, vor allem in bezug auf das optimale Tempo unterhalb der Laktat-/ventilatorischen Schwelle für Marathonläufer. Wenn diese Läufer dann bei wechselndem Wetter und in unterschiedlichem Gelände trainieren, kann ihre Laufgeschwindigkeit durchaus variieren, da sie sich nach ihrem Belastungsempfinden richten. Übertraining kann auf diese Weise vermieden werden. Vor allem wenn Athleten leistungsstärker werden und höhere Trainingsreize brauchen, um sich weiter zu verbessern, gewinnt ein derartiges Training zusätzlich an Wert.

Wissenschaftler begannen zu Beginn dieses Jahrhunderts, die physiologische Leistungsfähigkeit von Athleten zu untersuchen. Einige der herausragendsten Forscher jener Zeit - Lindhard in Dänemark (1915), Liljestrand und Stenstrom in Stockholm (1920) und Hill und Lupton in London (1923) - entwickelten Geräte und Testverfahren, die, obwohl sie Pionierleistungen darstellten, so durchdacht waren, daß die ihnen zugrundeliegenden Prinzipien noch heute angewandt werden. Die gegenwärtig zur Verfügung stehenden Geräte sind sehr anspruchsvoll, und der Einsatz von Computern hat die Datensammlung und -analyse vereinfacht. Aufgrund der Wichtigkeit von O_2 im Stoffwechsel und weil die O_2-Menge, die aufgenommen und verbraucht werden kann, eine leicht identifizierbare Endgröße ist, ist die VO_{2max} seit langem das am weitesten verbreitete Kriterium zur Bestimmung der maximalen Ausdauerleistung. Dieser Wert quantifiziert die Fähigkeit des kardiorespiratorischen Systems, O_2 zu allen aktiven Geweben zu transportieren und die Fähigkeit dieser Gewebe, den Sauerstoff zu verwerten (Astrand, 1976).

Viele Methoden wurden zur Quantifizierung der VO_{2max} entwickelt, aber das Laufen auf dem Laufband und die Fahrradergometrie kommen am häufigsten zum Einsatz (Hermansen & Saltin, 1969). Die untrainierten Personen, die sehr wenig Erfahrung mit Laufen oder Radfahren haben, zeigen normalerweise einen höheren VO_{2max}-Wert, wenn man sie auf dem Laufband statt auf dem Fahrradergometer trainieren läßt. Laufbandtests können bis zu 4 bis 23 % höheren Werten führen (Astrand, 1976; Hermansen & Saltin, 1969; Kamon & Pandolf, 1972). Da eine größere Muskelmasse aktiv ist (der Oberkörper und die unteren Extremitäten), ist der venöse Rückfluß zum Herzen größer. Der venöse Rückfluß entspricht normalerweise dem Herzminutenvolumen, das ein wichtiger, die VO_{2max} beeinflussender Faktor ist (Shephard et al., 1968).

a b

Abbildung 2.16: Die beiden wichtigsten Verfahren zur Messung der Ausdauerleistungsfähigkeit im Labor: Laufbandtests (a) und die Fahrradergometrie (b)

Zu Verbesserungen der VO_{2max} kommt es mit zunehmendem Training. Sie lassen sich am besten identifizieren mittels eines Tests, der möglichst ähnliche Anforderungen an den Körper stellt wie das Training selbst (Clausen, Klausen, Rasmussen & Trap-Jensen, 1973; McArdle, Magel, Delio, Toner & Chase, 1978). Trainierte Radfahrer sind daher auf dem Laufband im Vergleich zum

Fahrradergometer im Nachteil (Hagberg, Giese & Schneider, 1978). Analog dazu sind Läufer im Nachteil, wenn man sie auf dem Fahrradergometer testet (Pannier, Vrijens & Van Cauter, 1980). Daher absolvieren Mittel- und Langstreckler bei uns maximale Leistungstests auf dem Laufband, wie in Abbildung 2.16 a vom US-amerikanischen Langstreckenstar Jon Sinclair demonstriert. Für bestimmte Spezialtests, wie z.b. Kaltluft-Belastungstests zur Untersuchung von belastungsinduziertem Asthma, wie in Abbildung 2.16 b von der zweifachen Teilnehmerin am Olympischen Finale, der Britin Wendy Sly demonstriert, ist ein Fahrradergometer voll und ganz akzeptabel, da der Zweck nicht die Bestimmung der VO_{2max} ist, sondern die Erzeugung einer mäßigen Belastungsreaktion.

Wie hoch läßt sich die VO_{2max} durch Training steigern? Die Antwort hängt zum Teil von genetischen Faktoren ab, aber der Fitneßstand zu Beginn des Trainingsprogramms spielt auch eine Rolle. Neuere Untersuchungen (Makrides, Heigenhauser, McCartney & Jones, 1986) haben gezeigt, daß untrainierte Personen einer breiten Altersspanne, die ein systematisches aerobes Fitneßprogramm in Angriff nehmen, ihre für einen Untrainierten typischen VO_{2max}-Werte um 40 % und mehr steigern können (z.B. von 35 auf 50 ml/kg/min). Bei bereits etablierten Spitzenläufern ist dieser prozentuale Zuwachs erheblich geringer. Obwohl einige Wissenschaftler behaupten, daß die VO_{2max} von Eliteläufern im Verlaufe des Jahres nur geringen Schwankungen unterliegt, konnten wir in Abhängigkeit vom jeweiligen Trainingsschwerpunkt deutliche Unterschiede feststellen. Bei einigen unserer Spitzen-Mittel- und -Langstreckler konnten wir im Verlaufe eines erfolgreichen Trainingsjahres Verbesserungen bis zu 18 % feststellen, z.B. im Verlaufe eines 7monatigen Zeitabschnitts von 4,695 auf 5,525 ml/min bei einem Läufer, dessen Körpergewicht sich nicht änderte.

Es wurde bereits zu Anfang dieses Kapitels erwähnt, daß das Zusammenspiel zwischen den aeroben und den anaeroben Fähigkeiten über die Leistungsfähigkeit einer Person in einer maximalen Wettkampfbelastung entscheidet. Hängt die aerobe Kapazität alleine mit einer hohen Leistung im wettkampfmäßig betriebenen Mittel- und Langstreckenlauf zusammen? Bei jeder untersuchten Wettkampfdistanz hängt diese Beziehung von der Art der untersuchten Sportlerpopulation ab. Leider haben die großen Variationen hinsichtlich der Versuchsgruppen zu einer großen Breite von Korrelationskoeffizienten (von r = 0,08 bis r = 0,91) zwischen der VO_{2max} und der Wettkampfleistung geführt (McConnell, 1988). In statistischen Analysen bedeutet ein Korrelationskoeffizient (r) von 0,91 eine ziemlich enge lineare Beziehung zwischen zwei Vergleichsvariablen. Wenn die Sportlerpopulation heterogen ist, das heißt aus Personen besteht, deren Fitneßzustand sehr unterschiedlich ist (was sich in einer großen Spannbreite von VO_{2max}-Werten, z.B. von 35 bis 85 ml/kg/min, niederschlägt), besteht eine hohe statistische Korrelation zwischen der aeroben Kapazität und der Wettkampfleistung. Isoliert betrachtet haben die Mittel- und Langstreckenläufer, die an der Spitze der Weltbestenliste stehen, charakteristischerweise VO_{2max}-Werte von durchschnittlich 77 (Männer) und 66 ml/kg/min (Frauen). Diese Werte sind zwischen 60 und 70 % höher als die Werte von 48 bzw. 39 ml/kg/min, die man typischerweise bei untrainierten jungen Erwachsenen findet, deren Laufzeiten viel schwächer wären als die der weltbesten Ausdauersportler.

Wenn die Untersuchungsgruppe homogen ist, das heißt, wenn man die 20 weltbesten Athleten in einer gegebenen Mittel- oder Langstreckendisziplin untersucht, dann ist die Korrelation zwischen der Leistung und der VO_{2max} geringer. Mit anderen Worten, wenn wir die VO_{2max} all dieser Athleten unter ähnlichen Laborbedingungen eine Woche vor einem Wettkampf messen würden und sie dann unter identischen Bedingungen an diesem Wettkampf teilnehmen ließen, würde die Reihenfolge des Einlaufs wahrscheinlich nicht mit der Rangfolge der VO_{2max}-Werte übereinstimmen. Die Korrelation zwischen der aeroben Kapazität und der Leistung würde sich als eher niedrig herausstellen.

Daher müssen neben der VO_{2max} andere Faktoren die Wettkampfleistung beeinflussen. Wir haben zu Beginn dieses Kapitels die Vermutung geäußert, daß eine Läufergruppe, die aufgrund ihrer Wettkampfleistungen als homogen erscheint, hinsichtlich der aeroben und anaeroben Leistungsfähigkeit durchaus heterogen sein kann. Die Athleten mit den besten Wettkampfergebnissen verfügen vermutlich über die beste Kombination von hohen aeroben und Laktat-/ventilatorischen Fähigkeiten. So zeichnen sich die Athleten mit den besten Leistungen vermutlich durch eine hohe VO_{2max}, eine hohe Laktat-/ventilatorische Schwelle (sowohl absolut als auch als Prozentsatz der VO_{2max} gesehen), eine lange Belastungsdauer nach Erreichen der VO_{2max} im Belastungstest, eine hohe VCO_{2max} und eine hohe Toleranz gegenüber einer ausgeprägten Gewebe- und Blutübersäuerung aus, während die Athleten, die auf den hinteren Plätzen rangieren, in mehreren dieser Variablen wahrscheinlich über einen geringeren Entwicklungsgrad verfügen.

Hinsichtlich der allmählichen Steigerung der aeroben und anaeroben Fähigkeiten durch Training gibt es ein Problem. Je größer die Ausbildung solcher Leistungsindikatoren wie der VO_{2max}, des Laktat-/ventilatorischen Schwellentempos und der auch immer verwendeten Indikatoren der maximalen anaeroben Belastung ist, desto intensiver und umfangreicher muß das nachfolgende Training sein, um weitere Leistungssteigerungen zu erzielen. Somit bringen höhere aerobe Trainingsumfänge einen so geringen Leistungsvorteil, daß das steigende Risiko eines Überlastungsschadens oder eines Übertrainings die potentiellen Leistungsvorteile übersteigt. Um einen medizinischen Ausdruck zu gebrauchen, das *Risiko-Nutzen-Verhältnis* wird übermäßig hoch. Sjodin und Svedenhag (1985) haben den Nutzen von mehr als 115 bis 120 km pro Woche mit geringer (aerober) Intensität für Langstreckler, die ihre VO_{2max}-Werte verbessern wollen, ernsthaft in Frage gestellt. Vor allem Marathonläufer streben nach hohen Trainingsumfängen, um die Brennstoffspeicher in ihrer Skelettmuskulatur zu vergrößern. Sie sind sich auch bewußt, daß sie die Belastungstoleranz ihres Bindegewebes gegenüber langdauernden Stoßbelastungen steigern müssen, aber sie wissen sehr wohl, daß sie dies mit einem gesteigerten Risiko eines Überlastungsschadens erkaufen. Wie bereits an früherer Stelle in diesem Kapitel angedeutet, bedarf es nach Setzen des Anfangsreizes eines aeroben Konditionstrainings intensiverer (d.h. schnellerer und längerer) aerober Trainingseinheiten, um die VO_{2max} für die betreffende Saison maximal auszubilden.

Stufentest-Design zur Messung der Leistungsfähigkeit von Mittel- und Langstrecklern

Der Begriff *Stufentest* (graded exercise test = GXT) bezieht sich im allgemeinen auf einen kardiopulmonalen Fitneßtest, bei dem die Versuchsperson eine stufenförmig (d.h. allmählich) ansteigende Belastung absolviert, die entweder zur Erschöpfung führt oder bis zu einer submaximalen Belastungsstufe reicht, die die Beobachtung bestimmter Krankheitssymptome ermöglicht. Sehr häufig besteht ein derartiger Test aus einer Geh- oder Laufbelastung bergan, und dies hat zu Verwirrung hinsichtlich der Bedeutung des Begriffs geführt. Der Begriff „stufenförmig" bezieht sich nicht auf einen bestimmten prozentualen Anstieg (häufig werden verschiedene Anstiegswinkel benutzt) oder den Grad der Laufbandneigung.

Testprotokolle unterscheiden sich stark voneinander. Sie wurden unter Berücksichtigung der verfügbaren Geräte, der Versuchspersonen und der Vorlieben des Versuchsleiters entwickelt. Unsere Athleten bevorzugen einen einzigen Laufbandtest zur Messung der VO_{2max}, der ventilatorischen Schwelle, der submaximalen Laufökonomie und der maximalen Leistungsfähigkeit. Dies alles kann im Grunde über eine Herzfrequenzmessung und Analyse der Ausatmungsluft zur Bestimmung des Atemminutenvolumens, der CO_2-Produktion und der O_2-Aufnahme erfolgen. Die Entnahme einer Blutprobe vor und nach dem Test erlaubt die Bestimmung der erreichten maximalen Blutlaktatkonzentration. In einigen Labors werden zwei getrennte Tests bevorzugt, einer zur Bestimmung der VO_{2max} und der andere zur Messung der Laufökonomie und einiger der übrigen Variablen. Zwischenzeitlich wird Blut zur Bestimmung der Laktatschwelle abgenommen. Wenn eine gute Technik mit einer vernünftigen Methodologie kombiniert wird, stimmen die gewonnenen Werte der einzelnen Meßvariablen bei allen Testprotokollen überein.

Im folgenden werden einige allgemeine Zwänge beim Design von Laufbandtestprotokollen vorgestellt, um Athleten und Trainern zu helfen, die Logistik der Testumsetzung besser zu verstehen. Erstens sollte die Testlänge die korrekte Datenerhebung optimieren. Unsere Tests messen

1. den O_2-Verbrauch bei mehreren submaximalen Trainingsgeschwindigkeiten,
2. die Schwelle, an der Steady-state Arbeit nicht länger beibehalten werden kann,
3. die absoluten Leistungsgrenzen.

Stoffwechsel-Meßsysteme verwenden entweder Mischkammern (aus denen die über festgelegte Zeiträume gesammelte Ausatmungsluft in Abständen entnommen wird) oder Analysen der Gaszusammensetzung bei den einzelnen Atemzügen. Unser Testprotokoll besteht also aus einer stufenförmigen Reihe im Abstand weniger Minuten ansteigender Steady-state-Belastungen, wobei mit zunehmender Belastung das Laufband gekippt wird, um die Datensammlung in kürzestmöglicher Zeit zu optimieren. Taylor, Wang, Rowell und Blomqvist (1963) schlußfolgerten, daß alle wichtigen physiologischen Anpassungen, die eine derart hochintensive

Belastung ermöglichen, innerhalb von zehn Minuten wirksam werden. Aus dem Blickwinkel der Messung ist ein relativ kurzer Test auch deshalb von Vorteil, weil wir physiologische Änderungen erreichen wollen, die groß genug sind, um identifizierbar zu sein. Variationen bei Serienmessungen, die durch analytischen Ballast verursacht werden, müssen erheblich geringer sein als die verschiedenen Schwellenveränderungen, die untersucht werden. Unsere Athleten befinden sich daher 18 bis 20 Minuten auf dem Laufband, wobei nur die letzten 11 bis 13 Minuten wirklich belastend sind.

Zweitens sollten die Athleten im Endabschnitt des Tests bergan laufen, weil bei einer derartigen Belastung eine höhere VO_{2max} erreicht wird als bei einem alleinigen Lauf auf ebenem Boden. Saltin und Astrand (1967) empfehlen, das Laufband alle 3 min um 2,6 % zu kippen. Shepard et al. (1968) empfehlen eine Zunahme des Anstiegs um jeweils 2,5 % alle 2 min. Bei unseren Untersuchungen an Eliteläufern erhöhen wir im Schlußabschnitt des Tests nach Abschluß unserer Untersuchungen des O_2-Verbrauchs auf ebenem Laufband den Anstieg des Laufbands alle 2 min um 2 %.

Drittens sollten für den Stufentest Laufgeschwindigkeiten gewählt werden, die gut mit den Trainingsgewohnheiten der getesteten Athleten übereinstimmen (McConnell, 1988). Jede Belastung sollte im Hinblick auf die energetischen Kosten von Belastungsstufe zu Belastungsstufe um einen ähnlichen Intensitätsgrad ansteigen. Pollock (1977) schlägt für Untrainierte eine Spannbreite von 10,5 bis 12 km/h vor und eine Spannbreite von 16,1 bis 19,4 km/h für trainierte Läufer. Bei unseren Stufentestprotokollen laufen Männer von 14,5 bis 19,4 km/h und Frauen von 14,5 bis 16,5 km/h.

Viertens sollten die Bedingungen der Datenerhebung auf dem Laufband so konstant wie möglich bleiben, um das Auffinden von Veränderungen der Fitneß der getesteten Athleten von einem Termin zum nächsten zu optimieren. Wir halten die relative Luftfeuchtigkeit geringer als 50 %, um eine effektive Kühlung durch Schweißverdampfung sicherzustellen. Wir halten auch die Temperatur in unserem Laborraum während des Tests auf relativ niedrigen 17 Grad C, wie von Rowell, Taylor und Wang (1964) vorgeschlagen. Wichtig ist auch, daß die Bedingungen des Laufens auf dem Laufband dem Laufen auf natürlichem Boden so ähnlich wie möglich sind. Zumindest bei Geschwindigkeiten bis zu 3:45 min/km (268 m/min) unterscheidet sich die auf dem Laufband gemessene submaximale O_2-Aufnahme nur geringfügig von den im Freien gemessenen Werten (McMiken & Daniels, 1976). Biomechanische Unterschiede des Laufschritts zwischen dem Laufen auf dem sich bewegenden Band und dem Laufen auf natürlichem Untergrund sind minimal. Obwohl das Laufen in natürlichem Gelände Luftwiderstand erzeugt, führt ein derartiger Luftwiderstand nur bei den Geschwindigkeiten zu einem zusätzlichen aeroben Energiebedarf, die die routinemäßige Geschwindigkeit bei den von uns eingesetzten Tests erheblich übersteigen. Den Untersuchungen von Pugh (1970) zufolge beginnen die Auswirkungen des Luftwiderstandes den O_2-Verbrauch erst bei schnelleren Geschwindigkeiten meßbar zu verändern. So beträgt z.B. bei einer Geschwindigkeit von 19,2 km/h (350 m/min) der zusätzliche Sauerstoffbedarf 5,7 ml/kg/min. Dieser zusätzliche Energiebedarf eines Frontläufers in einem schnellen

Rennen wird von den Läufern, die in seinem Windschatten laufen, zum eigenen Vorteil taktisch eingesetzt. Wir stellen einen Ventilator mit veränderbarer Geschwindigkeit vor unseren Läufern auf, um einen Kühleffekt zu erzielen und um den Luftwiderstand bei Läufen in natürlicher Umgebung bestmöglich zu simulieren.

Die Vorbereitung der Läufer auf einen bestmöglichen Einsatz in Stufentests

Sportler wollen im Training und Wettkampf immer besten Einsatz zeigen, und dies ist auch bei Zeitkontrolläufen und Stufentests der Fall. Sie sind daran interessiert zu erfahren, wie sie sich an den Tagen vor dem Test und am Testtag selbst am besten vorbereiten können, um ihren Kollegen von der Technik zu den aussagekräftigsten Daten zu verhelfen. Wir halten es für nützlich, das, was getan wird und wie es getan wird, deutlich zu erklären, so daß die Athleten sich mit den verlangten Aktivitäten am besten identifizieren können.

Die Athleten sollten sich bereits einige Tage zuvor auf ihren maximalen Stufentest vorbereitet haben. So sollten an den letzten beiden Tagen vor dem Test weder sehr lange Läufe noch intensive anaerobe Intervallbelastungen absolviert werden. Diese Belastungen würden die muskulären Glykogenspeicher reduzieren und den normalen Substrathaushalt ändern, was zu einer Reduzierung sowohl der submaximalen als auch der maximalen Blutlaktatkonzentrationen während und nach dem Leistungstest führen würde (Busse, Maassen & Boning, 1987; Foster, Snyder, Thompson & Kuettel, 1988; Fric et al., 1988; Jacobs, Sjodin, Kaiser & Karlsson, 1981). Ähnlich heben bzw. senken drastische Veränderungen der Ernährungsgewohnheiten, wie z.b. übermäßige Kohlenhydratzufuhr oder gesteigerte Fettzufuhr, die Blutlaktatreaktion auf harte Belastungen (Ivy, Costill, Van Handel, Essig & Lower, 1981). Es wird also empfohlen, sich normal zu ernähren. Da wir von den Athleten erwarten, daß sie bis an ihre individuellen Belastungsgrenzen gehen, schlagen wir vor, daß sie den Test wie einen Zeitkontrollauf oder einen Wettkampf behandeln und während der letzten zwei Tage vor dem Test ein definiertes, wiederholbares und relativ lockeres Trainingsprogramm absolvieren.

Wir planen den Stufentest jedes Athleten zu einer ähnlichen „Biologischen Uhrzeit", um die Auswirkungen zirkadianer Schwankungen der physiologischen Variablen, wie z.B. der Herzfrequenz (Reilly, Robinson & Minors, 1984), des Ruheumsatzes (Aschoff & Pohl, 1970) und der Körpertemperatur (Roe, Goldberg, Blaw & Kinney, 1966), die die Leistung verändern könnten, zu minimieren. Daher schwankt die tatsächliche Tageszeit, zu der wir die Athleten testen, je nach der Anzahl der Zeitzonen, die sie überquert haben, um zum Testort zu gelangen; wir versuchen, jeden zu einer Zeit zu testen, die für ihn (biologisch) dem späten Vormittag entspricht. Dies macht es unmöglich, Athleten gruppenweise zu testen. Man könnte annehmen, daß diese vielfältigen Zwänge die Komplexität derartiger Leistungstests erhöhen. Wir sehen hierin jedoch kein Problem; wenn man genaue

Daten erhalten will, dann ist das Ergreifen entsprechend sinnvoller Schritte, um Störvariablen auszuschalten, schlicht sauberes, wissenschaftliches Arbeiten.

Bevor unsere Athleten sich einem Stufentest zur Datenerhebung unterziehen, stellen wir sicher, daß alle mindestens 30 min lang Gelegenheit haben, sich an das Laufband und an das schnelle Laufen mit der Atemmaske oder dem Mundstück zu gewöhnen. Dies hilft ihnen, das Selbstvertrauen und die Erfahrung zu gewinnen, die für einen erfolgreichen Test wichtig sind, stellt einen natürlichen Laufstil sicher, erlaubt die Überprüfung des Testprotokolls und ermöglicht den Athleten, das Betreten und Verlassen des Laufbandes bei unterschiedlichen Geschwindigkeiten zu üben. Eine Gewöhnung an das Testprotokoll hilft, Überraschungen zu vermeiden.

Normalerweise messen wir den Ruheumsatz eines jeden Athleten vor Beginn des Stufentests. Dies ist leicht zu bewerkstelligen; der Athlet sitzt bequem in einem Sessel und atmet 10 min lang ganz normal durch einen Gassammelbehälter aus und ein. Die Analysen ergeben normalerweise einen Ruhe-O_2-Verbrauch zwischen 250 und 300 ml/kg/min. Im gleichen Zeitraum können die Ruheherzfrequenz und der Ruheblutdruck bestimmt werden. Wir verwenden normalerweise nicht das komplette elektrokardiographische System mit 12 Ableitungen, das für die Untersuchung von Patienten mit bekanntem kardialem Risiko oder unbekannter körperlicher Fitneß verwendet würde. Statt dessen setzen wir ein einfacheres EKG-System ein, um die genaue Messung der Herzfrequenz und das Auffinden primärer Arrhythmien, die gelegentlich bei trainierten Sportlern zu beobachten sind (Huston et al., 1985), zu ermöglichen. Wie in Abbildung 2.17 a am Beispiel des amerikanischen Marathonläufers Don Janicki dargestellt wird, ist es die allgemeine Praxis in vielen Laboratorien, die EKG-Elektroden an den knochigen Teilen der Brust zu befestigen, um Hintergrundstörungen durch die Skelettmuskelaktivität zu vermeiden. Wir und auch unsere Athleten bevorzugen das Anbringen der Elektroden auf dem Rücken (Abbildung 2.17 b), da hierdurch die Armbewegungen während des Laufens weniger behindert werden.

Vor dem Test sollte ein gründliches Aufwärmen erfolgen, ähnlich wie vor einem Wettkampf. Dies ist wichtig, weil die Bestimmung der maximalen Leistungsfähigkeit in funktionaler Hinsicht einer ernsthaften Wettkampfbelastung entspricht, bei der das bestmögliche Ergebnis erreicht werden soll. Bestergebnisse werden nur erzielt, wenn der Sportler motiviert und mental vorbereitet ist. Ein derartiges Aufwärmen kann aus einer 15- bis 30minütigen Laufbelastung mit vor- oder nachgeschalteten Stretchingübungen bestehen. Wir befestigen die EKG-Elektroden (und führen unsere Messungen des Ruheumsatzes) vor dieser Aufwärmphase durch, so daß der Stufentest unmittelbar nach dem Aufwärmen erfolgen kann.

Wir halten es auch für sinnvoll, den Sportlern einige technische Details der Sammlung und Analyse der Atemgase zu erklären. Dies trägt dazu bei, daß sie die Nasenklammer und das Atemventil, die störend wirken können, wenn ihr Sinn nicht verstanden wird, besser ertragen. Die Nasenklammer stellt sicher, daß nur durch den Mund geatmet wird. Unsere Absicht ist, die Ausatmungsluft des Athleten während des Tests zu sammeln und zu analysieren und das Ausmaß des im Laufe der Belastung steigenden O_2-Verbrauchs und der CO_2-Produktion zu quantifizieren.

Bei der Einatmung tritt Luft durch eine Öffnung des Ventils in den Mund ein, während die Ausatmungsluft in einen an der anderen Öffnung des Ventils befestigten Schlauch gelangt. Dieser Schlauch führt zu einer Mischkammer und dann zu einem Gas-Analysegerät. Dies wird ein *offenes spirometrisches System* genannt.

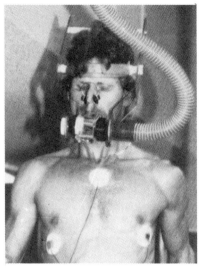 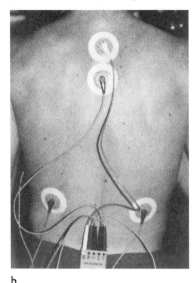

a　　　　　　　　　　　　b

Abbildung 2.17: Vorgeschlagene Befestigung der elektrokardiographischen Elektroden bei Laufbandtests von Läufern. In jedem Foto ist RA = rechter Arm, LA = linker Arm, LL = linkes Bein und RL = rechtes Bein. In Abbildung 2.17 a wird eine Brustextremitätenableitung II aufgezeichnet, während in Abbildung 2.17 b alle sechs Extremitätenableitungen aufgezeichnet werden können. Zusätzlich erlaubt das Anbringen einer Brustwandelektrode (das Kabel ist links zu erkennen) die Aufzeichnung der Ableitung V5.

Normalerweise wird ein ziemlich wuchtiger Mechanismus benötigt, um das Ventil an Ort und Stelle zu halten, wie in Abbildung 2.18 a von dem Marathonläufer Anthony Sandoval demonstriert wird. Die Maske sollte zwar so fest sitzen, daß sie nicht verrutscht, aber andererseits darf sie auch nicht zu fest sitzen, um nicht übermäßig zu behindern. Dieses Dilemma ist stets frustrierend sowohl für den Sportler als auch für den Techniker. Der Erfindungskraft unserer Kollegin Meryl Sheard verdanken wir die Entwicklung und den Einsatz eines „schwebenden Gas-Auffangventils", welches an geeigneter Stelle über dem Laufband direkt vor dem Gesicht des Läufers an einem komplizierten Zugsystem hängt. Wie von Jon Sinclair in Abbildung 2.18 b demonstriert, schließt sich die Testperson ganz einfach mittels ihres Mundstücks an dieses Gasauffanggerät an. Der Athlet hat ausreichend Bewegungsfreiheit und trägt auch keine störende Kopfhalterung. Aber selbst dieses benutzerfreundliche Gerät wird schon bald durch einen kleinen Schlauch ersetzt werden, an dem sich alle Instrumente zur Atemzug-Gasanalyse und einer verbesserten Leistungmessung befinden. Einige Athleten brauchen während des Tests verbale Unterstützung; andere nicht. Derartigen Bitten wird entsprochen, und sie werden konsequent befolgt, um die Variabilität zu minimieren.

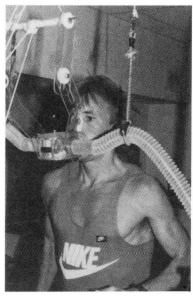

a b

Abbildung 2.18: Bei dem Leistungstest getragene Ausrüstung der Elite-Mittel- und Langstreckenläufer: (a) Anthony Sandoval und (b) Jon Sinclair. Beide Athleten tragen eine Nasenklammer, um sicherzustellen, daß die gesamte Ausatmungsluft durch den Mund entströmt. Diese Luft gelangt durch ein Atemventil mit niedrigem Widerstand (auf den Fotos erkennbar) in einen Auffangschlauch, welcher das Gas zu den O_2- und CO_2-Analysegeräten leitet. In Abbildung 2.18 a wird Sandovals Atemventil durch eine von vielen Athleten als störend empfundene Kopfhalterung an Ort und Stelle gehalten. Unsere verbesserte Technologie, die in Abbildung 2.18 b von Sinclair verwandt wird, macht die Kopfhalterung überflüssig. Dieses Gerät erlaubt, daß das Gas-Auffangventil während des Tests frei vor dem Athleten schwebt. Die sich verändernde Hämoglobinsättigung kann mittels eines Ohrläppchen-Oximeters gemessen werden (siehe Abbildung 2.18 a).

In einigen Laboratorien wird versucht, die erhobenen physiologischen Daten durch die subjektive Belastungseinschätzung des Athleten zu ergänzen. Ein Mittel zur Messung des *Belastungsempfindens* ist der RPE-(ratings of perceived exertion = Einschätzungen der wahrgenommenen Belastung) Test von Gunnar Borg (1973).

Borg entwickelte Skalen zur Quantifizierung des Belastungsgefühls im Rahmen der Leistungsdiagnostik von Athleten. Besonders wenn die Laktat-/ventilatorische Schwelle erreicht wird, ist ein Umschlagpunkt hinsichtlich des Belastungsempfindens festzustellen. Jenseits dieser Belastungsintensität wird die Belastung als zu intensiv empfunden, um wie beim Marathonlauf nahezu endlos fortgesetzt zu werden. Unterhalb dieser Intensität sind die Athleten zuversichtlich, die Belastung aushalten zu können. Die Borg-Skala besteht in ihren verschiedenen Versionen aus einem Dutzend oder mehr Beschreibungen von Belastungsstufen. Verwendung finden Begriffe wie „hart", „sehr hart" und „extrem hart". Neben jeder Beschreibung angebrachte Ziffern ermöglichen der Versuchsperson, auf Aufforderung die Zahl zu rufen, die ihrem jeweiligen Belastungsempfinden entspricht. Dies ist natürlich unmöglich, wenn der Athlet ein Mundstück und eine Kopfhalterung zum Auffangen der ausgeatmeten Luft trägt. Ein Ersatzkommunikationssystem besteht darin, daß der Athlet auf Ziffern zeigt, die an der vorderen Haltestange des Laufbands angebracht sind.

Eine Untersuchung, an der sowohl Breitensportler als auch Leistungssportler teilnahmen, verwandte den RPE-Wert „einigermaßen hart" für die Belastung zu Beginn der Blutlaktatanhäufung (Purvis & Cureton, 1981). Die Effektivität eines derartigen Meßverfahrens hängt davon ab, daß jeder eine „sehr harte" Belastung gleich empfindet, und dies ist sehr wahrscheinlich nicht der Fall. Zum Teil gibt es semantische Variationen, und es gibt auch Unterschiede hinsichtlich der Belastungstoleranz unter den Athleten. Die Genauigkeit derartiger Auskünfte über das persönliche Belastungsempfinden basiert auf der Annahme, daß der Athlet während eines Belastungstests nicht nur willens ist, seine Konzentration zu unterbrechen, um seine Gefühle zu klassifizieren, sondern daß er auch sein aktuelles Belastungsempfinden objektiv mit dem noch zu erfahrenden Belastungsempfinden vergleichen kann, denn der Test ist ja noch in vollem Gange. Gegenwärtig sind wir noch unsicher, ob eine derartige Dokumentation bei hochtrainierten Athleten während eines Laufbandtests so wertvolle Informationen für den Trainer wie auch den Athleten liefert, daß es gerechtfertigt erscheint, die Konzentration des Athleten auf die Belastung zu stören. Ferner sind wir nicht sicher, ob derartige Unterbrechungen den Athleten nicht daran hindern, sein maximales Leistungspotential auszuschöpfen.

Unsere Athleten selbst setzen ihren Tests durch ihre Erschöpfung ganz gezielt ein Ende, sie verlassen das Laufband zur Seite hin und beginnen ihr Regenerationsprogramm gemäß vorher festgelegten Plänen. In verschiedenen Laboratorien existieren unterschiedliche Protokolle für den Übergang zum Ruhezustand nach Absolvierung des Tests. Fortgesetztes lockeres Traben, Gehen oder völlige Ruhe in Form von Sitzen oder Liegen werden eingesetzt. Wir messen nach diesem maximalen Belastungstest routinemäßig die Spitzenlaktatkonzentrationen und beobachten, wie schnell Variablen wie die Herzfrequenz, das Verhältnis von produziertem CO_2-Volumen zum Volumen des verbrauchten O_2 (R) und V_E das Ausgangsniveau wieder erreichen. Derartige Kontrollen erfordern standardisierte Muster von Aktivitäten nach dem Test (Fujitsuka, Yamamoto, Ohkuwa, Saito & Miyamura, 1982; Ohkuwa, Kato, Katsumata, Nakao & Miyamura, 1984). Unsere Erfahrung zusammen mit der von japanischen Forschern deutet darauf hin, daß ein 3minütiges langsames Gehen unmittelbar nach dem Abbremsen des Laufbandes, welches die Registrierung von Daten der Stoffwechselerholung ermöglicht, ein sicheres, akzeptables und wiederholbares Nachtest-Protokoll darstellt. Derartige Daten sind von erheblichem Wert und sollten auf konsistente und wiederholbare Weise erhoben werden. Unmittelbar nach diesem Abwärmen, d.h. 5 Minuten nach Testende, wird Blut zur Laktatbestimmung entnommen (Gollnick et al., 1986).

Der Computereinsatz erlaubt eine schnelle Analyse, Berechnung und Darstellung der Ergebnisse, während der Test noch läuft. Ein Computereinsatz ist allerdings nicht immer möglich. Wenn z.B. Daten von Athleten erhoben werden, die auf einer 400-m-Bahn im Freien laufen (siehe Abbildung 2.19), ist es angebrachter, die ausgeatmete Luft in einem großen Ballon zur kurzfristigen Aufbewahrung und zum Transport zu Gasanalysegeräten in einem in der Nähe befindlichen Labor aufzufangen. Unabhängig von der Auffangart bereitet die Errechnung des verbrauchten O_2 und produzierten CO_2 auf Basis der Messung der ausgeatmeten O_2- und CO_2-Volumina keine allzu großen Schwierigkeiten, da die eingeatmeten Konzentrationen von O_2 und CO_2 bekannt sind (O_2 liegt normalerweise in einem Prozentsatz von 20,93 und CO_2 im fast zu vernachlässigenden Prozentsatz von 0,04 % vor). Aus diesen Werten kann das Verhältnis von produziertem CO_2-Volumen zum Volumen des verbrauchten O_2 (R) errechnet werden.

Abbildung 2.19: Auffangen der Ausatmungsgase mittels eines meteorologischen Ballons im Rahmen eines Feldtests. Die Abbildung zeigt den amerikanischen Elite-Marathonläufer Ken Martin im Olympischen Trainingszentrum der USA. Achten Sie darauf, daß die Sammlung des Gases von dem Begleitfahrzeug aus kontrolliert wird.

Die Interpretation der Stufentestdaten

Tabelle 2.5 faßt die Daten zusammen, die während eines stufenförmigen Laufbandtests gesammelt werden können. Diese Daten stammen von einem Elitelangstreckler (einem Spezialisten auf Strecken von 3.000 bis 10.000 m), der seinen Formhöhepunkt bei den amerikanischen Olympiaqualifikationskämpfen 1988 erreichen sollte. An der Spitze jeder Spalte finden sich Abkürzungen der unterschiedlichen Daten, die in 20sekündigen Abständen erhoben wurden. Einige Daten sind Ihnen vermutlich vertraut: der O_2-Verbrauch (VO_2 in ml/min), die CO_2-Produktion (VCO_2 auch in ml/min) und die Herzfrequenz (HR in Schlägen/min). Die Atemfrequenz (f_R in Atemzügen/min) und das exspiratorische Volumen (V_E in l/min) werden ebenfalls gemessen. Auf Basis dieser Daten werden weitere Variablen errechnet. Erinnern Sie sich an das Verhältnis von produziertem CO_2-Volumen zum Volumen des verbrauchten O_2 (R) aus Kapitel 1, das als VCO_2/VO_2 errechnet wurde. Das Atemzugvolumen (V_T), die Größe eines jeden Atemzugs, entspricht V_E/f_R (ml/min).

Der Sauerstoffpuls wird als pro Herzschlag ausgestoßenes VO_2 errechnet und kann verwendet werden, um das maximale Schlagvolumen bei Spitzenbelastungen zu errechnen. Gleichung 2.5 läßt sich wie folgt umstellen:

$$VO_{2max}/HR = SV \times \text{max a-}VO_2 \text{ diff.} \qquad (2.11)$$

Wenn man sich daran erinnert, daß die maximale arteriovenöse Differenz etwa 16 ml/100 ml Blut beträgt, kann das Schlagvolumen bestimmt werden. Die Daten in Tabelle 2.5 zeigen, daß sich der O_2-Puls einige Minuten lang im Bereich zwischen 29 und 30 ml/Schlag befand, wobei sich das maximale Schlagvolumen 190 ml näherte. Das Erreichen der kardialen Grenzwerte in den letzten 40 Sekunden des Tests (erkennbar an der Abnahme des O_2-Pulses auf 28,5 ml/Schlag) deuten auf eine Reduzierung des Schlagvolumens auf etwa 178 ml.

Sauerstoffverbrauch

Wir können VO_2-Daten sowohl absolut (l/min) als auch relativ zum Körpergewicht (ml/kg/min) ausdrücken. Die Angabe des Absolutwertes ist am unmißverständlichsten (Astrand, 1984), denn in diesem Fall können Veränderungen des Körpergewichts nicht als Veränderungen der VO_2 mißverstanden werden. Tabelle 2.6 zeigt einige der Schwierigkeiten, die bei der Interpretation von Daten in zwei Formaten auftreten können. Wir verwenden das Beispiel eines talentierten Läufers, der insgesamt dreimal, im Oktober, Februar und Juni, einem Leistungstest unterzogen wurde, während er einen Trainingsplan befolgte, demzufolge er seinen Leistungshöhepunkt im Juni erreichen sollte. Achten Sie darauf, daß sein Körpergewicht zwischen Oktober und Ende Februar konstant 60 kg betrug. Seine relative VO_{2max} verbesserte sich von 78 auf 82 ml/kg/min, eine Steigerung von (4/78) x 100 = 5,1 %. Seine absolute VO_{2max} stieg jedoch um (200/4.700) x 100 = 4,3 %, was einer Steigerung von 4.700 auf 4.900 ml/min entspricht. Zwischen März und Juni verlagerte sich sein Training allmählich zugunsten des Aufrechterhaltens der VO_{2max} und der Steigerung der anaeroben Kapazität. Dies schlug sich in einer im wesentlichen unveränderten absoluten VO_{2max} nieder - Anstieg um unbedeutende 1 %, von 4.900 auf 4.950. Sein Körpergewicht reduzierte sich allerdings von 60 auf 57 kg, eine Reduktion von (3/60) x 100 = 5 %. Die relative VO_{2max}, errechnet als 4.950/57 = 87 ml/kg/min, stieg um (5/82) x 100 = 6 %. Wenn wir die Verbesserung der VO_{2max} über den gesamten Zeitraum von Oktober bis Juni betrachten, dann betrug die Steigerung relativ gesehen (9/78) x 100 = 11,5 %, während die absolute Steigerung nur (250/4.700) x 100 = 5,3 % betrug.

Tabelle 2.5: Laufband-Auswertung eines Langstreckenläufers - physiologische Daten

	verstrichene Zeit	Herzfrequenz (Schläge/min)	O_2-Puls (ml/Schlag)	V_E (L/min)	VO_2 (ml/min)	VO_2 (ml/kg/min)	VCO_2 (ml/min)	R	$\frac{V_E}{VO_2}$	$\frac{V_E}{VCO_2}$	f_R	V_T (ml)	gesättigtes Hb (%)
7:30 Tempo	:20	125	21,9	70	2.739	40,3	2.418	,88	26	29	37	1.890	95
	:40	125	21,0	68	2.624	38,6	2.288	,88	26	30	42	1.610	94
	1:00	125	20,1	63	2.518	37,0	2.171	,85	25	29	42	1.500	94
	1:20	125	18,4	55	2.302	33,9	1.953	,85	24	28	33	1.660	95
	1:40	125	22,3	70	2.793	41,1	2.423	,86	25	29	42	1.670	93
	2:00	125	19,6	57	2.444	35,9	2.070	,84	23	27	33	1.730	94
6:40 Tempo	2:20	125	21,4	63	2.673	39,3	2.247	,84	24	28	44	1.440	95
	2:40	125	21,6	64	2.695	39,6	2.289	,84	24	28	37	1.710	94
	3:00	125	23,0	70	2.869	42,2	2.525	,88	25	28	38	1.850	93
	3:20	125	22,5	67	2.815	41,4	2.433	,87	24	28	40	1.680	94
	3:40	130	23,1	71	3.005	44,2	2.607	,87	24	27	40	1.770	94
	4:00	135	22,0	72	2.967	43,6	2.580	,88	24	28	41	1.780	93
	4:20	135	22,2	73	3.000	44,1	2.630	,88	24	28	44	1.860	93
	4:40	136	22,3	74	3.034	44,6	2.649	,87	25	28	42	1.770	93
	5:00	136	22,5	74	3.061	45,0	2.691	,88	24	28	36	2.060	93
6:00 Tempo	5:20	136	23,2	77	3.157	46,4	2.795	,88	24	28	45	1.740	94
	5:40	136	21,7	75	2.952	43,4	2.652	,90	25	28	43	1.760	94
	6:00	140	22,6	81	3.159	46,5	2.835	,90	26	29	45	1.810	94
	6:20	140	22,0	74	3.085	45,4	2.707	,87	24	27	40	1.870	93
	6:40	145	23,6	88	3.427	50,4	3.093	,91	26	29	44	1.990	93
	7:00	145	22,3	80	3.235	47,6	2.931	,91	25	27	36	2.230	93
	7:20	145	24,3	89	3.526	51,9	3.161	,90	25	28	42	2.130	94
	7:40	145	22,9	85	3.314	48,7	2.984	,89	26	28	42	2.020	92
	8:00	145	23,9	88	3.464	50,9	3.130	,90	25	28	40	2.190	92
5:30 Tempo	8:20	145	22,6	85	3.277	48,2	2.946	,90	26	29	44	1.940	92
	8:40	145	23,3	86	3.372	49,6	3.037	,90	26	28	41	2.080	92
	9:00	148	23,3	91	3.445	50,7	3.154	,91	27	29	43	2.140	94
	9:20	148	24,0	93	3.545	52,1	3.221	,92	26	29	42	2.210	92
	9:40	150	24,8	97	3.717	54,7	3.447	,92	26	28	42	2.300	93
	10:00	150	25,4	103	3.803	55,9	3.547	,93	27	29	45	2.280	91
	10:20	155	23,0	92	3.568	52,5	3.311	,93	26	28	39	2.350	93
	10:40	155	25,5	102	3.951	58,1	3.657	,93	26	28	39	2.620	92
	11:00	160	24,7	107	3.947	58,0	3.701	,93	27	29	45	2.400	92

(Fortsetzung)

verstrichene Zeit		Herz-frequenz (Schläge/min)	O_2-Puls (ml/Schlag)	V_E (L/min)	VO_2 (ml/min)	VO_2 (ml/kg/min)	VCO_2 (ml/min)	R	$\frac{V_E}{VO_2}$	$\frac{V_E}{VCO_2}$	f_R	V_T (ml)	gesättigtes Hb (%)
5:00 Tempo		11:20	160	22,5	99	3.602	53,0	3.414	,95	28	29	42	2.350	91
		11:40	160	23,9	103	3.828	56,3	3.540	,93	27	29	48	2.130	90
		12:00	167	23,0	106	3.848	56,6	3.595	,94	27	29	45	2.370	90
		12:20	167	23,0	106	3.849	56,6	3.628	,95	27	29	45	2.350	90
		12:40	167	24,9	113	4.159	61,2	3.956	,94	27	29	45	2.520	89
		13:00	167	25,0	119	4.177	61,4	4.093	,99	29	29	45	2.650	89
		13:20	167	23,6	108	3.941	58,0	3.800	,97	28	29	41	2.650	88
		13:40	167	24,5	120	4.084	60,1	3.989	,98	29	30	46	2.590	89
		14:00	167	25,2	113	4.206	61,9	4.005	,96	27	28	42	2.680	89
6:00 4%		14:20	167	25,8	122	4.313	63,4	4.143	,96	28	29	45	2.700	88
		14:40	167	23,9	114	3.989	58,7	3.853	,96	28	29	42	2.720	87
		15:00	167	24,7	117	4.130	60,7	3.978	,96	28	29	42	2.770	88
		15:20	167	25,2	112	4.207	61,9	3.938	,93	27	29	42	2.680	88
		15:40	167	25,1	114	4.192	61,7	3.942	,93	27	29	41	2.750	87
		16:00	167	23,9	111	3.987	58,6	3.789	,95	28	29	41	2.700	87
6:00 6%		16:20	167	25,7	121	4.299	63,2	4.130	,96	28	29	46	2.650	86
		16:40	167	26,2	120	4.377	64,4	4.210	,97	27	28	46	2.620	87
		17:00	167	28,1	129	4.694	69,0	4.501	,96	27	29	45	2.860	88
		17:20	170	26,7	128	4.534	66,7	4.458	,99	28	29	43	2.990	87
		17:40	170	27,6	131	4.700	69,1	4.622	,99	28	28	45	2.920	86
		18:00	170	28,4	138	4.826	71,0	4.785	1,00	29	29	47	2.930	85
6:00 8%		18:20	170	26,8	122	4.549	66,9	4.464	,99	27	27	45	2.690	85
		18:40	170	29,5	145	5.010	73,7	5.025	1,00	29	29	48	3.020	86
		19:00	170	28,9	142	4.921	72,4	5.006	1,02	29	28	47	3.050	87
		19:20	180	28,2	151	5.083	74,8	5.249	1,02	30	29	50	3.060	87
		19:40	180	29,0	154	5.216	76,7	5.431	1,04	30	28	51	3.040	84
		20:00	180	28,0	149	5.044	74,2	5.238	1,03	30	29	48	3.100	84
6:00 10%		20:20	180	29,0	159	5.219	76,8	5.489	1,04	31	29	53	3.040	85
		20:40	180	29,3	162	5.266	77,4	5.589	1,07	31	29	53	3.080	84
		21:00	180	29,1	165	5.229	76,9	5.672	1,09	31	29	54	3.050	84
		21:20	180	29,2	164	5.251	77,2	5.659	1,07	31	29	54	3.030	83
		21:40	180	30,7	175	5.532	81,4	6.054	1,10	32	29	57	3.070	85
		22:00	180	29,7	172	5.354	78,7	5.935	1,10	32	29	57	3.000	84
11%		22:20	180	29,5	170	5.307	78,0	5.918	1,10	32	29	57	2.990	82
		22:40	188	28,6	177	5 377	79,1	6.119	1,15	33	29	60	2.960	80
		23:00	188	28,4	176	5.332	78,4	6.070	1,15	33	29	62	2.850	76
Erholung		23:20	188	26,6	172	5.006	73,6	5.744	1,14	34	30	61	2.820	78
		23:40	188	17,0	130	3.192	46,9	3.747	1,18	41	35	50	2.600	86
		24:00	150	18,0	114	2.707	39,8	3.218	1,19	42	35	51	2.250	87
		24:20	150	18,2	123	2.735	40,2	3.618	1,33	45	34	50	2.460	88
		24:40	125	18,8	93	2.344	34,5	3.330	1,42	40	28	32	2.900	89
		25:00	125	16,6	97	2.071	30,5	2.987	1,45	47	32	39	2.470	93
		25:20	115	17,8	97	2.045	30,1	2.991	1,45	47	32	39	2.500	92
		25:40	115	15,7	87	1.802	26,5	2.544	1,43	48	34	39	2.200	91
		26:00	115	14,5	82	1.670	24,6	2.343	1,39	49	35	41	2.020	93

Tabelle 2.6: Die Angabe der VO_{2max} in absoluten und relativen Werten

Datum der VO_2-Messung	Oktober	Februar	Juni
Körpergewicht (kg)	60	60	57
Absolutwert der VO_{2max} (ml/min)	4.700	4.900	4.950
Veränderung der absoluten VO_{2max} in %	⊢——— +4,3 ———⊣	⊢——— +1,0 ———⊣	
Relativer Wert der VO_{2max} (ml/kg/min)	78	82	87
Veränderung der relativen VO_{2max} in %	⊢——— +5,1 ———⊣	⊢——— +6,0 ———⊣	

Wir könnten die VO_{2max} unseres Läufers in Tabelle 2.5 als den größten beobachteten VO_2-Wert ansehen, der 81,4 ml/kg/min beträgt. Wenn wir den Mittelwert dieses Wertes und der folgenden vier Werte bilden, erhalten wir die sogenannte mittlere aufrechtzuhaltende VO_{2max} von 79,1 ml/kg/min. Die Dauer dieses Plateaus ist ein wichtiger Indikator der anaeroben Belastbarkeit, denn wenn einmal die VO_{2max} erreicht ist, liefert der anaerobe Stoffwechsel die Energie, die für die Fortsetzung der Belastung nötig ist. Worin besteht der Irrtum bei derartigen VO_2-Messungen? Variabilität ist eine Lebens- und Meßtatsache, und die Fähigkeit, Veränderungen von $VO_{2submax}$- und der VO_{2max}-Werten, die eigentlich Verbesserungen und Verschlechterungen der Fitneß repräsentieren, zu identifizieren, muß unter dieser Einschränkung gesehen werden. In der gegenwärtigen Ära exzellenter Technologie wird in den meisten Laboratorien sehr auf eine genaue Eichung, das Aufrechterhalten einer konstanten Raumtemperatur und Luftfeuchtigkeit zur Testwiederholung sowie auf eine konstant hohe Kompetenz der Techniker geachtet. Dennoch sind VO_{2max}-Werte ein und desselben Athleten, die an zwei verschiedenen Tagen erhoben wurden, nicht identisch. Nur bis 10 % der Variation sind durch technische Variabilität bedingt. Die restlichen 90 % der Variabilität sind biologisch verursacht, das heißt, sie sind in der Testperson begründet. Gibson, Harrison und Wellcome (1979) vermuteten, daß der Variationskoeffizient der VO_{2max} im Rahmen von +/-3 % gehalten werden kann. Wir haben ähnliche Erfahrungen gemacht. Wenn man also von einer VO_{2max} von 81,4 ml/kg/min ausgeht, können Abweichungen von 3 % (d.h. Werte zwischen 79,0 und 83,8) nicht mit Sicherheit auf das Training zurückgeführt werden, denn sie fallen in den zu erwartenden Fehlerbereich des Systems.

Laufökonomie

Der erste Teil des Stufentests dient hauptsächlich der Messung des Sauerstoffverbrauchs bei einer Serie von submaximalen Geschwindigkeiten, wodurch sich die Laufökonomie, wie von Daniels (1974) definiert, bestimmen läßt. Achten Sie darauf, daß in der Zusammenfassung der Daten in Tabelle 2.5 eine Aufwärmphase mit einer Geschwindigkeit von 4:40/km enthalten ist. Im Anschluß an dieses Aufwärmen wird die Ökonomie bestimmt, indem bei den vier

Laufgeschwindigkeiten von 4:09, 3:44, 3:25 und 3:06 min/km (14,5, 16,1, 17,6 und 19,4 km/h) je drei Minuten lang VO_2-Daten erhoben ˙ werden. Dieser Geschwindigkeitsbereich umfaßt den aeroben Bereich des betreffenden Sportlers während aller Trainingseinheiten mit Ausnahme von Trainingseinheiten auf der Bahn mit höheren Geschwindigkeiten. Bei unseren Läuferinnen verwenden wir Geschwindigkeiten von 4:22, 3:52, 3:32 und 3:12/km, um die Laufökonomie zu messen. Diejenigen, die eigene Testprotokolle entwickeln wollen, die der Leistungsfähigkeit ihrer Athleten am besten entsprechen, können dies tun, indem sie auf den Gleichungen 2.2 und 2.3 basierende Richtlinien des American College of Sports Medicine zurückgreifen.

Achten Sie in Tabelle 2.5 darauf, daß die Anpassung an jede Belastungsstufe nicht sofort erfolgt und daß sich die Ergebnisse der Analysen der Ausatmungsluft meßbar nach oben bewegen. Unsere Erfahrungen mit diesen Belastungsstufen für hochtrainierte Läufer besagen, daß für die angegebenen Geschwindigkeiten die Anpassungen nach drei Minuten ausreichend sind und daß sich die VO_2- oder VCO_2-Werte nach 4 min nicht nennenswert von den nach 3 min gemessenen unterscheiden. Wenn wir unsere Athleten also nur so lange wie nötig mit diesen submaximalen Geschwindigkeiten laufen lassen, verringert dies die Langeweile während des Tests und reduziert auch die Gesamt-Schweißausscheidung. Wir schätzen den submaximalen O_2-Bedarf (Ökonomie) bei jeder Geschwindigkeit als den Durchschnittswert der drei im Abstand von je 20 sec gewonnenen Daten während der letzten Minute des Laufes mit dieser Geschwindigkeit. Unter Rückgriff auf das statistische Verfahren der Regressionsanalyse kann unter Verwendung der vier Geschwindigkeitspaare und der VO_2-Daten, die den O_2-Verbrauch eines jeden Läufers bei steigender Belastung am besten beschreiben, eine Gleichung aufgestellt werden. So läßt sich z.B. unter Verwendung der linearen Regression eine Gleichung des Typs

$$y = mx + b \qquad (2.12)$$

bilden, bei der y = O_2-Bedarf, b = der Abschnitt auf der Y-Ordinate, x = Geschwindigkeit und m = Neigung der Gerade des besten Fitts der Daten ist.

Die Regressionsgleichung, die aufgrund der während des Laufens auf ebenem Untergrund gewonnenen Daten aufgestellt wurde, erlaubt eine Extrapolation der Geschwindigkeit des Laufens auf ebenem natürlichem Untergrund, mit der der Sportler im Bereich der VO_{2max}-Intensiät laufen würde. Man braucht nur den VO_{2max}-Wert in die Gleichung einzusetzen, umzustellen und nach der Geschwindigkeit hin aufzulösen. Der gewonnene Wert ist die sogenannte Geschwindigkeit im Bereich der VO_{2max} oder $v\text{-}VO_{2max}$. Dieser Wert kann aus Trainer-Sicht sehr nützlich sein, da, wie bereits früher beschrieben, bei Verbindung mit anderen Werten, wie z.B. der Geschwindigkeit im Bereich der Laktat-/ventilatorischen Schwelle, Tempobereiche für die vier in Abbildung 2.2 identifizierten Trainingsbereiche (die genauer in Kapitel 3 beschrieben werden) festgelegt werden können. Eine derartige Extrapolation ist allerdings nur dann valide, wenn die Veränderungsrate des O_2-Verbrauchs außerhalb des Bereichs der gemessenen Daten der gleichen mathematischen Beziehung folgt wie innerhalb des Bereichs.

Stellen wir als Beispiel die Hypothese auf, die Beziehung zwischen dem O_2-Verbrauch und der Geschwindigkeit sei nicht linear, sondern stattdessen krummlinig. Wenn der zur Bildung der Regressionsgleichung verwendete Tempobereich relativ langsame Laufgeschwindigkeiten enthält und nicht breit genug ist, um die Krummlinigkeit am anderen Ende, an dem die VO_{2max} auftritt, völlig zu charakterisieren, dann wird das v-VO_{2max}-Tempo überschätzt. Wenn jedoch die Beziehung zwischen Laufgeschwindigkeit und O_2-Verbrauch durchweg linear ist, dann wird das extrapolierte v-VO_{2max}-Tempo genau sein

Ist die Beziehung zwischen der Laufgeschwindigkeit und dem O_2-Verbrauch linear oder krummlig? Daniels (1985, S. 333) gibt hierauf eine ausweichende Antwort, wenn er behauptet, daß „die seit 1950 geleistete Forschungsarbeit *im allgemeinen* das Konzept einer linearen oder *nahezu linearen* Beziehung ... während des *submaximalen* Laufens, bei dem der Energiebedarf aerob gedeckt wird und die Spannbreite der Laufgeschwindigkeiten *eher eingeschränkt* ist, stützt" (Betonungen hinzugefügt). Während somit in einer Untersuchung Leistungstabellen erzeugt wurden, bei denen eine krummlinige Beziehung zwischen VO_2 und der Geschwindigkeit (Daniels & Gilbert, 1979) verwandt wurde, verwendeten folgende Untersuchungen, deren typisches Beispiel eine Untersuchung an Mittel- und Langstreckenläuferinnen von Daniels, Scardina, Hayes & Foley aus dem Jahr 1986 ist, eine lineare Regression, um die gleiche Beziehung zu beschreiben. Diese Unbeständigkeit in der Datenanalyse sogar unter einzelnen Forschern zeigt, daß es sich letztlich noch nicht mit Sicherheit sagen läßt, ob die Beziehung zwischen VO_2 und Laufgeschwindigkeit bei Menschen in ihrem gesamten Bereich linear oder krummlinig ist. Die gegenwärtigen Daten deuten fast schon eher auf eine Krummlinigkeit hin. Wäre die Beziehung in ihrem gesamten Verlauf linear, würden die Regressionslinien der meisten Forscher, die die Bewegungsökonomie von Langstreckenläufern untersuchen, im wesentlichen parallel verlaufen. Der einzige Unterschied wäre, daß die Linien der effizienteren Läufer aufgrund ihres reduzierten O_2-Verbrauchs bei submaximalen Geschwindigkeiten unterhalb derjenigen der weniger effizienten Läufer verlaufen würden. Dies scheint nicht der Fall zu sein; sowohl Daniels (1985) als auch Kearney und Van Handel (1989) behaupten oder zitieren Informationen aus anderen veröffentlichten Untersuchungen, die darauf hindeuten, daß eine Spannbreite schnellerer Laufgeschwindigkeiten sich in einem steilen Anstieg niederschlägt als eine Spannbreite niedrigerer Laufgeschwindigkeiten.

Eine plausible Erklärung hierfür ist, daß die verschiedenen Datensätze aus unterschiedlichen Bereichen der Beziehung zwischen VO_2 und Belastung gewonnen wurden, die aufgrund des Einflusses anderer Faktoren (wie z.B. der Auswirkungen anaerober Energieanforderungen und der Laufmechanik) schwankt. Die häufig zu findende Vermutung einer linearen Beziehung zwischen O_2-Verbrauch und Belastung kann daher auf Daten basieren, die aus einer eher schmalen Spannbreite submaximaler Belastungsintensitäten stammen. Obwohl also die Untersuchungen von Cavagna und Margaria zur Beziehung zwischen O_2-Verbrauch und Belastung, denen zufolge pro Kilogramm Körpergewicht und pro Kilometer submaximal gelaufener Distanz 1 kcal Energie benötigt wird (Cavagna, Saibene & Margaria,

1964; Margaria, Cerretelli, Aghemo & Sassi, 1963), häufig zitiert werden, braucht diese Linearität für einen Energiebedarf jenseits der Laktat-/ventilatorischen Schwelle und im Bereich der VO_{2max} nicht zuzutreffen.

Es sind also offensichtlich weitere Forschungen in diesem Bereich nötig, um die Details der Beziehung zwischen O_2-Verbrauch und Belastung näher zu beleuchten. Um bei der Vorbereitung nützlicher Regressionsgleichungen zur Extrapolation des v-VO_{2max}-Tempos bei Verwendung einer linearen Regression eine möglichst hohe Genauigkeit zu erzielen, sollte das schnelle Ende der Spannbreite submaximaler Geschwindigkeiten nicht zu weit von der VO_{2max} entfernt sein. Wenn eine krummlinige Regression verwandt wird, bedarf es einer ausreichend großen Tempo-Spannbreite (einschließlich Belastungen höherer Intensität), um das Ausmaß der Krummlinigkeit zu identifizieren. Es kann sein, daß Trainer ihre Athleten einem Zeitkontrollauf auf der Bahn unterwerfen wollen, der zwischen 10 und 12 min lang ist. Dies ist der längste Zeitraum, über den die VO_{2max} aufrechterhalten werden kann. Die Kenntnis der zurückgelegten Strecke und der benötigten Zeit ermöglicht eine gute Bestimmung der v-VO_{2max}. Dies kann als Kontrolle der Genauigkeit der Interpretation der Laufbanddaten dienen.

Welche Faktoren können die Laufökonomie verändern, und wie kann Training die Laufökonomie verbessern? Es wurde vermutet, daß ein Training der anaeroben Kapazität (wiederholte kürzere, schnellere Laufintervalle) die Laufökonomie verbessert (Daniels, 1985), aber der gleiche Autor behauptet an anderer Stelle (Daniels, 1986), daß „Training, wenn überhaupt, nur eine minimale Rolle bei der Laufökonomie spielt" (S. 66). Die spezifischen Trainingsarten, die die Laufökonomie verbessern können, bedürfen somit noch der klaren Identifizierung. Intuitiv könnte man vermuten, daß die größeren Umfänge aeroben Konditionstrainings, die die Fähigkeit eines Läufers zur Bewältigung gesteigerter Trainingsbelastungen in einer Entwicklungssaison ausbilden, zu einer Verbesserung der Fitneß, Kraft und Koordination führen, was sich in einer verbesserten Ökonomie des O_2-Verbrauchs niederschlägt. Aber diese These ist nicht leicht zu dokumentieren. Die Untersuchungen von Scrimgeour, Noakes, Adams und Myburgh (1986), die besagen, daß Sportler, die weniger als 60 km/Woche trainieren, über eine 19 % schlechtere Laufökonomie verfügen als Läufer, die mehr als 100 km/Woche laufen, könnten diese Vermutung bestätigen. Aber diejenigen, die weniger als 60 km/Woche bewältigen, wurden nicht aufgefordert, ihren durchschnittlichen Trainingsumfang für einen längeren Zeitraum auf mehr als 100 km/Woche zu heben, um herauszufinden, ob aerobes Laufen bei dieser besonderen Personengruppe tatsächlich eine Verbesserung der Laufökonomie bewirkt. Es kann sein, daß die Sportler mit dem hohen Trainingsumfang das Training ganz einfach besser bewältigen können als die Athleten mit den niedrigeren Trainingsumfängen, weil sie bereits vor Aufnahme des Trainings über eine bessere Laufökonomie verfügten.

Es scheint zwischen Männern und Frauen mit ähnlichem Training kein Unterschied hinsichtlich der Laufökonomie zu bestehen (Davies & Thompson, 1979), aber die Frage, wie man vergleichbares Training zwischen den beiden Geschlechtern bestimmt, wird noch immer untersucht. Viele Faktoren, die mit dem Training nichts zu tun haben, können ebenfalls die Bewegungsökonomie beeinträchtigen. Regenwetter erhöht z.B. das Gewicht von Socken und Schuhen, wodurch der O_2-Verbrauch zu- und die Laufökonomie abnimmt. Das Tragen leichterer Rennschuhe anstelle schwererer Trainingsschuhe reduziert den O_2-Verbrauch bei submaximalen Geschwindigkeitsbereichen und verbessert daher die Laufökonomie. Wir empfehlen unseren Athleten, bei einem Stufentest leichte Rennschuhe zu tragen, einmal aus Gründen der Konsistenz und zum anderen, weil sie sie auch in Wettkämpfen tragen.

Laktat-/ventilatorische Schwelle

Eine vollständige Erklärung der möglichen Beziehungen zwischen belastungsbedingten ventilatorischen Veränderungen und der Laktatproduktion im arbeitenden Muskel wurde bislang noch nicht vorgelegt. Die Schwellenanhebungen im Bereich Blutlaktat und Ventilation (den meisten bekannt als die Laktat-/ventilatorische Schwelle) zeigen bei metabolisch normalen Personen eine enge Korrelation und treten parallel auf (Caiozzo et al., 1982; Clode & Campbell, 1969; Davis, Vodak, Wilmore & Kurtz, 1976). Wenn aus der Perspektive des Sportlers einer der leistungsbegrenzenden Faktoren das steigende subjektive Gefühl des ventilatorischen Unbehagens ist, kann diese erhöhte respiratorische Belastung eine wichtigere Meßvariable sein als eine blutchemische Variable wie Laktat, obwohl es vermutlich die Azidose ist, die den gesteigerten ventilatorischen Antrieb initiiert. Laboratorien, die sich auf leistungsphysiologische Untersuchungen spezialisiert haben, können häufig sowohl die Laktat- als auch die ventilatorische Schwelle messen. Die bei der Quantifizierung von Blutlaktat vorhandenen Probleme, die weiter unten beschrieben werden, können seine Messung unpraktikabler machen als die Messung der ventilatorischen Veränderungen. Die individuelle, von Person zu Person auftretende Variabilität kann manchmal dazu führen, daß die eine oder die andere Variable weniger leicht zu bestimmen ist. Dies ist ein weiterer Grund dafür, daß hin und wieder beide Variablen während eines Stufentests gemessen werden. Die bevorzugte Messung scheint von der grundsätzlichen Forschungsneigung der Testleiter wie dem Wesen des Belastungstestprotokolls (d.h. Fahrradergometer- oder Laufbandergometeruntersuchung, Labor- oder Feldtest) abzuhängen.

Die ventilatorische Schwelle kann am besten bestimmt werden, indem man die Beziehung zwischen V_E und steigender Belastung graphisch darstellt, um die Veränderung des linearen Anstiegs von V_E zu identifizieren. Oft übertrifft zum gleichen Zeitpunkt die VCO_2-Produktion die VO_2-Ausnutzung, und auch dies kann graphisch dargestellt werden. Anhand derartiger Kurven identifizierten wir die ventilatorische Schwelle unseres Athleten in Tabelle 2.5 im Bereich von 72 ml/kg/min. Dies entspricht etwa 88,5 % seiner absoluten VO_{2max} und 91 % seiner durchschnittlichen tolerierbaren VO_{2max}.

Die ventilatorischen Äquivalente wurden auch verwendet, um daraus die Vermutung abzuleiten, daß - ganz gewiß auf Meereshöhe - die Ventilation bei Sportlern mit gesunder Lunge wahrscheinlich keinen limitierenden Faktor der Laufleistung darstellt. Vergleichen wir die Ruhe-V_E- und -VO_2-Werte einer gesunden Person (5 l/min und 0,25 l/min) mit den V_E- und VO_2-Werten unseres trainierten Läufers in Tabelle 2.5 bei maximaler Belastung (177 l/min und 5,5 l/min). Wir können V_E/VO_2 als von $5/0,25 = 20$ auf $177/5,5 = 32$ ansteigend errechnen. Beachten Sie, daß der Anstieg der Ventilation stärker ist als der des O_2-Verbrauchs. Maximale Belastungen werden daher eher durch den kardiovaskulären O_2-Transport oder die Gewebsausnutzung als durch die ventilatorische Effektivität begrenzt.

Blutlaktatmessung

Die Blutlaktatanalyse wurde in den 80er Jahren mit der Entwicklung ausreichend genauer und schneller enzymatischer Mikroanalysetechniken vereinfacht. Bei diesen Verfahren reicht ein kleines Aliquot Kapillarblut, welches aus der Fingerspitze oder dem Ohrläppchen entnommen wird, aus. Die Athleten ziehen eine derartige Blutentnahme im Falle einer Serienentnahme bei unterschiedlichen Belastungsstufen im Verlaufe eines Laufbandtests oder nach Feldtestläufen auf einer Bahn der Entnahme mittels einer Spritze oder eines festsitzenden Gefäßkatheters vor. Es ist diese Einfachheit, die sehr wahrscheinlich die enorme Flut wissenschaftlicher Literatur zur Quantifizierung des Beginns der Blutlaktatanhäufung während Belastung ausgelöst hat.

Bei derartigen Analysen gibt es eine Reihe von Schwierigkeiten. Erstens bevorzugen Athleten eine wettkampfähnliche, ununterbrochene Laufbandbelastung, die offensichtlich bei derartigen Analysen nicht möglich ist. Die Analyse des Kapillarblutes ist im Gegensatz zur Analyse des venösen Blutes mit Nachteilen behaftet. So ist das Blut, das nach der Punktierung mit einer Lanzette entnommen wird, sicherlich mit interstitieller Flüssigkeit und möglicherweise auch mit Schweiß verunreinigt. Schließlich ist das Blut nur dann wirklich arterialisiert (das heißt, Arteriolen wurden durchtrennt) und stammt nicht vorwiegend aus den Kapillaren, wenn die Lanzettpunktur so fest ist, daß reichlich freifließendes Blut austritt. Der erste Tropfen ist mit interstitieller Flüssigkeit verunreinigt und muß daher weggewischt werden. Sodann muß die Entnahme zügig erfolgen, bevor das Blut an der Austrittsstelle gerinnt. Die Entnahmestelle darf nicht massiert werden, um den Blutfluß zu verstärken; dies würde die Blutzusammensetzung ändern. Drittens muß zusammen mit der Laktatprobe eine zweite Probe zur Hämoglobin- und Hämatokritanalyse entnommen werden.

Warum muß die Hämoglobinkonzentration bestimmt werden, wenn die Laktatveränderungen von Interesse sind? Die Antwort ist einfach, daß bei körperlicher Belastung große Flüssigkeitsmengen aus der Blutbahn abfließen und infolgedessen Hämoglobin zur Quantifizierung des Ausmaßes dieser Hämokonzentration gemessen werden muß. Während eines Laufbandtests, der maximal etwa 20 Minuten dauert, ist der Plasmavolumenverlust primär auf den Schweißverlust zurückzuführen (bis zu 1.360 g) (Martin, Vroon & Sheard, 1989). Bei längeren Belastungen, vor allem bei warmem Wetter, können sowohl der Schweißverlust als auch die osmolare Bewegung des Wassers aus der Blutbahn aufgrund einer gesteigerten Elektrolytanhäufung im Plasma und der Bewegung von Plasmaprotein in die interstitielle Flüssigkeit bis zu 15 % des Plasmavolumens betragen (Nadel, 1988).

Aufgrund dieser Hämokonzentration, selbst wenn es zu keiner Laktatsteigerung aufgrund des anaeroben Metabolismus bei Belastung kommt, erscheint die Blutlaktatkonzentration in einer Nachbelastungsprobe höher als in einer Probe, die vor der Belastung entnommen wurde, da der letztgenannte Laktatwert als Millimol oder Milligramm pro Einheit eines mittlerweile reduzierten Blutvolumens ausgedrückt wird. Diese Hämokonzentration schwankt bei Läufern zwischen 5 % oder weniger und maximal 13 % (Martin et al., 1989). Sie scheint nicht vom Fitneßgrad oder vom Geschlecht abzuhängen, und sie kann selbst bei Personen, deren Ausdauertestleistungen auf dem Laufband ähnlich sind, erheblich schwanken.

Dill und Costil (1974) beschrieben, wie eine Korrektur unter Berücksichtigung der Hämokonzentration erfolgen kann, indem man bei beiden Blutproben (vor und während oder nach der Belastung) das Hämoglobin mißt. Um eine konsistente Analyse und ein adäquates Probevolumen sicherzustellen, ist eine Venenpunktur geeignet. Die prozentuale Hämokonzentration einer während oder nach der Belastung abgenommenen Blutprobe als Ergebnis des Volumenverlusts wird durch die folgende Gleichung angegeben:

$$\% \text{ Hämokonzentration} = 100 - [(\text{Vortest-Hb}/\text{Test-Hb}) \times 100] \qquad (2.13)$$

Zur Korrektur des während oder nach dem Test gemessenen Laktatwertes hinsichtlich der Hämokonzentration ist die folgende Gleichung geeignet:

$$\text{Korrigierter Laktatwert} = (\text{Vortest-HB}/\text{Test-HB}) \times \text{Nachtest-Laktat} \qquad (2.14)$$

Ein Beispiel aus unseren eigenen unveröffentlichten Daten kann helfen, dieses Konzept zu illustrieren. Eine unserer Spitzenmarathonläuferinnen absolvierte einen Laufbandtest, der etwas länger als 20 Minuten dauerte. Ihre VO_{2max} betrug 72 ml/kg/min. Ihre Vor- und Nachtest-Hämoglobinwerte waren 13,3 bzw. 15,0 mg/dl. Ihr maximaler Nachtest-Blutlaktatwert betrug 88 mg/dl (9,8 mmol/l). Ihre prozentuale Hämokonzentration kann errechnet werden als

$$\% \text{ Hämokonzentration} = 100 - [(13,3/15,0) \times 100] = 11,3 \% \qquad (2.15)$$

Wenn wir ihren maximalen Nachtest-Laktatwert unter Berücksichtigung dieser Hämokonzentration korrigieren, ergibt sich folgendes:

$$\text{Korrigierter Laktatwert} = (13,3/15,0) \times 88 = 78,1 \text{ mg/dl } (8,7 \text{ mmol/l}) \qquad (2.16)$$

In publizierten Untersuchungen der Blutlaktatkonzentration von Läufern während oder nach der Belastung scheinen derartige Volumenkorrekturen unter Berücksichtigung der Hämokonzentration normalerweise nicht gemacht worden zu sein (z.B. Fay, Londeree, LaFontaine & Volek, 1989; Sjodin & Jacobs, 1981; Sjodin & Svedenhag, 1985). Dies verhindert eine genaue Messung des tatsächlichen Ausmaßes des Blutlaktatanstiegs als Ergebnis unterschiedlicher Belastungsintensitäten; es verstärkt auch den Fehler bei der Festlegung der Trainingsgeschwindigkeiten auf Basis vorgegebener Blutlaktatkonzentrationen wie z.B. von 4 mmol/l.

Maximale Leistungsfähigkeit

Obwohl der O_2-Verbrauch schließlich einen Höhepunkt und ein Plateau erreicht, steigern bei trainierten Mittel- und Langstreckenläufern, die hohen Belastungen unterworfen werden, anaerobe Beiträge aus zusätzlich rekrutierten FT-Fasern die Gesamtleistung. Diese anaerobe Leistungsfähigkeit ist ein entscheidender Aspekt der physiologischen Wettkampfbereitschaft eines Sportlers und verdient daher eine sorgfältige Messung. Aus diesem Grund fordern wir unsere Athleten auf, bei den Laufbandtests wirklich so lange wie nur irgend möglich durchzuhalten. Erinnern Sie sich aus Kapitel 1, daß die durch H^+-Ionen induzierte Hemmung der Bindung von Ca^{++} an Troponin in den Muskelfilamenten sowie die reduzierte ATP-Produktion, die auf die durch H^+-Ionen induzierte Blockade des Phosphofruktokinase-Enzyms im Rahmen der Glykolyse zurückzuführen ist, nicht nur die Spannungserzeugung, sondern auch deren Auslöser unterbinden. Untersuchungen haben gezeigt, daß bei intensiven Belastungen der intrazelluläre Muskel-pH-Wert bis auf 6,2 fallen kann, wobei die Plasmawerte 6,8 betragen können (Hermansen & Osnes, 1972). Wir nehmen diese Azidose subjektiv wahr. Die steigende metabolische Azidose wird somit zu einer unerträglichen Belastung. Die Frage, wodurch körperliche Aktivität begrenzt wird, läßt sich daher möglicherweise leichter subjektiv beantworten als eine symptom-limitierende Situation, die mit dem Empfinden einer unerträglichen Belastung in den Extremitäten- oder Atemmuskeln einhergeht (Jones, 1988). Wir können die anaeroben Reaktionen von einem Test zum anderen auf verschiedene Weise messen. Die vielleicht quantitativste Methode ist das Messen des Sauerstoffdefizits mittels eines von Medbø et al. (1988) beschriebenen Protokolls. Aber aufgrund der Daten in Tabelle 2.5 können noch andere Beobachtungen gemacht werden. Eine betrifft die Dauer des Aufrechthaltens des VO_{2max}-Plateaus. Ferner kann die Zeitdauer verglichen werden, während der der Sportler mit einem CO_2/O_2-Verhältnis (R) höher als 1, welches die respiratorische Kompensation einer steigenden metabolischen Azidose anzeigt, arbeitet, und der während des Tests erreichte maximale R-Wert kann bestimmt werden. Drittens können die in verschiedenen Tests erreichten VCO_{2max}-Werte genau wie die VO_{2max}-Werte verglichen werden. Viertens bietet sich ein Vergleich der maximalen Blutlaktatwerte 5 Minuten nach Testende an. Während ein effektives Ausdauertraining zu niedrigeren Blutlaktatkonzentrationen auf jeder beliebigen submaximalen Belastungsstufe führen sollte, deutet ein höherer maximaler Laktatwert auf eine höhere anaerobe Belastungstoleranz hin (Holloszy & Coyle, 1984). Schließlich könnte fünftens die Stabilität des Athleten in der Phase unmittelbar vor Testabbruch subjektiv analysiert werden: Bleibt die Laufform während des Tests gleich, oder beginnt sie zusammenzubrechen?

Bei unserem Sportler, dessen Daten in Tabelle 2.5 dargestellt sind, zeigt sich, daß

- sein zu tolerierendes VO_{2max}-Plateau 80 sec anhielt;
- sein maximaler R-Wert 1,15 betrug und er 4:40 min über einem R-wert von 1,0 lag;
- seine VCO_{2max} 6,119 ml/min bzw. 96 ml/kg/min betrug; und

- sein maximaler Blutlaktatwert 119 mg/dl (13,2 mmol/l) nach Korrektur hinsichtlich einer Hämokonzentration von 9,1 % während des Tests betrug.

Zusammenfassung

1. Zwei wichtige Aufgaben des kardiovaskulären Systems, des pulmonalen Systems und des Blutes sind der Transport von Brennstoffen zu den arbeitenden Muskeln, einschließlich des Transports von O_2 für ihre vollständige Verstoffwechselung, sowie die Entfernung der resultierenden Stoffwechselprodukte. Zu diesen Produkten gehören flüchtige Säuren wie CO_2 und nichtflüchtige Säuren wie Laktat.

2. Faktoren wie der maximale Sauerstoffverbrauch (VO_{2max}), die Fähigkeit, lange mit einer Intensität in der Nähe der VO_{2max} bei geringer Laktatanhäufung zu arbeiten, und die Fähigkeit, kurzfristig mit Intensitäten, die die VO_{2max}-Intensität weit übersteigen, zu arbeiten, sind (in Abhängigkeit vom jeweiligen Fitneßgrad) durch Reize auf das kardiopulmonale System sowie Muskel- und Skelettsystem alle mehr oder weniger trainierbar. Allerdings ist auch eine genetische Komponente zu berücksichtigen. Die Netto-Effekte des Trainings und des Talents verbinden sich mit der psychischen Bereitschaft des Athleten und seinen taktischen Kenntnissen und bringen in der Summe einen guten Wettkämpfer hervor.

3. Das Zusammenwirken all dieser Faktoren macht deutlich, warum in einer homogenen Population talentierter und trainierter Ausdauerläufer, die alle über exzellente Wettkampfergebnisse verfügen, kein einziger dieser physiologischen Leistungsaspekte alleine die Überlegenheit eines Athleten über den anderen erklärt.

4. Training führt zu spezifischen Anpassungen des kardiovaskulären und pulmonalen Systems sowie des Blutes, die zu einer Verbesserung der maximalen Sauerstoffaufnahmefähigkeit (VO_{2max}), einem Anstieg der Laktat-/ventilatorischen Schwelle und einer Verbesserung der Laufökonomie sowie der maximalen anaeroben Kapazität führen können. Derartige Verbesserungen steigern direkt die aerobe und anaerobe Leistungsfähigkeit. Es kommt zu einem Anstieg des Blutvolumens, wodurch eine bessere Gewebedurchblutung und ein größeres Flüssigkeitsreservoir zur Schweißproduktion und Verdünnung metabolischer Säuren erzeugt werden. Die Ventrikelkammern des Herzens erweitern sich, um pro Schlag ein größeres Volumen zu befördern. Dies führt zu einem großen Herzminutenvolumen bei einer minimalen Steigerung der Herzfrequenz, wodurch zwischen den einzelnen Schlägen eine optimale Zeitspanne zur Versorgung des Herzgewebes mit Blut über die Koronargefäße sichergestellt wird. Eine verbesserte Durchströmung ermöglicht eine gesteigerte O_2-Ausschöpfung des Blutes, was

sich in einer gesteigerten arteriovenösen Sauerstoffdifferenz niederschlägt. Die Lungen sind imstande, das Blut während aller Belastungen (mit Ausnahme der hochintensiven) so vollständig mit Sauerstoff anzureichern wie in Ruhe.

5. Die VO_{2max} wird durch die Herzfrequenz, das Schlagvolumen und das Ausmaß der Sauerstoffausschöpfung des Blutes bestimmt. Frauen verfügen über eine niedrigere VO_{2max} als Männer, da die O_2-Transportkapazität geringer ist. Die VO_{2max} nimmt mit dem Alter ab. Bei trainierten Mittel- und Langstreckenläufern der Spitzenklasse kann die VO_{2max} mehr als doppelt so hoch wie bei Untrainierten sein. Sowohl Training als auch Vererbungsfaktoren tragen zu dem beobachteten Unterschied bei.

6. Die Laktat-/ventilatorische Schwelle kann sich auf eine von zwei Belastungsintensitäten beziehen, bei denen sich verändernde Einflüsse des anaeroben Stoffwechsels zur Ergänzung des aeroben Stoffwechsels beobachten lassen. Bei Mittel- und Langstreckenläufern wird die Belastungsintensität, die durch den Beginn der Blutlaktatanhäufung gekennzeichnet ist und normalerweise von einer Ventilationssteigerung begleitet wird, im allgemeinen als Komponente des Trainingsplans verwendet, dessen Ziel darin besteht, die Wettkampfleistung über längere Strecken zu verbessern. Diese Schwelle tritt nicht immer bei einer Blutlaktatkonzentration von 4 mmol/l auf, wie oft behauptet wird, sondern schwankt von Individuum zu Individuum und auch bei ein und derselben Person als Folge des Trainings. Wenn sich der Trainingszustand eines Läufers verbessert, steigt nicht nur seine VO_{2max} an, sondern auch seine Laktat-/ventilatorische Schwelle, sowohl absolut als auch als Prozentsatz der VO_{2max} gesehen.

7. Aufgrund der vielschichtigen Bedeutung des Eisens im aeroben Stoffwechsel ist eine angemessene Eisenversorgung für langfristige Erfolge im Ausdauerbereich entscheidend. Eisen ist ein Bestandteil der Hämoglobin- und Myoglobinmoleküle, der Enzyme, die die Brennstoffe aerob verstoffwechseln, und des Enzyms, das die Teilung der verschiedenen Vorläufer der Erythrozyten steuert. Hartes Training sowie Ernährungspräferenzen in der Trainingsphase können die Eisenaufnahme reduzieren. Eine Hämolyse, bedingt durch das Aufprallen der Füße auf dem Untergrund, und die mit intensivem Training einhergehende Azidose erhöhen das Risiko eines Eisenverlustes über den Urin. Die Eisenverluste über den Schweiß sind meßbar. Die Kontrolle von Blutvariablen wie Ferritin (zur Messung der Eisenspeicher), Haptoglobin (zur Evaluation der Hämolyse), Retikulozyten (zur Bestimmung der Erythrozytenproduktion) sowie urinärem Hemosiderin (zur Bestimmung des Urinverlustes) und darüber hinaus die Kontrolle der Hämoglobinkonzentration kann sehr nützlich sein, um festzustellen, wie ein Sportler die Trainingsbelastung aus der Sicht des O_2-Transports und des Energiestoffwechsels bewältigt. Die Zufuhr des Eisens über die Nahrung (verbunden mit der Messung eisenbezogener Blutchemievariablen) kann eine geeignete Maßnahme sein, die Eisenspeicher im Falle einer Entleerung wieder aufzufüllen.

8. Wiederholte Stufentests zu verschiedenen Zeitpunkten im Verlaufe eines Trainingsjahres vermitteln Wissen darüber, welche Aspekte der Leistung - VO_{2max}, die Laktat-/ventilatorische Schwelle, die Laufökonomie und die maximale Leistungsfähigkeit - sich als Ergebnis des Trainings verändert haben. Stufentests stellen insofern einen Mechanismus der Feineinstellung dar, das heißt, aufgrund der Testergebnisse können entsprechende Trainingsmaßnahmen gewählt werden oder Stärken des Sportler besser identifiziert und in optimale Rennstrategien umgesetzt werden. Die Laufökonomie als Grad der Ausnutzung der aeroben Kapazität beim Laufen mit submaximalen Geschwindigkeiten kann für eine Serie derartiger Geschwindigkeiten bestimmt werden. Durch Anwendung einer aufgrund dieser Daten konstruierten Regressionsgleichung lassen sich die Trainingsgeschwindigkeiten im Bereich der VO_{2max} und der Laktat-/ventilatorischen Schwelle sowie die Geschwindigkeitsbereiche für jede einzelne von vier identifizierten Trainingsbereichen errechnen: aerobes und anaerobes Konditionstraining und aerobes und anaerobes Kapazitätstraining.

9. Athleten, die in einem Stufentest Bestergebnisse erzielen wollen, sollten (a) den Test als Wettkampf auffassen; (b) ihr Training einige Tage vor dem Test reduzieren, um frisch zu sein und die metabolischen Effekte sehr langer oder sehr intensiver Läufe zu vermeiden; (c) sicherstellen, daß sie sowohl mit dem Laufen auf dem Laufband als auch mit dem Testprotokoll vertraut sind; (d) sich vor dem Stufentest wie vor einem Wettkampf ausgiebig aufwärmen; und (e) sich bemühen, so hart wie möglich bis zur Erschöpfung zu arbeiten, um nicht nur die korrekte Bestimmung der VO_{2max}, sondern auch der maximalen anaeroben Leistungsaspekte sicherzustellen.

10. Eine hohe Test-Retest-Reliabilität wird erreicht, indem man (a) die Laborbedingungen (Temperatur, Luftfeuchtigkeit, Testausrüstung und Testverhalten) so konstant wie möglich hält; (b) zirkadiane Schwankungen durch Tests zu gleichen Tageszeiten vermeidet; und (c) ein Protokoll verwendet, das lang genug ist, um zur Erschöpfung zu führen, ohne daß die intensive Belastung länger als 10 min dauert.

11. Bei Stufentests wird oft Blut entnommen, entweder nach dem Test zur Bestimmung der maximalen Laktatkonzentration oder zu verschiedenen Zeitpunkten im Verlauf des Tests zur Identifizierung der Belastung, bei der die Laktatakkumulation beginnt. Zu einer Hämokonzentration kommt es hauptsächlich aufgrund von Schweißverlust. Laktatbestimmungen sollten daher durch Messungen des Hämoglobins und Hämatokrits ergänzt werden, um die Laktatwerte unter Berücksichtigung dieser Hämokonzentration zu korrigieren. Werte, die durch eine Venenpunktur erreicht wurden, dürfen nicht mit Werten aufgrund einer Punktur der Fingerspitze oder des Ohrläppchens verwechselt werden.

Literatur

Allison, A.C. (1957). The binding of haemoglobin by plasma proteins (haptoglobins): Its bearing on the „renal threshold" for haemoglobin and aetiology of haemoglobinuria. British Medical Journal, 2, 1137.

American College of Sports Medicine. (1986). Guidelines for exercise testing and prescription (3rd ed.). Philadelphia: Lea & Febiger.

American Thoracic Society. (1979). ATS statement - Snowbird workshop on standardization of spirometry. American Review of Rspiratory Diseases, 119, 831-838.

Aschoff, J. & Pohl, H. (1979). Rhythm variation in energy metabolism. Federation proceedings, 154, 29-35.

Astrand, P.-O. (1976). Quantification of exercise capability and evaluation of physical capacity in man. Progress in Cardiovascular Disease, 19, 51-67.

Astrand, P.-O. (1982). Muscle oxygen supply in exercise. In J.A. Loeppky & M.L. Riedesel (Eds.), Oxygen transport to human tissues (S. 187-194). New York: Elsevier/North Holland.

Astrand, P.-O. (1984). Principles in ergometry and their implication in sports practice. International Journal of Sports Medicine, 5, S102-S105.

Astrand, P.-O. & Rodahl, K. (1977). Textbook of work physiology. New York: McGraw-Hill.

Attlee, W.H.W. (1937). Hemoglobinuria following exertion. Lancet, 1: 1400.

Bohr, C., Hasselbalch, K.A. & Krogh, A. (904). Über einen in biologischen Beziehungen wichtigen Einfluß, den die Kohlensäurespannung des Blutes auf dessen Sauerstoffbindung ausübt. Skandinavisches Archiv für Physiologie, 16, 402-412.

Borg, G. (1973). Perceived exertion: A note on history and methods. Medicine and Science in Sports, 5, 90-93.

Bouchard, C., Boulay, M.R., Simoneau, J.-A., Lortie, G. & Perusse, L. (1988). Heredity and trainability of aerobic and anaerobic performances. Sports Medicine, 5, 69-73.

Bouchard, C., Lortie, G. (1984). Heredity and endurance performance. Sports Medicine, 1, 38-64.

Bransford, D.R. & Howley, E.T. (1977). Oxygen cost of running in trained and untrained men and women. Medicine and Science in Sports, 9, 41-44.

Brooks, G.A. (1985). Anaerobic threshold: Review of the concept and directions for future research. Medicine and Science in Sports and Exercise, 17, 23-31.

Brotherhood, J., Brozovic, B. & Pugh, L.G.C. (1975). Haematological status of middle and long distance runners. Clinical Science and Molecular Medicine, 48, 139-145.

Brune, M., Magnusson, B., Persson, H. & Hallberg, L. (1986). Iron losses in sweat. American Journal of Clinical Nutrition, 43, 438-443.

Busse, M.W., Maassen, N. & Boning, D. (1987). The work load-lactate curve: Measure of endurance capacity or criterion of muscle glycogen storage? I. Glycogen depletion. International Journal of Sports Medicine, 8, 140.

Caiozzo, V.J., Davis, J.A., Ellis, J.F., Azus, J.L., Vandagriff, R., Prietto, C.A. & McMaster, W.L. (1982). A comparison of gas exchange indices used to detect the anaerobic threshold. Journal of Applied Physiology, 53, 1184-1189.

Campbell, M.J., McComas, A.J. & Petito, F. (1973). Physiological changes in aging muscles. Journal of Neurology, Neurosurgery, and Neuropsychiatry, 36, 174-182.

Cavagna, G.A., Saibene, F.B. & Margaria, R. (1964). Mechanical work in running. Journal of Applied Physiology, 19, 249-256.

Christiansen, J., Douglas, C.C. & Haldane, J.S. (1914). The absorption and disassociation of carbon dioxide by human blood. Journal of Physiology, 48, 244.

Clausen, J.P. (1977). Effect of physical training on cardiovascular adjustements to exercise in man. Physiological Reviews, 57, 779-815.

Clausen, J.P., Klausen, K., Rasmussen, B. & Trap-Jensen, J. (1973). Central and peripheral circulatory changes after training of the arms or legs. American Journal of Physiology, 225, 675-682.

Clement, D.B. & Asmundson, R.C. (1982). Nutritional intake and hematological parameters in endurance runners. Physician and Sportsmedicine, 10 (3), 37-43.

Clement, D.B. & Asmundson, R.C. & Medhurst, C.W. (1977). Hemoglobin values: Comparative survey of the 1976 Canadian Olympic Team. Canadian Medical Association Journal, 117, 614-616.

Clode, M. & Campbell, E.J.M. (1969). The relationship between gas exchange and changes in blood lactate concentrations during exercise. Clinical Science, 37, 263-272.

Conley, D.L. & Krahenbuhl, G.S. (1980). Running economy and distance running performance of highly trained athletes. Medicine and Science in Sports, 12, 357-360.

Conrad, M.E., Benjamin, B.I., Williams, H.L. & Fox, A.L. (1967). Human absorption of hemoglobin-iron. Gastroenterology, 53, 5-10.

Cooper, K. (1968). Aerobics. New York: Bantam.

Costill, D.L., Thomason, H. & Roberts, E. (1973). Fractional utilization of the aerobic capacity during distance running. Medicine and Science in Sports, 5, 248-252.

Cronkite, E.P. (1973). The erythrocyte. In: J.R. Brobeck (Ed.), Best and Taylor's physiological basis of medical practice (9. Aufl., S. 4-24). Baltimore: Williams & Wilkins.

Currens, J.H. & White, P.D. (1961). Half a century of running. New England Journal of Medicine, 265, 988-993.

Dallman, P.R., Beutler, E. & Finch, B.A. (1978). Effects of iron deficiency exclusive of anemia. British Journal of Haematology, 40, 179-184.

Daniels, J. (1974). Physiological characteristics of champion male athletes. Research Quarterly, 45, 342-348.

Daniels, J.T. (1985). A physiologist's view of running economy. Medicine and Science in Sports and Exercise, 17, 332-338.

Daniels, J.T. & Gilbert, J. (1979). Oxygen power: Performance tables for distance runners. Tempe, AZ: Oxygen Power.

Daniels, J.T., Scardina, N., Hayes, J. & Foley, P. (1986). Elite and subelite female middle- and long-distance runners. In: D.M. Landers (Ed.), The 1984 Olympic Scientific Congress proceedings: Vol. 3. Sport and elite performers (S. 57-72). Champaign, IL: Human Kinetics.

Davies, C.T.M. & Thompson, M.W. (1979). Aerobic performance of female marathon and male ultra-marathon athletes. European Journal of Applied Physiology, 41, 233-245.

Davis, J.A., Caiozzo, V.J., Lamarra, N., Ellis, J.F., Vandagriff, R., Prietto, C.A. & McMaster, W.C. (1983). Does the gas exchange threshold occur at a fixed blood lactate concentration of 2 or 4 mM? International Journal of Sports Medicine, 4, 89-93.

Davis, J.A., Vodak, P., Wilmore, J.H. & Kurtz, P. (1976). Anaerobic threshold and maximal aerobic power for three modes of exercise. Journal of Applied Physiology, 41, 544-550.

Dempsey, J.A., Aaron, E. & Martin, B.J. (1988). Pulmonary function and prolonged exercise. In: D.R. Lamb & R.R. Murray (Eds.), Perspectives in exercise science and sports medicine: Vol. I: Prolonged exercise (S. 75-124). Indianapolis: Benchmark Press.

Dempsey, J.A., Hanson, P. & Henderson, K. (1984). Exercise-induced arterial hypoxemia in healthy human subjects at sea level. Journal of Physiology (London), 355, 161-175.

Deutsch, F. & Kauf, E. (1927). Heart and athletics (L.M. Warfield, Trans.). St. Louis: C.V. Mosby. (Originalausgabe publiziert 1924)

DeWijn, J.F., de Jongste, J.L., Mosterd, W. & Willebrand, D. (1971). Hemoglobin, packed cell volume, serum iron, and iron-binding capacity of selected athletes during training. Nutrition and Metabolism, 13, 129-139.

Dill, D.B. & Costill, D.L. (1974). Calculation of percentage changes in volumes of blood, plasma, and red cells in dehydration. Journal of Applied Physiology, 37, 247-248.

Doll, E. & Keul, J. (1968). Zum Stoffwechsel des Skelettmuskels. II. Pflügers Archiv; European Journal of Physiology, 301, 214-229.

Dufaux, B., Hoederath, A., Streitberger, I., Hollmann, W. & Assman, G. (1981). Serum ferritin, transferrin, haptoglobin, and iron in middle- and long distance runners, elite rowers, and professional racing cyclists. International Journal of Sports Medicine, 2, 43-46.

Eichner, E. (1986). The anemias of athletes. Physician and Sportsmedicine, 14 (9), 122-130.

Eichner, E. (1988). Other medical considerations in prolonged exercise. Perspectives in Exercise Science and Sports Medicine, 1, 415-442.

Ekblom, B. & Hermansen, L. (1968). Cardiac output in athletes. Journal of Applied Physiology, 25, 619-625.

Essen, B., Pernow, B., Gollnick, P.D. & Saltin, B. (1975). Muscle glycogen content and lactate uptake in exercising muscles. In: H. Howald & J.R. Poortmans (Eds.), Metabolic adaptations to prolonged physical exercise (S. 130-134). Basel: Birkhauser.

Farrell, P.A., Wilmore, J.H., Coyle, E.F., Billing, J.E. & Costill, D.L. (1979). Plasma lactate accumulation and distance running performance. Medicine and Science in Sports and Exercise, 11, 338-344.

Fay, L., Londeree, B.R., LaFontaine, T.P. & Volek, M.R. (1989). Physiological parameters related to distance running performance in female athletes. Medicine and Science in Sports and Exercise, 21, 319-324.

Fleischer, R. (1881). Über eine neue Form von Hämoglobinurie beim Menschen. Berliner Klinische Wochenschrift, 18, 691-694.

Food and Nutrition Board. (1989). Recommended dietary allowances (10th ed.). Washington, DC: National Academy of Sciences.

Foster, C., Snyder, A.C., Thompson, N.N. & Kuettel, K. (1988). Normalization of the blood lactate profile in athletes. International Journal of Sports Medicine, 9, 198-200.

Fric, J., Jr., Fric, J., Boldt, F., Stoboy, H., Meller, W., Feldt, F. & Drygas, W. (1988). Reproducibility of post-exercise lactate and anaerobic threshold. International Journal of Sports Medicine, 9, 310-312.

Frick, M.R., Elovainio, R.O. & Somer, T. (1967). The mechanism of bradycardia evolved by physical training. Cardiologica, 51, 46-54.

Fujitsuka, N., Yamamoto, T., Ohkuwa, T., Saito, M. & Miyamura, M. ((1982). Peak blood lactate after short periods of maximum treadmill running. European Journal of Applied Physiology, 48, 289-296.

Gibson, T.M., Harrison, M.H. & Wellcome, R.M. (1979). An evaluation of a treadmill work test. British Journal of Sports Medicine, 13, 6-11.

Gollnick, P.D., Bayly, W.M. & Hodgson, D.R. (1986). Exercise intensity, training, diet, and lactate concentration in muscle blood. Medicine and Science in Sports and Exercise, 18, 334-340.

Green, R., Charlton, R.W., Seftel, H., Bothwell, T., Mayet, F., Adams, B., Finch, C. & Layrisse, M. (1968). Body iron excretion in man. A collaborative study. American Journal of Medicine, 45, 336-353.

Hagberg, J.M., Giese, M.D. & Schneider, R.B. (1978). Comparison of three procedures for measuring VO_{2max} in competitve cyclists. European Journal of Applied Physiology, 39, 47-52.

Harrison, T.R. & Pilcher, C. (1930). Studies in congestive heart failure. II. The respiratory exchange during and after exercise. Journal of Clinical Investigation, 8, 291.

Haymes, E.M. & Lamanca, J.J. (1989). Iron loss in runners during exercise: Implications and recommendations. Sports Medicine, 7, 277-285.

Heck, H., Mader, A., Hess, G., Mücke, S., Müller, R. & Hollmann, W. (1985). Justification of the 4-mmol/l lactate threshold. International Journal of Sports Medicine, 6, 117-130.
Henderson, Y., Haggard, H.W. & Dolley, F.S. (1927). The efficiency of the heart and the significance of rapid and slow pulse rates. American Journal of Physiology, 82, 512-524.

Herbert, V. (1987). Recommended dietary intakes (RDI) of iron in humans. American Journal of Clinical Nutrition, 45, 679-686.

Hermansen, L. & Osnes, J.B. (1972). Blood and muscle pH after maximal exercise in man. Journal of Applied Physiology, 32, 304-308.

Hermansen, L. & Saltin, B. (1969). Oxygen uptake during maximal treadmill and bicycle exercise. Journal of Applied Physiology, 26, 31-37.

Hill, A.V. & Lupton, H. (1923). Muscular exercise, lactic acid, and the supply and utilization of oxygen. Quarterly Medical Journal, 16, 135-171.

Hoffbrand, A.V., Ganeshaguru, K., Hooton, J.W.L. & Tattersall, M.H.N. (1976). Effects of iron deficiency and desferrioxamine on DNA synthesis in human cells. British Journal of haematology, 33, 517-520.

Holloszy, J.O. & Coyle, E.F. (1984). Adaptations of skeletal muscle to endurance exercise and their metabolic consequences. Journal of Applied Physiology, 56, 831-838.

Huston, T.P., Puffer, J.C. & Rodney, W.M. (1985). The athletic heart syndrome. New England Journal of Medicine, 313, 24-32.

Issekutz, B., Jr., Birkhead, N.C. & Rodahl, K. (1962). Use of respiratory quotients in assessment of aerobic work capacity. Journal of Applied Physiology, 17, 47-50.

Ivy, J.L., Costill, D.L., Van Handel, P.J., Essig, D.A. & Lower, R.W. (1981). Alterations in the lactate threshold with changes in substrate availability. International Journal of Sports Medicine, 2, 139-142.

Ivy, J.L., Withers, R.T., Van Handel, P.J., Elger, D.H. & Costill, D.L. (1980). Muscle respiratory capacity and fiber type as determinants of the lactate threshold. Journal of Applied Physiology, 48, 523-527.

Jacobs, I., Sjodin, B., Kaiser, P. & Karlsson, J. (1981). Onset of blood lactate accumulation after prolonged exercise. Acta Physiologica Scandinavica, 112, 215-217.

Jones, N.L. (1988). Clinical exercise testing. Philadelphia: W.B. Saunders Co.

Kamon, E. & Pandolf, K.B. (1972). Maximal aerobic power during laddermill climbing, uphill running, and cycling. Journal of Applied Physiology, 2, 467-473.

Kearney, J.T. & Van Handel, P.J. (1989). Economy: A physiologic perspective. Advances in Sports Medicine and Fitness, 2, 57-89.

Kindermann, W., Simon, G. & Keul, J. (1979). The significance of the aerobic-anaerobic transition for the determination of work load intensities during endurance training. European Journal of Applied Physiology, 42, 25-34.

Klissouras, V. (1972). Genetic limit of functional adaptability. Internationale Zeitschrift für angewandte Physiologie, 30, 85-94.

Letsky, E.A., Miller, F., Worwood, M. & Flynn, D.M. (1974). Serum ferritin in children with thalassaemia regularly transfused. Journal of Clinical Pathology, 27, 652-655.

Liljestrand, G. & Stenstrom, N. (1920). Respirationsversuche beim Gehen, Laufen, Ski- und Schlittschuhlaufen. Skandinavisches Archiv für Physiologie, 39, 167-206.

Lindhard, J. (1915). Über das Minutenvolumen des Herzens bei Ruhe und bei Muskelarbeit. Pflügers Archiv für die gesamte Physiologie, 161, 233-283.

MacDougall, J.D., Reddan, W.G., Layton, C.R. & Dempsey, J.A. (1974). Effects of metabolic hyperthermia on performance during heavy prolonged exercise. Journal of Applied Physiology, 36, 538-544.

Mader, A., Liesen, H., Heck, H., Philippi, H., Rost, R., Schuerch, P. & Hollmann, W. (1976). Zur Beurteilung der sportartspezifischen Ausdauerleistungsfähigkeit im Labor. Sportarzt und Sportmedizin, 4, 80-88.

Magnusson, B., Hallberg, L., Rossander, L. & Swolin, B. (1984). Iron metabolism and „sports anemia." Acta Medica Scandinavica, 216, 149-164.

Makrides, L., Heigenhauser, G.J.F., McCartney, N. & Jones, N.L. (1986). Physical training in young and older healthy subjects. In: J.R. Sutton & R.M. Brock (Eds.), Sports medicine for the mature athlete (S. 363-372). Indianapolis: Benchmark Press.

Margaria, R., Cerretelli, P., Aghemo, P. & Sassi, J. (1963). Energy cost of running. Journal of Applied Physiology, 8, 367-370.

Margaria, R., Cerretelli, P. & Mangili, F. (1964). Balance and kinetics of anaerobic energy release during strenuous exercise in man. Journal of Applied Physiology, 19, 623-628.

Martin, D.E. (1988). Respiratory anatomy and physiology. St. Louis: Mosby.

Martin, D.E. & May, D.F. (1987). Pulmonary function in elite woman distance runners. International Journal of Sports Medicine, 8, S84-S90.

Martin, D.E., May, D.F. & Pilbeam, S.P. (1986). Ventilation limitations to performance among elite male distance runners. In: D.M. Landers (Ed.), The 1984 Scientific Congress proceedings: Vol. 3. Sport and elite performers (121-131). Champaign, IL: Human Kinetics.

Martin, D.E., Vroon, D.H., May D.F. & Pilbeam, S.P. (1986). Physiological changes in elite male distance runners training for Olympic competition. Physician and Sportsmedicine, 14 (1), 152-171.

Martin, D.E., Vroon, D.H. & Sheard, M.M. (1989). Effects of hemoconcentration during maximum effort treadmill tests on blood lactate levels in trained distance runners. Proceedings, First IOC World Congress on Sport Sciences (3-38). Colorado Springs: United States Olympic Committee.

McArdle, W.D., Magel, J.R., Delio, D.J., Toner, M. & Chase, J.M. (1978). Specificity of run training on VO_{2max} and heart rate changes during running and swimming. Medicine and Science in Sports, 10, 16-20.

McConnell, T.R. (1988). Practical considerations in the testing of VO_{2max} in runners. Sports Medicine, 5, 57-68.

McMiken, D.F. & Daniels, J.T. (1976). Aerobic requirements and maximum aerobic power in treadmill and track running. Medicine and Science in Sports, 8, 14-17.

Medbo, J.I., Mohn, A.C., Tabala, I., Bahr, R., Vaage, O. & Sejersted, O.M. (1988). Anaerobic capacity determined by maximal accumulated O_2 deficit. Journal of Applied Physiology, 64, 50-60.

Miller, B.J., Pate, R.R. & Burgess, W. (1988). Foot impact force and intravascular hemolysis during distance running. International Journal of Sports Medicine, 9, 56-60.

Mitchell, J.H. & Blomqvist, C.G. (1971). Maximal oxygen uptake. New England Journal of Medicine, 284, 1018-1022.

Mitchell, J.H., Sproule, B.J. & Chapman, C.B. (1958). The physiological meaning of the maximal oxygen uptake test. Journal of Clinical Investigation, 37, 538-547.

Morganroth, J., Maron, B.J., Henry, W.L. & Epstein, S.E. (1975). Comparative left ventricular dimensions in trained athletes. Annals of Internal Medicine, 82, 521-524.

Nagle, F.J. (1973). Physiological assessment of maximal performance. Exercise and Sports Science Reviews, 1, 313-338.

Nadel, E.R. (1988). Temperature regulation and prolonged exercise. Perspectives in Exercise Science and Sports Medicine, 1, 125-151.

Newhouse, I.J. & Clement, D.B. (1988). Iron status in athletes. Sports Medicine, 5, 337-352.

Ohkuwa, T., Kato, Y., Katsumata, K., Nakao, T. & Miyamura, M. (1984). Blood lactate and glycerol after 400 m and 3,000 m runs in sprinters and long distance runners. European Journal of Applied Physiology, 53, 123-218.

Owles, W.H. (1930). Alterations in the lactic acid content of the blood as a result of light exercise, and associated changes in the CO_2-combining power of the blood and in the alveolar CO_2 pressure. Journal of Physiology, 69, 214-237.

Pannier, J.L., Vrijens, J. & Van Cauter, C. (1980). Cardiorespiratory response to treadmill and bicycle exercise in runners. European Journal of Applied Physiology, 43, 243-251.

Pardy, R.L., Hussain, S.N. & Macklem, P.T. (1984). The ventilatory pump in exercise. Clinics in Chest Medicine, 5, 35-49.

Pate, R.R. (1983). Sports anemia: A review of the current research literature. Physician and Sportsmedicine, 11 (2), 115-131.

Pate, R.R., Sparling, P.B., Wilson, G.E., Cureton, K.J. & Miller, B.J. (1987). Cardiorespiratory and metabolic responses to submaximal and maximal exercise in elite women distance runners. International Journal of Sports Medicine, 8 (Suppl. 2), 91-95.

Pattengale, P.K. & Holloszy, J.O. (1967). Augmentation of skeletal muscle myoglobin by a program of treadmill running. American Journal of Physiology, 213, 783-785.

Paulev, P.E., Jordal, R. & Pedersen, N.S. (1983). Dermal excretion of iron in intensely training athletes. Clinica Chimica Acta, 127, 19-27.

Peota, C. (1989). Studies counter myths about iron in athletes. Physician and Sportsmedicine, 17 (11), 26-27.

Peronnet, F. & Thibault, G. (1989). Mathematical analysis of running performance and world running records. Journal of Applied Physiology, 67, 453-465.

Pollock, M.L. (1977). Submaximal and maximal working capacity of elite distance runners. Part I: Cardiorespiratory aspects. Annals of the New York Academy of Sciences, 301, 310-321.

Pugh, L.G.C.E. (1970). Oxygen intake in track and treadmill running with observations on the effect of air resistance. Journal of Physiology (London), 207, 823-835.

Purvis, J.W. & Cureton, K.J. (1981). Ratings of perceived exertion at the anaerobic threshold. Ergonomics, 24, 295-300.

Reilly, T., Robinson, G. & Minors, D.S. (1984). Some circulatory responses to exercise at different times of day. Medicine and Science in Sports and Exercise, 16, 477-482.

Rerych, S.K., Scholz, P.M., Sabiston, D.C. & Jones, R.H. (1980). Effects of exercise training on left ventricular function in normal subjects: A longitudinal study by radionuclide angiography. American Journal of Cardiology, 45, 244-252.

Roe, C.F., Goldberg, M.J., Blaw, C.S. & Kinney, J.M. (1966). The influence of body temperature on early postoperative oxygen consumption. Surgery, 60, 85-92.

Rowell, L.B., Taylor, H.L. & Wang, Y. (1964). Limitations to the prediction of maximum oxygen uptake. Journal of Applied Physiology, 19, 919-927.

Saltin, B. & Astrand, P.-O. (1967). Maximal oxygen uptake in athletes. Journal of Applied Physiology, 23, 353-358.

Saltin, B., Gollnick, P.D. (1983). Skeletal muscle adaptability: Significance for metabolism and performance. In: L.D. Peachy, R.H. Adrian & S.R. Geiger (Eds.), Handbook of physiology: Sect. 10. Skeletal muscle (S. 555-631). Washington, D.C. American physiological Society.

Scrimgeour, A.G., Noakes, T.D., Adams, B., Myburgh, K. (1986). The influence of weekly training distance on fractional utilization of maximal aerobic capacity in marathon and ultra-marathon runners. European Journal of Applied Physiology, 55, 202-209.

Shephard, R.J. (1984). Tests of maximum oxygen uptake: A critical review. Sports Medicine, 1, 99-124.

Shephard, R.J., Allen, C., Benade, A.J.S., Davies, C.T.M., diPrampero, P.E., Hedman, R., Merriman, J.E., Myhre, K. & Simmons, R. (1968). The maximal oxygen uptake. Bulletin of the World Health Organization, 38, 757-764.

Sjodin, B. & Jacobs, I. (1981). Onset of blood lactate accumulation and marathon running performance. International Journal of Sports Medicine, 2, 23-26.

Sjodin, B. & Svedenhag, J. (1985). Applied physiology of marathon running. Sports Medicine, 2, 83-89.

Skinner, J.S. & McLellan, T.M. (1980). The transition from aerobic to anaerobic metabolism. Research Quarterly for Exercise and Sport, 51, 234-248.

Snyder, A.C., Dvorak, L.L. & Roepke, J.B. (1989). Influence of dietary iron source on measures of iron status among female runners. Medicine and Science in Sports and Exercise, 21, 7-10.

Staub, N.C., Nagano, H. & Pearce, M.L. (1967). Pulmonary edema in dogs, especially the sequence of fluid accumulation in lungs. Journal of Applied Physiology, 22, 227-240.

Stegman, H., Kindermann, W. & Schnabel, A. (1981). Lactate kinetics and individual anaerobic threshold. International Journal of Sports Medicine, 2, 160-165.

Stewart, G.A., Steel, J.E., Tayne, M.B. & Stewart, M.H. (1972). Observations on the hematology and the iron and protein intake of Australian Olympic athletes. Medical Journal of Australia, 2, 1339-1342.

Stewart, J.G., Ahlquist, D.A., McGill, D.B., Ilstrup, D.M., Schwartz, S. & Owen, R.A. (1984). Gastrointestinal blood loss and anemia in runners. Annals of Internal Medicine, 100, 843-845.

Taylor, H.L., Wang, Y., Rowell, L. & Blomqvist, G. (1963). The standardization and interpretation of submaximal and maximal tests of working capacity. Pediatrics, 32, 703-715.

Vellar, O.D. (1968). Studies on sweat losses of nutrients. Scandinavian Journal of Clinical and Laboratory Investigation, 21, 157-167.

Wahren, J., Hagenfeld, L. & Felig, P. (1975). Glucose and free fatty acid utilization in exercise: Studies in normal and diabetic man. Israeli Journal of Medical Science, 11, 551-559.

Walsh, M.L. & Banister, E.W. (1988). Possible mechanisms of the anaerobic threshold. Sports Medicine, 5, 269-302.

Wasserman, K. (1984). Coupling of external to internal respiration (1984). American Review of Respiratory Diseases, 129, S21-S24.

Wasserman, K. & McIlroy, M.B. (1964). Detecting the threshold of anaerobic metabolism in cardiac patients during exercise. American Journal of Cardiology, 14, 844-852.

Wasserman, K., Whipp, B.J., Koyal, S.N. & Beaver, W.L. (1973). Anaerobic threshold and respiratory gas exchange during exercise. Journal of Applied Physiology, 5, 236-243.

Welch, H.G. (1973). Substrate utilization in muscle - adaptations to physical effort. In: J.P. Naughton & H.K. Hellerstein (Eds.), Exercise testing and exercise training in coronary heart disease (S. 193-197). New York: Academic Press.

Wilmore, J.H. & Norton, A.C. (1974). The heart and lungs at work: A primer of exercise physiology. Schiller Park, Il: Beckman Instruments.

Wintrobe, M.W., Lee, G.R., Boggs, D.R., Bithell, T.C., Foerster, J., Athens, J.W. & Lukens, J.N. (1981). Iron deficiency and iron-deficiency anemia. In: Clinical hematology (8th ed., S. 617-645). Philadelphia: Lea & Febiger.

Yoshimura, H., Inoue, T., Yamada, T. & Shiraki, K. (1980). Anemia during hard physical training (sports anemia) and its causal mechanism, with special reference to protein nutrition. World Review of Nutrition and Dietetics, 35, 1-86.

Yudkin, J. & Cohen, R.D. (1975). The contribution of the kidney to the removal of a lactic acid load under normal and acidotic conditions in the conscious rat. Clinical Science and Molecular Biology, 48, 121-131.

Kapitel 3

Eine einheitliche Trainingsstrategie für Mittel- und Langstreckenläufer

Ich habe sechs ehrliche Dienstboten,
Sie lehrten mich alles, was ich weiß;
Ihre Namen sind Was und Warum und Wann
Und Wie und Wo und Wer.

Dieser alte Vers von Rudyard Kipling ist über die Jahre hinweg zitiert worden und drückt die Grundprinzipien eines jeden logischen Leistungssystems aus. Bei der Entwicklung von Athleten, wie beim Design und der Konstruktion eines Präzisionsinstruments, ermöglichen diese „sechs Dienstboten", daß die Aufgabe relativ leicht und mit Erfolg zu Ende geführt werden kann. Der Vers enthält die sechs wichtigsten Fragen, die beim Entwurf eines effektiven Trainingsplans beantwortet werden müssen:

1. Was soll getan werden?
2. Warum wird es getan?
3. Wann sollte es getan werden?
4. Wie wird es am besten getan?
5. Wo sollte es getan werden?
6. Wer sollte es tun?

Es kann sein, daß die Antworten auf diese Fragen auf den ersten Blick nicht ganz klar sind, wenn der Athlet und der Trainer einen spezifischeren Trainingsplan konstruieren wollen. „Was" bezieht sich auf die Inhalte jeder Trainingseinheit - z.B. Wiederholungsläufe (eine gegebene Anzahl und festgelegte Distanz), Berganläufe (mit einem bestimmten Anstiegswinkel) oder Bahnläufe mit einer spezifischen Erholungszeit. „Was" definiert auch die Gesamtziele des ganzen Trainingsplans. „Warum" bezieht sich auf die Begründung für die spezifische physiologische Trainingszone oder die in einer Trainingseinheit angesprochenen Muskelgruppen. „Wann" bezieht sich auf die Tageszeit oder den Zeitpunkt innerhalb eines spezifischen Trainingszyklus, zu dem die Entwicklung des durch das Training angesprochenen Systems am vernünftigsten oder sichersten ist. „Wo" bezieht sich auf die Entscheidung, an welchem Ort das Training am besten stattfindet - auf einer Bahn oder an einem Grashügel, in einer Halle oder einem Kraftraum. Die Frage kann sich auch auf die Planung von Trainingslagern an verschiedenen Orten im Heimatland oder Ausland, um günstigeres Wetter oder spezielle Trainingsstätten zu nutzen, beziehen. „Wie" verlangt eine Entscheidung bezüglich der besten Methode zur Entwicklung des durch das Training angesprochenen Systems - Sprints auf flachem oder ansteigendem Untergrund oder Übungen mit Hanteln (oder beides) zur Entwicklung der Kraft (oder der Schnellkraft bzw. der Ausdauer) z.B. der Beinstreckmuskeln. „Wer" bezieht sich auf den jeweiligen Athleten mit seiner Spezialdisziplin oder einem spezifischen Entwicklungsniveau - ist der Sportler ein 800-

m- oder ein Marathonläufer; steht der Läufer am Beginn oder am Ende eines Entwicklungsjahres? Indem man ständig Antworten auf diese Fragen sucht, erfährt der Trainingsplan eine kontinuierlich bessere Begründung und Feinabstimmung. Das gleiche trifft auf die Qualität des fertigen Produkts zu: ein Athlet, der zu einem leistungsfähigen Wettkämpfer ausgebildet wurde. Stellen Sie diese Fragen ständig - „sie dienen der wundervollen Konzentration des Geistes" (um mit den Worten des ehrwürdigen Lexikographen Samuel Johnson zu sprechen) und stellen sicher, daß alle Möglichkeiten genutzt wurden, um einen Sportler zu schaffen, der sowohl verletzungsfrei als auch im richtigen Augenblick in Topform ist.

Zielsetzung

Sportler, die auf höchster Ebene Leistungssport betreiben wollen, müssen sich bewußt sein, daß es Zeit kostet, die erforderliche hervorragende Leistungsstärke auszubilden. Dies erfordert seinerseits eine effektive Planung, die auf eine kontinuierliche Leistungssteigerung ausgerichtet ist. Logischerweise ist es die Aufgabe des Trainers dieser Athleten, diese Pläne zu entwerfen. Eine gute Planung verlangt erreichbare Zwischenziele auf dem Weg zu einem größeren, entscheidenderen Ziel, wie z.B. einer persönlichen Bestzeit, einem Meisterschaftssieg oder einer olympischen Medaille. Die Zielsetzung zu Beginn ist entscheidend, da sie eine Antwort auf eine wichtige, an jeden Athleten gerichtete Frage verlangt: „Was erwartest du vom Laufen?" Wenn diese Antwort einmal identifiziert wurde, wird sie zum letztendlichen Ziel; von diesem Ziel den Schritt wieder zurück zur Gegenwart zu tun, fällt dann viel leichter.

Das Erreichen eines Ziels erfordert eine langfristige Planung

Alle, die nach unmittelbarer Befriedigung streben - und das tun wir auf irgendeine Weise alle -, werden jetzt erkannt haben, daß die von uns identifizierten Ziele nicht schnell zu erreichen sind. Wir sprechen über Ziele, die eine jahrelange Laufbahn betreffen. Ein Zyklus, der sich aus Training, Erholung, Konzentration und Wettkämpfen zusammensetzt, ist kein Aktivitätszyklus, der sich häufig wiederholt. Wenn wir über Trainingskonzepte selbst sprechen, werden wir sehen, daß kurzfristigere Ziele - das heißt Ziele, die sich nur über wenige Wochen in die Zukunft erstrecken - auch ein wichtiger Bestandteil des Plans sind. Kurzfristige Ziele stellen die erwünschten Ergebnisse des täglichen Trainings dar und sind insofern die Bausteine des Gesamtplans, um die langfristigen Ziele zu erreichen. Für die meisten Athleten ist es schwierig, das Training eines ganzen Jahres in eine funktionale Perspektive zu bringen, es sei denn, diese täglichen Bausteine werden geordnet, um den Weg zum Fortschritt zu zeigen. Ein altes Sprichwort hat in diesem Zusammenhang große Bedeutung: „Der Jagdhund muß den Hasen sehen können, um ihn mit Erfolg zu jagen." Die langfristigen Ziele erleichtern die Planung kurzfristiger Ziele.

Die Ziele müssen nicht nur am Horizont erkennbar sein, sondern auf dem Weg dorthin muß es auch einige Erfolge geben. Den Enthusiasmus 6 bis 10 Monate einer Entwicklungssaison oder 6 bis 10 Jahre einer Karriere aufrechtzuerhalten, ist nicht leicht angesichts der Tatsache, daß ein Sportler, der die Sache ernst nimmt, viele Opfer bringen muß. Glücklicherweise können in allen Ländern, in denen es Sportler gibt, viele Wettkampfgelegenheiten bei optimaler Planung als Treppenstufen in Richtung auf eine wichtige Meisterschaft dienen (wiederum helfen kurzfristige Ziele beim Erreichen eines langfristigen Ziels).

In den Vereinigten Staaten führt z.b. jeder Staat in den High-School-Altersgruppen vor den Staats-Meisterschaften Bezirks- und Regionalmeisterschaften durch. In den Colleges und Universitäten existiert das gleiche System: Wettkämpfe gegen eine oder zwei benachbarte Schulen, Conference-Wettkämpfe und schließlich die nationalen Collegemeisterschaften. Für Sportler, die keiner Ausbildungsinstitution angehören, werden landesweit Bahn- und Straßenwettkämpfe angeboten, die meistens unter der Schirmherrschaft des nationalen Leichtathletikverbandes TAC (= The Athletics Congress) oder des amerikanischen Straßenlaufverbandes (RRCA = Road Runner's Club of America) durchgeführt werden. Da den Aktivitäten nach der Collegezeit kein rationales Muster zugrundeliegt, müssen Sportler und Trainer selbst entscheiden, was für sie am wichtigsten ist - wiederum ein Beispiel für Zielsetzung. Die TAC-Freiluft-Meisterschaften sind z.B. häufig der Qualifikationswettkampf für die Teilnahme an den wichtigsten internationalen Wettkämpfen und daher ein wichtiges Ziel für bahnorientierte Mittel- und Langstreckenläufer.

In Großbritannien spielt sich die Leichtathletik hauptsächlich auf Vereinsebene ab, es finden nur wenige Schulwettkämpfe statt. Im Gegensatz zu den Vereinigten Staaten, wo High Schools und Colleges weit im voraus häufige und wichtige Wettkämpfe als Teil des akademischen Programms planen, ist in Großbritannien die Anzahl der geplanten Wettkämpfe, bei denen gute Leistungen zu erbringen sind, wesentlich geringer. Auf diese wenigen Wettkämpfe kann man sich besser konzentrieren; sie dienen als Zwischenziele, die durch größere Zeiträume unterbrochen sind, während derer man sich auf wichtige Wettkämpfe und Leistungen vorbereiten kann.

In Tabelle 3.1 sind die wichtigsten Titel von Sebastian Coe dargestellt - ein gutes Beispiel dafür, daß eine Karriere sehr lang sein kann, wenn Übertraining und zuviele Wettkämpfe sorgfältig vermieden werden. Die Tabelle umfaßt einen Zeitraum von 14 Jahren, von Sebs Junior- bis zu seinen Seniorjahren. Um einen tieferen Einblick in Sebs Leistungsentwicklung zu geben, sind in Abbildung 3.1 die Verwaltungsbereiche des englischen Amateur-Leichtathletik-Verbandes (AAA = Amateur Athletic Association) dargestellt. Eine große Betonung wurde stets darauf gelegt, auf die verschiedenen Wettkämpfe auf den unteren Organisationsebenen gut vorbereitet zu sein, denn diese waren die logischen Stufen hin zu höheren sportlichen Erfolgen und Titeln. Daher nahm Seb in jedem Jahr zunächst an den städtischen Schulmeisterschaften von Sheffield teil, dann an den Grafschaftsmeisterschaften (Yorkshire) und schließlich an den nationalen Meisterschaften. Gute Leistungen als Junior führten dazu, daß Seb für die Europäischen Juniorenmeisterschaften und schließlich für die Teilnahme an höherwertigen europäischen Leichtathletikwettkämpfen ausgewählt wurde. Selbst bei diesen relativ wenigen, periodischen Wettkämpfen konnte nicht immer eine gute Vorbereitung garantiert werden; die Lebensumstände ließen dies einfach nicht immer zu. Aber weit im voraus schriftlich ausgearbeitete lang- und kurzfristige Ziele erlaubten die Erstellung eines Entwicklungsplans, der dazu führte, daß am Wettkampftag ein möglichst hoher Fitneßstand erreicht war.

Tabelle 3.1: Die wichtigsten Meisterschaftsleistungen von Sebastian Coe

Alter	Veranstaltung	Platz	Disziplin	Klasse
14	Yorkshire Grafschafts-Meisterschaften	1	1.500m	Schüler
16	Meisterschaften d. nördl. Grafschaften	1	1.500m	Jugend
	UK-Meisterschaften	1	1.500m	Jugend
	Englische Schulmeisterschaften	1	3.000m	Jugend
18	UK-Meisterschaften	1	1.500m	Junior
	Europameisterschaften	3	1.500m	Junior
20	UK-Hallenmeisterschaften	1	800m (MBL)[a]	Senior
	Europäische Hallenmeisterschaften	1	800 (UKR-CWR)	Senior
21	Ivo-Van-Damme-Memorial	1	800m (UKR)	Senior
	Europameisterschaften	3	3800m	Senior
	Coca-Cola	1	800m (UKR)	Senior
22	UK-Hallenmeisterschaften	1	3.000m	Senior
	UK-Meisterschaften	2	400m	Senior
	Europa-Cup	1	800m	Senior
	Bislett Games	1	800m (WR)	Senior
	Weltklasse	1	1.500m (WR)	Senior
	IAAF Goldene Meile	1	Meile (WR)	Senior
23	Bislett Games	1	1.000m (WR)	Senior
	Olympische Spiele	2	800m	Senior
	Olympische Spiele	1	1.500m	Senior
24	Hallenländerkampf UK vs. DDR	1	800m (HWR)	Senior
	Florenz Internationales	1	800m (WR)	Senior
	Oslo Games	1	1.000m (WR)	Senior
	Weltklasse	1	Meile (WR)	Senior
	IAAF Goldene Meile	1	Meile (WR)	Senior
	Welt-Cup	1	800m	Senior
25	Europameisterschaften	2	800m	Senior
	4 x 800m Schnellstes Teilstück			Senior
26	Hallenländerkampf UK vs. USA	1	800m (HWR)	Senior
	Hallenwettkampf Oslo	1	1.000m (HWR)	Senior
27	Olympische Spiele	2	800m	Senior
	Olympische Spiele	1	1.500m (OR)	Senior
28	Europameisterschaften	1	800m	Senior
	Europameisterschaften	2	1.500m	Senior
	Rieti	1	1.500m (PB)	Senior
32	AAA UK-Meisterschaften	1	1.500m	Senior
	Welt-Cup	2	1.500m	Senior

[a]MBL, Meisterschafts-Bestleistung; UKR, UK-Rekord; HWR, Hallenweltrekord; PB, Persönliche Bestleistung; CWR, Commonwealth-Rekord; OR, Olympischer Rekord; WR, Weltrekord

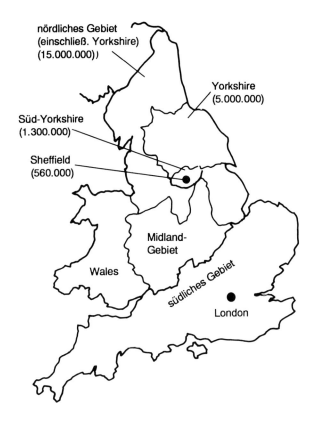

Abbildung 3.1: Die Aufteilung der Verwaltungsbereiche im Rahmen des englischen Leichtathletikverbandes. Innerhalb des Vereinigten Königreichs reicht die normale Stufenleiter für einen Athleten von den Stadt-(Schul-) Meisterschaften über die Grafschaftsmeisterschaften (analog zu den Staatsmeisterschaften in den USA) und die Bereichsmeisterschaften (analog zu den Regionsmeisterschaften in den USA) zu den nationalen Meisterschaften. Eine derartige Progression führt immer zu einem Anstieg des Wettkampfniveaus, da die der Auswahl der Sportler zugrundeliegende Bevölkerungsgruppe zunimmt. Im Falle von Sebastian Coe bedeutete der Weg von Sheffield (560.000 Einwohner) über South Yorkshire (1.300.000 Einwohner) und Yorkshire (5.000.000 Einwohner) zu den Meisterschaften der nördlichen Grafschaften (15.000.000 Einwohner) eine Vergrößerung der für die Auswahl der Athleten zur Verfügung stehenden Bevölkerung um das Dreißigfache. Der Aufstieg zur Teilnahme an den nationalen Meisterschaften bedeutete eine erneute Steigerung der Bevölkerungsbasis um das Dreifache (die Bevölkerung Englands beträgt 46.500.000).

Eine effektive Zielsetzung optimiert die Wettkampfeffektivität

Die Spezialisierung, die für Erfolge im Spitzenbereich unbedingt erforderlich ist, verlangt, daß Läufer ihre Energien nicht zu gleichmäßig verteilen. Andernfalls können sie zwar das ganze Jahr hindurch mit Erfolg an Wettkämpfen teilnehmen, sind aber nicht in der Lage, zu einem besonderen Zeitpunkt eine wirklich herausragende Leistung zu bringen. Eine langfristige Zielsetzung ermöglicht es einem Sportler, den verschiedenen Aspekten eines Trainingsjahres relative Bedeutung beizumessen.

Dies seinerseits ermöglicht die Variation in der Schwerpunktsetzung, die in bestimmten Zeitabschnitten zu Siegen und in anderen Zeitabschnitten nur zu guten Leistungen führt.

Z.B. können Cross- oder Straßenläufe im Herbst und Winter sehr gut geeignet sein für einen Bahnläufer, der in den Sommermonaten seinen absoluten Leistungshöhepunkt erreichen will. Dieser Athlet wird jedoch nur sehr selten - es sei denn, er ist außergewöhnlich talentiert - in diesen Cross- und Straßenläufen Siege erringen. Wenn er häufig gewinnt, sind die Wettkämpfe entweder nicht sehr hart, oder der betreffende Sportler hat seinen Schwerpunkt so ausschließlich auf diese Wettkämpfe gelegt, daß er vor Beginn der Sommersaison ausgebrannt ist. Normalerweise nehmen sehr viele talentierte Läufer an hochklassigen Straßen- und -Crossläufen teil, für die diese Saison tatsächlich den Schwerpunkt darstellt.

Wir glauben, daß es unklug ist, wenn Athleten gezwungen werden, „durch einen höherklassigen Wettkampf hindurchzutrainieren" - das heißt, einen Wettkampf zu planen, ohne ernsthaft bemüht zu sein, auch eine gute Leistung zu bringen. Die Notwendigkeit, bloß Punkte für die Mannschaft zu holen oder die neue Ausrüstung des Sponsors zur Schau zu tragen, führt dazu, daß Sportler nicht beständig optimal leistungsmotiviert in einen Wettkampf gehen. Wettkampf und Training sind ganz unterschiedliche Größen und verlangen unterschiedliche mentale Einstellungen. Es wirkt sich langfristig negativ aus, die Gewohnheit zu entwickeln, an die Startlinie eines Rennens zu treten und nur ein eher zufälliges Interesse zu haben, einen guten Wettkampf zu absolvieren. Diese Gewohnheit könnte sich auch zu einem unerwünschten Zeitpunkt wieder durchsetzen! Besser ist es, wenn man der betreffenden Veranstaltung eine andere Bedeutung gibt als einem wirklichen Rennen. Zum Beispiel kann man den Lauf als Zeitkontrollauf auffassen - als einen Lauf auf Zeit, um einen Hinweis auf den Fitneßstand zu erhalten, und nicht als ein Rennen gegen andere Läufer, auch wenn dabei nur eine mittelmäßige Plazierung herauskommen sollte. Punkte für die Mannschaft (oder Vergünstigungen des Sponsors) können auf diese Weise gewonnen werden, aber selbst wenn dies nicht der Fall sein sollte, handelt es sich für den Läufer um eine sinnvolle Wettkampfsituation.

Ein wichtiger Aspekt ist in diesem Zusammenhang die Teilnahme an übermäßig vielen Schulwettkämpfen, die die Funktion von Zwischenzielen haben. Das Ziel des Trainer-Athlet-Verhältnisses sollte ein langfristiger Nutzen für den Athleten sein (das heißt, die wirklichen Vorteile sollten sich erst nach der Schul- oder Collegezeit zeigen) und nicht alleine der unmittelbare Vorteil (schul- oder collegeorientierte Begünstigungen über die Erfolgsbilanz des Trainers). Der Druck, zu häufig Maximalleistungen erbringen zu müssen, wirkt sich negativ auf die Motivation junger Sportler aus, ist nicht leistungsfördernd und kann zu Verletzungen führen.

Langfristige Ziele erlauben die Konzentration auf den Gesamtaufbau einer ganzjährigen Saison; die unterschiedlichen Abschnitte eines Programms können sich gegenseitig sinnvoll ergänzen. Der Amerikaner Craig Virgin ist ein gutes Beispiel eines bahnorientierten Sportlers, der viele Jahre auf internationaler Ebene sehr erfolgreich an Crossläufen teilnahm. Seine Philosophie bestand darin, den Herbst und Winter zu nutzen, um Kraft und Ausdauer auszubilden, wobei die Cross-Weltmeisterschaften im März als entscheidender Testwettkampf dienten. Als

Ergebnis plazierte er sich 10mal in 11 Jahren in der Crossmannschaft der USA und gewann den Einzeltitel zweimal. Nach der Crosslaufsaison nahm Craig entweder noch einige Wochen an Wettkämpfen teil, um anschließend eine Pause einzulegen, oder er machte sofort eine Pause. Danach begann er auf seiner gut ausgebildeten Ausdauergrundlage mit schnellerem Ausdauer- oder Schnelligkeitstraining, das er dringend benötigte, um bei den Bahnmeisterschaften im Juni erfolgreich zu sein. Wiederum folgte auf diese Meisterschaften entweder eine kurze Periode, während der er an Rennen in Europa teilnahm, oder er legte unmittelbar anschließend eine Pause ein, um im August oder September einen nochmaligen Leistungshöhepunkt zu erreichen. Indem er diese Ziele weit im voraus plante, organisierte Craig die Einzelheiten seines Trainings, seiner Wettkämpfe und seiner Erholung so optimal, daß eine sinnvolle Entwicklung möglich war.

Heutzutage sind Spitzen-Leichtathleten einem enormen Druck ausgesetzt. Sie unterbrechen ihre Entwicklung und ihre Gesamtpläne, um weite Reisen zu unternehmen und für hohe Geldsummen an Rennen teilzunehmen, um die Launen der Veranstalter von Sportfesten zu befriedigen. Dabei müssen sie versuchen, ihre Wettkampfdisziplinen nicht aus den Augen zu verlieren, denn die Veranstalter bieten extrem hohe Summen, um Athleten zu bewegen, ihre Disziplin zu wechseln - der 10.000-m-Läufer, dem hohe Beträge angeboten werden, damit er zum ersten Mal einen Marathonlauf absolviert, ist in diesem Zusammenhang eines der traurigsten Beispiele.

Es kostet immens viel Zeit, sich optimal auf die 10.000 m oder den Marathon vorzubereiten, vor allem sich auf die besonderen Anforderungen dieser jeweiligen Disziplinen einzustellen. Sollte der Schwerpunktwechsel durch ein schlecht getimetes finanzielles Angebot erzwungen werden, ohne daß dem Athleten Zeit für eine gute Vorbereitung bleibt, kann es sein, daß er eine traumatische Wettkampferfahrung macht. Dies gilt ganz besonders für den Marathonlauf. Selbst wenn der betreffende Athlet von Verletzungen verschont bleiben sollte, erzwingt die tiefe Erschöpfung eine mehrwöchige Pause, bevor das normale Training wieder aufgenommen werden kann. Je anspruchsvoller das Rennen ist, desto geringer sind die Chancen des Athleten zu gewinnen, einfach wegen der Größe des Teilnehmerfeldes. Die Rennorganisatoren haben ihren Vorteil unabhängig von der Leistung des betreffenden Athleten. Vor dem Rennen profitieren sie von der Publicity, bekannte Athleten unter den Teilnehmern zu haben, und nach dem Rennen ist von Interesse, wie sich die Schlacht an der Spitze des Feldes abspielte. Man könnte sicherlich darüber diskutieren, ob das in den Sport fließende Geld letztlich dem Wohl des Athleten (oder des ganzen Sports) dient, wenn der Athlet zu einem kurzlebigen Werkzeug in der Maschinerie eines kommerzialisierten Veranstaltungssystems wird. Dennoch können der Athlet und der Trainer mit gut ausgearbeiteten Zielen mit diesen Anforderungen viel besser umgehen als Athleten und Trainer, deren Planung von Tag zu Tag nahezu ohne organisierte Grundlage erfolgt, auf der eine logische Progression aufbauen könnte. Sie können zumindest einige der angebotenen Gelegenheiten risikolos wahrnehmen.

Langfristige Ziele setzen: Beispiele

Betrachten wir zwei Beispiele, ein imaginäres und ein reales, um zu sehen, inwiefern eine langfristige Zielsetzung für die Organisation einer Sportlerkarriere effektiv sein kann. Der Gedanke, 5.000 m in 13 Minuten zu laufen, mag selbst einem sehr ambitionierten, gerade 20jährigen Langstreckler ein wenig wagemutig erscheinen. Wenn er jedoch talentiert ist, sollte dieses Talent mit Methode und mit Vernunft gepflegt werden. Warum nicht nach dem Besten streben, wenn es sich wirklich um ein Wunschziel handelt? Träumt dieser Sportler? Ja, vielleicht. Aber wenn er nicht träumen würde, bestünde auch keine Hoffnung, daß dieser Traum jemals Wirklichkeit wird. Das ist das Wesen des Rekorde-Brechens. Wie identifiziert man nun logisch Ziele, um eine solche Leistung zu erreichen?

Die wichtigsten Koordinaten eines Karriereplans sind die Disziplin, auf die man sich spezialisieren will, und das für die betreffende Disziplin normalerweise geltende Höchstleistungsalter. Unter Ausnutzung dieses Wissens können in jedem Jahr zu erreichende Bestleistungen schriftlich festgehalten werden. Im 5.000-m-Lauf erreichten die gegenwärtig zehn besten Läufer der Welt ihre persönlichen Bestleistungen im Alter von 27 Jahren (siehe Tabelle 3.2).

Tabelle 3.2: Durchschnittsalter der schnellsten 10 Athleten der Olympischen Mittel- und Langstreckendisziplinen bei Erreichen der persönlichen Bestzeit[a]

Disziplin	Männer	Frauen
800 m	24,3 +/- 1,8	25,6 +/- 3,3
1.500 m	27,7 +/- 1,4	28,2 +/- 2,0
3.000 m	26,9 +/- 2,1[b]	28,2 +/- 4,2
5.000 m	26,9 +/- 2,5	26,7 +/- 3,7[b]
10.000 m	28,5 +/- 4,2	26,1 +/- 4,6
Marathon	28,6 +/- 4,6	29,2 +/- 3,6

[a] Leistungsstand 31. Dezember 1989; alle Werte in Jahren +/- Standardabweichung
[b] Keine Olympische Disziplin

Lassen Sie uns für unseren 20jährigen Läufer, dessen Geburtstag der 1. Januar ist und dessen persönliche Bestzeit über 5.000 m 14 min beträgt, Ziele entwerfen. Im wesentlichen geht es darum, daß er seine Zeit innerhalb eines Zeitraums, der seinem 21. Geburtstag beginnt und an seinem 28. Geburtstag endet, um 1 Minute verbessert. Seine Bestleistungen wird er bei Bahnwettkämpfen im Sommer im Norden Europas erreichen. Unter der Voraussetzung, daß ihm Leistungsverbesserungen mit zunehmender Annäherung an sein Höchstleistungsalter immer schwerer fallen werden, ist eine gewichtete Verbesserung seiner Laufzeit von Jahr zu Jahr besser als eine schematische Verbesserung um 10 sec pro Jahr. Die Gewichtung wird folgendermaßen bestimmt: Mit jedem verstreichenden Jahr und bei zunehmender Annäherung an sein Höchstleistungsalter wird die Altersdifferenz abnehmen (27-

20=7; 27-21=6, etc. und schließlich: 27-26 = 1). Die Gesamtzeit, um die der betreffende Athlet sich verbessern will (hier: 60 sec), wird dann durch die Summe dieser Differenzen (28) geteilt. Also: 60/28 = 2,14. Die Multiplikation dieses Wertes mit jeder jährlichen Altersdifferenz ergibt die gewichtete Reduzierung der Sekundenzahl als Ziel für das betreffende Jahr. Im 21. Jahr sollte sich der Athlet also um 2,14 x 7 = 15 sec verbessern, das heißt, sein Ziel sind 13:45. In Tabelle 3.3 ist die Progression der jährlichen Bestzeiten dargestellt unter der Voraussetzung, daß die Entwicklung planmäßig verläuft.

Tabelle 3.3: Zielsetzungen im Hinblick auf eine prognostizierte Verbesserung von 14:00 auf 13:00 über 5.000 m

Persönliche Bestzeit:	14:00	Gegenwärtiges Alter:	20
Angestrebte persönliche Bestzeit:	13:00	Zielalter:	27

Altersdifferenz	Verbesserung (sec)	Jährliches Ziel
27 - 20 = 7	7/28 x 60 = 15	14:00
27 - 21 = 6	6/28 x 60 = 13	13:45
27 - 22 = 5	5/28 x 60 = 11	13:32
27 - 23 = 4	4/28 x 60 = 9	13:21
27 - 24 = 3	3/28 x 60 = 6	13:12
27 - 25 = 2	2/28 x 60 = 4	13:06
27 - 26 = 1	1/28 x 60 = 2	13:00
Ziel = 27	60	13:00

Wenn wir uns Tabelle 3.3 ansehen, vor allem die jährlichen Bestzeitenziele, stellen wir fest, daß 13 min nun ein wenig eher erreichbar erscheinen. In jedem Jahr ist die angestrebte Verbesserung sinnvoll - z.B. ist eine 15sekündige Verbesserung im Laufe des ersten Jahres nicht ganz so groß, und weder der Athlet noch der Trainer brauchen sich im Verlaufe der nächsten vier Jahre Gedanken über Leistungen von z.B. 13:12 zu machen! Eine wichtige Anforderung im Verlaufe dieser sieben Jahre ist allerdings, den Athleten vor Überlastungsschäden zu bewahren und auf diese Weise eine optimale Umgebung für eine kontinuierliche Verbesserung zu schaffen.

Was sollte z.B. getan werden, wenn der Athlet im zweiten Jahr einen Durchbruch erlebt und das Ziel des dritten Jahres erreicht? Wir vertreten diesbezüglich eine ganz klare Meinung: In diesem Jahr oder im darauffolgenden Jahr sollte keine weitere Verbesserung angestrebt werden. Der Athlet ist im Plan. Wenn der Athlet allerdings in mehreren Rennen des betreffenden Jahres konstant besser läuft als im Plan vorgesehen, ist dies ein Anlaß für ein sorgfältiges Überdenken. Wie wir später im Rahmen der Betrachtung der Trainingsbesonderheiten noch näher behandeln werden, ist es am besten, wenn Trainingsziele mit einem Minimum an Arbeit erreicht werden. Übermäßige Arbeit ist nicht erwünscht, da das Ziel u. a. Verletzungfreiheit und eine kontinuierliche Verbesserung im Verlauf der nächsten Jahre ist. Je gieriger ein Sportler wird, desto eher ist er verbraucht.

Nun lassen Sie uns einen Blick auf ein tatsächliches Beispiel langfristiger Zielsetzung werfen. Seb Coe begann als 12jähriger Schuljunge mit dem Laufen. Als er 13 Jahre alt war, konstruierte sein Trainer einen Plan, der auf Altersklassenmeisterschaften ausgerichtet war, langfristig jedoch auf die Olympischen Spiele 1980 abzielte. Der Plan war spezifisch genug, um erreichbare Ziele zu setzen, aber dennoch flexibel genug, um allen Nuancen des akademischen Lebens von den frühen Schuljahren bis zum Postgraduiertenstudium Rechnung zu tragen. Obwohl während Prüfungsperioden, kleineren Krankheiten und ähnlichen Anlässen der Schwerpunkt verlagert wurde, behielt der Plan seine Gültigkeit.

Das Konzept des Plans war relativ einfach. Im Jahr 1972 hielt Sebs Trainer schriftlich fest, wo seiner Vermutung nach die Weltrekorde über 800 m, 1.500 m und die Meile stehen würden, wenn Seb bereit sein würde, sie anzugreifen, also grob um 1980 oder 1981. Die Prognose lautete 1:43 über 800 m; Sebs erster 800-m-Weltrekord (1979) war 1:42,33 im Alter von 22 Jahren. Die Prognose lautete 3:48 über die Meile; Sebs erster Meilenweltrekord (ebenfalls 1979) war 3:48,59. Folglich waren die Schätzungen genau genug, aber eine Überraschung war, daß Seb diese Weltrekorde ein oder zwei Jahre früher als vorgesehen lief. Die prognostizierte 1.500-m-Zeit kam allerdings sieben Jahre zu spät - die geschätzten 3:30 lief er erst 1986 (3:29,77). Folglich ist kein System perfekt, aber dieses System war immerhin nahezu perfekt.

Periodisierung und Kategorisierung des Trainings

In Leichtathletikkreisen in der gesamten Welt fällt ein Wort in Unterhaltungen von Athleten und Trainern über Trainingsziele und -pläne häufiger als andere: **Periodisierung**. Dieses beeindruckend klingende Wort bezieht sich schlicht auf die spezifische Zeitskala und das Zeitformat der unterschiedlichen Bestandteile eines Trainingsplans. Ein derartiges Format berücksichtigt die vier primären Aspekte der Trainingsanpassung:

1. der anfängliche Zusammenbruch und die Reduktion der unmittelbaren Leistungsfähigkeiten,
2. Anpassung an die Trainingsbelastung als Ergebnis physiologischer und psychologischer Veränderungen der Richtung des verbesserten Leistungspotentials,
3. Beibehaltung derartiger Leistungsmerkmale im Anschluß an eine Trainingsreduzierung,
4. Leistungsrückgang, wenn der Trainingsumfang über einen zu langen Zeitpunkt reduziert wird.

Das Trainingsleben eines Athleten ist somit ein konstanter Zyklus, bestehend aus harter Arbeit (mit daraus resultierender Ermüdung), Erholung (Regenerierung),

Leistungsverbesserung (für einen kurzen Zeitraum) und einer kurzen Pause (mentale und körperliche Ruhe), so daß danach mit einem weiteren Zyklus begonnen werden kann.

Die Vorbereitung eines Trainingsplans setzt verschiedene Informationen voraus. Zunächst müssen alle Komponenten, die benötigt werden, um die verschiedenen Ziele zu erreichen, identifiziert werden. Unter **Komponenten** oder Bausteinen verstehen wir *allgemeine Trainingsaufgaben*. Einige Beispiele sind längere Läufe mit mäßiger Geschwindigkeit, Krafttraining für den Oberkörper und Läufe über kürzere Distanzen mit höherer Geschwindigkeit. Zweitens müssen Trainingspläne die jeder Komponente angemessenen Trainingseinheiten identifizieren. Eine **Trainingseinheit** ist eine spezifische Trainingsaufgabe, die den Umfang, die Intensität und die Dichte der Belastung angibt, die einen positiven Trainingseffekt bringen soll. Eine Trainingseinheit kann aus sechs Läufen über 800 m mit 80prozentigem Einsatz auf einer Strecke mit einem 4prozentigen Anstieg mit 2minütigen Pausen zwischen den Einzelbelastungen bestehen. Eine andere Trainingseinheit könnte aus acht Läufen über 1.500 m mit einem Tempo, das 90 % der VO_{2max} entspricht, mit 3minütigen Pausen zwischen den Einzelbelastungen bestehen. Eine weitere Trainingseinheit könnten drei Sätze von je 15 Kniebeugen mit Ausfallschritt und einem 20-kg-Gewicht auf der Schulter sein. Schließlich müssen spezifische Zwischentests (kleinere Wettkämpfe, Zeitkontrolläufe, Laufbandtests etc.) im weiteren Trainingsverlauf in den Plan aufgenommen werden, um den Fortschritt im Hinblick auf das Endziel, nämlich im richtigen Moment für den wichtigsten Wettkampf fit zu sein, zu kontrollieren.

Kurz gesagt, der Wert der Periodisierung besteht darin, daß sie einen dokumentierten, methodischen, ansteigenden und logischen Entwicklungsplan für Athlet und Trainer ermöglicht. Der Athlet wie auch der Trainer müssen sorgfältig überlegen, was getan werden muß. Bloße Ideen müssen rationalen Kriterien standhalten. Das Ziel des Trainings besteht darin, den Sportler zum richtigen Zeitpunkt in Topform zu bringen, wobei ein ausgewogenes Verhältnis aller Bedingungen für eine gute Leistung hergestellt werden sollte. Die Periodisierung ermöglicht diese ausgewogene Entwicklung, indem sie sicherstellt, daß die richtige Mischung in einem einzigen Plan verwirklicht wird. Über dieses Thema wurde viel geschrieben, da es für die Organisation der Entwicklung des Athleten wesentlich ist (Bompa, 1988; Charniga, Gambetta, Kraemer, Newton, O'Bryant, Palmieri, Pedemonte, Pfaff & Stone, 1986-87; Dick, 1975; Freeman, 1989).

Nachdem wir nun die Notwendigkeit eines umfassenden Rahmenplans hervorgehoben haben, mag es widersprüchlich erscheinen, wenn wir behaupten, daß das Wesen eines guten Rahmenplans in dessen Variabilität liegt - in der Eigenschaft, je nach Bedarf abgeändert zu werden, um eine optimale Effektivität sicherzustellen. In einem Periodisierungsschema ist es unnötig und irreal, gleich zu Beginn für ein Jahr im voraus die genauen Details jedes Trainingstages schriftlich festzuhalten. Einige Trainer gehen so vor, mit der Konsequenz, daß ihre Athleten Gefangene (und Opfer) eines Plans werden, der mit der Zeit immer unangemessener wird. Eine kontinuierliche Anpassung des Trainingsplans ist notwendig, um

- ein variables Tempo der Anpassung an spezifisches Training,
- kleinere Rückschläge aufgrund unbedeutender Verletzung, und
- persönliche Lebensumstände, die eine zeitweise verstärkte Aufmerksamkeit verdienen,

zu erkennen und zu nutzen.

Ein allgemeiner und durchdachter Rahmenplan, dessen gesamte Bestandteile perspektivisch geordnet sind, schafft daher einen Bezugspunkt für einen intelligenten Anfang und eine durchdachte Kontinuität. Ohne einen derartigen Plan sind der Sportler und Trainer orientierungslos; sie wissen nicht, was sie tun sollen und warum, und entscheiden infolgedessen nach Lust und Laune über das Training.

Der Beginn eines Trainingsplans: Erholung vom vorangegangenen Plan

Obwohl ein Jahr als Zeitspanne nicht sehr lang erscheinen mag, trifft dies auf ein Jahr harten körperlichen Trainings sehr wohl zu. Der Sportler bedarf daher der völligen Erholung von der vorangegangenen Trainingsperiode, um in der Lage zu sein, ein weiteres Jahr mit ähnlichem Einsatz in Angriff zu nehmen. Ein völliges körperliches Ausruhen und eine mentale Erfrischung können Wunder wirken, vor allem, wenn diese Phase bis zu einem Monat dauert. Es bedarf erheblicher Überredungskunst, um einen Sportler dazu zu bewegen, „seine Schuhe so lange an den Nagel zu hängen". Aber diejenigen, die dies tun, profitieren davon, vor allem, weil solch eine Ruhephase eine völlige Erholung des Muskel- und Skelettsystems von der angehäuften Belastung des gerade abgeschlossenen Makrozyklus ermöglicht. Erfahrene Läufer werden angesichts des Verzichts auf das ein- oder zweimalige Training pro Tag sehr wahrscheinlich unter Entzugserscheinungen leiden. Alternative sportliche Betätigungen (Schwimmen, Radfahren, Wandern, Segeln etc.) werden diesen Trainingshunger mental nie befriedigen können. Sie können jedoch dazu dienen, die kardiorespiratorische Fitneß und Gelenkbeweglichkeit einigermaßen aufrechtzuerhalten. Aber sie sind kein vollständiger Ersatz; keine Gewohnheit, die zu einem derart wichtigen Bestandteil der individuellen Lebensführung wurde, kann über den Zeitraum eines Monats abgelegt und ganz beiläufig durch etwas anderes ersetzt werden. Und Sie werden überrascht sein, wie das Bedürfnis nach systematischem Training steigt!

Eine zu frühe Wiederaufnahme des Trainings ist so, als ob man eine Zwiebel aus dem Gartenboden ziehen und feststellen würde, daß sie noch nicht ausgereift ist. Man kann sie nicht wieder in den Boden zurückstecken und ein größeres Wachstum erwarten. Körperliche und psychische Ermüdung müssen völlig beseitigt sein, wenn der neue Trainingszyklus mit Spannung, Antizipation und dem Willen, sein Leben wieder dem Training zu widmen, in Angriff genommen werden soll. Die Zeit heilt alles, sagt man, aber dazu bedarf es einer längeren Dauer!

Wenn eine aktive Erholung mit leichter sportlicher Aktivität durchgeführt wird, nimmt die Leistungsfähigkeit nicht drastisch ab. In einer interessanten neueren Untersuchung von Cullinane, Sady, Vadeboncoeur, Burke und Thompson (1986) wurde festgestellt, daß 10 Ruhetage zu einer Reduzierung des Plasmavolumens um 5 % und einem Anstieg der Ruheherzfrequenz um 9 Schläge/min führten. Die VO_{2max} blieb allerdings bei 15 Langstrecklern, die vor der Ruheperiode durchschnittlich 80 km/Woche absolviert hatten, unverändert. Vermutlich wurde die Abnahme der VO_{2max}, zu der es eigentlich als Folge der reduzierten Durchblutung der Arbeitsmuskulatur kommen müßte, durch die optimale Rekrutierung der Motoneurone und die Wiederauffüllung der muskulären Energievorräte als Ergebnis der völligen Erholung verhindert. Die Mitochondriengröße, Enzymkonzentrationen und die Energiespeicherfähigkeiten der Skelettmuskeln wurden nicht ausgewertet, aber die unveränderte VO_{2max} deutet, wenn überhaupt, auf nur minimale Veränderungen dieser Variablen hin.

Da diese Erholungsperiode die erste Phase innerhalb eines Periodisierungsplans ist, müssen der Trainer und der Athlet die Ziele des kommenden Jahres, die identifizierten Stärken und Schwächen des gerade vergangenen Jahres und die mögliche Einbeziehung spezifischer Strategien im kommenden Jahr zur Beseitigung oder Reduzierung von Schwächen (z.B. mehr Beweglichkeitsübungen oder eine gesteigerte Konzentration auf die Kräftigung des Oberkörpers) sorgfältig durchsprechen. Eine nützliche Analogie ist die jährliche Schließung einer Fabrik für einen ganzen Monat, die häufig in der europäischen Industrie zu beobachten ist. Eine Überholung der Fabrikanlagen, Kontrolle der Verfahren und der Einbau von Verbesserungen schaffen die Basis für eine Steigerung der Produktion im Verlaufe des folgenden Jahres.

Im Anschluß an eine mehrwöchige Trainingspause ist ein lockeres und allmählich ansteigendes aerobes Laufprogramm zu Anfang wichtig, um sich an die Belastungen erneut anzupassen. Aber nicht alles ist verloren. Wenn das Training wiederaufgenommen wird, bedarf es bei Langstrecklern nur einer bemerkenswert kurzen Zeitspanne - nicht mehr als 2 bis 3 Wochen -, um 8- bis 10minütige Läufe mit einer Intensität von 90 bis 95 % des früheren Trainingstempos zu absolvieren. Dies liegt vor allem an einer Steigerung des Blutvolumens, da der Mitochondriengehalt der Skelettmuskeln und deren Kapillarisierung relativ unverändert geblieben sind, es sei denn, es handelte sich bei der Pause um eine mehrmonatige völlige Ruhepause aufgrund einer Verletzung (Coyle, 1990). Die Berücksichtigung einer angemessenen Ruhe, Ernährung, Flüssigkeitszufuhr und Aufrechterhaltung der Beweglichkeit optimieren den Anpassungsprozeß. Bald kann mit einem formaleren Training begonnen werden, wobei die wichtigste Frage ist, wie dieses Training strukturiert sein soll.

Definitionen: Die Terminologie der Periodisierung und des Trainings

Eine effektive Kommunikation fällt am leichtesten, wenn zwischen dem Sprecher und dem Zuhörer gleiche Verständnisebene existiert - daher stammt die vertraute

Phrase „Sage, was Du denkst, und meine, was Du sagst." Zur Beschreibung der Trainingsperiodisierung und der vorkommenden Anpassungsarten gibt es eine spezifische Terminologie. Um den Leser mit diesen Konzepten vertraut zu machen, werden im folgenden die Definitionen zusammengefaßt.

Unter **Training** versteht man eine Reihenfolge von Aktivitäten, die den Zweck haben, die Effizienz und Effektivität der sportlichen Leistung zu erhöhen. In diesem Zusammenhang bezieht sich **Leistung** auf die Qualität von Training und Wettkampf. Training verbessert mehrere Leistungsvariablen, die vor vielen Jahren von Nett (1965) identifiziert wurden. Hierzu gehören die **Kraft,** definiert als die Quantität der gegen einen Widerstand ausgeführten Muskelkraft, und die **Schnelligkeit,** worunter die Fähigkeit verstanden wird, Körperbewegungen schnell, sukzessiv und erfolgreich auszuführen. Ein guter Sprinter verfügt über eine herausragende Schnelligkeit.

Ausdauer ist auch wichtig für Erfolge im Laufen und Wettkampf; hierunter wird einfach die Fähigkeit verstanden, eine submaximale Aktivität über einen längeren Zeitraum beizubehalten. Ein guter Marathonläufer verfügt über eine außerordentlich gute Ausdauerleistung. **Ermüdung** ist das Gefühl, daß es schwerer fällt, im Bereich einer bestimmten Belastung aktiv zu sein und gleichzeitig die vorangegangene Effizienz beizubehalten. (Diese Definitionen werden einer genaueren Betrachtung im 6. Kapitel im Rahmen der Diskussion von Übertraining unterzogen.) Es gibt zwei Arten von Ausdauer: **Aerobe Ausdauer** oder **Stehvermögen** ist die Fähigkeit, der Ermüdung bei vorwiegend aerober Belastung in hohen Intensitätsbereichen über eine längere (aber nicht übermäßig lange) Zeitspanne zu widerstehen. Unter Stehvermögen wird manchmal die Fähigkeit verstanden, Schnelligkeit über eine gewisse Zeit aufrechtzuerhalten. Ein 10.000-m-Läufer, der 2 x 3.000 m in 85 % seiner 5.000-m-Bahnzeit absolviert, bildet sein Stehvermögen aus. Das gleiche gilt für eine 3.000-m-Läuferin, die auf der Bahn 3 x 2.000 m im Bereich von 85 % ihres 3.000-m-Wettkampftempos absolviert. **Anaerobe Ausdauer** oder **Schnelligkeitsausdauer** ist die Fähigkeit, Müdigkeit zu tolerieren und sowohl Tempo als auch einen guten Laufstil beim nahezu maximalen Lauf über relativ kurze Distanzen aufrechtzuerhalten. 400-m-Wiederholungsläufe sind das Beispiel eines Trainings, das die Schnelligkeitsausdauer verbessert.

Drei Begriffe - Makrozyklus, Mesozyklus und Mikrozyklus - beschreiben verschiedene Phasen einer Trainingsperiode. Ein **Makroyklus** ist eine Entwicklungsperiode von beträchtlicher Länge, die auf das Erreichen einer maximalen Leistungsfähigkeit ausgerichtet ist. Bei den meisten Läufern, vor allem dem bahnorientierten Mittelstreckler, kann die Dauer dieser Phase bis zu einem Jahr betragen. Beispielsweise kann ein Sportler im Herbst mit dem Training beginnen und auf eine Bestleistung bei den nationalen Meisterschaften im darauffolgenden Spätfrühjahr oder Frühsommer (oder sogar noch später; z.B. bei einer wichtigen internationalen Meisterschaft wie den Panamerikanischen Spielen oder den Europameisterschaften) abzielen. Bei anderen Läufern bedarf es vielleicht nicht einer derart langen Periode. So können Marathonläufer der Spitzenklasse, die verletzungsfrei bleiben und eine herausragende allgemeine Fitneß beibehalten, gut mit einem Zyklus arbeiten, der sich alle 4 bis 5 Monate wiederholt. Bei diesem Läufer dauert die

Vorbereitung 10 bis 12 Wochen, während derer er sich intensiv vorbereitet. Darauf folgen einige Wochen der Belastungsreduzierung, dann das Rennen und ein Monat der mentalen und körperlichen Vorbereitung (Lenzi, 1987). Aus diesem Grunde nehmen die weltbesten Marathonläufer an nicht mehr als zwei oder drei Marathonrennen im Jahr teil.

Ein Trainings-Makrozyklus wird in mehrere kleinere Entwicklungsperioden unterteilt. Einer dieser **Mesozyklen** dauert einige Wochen bis zu einigen Monaten und hat normalerweise ein spezifisches Entwicklungsziel, welches sich von dem des vorangegangenen und des folgenden Mesozyklus unterscheidet. In einem Mesozyklus kann der Schwerpunkt auf der Entwicklung einer Ausdauergrundlage liegen, während der Schwerpunkt eines anderen Mesozyklus auf der Feinabstimmung liegen kann. Jeder Mesozyklus besteht aus mindestens einem **Mikrozyklus** - einer Zeitspanne von grob ein bis zwei Wochen -, innerhalb dessen ein sinnvoller Trainingsblock, der eine ausgewogene Entwicklung des Sportlers zuläßt, absolviert wird. In Abbildung 3.2 ist der Gebrauch dieser Begriffe während einer hypothetischen Trainingsperiode dargestellt. Wettkämpfe mittleren Niveaus oder Zeitkontrolläufe können innerhalb dieses Zeitraums eingeplant werden, normalerweise am Ende eines Mikrozyklus oder Mesozyklus, um die Diagnose der sich entwickelnden Fitneß zu ermöglichen.

Nachdem die Identifizierung des Ziels die Planung eines Trainings-Makrozyklus erlaubt hat, besteht die nächste Aufgabe in der Planung der Mesozyklen und der Identifikation der in jedem Mikrozyklus zu leistenden Arbeit. Eine breite Palette von Aktivitäten sollte eingeplant werden: Laufen und ein umfassendes Konditionstraining bilden das Rückgrat des Trainingsplans, wobei auch andere Aspekte berücksichtigt werden, wie z.b. ein Stretchingprogramm, Regenerationsmethoden (z.B. Massage) und eine periodische Gesundheitskontrolle. Aber wie kann die Qualität dieser Einheiten, aus denen sich dieses sogenannte Trainingsziel zusammensetzt, kategorisiert werden?

Verschiedene Begriffe stehen zur Beschreibung der täglichen spezifischen Trainingseinheiten zur Verfügung. Sie stehen in engem Zusammenhang mit den klassischen Fragen, die Athleten ihren Trainern stellen, wenn sie sich vor einer Trainingseinheit treffen. Im folgenden verwenden wir den Lauftail des Trainings als Beispiel:

- „Wie lange muß ich laufen?" Diese Frage zielt auf den Trainingsumfang ab. (Die Antwort an den Athleten könnte lauten: „Zehn mal 200 m auf der Bahn.")
- „Wann findet dieses Training zum nächsten Mal statt?" Diese Frage betrifft die Trainingshäufigkeit. („Einmal noch in diesem Mikrozyklus, in sechs Tagen.")
- „Wie schnell muß ich die Läufe absolvieren?" Diese Frage betrifft die Trainingsintensität oder -dauer. („Laufe die ersten 200 m in 33 Sekunden, und steigere dich bis auf 30 Sekunden.")
- „Wie lange kann ich mich zwischen den einzelnen Läufen ausruhen?" Diese Frage betrifft die Trainingsdichte. („Die Pause sollte anderthalb Minuten betragen und aus einem Trablauf zurück zum Start bestehen.")

Jogging für talentierte Läufer im Alter von 20 bis 30 Jahren ist definiert als sehr langsames Laufen - 4:21 bis 5:36/km für Männer und 4:58 bis 6:13/km für Frauen. Jogging kostet mehr Energie als Gehen.

Im folgenden sollen diese Deskriptoren der Trainingsbelastung formaler definiert werden. Der Trainings**umfang** ist schlicht die Menge des in einer gegebenen Zeiteinheit absolvierten Trainings - die während eines Mikrozylus geleistete Arbeit, die Gesamtmenge der an einem Tag absolvierten Liegestütze, das in einer Trainingseinheit gehobene Gesamtgewicht, die während einer aus 200-m-Wiederholungsläufen bestehenden Trainingseinheit insgesamt gelaufene Strecke etc. Es handelt sich also um eine bestimmte Quantität, die in einem beliebigen Zeitrahmen ausgedrückt werden kann. Die Trainings**häufigkeit** bezieht sich auf die Anzahl der innerhalb einer bestimmten Zeitperiode absolvierten Trainingseinheiten oder auf die Wiederkehr einer bestimmten Trainingseinheit innerhalb einer bestimmten Zeitspanne, sei es ein Makro-, Meso- oder Mikrozyklus. In einigen Mikrozyklen kann die Trainingshäufigkeit z.b. zwei Einheiten pro Tag betragen. Andererseits kann die Häufigkeit von 1.000-m-Wiederholungsläufen einmal alle zwei Wochen betragen. Einige Übungen können nahezu täglich absolviert werden, wie z.b. Sit-ups, Liegestütze oder aerobe Konditionsläufe. Andere Übungen, z.B. Krafttraining des Oberkörpers im Kraftraum, können vielleicht ein- oder zweimal pro Woche durchgeführt werden.

Unter Trainings**intensität** wird die Qualität der absolvierten Belastung verstanden, und sie steht in einem umgekehrten Verhältnis zum Umfang. Wenn also die Trainingsintensität steigt, nimmt der Umfang ab. Ein Lauf mit mittlerer Intensität und hohem Umfang könnte z.B. für eine gute 10.000-m-Läuferin 16 km in einem Tempo von 3:53/km sein. Fünf Wiederholungsläufe über eine Meile in einem Tempo von 3:06/km stellten für diese Läuferin einen wesentlich intensiveren Trainingsstimulus dar, wobei der Umfang jedoch niedriger wäre. Das Pendant im Krafttraining (Gewichtheben) wäre die Beziehung der bei jeder Wiederholung gehobenen Last zum Maximalgewicht, das der Athlet einmal heben kann.

In Abbildung 3.2 ist die Beziehung zwischen dem Umfang und der Intensität dargestellt, so wie sie von Matwejew (1981) und Bondarchuk (1988) in ihren Ausführungen zum Periodisierungsprozeß gesehen wird. Mit zunehmender Dauer eines Makrozyklus nimmt der Gesamtumfang ab - obwohl die wöchentliche Netto-Trainingsbelastung gleich bleiben kann -, da die Intensität ansteigt. Mit zunehmender Annäherung an den Wettkampfhöhepunkt liegt die Betonung auf Spezialübungen. Diese Übungen können für jede Disziplinbesonderheit ganz unterschiedlich sein, aber sie enthalten normalerweise auch kürzere, intensivere Trainingseinheiten.

Trainings**dichte** bezieht sich auf die Ruhepausen zwischen Belastungen. Je kürzer die Ruhepause ist, desto höher ist die Reizdichte. Zwei 300-m-Läufe auf der Bahn in je 44 sec mit einer Pause von 2 min bilden eine höhere Reizdichte als zwei 300-m-Läufe mit der gleichen Geschwindigkeit, aber mit einer 3minütigen Ruhepause. Die Ruhephase kann zwischen einigen Sekunden und mehreren Minuten variieren, in Abhängigkeit vom Zweck der Trainingseinheit. Unter Trainern hat sich ein verwirrender Sprachgebrauch durchgesetzt, was die Kategorisierung oder Identifizierung der täglichen Trainingseinheiten anbelangt. Wesentlich besser wäre eine spezifische und informative Terminologie in diesem Bereich, aber eine derartige Terminologie steht noch aus. Das

Ergebnis sind weltweite Kommunikationsschwierigkeiten. So liest und hört man von „cut-downs", was mit einem Messer oder einer Schere allerdings nichts zu tun hat. Es gibt „break-downs", aber keiner möchte einen Athleten wirklich zum Zusammenbruch bringen. Es gibt „go's", was bedeutet, daß der Athlet nach einer bestimmten Erholungszeit den nächsten Lauf absolviert (ein 2minütiger „go"). Es gibt „ladders" (aber keiner klettert), „clocks", „pyramids" und vieles mehr. Bei all diesen Formen handelt es sich schlicht um Variationen des Themas Laufbelastungen und Pausen. Diese Begriffe schaffen nur unnötige Verwirrung, da es bereits eine akzeptable Terminologie gibt. Dann gibt es Begriffe wie „Tempoläufe", „Intervalläufe" und „Wiederholungsläufe" (Daniels & Scardina, 1984; Wilt, 1968), deren Bedeutungen sich nicht nur in der englischsprachigen Welt, sondern auch unter Mittel- und Langstrecken-Trainern sehr unterscheidet. So meinen einige z.B. mit dem Begriff „Intervall" korrekt die gelaufene Strecke, andere hingegen verstehen darunter die Erholungszeit zwischen den Belastungen. Wenn ein Faktor einen effektiven Austausch zwischen Trainern in der Sportwelt verhindert hat, dann ist es diese Vielfalt an Fachbegriffen, die bei verschiedenen Personen und unterschiedlichen Disziplinen unterschiedliche Bedeutungen haben. Dies ist besonders deshalb ärgerlich, weil bereits existierende Begriffe eine einfache und saubere Abgrenzung der Details einer Trainingseinheit ermöglichen.

Eine derartige Komplexität und Verwirrung sind unnötig. Jede Laufaufgabe sollte spezifische, logische Anweisungen und Begriffe, die im allgemeinen Gebrauch eine klare Bedeutung haben, enthalten. Von einem Trainer gegebene Anweisungen sollten für eine Gruppe von Athleten, die von einem anderen Trainer betreut werden, nicht anders verstanden werden. Die Terminologie ist wie folgt: Wir laufen eine bestimmte Distanz oder eine bestimmte Zeitdauer; dies ist das **Laufintervall**. Wahrscheinlich tun wir dies häufiger als einmal. Mehrere Intervalle über die gleiche Distanz werden als **Wiederholungen** bezeichnet. Nach jedem Laufintervall erlaubt eine bestimmte Pause eine entweder vollständige oder unvollständige **Erholung**. Gruppen von Intervallen werden **Sätze** genannt, und die Pausen zwischen Sätzen sind normalerweise länger als die Pausen zwischen den einzelnen Läufen eines Satzes. Schließlich wird jeder Lauf mit einer bestimmten Geschwindigkeit, dem **Tempo**, absolviert. So einfach ist das.

Unter Verwendung dieses Begriffsrepertoires könnte eine Trainingseinheit aus zehn 200-m-Intervallen in einem Tempo von 28 sec bestehen, wobei zwischen den Wiederholungen eine 55 sekündige Trabpause eingelegt werden sollte. Dies könnte kurz folgendermaßen niedergeschrieben werden: 10 x 200 m in 28 sec (55 sec Trabpause). Diese Einheit wäre ziemlich hart - der Athlet läuft schnell, und die Erholungspausen sind nur kurz. Eine andere Trainingseinheit könnte eine Serie schneller Intervalläufe mit 85 % der Maximalgeschwindigkeit sein, wobei der erste Lauf 5 min dauert, der zweite 4 min, der dritte 3 min, der vierte 2 min und am Ende vier 1-min-Läufe absolviert werden. Die ersten beiden Pausen dauern je 4 min, die nächsten beiden dauern 3 bzw. 2 min, und zwischen den 1-min-Läufen sind die Pausen je 1 min lang. In der Kurzschrift des Trainers könnte dies folgendermaßen aussehen: 5 min (4 min P.) + 4 min (4 P.) + 3 min (3 P.)+ 2 min (2 P.) + (4 x 1 min) (jew. 1 min P.).

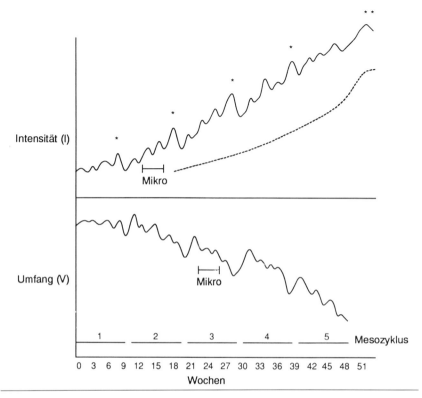

Abbildung 3.2: Hypothetische Darstellung einer Trainingsperiode (hier: 52 Wochen), die Makrozyklus genannt wird, und in fünf kleinere Abschnittem, sogenannte Mesozyklen, unterteilt ist. Während jedes Mesozyklus kann der Umfang (U) der geleisteten Arbeit entweder allmählich abnehmen (wie hier gezeigt) oder im Verlaufe einiger Mesozyklen stabil bleiben und dann abnehmen. Die Intensität (I) der Belastung steigt allmählich an, wenn lockere aerobe Belastungen durch härtere anaerobe Belastungen ergänzt oder ersetzt werden. Die * Symbole stellen periodische Testpunkte dar, um den Fortschritt am Ende der Mesozyklen zu bestimmen. Das ** Symbol verweist auf den eigentlichen Leistungshöhepunkt dieses Makrozyklus. Die gestrichelte Linie deutet wettkampforientierte Leistungsfähigkeiten an, die mit zunehmender Entwicklung kontinuierlich steigen und sich vor der letzten oder den beiden letzten Wochen der Belastungsreduktion und Ruhe rapide verbessern sollten. Jeder Mesozyklus wird in einige Trainingsblöcke oder Mikrozyklen unterteilt, die eine angemessene Zyklisierung der Trainingsbelastungen ermöglichen.

Die hier vorgestellten Beispiele von Trainingsaufgaben sind nur zwei aus unzählig vielen Kombinationen hochintensiver und -qualitativer Wiederholungen eines in einem bestimmten Tempo gelaufenen Streckenintervalls. Derartige Läufe passen typischerweise in die physiologischen Leistungszonen des aeroben Konditionsoder aeroben und anaeroben Kapazitätstrainings. Später in diesem Kapitel werden wir Richtlinien zur exakteren Kategorisierung von Trainingsaufgaben innerhalb dieser unterschiedlichen Zonen vorstellen. Dies wird seinerseits eine Grundlage zur intelligenten Strukturierung und Manipulation derartiger Aufgaben sein mit dem Ziel, sie optimal an entwicklungsgemäße Notwendigkeiten anzupassen.

Ein guter Trainingsplan muß ausgewogen und spezifisch sein

Eine gute Methode zum Erreichen einer verletzungsfreien Leistungsentwicklung im Verlauf eines Makrozyklus ist die gleichzeitige, harmonische Ausbildung von Kraft, Schnelligkeit, Stehvermögen (Tempohärte) und Ausdauer während des Jahres, wobei nie eine dieser Komponenten aus dem Gesamtplan eliminiert wird. Wir definieren also **Multi-Tempo-Training** als die ganzjährige Einbeziehung von Trainingsaufgaben unterschiedlichen Tempos. Wir stimmen nicht überein mit Trainern, die ihre Athleten über mehrere Wochen hinweg ausschließlich längere Strecken und diese Athleten im Anschluß hieran auch wieder über mehrere Wochen hinweg ähnlich konzentriert hochintensive Schnelligkeitseinheiten absolvieren lassen. Wir betrachten ein derartiges Training aufgrund von Überlastung und Fehlanpassungen als sehr verletzungsträchtig.

Wir bevorzugen auch einen fließenden Übergang von einem niedrigeren Fitneßgrad zur Bereitschaft, große Wettkämpfe zu bestreiten, indem wir eine Vielfalt von Trainingsinhalten (Laufen, Krafttraining, Beweglichkeitsübungen etc.) einsetzen, deren Kombination in Abständen geändert wird, um die unterschiedlichen Konzentrationsschwerpunkte zu betonen. Wir definieren also **Multi-Stufen-Training** als die Organisation des Trainings auf verschiedenen Ebenen oder Stufen, von denen jede auf der vorangegangenen aufbaut und einen Entwicklungsschwerpunkt setzt, der zu einer ausgewogenen Leistungsentwicklung beiträgt.

Die wertvollsten Aspekte bei der Verfolgung eines bestimmten Ziels sind die richtige Einschätzung dessen, was verlangt wird, und das richtige Verfolgen dieser Anforderungen. Die logische Grundlage unseres Vertrauens in die Effektivität des Multi-Stufen-Trainings ist wissenschaftlich abgesichert. Es handelt sich um die Erfahrung von Sportorthopäden, daß es häufiger zu Überlastungsschäden im Bereich der unteren Extremitäten kommt, wenn Sportler plötzlich ihren Belastungsschwerpunkt wechseln - z.B. vom Lauf im flachen zum Lauf im hügeligen Gelände, von Trainingsschuhen zu Spikes, von langsameren Läufen über lange Distanzen zu kurzen, schnellen Läufen. Die Erklärung ist einfach: Das Muskel- und Skelettsystem benötigt Zeit, um sich allmählich an verändernde Reize anzupassen. Wenn dem Sportler nicht genügend Zeit gelassen wird, wird eine Trainingsbelastung hohen Umfangs oder hoher Intensität wahrscheinlich zu hoch sein und zu einer Verletzung führen. Wir haben kein Interesse, verletzungsanfällige Athleten auszubilden. Das Multi-Stufen-Training konfrontiert Athleten kontinuierlich mit einer großen Spannbreite von Trainingsreizen, allerdings verändert sich der Schwerpunkt im Verlaufe des Jahres.

Es gibt auch einen praktischen Grund für das Multi-Stufen-Training. Es macht unserer Meinung nach wenig Sinn, wenn Athleten zulassen, daß ihre FT-Fasern vom Typ IIb aufgrund geringen Gebrauchs in der langen Anfangsphase eines Makrozyklus an Leistung verlieren. Zu einem derartigen Leistungsverlust bzw. Abtrainieren würde es kommen, wenn in dieser Zeitperiode nur ein Training mit niedriger Intensität über lange Distanzen absolviert würde, denn die motorischen Einheiten der FT-Fasern vom Typ IIb werden nur bei höheren Intensitäten stimuliert. Ein derartiges Training würde also die mobilisierbare Schnelligkeit reduzieren, was dazu führen kann, daß bei plötzlichen Schnelligkeitsbelastungen Verletzungen auftreten können, da die betreffenden motorischen Einheiten nicht einsatzbereit sind. Wenn wir von Schnelligkeit sprechen, meinen wir die wiederholbar längerfristig aufrechtzuerhaltende Schnelligkeit eines 400-m-Läufers, nicht die explosive, kurzfristige Geschwindigkeit eines Sprinters. Sowohl aerobe als auch anaerobe Komponenten spielen eine Rolle. Mittel- und Langstreckenwettkämpfe sind ein Zusammenspiel von Ausdauer und Schnelligkeit. Die Ausdauer bringt einen Läufer zur Ziellinie, aber Ausdauer und Schnelligkeit bewirken, daß er die Linie als erster erreicht. Eine unserer wichtigsten Maxime ist, angesichts der Tatsache, daß Schnelligkeit so wichtig ist, diese Komponente nie zu sehr aus den Augen zu verlieren. Praktisch bedeutet das, daß das Schnelligkeitstraining sich mehr oder weniger intensiv über einen ganzen Makrozyklus fortsetzen sollte (denn Schnelligkeit bedarf des Trainings, um die neurale Rekrutierung zu verbessern und damit sich Herz- und Skelettmuskeln kraftmäßig anpassen können).

Wir betonen, daß es des Zusammenspiels von Schnelligkeit und Ausdauer bedarf, damit Rennen gewonnen werden. Dies trifft auf alle Distanzen von 800 m bis zum Marathon zu. Es ist für einen Marathonläufer nicht sehr befriedigend, 104mal 400 m in jeweils 76 sec zu laufen, um dann auf den letzten 595 m zu erleben, daß ein Konkurrent ihn überholt und er das Rennen verliert. 1987 liefen der schnellste Marathonläufer und die schnellste Marathonläuferin ebenfalls sehr gute 10.000-m-Zeiten (Takeyuki Nakayama verbesserte den nationalen Rekord auf 27:35,33 - die viertschnellste Zeit des betreffenden Jahres; Ingrid Kristiansens 31:08,85 waren die schnellste Zeit des betreffenden Jahres). Ähnlich muß ein 800- oder 1.500-m-Läufer bei einer wichtigen Meisterschaft über drei oder vier Tage hinweg mehrere Rennen durchhalten, wobei das letzte Rennen das schwierigste ist. Eine Doppelteilnahme im 800- und 1.500-m-Lauf - wie sie Seb Coe mit großem Erfolg bei zwei Olympischen Spielen praktizierte - kann sieben Rennen in neun Tagen erfordern. Ja, Mittel- und Langstreckenrennen haben sowohl mit Ausdauer als auch mit Schnelligkeit zu tun!

Mit Ausnahme des größten Abschnitts eines Marathonrennens werden nahezu alle Olympischen Mittel- und Langstreckendisziplinen in einem Tempo absolviert, das zur allmählichen Anhäufung anaerober Stoffwechselprodukte führt. Je kürzer die Strecke ist, desto größer ist der relative Prozentsatz des anaeroben Einsatzes. In Tabelle 3.4 ist dieser mit Verkürzung der Wettkampfdistanz stattfindende Übergang vom aeroben zum anaeroben Schwerpunkt dargestellt; es handelt sich bei dieser Tabelle um eine bloße tabellarische Darstellung von Abbildung 1.29. Jeder Läufer muß sein Rennen in dem für ihn besten Tempo laufen. Ist die Anhäufung anaerober Stoffwechselendprodukte zu groß, wird das Rennen ermüdungsbedingt verloren.

Eine übermäßige und zu frühe Laktatanhäufung kann drei Ursachen haben:
1. ein zu hohes Anfangstempo aufgrund eines schlechten Tempogefühls,
2. der Einsatz einer stoffwechselmäßig zu kostenintensiven Lauftaktik,
3. eine nicht ausreichende Fitneß, um das Rennen im erforderlichen Tempo zu laufen.

Tabelle 3.4: Der Unterschied in den Energiequellen, die zu den Wettkampfleistungen in den Olympischen Mittel- und Langstreckendisziplinen beitragen

Disziplin	Weltrekord Männer	Frauen	ca. % VO_{2max}	Wettkampfcharakteristik	% Energiebeitrag Phosphat	Laktat	Aerob
100 m	9,83	10,76	NA	Maximal; Kurzschnelligkeit	70	22	8
200 m	19,75	21,71	NA	Maximal; Kurzschnelligkeit	40	46	14
400 m	43,29	47,60	NA	Maximal; Lang-Schnelligkeit	10	60	30
800 m	1:41,73	1:53,28	135	95%-100% maximal; Ausdauer-Schnelligkeit	5	38	57
1.500 m	3:29,46	3:52,47	112	95% maximal; Schnelligkeitsausdauer	2	22	76
3.000 m	7:29,45	8:22,62	102	90% maximal; Ausdauer mit Schnelligkeit	<1	12	88
5.000 m	12:58,39	14:37,33	97	85% maximal; Ausdauer-Schnelligkeit	<1	7	93
10.000 m	27:08,23	30:13,73	92	Langausdauer mit etwas Schnelligkeit	<1	3	97
Marathon	2:06:50	2:21:06	82	Tempo-aerob; Lang-Ausdauer; möglicherweise Schnelligkeit	<1	<1	99

Anmerkungen: NA = nicht zutreffend. Daten stammen von: Matthews (1990, S. 265-270); Péronnet und Thibault (1989, S. 453-465); und Leger, Mercier und Gauvin (1986, S. 113-120).

Laufrekorde werden stetig verbessert, weil die Läufer immer schneller laufen. Im Verlaufe der letzten 60 bis 70 Jahre waren die Verbesserungen enorm, aber diese

Zeit ist nur ein Sekundenbruchteil angesichts der Zeitdauer der menschlichen Evolution. In diesem Sekundenbruchteil sind wir nicht plötzlich biomechanisch effektiver oder anaerob bzw. aerob belastbarer geworden. Es ist vielmehr so, daß eine größere Teilnahmequote und größere, adaptive Trainingsbelastungen Athleten hervorbringen, deren aerobe und anaerobe Fähigkeiten immer besser werden. Als Beispiel kann Don Lash dienen. Er war ein hervorragender amerikanischer Mittel- und Langstreckler der 30er Jahre (Weltrekord über 2 Meilen in 8:58,4; persönliche Bestzeit von 31:06,9 über 10.000 m, beide Zeiten 1936) und hatte eine VO_{2max} von 81,5 ml/kg/min (Robinson, Edwards & Dill, 1937). Die Spitzen-10.000-m-Läufer der heutigen Zeit mit Bestzeiten weit unter 28:00 haben VO_{2max}-Werte, die 81 ml/kg/min weit übertreffen.

Was ist die Ursache dieser schnelleren Zeiten? Ein Faktor sind sicherlich die Kunststoffbahnen, die die Aschenbahnen ersetzt haben. Ein anderer Faktor liegt in den technischen Fortschritten der Schuhkonstruktion. Ein dritter Faktor ist das relative Fehlen internationaler Konflikte, so daß die jungen Männer sich auf den Sport statt auf den Krieg konzentrieren können. Und schließlich beginnen sich natürlich die Voraussetzungen für die Teilnahme von Frauen am wettkampfmäßig betriebenen Mittel- und Langstreckenlauf zu verbessern. Ein vierter Faktor ist die große Zunahme der Wettkampfgelegenheiten, sowohl finanziell als auch sportlich, die einem größeren Reservoir an genetisch geeigneten Athleten ermöglichen, länger aktiv zu bleiben. Ein fünfter Faktor betrifft die Verbesserung der Gesundheitsfürsorge - Ernährung, Rehabilitations- und Regenerationsmethoden und Verletzungsprophylaxe -, die Sportlern erlaubt, effektiver und auf einem höheren Niveau zu trainieren. Dies ermöglicht seinerseits die zusätzliche Entwicklung einer verbesserten anaeroben Belastungstoleranz auf Grundlage einer bereits hoch entwickelten aeroben Belastungstoleranz; diejenigen, die eine Azidose am besten wegpuffern, werden die anderen schlagen!

Wie kann man zu einem bereits hohen Wochenumfang aeroben Lauftrainings über lange Distanzen noch mehr oder weniger anaerobe Belastungen risikolos hinzufügen? Ganz einfach: Sorgen Sie dafür, daß der Umfang langer Läufe nicht zu hoch wird. In Abhängigkeit vom ST-Faseranteil in den an der Fortbewegung primär beteiligten Muskeln, wird bei Spitzen-Mittel- und -Langstrecklern durch ein aerobes Ausdauertraining von mehr als 96 bis 145 km/Woche keine meßbare kardiorespiratorische Verbesserung (gemessen in Form der VO_{2max}) mehr zu erreichen sein (Costill, 1986). Besonders bei jungen, noch in der Entwicklung begriffenen Läufern sollte der Umfang des aeroben Konditionstrainings unterhalb dieses Umfangs bleiben, bis ihre Arbeitsmuskeln und ihr Bindegewebe die Fähigkeit zu solchen Belastungen erreicht haben. Das Einbeziehen eines gutorganisierten, umfassenden Konditionstrainingsprogramms (siehe Kapitel 4) und zusätzlich zu der Ausdauergrundlage einige Läufe in höherem Tempo bringen ausgewogenere Talente mit einer Vielzahl gutentwickelter Eigenschaften hervor: Kraft, Schnelligkeit, eine gute Gelenkbeweglichkeit und eine hohe anaerobe Belastbarkeit. Unser Konzept des Multi-Stufen-Trainings fördert diese Art von Entwicklung.

Tabelle 3.5: Trainingszusammenfassung und -analyse: Seb Coe, 1973, 16 Jahre alt
Anmerkung: XC = Crosslauf; NCAA = Northern Counties Athletic Association

Woche	Trainings-tage	Meilen	km	% Belastung (aerob)	% Belastung (anaerob)	Wettkämpfe
5	5	11	18	100	0	
6	7	15	24	50	50	XC
7	6	24	29	75	25	
8	6	35	56	82	18	
9	7	47	75	87	13	
10	6	21	34	55	45	
11	5	27	43	49	51	Halle 800 m
12	3	25	40	80	20	
13	6	34	55	57	43	XC
14	6	30	48	66	34	
15	6	14	22	33	67	
16	5	26	42	23	77	
17 (Apr.)	7	36	58	54	46	100 m; 800 m
18 (Mai)	6	20	32	75	25	800 m; 1.500 m
19	7	23	37	38	62	800 m; in 1:56,0
20	6	21	34	28	72	
21	6	24	38	50	50	3.000 m Stadtmeistersch.
22	6	24	39	77	23	
23	7	39	63	36	64	3.000 m Grafschaftsmeistersch.
24	6	9	14	0	100	1.500 m NCAA
25	6	29	46	73	27	
26	6	23	37	82	18	
27	5	28	45	59	41	3.000 m Engl.Schulmeistersch.
28	7	28	45	64	36	
29	7	21	34	50	50	
30	7	29	41	46	54	
31	4	17	27	35	65	1.500 m Jugend
32	7	24	39	79	21	
33	3	7	11	0	100	3.000 m Senioren
34	5	26	46	100	0	
35	5	11	17	91	9	
36 (Sept.)	7	20	32	50	50	
37	4	8	13	0	100	1.500 m
38	4	15	24	75	25	
39	5	13	21	88	12	XC
40	5	20	32	100	0	
41	6	21	35	100	0	XC
42	5	23	37	100	0	XC
43	6	13	21	77	23	
44	5	7	11	55	45	
45	5	17	27	17	83	XC
46	4	16	26	100	0	XC
47	6	14	22	50	50	
48	6	26	42	81	19	XC
49	4	14	22	62	38	
50	1	2	3	0	100	
51	5	27	43	100	0	Straßenrennen
52	5	21	35	81	19	XC

48 Wochen 264/336 Tage 1.021 1.635 61% 39% 23 Rennen, ausschließlich
Durchschnitt =   21,3 Meilen/Woche 34,3 km/Woche   der Vorläufe
5,5 Tage/Woche

Tabelle 3.6: Trainingszusammenfassung und -analyse: Seb Coe, 1975, 18 Jahre alt
Anmerkung: XC = Crosslauf; NCAA = Northern Counties Athletic Association; AAA = Amateur Athletic Association.
Höhere Ziele verlangen eine größere Konzentration auf weniger Ziele. Beachten Sie die Reduktion der Anzahl der Rennen im Gegensatz zu Tabelle 3.5. Diese Änderung reflektiert die Erkenntnis des reiferen Athleten, daß größere Wettkämpfe eine größere Konzentration und Schwerpunktsetzung erfordern.

Woche	Trainings-tage		Meilen	km	% Belastung (aerob)	% Belastung (anaerob)	Wettkämpfe
1 (Jan.)	7		41	66	50	50	
2	6		16	26	70	30	
3	7		47	76	82	18	7 km XC
4	6		34	55	50	50	
5	7		33	53	55	45	7 km XC
6	4		26	42	55	45	
7 (verletzt)	5		23	37	100	0	
8 (verletzt)	6		41	66	51	49	
9	7		39	63	45	55	
10	6		28	45	64	36	
11	7		42	68	50	50	
12	6		31	50	61	39	3.000 m Halle
13 (März)	7	↑	47	76	53	47	
14 (Apr.)	6		36	58	91	9	
15	7		31	50	58	42	1.500 m
16	6		28	45	78	22	
17	7		29	47	50	50	
18	6		38	61	100	0	1.500 m
19	6		19	31	75	25	
20 (verletzt)	0	B	0	0	—	—	
21 (verletzt)	0	a	0	0	—	—	
22	5	h	16	26	60	40	1.500 m
23	7	n	33	53	55	45	800 m
24	7	s	39	63	54	46	
25	6	a	25	40	56	44	1.500 m NCAA
26	7	i	31	50	50	50	3.000 m NCAA
27	7	s	37	60	40	60	
28	7	o	39	63	69	31	
29	6	n	36	58	61	39	
30	7		25	40	60	40	1.500 m AAA
31	6		29	47	60	40	
32	7		33	53	55	45	1.500 m
33	6		37	60	57	43	
34	7	↓	22	35	89	11	1.500 m 3:45,2
35 (Aug.)	5		22	35	78	22	
36 (Sept.)	5		37	60	100	0	
37	6		29	29	89	11	
38	7		38	61	81	19	
39	2		10	10	90	10	
39 Wochen 229/273 Tage Durchschnitt = 5,9 Tage/Woche			1.266 32,5 Meilen/Woche	1.858 47,6 km/Woche	66	34	12 Rennen, ausschließlich der Vorläufe

Die Tabellen 3.5 und 3.6 zeigen eine Gliederung von Seb Coes aerobem und anaerobem Training im Alter von 16 und 18 Jahren. Es ist ersichtlich, daß das Verhältnis von Sebs aerobem und anaerobem Training etwa 65/35 % betrug. Sebs Trainer hatte das Gefühl, daß Sebs Leistungsstärke auf der Distanzseite der 800 und 1.500 m und nicht auf der Sprintseite lag, und daher wurde Sebs Trainingsschwerpunkt entsprechend gelegt. Diese beiden sehr erfolgreichen Jahre für Seb, die zu nationalen Titeln und einer Bronzemedaille in den Junioren-Europameisterschaften führten, legen nahe, daß sein relativer Trainingsschwerpunkt seinen Wettkampfbedürfnissen genau angepaßt war. Der Gesamtumfang des wöchentlichen aeroben Ausdauertrainings über lange Distanzen wurde auf ein Minimum reduziert, und es wurden intensive Schnelligkeitseinheiten durchgeführt, um einen umfassenden Trainingsreiz zu setzen. Dieses disziplinspezifische anaerobe Training sollte die aerobe Dominanz, die die Fitneß von Seb (und wahrscheinlich der meisten Mittel- und Langstreckler) vor Aufnahme des Leistungstrainings charakterisierte, kompensieren.

Praktische Erkenntnisse hinsichtlich der Konzepte der FT- und ST-Muskelfasern und ihrer diversen Eigenschaften hatten die populäre Presse zu Anfang und in der Mitte der 70er Jahre noch nicht erreicht. Selbst Erkenntnisse über die Energieanforderungen der unterschiedlichen Disziplinen waren in der Coaching-Literatur kaum enthalten. Wir wissen jetzt natürlich, daß langes, langsames Laufen die FT-Muskelfasern nur einem geringen Trainingsreiz aussetzt, so daß jeder Mittel- und Langstreckler, der ein derartiges Training schwerpunktmäßig betreibt, auf Läufe mit hoher Geschwindigkeit nicht vorbereitet ist. Aber Mittelstreckler müssen ihre Ausdauer mittels derartiger langer Läufe ausbilden, wenn sie bei hochklassigen Meisterschaften mehrere Rennen mit hoher Geschwindigkeit absolvieren müssen. Die längeren Läufe dienen der Ausbildung der Fitneßgrundlage, auf der das spezielle Schnelligkeitstraining absolviert werden kann. Es erschien daher logisch in Sebs Entwicklung, ihn sowohl einem spezifischen Schnelligkeits- als auch Ausdauertraining zu unterziehen und die Gesamttrainingsbelastung dabei so gering wie möglich zu halten, so daß man die anstehende Aufgabe erledigte und gleichzeitig alle Systeme in einem zunehmend besseren Reaktionszustand hielt. Erst später wurde der positive Zusammenhang zwischen Intuition und wissenschaftlicher Logik entdeckt. Selbst bei den längeren Strecken, wie den 5.000 und den 10.000 m, ist eine geeignete Kombination von Schnelligkeit und Ausdauer erforderlich, wenn Rennen, unabhängig von ihrer Leistungsklasse, gewonnen werden sollen.

Multi-Stufen-Training als Grundlage der Periodisierung

Training ähnelt sehr dem Errichten eines mehrstöckigen Hauses. Wir brauchen verschiedene Baumaterialien (aerobes und anaerobes Laufen, umfassendes Konditionstraining, Beweglichkeit etc.). Verschiedene Arten von Materialien (Trainingsintensitäten und -modalitäten) sollten kontinuierlich genutzt werden, um das Ziel eines abgeschlossenen Aufbaus - oder eines auf Wettkämpfe vorbereiteten Athleten - zu erreichen. Abhängig von der Entwicklung des Konstruktionsplans variiert die relative Mischung all dieser Materialien. Mit zunehmender Dauer einer Trainingsperiode wird sich z.b. das umfassende konditionsorientierte Kraft- und Ausdauertraining allmählich zugunsten des schwerpunktmäßigen Schnellkrafttrainings verlagern, wobei die Trainingsbelastung zunehmend durch die Intensität statt durch den Umfang bestimmt wird. Ähnliche Übergänge finden hinsichtlich des Laufmusters statt. Ein Experte in Sachen Trainingsperiodisierung hat daher einen Job, der dem eines guten Bauunternehmers entspricht: Beide sind verantwortlich, die Verfügbarkeit, Quantität und das Verwendungsmuster all der unterschiedlichen Komponenten so zu organisieren, daß die zu lösende Aufgabe zu Ende geführt wird.

Training mit einem breiten Geschwindigkeitsspektrum - das sowohl die Über- als auch die Unterdistanz- und die eigentliche Wettkampfdistanz des Athleten abdeckt - ist eine optimale Vorbereitung für die primäre Wettkampfdistanz des Athleten. Insofern ist das Konzept des Multi-Tempo-Trainings mit dem Konzept des Multi-Stufen-Trainings eng verwoben. Längere Läufe mit mäßiger Intensität dienen der Ausbildung der aeroben Ausdauer. Längere Läufe mit hohem Tempo verbessern das Stehvermögen bzw. die Tempohärte, während sehr schnelle Läufe über kurze Distanzen die Kraft und Schnelligkeit verbessern. Ein 1.500-m-Spezialist braucht das Langstreckentraining eines 5.000-m-Läufers genauso wie das Schnelligkeitstraining eines 800-m-Läufers. Ein 10.000-m-Läufer profitiert von periodischen sehr langen Läufen, wie sie häufiger von Marathonspezialisten absolviert werden, aber er ist auch auf das Schnelligkeitstraining eines 5.000-m-Läufers angewiesen. Ein Training im Wettkampftempo der Spezialdisziplin verbessert das Bewußtsein für die Anforderungen eben dieser Disziplin.

Tabelle 3.4 zeigt uns, daß die beste Spezialdisziplin, um die herum die Schwerpunkte des Trainings für die ganzjährige Entwicklung reifer Läufer konstruiert werden sollten, die 5.000 m sind (3.000 m für jüngere Läufer). Beide Strecken werden unmittelbar unter dem VO_{2max}-Tempo absolviert. Daher sollte der Entwicklungsschwerpunkt eines solchen Läufers auf dem Stehvermögen bzw. der Tempohärte liegen, ergänzt einerseits durch eine ausgeprägte Schnelligkeitskomponente und andererseits durch Ausdauertraining. Auf einer gut entwickelten (aber nicht übertriebenen) Ausdauergrundlage sollte die Fähigkeit, schnell zu laufen und dieses Tempo beibehalten zu können, ausgebildet werden. Wenn der Zeitpunkt einer Spezialisierung gekommen ist, kann der Schwerpunkt mit einem minimalen Verletzungsrisiko und Lernen neuer Fertigkeiten auf kürzere oder längere Distanzen verlagert werden. Eine Schwerpunktverlagerung auf die 10.000 m erfordert einfach eine leichte Verlagerung auf mehr anaerobes Training. Wenn sowohl die Geschwindigkeit als auch die Ausdauer gleichzeitig entwickelt werden, was beim Multi-Tempo-Training bereits früh im Makrozyklus der Fall ist, fällt es dem Trainer leicht herauszufinden, wo die natürlichen Fähigkeiten eines Athleten liegen, denn die genetische Veranlagung wird bald zeigen, daß sich die eine oder die andere Fähigkeit leichter entwickeln läßt. Dann wird die Entscheidung für eine wahrscheinlich am besten geeignete Disziplin, auf die letztlich der Schwerpunkt gelegt werden sollte, sowohl für den Athleten als auch für den Trainer vereinfacht.

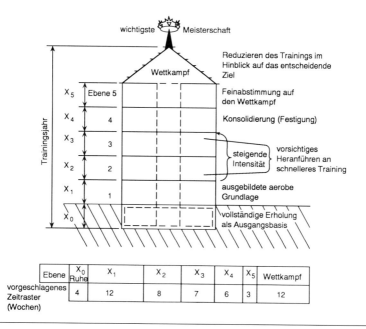

Abbildung 3.3: Graphische Darstellung des Multi-Stufen-Trainings als Basis der Periodisierung

Laufaufgaben sind jedoch nur eine Facette der allgemeinen Entwicklung von Mittel- und Langstreckenläufern. Da Läufer Spezialisten in Sachen Laufen sind, nimmt natürlich das Laufen den größten Teil ihres Trainingsplans ein und setzt den spezifischen Reiz für die bestmögliche Entwicklung der Wettkampfleistung. Ein umfassendes Konditionstraining mittels Circuittraining und spezifischem Krafttraining zusammen mit Beweglichkeitsübungen ist ebenfalls entscheidend für die Beständigkeit und Dauer einer Sportlerkarriere. Regenerationsverfahren, eine geeignete Ernährung und eine angemessene Ruhe sind zusätzliche Bestandteile dieses Aufbauprozesses. Der Trainer muß einen entscheidenden Beitrag zur Entwicklung effektiver Arbeitsbeziehungen zwischen seinem Athleten und Experten leisten, die in diesen unterschiedlichen Entwicklungsbereichen Hilfestellung geben können.

Die Mesozyklen des Multi-Stufen-Trainings

Abbildung 3.3 ist eine Darstellung unseres auf dem Multi-Stufen-Raster basierenden Trainingskonzeptes. Wir möchten unseren oben begonnenen Vergleich mit dem

Errichten eines Gebäudes fortsetzen. Während eines Makrozyklus (oder einer kompletten Trainingsperiode, die normalerweise etwa ein Jahr lang ist) wird das Gebäude fertiggestellt (das heißt das Training wird abgeschlossen). Jede Etage des Gebäudes stellt einen Mesozyklus (oder eine Stufe) dar, die durch X gekennzeichnet ist. Das Multi-Stufen-Training ist also ein aus mehreren Mesozyklen oder Ebenen bestehender Trainingsplan. Jeder dieser Stufen ist ein anderes Ziel zur Entwicklung des Sportlers zugeordnet. Die Länge jedes Mesozyklus kann in Abhängigkeit von den Anforderungen der jeweiligen Disziplin, der Fitneß des Sportlers und der verfügbaren Zeit schwanken.

Der Regenerations-Mesozyklus (X_0) wurde bereits als Erholungszyklus identifiziert. Er ist durch eine allgemeine Aktivität gekennzeichnet und bringt einen Athleten hervor, der sich vom vorangegangenen Trainings-Makrozyklus erholt hat und bereit ist, einen neuen zu beginnen. Der erste Trainings-Mesozyklus (X_1) schafft eine umfassende aerobe Konditionsgrundlage und kann im Rahmen eines Zeitplans für unseren hypothetischen Langstreckler 12 Wochen umfassen. Während der folgenden beiden Mesozyklen (X_2, X_3) liegt der Schwerpunkt zunehmend auf Reizen höherer Intensität - schnelleres aerobes und anaerobes Training. Diese Trainingsbelastung muß sorgfältig gesteuert werden, und wenn es zu Anpassungen gekommen ist, muß sie im Hinblick auf Umfang, Intensität und Dichte variiert werden, um einen Fortschritt ohne Ermüdung zu gewährleisten. Normalerweise wird der Umfang der aeroben Arbeit entweder beibehalten oder entsprechend reduziert, um zu erreichen, daß die Gesamtbelastung leicht ansteigt, aber immer zu bewältigen ist.

Ein Beispiel aus dem Trainingsbuch des Langstrecklers Keith Brantly aus Florida kann als Illustration des Mesozyklus X_1 dienen. Im Anschluß an seine Goldmedaille über 10.000 m bei den Universitätsspielen in Kobe im späten August 1985 beendete er seine Saison und legte eine aktive Pause ein, bevor er einen neuen Trainings-Makrozyklus gegen Ende September begann. Nach einigen Wochen der Reorientierung lief er zwei Wochen lang mehr als 128 km - primär aerobes Konditionstraining mit einer Einheit schneller Kurzintervalle pro Woche. In der 3. Woche reduzierte er sein Training auf etwa 80 km einschließlich eines 10-km-Straßenlaufs, in dem er den 2. Platz belegte. Im Anschluß an drei zusätzliche Wochen mit durchschnittlich 128 km/Woche, lief er in der darauffolgenden Woche nur 74 km einschließlich eines weiteren 10-km-Straßenrennens. Daran schlossen sich fünf Wochen mit etwas weniger aerobem Konditionstraining an, aber stattdessen mit einer einmalig wöchentlichen Einheit langer Intervalle (2.000 bis 3.000 m) im Renntempo der 5 bis 10 km. Innerhalb dieser Periode absolvierte Keith drei weitere Straßenrennen, denen jeweils einige Tage der ausgiebigen Erholung vorangingen. Die Kombination langer, aber lockerer aerober Einheiten mit einigen wenigen Einheiten aeroben Kapazitätstrainings, viel Erholung und Straßenrennen, wenn er frisch genug war, um dadurch positive Erfahrungen zu sammeln, schlugen sich in vier Siegen, einem ausreichenden Einkommen, um seine Rechnungen zu bezahlen, und einem kompletten 11wöchigen aeroben Ausdauer-Mesozyklus nieder. Er war gesund, glücklich, fit, sicher und hatte eine gute Grundlage für den Beginn seines nächsten Trainings-Mesozyklus gelegt.

Es sollte durch die Beschreibung des Mesozyklus X_1 deutlich werden, und es trifft auch auf alle anderen Mesozyklen zu, daß gelegentliche Ruhetage sowohl aus physiologischen als auch aus psychologischen Gründen eingeschoben werden müssen. Ein hartes Training hat zwar letztendlich positive Auswirkungen, ist jedoch sehr schwierig. Es ist weder klug noch notwendig, daß Athleten das Gefühl erhalten, in einer nie endenden Trainingsmühle zu stecken, daß sie ohne Pause Woche um Woche, tagein tagaus trainieren müssen. Nur während der Erholungsperioden kommt es zu der Regeneration der Körperprozesse, die ein kontinuierliches Training ermöglicht.

Während des Konsolidierungs-Mesozyklus (X_4) wird die Qualität des Fortschritts in den einzelnen Trainingsbereichen der vergangenen Mesozyklen sorgfältig kontrolliert. Es ist zu erwarten, daß nicht jede Entwicklungsphase des Athleten den geplanten Fortschritt brachte. Ein oder zwei konsolidierende Mikrozyklen im Verlaufe dieses Mesozyklus führen zu einer optimalen Ausgewogenheit durch ein zusätzliches Training zur Verbesserung der Schnelligkeit, des Stehvermögens oder der Ausdauer. Für diese „Abrundung" wird hier Zeit zur Verfügung gestellt, sei es nun eine zusätzliche Verbesserung der VO_{2max} oder eine größere anaerobe Belastbarkeit. Es bedarf eines bemerkenswert geringen Umfangs derartigen hochintensiven Trainings, um die Fitneß wesentlich zu verbessern (Knuttgen, Nordesjo, Ollander & Saltin, 1973). Die genetischen Anlagen und der Trainingserfolg eines jeden Athleten werden eine bessere Anpassung an schnelleres oder langsameres Laufen über kürzere oder längere Strecken ermöglicht haben.

Zu bestimmten Punkten im Verlaufe eines Mesozyklus müssen Kontrolltests durchgeführt werden, anhand derer der Trainer und der Athlet feststellen können, ob der Weg in Richtung auf die gesetzten Ziele stimmt. Diese Kontrolltests können Rennen, Zeitkontrolläufe oder leistungsphysiologische Labortests (wie z.B. Laufband-Stufentests oder die Erstellung eines Blutprofils) sein. Aufgrund der in vergangenen Makrozyklen gewonnenen Erfahrungen sollten bereits zu bestimmten Zeitpunkten im Jahr zu erreichende Zielzeiten über eine Vielfalt von Bahndistanzen (400 bis 3.000 m) definiert worden sein. Für Langstreckler können auch Straßenoder Bahnrennen angemessener Qualität als Indikatoren dienen, vorausgesetzt, das Wetter ist von Jahr zu Jahr vergleichbar.

Der Athlet sollte sich nicht krampfhaft bemühen, zu den Zeitpunkten dieser Kontrolltests einen Leistungshöhepunkt zu erreichen. Wir sind nicht daran interessiert, die absolute Bestleistung des Athleten im ausgeruhten Zustand hervorzulocken. Es wird erwartet, daß die Leistung schlechter ist, als es nach einer vollkommenen Regeneration und im Zustand der emotionalen Erregung bei einem hochklassigen Wettkampf der Fall wäre. Es handelt sich lediglich um zeitlich günstig gewählte Indikatoren in einer Situation harten Trainings und um nichts anderes. Sicherlich wäre es nicht klug, sich derartigen Tests in einem erschöpften Zustand zu stellen; in diesem Fall könnte der Athlet sich verletzen, oder die Leistung kann so schlecht sein, daß der Athlet nicht mehr in der Lage ist, eine günstige mentale Einstellung beizubehalten.

Durch einige kleine Verschiebungen im täglichen Trainingsplan innerhalb eines Mikrozyklus läßt sich dieses Problem gut in den Griff bekommen. Diese Tests zur

Kontrolle des Fortschritts, egal ob sie im Feld oder im Labor stattfinden, führen letztlich dazu, daß der Athlet im Laufe der Zeit als seine eigene Kontrollperson fungiert. Während der Athlet innerhalb des Makrozyklus fortschreitet, dient der Vergleich der Resultate dieser Tests zusammen mit anderen Indikatoren der Kennzeichnung des Ausmaßes und der Art des Fortschritts des Athleten (z.B. daß schnellere Zeiten als früher über eine gegebene Strecke erreicht wurden oder ein vergleichbares Lauftempo beim Training auf der Bahn, das jetzt über eine längere Distanz beibehalten werden kann).

Mesozyklus X_5 ist die Phase der Feineinstellung: Der Bau unseres Hauses (bzw. Ausbildung unseres Athleten) ist nahezu abgeschlossen, und nun müssen einige abschließende Korrekturen vorgenommen werden. Wenn überhaupt irgendwann von der Schwerpunktsetzung auf eine ausgewogene Entwicklung abgewichen wird, dann in dieser Phase. Wir haben für unseren Athleten drei Wochen geplant. Der Schwerpunkt liegt jetzt auf der Entwicklung bestimmter spezieller Fertigkeiten, die für die betreffende Disziplin charakteristisch sind, oder auf dem Ausfeilen bestimmter Fertigkeiten, in denen sich der betreffende Athlet besonders auszeichnet. Nach Abschluß dieser Trainingsphase wird das Training über einen gewissen Zeitraum reduziert (Taperingphase), um sich auf eine wichtige Meisterschaft oder Wettkampfserie vorzubereiten.

Während des letzten Abschnitts des Mesozyklus X_5 und zu Anfang des Wettkampf-Mesozyklus (hier als Zeitraum von 12 Wochen gezeigt) fällt das Training keinesfalls völlig aus. Wie bei den Ebenen X_1 bis X_4 setzt sich die Arbeit in jedem Raum des Gebäudes fort (das heißt alle Trainingsaspekte werden weiterhin berücksichtigt). Der Trainingsumfang wird jedoch stark reduziert, was zu einer körperlichen wie auch mentalen Frische führt. Ein echter Höhepunkt, in dessen Verlauf Bestleistungen bei sehr geringem Trainingsaufwand erreicht werden, kann nur drei Wochen lang gehalten werden. Während des anderen Abschnitts dieser Wettkampfperiode wird ein Training mit geringem Umfang und mit mäßiger bis hoher Intensität um die Wettkämpfe herum organisiert. (Im Gegensatz dazu wurden in den vergangenen Mesozyklen kleinere Wettkämpfe oder Testsituationen um das Training herum gestaltet. Das Training selbst war umfangreicher und hinsichtlich seiner Intensität variabler.) Ein derartiges „Qualitäts-Erhaltungs-Training" über einen längeren Zeitraum verlängert die Zeit, während der der Athlet erfolgreich an Wettkämpfen teilnehmen kann. Bei den Athleten, die in der Phase ihres Leistungshöhepunkts drei bis sechs Wettkämpfe planen, paßt diese Integration des „Taperingtrainings" gut in diesen Abschnitt des Mesozyklus.

Wenn die Taperingphase und die Regeneration gut getimet sind, werden die Wettkampfergebnisse wahrscheinlich hervorragend sein (d.h. besser als auf der Basis vorangegangener Kontrolltests erwartet). Yakovlev (1967) nannte dieses Phänomen Superkompensation (siehe Abbildung 3.4). Das Konzept der Superkompensation ist einfach, während es schwieriger ist, die Superkompensationsphase mit dem Wettkampfzeitpunkt in Einklang zu bringen. Die Superkompensation besteht aus drei Komponenten:

1. physiologische Anpassung an das soeben abgeschlossene Training (mehr und größere Mitochondrien, größeres Blutvolumen, mehr Skelettmuskelprotein, höhere Brennstoffspeicher in der Muskulatur, etc.),
2. neurologischer Rekrutierungseffekt, verursacht durch die Reduzierung der neuralen Erschöpfung aufgrund des fortgesetzten hohen Trainingsstimulus,
3. eine gesteigerte psychische Bereitschaft, verursacht durch eine Kombination aus Ruhe nach dem Training, einer hohen Leistungsmotivation, dem Vertrauen in eine optimale Vorbereitung, eine Konzentration auf den Wettkampf und ein gefülltes Stadion, dessen Besucher gespannt auf die sportlichen Darbietungen warten und freudig mitgehen. Diese Superkompensationsreaktion wurde mit der adaptiven Erholungsreaktion eines Knochens nach einem Ermüdungsbruch ver-

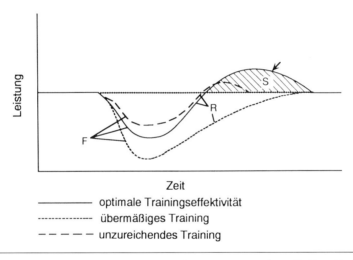

Abbildung 3.4: Das Jakovlev-Modell der Superkompensation (S). Das Training bedeutet für den Körper eine physiologische Belastung, die Müdigkeit (F [= fatigue]) und eine Reduzierung der maximalen Leistungsfähigkeit hervorruft. Im Anschluß an eine Trainingsbelastung kann eine Leistungsverbesserung nur nach einer angemessenen Erholungszeit erreicht werden (R). Unangemessenes Training kann nur geringere, kurzlebige Verbesserungen hervorbringen. Ein Übertraining erfordert eine sehr lange Erholungszeit, und es kann sein, daß Verbesserungen der Gesamtleistung ausbleiben. Eine ausreichend lange Erholungsphase kann zu einer zeitweise verbesserten Leistungsfähigkeit führen, die auf ein angestiegenes metabolisches Potential zurückzuführen ist (gesteigerte Brennstoffreserven, kardiovaskuläre Anpassung etc.). Wenn sie mit einer Phase der Trainingsreduktion gekoppelt ist, kann die zusätzliche Reduzierung der neuralen Ermüdung und die gesteigerte psychische Wettkampfbereitschaft die Phase herausragender Leistungen verlängern. Dies wird Superkompensation (S) genannt. Dieses Modell ist sowohl für kurz- als auch langfristige Trainingsblöcke gültig.

glichen. Die Wiederherstellung im Bereich der Fraktur ist so gut, daß der geheilte Knochenteil letztlich sogar stärker ist als der umgebende Knochenbereich. Es ist für die Phase der Trainingsreduktion vor einem Wettkampf, genau wie bei der Knochenheilung, entscheidend, daß man eine angemessene Zeit für das Erreichen dieser zusätzlichen Leistungsfähigkeit einplant.

Das Modell von Jakovlev kann auch auf eine einzelne Trainingseinheit sowie einen Mikro- oder Mesozyklus angewandt werden. So führt z.B. ein harter Trainingstag zu Ermüdung und einem vorübergehenden Nachlassen der Leistung sowie einer in Abhängigkeit vom Trainingsumfang während der folgenden Stunden oder Tage stattfindenden Regeneration. Der Erfolg des täglichen Trainings hängt vom optimalen Timing eines jeden Trainingsreizes ab, so daß eine übermäßige Ermüdung vermieden wird und die härtesten Trainingseinheiten in einem optimal regenerierten Zustand durchgeführt werden.

In Übereinstimmung mit dem Prinzip, daß Athleten nicht gleichzeitig hart trainieren und erfolgreich an Wettkämpfen teilnehmen können, müssen sie während der Wettkampfperiode das Selbstvertrauen entwickeln, daß sie die Arbeit, die in den vergangenen Mesozyklen von ihnen verlangt wurde, tatsächlich erledigt haben und daß es jetzt Zeit ist, den Schwerpunkt vom Training auf den Wettkampf zu verlagern. Ein derartiger Wechsel ist entscheidend, um den Wettkampfeifer, den Wunsch zu gewinnen und das Bemühen um neue persönliche Bestzeiten als dominante Emotionen zu entwickeln. Diese inneren Einstellungen sind eine wichtige Basis des Erfolgs. Einige im Vergleich zur Spezialdisziplin des Athleten kürzere oder längere Rennen gegen Gegner unterschiedlicher (aber möglichst bekannter) Leistungsstärke schaffen die mentale Einstellung, die dazu veranlaßt, weitere Wettkämpfe zu bestreiten. Gute Wettkampfleistungen und Siege führen zu einer derartigen Hochstimmung, daß der Athlet den großen Wunsch entwickelt, diese Erfahrung zu wiederholen. Der Trick besteht darin, diesen Prozeß im richtigen Moment einzuleiten. Den Leistungshöhepunkt genau im richtigen Wettkampf zu erreichen, ist eine der größten Schwierigkeiten des Trainingsprozesses. Training, Erholung und die mentale Vorbereitung verbinden sich mit äußeren Störfaktoren oder sogenannten Synergisten. Es gibt daher keine Garantien, denn nicht alle Faktoren, die eine Rolle spielen, sind positiv und kontrollierbar. Der Athlet arbeitet hart und hofft, daß alles andere richtig zusammentrifft.

Nachdem das letztliche Ziel erreicht wurde, ist es ratsam, in die Erholungsphase einzutreten und „den Motor abzustellen". Es kann sein, daß dies nicht immer sofort möglich ist. Oft stehen noch weitere Wettkämpfe nach dem Hauptwettkampf auf dem Plan; sie setzen den Athleten einem geringeren Streß aus, bieten aber dennoch ein herausragendes Niveau, da nahezu alle talentierten Läufer bei diesen Veranstaltungen erfahrungsgemäß im Bereich ihrer Bestleistungen laufen werden. Die emotionale Erleichterung des Athleten vom Streß des Hauptwettkampfes hat zusammen mit einer herausragenden Fitneß ein Milieu geschaffen, in dem persönliche Bestzeiten und Weltrekorde aufgestellt werden können. Es ist jedoch nicht klug, eine derartige Wettkampfserie zu übertreiben, da die Auswirkungen eines reduzierten Trainings letztlich Leistungseinbußen sind. Dies wirkt demotivierend und führt zu einer Erhöhung des Verletzungsrisikos.

Wenn die Ergebnisse der wichtigsten Meisterschaft oder der Wettkampfsaison zufriedenstellend waren, fällt es dem Athleten und dem Trainer sehr leicht, sich zu entspannen und die Ruhe zu genießen. Wenn die Leistungen enttäuschend waren, kann das Gefühl des Versagens frustrierend bis niederschmetternd sein. Aber Versagen muß stets mit positivem Denken begegnet werden; dies schafft eine sinnvolle Gelegenheit herauszufinden, was falsch gelaufen sein könnte. Wenn Mißerfolge sorgfältig analysiert werden, wird man häufig feststellen, daß der betreffende Sportler einen Entwicklungsplan verfolgte, der nur unzureichend auf eine wirkliche Leistungsverbesserung ausgerichtet war. Der betreffende Sportler trainierte zwar und hatte auch Freude an seinem Training, aber entweder war das Training übertrieben oder die Verbesserung in allen Bereichen war nicht ausreichend. Dies wurde entweder übersehen oder nicht früh genug festgestellt. Unglücklicherweise waren bei dem alles entscheidenden Wettkampf die anderen Sportler entweder besser erholt oder weitaus besser vorbereitet, und ihre Leistungen waren entsprechend gut. Es ist traurig anzusehen, wenn Athleten auf der Grundlage ungenau definierter Ziele oder schlecht konstruierter Pläne trainieren. Es ist so, als ob man ohne sorgfältig zu zielen auf einen Schwarm Enten schießen würde - das Schießen selbst bereitet Freude (das Training hat Spaß gemacht), aber die Beute ist mager (die Wettkampfergebnisse sind schlecht). Es gibt keinen Ersatz für eine durchdachte Trainingsorganisation, wenn es darum geht, die Chance eines hervorragenden Endergebnisses zu erhöhen.

Die Besonderheiten des Multi-Stufen-Trainings

Die Kategorisierung des Trainings in sinnvolle Bereiche

Es wurde bereits oben erwähnt, daß zum Multi-Stufen-Training ein Laufen in verschiedenen Tempobereichen sowie eine Vielfalt anderer Aktivitäten gehören, die zu einer ganzkörperlichen Fitneß in jeder Entwicklungsphase beitragen (vom Mesozyklus X_1 bis hin zum Mesozyklus X_5). Dies wird in Tabelle 3.7 detaillierter dargestellt. Auf jeder Etage (Stufe) unseres Gebäudes (d.h. während jedes Mesozyklus) befindet sich die gleiche Anzahl von Zimmern (oder Trainingsbereichen), das heißt, die gleichen Grundarten des Trainings und Arten der Entwicklung werden genutzt. Zwei Bereiche umfassen das allgemeine Konditionstraining. Hierauf wird in Kapitel 4 eingegangen. Ein anderer Bereich ist - ähnlich einem Wartungs- und Service-Schacht in einem Gebäude - von jeder Etage aus zugänglich. Dieser Bereich betrifft die kontinuierliche Gesundheitsfürsorge und -prävention, Regenerationsmethoden wie Massage und verschiedene andere therapeutische Methoden sowie die Leistungsdiagnostik im Labor zur Kontrolle der Leistungsentwicklung. Die anderen vier Bereiche umfassen verschiedene Laufintensitäten und -umfänge, die die Entwicklung in den vier in Abbildung 2.2 dargestellten Trainingsbereichen stimulieren und fördern. Hierauf wird weiter unten genauer eingegangen.

Beim Durchlaufen der Mesozyklen X_1 bis X_5 wird die Trainingsbelastung (Intensität und Umfang) allmählich immer höher. Die sorgfältige Integration der täglichen Trainingseinheiten in den Gesamt-Trainingsprozeß bewirkt eine optimale Stimulation der verschiedenen Energiesysteme, so daß ein Fortschritt ohne

Leistungseinbrüche gesichert ist. Um unseren Vergleich mit dem Errichten eines Gebäudes zu Ende zu führen, kann jedes einzelne Zimmer (Trainingsbereich) auf jeder Etage (Mesozyklus) größer oder kleiner sein und mehr als einmal betreten werden.

Tabelle 3.7: Die sieben Bereiche des Multi-Stufen-Trainings

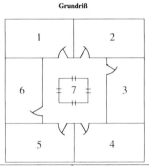

Raum 1 - Aerobes Konditionstraining
- Läufe über längere Strecken; lang/mittellang, normalerweise auf der Straße, Waldwegen oder Gras
- Primäre Mittel der kardiovaskulären Anpassung an das Laufen
- Herzfrequenzen von 70 bis 80 % des Maximums

Raum 2 - Anaerobes Konditionstraining
- 15- bis 20minütige Dauerläufe mittlerer Intensität mit einem Tempo in der Nähe oder im Bereich des Tempos in der Zone der Laktat-/ventilatorischen Schwelle
- Kann auf Straße, Bahn oder Waldwegen absolviert werden
- Der Schwerpunkt liegt auf angenehmen und schnellen, flüssigen Bewegungen und einem entsprechenden Rhythmus, so daß es nur zu einer geringen Laktatanhäufung kommt, wodurch sich die anaerobe Belastbarkeit verbessert.
- Die immer besser werdende Anpassung sollte dazu führen, daß das Tempo im Bereich der Laktat-/ventilatorischen Schwelle höher wird.

Raum 3 - Training zur Verbesserung der aeroben Kapazität
- Schnelle Läufe von 2 bis etwa 8 min Länge im Bereich oder nahe dem VO_{2max}-Tempo
- Die Erholung sollte vollständig oder nahezu vollständig sein, um die anaerobe Hemmung zu minimieren.
- Das Training kann auf Straße, Bahn, Waldwegen oder Grasboden durchgeführt werden.
- Das Training kann auch Hügelläufe beinhalten.
- Während der Läufe darauf achten, daß eine gute Lauftechnik bzw. ein guter Laufstil beibehalten wird.

Raum 6 - Circuit- und Gewichttraining
- Entwicklung der spezifischen und allgemeinen Kraft mit Hilfe von Hanteln und Krafttrainingsmaschinen
- Entwicklung der Kraft und des Stehvermögens mit Hilfe von Circuittraining
- Der Schwerpunkt liegt auf einer ganzkörperlichen Fitneß.

Raum 7 - Gesundheitsfürsorge
- Massage und Ultraschallbehandlung
- Ernährungskontrolle
- Erstellung eines chemischen Blutprofils
- Läufe auf dem Laufband zur Identifizierung von Trainingsgeschwindigkeiten und zur Quantifizierung von im Lauf der Zeit auftretenden Unterschieden in der Fitneß
- Anthropometrische Messungen
- Erstellung psychometrischer Profile zur Identifizierung von Übertraining
- Diagnostik der Lungenfunktion

Raum 5 - Allgemeine Beweglichkeit
- Allgemeine Dehnübungen
- Spezifische Beweglichkeitsübungen
- Gymnastik- bzw. Turnübungen, Plyometrie, Schwimmen

Raum 4 - Training zur Verbesserung der anaeroben Kapazität
- Schnelle Läufe von 200 bis 800 m mit einer Intensität von 95 % der maximalen Belastbarkeit
- Das Training erfolgt im Bereich von 100 % der VO_{2max}
- Annähernde bis völlige Erholung
- Früh im Makrozyklus ist dieses Training erheblich langsamer und wird absolviert, um die dem Läufer eigene Schnelligkeit und seinen Stil zu erhalten.
- Dieses Training ist für Spezialisten über kürzere Distanzen besonders wichtig.
- Das Training kann in hügeligem wie auch flachem Gelände durchgeführt werden.

Wie bereits früher erwähnt, besteht das Prinzip des Multi-Stufen-Trainings darin, daß der Entwicklungsplan aller Mittel- und Langstreckenläufer im Verlaufe des gesamten Trainingsjahres ähnliche Komponenten enthält. Dies scheint nicht mit dem Konzept der Disziplinspezifität in Einklang zu stehen; ein 800-m-Läufer ist nun einmal kein Marathonspezialist. Daher die Paradoxie. Bei einer Paradoxie gibt es keine Lösung, sondern nur eine Entscheidung. In diesem Fall ist sie einfach: In Abhängigkeit vom Athleten, seiner Disziplin und des zeitlichen Rahmens innerhalb des Makrozyklus wird der Schwerpunkt variabel auf alle identifizierten Trainingsarten gelegt. Die Variation der Schwerpunktsetzung bezieht sich nicht nur darauf, wie viele Einheiten jedes Trainingsbereichs einem gegebenen Mikrozyklus zugeordnet werden könnten, sondern auch auf deren Intensität. Auf diese Weise wird keine Trainingskomponente ignoriert oder ausgeschlossen; alle Komponenten werden berücksichtigt, da sie alle wichtig sind. Tatsächlich steigt die Verletzungsgefahr, wenn eine derartige Ausgewogenheit nicht gewährleistet ist oder wenn bestimmte Trainingsarten oder -methoden nach einer längeren Vernachlässigung erneut aufgenommen werden. Die variable Mischung der Aktivitäten, die aus den als Trainingsbereichen identifizierten Gruppen ausgewählt wurden, unter Berücksichtigung der Disziplinspezifität und des Mesozyklus der Entwicklung, optimiert die Trainingsspezifität.

Die Spezifität der optimalen Entwicklung jedes einzelnen Athleten verlangt die Individualisierung der Trainingspläne; dies erfordert Zeit, gedankliche Arbeit und Engagement. Die Sicherstellung dieser richtigen Mischung ist die Aufgabe eines kompetenten Trainers. Die Sportler selbst sind häufig zu sehr in ihr Training involviert, um diese Aufgabe objektiv zu erfüllen. Da die Arbeit sehr umfangreich ist, kann der Trainer nur mit wenig Athleten effektiv arbeiten, oder er läßt sich auf die riskante Hoffnung ein, daß einige Athleten trotz unzureichender Aufsicht nie Schwierigkeiten haben werden (was allerdings angesichts der vom Trainer betreuten Sportler nicht fair ist). Sportler, die langfristig erfolgreich sein wollen, sollten sich Trainer aussuchen, denen etwas daran liegt, mit wenig Athleten statt mit einer nicht mehr zu bewältigenden Anzahl zu arbeiten.

Jedes spezifisch zugeordnete Laufintervall - lockerer langer Lauf, kurzer schneller Lauf oder eine Zwischenform - setzt einen anderen physiologischen Reiz. Wenn der Reiz hoch ist und eine ausreichende Erholung berücksichtigt wird, ist auch die physiologische Anpassung groß. Wir wollen die auf die spezielle Disziplin des Athleten am besten ausgerichtete Trainingsanpassung. Wir wollen nicht, daß der Athlet übermäßig trainiert (denn dies erhöht das Verletzungsrisiko) oder nicht ausreichend trainiert (denn in diesem Fall kommt es nicht zu einer optimalen Anpassung). Durch das Verständnis der Arten der physiologischen Anpassung, zu denen es in jeder der in Abbildung 2.2 identifizierten Trainingszonen kommt, und durch die Berücksichtigung der Faktoren, die bei jeder Laufdisziplin für das Erreichen herausragender Leistungen unbedingt notwendig sind, sind wir in der bestmöglichen Position, biologisch wie sportlich sinnvolle Trainingsaufgaben zu entwickeln.

In Tabelle 3.7 und Abbildung 3.5 sind einige der physiologischen Leistungsmerkmale innerhalb jeder der vier Zonen zusammengefaßt. In Abbildung 3.5 wurde eine Pyramide mit mehreren Ebenen konstruiert. Die Breite jeder Ebene repräsen-

physiologische Anpassungen	Blut-laktat	Herz-frequenz	% VO_{2max}	Trainings-intervall Laufzeit	ange-sprochene Systeme	allgemeine Bezeichnungen der Einheiten	Trainings-intervall Distanz	Renntempo entsprechend:
Schnelligkeit und Kraft ST- und FT-Faserentwicklung gesteigerte neurolog. Rekrutierung verbesserte Pufferkapazität d. Blutes Toleranz gegenüber Azidose-belastungen	>9 mM/L	200	130	30 sec (Sprint)	anaerobes Kapazitäts-training	Kurzintervall Wiederholungs-läufe kurz-schnell	200 m	800 m
	8 mM/L	190	100	2 min			1.000 m	1.500 m
Schnelligkeit ST- und FT-Faserentwicklung geringfügige Steigerung der neurologischen Rekrutierung geringfügige Steigerung der Pufferkapazität des Blutes vermehrte glykolytische Enzyme	8 mM/L	190	100 (VO_{2max})		aerobes Kapazitäts-training	Langintervall lang-schnell	800 m	3.000 m
	7 mM/L		98					5.000 m
	5 mM/L	180	90				3.000 m	10.000 m
Stehvermögen ST-Faserentwicklung u. geringfügige Entwicklung d. Fasern Typ FT IIa Steigerung der Herzkammergröße Gesteigertes Schlagvolumen vermehrte oxidative/glykolytische Enzyme gesteigertes Blutvolumen	5 mM/L	180	90	8 min	anaerobes Konditions-training	Tempotraining Training im Renntempo Marathon-training	Marathon-renntempo 15-20 min	Marathon
	4 mM/L		75	20 min (Laktat-/ventilatorische Schwelle)				
Ausdauer ST-Faserentwicklung gesteigtes Blutvolumen verbesserte Bindegewebe-entwicklung gesteigerte Brennstoffspeicher in den Muskeln vermehrte oxidative/glykolytische Enzyme verbesserte Kapillarisierung	3.5 mM/L	160	75		aerobes Konditions-training	Überdistanz-training Grundlagen-arbeit	alle längeren Distanzen	
	2 mM/L	140	55	2 hr				
			60					

Abbildung 3.5: Die primären Trainingszonen zur Verbesserung der Laufleistung

tiert sowohl die gelaufene Distanz (Intervall) als auch die Laufgeschwindigkeit (Tempo). Je breiter also die Ebene, desto länger ist das Intervall und desto langsamer die Geschwindigkeit. Die Erholungszeiten variieren. Längere Streckenintervalle in geringerem Tempo erfordern eine kürzere Erholungszeit als kürzere Streckenintervalle in schnellem Tempo. Mit steigender Fitneß werden sich die Erholungszeiten im Anschluß an alle Intervalle verkürzen.

Der oberste Teil der Pyramide in Abbildung 3.5 repräsentiert die reine Sprintgeschwindigkeit der 100- bis 400-m-Spezialisten (Schnellkraft). Diese Leistungsfacette wird für Mittel- und Langstreckler nicht besonders betont, obwohl hin und wieder einige schnelle Läufe über sehr kurze Distanzen wichtig sind. Die anderen Stufen der Pyramide repräsentieren jedoch die vier primären Trainingszonen, in denen Mittel- und Langstreckler ihre tägliche Arbeit absolvieren. Abbildung 3.5 kann als Ergänzung von Diagramm 2.2 verstanden werden. Während Abbildung 3.5 eher die Coaching- (d.h. die praktische) Perspektive repräsentiert, stellt Diagramm 2.2 eher die physiologische (wissenschaftliche) Perspektive dar. Im folgenden wird jede der vier Trainingszonen im Detail beschrieben.

Aerobes Konditionstraining

Aerobes Konditionstraining stellt den Hauptanteil des Trainings eines Langstrecklers dar. Die unterste Ebene der Trainingspyramide für das Laufen in Abbildung 3.5 ist die Grundlage, auf der das übrige Lauftraining aufbaut. Die wichtigste Stütze eines derartigen Programms sind hohe Umfänge kontinuierlichen Laufens über lange Strecken in einem Tempo unterhalb der Renngeschwindigkeit jeder der Mittel- und Langstreckendisziplinen. Dieser Bestandteil des Trainings wird oft als „Grundlagenarbeit" und manchmal sogar als „Unterhaltungslaufen" bezeichnet, denn das Laufen ist so langsam, daß man sich dabei unterhalten kann. Aufgrund der relativ geringen Intensität kann dieses Training von größeren Läufergruppen geschlossen absolviert werden. Insofern verbessert es die Kameradschaft und bringt Abwechslung in Trainingseinheiten, die im Falle von Marathonläufern 2 Stunden und länger sein können.

Es ist gängig, daß die sich im Lauftempo niederschlagende Belastungsintensität jeder dieser vier Trainingszonen als Prozentsatz der VO_{2max} ausgedrückt wird. Demnach werden aerobe Konditionsläufe in Abhängigkeit von der zurückgelegten Distanz und dem Fitneßniveau normalerweise im Bereich von 55 bis 75 % der VO_{2max} absolviert. In Abbildung 2.2 befindet sich der Tempobereich für den Läufer, dessen Daten graphisch dargestellt sind, im Bereich von 3:32 bis 4:16/km. Wie läßt sich das VO_{2max}-Tempo bestimmen? Dies ist sehr leicht mittels eines Laufbandtests möglich, aber derartige Tests lassen sich nicht immer durchführen. Das VO_{2max}-Tempo läßt sich allerdings auch leicht anhand eines Zeitkontrollaufes auf der Bahn bestimmen, wenn man davon ausgeht, daß ein 100prozentiges VO_{2max}-Tempo nicht länger als 10 min gehalten werden kann. Als Beispiel soll der gleiche Athlet dienen, dessen Daten in Abbildung 2.2 graphisch dargestellt sind. Wenn er 3.500 m in 10 min (600 sec) zurücklegt, läßt sich folgende einfache arithmetische Gleichung aufstellen:

600 sec/3.500 m = x sec/1.000 m (3.1)

Wenn man diese Gleichung nach x auflöst, erhält man:

3.500 x = 600.000 und x = 171 sec/km = 2:51/km (3.2)

Ein Lauftempo unter 55 % VO_{2max} bringt nur eine geringe aerobe Verbesserung und bedeutet lediglich eine höhere Gelenkbelastung. Ein schnelleres Tempo als 75 % VO_{2max} verursacht eine übermäßige glykolytische Aktivität; der Schwerpunkt in dieser Trainingszone sollte jedoch auf dem Fettstoffwechsel liegen. Läufe über kürzere Strecken können je nach Spezialdisziplin und dem Ausmaß der Lauferfahrung 8 bis 15 km lang sein, und längere Läufe können 10 bis 35 km lang sein. Für einen talentierten 16jährigen Schüler, der im Schnitt 48 km/Woche läuft und der sich auf die 1.500 m und die Meile spezialisieren will, ist ein Lauf über 10 km in einem Tempo von 4:40/km ein angemessener aerober Konditionierungsreiz. Ein College-Athlet der 10.000-m-Spitzenklasse mit einem durchschnittlichen Trainingsumfang von 121 km/Woche läuft hingegen 16 km in einem Kilometerschnitt von 4:02 min, um einen entsprechenden Konditionsreiz zu setzen. Die Erklärung für diesen Unterschied ist, daß der junge Sportler über eine wesentlich geringere VO_{2max} verfügt als der College-Sportler, der bereits lange trainiert und eine hohe Reife und Belastungstoleranz entwickelt hat.

Herzfrequenzen zwischen 70 und 80 % des Maximums (Karvonen, Kentala & Mustala, 1957) sind charakteristisch für ein aerobes Konditionstraining. Die maximale Herzfrequenz ist individuell in Abhängigkeit von Vererbungsfaktoren und Training sehr unterschiedlich. Spezifische Herzfrequenzwerte werden daher am besten von Athleten nach Bestimmung ihrer persönlichen Maximalwerte errechnet. Wenn z.B. die maximale Herzfrequenz eines Läufers 188 Schläge/min beträgt, sind 70 bis 80 % davon als aerober Konditionierungs-Herzfrequenzbereich 132 bis 150 Schläge/min bei Männern, wohingegen der Wert bei Frauen ein wenig höher ist (das Herz einer Frau ist in Relation zur Körpergröße kleiner als das eines Mannes).

Aerobes Konditionstraining dient der Verbesserung der oxidativen Stoffwechselfähigkeiten des Herzmuskels und der aktivierten Skelettmuskeln. Es bedeutet auch einen Reiz zur Verbesserung der Gelenk- und Sehnenkraft ohne die übermäßigen Auftreffbelastungen, die bei höheren Geschwindigkeiten auftreten würden. Zu Steigerungen kommt es hinsichtlich der Quantität der gespeicherten Brennstoffe (Kohlenhydrate und Fettsäuren) sowie der Anzahl und der Größe der Mitochondrien in den stimulierten Muskelzellen. Die Zunahme des Blutvolumens und der Kapillardichte in den trainierten Muskeln verbessert die O_2-Abgabe und die CO_2-Beseitigung durch eine Steigerung der Netto-Durchströmungszeit des Blutes durch die belasteten Gewebsbereiche und durch eine Reduzierung der Diffusionsdistanz zwischen dem Kapillarinneren und den Mitochondrien in den angrenzenden Muskelzellen.

Da aerobes Konditionstraining keinen sehr intensiven Trainingsreiz darstellt, sollte es die Hauptkomponente des Aufbautrainings nach einer längeren Pause sein. Durch dieses Training läßt sich eine sanfte, aber dennoch meßbare und wichtige physiologische Anpassung erreichen, wobei es sowohl zu kardiovaskulären Verbesserungen als auch zu Verbesserungen im Bereich des Muskel- und Bewegungsapparates kommt. Im Verlaufe des gesamten Trainingsjahres bildet das aerobe Konditionstraining einen großen Bestandteil der Gesamtbelastung, weil es sich dazu eignet, die kardiovaskuläre Leistungsfähigkeit auf einem gewissen Level zu halten (einem Level, das durch intensiveres Training weiterentwickelt werden kann) und weil es einen Entwicklungsstimulus für eine kontinuierliche Anpassung des Bindegewebes darstellt. Der vor allem bei Läufen über längere Distanzen über eine beträchtliche Dauer aufrechterhaltene gesteigerte venöse Rückfluß zum Herzen ist ein Auslösereiz für die Vergrößerung der Herzkammern, was letztlich zu einer Steigerung des Schlagvolumens führt und damit ermöglicht, daß eine gegebene Blutmenge mit einer niedrigeren Herzfrequenz gepumpt werden kann, als es beim Fehlen dieses Trainingseffekts der Fall wäre. Erstes Indiz dieser Trainingsanpassung ist eine erniedrigte morgendliche Herzfrequenz.

Das aerobe Konditionstraining stimuliert vorrangig die motorischen Einheiten der ST-Muskelfasern, da ihre Motoneurone eher auf eine Aktivität niedrigerer Intensität ansprechen als die der motorischen Einheiten der FT-Fasern. Die durch das Training hervorgerufenen Anpassungen in den Muskelzellen und der kardiovaskulären Leistungsfähigkeit ermöglichen allen motorischen Einheiten der ST-Muskelfasern, bei einer gegebenen submaximalen Intensität mit geringerer Ermüdung zu arbeiten. Daher sind weniger motorische Einheiten nötig, um ein gegebenes Tempo beizubehalten, bzw. die aktivierten motorischen Einheiten brauchen (in Relation zu ihrer Maximalleistung) nicht so hart zu arbeiten wie zuvor. Ein verbessertes konditionelles Niveau der primär an den jeweiligen Bewegungen beteiligten Muskelgruppen verringert die Notwendigkeit, daß sich Hilfsmuskeln an der Bewegungsproduktion beteiligen. Dies trägt zu einer Verbesserung der Laufökonomie bei, denn die für die Bewegungserzeugung erforderliche Muskelaktivität (und der dazu benötigte O_2-Verbrauch) ist insgesamt geringer. Läufer stellen dies fest und bemerken, daß sie sich „flüssiger und stärker" fühlen. Tatsächlich ist diese Veränderung jedoch nicht so sehr ein Kraftzuwachs (im Sinne einer größeren Krafterzeugung), sondern vielmehr eine verbesserte Ausdauer (eine höhere Ermüdungswiderstandsfähigkeit aufgrund einer verbesserten Durchblutung und geringeren anaeroben Stoffwechseleinflüssen bei typischen Trainingsgeschwindigkeiten).

Der Hauptnachteil eines derartigen Überdistanztrainings ist die verhältnismäßig langsame und unvollständige Anpassung des Bindegewebes. Die Durchblutung oder Stärke der Sehnen und Bänder verbessert sich nicht in demselben Maße wie die der Muskeln, um der chronischen Belastung eine entsprechend gesteigerte Belastungstoleranz entgegenzusetzen. Dies ist wahrscheinlich eine Ursache für das höhere Vorkommen von Entzündungen und Verletzungen im Bereich des Bindegewebes verglichen mit der Muskulatur. Läufer sollten vermeiden, auf Straßen zu trainieren, die von der Mitte her nach links und rechts abfallen. Da auf derartigen Oberflächen der rechte und linke Fuß leicht höhenversetzt aufsetzen, kommt es zu asymmetrischen Auftreffbelastungen. Bürgersteige, Waldwege oder Grasflächen sowie feste, flache Wiesen oder Golfplätze sind gewölbten, rauhen oder unebenen Oberflächen vorzuziehen.

Anaerobes Konditionstraining

Eine Ausgewogenheit zwischen umfangsorientiertem, langsamem Training und intensitätsorientiertem, schnellerem Training im Verlaufe des gesamten Trainingsjahres führt zu einer guten Ausdauergrundlage, auf der ein ausdauerorientiertes Schnelligkeitstraining aufbauen kann. Training höherer Intensität läßt sich wie in den Abbildungen 2.2 und 3.5 in drei Kategorien einteilen, von denen eine das anaerobe Konditionstraining ist. Training mit höheren Intensitäten als das aerobe Konditionstraining führt zu entsprechenden Anpassungen in den Muskelzellen, die nur durch derartig hochintensive Reize stimuliert werden. Ferner verbessert ein derartiges Training die Anpassungsreaktion des Herzens und des Kreislaufsystems. Ein durchdachter Einsatz höher-intensiven Trainings (unterhalb der Grenzen, wo es aufgrund einer hohen Bindegewebebelastung zu Verletzungen kommt) ist sowohl positiv als auch wichtig für den Leistungssportler, der daran interessiert ist zu trainieren, um an Rennen teilzunehmen, und im Training keinen Selbstzweck sieht.

Ein effektives anaerobes Konditionstempo sollte von etwas langsamer als Marathontempo bis unmittelbar über dem Tempo im Bereich der Laktat-/ventilatorischen Schwelle reichen. Dieses Tempo ist etwas zu schnell, um sich dabei weiter unterhalten zu können und wird am besten mit „angenehm hart" beschrieben (obwohl einige Läufer, die aerobes Konditionstraining als „mäßig" bezeichnen, oft den Begriff „steady" für das Laufen im Bereich der Laktat-/ventilatorischen Schwelle verwenden). Die Belastungsintensität im Bereich der Laktat-/ventilatorischen Schwelle entspricht der Intensität, bei deren Überschreiten Laktat sich mit steigernder Geschwindigkeit anzuhäufen beginnt. Da eine Azidose eine stimulierende Wirkung auf die Ventilation hat, kann diese gesteigerte Ventilation im Labor gemessen und von Läufern wahrgenommen werden. Dieser schnellere Anstieg der Übersäuerung des belasteten Gewebes trägt zum subjektiven Empfinden einer hohen Belastung bei, die nicht beliebig lange toleriert werden kann. Daher ist die Auswahl der richtigen Streckenlänge sowie der richtigen Laufgeschwindigkeit im Rahmen der Planung der zu bewältigenden Trainingseinheiten wichtig. Die Arbeit in einem Tempo, das geringfügig schneller ist als das Tempo im Bereich der Laktat-/ventilatorischen Schwelle, bedeutet einen optimalen Reiz für die Arten physiologischer Anpassungen, die letztlich dazu führen, daß sich das Tempo, bei dem diese Schwelle erreicht wird, erhöht. Obwohl sich beim Training in diesem Tempobereich auch aerobe Aspekte der Leistung verbessern, ist die primäre Auswirkung dieses Trainings die Anpassung im anaeroben Bereich.

Wenn es nicht möglich ist, diese Schwelle ganz spezifisch mittels eines Laufbandtests zu bestimmen, schlagen wir vor, sozusagen behelfsweise davon auszugehen, daß diese Schwelle bei 80 % der VO_{2max} erreicht wird. Das VO_{2max}-Tempo sollte also um 20 % reduziert werden, und dann sollten zwei je 20minütige, durch eine 5minütige Trabpause getrennte Läufe in diesem Tempo absolviert werden. Diese Trainingseinheit sollte „bequem hart" sein, das heißt, sie sollte nicht so leicht fallen wie eine aerobe Konditionstrainingseinheit, aber auch nicht als außerordentlich belastend empfunden werden. Je nach Ergebnis dieses Tests kann das Trainingstempo entweder leicht erhöht oder gesenkt werden, so daß es mit der aktuellen Fitneß besser übereinstimmt.

In Abhängigkeit vom Erbgut und dem Fitneßniveau kann das Schwellentempo zwischen 75 und 90 % der VO_{2max} schwanken. Dies ist mit einer Herzfrequenz zwischen 80 und 90 % des Maximalwerts bei Männern gleichzusetzen. Bei Frauen kann der obere Wert näher am Maximum liegen. Unser Läufer in Abbildung 2.2 erreichte dieses Tempo bei 86 % seines VO_{2max}-Tempos, oder bei 3:14/km. Sein VO_{2max}-Tempo war 2:51/km. Dieses schnellere Trainingstempo im Bereich der Schwelle kann relativ problemlos 15 bis 25 min durchgehalten werden, bevor sinnvollerweise das Tempo verringert und eine Pause eingelegt wird, um danach höchstens noch eine Wiederholungsbelastung zu absolvieren. Bei dem in Abbildung 2.2 beschriebenen Athleten kann eine effektive anaerobe Konditionstrainingseinheit folgendermaßen aussehen: einige Kilometer Aufwärmen, danach ein 20minütiger Lauf in einem Tempo im Bereich der Schwelle (3:14/km), 1 Meile Trabpause in 3:44/km und danach ein 15minütiger Lauf in einem Schnitt von 3:06/km. Obwohl der Schwerpunkt bei einem derartigen Training sowie beim aeroben Konditionstraining auf der Stimulierung der ST-Fasern liegt, kommt es in der Arbeitsmuskulatur jetzt ebenfalls zu einer gesteigerten Aktivität der motorischen Einheiten der FT-Fasern vom Typ IIa (und vielleicht sogar einiger Fasern des Typs IIb). Die gesteigerte Ausnutzung der glykolytischen wie auch der oxidativen Enzyme trägt dazu bei, daß die Anzahl dieser Enzyme als Folge des Anpassungsprozesses zunimmt. Ebenfalls sind zusätzliche Steigerungen der Kapillarisierung und des Plasmavolumens nachweisbar. Der gesteigerte Energieumsatz in all diesen Fasern stimuliert die Glykolyse, aber es kommt nur zu einer minimalen Laktatanhäufung, wodurch die Trainingsbelastung einigermaßen gut toleriert werden kann. Die ST-Fasern nutzen ihre spezielle Form der Laktatdehydrogenase, um die Laktatbildung zu minimieren. Die geringe Menge des von den FT-Fasern gebildeten Laktats kann von den benachbarten oxidativen Muskelfasern oder anderen Geweben als Brennstoff genutzt werden. Die relativ hohe submaximale Belastung, die über einen einigermaßen langen Zeitraum durchgehalten wird, provoziert adaptive Veränderungen im Bereich der Herzfunktion, die sich am deutlichsten in einer Vergrößerung der Ventrikelkammern und damit einem Anstieg des Schlagvolumens niederschlagen. Das Endergebnis all dieser Anpassungen ist, daß ein längerdauerndes Training im submaximalen Bereich länger durchgehalten werden kann.

Das effektivste Marathon-Renntempo liegt knapp unterhalb des Tempos im Bereich der Laktat-/ventilatorischen Schwelle. Es handelt sich hierbei um das schnellstmögliche, über längere Zeit durchzuhaltende Tempo, ohne daß auf anaerobe Energiequellen zurückgegriffen werden muß. Erst gegen Ende des Rennens kann auf anaerobe Reserven für ein wirksames Finish zurückgegriffen werden (Lenzi, 1987). Allerdings ist das Wettkampftempo bei kürzeren Distanzen (10.000 m und darunter) normalerweise schneller als das Tempo im Bereich der Schwelle. Athleten mit einem höheren Lauftempo im Bereich der Laktat-/ventilatorischen Schwelle verfügen über den Vorteil einer geringeren anaeroben Energiebereitstellung während des Rennens. Die beste Methode zur Anhebung des Tempos im Bereich der Laktat-/ventilatorischen Schwelle ist ein Training in höherem Tempo, das lange genug ist, um eine physiologische Anpassung zu bewirken, aber nicht so lang, daß

200-m-Abschnitte	200-m-Zeit	Kumulative Distanz	Tempo	Herzfrequenz (Schläge/min)
1	50,5	200	3,96	128
2	49,2	400	4,06	132
3	48,0	600	4,12	135
4	47,0	800	4,26	137
5	45,8	1.000	4,36	141
6	44,7	1.200	4,47	145
7	43,5	1.400	4,60	149
8	41,9	1.600	4,77	154
9	40,1	1.800	4,98	159
10	38,8	2.000	5,15	163
11	37,5	2.200	5,33	168
12	36,0	2.400	5,56	171
13	35,1	2.600	5,70	173
14	33,7	2.800	5,93	175
15	32,1	3.000	6,23	178
16	30,0	3.200	6,47	180
17	29,7	3.400	6,73	182
18	28,4	3.600	7,04	184

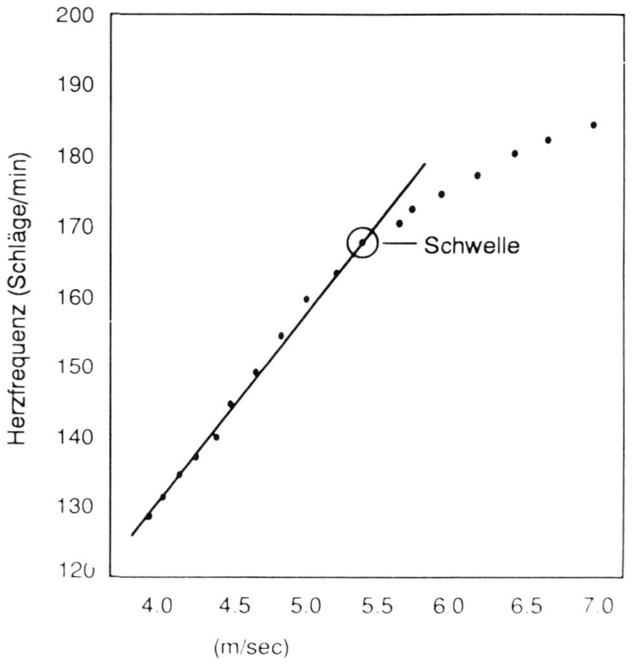

Abbildung 3.6: Die Durchführung des Conconi-Tests zur Bestimmung der Herzfrequenz im Bereich der Laktat-/ventilatorischen Schwelle

das Training unnötigerweise schwerfällt. Die Belohnung ist ein schnelleres Marathontempo.

Eine Methode zur Bestimmung der Herzfrequenz im Bereich der Laktat-/ventilatorischen Schwelle basiert auf der Hypothese, daß die Kurve des Herzfrequenzanstiegs bei Belastungen mit ansteigender Intensität im Bereich der Laktat-/ventilatorischen Schwelle abfällt. Diese Methode wird Conconi-Test genannt (nach Francesco Conconi, der diesen Test als erster beschrieb) (Conconi, Ferrari, Ziglio, Droghetti & Codeca, 1982). In Abbildung 3.6 ist die Durchführung dieses Tests anhand der Daten eines Elite-Marathonläufers dargestellt. Der Athlet trägt ein leichtes Herzfrequenzmeßgerät und läuft auf einer 400-m-Bahn, wobei er zu Anfang ein sehr lockeres aerobes Tempo anschlägt (das heißt seine Herzfrequenz beträgt 130 bis 135 Schläge/min). Nach jeweils 200 m wird das Tempo meßbar, aber nicht gravierend gesteigert (idealerweise um nicht mehr als 1 sec/200 m). Die Herzfrequenzwerte können entweder nach jedem 200-m-Intervall vom Athleten zugerufen werden, oder sie werden von dem Herzfrequenzmeßgerät gespeichert. Der Trainer oder ein Assistent nimmt sorgfältig die Zeit jedes 200-m-Intervalls und teilt dem Läufer mit, ob die Temposteigerungen richtig sind. Idealerweise hat die Laufgeschwindigkeit nach 12 bis 16 Temposteigerungen so zugenommen, daß sich der lineare Herzfrequenzanstieg ändert, so daß er zwar noch immer linear, aber merklich langsamer erfolgt. Bei der graphischen Darstellung des Anstiegs ist diese Änderung leicht am Kurvenverlauf zu erkennen. Das Tempo, bei dem sich der Frequenzanstieg ändert, kann anhand der unmittelbar davor liegenden 200-m-Zeit bestimmt werden. Aufgrund dieser Werte können dann ganz spezifische Trainingseinheiten für den betreffenden Athleten geplant werden.

Die Methode nach Conconi ist aus verschiedenen Gründen nicht sehr populär geworden. Erstens waren andere Forscher, die versuchten, Conconis Beobachtungen zu verifizieren (Lacour, Padilla & Denis, 1987; Tokmakidis & Leger, 1988), nicht sehr erfolgreich. Die deutliche Beziehung, die in Abbildung 3.6 graphisch dargestellt ist, erwies sich eher als Ausnahme als die Regel; normalerweise zeigt die Herzfrequenzreaktion keine meßbare Veränderung ihres Anstiegsverhaltens. Zweitens kann man häufig feststellen, daß die Herzfrequenz von Elite-Langstreckerinnen im Bereich der Laktat-/ventilatorischen Schwelle mit ihrer maximalen Herzfrequenz identisch ist; daher kann es nicht zu einer Deflektion der Herzfrequenzkurve kommen. Drittens gibt es bislang keine befriedigende physiologische Erklärung dafür, inwiefern die Steigerung der Ventilation bzw. der Beginn des Lakatanstiegs, die ein Indikator für die Laktat-/ventilatorische Schwelle sind, funktionell mit einer Steigerung der Herzfrequenz in Verbindung stehen.

Training der aeroben Kapazität. Wurde erst einmal eine ausreichende Entwicklungsgrundlage im Bereich des Muskel- und Bewegungsapparates und des kardiopulmonalen Systems geschaffen, ist es angebracht, in periodischen Abständen Trainingseinheiten einzufügen, die intensiv genug sind, um einen Stimulus auf die FT- und ST-Muskelfasern auszuüben und die insofern eine hohe, aber nicht maximale Anforderung an die aeroben und anaeroben Fähigkeiten stellen. Das Training der aeroben Kapazität stellt Anforderungen an die maximalen aeroben Fähigkeiten (obwohl die anaerobe Belastungskomponente hierbei auch relativ hoch ist) und wird mit einem Tempo durchgeführt, das dem von 3.000-m- bis Halbmarathonrennen entspricht. Die Intensität beträgt 90 bis 100 % der VO_{2max}. Da es sich hierbei um schnelles Laufen handelt, dürfen die einzelnen Intervalle nicht allzu lang sein; andernfalls würde der höhere anaerobe Energiebeitrag zu einer übermäßigen Ermüdung führen. Die ersten Minuten jedes Laufes sind im wesentlichen anaerob. Erst nach einer gewissen Zeit nehmen die Kreislaufaktivität und die Atmung so zu, daß der aerobe Stoffwechsel wieder dominiert. Während der nächsten 5 bis 6 Minuten ist die Belastung schwerpunktmäßig aerob. Schließlich wird die Trainingseinheit als zu belastend empfunden.

Eine ausreichende Erholung und Ruhe zwischen den Laufintervallen ist sehr wichtig, um die Blutazidität wieder nahezu auf Ruheniveau zu bringen. Andernfalls wird sich die verfrüht einsetzende Reduzierung der Leistungsfähigkeit auf das nachfolgende Intervall negativ auswirken. Eine frühe Erschöpfung erfordert die Rekrutierung zusätzlicher (Hilfs-)Muskeln. Dies kostet nicht nur mehr Energie, weil diese Muskeln nicht für optimale Bewegungsmuster vorgesehen sind, sondern erhöht auch das Verletzungsrisiko. Die Sehnen dieser Hilfsmuskeln sind nicht auf große Belastungen vorbereitet. Mit steigender Fitneß stellen erfahrene Läufer fest, daß sie die Pausen zwischen den Einzelbelastungen verkürzen können, ohne daß das Lauftempo verringert werden muß. Dies ist ein sicheres Zeichen für ein wirksames Training.

Je nach Wettkampfdisziplin (Mittelstrecke oder Langstrecke) sollten die Laufintervalle nicht mehr als 6 bis 9 Minuten betragen, wobei das Tempo im Falle kürzerer Intervalle höher sein kann. Der Läufer erholt sich relativ rasch, denn die Übersäuerung des Blutes ist nicht exzessiv; es ist angebracht, daß die Erholungspausen nicht länger als die Laufintervalle sind. Beim Training der aeroben Kapazität werden typischerweise Laufstrecken von 1.000 bis 3.000 m zurückgelegt, wobei dies teilweise von der Spezialdisziplin des Athleten abhängt. Während der gesamten Trainingseinheit sollten nicht mehr als 6.000 bis 8.000 m zurückgelegt werden. Im Rahmen unseres Coachings von Langstreckenläufern sind wir zu der Erkenntnis gelangt, daß es effektiv ist, derartige Einheiten zur Verbesserung der aeroben Kapazität auf einen 5-Wochen-Block zu verteilen, wobei pro Woche eine Einheit absolviert wird. So können z.B. in der folgenden Reihenfolge 2 x 3.000 m, 3 x 2.000 m, 4 x 1.600 m und 6 x 1.000 m gelaufen werden. In der 5. Woche kann der Läufer dann wieder 2 x 3000 m laufen. Das Tempo der längeren Intervalläufe kann dem eines 10.000-m-Rennens entsprechen, während das der kürzeren Intervalle dem Tempo der 5.000 oder 3.000 m entsprechen kann. Wenn sich der Läufer physiologisch an ein derartiges Training angepaßt hat, müßte diese Einheit in der 5. Woche besser toleriert werden als die gleiche Einheit vier Wochen zuvor. Auch wenn sich sehr bald Leistungsverbesserungen einstellen, ist es nicht ratsam, das Lauftempo über das 100 % der VO_{2max} entsprechende Tempo zu erhöhen. Dies würde lediglich der Steigerung der anaeroben Komponente dienen, was aber nicht der Zweck des Trainings der aeroben Kapazität ist. Besser ist die Verlängerung der Laufintervalle.

Zu den aus diesem Training resultierenden physiologischen Anpassungen gehören

- eine Zunahme der oxidativen und glykolytischen Enzyme in der Arbeitsmuskulatur,
- die Aktivierung zusätzlicher FT-Muskelfasern, die durch ein weniger intensives Training nicht stimuliert wurden, und
- eine geringfügige Steigerung der Pufferkapazität des Blutes.

Dies steht in Einklang mit den Forschungsergebnissen von Fox, Bartels, Billings, Matthews, Bason und Webb (1973), die behaupten, daß die Trainingsintensität und nicht der Trainingsumfang der wichtigste Reiz zur Steigerung der VO_{2max} in Grenzbereiche ist. Sowohl in den ST- als auch in den FT-Fasern erreicht die aerobe Stoffwechselaktivität nahezu Maximalwerte, wobei der anaerobe Stoffwechsel die zusätzliche Energie bereitstellt, die erforderlich ist, um das Tempo zu halten. Das Wesen des Trainingsreizes (mäßige Laufzeit, ausreichende Erholung) sorgt dafür, daß die Blutazidität auf einem tolerierbaren Level bleibt. Die gesteigerte Blutazidität führt allerdings zu einem merklichen Anstieg der Ventilation, was die subjektive Trainingsbelastung erhöht.

Zusätzlich zum Bahntraining oder Training auf vergleichbar ebenem Untergrund, wo Tempo, Strecke und Zeit präzise kontrolliert werden können, kann zusätzlich Hügeltraining als aerobes Kapazitätstraining durchgeführt werden. Bei längeren Hügelläufen darf jedoch der Unterschied zum Lauf in flachem Gelände nicht allzu ausgeprägt sein. Auch das Tempo muß im Vergleich zum Laufen im flachen Gelände reduziert werden, um die Steigung auszugleichen. Beispielsweise entspricht ein Tempo von 3:06/km im flachen Gelände grob einem Tempo von 3:44/km bei einem Anstieg von 4 % (2,3 Grad). Das ausgeprägte Anheben der Arme und Schultern sowie der Oberschenkel und Knie, das beim Lauf im flachen Gelände nicht zu sehen ist, verbraucht zusätzliche Energie. Dadurch steigt der Energiebedarf, wodurch die anaerobe Energiebereitstellung übermäßig gefordert wird, es sei denn, das Tempo wird reduziert.

Training der anaeroben Kapazität. Hierbei handelt es sich um sehr intensives Training, das irgendwo zwischen 100 und 130 % des VO_{2max}-Tempos liegt und etwa 95 % oder mehr der Maximalgeschwindigkeit erreicht. Das primäre Ziel des anaeroben Kapazitätstraining ist die Verbesserung des reinen Wettkampftempos und der Kraft. Vor allem Athleten in Disziplinen, bei denen es darauf ankommt, schnell und effektiv das Tempo zu variieren, lange und maximale Endspurts zu ziehen oder das gesamte Rennen in höherem Tempo als VO_{2max}-Tempo zu absolvieren, müssen ihre anaerobe Kapazität und ihre Azidosetoleranz gut ausbilden. Unbedingt notwendig ist auch die neurale Fähigkeit, mehr Muskelfasern zu rekrutieren. Bei allen Mittelstrecken (800 m, 1.500 m, 3.000 m und 3.000-m-Hindernis) übersteigt das Tempo 100 % des VO_{2max}-Tempos. Dies bedeutet, das der Läufer, der sich auf diese Strecken spezialisiert hat, steigende Laktatkonzentrationen im Blut und in der Muskulatur tolerieren muß. Auch über 5.000 und 10.000 m werden diejenigen Läufer am besten abschneiden, die imstande sind, das schnellstmögliche Tempo bis gegen Ende des Rennens mit der geringstmöglichen Laktatanhäufung beizubehalten, und die dann im Schlußabschnitt bis zum Ziel zusätzlich eine beträchtliche anaerobe Komponente mobilisieren können. Eine derartige Renngestaltung verlangt, daß alle Skelettmuskelfasern (ST- und FT-Fasern) bestmöglich trainiert sind. Wenn wir die physiologischen Merkmale von Mittelstreckenläufern studieren, stellen wir also fest, daß sie nicht nur über hohe VO_{2max}-Werte verfügen, sondern auch über ziemlich hohe Blutlaktatwerte. Dies deutet auf einen genetisch festgelegten relativ hohen FT-Faseranteil, eine gut entwickelte neurale Rekrutierbarkeit sowie eine hohe Azidosetoleranz hin.

Trainingseinheiten zur Verbesserung der anaeroben Kapazität werden mit sehr schnellem Tempo absolviert. Daher müssen die zurückgelegten Strecken verhältnismäßig kurz sein - typischerweise 200 m bis 800 m, wobei der Gesamtumfang einer Trainingseinheit 2.400 bis 4.000 m beträgt. Dies würde bei unserem Läufer, dessen Tempo im Bereich der VO_{2max} 2:51/km beträgt und der bei einer hochkarätigen Trainingseinheit zur Verbesserung der anaeroben Kapazität 120 % seines VO_2max-Tempos realisieren müßte, bedeuten, daß er 800 m in 1:50 min, 400 m in 55 sec und 200 m in 27 sec laufen müßte. Da die 800-m-Bestzeit dieses Athleten 1:49 beträgt, ist es unangebracht, ihn aufzufordern zu versuchen, wiederholte 800-m-Intervalle in annähernder Bestzeit zu absolvieren. Die Zeiten der 400- und 200-m-Intervalle dürften jedoch im Bereich seiner Möglichkeiten liegen. Sie werden in einem Tempo absolviert, das er immer länger tolerieren muß, wenn er seine 800-m-Bestzeit steigern will. Eine Einheit mit zwei oder drei Sätzen von (1 x 200 m in 27 sec) + (1 x 400 m in 55 sec) + (2 x 200 m in 27 sec) mit Pausen von 1:30, 3:00 und 1:30 wäre gegen Mitte oder Ende seiner saisonalen Entwicklung ein geeigneter Stimulus zur Verbesserung der anaeroben Kapazität. Zwischen den Sätzen sollte eine Erholungspause von 10 min eingelegt werden.

Ein typisches Merkmal einer gut kontrollierten Trainingseinheit zur Verbesserung der anaeroben Kapazität besteht darin, daß die letzte Wiederholung in einem erheblich schnelleren Tempo zurückgelegt werden kann als die vorangegangenen Wiederholungen. Ein Weltklasse-1.500-m-Läufer, der über eine gute aerobe Grundlage verfügt, muß z.B. die Fähigkeit entwickeln, vor Beginn der Wettkampfperiode 20 x 200 m in 28 bis 29 sec mit einer Erholungspause von jeweils 60 sec zu absolvieren. Seb Coe erarbeitete sich jedes Jahr aufs neue die Fähigkeit, 30 x 200 m in 27 oder 28 sec mit einer Erholungspause von 45 sec zu laufen. Am Ende dieser Einheiten war er jedoch noch in der Lage, ein oder zwei Intervalle in 23 bis 24 sec zu absolvieren. Wenn er dazu nicht imstande war, galt dies als Zeichen dafür, daß er die Einheit zu intensiv absolviert hatte. Diese eingeschobene Wiederholung mit sehr hoher Geschwindigkeit ist der Beweis eines effektiven anaeroben Aufbaus einer derartigen Intervalleinheit.

Eine besondere Betonung sollte trotz der zunehmenden Ermüdung auf der Beibehaltung eines guten Stils bei jedem Lauf liegen. Die Blutlaktatwerte steigen während der Erholungspause weiter an, und sie bleiben trotz der relativ langen Pause auch hoch, wenn das nächste Intervall beginnt. Dieser über längere Zeit anhaltende hohe Blutlaktatwert trägt zur Verbesserung der Pufferkapazität des Organismus bei. Ein starker Entwicklungsreiz wird auf die FT-Fasern vom Typ IIa ausgeübt. Diese Fasern scheinen über die größte Fähigkeit zur Vermehrung ihres gesamten spannungserzeugenden Proteins im Sinne einer Trainingsanpassung zu verfügen. Dies ist ein Reiz zur Verbesserung der Kraft, und Läufer stellen nach mehreren dieser Einheiten häufig fest, daß es ihnen nun erheblich leichter zu fallen scheint, ein submaximales Tempo aufrechtzuerhalten. Diese Leichtigkeit ist sicherlich zumindest zum Teil auf diese zusätzliche Kraft zurückzuführen. Ferner spielen die verbesserte Pufferkapazität des Blutes, das größere Blutvolumen und die Verbesserung der neuromuskulären Rekrutierung eine Rolle.

Glykogen- und Phosphat-Energievorräte werden bei einem derartigen Hochgeschwindigkeitstraining in den stimulierten Muskeln ausgiebig genutzt. Während sich die ATP-Reserven relativ schnell regenerieren (innerhalb von Minuten), werden die Kohlenhydratvorräte je nach Intensität und Umfang der Trainingseinheit erst innerhalb von 24 bis 72 Stunden wiederaufgefüllt. Sowohl beim Training der aeroben als auch beim Training der anaeroben Kapazität müssen nicht nur die Energievorräte, sondern auch die Muskelzell-Elektrolyte und das osmotische Gleichgewicht sowie der Bindegewebeabbau restituiert werden. In den Stunden und Tagen nach einer derartigen Trainingseinheit sollten daher physiotherapeutische Maßnahmen ausgiebig genutzt werden. Eine sanfte, aber auch eine tiefe Muskelmassage, Bäder in Eiswasser, entzündungshemmende Medikamente wie Aspirin oder Ibuprofen und Stretching-Einheiten können nützlich sein, wenn es um eine möglichst schnelle Erholung des Sportlers geht.

Die Verteilung der Belastung innerhalb eines Makrozyklus

Allgemeine Konzepte der Belastungsverteilung. Die präzisen Details der Trainingsplankonstruktion werden über kurz oder lang jeden Trainer regelrecht quälen; sie sind jedoch das A und O einer sinnvollen Langzeitentwicklung. Wie passen die unterschiedlichen, schnelleren Trainingseinheiten, das Laufen längerer Strecken und das umfassende Konditionstraining in einen gegebenen Zeitrahmen, der eine vollständige Leistungsentwicklung und eine ausreichende Erholung ohne übermäßige Ermüdung sicherstellt? Der wichtigste Faktor jedes Trainingsplans ist die Gestaltung der Details derart, daß den Bedürfnissen und Fähigkeiten eines jeden Athleten entsprochen wird. Unterschiedliche Fähigkeiten der Belastungstoleranz können dazu führen, daß die Länge der Mikrozyklen zwischen 1 und 2 Wochen schwankt.

Allzu häufig wollen Trainer und Athleten den täglichen Trainingsplan anderer erfolgreicher Athleten kopieren. Dem liegt die Annahme zugrunde, daß das, was einem anderen Erfolg gebracht hat, auch für einen selbst erfolgreich sein muß. Auch wird angenommen, daß ein anderer Athlet oder Trainer sich ein Trainingselement ausgedacht hat, welches sich so von der normalen Trainingsroutine unterscheidet, daß dies alleine bereits für den Erfolg des betreffenden Athleten verantwortlich gemacht werden kann. Wir vertreten die Auffassung, daß das Kopieren bestimmter

Trainingsstrategien nicht im Interesse irgendeines Trainers oder Athleten sein kann. Erstens wird ihre eigene Kreativität erstickt, und sie sind nicht länger Herr über ihr eigenes Schicksal. Zweitens haben fast niemals zwei Athleten die gleiche Trainingsumgebung, identische Wettkampfziele, eine gleichartige Grundlagenfitneß und vergleichbare genetische Anlagen, um die Trainingseinheiten des jeweils anderen mit dem gleichen Erfolg absolvieren zu können.

In Laufmagazinen findet man häufig Artikel mit der Überschrift „Eine Woche im Trainingsprogramm von ...". Damit wird suggeriert: „Du kannst genausogut laufen - Du brauchst Dich nur an diesen Plan zu halten!" Die Verwendung derartiger aus dem Zusammenhang gerissener Trainingspläne ist selten sinnvoll, es sei denn, sie beschreiben ein allgemeines Wochen- oder 2-Wochenprogramm, das sich über Wochen hinweg zyklisch wiederholt. (Ein Läufer, der derartige Trainingsvorschläge kopiert, kann sich sogar erheblich verletzen, wenn er nicht das zur Bewältigung dieser Belastung notwendige vorgeschaltete Training absolviert hat.) Das Studium dessen, was andere getan haben, kann gewiß sinnvoll sein, aber man sollte sich dabei auf die allgemeine Trainingsstrategie, die sich über Wochen und Monate erstreckt, konzentrieren. Der Reineffekt ganzer Trainingsmonate ist im Hinblick auf das Erreichen einer meßbaren Fitneß am Ende der Trainingsperiode wichtiger als die Effekte einer einzigen Trainingswoche. Es ist stets verlockend, das eigene Training zu modifizieren oder neue Trainingseinheiten einzuschieben, aber es ist immer schwierig festzustellen, ob bestimmte Leistungs- oder Fitneßveränderungen letztlich durch eben diese Maßnahmen verursacht wurden.

In Tabelle 3.8 sind unsere Vorstellungen bezüglich eines in Komponenten/Woche ausgedrückten Rasters der Belastungsverteilung dargestellt. Diese Art der Belastungsverteilung ist für die ersten vier Mesozyklen (X_1 bis X_4) im Training eines Mittelstrecklers (1.500 m) und Langstrecklers (10.000 m) geeignet. Einige Warnungen sollten jedoch berücksichtigt werden. Erinnern Sie sich erstens an unsere Definition einer Trainingskomponente als allgemeine Trainingsaufgabe. Machen Sie sich zweitens bewußt, daß eine bestimmte Trainingseinheit mehr als eine Komponente enthalten kann. Ein 40minütiger Lauf auf Grasboden, bei dem sich schnelle und langsame Meilenabschnitte abwechseln, beinhaltet z.B. Arbeit in der aeroben wie auch anaeroben Belastungszone. Diese Einheit umfaßt also zwei Trainingskomponenten. An eine derartige Trainingseinheit kann sich ein allmähliches Abwärmen und ein Training zur Verbesserung der Oberkörperkraft im Kraftraum anschließen. Dies wäre eine dritte Komponente der Trainingsbelastung des betreffenden Tages.

Zweitens wird in Tabelle 3.8 davon ausgegangen, daß ein Makrozyklus etwa ein Jahr dauert. Vier Erholungswochen zu Beginn (X_0), daran anschließend 33 Trainingswochen (X_1 bis X_4) und zum Abschluß drei Wochen Feinabstimmung (X_5) und 12 Wettkampfwochen (X_6) ergeben zusammen 52 Wochen. Ist es möglich, diesen Makrozyklus zu verkürzen und zwei Leistungshöhepunkte zu erzielen? Es mag sein, daß man diese Frage bejahen kann. Aber es kann auch mit der rhetorischen Gegenfrage geantwortet werden, ob einer dieser beiden Höhepunkte so erfolgreich sein kann wie ein einziger. Angesichts der heutigen Leistungsdichte sind mehrere gleichwertige Leistungshöhepunkte pro Jahr nicht immer möglich. Um sie

Tabelle 3.8: Verteilung der Trainingsbelastung eines Mittel- und Langstreckenläufers während eines Trainingsmakrozyklus

A. Mittelstrecke

Raum	Wo.	1 aerobes Konditionstraining	2 Laktat-/ventilator. Schwelle	3 aerobes Kapazitätstraining	4 anaerobes Kapazitätstraining	Gesamtzahl Trainingseinheiten	Gesamtdistanz Meilen	Gesamtdistanz km	5 Beweglichkeit	6 Circuit-+ Gewichttraining	Gesamtzahl der Trainingseinheiten
x_1 (12 Wochen) Schaffen einer aeroben Grundlage	4	5-6	0-1	0	0	5-7	30-40	48-64	4	0-1	9-12
	4	4-5	1-2	1-2	1	7-10	45-60	72-96	4	1-2	12-16
	4	4-5	2-3	2	2	10	65-75	104-120	4	2-3	16-19
x_2 (8 Wochen) Intensitätssteigerung	4	3	3	2	3	11	70-75	112-120	4	3	18
	4	3-4	4	2	3	12-13	75-80	120-128	4	3	19-20
x_3 (7 Wochen) höheres Tempo	4	3	5	2	3	13	70	112	5	2	18
	3	3	5	3	3	14	65	104	5	2	21
x_4 (6 Wochen) Konsolidierung	3	3-2	4	3	4	14-13	60	96	4	1	18-19
	3	3-2	4	3	4	14-13	55	88	4	1	18-19

(Fortsetzung)

B. Langstrecke

Raum	Wo.	1 aerobes Konditions-training	2 Laktat-/ventilator. Schwelle	3 aerobes Kapazitäts-training	4 anaerobes Kapazitäts-training	Gesamt-zahl Trainings-einheiten	Gesamtdistanz. Meilen	Gesamtdistanz. km	5 Beweglich-keit	6 Circuit- + Gewicht-training	Gesamt-zahl der Trainings-einheiten
Periode											
x_1 (12 Wochen) Schaffen einer aeroben Grundlage	4	4-5	0-1	0	0	4-6	30-50	48-81	3	0-1	7-10
	4	4-5	1-2	1-2	1	7-10	55-70	89-112	3	1-2	11-15
	4	5-6	3-4	1	1	10-12	75-90	120-145	3	2-3	15-18
x_2 (8 Wochen) Intensitäts-steigerung	4	4-5	3-4	2	1	10-12	80-95	128-153	3	3	16-18
	4	4-5	4-5	2	1	11-13	80-95	128-153	3	3	17-19
x_3 (7 Wochen) höheres Tempo	4	4-5	4-5	2	2	12-14	80	128	4	2	18-20
	3	4-5	4-5	3	2	13-15	75	120	4	2	19-21
x_4 (6 Wochen) Konsolidierung	3	4-5	4-5	4	2	14-16	70	112	3	1	18-20
	3	4	4	3-4	2-3	13-15	70	112	3	1	17-19

zu realisieren, müßte man die Wochenanzahl eines jeden Mikrozyklus verringern. Dies würde weniger Training und damit auch eine geringere Fitneß bedeuten, was erfolgreichen Wettkämpfen auf höchstem Leistungsniveau im Wege stehen könnte. An früherer Stelle wurde die Situation des hochklassigen, bereits gut trainierten, unverletzten Marathonläufers erwähnt, der in der Lage sein mag, alle 4 bis 5 Monate einen neuen Makrozyklus zu beginnen. Die kleinste Unregelmäßigkeit im harmonischen Gleichgewicht dieses Läufers - eine geringfügige Verletzung, eine Grippe, das Bedürfnis nach mentaler Erholung von der endlosen Konzentration auf Training und Wettkämpfe - kann diesen Rhythmus durcheinanderbringen. Das Ergebnis sind Wochen und Monate zusätzlicher Vorbereitungszeit auf den nächsten erwarteten Höhepunkt. Eine effektive Leistungsentwicklung läßt sich einfach nicht überstürzen.

Athleten müssen sich hinsichtlich ihrer Präferenz klar entscheiden. Möchten sie als Ergebnis einer äußerst effektiven Aufbauperiode, die den Großteil eines Jahres einnimmt, wirkliche Spitzenleistungen erbringen, wenn die Zeit dazu reif ist? Oder ziehen sie es vor, das ganze Jahr über leidlich erfolgreich zu sein als Ergebnis kleinerer Schwerpunkte hier und dort und auf Basis eines allgemeinen Trainingsplans, der sie zwar fit macht, ihnen aber kaum zu entscheidenden Verbesserungen verhilft? In den höchsten Bereichen des Leistungssports stellen das Fernsehen, die Sponsoren und die hohen Qualifikationsnormen immer höhere Anforderungen an die Sportler. Sie werden förmlich gezwungen, mehr Wettkämpfe zu absolvieren und mehr Leistungshöhepunkte zu erzielen, um sich letztlich für die wichtigsten Meisterschaften zu qualifizieren. Das Erbringen einiger wirklich großer Leistungen, statt einfach auf einem hohen Niveau Wettkämpfe zu bestreiten, erfordert sowohl einen körperlichen wie auch emotionalen Höhepunkt, der nur durch eine ungestörte Talentpflege erreicht werden kann.

Achten Sie drittens auf die Aufmerksamkeit, die der Entwicklung von Kraft, Schnellkraft, Gelenkbeweglichkeit und der kinästhetischen Bewußtheit durch die wöchentliche Einbeziehung mehrerer Komponenten, die schlicht als „Beweglichkeit" und „Circuits und Gewichte" bezeichnet werden, zuteil wird. Dies hängt mit der Entwicklung einer umfassenden Kondition zusammen, die Gegenstand des 4. Kapitels ist. Dieses Training zur Entwicklung der Fitneß des gesamten Körpers unterscheidet sich vom eigentlichen Laufen. Es wird davon ausgegangen, daß Läufer jeden Tag spezifische Gelenkbeweglichkeits- und Muskeldehnübungen in ihr Programm aufnehmen, besonders nach dem Laufen und vor dem Training im Kraftraum oder dem Circuittraining. Die dem zugrundeliegende Absicht ist die Sicherstellung eines angemessenen Bewegungsumfangs und einer effizienten Muskellänge.

Viertens ist es besonders für Marathonläufer notwendig, daß sie jede Woche einen besonderen Schwerpunkt auf ein umfangreiches aerobes Konditionstraining legen. Ihre Gesamt-Trainingsstrecke ist daher oft höher als in Tabelle 3.8 dargestellt. Diese Details werden in Kapitel 5 im Rahmen von Strategien der Marathonvorbereitung weiter diskutiert. Allerdings steigt durch diesen Versuch, zusätzliche aerobe Fähigkeiten aufzubauen, die Verletzungsanfälligkeit nicht unerheblich. Viel Ruhe, eine angemessene Ernährung zur Kompensation der Energieverluste,

Training auf flachem, weichem Untergrund mit Schuhen, die den Fuß gut stützen und die Auftreffkraft verringern, und der routinemäßige Einsatz von Regenerationsmaßnahmen wie Massage sind für Marathonläufer besonders wichtig.

Fünftens kann es sein, daß ein Athlet Trainingseinheiten, die bei einem anderen Athleten in eine bestimmte Zone passen, viel schlechter (oder besser) als dieser toleriert, so daß sie für ihn tatsächlich einer anderen Zone angehören. Dies mag auch auf Trainingseinheiten für bestimmte Athleten zutreffen, wenn sie bloß ihre Fitneß verbessern. Sehen Sie sich z.B. eine Trainingseinheit von 5 x 800 m in 2:20, 2:16, 2:12, 2:08, 2:04 (2 min Pause) oder eine Einheit mit 5 x 800 m in 2:16 mit Erholungszeiten von 2:00, 1:50, 1:40, 1:30 und 1:20 an. Eine derartige Intensität kann für einen 800-m-Läufer ein anaerobes Konditionstraining oder ein aerobes Kapazitätstraining sein, während es sich für einen Marathonläufer in der Zone des aeroben Kapazitätstrainings oder sogar der Zone des anaeroben Kapazitätstrainings befindet. Diese Belastungen können in einer frühen Phase eines Makrozyklus ein anaerobes Kapazitätstraining (d.h. schneller als VO_{2max}-Tempo) für einen 1500-m-Läufer darstellen. Nach einigen Monaten qualitativ hochwertigen Trainings können sie jedoch für denselben Läufer ein aerobes Kapazitätstraining (d.h. im Bereich des VO_{2max}-Tempos) sein. Diese variierenden Fitneßlevel können am besten identifiziert werden, indem man alte Trainingsbücher studiert, Zeitkontrolläufe oder Laufbandtests absolviert und sorgfältig Buch führt über Trainingseinheiten, die sich innerhalb einer Entwicklungssequenz ständig wiederholen. Wenn es hinsichtlich der optimalen Trainingsintensität jemals einen Zweifel geben sollte, geht man sicherer, wenn man die Erholungszeiten über- und die Laufgeschwindigkeiten unterbewertet; dies verringert das Verletzungs- und Übertrainingsrisiko.

Spezifische Konzepte der Trainingsplankonstruktion. Es wurden bereits mehrere Beispiele individueller Trainingseinheiten dargestellt, und es wurde auch gezeigt, wie ihre Intensität durch die Kombination von natürlichen und entwickelten Fertigkeiten sowie durch die Position innerhalb eines Makrozyklus bestimmt wird. Daher gibt es keine zwei Trainer oder Athleten, die in der Lage wären, identische Trainingspläne mit gleicher Effektivität anzuwenden. Zusätzlich erfordern variierendes Terrain, Wetter und die Verfügbarkeit von Sportstätten eine zusätzliche Individualisierung, so daß der Athlet auch tatsächlich dem geplanten Trainingsreiz ausgesetzt wird. In vielen aktuellen Büchern werden spezifische Wochen- und Monatstrainingspläne für Athleten unterschiedlichen Leistungsniveaus und unterschiedlicher Disziplinschwerpunkte vorgeschlagen. Einige dieser Pläne sind ganz gut und können als Basis der Variationen des täglichen Trainingsplans dienen (Dellinger & Freeman, 1984; Galloway, 1984; Humphreys & Holman, 1985; Wilt, 1968). Der optimale Entwicklungsplan nutzt die vorhandenen Trainingsstätten, ist ausgewogen im Hinblick auf Trainingsintensität und -umfang, berücksichtigt individuelle Fähigkeiten, greift auf gültige wissenschaftliche Konzepte zu progressiv ansteigenden Trainingsbelastungen zurück und ist durch Einfallsreichtum gekennzeichnet, so daß er einen kontinuierlich stimulierenden und herausfordernden Trainingsreiz setzt.

In Tabelle 3.9 werden ein spezifischer Rahmenplan eines Trainingsblocks von 12 Tagen für einen Mittelstreckler (1.500 m) und von 14 Tagen für einen Langstreckler (10.000 m) vorgestellt. Obwohl diese Pläne ihrem Wesen nach spezifisch sind, lassen sich an ihnen mehrere Schlüsselprinzipien verdeutlichen. Eines dieser Prinzipien ist das Prinzip der Erholung. Beachten Sie, daß ein oder zwei potentielle Ruhetage eingeplant wurden, die je nach Bedarf eingesetzt werden können. Ein wesentlicher Bestandteil des Trainings ist sowohl die physische als auch die mentale Regeneration nach vorangegangenem Training. Wenn dies am besten durch einen trainingsfreien Tag erreicht wird, dann sollte entsprechend gehandelt werden. Das Training sollte nicht jeden einzelnen Tag einer Läuferkarriere in Anspruch nehmen. In diesem Falle würde sich der Läufer in einer sehr tiefen Fahrrinne befinden, und der Unterschied zwischen einer Fahrrinne und einem Grab ist nur die Tiefe. Wenn leichtes Training (sowohl in mentaler als auch körperlicher Hinsicht) angemessen erscheint, ist das auch in Ordnung. Normalerweise dient ein Ruhetag der Auffrischung von Körper und Seele, so daß an den folgenden Tagen wieder qualitativ hochwertiges Training absolviert werden kann.

Ein zweites Prinzip ist die Anwendung des Multi-Tempo-Konzepts: ein Training mit sowohl schnellerer als auch langsamerer Geschwindigkeit als das Renntempo der Hauptdisziplin des betreffenden Athleten. Achten Sie darauf, wie der 12- bis 14tägige Block des Mittelstrecklers um einen Rahmen herum konstruiert ist, bei dem die schnelleren Einheiten mit zunehmender Dauer des Trainingsblocks immer kürzer, aber schneller werden. Daher ist, wie in Tabelle 3.9 a ersichtlich, die am 10. Tag zurückgelegte Gesamtdistanz (1.580 m) viel kürzer (aber intensiver) als die 3.800 bis 5.100 m, die am 8. Tag absolviert werden. Auch bei dem Langstreckler wird das Multi-Tempo-Training angewandt, lediglich das Gesamtmuster ist etwas anders.

Die Tabellen 3.10 und 3.11 geben einige spezifische Beispiele davon, wie Trainingspläne unter Berücksichtigung der erwähnten Prinzipien konstruiert werden können. Es handelt sich um Auszüge aus Seb Coes Trainingstagebüchern, die extra ausgewählt wurden, um jüngeren Athleten und ihren Trainern als Hilfe zu dienen. Seb war 1973 16 Jahre alt (Tabelle 3.10) und 1975 18 Jahre alt (Tabelle 3.11). Beachten Sie, daß diesen einige wenige Wochen umfassenden Trainingsblöcken viele Monate harten Trainings vorangegangen waren. Seb Coe befand sich zum Zeitpunkt dieser Trainingsblöcke in der Vorbereitungsphase auf wichtige Wettkämpfe (das heißt, sein Training wurde leicht reduziert). Dennoch ermöglichte das Multi-Tempo-Entwicklungsschema selbst in dieser Phase eine Kontinuität hinsichtlich aller Aspekte der für den Wettkampf relevanten Fähigkeiten, so daß er allseitig vorbereitet in die entsprechenden Rennen gehen konnte.

Tabelle 3.9: Verallgemeinerte 12- bis 14tägige Trainingsblöcke

	(a) Mittelstrecke	
Tag	Trainingseinheit	Tempo
1	3 x 2.000 m od. [(2 x 1.200 m) + (1 x 800 m) (2 x 400 m)][a]	5.000 m
2	Überdistanz-Fahrtspiel	
3	6 bis 8 x 800m[a]	3.000 m
4	Laufen einer langen Strecke auf der Straße	
5	16 bis 30 x 200 m abwechselnd mit 10 x 400 m[a]	1.500 m
6	Möglicher Ruhetag (wenn Rennen); wenn nicht, Fartlek	
7	Rennen od. Zeitkontrollauf	
8	4 bis 6 x 400 m abwechselnd mit 6 bis 9 x 300 m	800 m
9	Laufen einer langen Strecke auf der Straße	
10	(1 x 300 m + 2 x 200 m + 4 x 100 m + 8 x 60 m)	400 m
11	Überdistanz-Fahrtspiel	
12	Möglicher Ruhetag (wenn Rennen); wenn nicht, wählen Sie das Tempo des nächsten Rennens	

	(b) Langstrecke	
Tag	Trainingseinheit	Tempo
1	mo. langer Lauf über 20 bis 32 km, locker	
2	mo. nicht gelaufen; na. 10 km locker	
3	mo. 10 km zügig; na. (4 x 200 m mit 200 m Trabpausen) + (4 x 2.000 m mit 3 min Trabpausen) + (4 x 200 m mit 200 m Trabpausen)	1.500/5.000 m
4	mo. 10 km locker; na. 16 km locker mit einigen Steigerungen bis hin zum 10-km-Renntempo, 2 min beibehalten	
5	mo. 24 km locker; na. nicht gelaufen	
6	mo. nicht gelaufen; na. (4 x 300 m mit 300 m Trabpausen) + 6 x 800 m mit 3 min Trabpausen) + (4 x 200 m mit 200 m Trabpausen)	1.500/5.000 m
7	mo. 14,5 km locker; na. nicht gelaufen	
8	mo. langer Lauf über 19 bis 27 km, locker	
9	mo. 8 km zügig; na. nicht gelaufen	
10	mo. 14,5 km locker; na. (4 x 200 m mit 200 m Trabpausen) + (5 x 1.000 m mit 2 min Trabpausen) + (4 x 200 m mit 200 m Trabpausen)	1.500/5.000 m
11	mo. nicht gelaufen; na. 10 km locker	
12	mo. 8 km zügig mit mehreren Steigerungen bis zum 10-km-Renntempo, 2 min lang beibehalten	10.000 m
13	Ein einziger lockerer Lauf, wenn am nächsten Tag Wettkampf; wenn kein Wettkampf, 2 Läufe über 8 bis 10 und 10 bis 15 km, der letztere als Fahrtspiel	
14	Wettkampf; wenn kein Wettkampf, 2 x 15 bis 20 min im Schwellentempo	Marathon

[a]Wird in der Phase der Topform vor wichtigen Wettkämpfen mit höherem Tempo gelaufen.

Tabelle 3.10: Aufbau vor Meisterschaften zur Illustrierung des Multi-Stufen-Trainings: Seb Coe, Alter: 16

Tag	Englische Schulmeisterschaften über 3.000 m im Juli 1973	AAA Jugendmeisterschaften über 1.500 m im August 1973
1	3 km zügiges Aufwärmen, (10 x 100 m) + (6 x 200 m) + (2 x 300 m) + (1 x 400 m)	Schulrennen, 800 m, 1.500 m
2	10 km Crosslauftraining	15 km auf der Straße; erste 7,5 km schnell, zweite zügig
3	7 x 800 m auf der Straße (2:15 pro 800 m)	(4 x 400 m) + (4 x 150 m)
4	(1 x 300 m) + (2 x 200 m) + (4 x 100)	3 x (10 x 200 m) mit 5 min Pause zwischen den Sätzen
5	(4 x 400 m) in 56, 55, 57, 60 sec	7 x 800 m (Durchschnittstempo: 2:15 pro 800 m)
6	Ruhetag	(2 x 150 m) + (6 x 100 m) + (2 x 200 m) + (8 x 80 m)
7	mo. 10 km Crosslauftraining na. 5 x 200 m Gesamtwochenkilometer: 40	(2 x 200 m + (4 x 400 m) + (4 x 200 m) Gesamtwochenkilometer: 48
8	(20 x 200 m) mit 45 sec Erholung	14 km Crosslauftraining
9	mo. 4 km schnell; (4 x 800 m) + (1 x 400 m) na. (6 x 800 m	Ruhetag
10	mo. (30 x 100 m) bergan (10 Grad) na. 1.000 m + 400 m + 300 m + (4 x 200)	(7 x 800 m)
11	mo. 10 km Runde auf der Straße na.: (2 x 400 m) + 2 x 200 m)	(4 x 400 m)
12	mo. 8 km na. 15 x 200 m	mo. 8 km na. (5 x 200 m) + (2 x 300 m) + (3 x 100)
13	Ruhetag	(30 x 100 m) bergan (10 Grad) mit Trabpause zurück zum Start
14	Rennen über 3.000 m (erster Platz)	1.500 m Vorläufe
15		1.500-m-Finale (erstes, in 3:55, mit den letzten 300 m in 42 sec)
	Gesamtwochenkilometer: 45	Gesamtwochenkilometer: 27

Tabelle 3.11: Trainingsaufbau vor den Meisterschaften zur Illustrierung des Multi-Stufen-Trainings: Seb Coe, Alter: 18 J.

Tag	NCAA 1.500-m-/3.000-m-Meisterschaften[a]	Europäische Juniorenmeisterschaften
1	11 km Dauerlauf	mo. Gewichttraining na. 14 km Dauerlauf
2	Wettkampf über 800 m	mo. 6,5 km Dauerlauf na. 20 x 200 m (28 sec)
3	mo. 8 km Dauerlauf na. 30 x 100 m (10 Grad Steigung)	mo. 6,5 km Dauerlauf na. (4 x 400 m) + (1 x 1.600 m)
4	ca. 10 km Dauerlauf	4 x 150 m à 18 sec/150 m, 3 x 300 m à 41 sec, 1 x 400 m
5	7 x 800 m	mo. 6,5 km Dauerlauf na. 10 x 400 m à 60 sec
6	17,6 km Dauerlauf	Leichtes Gewichttraining
7	mo. 1 x (400 m + 300 m + 200 m + 150 m) na. 5 km Regenerationslauf	7 x 800 m (Durchschn. 2:10 pro 800 m)
8	4 x 1.200 m	1 x (200 m + 400 m + 200 m + 300 m) + 4 x 100 m
9	10 x 150 m	10 km Dauerlauf
10	mo. 30 x 100 m (10 Grad Anstieg) na. 6,5 km Dauerlauf	6,5 km Dauerlauf
11	7 x 400 m	mo. 6,5 km Dauerlauf na. Steigerungsläufe
12	11 km Dauerlauf	Vorlauf über 1.500 m
13	mo. 6,5 km Dauerlauf na. 10 x 100 m	Finale über 1.500 m (3:45)
14	5 km Dauerlauf	Gesamtkilometer während 11 Tagen = 53 km
15	Vorlauf und Finale über 1.500 m (3:50) Gesamtkilometer während 14 Tagen = 112 km	
16	Ruhetag	
17	mo. 6,5 km Dauerlauf na. 1 x (200 m + 400 m + 300 m + 200 m)	
18	mo. 7 km Dauerlauf na. 20 x 200 m	
19	1 x (100 m + 300 m) + (2 x 400m)	
20	mo./na. 8 km Dauerlauf	
21	8 km lockerer Dauerlauf	
22	Finale über 3.000 m (8:14,2) Gesamtkilometer während 6 Tagen = 45 km	

[a] NCAA = Northern Counties Athletics Association

Die Identifikation von Leistungsstärken und Leistungsschwächen

Jedem Athleten fallen bestimmte Trainingsgeschwindigkeiten leichter als andere. Hierfür gibt es einige Gründe. Ein Grund ist eine unterschiedliche genetische Veranlagung. Sportlern, die über mehr motorische Einheiten der ST-Art verfügen, fällt wahrscheinlich ein Training über kurze Strecken mit höherem Tempo schwerer als ihren Kameraden, die mehr motorische Einheiten der FT-Art aufweisen. Je mehr sich die Leistungsfähigkeit aufgrund der durch das Training hervorgerufenen Anpassungsprozesse verbessert, desto schneller wird das Tempo und desto kürzer werden die Erholungszeiten. Der Sportler verbessert ganz allmählich seine Leistungsfähigkeit über die gesamte Spannbreite der Laufgeschwindigkeiten. Diese subtile Manipulation der Intensität, des Umfangs und der Erholung ist die für Läufer geltende Version des progressiven Widerstands- und Überlastungskonzepts, das im Krafttraining der Gewichtheber schon seit den vierziger Jahren angewandt wird. Dieses Konzept wird in Kapitel 4 ausführlicher besprochen.

Ein anderer Grund ist die unterschiedliche Anpassungsgeschwindigkeit in den verschiedenen Geweben. Das Erarbeiten von Ausdauer dauert typischerweise länger als der Erwerb von Schnelligkeit, vor allem, weil sich kardiovaskuläre Anpassungen langsamer entwickeln als neuromuskuläre Anpassungen. Aber Schnelligkeitstraining fällt aufgrund seiner hohen Intensität schwerer. Aus diesem Grund sind Schnelligkeitseinheiten zu Anfang der Mesozyklen notwendigerweise langsamer, obwohl die relative Intensität eines derartigen Trainings mit später stattfindenden schnelleren Einheiten vergleichbar ist. Es ist für Athleten und Trainer wichtig zu wissen, ob es notwendiger ist, den Schnelligkeitsaspekt oder den Ausdaueraspekt der jeweiligen Spezialdisziplin zu verbessern. Wenn dies einmal bekannt ist, kann eine gewisse Spezialisierung in dem betreffenden Bereich zu einer Verfestigung der Gesamtleistung führen. Aber wie bestimmt man diese sogenannten äquivalenten Geschwindigkeiten über mehrere Distanzen? In Tabelle 3.12 ist ein Schema dargestellt, mit dessen Hilfe sich dieses Problem lösen läßt.

Es wurden drei Formelsätze zur Bestimmung äquivalenter Wettkampfleistungen über mehrere Distanzen entwickelt, unter der Voraussetzung, daß die Leistung über eine Strecke bekannt ist. Drei Tabellen sind aufgrund der speziellen Disziplin jedes Läufers und seiner individuellen Spezifität Fähigkeiten im Schnelligkeits- und Ausdauerbereich besser als eine. Der Einsatz einer einzigen Tabelle würde unseren Konzepten der individuellen Spezifität und Disziplinspezifität widersprechen. Tabelle 3.12 a gilt primär für Langstreckenspezialisten - also die Läufer, die gute Leistungen über 8, 10 und 15 km bringen, die vielleicht auch Marathonrennen bestreiten (oder dies beabsichtigen), aber die auch an 5.000-m-Rennen zur Verbesserung ihrer Schnelligkeit teilnehmen. Tabelle 3.12 b gilt vor allem für 3.000- und 5.000-m-Spezialisten, die sich für kürzere Rennen und die 10.000 m interessieren, die jedoch nur selten an 800-m-Rennen teilnehmen. Tabelle 3.12 c ist für 800- und 1.500-m-Läufer gedacht, für die längere Distanzen wie die 10.000 m als Maßstab zur Bestimmung der Ausdauer oder des Stehvermögens nicht in Betracht kommen. Die dunkleren Bereiche markieren die Distanzen, die von jeder der genannten Sportlergruppe seltener gelaufen werden.

Tabelle 3.12: Mögliche Formeln zur Bestimmung äquivalenter Zeiten über 5 Wettkampfdistanzen

A	B	C
Marathon = 4,76 Y		
10.000m = Y	10.000m = 2,1 Y	
5.000m = 0,48 Y	5.000m = Y	5.000m = 7,78 Y
3.000m = 0,28 Y	3.000m = 0,58 Y	3.000m = 2,15 Y
1.500m = 0,13 Y	1.500m = 0,27 Y	1.500m = Y
	800m = 0,13 Y	800m = 0,48 Y
	400m = 0,06 Y	400m = 0,22 Y

Ein Beispiel für die Anwendung dieser Tabelle sind die Daten eines unserer Athleten. Die 10.000-m-Bestzeit von Keith Brantley (28:02) wurde im Februar 1989 auf einem flachen, amtlich vermessenen, schleifenförmigen Straßenkurs aufgestellt. Die Konkurrenz war bei diesem Rennen sehr groß, und es war kühl. Seine Bestleistung über 1.500 m (3:45,49) erreichte er im späten Mai bei sehr warmem Wetter und bei hoher Luftfeuchtigkeit (in Florida) als Einstimmung auf eine 5.000-m-Bestzeit. Drei Wochen später erreichte Keith schließlich 13:40,20 über 5.000 m bei den nationalen Meisterschaften (in Houston). Die Bedingungen waren bei diesem Rennen ähnlich schwierig. Wenn man Tabelle 3.12 heranzieht und von seiner 10.000-m-Bestzeit ausgeht, müßten seine Leistungen über 1.500 und 5.000 m 3:39 bzw. 13:27 betragen, vorausgesetzt die Rennen würden unter ähnlichen Bedingungen wie die 10.000 m gelaufen. Diese Zeiten sind schneller als die von Keith erreichten, aber sie sind dennoch realistischerweise zu erwarten. Es wird deutlich, daß Witterungsbedingungen zu Reduktionen um 2 bis 3 % führen können. Keith sieht sich selbst als 5.000- und 10.000-m-Spezialist und könnte daher entweder Tabelle 3.12 a oder 3.12 b zur Bestimmung vergleichbarer Leistungen heranziehen. In diesem konkreten Fall würde Tabelle 3.12 b keine sinnvolle Schätzung zulassen, da seine 5.000-m-Bestzeit durch das Wetter verlangsamt wurde. (Diese Rechnungen würden z.B. eine persönliche 10.000-m-Bestzeit von 28:42 ergeben, was viel zu langsam wäre.)

Wie man jungen Läufern hilft, ihren Leistungsfortschritt im Verlauf der Zeit graphisch darzustellen

Das Aufstellen einer persönlichen Bestzeit macht immer Spaß und ist ein eindeutiges Indiz für eine positive Leistungsentwicklung. Wenn junge Läufer ihr Können über bestimmte Distanzen verbessern, ist es sinnvoll zu erfahren, ob die Leistung in einer Disziplin mit der Leistung in einer anderen Disziplin vergleichbar ist. Eine derartige Kontrolle ist wichtig, wenn sich die Kraft und Ausdauer eines Athleten wachstums- und trainingsbedingt verbessern. An diesem jüngeren Ende des Fitneßkontinuums sind die in Tabelle 3.12 vorgestellten Gleichungen vielleicht nicht so genau. Eine in Großbritannien populäre Methode zur Erstellung des Profils der Leistungsentwicklung ist das von Esso gesponsorte Amateur Athletic Association Five-Star Award Scheme. Jugendliche wandeln ihre leichtathletischen Ergebnisse in eine durch Bonuspunkte modifizierte Punktwertung um. In Tabelle 3.13 ist ein Abschnitt dieses Schemas dargestellt; die Daten von Seb Coe über verschiedene Strecken im Laufe seiner Entwicklung zwischen dem 12. und 18. Lebensjahr sind angezeigt. Derartige Tabellen ermöglichen nicht nur den Vergleich der relativen Qualität von Leistungen über verschiedene Laufdistanzen, sondern auch die Analyse der Verbesserungen im Verlauf der Zeit. Derartige Verbesserungen haben einen höheren Punktwert und streben im Falle einer graphischen Darstellungen zum oberen Abschnitt der Tabelle.

Wie die aus derartigen Leistungsrangsystemen abgeleiteten Informationen intelligent genutzt werden können, kann durch einige grundlegende Entscheidungen erklärt werden, die früh in Seb Coes sportlicher Karriere gefällt wurden. Als Seb 12 Jahre alt war, schloß er sich einem Leichtathletikverein an, und neben seiner schulsportlichen Aktivität hatte er Gelegenheit, hin und wieder an kürzeren Sprintwettkämpfen teilzunehmen. Obwohl er aufgrund seiner schlanken Statur ziemlich flink war, zeigten seine Laufleistungen einen deutlichen Mangel an Ausdauer. Um diesen Mangel zu beheben, wurden Läufe über längere Distanzen in sein Trainingsprogramm aufgenommen, und er nahm an Jugend-Crossläufen teil. Es stellte sich aufgrund dieser kombinierten Maßnahme ein deutlich positiver Effekt ein, wie in Tabelle 3.13 offensichtlich wird. Im Alter von 13 Jahren verbesserte Seb seine Leistungen auf den längeren Strecken erheblich, während seine Leistungen auf den kürzeren Strecken relativ stabil blieben. Die beste Interpretation dieser Daten war unserer Meinung nach nicht, daß Seb in der Annahme, ein „geborener Marathonläufer" zu sein, das Training über kürzere Strecken aufgeben und mit der Spezialisierung beginnen sollte. Die richtige Interpretation war, daß die Ausdauerverbesserung durch eine Verschiebung der Trainingsspezifität verursacht wurde, wobei die Anpassung dem gesetzten Reiz entsprach.

Während Sebs 14. Lebensjahr wurde ein positiver Versuch unternommen, die Ausgewogenheit zwischen Schnelligkeits- und Ausdauerarbeit zu verbessern - ohne allerdings die eine Trainingsart auf Kosten der anderen zu betreiben. Wie in Tabelle 3.13 ersichtlich, kam es im gesamten Spektrum der gelaufenen Strecken von 100 bis 3.000 m zu Leistungssteigerungen. Danach wurde Sebs Training so angepaßt, daß eine geradlinige Beziehung zwischen den verschiedenen Testdistanzen beibehalten werden sollte. Es wurde antizipiert, daß der Verlauf der all diese Distanzen verbindenden

Linie auf die Strecken hindeuten würde, für die Seb ein ganz natürliches Talent besitzt. Seb fiel es leichter, sich an ein 800- und 1.500-m-Training anzupassen als an ein 400-m-Training, was darauf hindeutet, daß er sehr wahrscheinlich über eine hohe Anzahl sowohl von FT- als auch ST-Skelettmuskelfasern verfügt und nicht so sehr über eine Mehrheit an FT-Fasern, was für Sprinter typisch ist. Der Versuch, die Leistungslinie in Tabelle 3.13 so horizontal wie möglich zu halten, stellte sicher, daß weder die Schnelligkeits- noch die Ausdauerkomponente in seinem Training überbetont wurden.

Eine andere Möglichkeit, das Profil leichtathletischer Leistungen in verschiedenen Disziplinen zu erstellen, ist die Anwendung der Wertungstabellen des Internationalen Leichtathletikverbandes (IAAF) (die gegenwärtig nur für die Männerdisziplinen vorliegen). Diese können nützlich sein zur Identifikation möglicher Leistungsdefizite, wenn ein Sportler die Leistungsleiter hinaufklettert. Unserer Meinung nach ist die Ausgabe von 1962 (Belgrader Ausgabe) neueren Versionen vorzuziehen ist, da die letztgenannten eher für Mehrkampfwettkämpfe geeignet sind. Wiederum können die Beispiele bekannter Athleten zur Illustration herangezogen werden, obwohl Läufer und Trainer zweifellos auch aus ihrem eigenen Erfahrungskreis gute Beispiele finden werden. In Abbildung 3.7 a sind die Leistungen von Seb Coe über 800 m, 1.000 m und die Meile im Sommer 1981 dargestellt (zusammen mit den entsprechenden Punktwerten). Bei all diesen Leistungen handelte es sich um Weltrekorde. Die Weltöffentlichkeit wunderte sich zwar, wie Seb so hervorragende Rennen in Serie absolvieren konnte, tatsächlich jedoch korrespondierten seine Leistungen über 1.000 m und die Meile qualitativ gut mit seiner früheren 800-m-Leistung.

Eine einfache Interpolation macht jedoch auch deutlich, daß Seb in der Lage gewesen wäre, bereits zu diesem Zeitpunkt 3:29 über 1.500 m zu laufen. Leider waren die Rennbedingungen jedoch nicht entsprechend. Dies war erst 5 Jahre später in Rieti nach den Europameisterschaften 1986 der Fall, 3 Wochen vor seinem 30. Geburtstag. Die Zeit war reif; seine Form war optimal, was sich in dem Doppelerfolg über 800 und 1.500 m bei den Europameisterschaften in Stuttgart gezeigt hatte. Im Anschluß an diesen Doppelerfolg war es eine einfache Entscheidung, die bereits seit langem verdiente 1.500-m-Zeit „nach Hause zu laufen", statt mit anderen Disziplinen zu experimentieren. Wiederum staunte die Öffentlichkeit, aber der Sieg war ganz einfach das Resultat aus einer logischen Entwicklung.

Die Leistung von Langstreckenläufern läßt sich ähnlich effektiv einschätzen. Im Sommer 1987 setzte sich z.B. der Mexikaner Arturo Barrios das Ziel, seine persönlichen Bestleistungen über kürzere Distanzen als Vorbereitung auf die Weltmeisterschaften in Rom zu verbessern. Seine wichtigster Vorteil im Wettkampf bestand in seiner hochentwickelten Ausdauerleistungsfähigkeit, sein Nachteil war jedoch seine weniger gut entwickelte Grundschnelligkeit. Wenn es ihm gelingen sollte, seine Schnelligkeit zu verbessern, dann hätte dies zusammen mit seiner Ausdauerleistungsfähigkeit eine optimale Vorbereitung auf die Weltmeisterschaften in Rom bedeutet. Wunschgemäß lief er im Juli in Europa persönliche Bestzeiten über 5.000 m (13:13,52), 3.000 m (7:44,63) und 1.500 m (3:39,38). Waren diese Leistungen hinsichtlich ihrer Qualität vergleichbar? Und was hätten wir als mögliches Ziel für die 10.000 m in Rom bei günstigen Bedingungen erwarten können? Die Hinzuziehung der IAAF-Wertungstabellen gibt eine Antwort auf diese Fragen, und in Abbildung 3.7 b sind Arturos Leistungen und ihre entsprechenden Punktwerte graphisch dargestellt.

Tabelle 3.13: Esso Five-Star Award Scheme zur Evaluation der Leistungsfähigkeit in verschiedenen Laufdisziplinen

Am Beispiel der Daten von Seb Coe zwischen seinem 12. und 18. Lebensjahr soll gezeigt werden, wie eine Leistungsentwicklung über einen bestimmten Zeitraum hinweg graphisch dargestellt werden kann. Einige Leistungen von Seb während seines 16. und 18. Lebensjahres sind zwar in der Tabelle nicht enthalten, wurden jedoch trotzdem graphisch dargestellt, um deutlich zu machen, daß die Betonung darauf lag, die Leistungskurven horizontal zu halten.

Punkte	Sprints			Distanz			Lebensalter
	100 m	200 m	400 m	800 m	1.500 m	3.000 m	18 Jahre
Punktwert	0,05	0,1	0,2	1 sec	2 sec	4 sec	16 Jahre
100		22,6	50,3	1,57	4,02	8,48	
99	11,0	22,7	50,6	1,58	4,04	8,52	15 Jahre
98		22,8	50,9	1,59	4,06	8,56	
97	11,1	22,9	51,2	2,00	4,08	9,00	
96		23,0	51,5	2,01	4,10	9,04	
95	11,2	23,1	51,8	2,02	4,12	9,08	
94		23,2	52,2	2,03	4,14	9,12	
93	11,3	23,3	52,6	2,04	4,16	9,16	
92		23,4	53,0	2,05	4,18	9,20	
91	11,4	23,5	53,4	2,06	4,20	9,24	14 Jahre
90		23,6	53,8	2,07	4,22	9,28	
89	11,5	23,7	54,2	2,08	4,24	9,32	
88		23,8	54,6	2,09	4,26	9,36	
87	11,6	23,9	55,0	2,10	4,28	9,40	
86		24,1	55,5	2,11	4,30	9,44	
85	11,7	24,3	56,0	2,12	4,32	9,48	
84		24,5	56,5	2,13	4,34	9,52	13 Jahre
83	11,8	24,7	57,0	2,14	4,36	9,56	
82	11,9	24,9	57,5	2,15	4,38	10,00	
81	12,0	25,1	58,0	2,16	4,40	10,05	
80	12,1	25,3	58,5	2,17	4,42	10,10	
79	12,2	25,5	59,0	2,18	4,45	10,15	
78	12,3	25,7	59,5	2,19	4,48	10,20	
77	12,4	25,9	60,0	2,20	4,51	10,25	
76	12,5	26,2	60,5	2,21	4,54	10,30	
75	12,6	26,5	61,0	2,22	4,57	10,35	
74	12,7	26,8	61,5	2,23	5,00	10,40	
73	12,8	27,1	62,0	2,24	5,03	10,45	
72	12,9	27,4	62,5	2,25	5,06	10,50	
71	13,0	27,7	63,0	2,26	5,09	10,55	
70	13,1	28,0	63,5	2,27	5,12	11,00	
69	13,2	28,3	64,0	2,28	5,15	11,05	
68	13,3	28,6	64,5	2,29	5,18	11,10	
67	13,4	28,9	65,0	2,30	5,21	11,15	
66	13,5	29,2	65,5	2,32	5,24	11,20	12 Jahre
65	13,6	29,5	66,0	2,34	5,27	11,25	
64	13,7	29,8	66,5	2,36	5,30	11,30	
63	13,8	30,1	67,0	2,37	5,33	11,35	
62	13,9	30,4	67,5	2,39	5,36	11,40	
61	14,0	30,7	68,0	2,40	5,39	11,45	
60	14,1	31,0	68,5	2,42	5,42	11,50	
59	14,2	31,3	69,0	2,43	5,45	11,55	
58	14,3	31,6	69,5	2,45	5,48	12,00	
57	14,4	31,9	70,0	2,46	5,51	12,10	
56	14,5	32,2	70,5	2,48	5,54	12,20	

Seine Leistungen über längere Strecken waren von der höchsten Qualität, wobei der Punktwert für die 5.000 und 3.000 m ähnlich war (1.106 bzw. 1.083 Punkte). Seine 1.500-m-Leistung war vergleichsweise etwas schlechter (1.008 Punkte) bedeutete aber für ihn im Mittelstreckenbereich noch immer eine Verbesserung. Eine den 5.000- und 3.000-m-Leistungen entsprechende 10.000-m-Zeit wäre 27:48 bzw. 28:05 gewesen. Er wurde in Rom nur Vierter in 27:59,66, wobei er nach 24 Runden aufgrund einer bei den Läufern herrschenden Verwirrung hinsichtlich der Zahl der gelaufenen Runden kurz abstoppte.

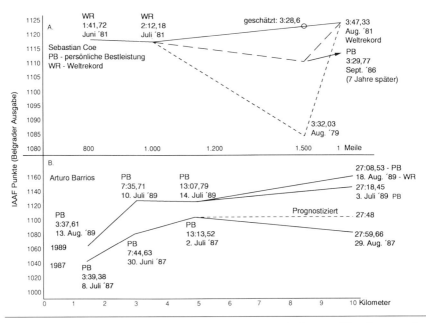

Abbildung 3.7: Die Anwendung der IAAF-Wertungstabellen zur Einschätzung der Qualität von Wettkampfleistungen

Während des Sommers 1989 kehrte Arturo erneut mit dem Ziel, seine persönlichen Bahnbestleistungen zu steigern, nach Europa zurück. Seine drei wichtigsten Rennen sind in Abbildung 3.7 b ebenfalls graphisch dargestellt. Die erste Leistung (13:32,63) über 5.000 m wurde durch die Zeitzonenanpassung und nicht ideale Wettkampfbedingungen beeinträchtigt. Acht Tage später war er bereit, eine neue Bestzeit über 10.000 m zu laufen. Sein 10.000-m-Sieg in Stockholm in 27:18,5 (1145 Punkte) war in der Tat ausgezeichnet - er hatte seine persönliche Bestzeit um fast 7 sec gesteigert. Sieben Tage später lief er in Nizza 7:35,71 über 3.000 m (1129 Punkte), was ebenfalls eine Steigerung seiner persönlichen Bestzeit bedeutete (um nahezu 9 sec). Obwohl die Stockholmer Leistung auf Basis der IAAF Punkttabelle qualitativ geringfügig besser war, waren beide Leistungen vergleichbar. Fünf Tage später steigerte er seine persönliche 5.000-m-Bestzeit aus dem Jahre 1987 um fast 5 sec auf 13:07,79 (1123 Punkte). Eine derartige Konstanz auf höchstem Niveau ließ Arturo glauben, daß eine kurze Ruheperiode und eine anschließende kleine Dosis qualitativ sehr anspruchsvollen Trainings zur Feineinstellung ihn mental und körperlich darauf vorbereiten würde, den 10.000-m-Weltrekord in Angriff zu nehmen.

Seine Vorbereitungen verliefen optimal - Erholung, Training, Rückkehr nach Europa, einige Rennen zur Einstimmung (von denen eins ein 1.500-m-Rennen in neuer persönlicher Bestzeit von 3:37,61 war, was die gute Ausbildung seiner Grundschnelligkeit bewies). Er war bereit. Am Abend des 18. August, 6 Tage nach seiner 1.500-m-Bestzeit, verbesserte Arturo bei hervorragenden Wettkampfbedingungen (starke Läufer als Tempomacher und eine motivierende Zuschauerkulisse im Berliner Olympiastadion) den 10.000-m-Weltrekord auf ausgezeichnete 27:08,23. Dies war ein Beweis dafür, daß es wichtig ist, einen Leistungshöhepunkt sorgfältig zu planen, selten, aber unter guten Bedingungen zu laufen, und sich bewußt zu machen, daß wichtige Rennen sehr viel Zeit für eine körperliche und mentale Regeneration und Vorbereitung benötigen. Wir möchten daher die Leser dieses Buches auffordern, sich mit den formelhaften (Tabelle 3.12) und tabularen (Tabelle 3.14) Systemen der Leistungsevaluation so vertraut zu machen, daß sie sie gewinnbringend zum Informationserwerb einsetzen können. Die verbesserte Fähigkeit der richtigen Einschätzung der Wettkampffähigkeit lohnt den Energie- und Zeitaufwand.

Es existieren noch einige weitere Systeme zur Bestimmung des Leistungspotentials in einzelnen Laufdisziplinen. Ein Beispiel ist der Kosmin-Test zur Hochrechnung der 800-m-Leistung. Der Sportler muß hierbei 1 Minute lang mit maximalem Einsatz laufen. Es folgt eine 3minütige Erholungspause. Die zurückgelegte Strecke wird genau gemessen, bevor eine weitere 1minütige maximale Belastung absolviert wird. Wiederum wird die zurückgelegte Distanz gemessen. Unter Anwendung der Formel

$$T(800\,m) = 217{,}4 - 0{,}199D \tag{3.5}$$

wobei D = die zurückgelegte Strecke ist, kann die zu erwartende 800-m-Zeit geschätzt werden. Tabelle 3.14 gibt einen Überblick über die hochgerechneten 800-m-Zeiten auf Basis von 2 Testläufen von jeweils 60 sec Dauer mit Gesamtdistanzen zwischen 805 und 950 m.

Tabelle 3.14: Die Anwendung des Kosmin-Tests zur Hochrechnung von 800-m-Zeiten

In 2 x 60 sec zurückgelegte Strecke (m)	Hochgerechnete 800-m-Zeit
805	2:01,6
810	2:01,0
815	2:00,4
820	1:59,8
825	1:59,2
830	1:58,6
835	1:58,0
840	1:57,4
845	1:56,8
850	1:56,2
855	1:55,7
860	1:55,1
865	1:54,5
870	1:53,9
875	1:53,5
880	1:52,7
885	1:52,1
890	1:53,3
895	1:50,9
900	1:50,3
905	1:49,7
910	1:49,1
915	1:48,5
920	1:47,9
925	1:47,3
930	1:46,6
935	1:46,0

Anmerkung: Erholungspausen zwischen den Läufen = 3 min; 800-m-Zeiten (sec) = 217,4 - (0,119 x zurückgelegte Strecke).

Multi-Stufen-Training im Kontext anderer Systeme

In diesem Jahrhundert wurden viele Trainingssysteme zur Entwicklung von Mittel- und Langstreckenläufern entwickelt. Viele Sportler haben sich durch ihre hervorragenden Mittel- und Langstreckenergebnisse, durch ihre Weltrekorde, ihre Olympischen Erfolge und andere Meisterschaftserfolge verewigt. Um den Ursachen dieser Leistungen auf den Grund zu gehen, stellen die Medien seit jeher zwei wesentliche Fragen, eine an den Sportler und eine an den Trainer. So wird der Sportler gefragt: „Was ist das Geheimnis Ihres Erfolgs?" An den Trainer richtet sich die Frage: „Wie sieht das Training Ihres Schützlings aus?"

Um zu untersuchen, wie das Multi-Stufen-Training in das breite Spektrum der Trainingsplangestaltung paßt, ist es nützlich, die Merkmale einige der bekannteren Trainer-Athleten-Verhältnisse zu untersuchen. In den 20er und 30er Jahren legten der legendäre Paavo Nurmi (22 Weltrekorde über 1.500 bis 10.000 m; 12 Olympische Medaillen) und sein finnischer Trainer Lauri Pihkala den Schwerpunkt auf mehrere durch ausreichend lange Pausen getrennte Trainingseinheiten von kürzerer Dauer statt auf das langsame Laufen langer Strecken. Während dieser Zeit war das Wissen bezüglich der Skelettmuskelphysiologie und der Biochemie der Zelle noch nicht sehr weit entwickelt. Daher war niemandem bewußt, daß Nurmi durch seine stärkere Betonung auf das schnelle Training einen hohen Trainingsreiz für seine FT-Muskelfasern setzte. Diese Fasern bedürfen eines höheren Stimulus, um sich entsprechend anzupassen (siehe Abbildung 1.23). Viele folgende Trainingssysteme waren lediglich Modifikationen des Prinzips „Wer schnell läuft, trainiert auch schnell" - ein Prinzip, das allerdings nur dann gilt, wenn auch auf eine ausreichende Erholung geachtet wird.

Während der frühen 40er Jahre schlug Woldemar Gerschler (der Trainer von Rudolf Harbig) vor, die Pausen zwischen kurzen Laufintervallen (100 bis 200 m) durch Kontrolle der Herzfrequenz zu bestimmen (Pausenende, wenn der Puls wieder auf etwa 120 Schläge/min gesunken ist). Mihaly Igloi (in den 50er Jahren Trainer von Sandor Iharos) entwickelte das Konzept von Sätzen kurzer, schnell gelaufener Strecken (in jedem Satz war die Erholungszeit zwischen den einzelnen Laufbelastungen minimal, die Pause zwischen den Sätzen jedoch länger), um (unbewußt) einen höheren Reiz auf die FT-Typ-IIb- und FT-Typ-IIa-Fasern auszuüben. Arthur Lydiard (Trainer der Olympiasieger von Rom 1960: Peter Snell [800 m] und Murray Halberg [5.000 m]) predigte, daß zunächst eine breite aerobe (Ausdauer-)Grundlage gelegt werden muß, bevor schnellere Läufe und eine Ganzkörperentwicklung stattfinden. Zu seinem Programm gehörten Hügelläufe zur Verbesserung der Arm- und Schulterbewegungen. Eine folgende kurze Schnelligkeitstrainingsperiode mit Läufen über kurze Distanzen diente der Ausbildung des Stehvermögens. Über die Jahre hinweg scheint das Pendel zwischen den Extremen einer Betonung der Schnelligkeit und einer Betonung der Ausdauer hin- und hergeschwungen zu sein. Aber derartigen „Modetendenzen" liegt häufig keine Logik zugrunde, und Extreme entbehren einer sinnvollen Grundlage. Die beste Lösung scheint auch hier der goldene Mittelweg zu sein, d.h. eine sinnvolle Verbindung von Schnelligkeits- und Ausdauertraining.

Unserer Ansicht nach fehlen in all diesen Trainingssystemen zwei Elemente. Ein notwendiges Element ist ein das ganze Jahr über stattfindendes Training in einem breiten Tempobereich, wobei das Ausmaß der Anpassung an Geschwindigkeiten unter und über dem Renntempo kontinuierlich und sorgfältig kontrolliert werden sollte. Dies stellt eine schnelle Identifizierung der Aspekte (aerob und anaerob) sicher, für die der Sportler genetisch weniger talentiert ist und die daher einer sorgfältigeren Ausbildung bedürfen. Das andere notwendige Element ist die Auffassung, daß der Laufanteil im Training eines Sportlers nur einen Aspekt der

Gesamtkörperkonditionierung darstellt. Die Sicherstellung der Gesundheit sowie die Verletzungsprophylaxe und Verhinderung des Ausbrennens erfordern, daß alle Facetten, die zur Leistungsanpassung beitragen - positive mentale Einstellung, Kraft, Schnelligkeit, Ausdauer, Stehvermögen, Beweglichkeit und Erholung - optimal ausgebildet werden müssen. Wir haben versucht, all diese Facetten in unserem Konzept des Multi-Stufen-Trainings zu berücksichtigen. Wir halten unser System nicht für revolutionär oder neu, da wir es bereits seit Jahren anwenden. Neuere Beiträge, die die Ansichten bekannter Mittel- und Langstreckentrainer darstellen (Bondarchuk, 1988; Daniels, 1989; Vigil, 1987), und Experten in Sachen Periodisierung (Bompa, 1988; Freeman, 1989; McInnis, 1981) beschreiben Konzepte, die sicherlich ähnliche Merkmale aufweisen.

Unser System, Läufer zu trainieren, ist ganzheitlich, denn wir sind uns bewußt, daß alle Teile des Systems zu einem langfristigen Erfolg beitragen müssen. Es besteht eine Ähnlichkeit mit biologischen Ökosystemen, denn es reicht bereits die Störung einer kleinen Facette der Gesamtordnung aus, um erhebliche Leistungseinbußen hervorzurufen, weil die harmonische Wechselbeziehung aller Systeme zu der Ausgewogenheit beiträgt, die für das Überleben des Systems notwendig ist. Zu derartigen Störungen kommt es häufig, wenn Athleten einen Aspekt der Entwicklung zugunsten der Überbetonung eines anderen Aspekts vernachlässigen. Es ist möglich, daß Athleten trotz einer akzeptablen Fitneß nicht gesund sind - nichtfunktional aus Wettkampfsicht. Es kann sein, daß sie aufgrund von Übertraining verletzt sind und während ihrer Wiederherstellung in einer Art „Sportler-Fegefeuer" schmachten müssen. Ein exzellenter Gesundheitszustand schafft die Voraussetzungen zum Erreichen einer umfassenden Fitneß. Eine herausragende Fitneß ist die Voraussetzung ausgezeichneter Wettkampfleistungen und wird nur nach einer vollständigen Anpassung an hartes Training erreicht.

Objektive Belege für den Wert des Multi-Stufen-Trainings

Es könnte die Frage gestellt werden, ob es objektive Belege dafür gibt, daß eine Mischung aus aerobem und anaerobem (Ausdauer- und Schnelligkeitstraining) ein effektiveres Mittel zur Ausbildung eines Athleten ergibt als ein simples Ausdauertraining über lange Strecken. Es gibt solche Belege. So muß in diesem Zusammenhang besonders auf zwei bemerkenswerte Studien eingegangen werden, die bei der 12. Jahrestagung des Europäischen Trainerverbandes in Acoteias (Portugal) 1983 vorgestellt wurden. Bei beiden Studien handelte es sich um Arbeiten dänischer Forscher.

Eine der Untersuchungen wurde von Henrik Larsen und Henning Bentzen vom August-Krogh-Institut an der Universität Kopenhagen durchgeführt. Diese Forscher arbeiteten mit einer Gruppe von neun Athleten, von denen jeder über mehrere Jahre Erfahrung im Mittel- und Langstreckenlauf verfügte. Im ersten Teil der Untersuchung wurde von den Sportlern verlangt, 26 Wochen lang durchschnittlich 100 km pro Woche in einer Geschwindigkeit von 60 bis 80 % der VO_{2max} (d.h. aerob) zu laufen. Nach dieser Phase wurden die Athleten einem ansteigenden

Belastungstest unterzogen, und am Gastrocnemiusmuskel wurde eine Biopsie durchgeführt, um die körperliche Fitneß vor Beginn der nächsten Phase der Untersuchung zu messen. Der Belastungstest bestand aus Laufen gegen einen allmählich ansteigenden Widerstand bis zur Erschöpfung zur Bestimmung der VO_{2max}. Diese Sportler wurden dann in zwei Gruppen unterteilt. Fünf Athleten reduzierten ihre wöchentliche Laufstrecke auf 50 km, wobei dieses Training jedoch zur Hälfte aus anaeroben Belastungen über Distanzen zwischen 60 und 1.000 m bestand. Dieses Programm wurde 14 Wochen beibehalten. Die anderen vier Sportler setzten im Verlauf dieser 14wöchigen Phase ihr Routineprogramm mit 100 km/Woche fort.

Im Anschluß an dieses Trainingsprogramm wurden die gleichen Tests noch einmal durchgeführt, um mögliche Veränderungen der Fitneßmerkmale zu bestimmen. Die anaerob trainierten Athleten verbesserten ihre VO_{2max} im Durchschnitt um 7 %, zusätzlich zeigten sie eine deutliche Steigerung ihrer maximalen Herzfrequenz. Die Athleten, die ein ausschließlich aerobes Training durchgeführt hatten, zeigten hingegen keine Veränderungen. Ein weiterer Test bestand aus zwei Bahnrennen über 1.000 und 10.000 m. Die Athleten, deren Training eine zusätzliche anaerobe Komponente aufgewiesen hatte, verbesserten sich durchschnittlich um 4 sec in dem 1.000-m-Rennen, während die aerob trainierten Athleten keine Verbesserung zeigten. Keine der Gruppen konnte sich über 10.000 m signifikant verbessern, im Trend zeigten jedoch eher die anaerob trainierten Athleten Verbesserungen über diese Strecke.

Die Skelettmuskelbiopsien wurden im Hinblick auf biochemische Veränderungen ausgewertet, um die zellulären Anpassungen an das Training besser zu beschreiben. Keiner der Sportler hatte übermäßig viele FT-Fasern vom Typ IIb (Fasern, die vor allem für glykolytische [anaerobe] Aktivität geeignet sind); die meisten der FT-Fasern gehörten dem Typ IIa an (spezialisiert sowohl auf glykolytische [anaerobe] und oxidative [aerobe] Aktivität). Die anaerob trainierten Läufer erhöhten allerdings die Anzahl ihrer FT-Typ-IIa-Fasern, was auf eine anpassungsbedingte Steigerung ihrer anaeroben Belastbarkeit hindeutet.

Zusammengefaßt läßt diese Untersuchung von Larsen und Bentzen vermuten, daß die VO_{2max} eher durch eine Kombination von aerobem und anaerobem Training verbessert werden kann als durch ein alleiniges aerobes Training. Je höher die aerobe Reserve, ein desto besseres Leistungsniveau kann erreicht werden, wenn die anaerobe Leistung zusätzlich ins Spiel kommt (Laktat-/ventilatorische Schwelle) und wenn die Dauerleistungsgrenze (VO_{2max}) erreicht ist. Da es sowohl eine anaerobe als auch eine aerobe Leistungsgrenze gibt, ist es optimal, wenn beide Bereiche trainiert werden, so daß sichergestellt ist, daß die aerobe Leistungsfähigkeit dann am höchsten ist, wenn die Leistungsanforderungen am größten sind.

Die zweite Untersuchung wurde von Thomas Okkels ebenfalls am August-Krogh-Institut durchgeführt. Das Ziel dieser Untersuchung bestand darin, die Auswirkungen von zwei Intensitäten des anaeroben Trainings auf die Leistung zu untersuchen. Wiederum wurde eine Gruppe erfahrener Läufer (n=16) zu Beginn des Tests einer längeren, d.h. 16 bis 20 Wochen langen, aeroben Trainingsperiode mit durchschnittlich 90 bis 120 km/Woche ausgesetzt. Dieses Training wurde unterstützt durch eine Mischung von Circuittraining, Hügelläufen und Fahrtspiel, so daß ein umfassender, vielseitiger Entwicklungsreiz gesetzt wurde. Dann wurden ein ansteigender Belastungstest und Muskelbiopsien durchgeführt, bevor die Gruppe in zwei Subgruppen unterteilt wurde, die ein spezielles anaerobes Training durchführten.

Anschließend wurde über einen Zeitraum von 7 Wochen der wöchentliche Trainingsumfang bei allen Läufern von 90 bis 120 auf 60 bis 90 km reduziert. Sieben Läufer absolvierten an 3 Tagen pro Woche ein anaerobes Kapazitätstraining (Okkels bezeichnete dieses Training als „Intervalltraining", ein Begriff, der in diesem Zusammenhang nahezu bedeutungslos ist). Diese Läufer absolvierten Trainingseinheiten mit kurzen Läufen (200 bis 600 m) mit maximaler oder fast maximaler Intensität. Die Erholungspausen wurden so dosiert, daß der Läufer die Einheit beenden konnte, ohne daß sein Laufstil nennenswert litt. Der anaerobe Charakter dieser Trainingseinheiten spiegelt sich in den nach der letzten Wiederholung gemessenen Laktatkonzentrationen zwischen 15 und 23 mmol/l wider. (Diese Laktatkonzentrationen wurden nicht hinsichtlich der Hämokonzentration korrigiert und sind daher nur bedingt geeignet, um adaptive Veränderungen zu erklären.) Die anderen neun Läufer führten an 3 Tagen pro Woche ein aerobes Kapazitätstraining durch - 800- bis 1.500-m-Intervalle in schnellem Tempo und mit Erholungspausen, die ermöglichten, daß die Einheit unter Beibehaltung eines guten Laufstils beendet werden konnte. Die (unkorrigierten) Blutlaktatkonzentrationen im Anschluß an die letzte Wiederholung lagen zwischen 10 und 11 mmol/l.

Die Ergebnisse des ansteigenden Belastungstests bis zur Erschöpfung zeigten eine 4prozentige Verbesserung der VO_{2max} bei den Athleten, die die Periode des anaeroben Kapazitätstrainings durchlaufen, aber keine Verbesserungen der VO_{2max} bei den Läufern, die das aerobe Kapazitätstraining durchgeführt hatten. Ein zusätzlicher Laufbandtest wurde durchgeführt, um die anaerobe Leistungsfähigkeit zu untersuchen; es handelte sich um einen maximalen Lauf von kurzer Dauer im individuell maximalen 800-m-Tempo, wiederum bis zur Erschöpfung. Den Ergebnissen dieses Tests zufolge - die Laufzeiten auf dem Laufband verbesserten sich um 15 % - steigerten beide Läufergruppen ihre anaerobe Leistungsfähigkeit. Im Anschluß an diesen anaeroben Laufbandtest zeigten die aerob trainierten Läufer 1 min und 4 min nach Testende um durchschnittlich 14 % gesteigerte Laktatwerte, während die Werte der anaerob trainierten Läufer keine signifikanten Veränderungen aufwiesen. Dies läßt darauf schließen, daß der Dauercharakter des aeroben Kapazitätstrainings besser geeignet scheint zur Verbesserung der anaeroben Leistungsfähigkeit als kurzfristige, hochintensive Einheiten mit noch höheren (aber kürzeren) anaeroben Belastungen.

Muskelbiopsien (wiederum aus dem M. gastrocnemius) dienten u.a. der Bestimmung der Enzymprofile. Die Aktivität der glykolytischen Enzyme steigerte sich bei den Läufern, die ein aerobes Kapazitätstraining absolviert hatten, um 11 bis 22 %, während bei den Läufern, die ein anaerobes Kapazitätstraining durchgeführt hatten, keine Veränderungen feststellbar waren. Okkels verzichtet auf eine Diskussion der Konsequenzen dieser Ergebnisse; dennoch scheinen verschiedene praxisbezogene Vermutungen angebracht. Erstens sollte der Wert des anaeroben Kapazitätstrainings hinsichtlich der Stimulierung der maximalen neuromuskulären Rekrutierung nicht vergessen werden; dieser Effekt ist aller Wahrscheinlichkeit nach vorteilhaft und trug vermutlich zur Verbesserung der VO_{2max} bei diesen Versuchspersonen bei. Die hier beschriebenen Ergebnisse deuten allerdings darauf hin, daß das anaerobe Kapazitätstraining nicht übertrieben werden sollte. Sollte dies der Fall sein, ist die wahrscheinliche Konsequenz eine Verringerung des glykolytischen (anaeroben) Leistungspotentials. Die zelluläre Erklärung hierfür könnte eine Kombination von nur noch reduziert zur Verfügung stehenden Muskelkohlenhydraten und den hemmenden Auswirkungen extrem hoher Säuregrade auf die Glykolyse selbst sein.

Diese Untersuchungen scheinen die in Kapitel 1 zusammengefaßten wissenschaftlichen Schlußfolgerungen hinsichtlich der Mobilisation von Skelettmuskelfasern zu bestätigen. Ein Training mit höherer Intensität (höherem Tempo) hält einen hohen Anpassungsgrad in den Fasern aufrecht, die nur bei hohen Belastungen rekrutiert werden, und kann auch die verstärkte Bildung von Muskelprotein stimulieren. Diese beiden Aspekte führen zu einem Kraftzuwachs und bereiten so den Weg für eine gesteigerte Schnelligkeit und eine Abnahme der wahrgenommenen (und tatsächlichen) Belastung bei einer gegebenen submaximalen Geschwindigkeit. Das Nichteinbeziehen eines derartigen höher-intensiven Trainings verhindert daher die Ausschöpfung des vollen Leistungspotentials, indem in den nichtaktivierten Muskelfasern ein Abtrainiereffekt ausgelöst wird.

Der erfolgreiche Einsatz verschiedener Modalitäten im Multi-Stufen-Training

Die vielen Aspekte der Erholung

Im Training spielen fünf Erholungsperioden eine wichtige Rolle: vier physische, eine mentale. Es handelt sich im einzelnen um:

1) die Erholungspausen zwischen Belastungsintervallen,
2) die Erholungspausen zwischen Sätzen von Intervallbelastungen,
3) die Erholung zwischen harten Trainingstagen,
4) die erforderliche Erholung nach einer Verletzung oder nach Übertraining,
5) die Pause zur mentalen Wiederauffrischung.

Aus zwei Gründen muß jedes gute Trainingssystem hinsichtlich der Erholungspausen flexibel sein. Erstens kann man im voraus nie sagen, wieviel Erholungszeit optimal ist. Zweitens birgt eine unangemessene Erholung ein beträchtliches Verletzungsrisiko in sich, und dieses sollte minimiert werden. Genauso wie harte Trainingseinheiten den wichtigen Zweck verfolgen, einen Überlastungsreiz zu setzen (förmliche Überschwemmung der Arbeitsmuskeln mit Laktat und Auslösung adaptiver Reaktionen), so ermöglicht die Erholungsperiode eine adaptive Regeneration.

Die Erholung zwischen Intervallen steht in bezug zu dem bereits erreichten Anpassungsgrad und sollte nur so lang sein wie nötig, um das nächste Intervall in der Zielzeit zu laufen. Die Bestimmung der Erholungszeit zwischen Intervallen ist daher wichtig, denn man will ja in jedem Intervall eine gute Leistung erbringen. Im Verlaufe eines bestimmten Meso- oder Mikrozyklus verändert sich die Kombination von Lauf- und Erholungszeit dergestalt, daß die Trainingsintensität zunimmt. Intervall- und Erholungszeiten müssen beide sorgfältig festgesetzt werden, um eine stetige Anpassung ohne unnötigen Streß zu gewährleisten. Dieser Sachverhalt kann wieder am Beispiel von Seb Coes frühen Trainingsbüchern illustriert werden. So lief er in frühen Mikrozyklen 9 bis 10 mal 300 m in 41 bis 42 sec mit Erholungspausen von 3 min. Später lief er 6mal 38 sec mit Erholungspausen von 90 sec, und zum Schluß lief er 8mal 38 sec mit Erholungspausen von 45 sec. Die letzten 300 m werden immer maximal schnell gelaufen.

Die Erholungspause zwischen Sätzen ist hinsichtlich ihrer Exaktheit nicht ganz so entscheidend. Sie muß lang genug sein, um sicherzustellen, daß im nächsten Satz die Zielzeiten erreicht werden, allerdings nicht so lang, daß der Körper auskühlt oder der Athlet an mentaler Spannkraft verliert. Im frühen Abschnitt eines Makrozyklus ist es vielleicht nicht möglich, das für diese Intervalle beabsichtigte Tempo ohne eine längere Satzpause zu erreichen. Das Unterteilen von Intervallen in Sätze (z.B. 12 x 400 m in 3 x 4 x 400 m) erlaubt das Absolvieren von genügend Intervallen in einem so schnellen Tempo, daß ein Trainingsreiz im Hinblick auf Muskelkraft und -schnelligkeit gesetzt wird. Sowohl die Erholungspausen zwischen den Intervallen als auch die zwischen den Sätzen sollten aktiv sein. Dies bedeutet, der Athlet sollte joggen, um die Durchblutung durch die Preßwirkung der Skelettmuskeln auf die in ihnen gelagerten Blutgefäße zu gewährleisten.

Die Erholung zwischen Tagen mit harten Trainingseinheiten ist manchmal schwierig zu quantifizieren, aber es ist relativ einfach zu erkennen, ob man eine derartige Erholung braucht. Jeder Athlet, der im Anschluß an harte Trainingseinheiten, selbst im Zustand der Inaktivität, die schmerzende Ermüdung in den Muskeln und Gelenken spürt, ist sich bewußt, daß er Erholungszeit braucht, um die Muskelenergiespeicher wieder aufzuladen und die Integrität seines Bindegewebes wiederherzustellen. Diese Notwendigkeit ergibt sich sowohl nach Kreis- und Krafttrainingseinheiten als auch nach hochintensiven Intervalleinheiten. Je nach Athlet und Trainingsintensität kann es angemessen sein, einen Hart-leicht-hart-, Hart-hart-leicht- oder Hart-leicht-leicht-Rhythmus zu verfolgen. In jeden Mikrozyklus eingebettete Erholungstage erlauben daher eine Reorganisation des Trainings, so daß keine Einheiten ausgelassen werden.

Die Bewältigung einer kleineren Verletzung oder von Übertraining wird in Kapitel 6 näher behandelt. Sollte etwas derartiges eintreten, benötigt der Heilungsprozeß des Körpers eine beträchtliche Zeit, aber die Ergebnisse der Erholung sind in der Regel hervorragend. Schwierig ist allerdings die Beschleunigung der Erholungsprozesse. Eine verfrühte Wiederaufnahme des Trainings, ohne daß sichergestellt werden kann, daß sich die Verletzung oder der Übertrainingszustand nicht wiedereinstellt, ist unklug. Wenn ein Athlet sich vor die Notwendigkeit gestellt sieht, eine „Auszeit" zu nehmen, sollte die wichtige Frage nicht sein: „Wie schnell kann ich wieder mit dem ernsthaften Training beginnen?", sondern vielmehr: „Wie lange sollte ich mit ernsthaftem Training aussetzen?" Der Unterschied mag auf den ersten Blick subtil erscheinen, aber die unterschiedliche Betonung ist wichtig. Die Erholung, nicht das Training ist zu diesem Punkt am wichtigsten.

Eine Pause zur mentalen Wiederauffrischung kann entweder von vorneherein im Trainingsprogramm berücksichtigt oder je nach Bedarf eingeschoben werden. Eine derartige Pause kann sehr kurz sein, z.b. ein trainingsfreier Tag, oder auf andere Weise in einen ganzen Mesozyklus integriert werden. Sportliche Erfolge stellen sich nur ein, wenn man sich dem Sport sehr widmet und in der Lage ist, auf manches gesellschaftliche Vergnügen zu verzichten. Es ist also möglichst wünschenswert, wann immer möglich zu versuchen, neben guten körperlichen Bedingungen eine optimale mentale Einstellung sicherzustellen. Je nach Ressourcen bestehen verschiedene Möglichkeiten. Vor allem für Sportler, die in einem kalten Klima leben, kann die Reise in ein wärmeres Klima sinnvoll sein. Auf diese Weise kann eventuell sogar über einen ganzen Mesozyklus hinweg ein qualitativ hochwertiges Training in einer mental befriedigenden Situation durchgeführt werden. Die zweifache Olympiateilnehmerin Wendy Sly, eine unserer talentiertesten Läuferinnen, verfolgt bereits seit mehreren Jahren einen derartigen Plan mit großem Erfolg. Während des Winters kombiniert sie einen Trainings-Mesozyklus in Florida mit einer umsichtigen Auswahl von Hallenrennen und Straßenläufen. Diese Wettkämpfe haben die Funktion periodischer Leistungstests. Im Norden der Vereinigten Staaten, wo die Winter strenger als in Europa sind, haben sich viele Athleten angewöhnt, im Winter in den Süden nach Arizona, Kalifornien oder Florida zu reisen. Es muß allerdings darauf geachtet werden, daß die Rückkehr des Athleten in das daheim herrschende Klima nicht mit schlechtem Wetter zusammenfällt. Die Rückkehr in Winterwetter kann unangenehm sein, vor allem wenn es die kontinuierliche Entwicklung hemmt und sogar eine Erkrankung bewirkt.

Auswahl der besten Erholungszeiten

Wenn Athleten einmal ihre Trainings-Laufgeschwindigkeiten festgelegt haben, fragen sie häufig: „Wieviel Erholung brauche ich?" Die einfachste Antwort ist natürlich, daß die Erholung ausreicht, die sicherstellt, daß der Athlet imstande ist, jedes Intervall einer Trainingseinheit in der vorherbestimmten Zeit bei Beibehaltung eines guten Laufstils zu absolvieren. Dies hängt von der Länge des Laufintervalls, dem Wetter (Temperatur und Luftfeuchtigkeit) und dem Fitneßgrad des Läufers ab. Es macht wenig Sinn, den zweiten, dritten oder jeden folgenden Lauf einer Trainingseinheit in einem derartigen Erschöpfungszustand zu beginnen, daß eine gute Technik einfach nicht mehr aufrechterhalten werden kann. In diesem Fall wird sicherlich auch die mentale Stabilität zusammenbrechen. Die Erholungspausen müssen daher so gewählt werden, daß der Läufer in den jeweils folgenden Intervallen einen guten Laufstil beibehalten kann. Bei längeren Läufen mit langsamerer Geschwindigkeit sollte die Erholung erheblich kürzer sein als die Zeitdauer der vorangegangenen Belastung. Bei sehr kurzen Intervallen ist eine Erholungszeit, die die Belastungsdauer weit übertrifft, erforderlich. Tabelle 3.15 kann als Grundlage zur Bestimmung der Erholungszeiten zwischen den Laufintervallen dienen. Die Erholungszeiten werden dabei als Bruchteile oder als ein Vielfaches der Laufzeiten ausgedrückt.

Tabelle 3.15: Bestimmung der Erholungszeiten zwischen Laufintervallen

Belastung	Laufzeit	Erholungszeit	Erholungsaktivität
Kurz schnell (maximal) (anaerobes Kapazitätstraining)	10 sec 20 sec 30 sec	3 x LT 3 x LT	Gehen und/oder Stretching Jogging
Lang schnell (95%-100% der Maximalbelastung) (anaerobes Kapazitätstraining)	30 sec 60 sec 80 sec	3 x LT 2 x LT	Jogging Jogging
Schnelligkeit + Ausdauer (90%-95% der Maximalbelastung) (VO_{2max} bis aerobes Kapazitätstraining)	80 sec 2 min 40 sec 3 min	2 x LT 1 x LT	Jogging Ruhe
Ausdauer (80%-90% der Maximalbelastung) (anaerobes Konditionstraining)	3 min 4 min 20 min	1 x LT 0,5 x LT	Ruhe Ruhe

Wie in dieser Tabelle ersichtlich, nimmt die erforderliche Wiederherstellungszeit mit steigender Laufintensität systematisch zu, was in physiologischer Hinsicht sehr sinnvoll ist. Wir sollten uns an die drei wichtigsten Aspekte der durch das Laufen ausgelösten Entwicklung und Anpassungserscheinungen erinnern. Da ist zunächst die neuromuskuläre Rekrutierung zu nennen: Durch die zunehmende Belastungsintensität werden mehr und mehr motorische Einheiten stimuliert, wodurch motorische Einheiten vom Typ FT wie auch ST eingesetzt werden. Der zweite Aspekt betrifft die Myokardeffizienz: Die zunehmende Größe der Ventrikelkammer führt zu einem gesteigerten Schlagvolumen und einer reduzierten Herzfrequenz bei submaximalen Belastungen. Das gesteigerte Volumen des zum Herzen zurückfließenden Blutes dehnt die Ventrikelkammern mit jedem Schlag, was letztlich eine Vergrößerung auslöst. Schließlich ist die Bewältigung der Laktatdynamik zu nennen: Der anaerobe Reiz steigert die Laktatproduktion in den Skelettmuskeln. Das Laktat diffundiert in die Blutbahn; die Auswirkungen dieses Vorgangs müssen vom Organismus bewältigt werden: Einige Gewebe können Laktat als Brennstoff verwerten. Die begleitenden H^+-Ionen stellen auch einen unmittelbaren Atemreiz dar. Eine Azidose-Toleranz kann nur durch Kontakt mit dieser Situation entwickelt werden. Mit zunehmender Anpassung nimmt die Belastung eines derartigen Trainings ab, die Strecke, über die das Tempo beibehalten werden kann, nimmt zu, und die Erholungszeit, die der Sportler braucht, um die folgende Belastung beginnen zu können, wird kürzer.

Die Bestimmung der Erholungszeit ist allerdings nur die halbe Herausforderung. Ferner muß die optimale Laufzeit identifiziert werden, die als Basis der Bestimmung der Erholungszeit dient. Diese Zeit wird durch die Strecke determiniert: Kürzere Strecken können schneller zurückgelegt werden. Wir empfehlen eine einfache und relativ praktische Methode zur Konstruktion einer schnellen Trainingseinheit (VO_{2max}- oder aerobes Kapazitätstraining). Wir nehmen an, daß der Trainer und der Sportler eine rationale Entscheidung bezüglich der zu laufenden Intervallstrecke und der Anzahl der Wiederholungen getroffen haben. Das Tempo und die Erholung müssen bekannt sein. Nehmen Sie die Bestzeit Ihres Athleten über die betreffende Strecke, und reduzieren Sie sie um 25 % - Sie erhalten die Intervallzeit. Dann wenden Sie Tabelle 3.15 zur Bestimmung der Erholungszeit an.

Nehmen wir z.B. eine Läuferin, deren Spezialdisziplin die 3.000 m sind. Ihre VO_{2max}-Geschwindigkeit ist 80 sec/400 m, ihre 400-m-Bestzeit beträgt 63 sec, und sie möchte gern 10 x 400 m im Bereich von 100 % ihrer VO_{2max} laufen. Sie sollte also in diesem Fall jeden Lauf in 63 + (63 x 0,25) = 63 + 17,75 = 81 sec mit einer Erholungszeit von 80 x 2 = 160 sec = 2:40 absolvieren. Wenn sie sich an diese Belastung angepaßt hat, sollte die Laufzeit verkürzt werden (das heißt, das Tempo sollte erhöht werden) bis zu dem Punkt, an dem die Bestzeit der Athletin um lediglich 20 % erhöht wird (dies wäre jetzt ein anaerobes Kapazitätstrainingstempo entsprechend 110 % der VO_{2max}, es sei denn die VO_{2max} hätte sich ebenfalls erhöht). In unserem Beispiel: 63 + (63 x 0,20) = 72 sec mit einer Erholungszeit von 72 x 2 = 144 sec = 2:24. Wenn eine derartige Einheit zum ersten Mal absolviert wird, ist ein gutes Feedback des Trainers wesentlich, um einen Eindruck zu vermitteln, inwiefern die dem Athleten gegebene Aufgabe der Formel entspricht. Keine Formel trifft auf alle Individuen zu 100prozentiger Zufriedenheit zu. Sollte eine geringfügig längere oder kürzere Erholungszeit erforderlich sein, so wird diese Information in das Trainingsbuch eingetragen und dient als Basis zur Durchführung der nächsten Trainingseinheit.

Ob wir mit High-School-Sportlern trainieren oder mit Weltmeistern, die Betonung sollte stets auf einer zu bewältigenden Qualitätsarbeit liegen. Mit Verbesserung der Leistungsqualität wird sich das Tempo, das nötig ist, um diese Qualität beizubehalten, erhöhen, oder die Zeit, über die dieses Tempo beibehalten werden kann, wird länger werden. Für 5.000- und 10.000-m-Spezialisten wird die Betonung mit zunehmender Entwicklung zunächst auf einer Zunahme der Länge der Wiederholungen und auf einer Reduzierung der Erholungszeit statt auf einer Erhöhung des Tempos liegen. Bei 800- und 1.500-m-Spezialisten liegt die Betonung typischerweise auf einer Reduzierung der Erholungszeit und einer Temposteigerung. Denken Sie bei der Planung einer Trainingseinheit auch daran, daß es ein Fehler ist, nur die Gesamtdistanz des Laufs zu berücksichtigen. Bei einer gegebenen Zeit ist die Belastungsintensität nicht direkt proportional zur gelaufenen Strecke. So fallen z.B. 30 x 200 m in 32 sec leichter als 15 x 400 m in 64 sec, obwohl die Gesamtstrecke identisch ist.

Fartlek

Fartlek ist ein skandinavischer Begriff, der soviel wie „Fahrtspiel" bedeutet. In der Vergangenheit war Fartlek Bestandteil der schwedischen Militärausbildung. Fartlek besteht aus einem Lauf auf unterschiedlichem Untergrund mit variierender Geschwindigkeit. Der schwedische Trainer Gosta Holmer wandte dieses Konzept des „Laufe-so-schnell-Du-willst"-Trainings auf die Entwicklung von Mittel- und Langstreckenläufern an. Der erste Eindruck vom Fartlek ist positiv. Training im Wald, von Waldwegen wieder zurück auf Straßen; Läufer unterschiedlicher Kreativität, Motivation und Selbstdisziplin können mit variierender Geschwindigkeit zusammen oder alleine laufen, wobei ein bestimmter Gegenstand (ein Telegraphenmast, ein Felsbrocken oder ein Baum) als Ziel dienen kann. Der konstante Tempowechsel, das abwechslungsreiche Terrain und der weiche Untergrund dienen der Verletzungsprophylaxe und gleichzeitig der Fitneßverbesserung in einer natürlichen Landschaft.

Fartlek ist zwar ein gutes Trainingssystem für erfahrene Läufer; jüngere und weniger erfahrene Läufer bedürfen jedoch eines erhöhten Maßes an systematischer Hilfe, um aus dieser Trainingsart wirklichen Nutzen zu ziehen. Probleme kann es auch geben, wenn Fartlek von einer Läufergruppe unterschiedlicher Leistungsfähigkeit betrieben wird. Einige werden das Tempo bestimmen und weniger leicht ermüden als andere. Die weniger leistungsfähigen Läufer werden überfordert. Für diese Läufer ist Fartlek kein Training; es ist die Hölle - das Risiko von Verletzungen, Übertraining und der Entwicklung einer negativen mentalen Einstellung nimmt zu. Wenn der Trainer einer solchen Gruppe das Training nicht direkt mitverfolgt, wird er vermutlich gar nicht oder zu spät erfahren, wer von diesem Training profitiert und wer Schaden erlitten hat. Es ist fraglich, ob die Vorteile eines derart unstrukturierten Trainings die möglichen Gefahren überwiegen.

Eine kontrollierte Version des Fartleks kann auf einem Golfplatz oder in einem Park absolviert werden. Auf einem derartigen Gelände kann der zentral plazierte Trainer das Training verfolgen und durch Zurufe steuern. Ein Grasgelände mit einigen Hügeln und einer qualitativ hochwertigen Lauffläche ist zweifellos am besten. Der Sportler läuft in lockerem Tempo, je nach seiner persönlichen Fitneß, Fähigkeit, seinem Alter etc. Dem Training geht ein 20- bis 30minütiges Aufwärmen voraus. Wenn der Trainer pfeift, erhöht der Läufer sofort sein Tempo auf 80 bis 90 % des Maximums und hält dieses Tempo möglichst bis zum nächsten Pfiff. Diese Art von Trainingseinheit hat sowohl Vor- als auch Nachteile. Was sind die Vorteile? Der Athlet muß auf ein Signal von außen reagieren und volle Leistung bringen, also nicht notwendigerweise, wenn er dazu bereit ist, sondern vielmehr, wenn er dazu aufgefordert wird. Diese Anforderung an den Läufer ähnelt der, der er ausgesetzt wird, wenn im tatsächlichen Rennen einer seiner Gegner antritt. Des weiteren weiß der Athlet nicht im voraus, wann er das Tempo verlangsamen und sich erholen kann; auch im Rennen ist er hierüber nicht informiert. Die oben beschriebene Fartlek-Variante zeichnet sich also durch eine hervorragende Simulation des Wettkampfes aus.

Was sind nun die Nachteile? Diese Art von Training ist nur für Trainer empfehlenswert, die Meister der Zurückhaltung sind, die ihre Athleten sehr gut verstehen und die eine vollkommene Kontrolle über ihr Ego haben. Der Athlet wird in dieser Situation sehr stark vom Trainer beeinflußt. Die Trainingsbelastung muß sehr gut auf das Fitneßniveau des Athleten abgestimmt sein. Wenn lange Sprints mit kurzen Erholungspausen verlangt werden, kann die Einheit nicht sehr lange dauern. Ob kurz oder lang, schnelle Läufe sind belastend und müssen der Gesamttrainingsbelastung des betreffenden Mikrozyklus angemessen sein. Mit anderen Worten: Der Trainer muß im voraus planen, was für die Entwicklung seines Athleten beabsichtigt ist. Er darf keinesfalls nach Lust und Laune den Athleten „nach seiner Pfeife tanzen lassen". Eine derartige Trainingseinheit ist auch unangebracht für eine Gruppe von Läufern, deren Fähigkeiten sehr unterschiedlich sind. Einige würden einen steilen Berg zu schnell hinauflaufen, während andere vielleicht noch schneller bergab laufen würden. Keine dieser Praktiken ergibt viel Sinn, wenn es darum geht, eine effektive Leistungsentwicklung zu erreichen.

Hügelläufe

Drei Arten von Hügelläufen sind für Mittel- und Langstreckler nützlich: erstens eine Serie mäßiger Anstiege und fallender Passagen als Teile eines langen Dauerlaufs auf der Straße oder querfeldein, zweitens eine Serie von Läufen eine lange, aber zu bewältigende Steigung hinauf, drittens schnelle Läufe einen kurzen, steilen Anstieg hinauf. Hügelläufe erhöhen nicht nur bei jeder gegebenen Geschwindigkeit die Belastung aufgrund der zusätzlichen Arbeit, die nötig ist, um die Steigung zu bewältigen, sondern die Belastung nimmt auch zu, weil die Arm-, Bein- und Rumpfmuskulatur auf eine ganz andere Weise eingesetzt werden als beim Lauf in flachem Gelände. Dieser unterschiedliche Laufstil trägt zur Verbesserung der Wettkampffähigkeiten bei. Wenn man lange, hügelige Strecken läuft, ist es sinnvoll, auf den flachen Abschnitten mit normalem Einsatz zu laufen und bei den Anstiegen den Einsatz zu steigern. Dies optimiert die Vorteile des Hügellaufens. Die kräftige Aktivierung der Arm-, Schulter- und Rumpfmuskulatur beim Hügellauf kann in flachem Gelände nicht nachgeahmt werden. Diese Aktivierung ähnelt sehr stark der

Muskelaktivierung bei einem plötzlichen Tempowechsel; Hügelläufe ähneln daher einer ausgeprägten Tempowechsellauf-Einheit.

Die abfallenden Passagen können der Erholung des kardiopulmonalen Systems von den harten flachen und ansteigenden Passagen des Laufs dienen. Die Bergabpassagen sollten allerdings aus zwei Gründen mit Respekt behandelt werden. Erstens aktiviert die bei einem derartigen Training auftretende exzentrische Belastung der Muskeln bei jeder gegebenen Geschwindigkeit weniger motorische Einheiten, wodurch die aktivierten motorischen Einheiten stärker belastet werden. Zweitens werden die Hüft- und Kniegelenke aufgrund der gesteigerten Schwerkraftbelastung einer stärkeren Aufprallbelastung ausgesetzt. Nur wenige Läufer können sich den Luxus leisten, sich während eines Laufs von einem Chauffeur begleiten zu lassen, aber es wäre in der Tat ideal, wenn der Läufer sich bei längeren, steil abfallenden Streckenabschnitten von einem Auto fahren lassen könnte. Seb Coe kam während der ersten 5 Jahre seines Trainings in den Genuß derartiger Maßnahmen. Das Training in der bergigen und einsamen Landschaft von Yorkshire trug wahrscheinlich nicht unerheblich zu seiner langen aktiven Karriere bei. Sein Vater begleitete ihn in seinem Wagen, und nach der Bewältigung von Steigungen sprang er auf den Gipfeln der Hügel in den Wagen, ließ sich nach unten fahren und lief dort weiter.

Das Hinauflaufen von Steigungen während eines langen Laufs ist eine stetig wiederkehrende Herausforderung. Jeder Hügel ist ein neues Hindernis, das bewältigt werden muß, er stellt einen Test für die Entschlußkraft des Athleten dar und hilft ihm, seine mentale Härte auszubilden. Im Mittel- und Langstreckenlauf wird eine ähnliche Entschlußkraft gefordert, wenn es darum geht, auf die Ausbruchversuche von Kontrahenten zu reagieren. Bei Straßen- und Crossläufen versuchen einige Läufer gerade an Anstiegen, anzutreten und sich vom Feld zu lösen. Hügeltraining ist daher eine sehr praxisbezogene und spezifische Art, den Willen und den Körper zu trainieren. Natürlich sollten nicht alle längeren Dauerläufe auf hügeligen Strecken auf die beschriebene Art und Weise durchgeführt werden. Eine Trainingseinheit mit dem Schwerpunkt Hügellauf ist eine spezifische Art von Trainingsstimulus, der mit Umsicht eingesetzt werden muß.

Lange Wiederholungsläufe bergan von 800 bis 1.000 m Länge, die in gleichbleibend hohem, anaerobem Tempo absolviert werden, sind wahrscheinlich in physiologischer Hinsicht äquivalent mit aeroben Kapazitäts-Intervallläufen aufgrund der durch die Steigung verursachten zusätzlichen Belastung. Derartige Hügel sollten eine Steigung von 7 % bzw. 4 Grad aufweisen. Diese Steigungen sind hervorragende Mittel zur Verbesserung sowohl der aeroben als auch der anaeroben Kapazität. Im Unterschied zu einem Lauf auf der Bahn, wo es relativ leicht ist, zurück zum Start zu joggen und die Erholungspause so kurz wie nötig zu halten, kann die nach einem langen Lauf bergan wieder zum Start zurückzulegende Strecke eine zu lange Erholungspause bedingen. Ideal wäre daher ein ansteigender und leicht gekurvter Weg, der wieder zum Start zurückführt. Wenn man länger sucht, kann man einen derartigen Kurs durchaus finden.

Längere Läufe bergan sind noch effektiver (d.h. herausfordender), wenn die Steigung im Streckenverlauf geringfügig schwankt - ein oder zwei Plateau-

Passagen oder eine kleine Senke. Weder die Senke, noch die Plateau-Abschnitte sollten zur Erholung genutzt werden. Statt dessen sollte der Läufer seine Intensität beibehalten und diese Abschnitte zur Beschleunigung nutzen. Wiederum stellen die Tempowechsel und der unregelmäßige Rhythmus exzellente Rennsimulationen unter schwierigen Bedingungen dar. Wenn dieses Training richtig durchgeführt wird, werden nützliche spezifische Anpassungen sowohl in mentaler als auch in körperlicher Hinsicht erreicht.

Seb Coe lief jahrelang auf einem verkehrsfreien Kreiskurs mit einer anspruchsvollen 800 m langen Steigung. Nach einem 400 m langen, kontinuierlichen Anstieg flacht die Strecke auf 100 m ab, um anschließend noch einmal 250 m steil anzusteigen. Zum Schluß geht es 50 m leicht abwärts. Wenn ein 3minütiges Aufwärmen vorausgeht und ein 2minütiges Abwärmen folgt, stellen 6 bis 8 Runden auf dieser Strecke eine ausgesprochen effektive Trainingseinheit dar, die schnell erledigt ist und auf der sich auf sehr spezifische Weise viele Aspekte des wettkampfmäßigen Laufens schulen lassen.

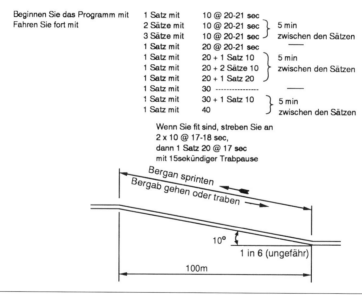

Abbildung 3.8: Mögliches Modell zur Entwicklung eines Hügellaufprogramms

Für kurze, schnelle Hügelläufe reicht ein nur 100 m langer Anstieg; eine Steigung von 17 % bzw. 9,6 Grad ist ideal. Aufgrund der kurzen Trabpausen zurück zum Start sind diese Läufe dominant anaerob. Ein übertriebener Laufstil wird verlangt, um die Schnelligkeit zu verbessern, denn ein derartiger Laufstil erfordert, daß neben der Beinmuskulatur auch andere große Muskelgruppen energetisch beansprucht werden. Noch einmal: Die kräftigen Armbewegungen, das schnelle und kräftige

Anheben der Knie durch die Aktion der Hüftbeuger und der dynamische Abdruck vom Fußballen sind allesamt wichtige Elemente, wenn es um plötzliche drastische Tempowechsel geht oder um lange Spurts ins Ziel. In Abbildung 3.8 ist ein steiler Anstieg zusammen mit einem möglichen Programm abgebildet. Das Ziel ist der allmähliche Aufbau vieler Wiederholungen. Es ist nicht klug, derartige Hügel mit dem Ziel hinaufzulaufen, spezifische Übertragungszeiten zu erreichen. Obwohl diese Zeiten als Bezugswerte dienen können, besteht der wirkliche Grund für diese Trainingsart in der Ausbildung einer effektiven und steuerbaren (und daher ästhetisch anzusehenden!) Fähigkeit, Berge hinaufzulaufen. Im Mittelpunkt sollte immer ein hervorragender Laufstil stehen; das Erreichen spezifischer Zeiten ist von sekundärer Bedeutung.

Erlernen der Beschleunigung

Wie kann ein Sportler die Fähigkeit entwickeln, ein stetig steigendes Lauftempo zu tolerieren bzw. zu beschleunigen? Allen Läufern ist klar, daß der Schlußabschnitt eines Rennens schneller gelaufen wird als die Anfangsabschnitte. Dieses höhere Tempo wird durch eine zusätzliche Steigerung der anaeroben Energiebereitstellung zusätzlich zu der Energie, die bereits auf aerobe und zu einem geringen Prozentsatz auf anaerobe Weise bereitgestellt wird, erreicht. Gegen Ende des Rennens ist es auch nicht mehr unbedingt notwendig, die anaerobe Energiebereitstellung zugunsten eines guten Laufstils auf einem Minimum zu halten. Die Läufer, die über eine derart hohe aerobe Kapazität verfügen, daß sie bis zum Zeitpunkt der Tempoverschärfung nur eine minimale Laktatanhäufung eingegangen sind, sind ihren physiologisch weniger bevorzugten Konkurrenten überlegen. Aber auch diejenigen, die eine hohe anaerobe Belastung in mentaler Hinsicht besser aushalten können, sind gegenüber den Läufern, die nicht so gut vorbereitet sind, im Vorteil. Noch einmal: Das optimale Zusammenwirken von Schnelligkeit und Ausdauer ist die Basis erfolgreicher Rennen.

Zwei Arten von Trainingseinheiten mit kürzeren Intervalläufen verbessern die Fähigkeit, in Rennen zu beschleunigen. In den Abbildungen 3.9 und 3.10 sind die Temposysteme dargestellt, die dies ermöglichen. Wir haben in beiden Abbildungen zur besseren Veranschaulichung Geraden eingezeichnet. Als Beispiel wurde ein 1.500-m-Läufer gewählt, der 3:45 über diese Strecke laufen will. Bei diesem Läufer handelt es sich eher um einen 400-m-/800-m-Spezialisten, der über eine schnelle 400-m-Zeit, aber ein nur mittelmäßiges Stehvermögen verfügt. Dieses Stehvermögen soll verbessert werden. Die erste Einheit beinhaltet das Laufen einer Serie allmählich länger werdender Läufe, von denen jeder einzelne etwas schneller als der vorangegangene absolviert wird. Die Erholungspausen werden länger, da jeweils zum Start zurückgetrabt werden muß. Wie in Abbildung 3.9 dargestellt, beginnt der Läufer mit einem 100-m-Intervall und verlängert jedes folgende Intervall um 10 m, so daß der letzte Lauf 200 m lang ist. An jedes Laufintervall schließt sich - wie bereits erwähnt - eine Trabpause zurück zum Start an.

Die Zeit für das erste 100-m-Intervall beträgt 15 sec. Dies entspricht der angestrebten 1.500-m-Rennzeit (60 sec/400 m). Das Tempo des letzten (200 m) Intervalls entspricht der besten 400-m-Zeit des hier als Muster genommenen Läufers (47 sec), was über 200 m 23,5 sec bedeutet. Die nächste Aufgabe ist die Bestimmung der Zeit für die dazwischenliegenden Intervalle. Die Einheit beinhaltet 11 Laufintervalle, aber nur 10 Distanzsteigerungen. Wir müssen daher den Unterschied zwischen den 100- und 200-m-Intervallzeiten bestimmen und diesen Wert durch 10 dividieren. Das Ergebnis ist die Zeit, um die jedes Intervall verlängert werden muß: 23,5 sec - 15 sec = 8,5 sec/10 = 0,85 sec. Wenn man diese Steigerungsrate zugrundelegt, wird das 110-m-Intervall in 15,0 + 0,85 = 15,85 sec zurückgelegt, das 120-m-Intervall in 15,8 + 0,85 = 16,70.

Die in Abbildung 3.10 dargestellte Tempoeinheit ist schwieriger und sollte nur begonnen werden, wenn die Einheit in Abbildung 3.9 geübt wurde und beherrscht wird. Bei dieser Einheit sind das erste Intervall 200 m und das letzte 300 m lang, wobei die Steigerungen jeweils 20 m betragen. Es werden die gleichen Start- und Endzeiten wie oben verwendet, da das Training für den gleichen Läufer bestimmt ist. Daher wird sein 200-m-Intervall in seiner 1.500-m-Rennzeit absolviert (30 sec), und sein 300-m-Intervall wird einer Wettkampfzeit von 47 sec/400 m entsprechen (= 35,25 sec). Die Einheit enthält fünf Temposteigerungen und sechs Intervalle. Die verlangten Steigerungen der Zeit für jedes Intervall werden wie folgt berechnet: 35,25 sec - 30 sec = 5,25 sec/5 = 1,05 sec. Das 220-m-Intervall wird infolgedessen in 31,05 sec, das 240-m-Intervall in 32,10 sec etc. absolviert.

Bei der zweiten Art von Wiederholungslauf werden auch Tempo und Distanz erhöht, allerdings wird jetzt die Erholungszeit reduziert. Wiederum ist es wichtig, daß die zuvor beschriebenen Trainingseinheiten beherrscht werden, bevor der Athlet diese Einheit in Angriff nimmt. Hier verwenden wir die aus Abbildung 3.10 errechneten Daten. Unser Läufer startet an der 200-m-Marke, die auch bei den folgenden Intervallen die Startmarke sein wird, und er beendet seinen Lauf an der 400-m-Linie. Dann joggt oder geht er um die Bahn zur 200-m-Marke, die für die folgenden Intervalle der Startpunkt sein wird. Das zweite Intervall wird jedoch 20 m hinter der Bahnziellinie enden, wodurch sich seine Erholungsdistanz (und damit seine Wiederherstellungszeit) um 20 m reduziert, bis der Startpunkt für den nächsten Lauf wieder erreicht ist. Gegen Ende dieser Einheit werden die Athleten soeben eine schnelle 280-m-Strecke absolviert und nur eine Erholungsdistanz von 120 m haben, bevor sie wieder zu laufen beginnen! Um zu verhindern, daß diese Einheit zu Beginn zu frustrierend wird, können die Athleten es möglicherweise vorziehen, die Erholungszeit auszudehnen, d.h. das Traben oder Gehen zu verlangsamen. Die Athleten sollten in ihrem Trainingsbuch notieren, was sie als schwierig empfanden und wann sie zum ersten Mal eine Verbesserung feststellten. Das Ziel besteht in der Verbesserung von Schnelligkeit und Schnelligkeitsausdauer, nicht darin, einen unnötigen Zwang in die Entwicklung eines Athleten hineinzubringen. Wiederum ist es besser, derartige Einheiten zu Beginn eher langsam zu absolvieren, um festzustellen, was wirklich zu bewältigen ist, als gleich zu Anfang eine solch hohe Intensität zu wählen, daß der Athlet sich quält.

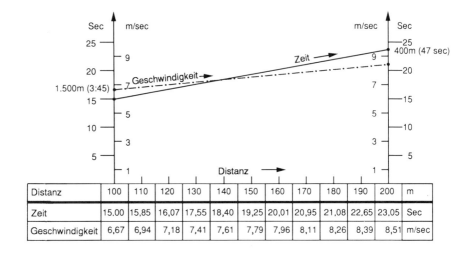

Abbildung 3.9: Plan für die systematische Geschwindigkeits- und Distanzsteigerung für eine Einheit, die aus 11 Wiederholungen von 100 bis 200 m besteht. Die Gesamtlaufdistanz beträgt 1.650 m (die Erholungspause ist eine Gehpause zurück zum Start).

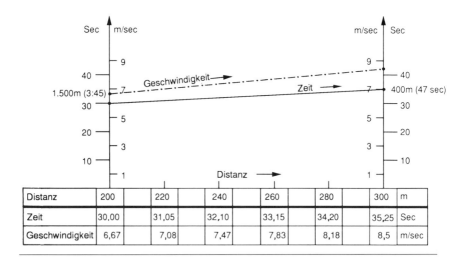

Abbildung 3.10: Plan für die systematische Geschwindigkeits- und Distanzsteigerung für eine Einheit, die aus 6 Wiederholungen von 200 bis 300 m besteht. Die Gesamtlaufdistanz beträgt 1.500 m, wobei die Erholungspause zunächst aus einem 3minütigen Gehen besteht. Diese Pause wird mit zunehmender Entwicklung kürzer.

Schnelligkeitsdrills

Schnelles Laufen unterscheidet sich erheblich vom lockeren aeroben Dauerlauf. Der Schritt wird länger; die Arm- und Schulteraktionen tragen zur Vorwärtsbewegung bei und haben nicht nur stabilisierende Funktion. Jetzt sind alle motorischen Einheiten der Skelettmuskeln aktiv - die der FT- wie auch der ST-Fasern. Der Athlet muß sich an das Unbehagen bei derartigen Belastungen gewöhnen, und dieses Unbehagen darf seinen Leistungswillen nicht behindern.

Schnelligkeitstraining ist durch eine paradoxe Situation charakterisiert. Es geht einerseits darum, all die unterschiedlichen Facetten, die ein schnelles Laufen ermöglichen - biomechanischer, biochemischer und physiologischer Art - zu verbessern, und dies kann nur durch eine hohe Anzahl von Wiederholungen erreicht werden. Eine derartige Vorgehensweise führt jedoch zu Ermüdung, ein Zustand, in dem die Fähigkeit, viele Wiederholungen zu tolerieren - und damit die motorische Lernfähigkeit -, rasch nachläßt. In einem derartigen Zustand neigen Athleten dazu, die korrekte Technik durch eine schlechtere Technik zu ersetzen und zusätzliche, unterstützende Muskelgruppen einzusetzen. Die Auflösung dieser paradoxen Situation ist nur möglich, wenn in den vorangegangenen Mesozyklen eine ausreichende allgemeine Kondition und Fitneß erarbeitet wurden, so daß die mit dem Schnelligkeitstraining einhergehende anaerobe und neurologische Herausforderung effektiv bewältigt werden kann. Wenn die Technik des schnellen Laufens einmal beherrscht wird, ist es umso wichtiger, ein derartiges Training während des gesamten Makrozyklus regelmäßig zu betreiben, wobei das Tempo zielentsprechend kontrolliert werden muß.

Verschiedene Übungen zur Verbesserung der Schnelligkeit können mit Bedacht in den Trainingsplan aufgenommen werden, vor allem während der letzten Mesozyklen (X_4 und X_5). Einer dieser Drills betont schnelle Kniegelenkbeugungen und kann während des Aufwärmens absolviert werden. In Kapitel 1 wurde der Begriff Anfersen erwähnt, womit die annähernde Berührung des Gesäßes mit der Ferse während der schnellen Vorschwungphase des Laufschritts gemeint ist. Während des Aufwärmens kann zu Beginn im Verlauf einer Serie sehr schneller, kurzer Schritte jeder dritte oder vierte Schritt als lockeres Anfersen ausgeführt werden. Eine allmähliche Reduzierung der Schritte zwischen den hohen Anfersschritten, wobei am Ende eine kurze Phase kontinuierlichen Laufens mit einem hohen Anfersen jedes Unterschenkels steht, bildet ganz leicht und allmählich das Gefühl für die Schnelligkeit der unteren Extremitäten aus, obwohl die Geschwindigkeit der Vorwärtsbewegung ziemlich niedrig ist.

Ein zweiter Schnelligkeitsdrill betont Hüftbeugungen unter Verwendung einer Folge von 10 bis 20 hohen Kniehebungen. Bei dieser Übung kommt es auf eine gute Kraft und Ausdauer der M. iliopsoas an. Die Vorwärtsbewegung ist auch hierbei relativ langsam, und die Arme müssen kräftig und mit einem großen Bewegungsumfang geführt werden. Die Ellenbogen sollten aus ihrer typischen 90-Grad-Stellung gelöst werden. Ein methodischer Tip ist, den Athleten aufzufordern, die Knie so hoch zu heben, als ob er seine eigene Brust damit berühren wollte. Dies ist zwar eine Übertreibung des Sprintstils, aber aufgrund der langsamen Vorwärtsbewegung kommt es zu einem erheblich höheren Maß an Vertikalschwingung (Federn). Zwischen den einzelnen Sätzen sollten lange Erholungspausen eingelegt werden, um die mentale und körperliche Ermüdung zu minimieren; diese Übungen sind energieaufwendig und verlangen eine hohe Konzentration, wenn sie gut absolviert werden sollen.

Kurze Antritte sind ebenfalls ein effektiver Schnelligkeitsdrill. In Abbildung 3.11 sind sieben Markierungen dargestellt, die im Abstand von 30 m in einem Zickzack-Muster plaziert sind. Von Punkt A beginnend absolviert der Athlet sechs Sprintantritte, wobei er außen um jede Markierung herum um 90 Grad wendet. Da der Athlet gezwungen ist, sein Tempo zu verlangsamen, um diese Richtungsänderungen ohne anzuhalten zu bewältigen, muß er eine Kombination von Wendigkeit und Antritts- bzw. Abbremsfähigkeiten entwickeln.

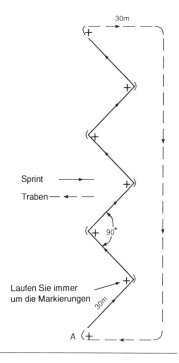

Abbildung 3.11: Möglicher Streckenverlauf bei 30-m-Sprintantritten in einem Zickzack-Kurs zur Verbesserung der Schnelligkeit. A ist der Startpunkt.

Ein anderer Drill, in dessen Zentrum kurze Antritte stehen, besteht aus geradlinigen 30- bis 50-m-Intervallen, wobei aus dem Hochstart drei Schritte hinter der 100-m-Startlinie auf einer Standardbahn begonnen wird. Tiefstarts sollten nicht praktiziert werden, da sie für Mittel- und Langstreckler ein unnötiges Risiko darstellen. Es handelt sich bei diesem Training um anaerobe Einheiten, und aus diesem Grund sind die Intervallstrecken bewußt kurz. Mittelstreckenläufer tendieren zu den kürzeren Sprintantritten (30 m), wobei die Schnelligkeit betont wird. Langstreckler können sich für die längeren Beschleunigungsstrecken entscheiden (50 m), wobei sie nicht ganz so schnell laufen, aber noch immer mit einer ausreichend hohen Intensität, um einen entsprechenden Trainingsreiz zu setzen. Die meisten Athleten neigen zur Vernachlässigung der Erholung, was zu einer verfrühten Ermüdung führt. Nicht allzu schnelle Gehpausen garantieren schnellstmögliche Belastungsabschnitte.

Diese geradlinigen Beschleunigungen werden am besten in Sätzen zu drei bis vier Wiederholungen absolviert, wobei bei jedem Satz das Tempo erhöht werden sollte. Die folgende in Trainer-Kurzschrift wiedergegebene Einheit kann als Beispiel dienen:

4 x 30 m (85 % max. Intensität); 2 min Erh. zwischen den Intervallen
5 min Erh. vor dem nächsten Satz
4 x 30 m (90 % max. Intensität); 2 min Erh. zwischen den Intervallen
5 min Erh. vor dem nächsten Satz
4 x 30 m (95 % max. Intensität); 2 min Erh. zwischen den Intervallen
5 min Erh. vor dem nächsten Satz
4 x 30 m (100 % max. Intensität)

Absolviert ein Athlet ein Training zur Verbesserung seiner Maximalgeschwindigkeit, muß die Erholungszeit zwischen den einzelnen Belastungsintervallen verlängert werden, wenn das Tempo und die Intensität beibehalten werden sollen. Eine bessere Methode ist, die Länge eines jeden Intervalls zu verkürzen und die Intensität sowie die Erholungszeit gleich zu lassen. Im folgenden finden Sie zwei Beispiele für eine Serie von vier Intervallen über eine festgelegte Distanz mit 95 % der maximalen Intensität:

150 m, 120 m, 90 m, 60 m mit 3 min Gehpausen

120 m, 100 m, 80 m, 60 m mit 2 1/2 min Gehpausen

Einige erklärende Bemerkungen sind hier vonnöten, vor allem für Langstreckler, die mit einem Training über derart kurze Distanzen liebäugeln. Erstens werden Läufer, deren Spezialdisziplin die 5.000 m oder längere Strecken sind, feststellen, daß ein derart maximales Sprinttraining gerade für Ungewohnte sehr ermüdend ist. Wie beim spezifischen Training schlechthin, ist die Maxime, zunächst locker zu laufen, sich an die Belastung langsam zu gewöhnen und dann das Tempo allmählich zu erhöhen. Je schneller das maximal tolerierbare Tempo eines Individuums über relativ kurze Strecken ist, desto höher wird sein oder ihr tolerierbares submaximales Tempo über längere Strecken sein. Dies ist vorrangig auf verbesserte neurologische Rekrutierungsfähigkeiten zurückzuführen.

Zweitens sind ein ausgiebiges Aufwärmen und Beweglichkeitsübungen vor derartigen Schnelligkeitsdrills und ein Abkühlen, Stretching und Massage nach diesen hochintensiven Übungen wichtig. Drittens sind diese Einheiten nicht lediglich als ein- oder zweimalige Maßnahmen in der Woche vor einem wichtigen Rennen gedacht. Diese Einheiten können bereits gegen Ende des Mesozyklus X_4 und zu Beginn des Mesozyklus X_5 in das Training aufgenommen werden. Anfangs werden sie mit geringerer Intensität und mit weniger Gesamtwiederholungen absolviert. Während der restlichen Zeit des Makrozyklus sollten sie weiter durchgeführt werden, um einen stabil entwickelten Schnelligkeitsreiz zu setzen. Das Endergebnis wird die ungewöhnlich hoch ausgebildete Fähigkeit des Athleten sein, im Wettkampf plötzlich anzutreten, wenn ein Positionswechsel taktisch sinnvoll erscheint. Beispiele für Situationen, in denen dies angebracht ist, werden in Kapitel 5 vorgestellt.

Tempoeinschätzung

Es gibt einfach gesagt zwei Arten von Tempo. Einmal das Maximaltempo, wobei ein Läufer keines großen Urteilsvermögens bedarf, um zu erkennen, daß er nicht mehr schneller laufen kann. Zweitens ist das submaximale Tempo zu nennen, das all die anderen möglichen Tempoabstufungen umfaßt. Das Einschätzungsvermögen des submaximalen Tempos kann durch verschiedene Faktoren, von Müdigkeit oder dem Frischegrad bis hin zur Umgebungstemperatur und der Luftfeuchtigkeit beeinflußt werden. Selbst eine Brise - kein starker Wind - kann das Urteil erschweren, denn sie verändert den Einsatz, der erforderlich ist, um ein gegebenes Tempo beizubehalten. Tageslicht und die nächtliche Beleuchtung beeinflussen auch das Tempogefühl. Ein Auto scheint nachts schneller zu fahren als bei Tageslicht, obwohl seine Geschwindigkeit gleich bleibt. Dies liegt daran, daß die Sehgrenze nachts aufgrund der schlechteren Lichtverhältnisse näher ist. Entsprechend ändert sich das Zeitgefühl beim Laufen unter Flutlicht, so daß die Läufer schneller zu laufen scheinen, als es tatsächlich der Fall ist.

Ein gutes Tempogefühl ist in gewissem Maße eine Begabung; das heißt, selbst mit Übung finden einige 5.000- und 10.000-m-Läufer es schwierig, ihr Tempo im Zustand der Frische oder Müdigkeit, bei warmer oder kalter Witterung konstant zu halten. Anderen fällt dies anscheinend sehr leicht. Wenn das Tempo in einem Rennen erhöht wird, benötigt ein Läufer allerdings ein sehr gut entwickeltes Zeitgefühl, um das Ausmaß der Veränderung funktionell richtig zu empfinden. Ein Läufer, der sein Tempo erhöht und in Führung geht mit der Absicht, das Feld auseinanderzureißen, schätzt vielleicht, daß es bei seinem Tempo vier Runden dauern wird, bis er sein Ziel erreicht hat. Sollte sich diese Schätzung als falsch herausstellen (und sind noch mehrere Konkurrenten dicht hinter ihm), muß er darauf vertrauen, daß er dieses Tempo nur noch ein wenig länger halten muß, um sein Ziel zu erreichen. Dieses Vertrauen sollte ihn daran hindern, das Tempo aus Panik noch einmal auf ein Niveau zu erhöhen, welches sich als eventuell nichtrealisierbar herausstellen wird. Daher sind Zeitgefühl und Tempoveränderungen zwei wertvolle Elemente der Renntaktik eines Läufers. Beide Fähigkeiten müssen durch Üben verfeinert werden.

Wie kann das Tempogefühl im Training verbessert werden? Wenn auf Trainingsstrecken ein oder zwei Abschnitte korrekt vermessen sind, kann das Tempo leicht geschätzt und mittels einer Uhr kontrolliert werden. Auch wenn die Strecke bis zu diesem vermessenen Abschnitt stets identisch ist, kann die kumulative Zeit bestimmt und mit vorangegangenen Läufen verglichen werden. Dem Tempogefühl muß nicht immer Aufmerksamkeit geschenkt werden, denn es ist nicht sinnvoll, daß jede Trainingseinheit dazu dient, die Fähigkeit der Zeitbestimmung zu kontrollieren. Ein Mikrozyklus ist ein langer Zeitabschnitt; einige Tempokontrollen pro Woche reichen völlig aus. Keith Brantly nutzt eine 400-m-Laufbahn als Teil seiner Trainingsstrecken, die durch Gainesville, Florida, führen. Die leichte Zugänglichkeit der Bahn und die Fähigkeit, sein Trainingstempo auch auf dieser Bahn beizubehalten, ermöglichen eine unproblematische Kontrolle seines Tempogefühls und bedeuten eine mentale Unterteilung seiner längeren Läufe in kürzere Abschnitte.

Das Gefühl für eine konstante Geschwindigkeit unter sich verändernden Bahnbedingungen kann durch VO_{2max}-Läufe über unterschiedlich lange Distanzen mit wechselnden Mitläufern entwickelt werden, die in unterschiedlichen Frischestadien in die Trainingseinheit einsteigen. Zu Seb Coes Lieblings-Bahneinheiten im Sommer gehörte eine sorgfältige Rundenzeitkontrolle während einer Trainingseinheit, die aus (2 x 1.200 m) + (1 x 800 m) + (2 x 400 m) bestand. Bei diesen Läufen wurde er von wechselnden Vereinskameraden begleitet. Wenn seine VO_{2max}-Geschwindigkeit z.B. 2:37,5/km betrug, waren seine Zielzeiten über 1.200 m 3:08, über 800 m 2:05 und über 400 m 62,6 sec. Beim Laufen jeder Runde können Abweichungen von den Zielzeiten bestimmt werden. Das Beibehalten des Tempos im Zustand der Ermüdung und der Verzicht auf eine Beschleunigung, wenn frische Läufer eingewechselt werden, ist ein wichtiger Bestandteil des Erlernens, der Sicherstellung und des Auffrischens des Zeitgefühls.

Können Übungen im Renntempo Bestandteil des Trainings sein? Die Antwort hierauf ist ein klares Ja, obwohl wir bislang vorgeschlagen haben, daß Intervalle, die kürzer als die Renndistanz sind, schneller als das Renntempo absolviert werden sollten, wohingegen Intervalle, die länger als die Renndistanz sind, langsamer als das Renntempo absolviert werden sollten. Ein Beispiel der Anwendung von Training im Renntempo ist das sogenannte ansteigende Renndistanz-Training. Unsere Erfahrung veranlaßt uns zu der Vermutung, daß viel mehr Läuferinnen die 2-min-Barriere über 800 m unterbieten könnten, wenn sie dieses Training absolvieren würden. Eine einfache Serie von Trainingseinheiten über mehrere Wochen könnte z.B. die folgenden Einheiten beinhalten, um diese Läuferinnen dem genannten Ziel näher zu bringen:

Stufe 1: 8 x 100 m in 14,75 sec; nach jedem Intervall 30 sec. Erholungspause. Dieses Niveau wird beibehalten, bis jedes 100-m-Intervall beständig in diesem Tempo gelaufen werden kann.

Stufe 2: Wiederholung mit leicht reduzierten Erholungspausen, das Niveau der Trainingsintensität wird wiederum beibehalten, bis das Tempo klar identifiziert ist.

Stufe 3: Wiederholung von Stufe 2, Absolvieren von vier 200-m-Läufen mit immer kürzer werdenden Erholungspausen, bis ein durchgehender 800-m-Lauf in dem betreffenden Tempo bewältigt wird.

Das Training im aktuellen Renntempo und über die Renndistanz kann am besten von Athleten absolviert werden, die sich auf die kürzeren Distanzen spezialisiert haben. Während eines Großteils seiner Jugendzeit und auch noch später benutzte Seb Coe eine leicht wellige Talstraße als Teststrecke. Auf dieser Straße lief er 6 bis 8 x 800 m mit kurzen Erholungspausen (1 1/2 min), allesamt im Renntempo. Bei diesem Training wurde er von seinem Trainer im Auto begleitet. Neben dem Absolvieren eines harten anaeroben Trainings lernte Seb, sein Renntempo sowohl im Zustand der Frische als auch im Zustand der Erschöpfung richtig einzuschätzen, und zwar nicht über Teilstrecken, sondern über die volle Renndistanz. Es ist sehr wichtig, daß Läufer lernen, ihr Tempogefühl bei allen Stufen der Ermüdung richtig einzuschätzen.

Tempowechsel

In allen Rennen, die länger als 400 m sind, ist die Fähigkeit, das Tempo zu wechseln, sehr wichtig. Hierbei muß richtig vorgegangen werden, damit diese Maßnahme effektiv ist. Tempowechsel sind etwas anderes als Sprints und stellen andere Anforderungen an einen Läufer. Temposteigerungen werden nicht aus einem Standstart heraus absolviert, sondern aus einem bereits schnellen Tempo heraus. Da es sich um ein taktisches Manöver handelt, kann es öfters als einmal während eines Rennens durchgeführt werden und nicht immer aus dem gleichen Grund. Tempowechsel können und sollten im Training erlernt und geübt werden.

Im Rennen kommen drei Arten von Tempowechseln zum Einsatz. Einer wird der *allmähliche* oder *ökonomische* Tempowechsel genannt. Diese Art des Tempowechsels wird am häufigsten in 3.000-m- bis Marathonrennen eingesetzt und zwar im Mittelteil dieser Rennen; d.h. nicht während der letzten Runden (hier werden andere Arten von Tempowechseln eingesetzt). Es handelt sich bei dem allmählichen Tempowechsel schlicht um eine kontinuierliche, aber nicht notwendigerweise schnelle Temposteigerung, die typischerweise das Feld auseinanderreißt oder eine Lücke zum gesamten Feld entstehen läßt. Diese Steigerung kann normalerweise einfach durch eine leichte Verlängerung des Laufschritts ohne Änderung der Schrittfrequenz erreicht werden. Der Schwerpunkt liegt auf der Beibehaltung des Laufstils und der Entspannung. Je fließender und kontinuierlicher dies erreicht wird, desto ökonomischer ist die Belastung des Energiestoffwechsels. Diese Tempowechsel können im Training während längerer Intervalläufe, wie z.B. 1.000- bis 3.000-m-Intervalle, geübt werden. Alle 200 oder 300 m werden Zwischenzeiten genommen, um das Ausmaß der Temposteigerung zu bestimmen. Der Athlet wird normalerweise aufgefordert, etwa bei der Hälfte des Belastungsintervalls eine Temposteigerung zu beginnen, bis ihm ein Signal gegeben wird. Von diesem Signal an versucht er, das erreichte Tempo zu halten. Eine zu schnelle Temposteigerung führt zur Erschöpfung, da noch eine beträchtliche Distanz zurückgelegt werden muß. Der Zweck dieser Art von Training ist das Erlernen einer vernünftigen Temposteigerung sowie der Fähigkeit, einen guten Laufstil trotz einer zunehmend schwieriger werdenden Situation beizubehalten.

Eine andere Art der Temposteigerung ist die *intermittierende* bzw. in Abständen eingesetzte Steigerung. Es kann sein, daß das Ausmaß dieser Temposteigerung variiert, aber der Einsatz ist submaximal und ziemlich kurz. Diese Temposteigerungen können mehrfach während eines Rennens erfolgen, und ihre Auswirkungen dürften die Fähigkeit des Athleten, das kontinuierliche Renntempo beizubehalten, eigentlich nicht behindern, denn die anaerobe Belastung bei diesen Steigerungen reicht nicht aus, um die Leistung zu beeinträchtigen. Ein gutes Beispiel für die Notwendigkeit derartiger Tempowechsel sind 800- und 1.500-m-Rennen, in deren Verlauf es notwendig erscheint, daß der Läufer eine schlechte Rennposition korrigiert. Dem Läufer kann es sinnvoll erscheinen, schnell zu beschleunigen und drei oder vier Läufer zu überholen, um eine gewünschte Position zu erreichen. In diesem Fall ist es am effektivsten, wenn der Läufer ziemlich schnell seine Schrittfrequenz erhöht, seine Schrittlänge aber beibehält. Eine Methode zur Ausbildung dieser

Fähigkeit ist die folgende: Eine Gruppe von vier oder fünf Läufern gleichen Leistungsniveaus absolviert ein langes Belastungsintervall von 2.000 bis 3.000 m Länge im 5.000- oder 10.000-m-Tempo. Die Läufer laufen in einer Reihe hintereinander, und nach jeweils 200 m beschleunigt der hinterste Läufer, überholt die gesamte Gruppe und setzt sich an die Spitze, um sich dort wieder dem Tempo der Gruppe anzupassen. Wenn diese Einheit von den fünf Läufern nacheinander absolviert wird, wird jeder Läufer einmal pro 1.000 m beschleunigen und die Führung übernehmen.

Die dritte Art von Temposteigerung wird nur einmal eingesetzt, und zwar gegen Ende des Rennens. Sie wird *Sprintbeschleunigung* bzw. Endspurt genannt. Hierbei muß der Einsatz des Athleten maximal sein, und der Effekt muß sofort eintreten. Dies ist eine wichtige Strategie im Radrennsport. Sie kann allerdings auch in den Laufdisziplinen zu Siegen führen. Der Schlüssel zum Erfolg bei Sprintbeschleunigungen ist für Läufer die Erhöhung der Schrittfrequenz. Da der Armschwung von der Schrittfrequenz abhängt, bewegt der Läufer seine Arme bei Erhöhung der Schrittfrequenz natürlicherweise zunehmend wie beim Sprint, um das hohe Anheben seiner Knie und den stärkeren Abdruck vom Fußballen durch einen entsprechenden Oberkörpereinsatz noch zu intensivieren. Sobald die maximale Schrittfrequenz erreicht ist, wird die Schrittlänge wieder erhöht, um eine maximale Geschwindigkeit zu erreichen. All dies geschieht fließend und schnell. Im Rennen leitet der Läufer diesen letzten Einsatz normalerweise an einer von zwei möglichen Markierungen ein. Die eine Marke ist das Ende der Gegengerade, mit der Konsequenz, daß der antretende Läufer die Führung übernimmt und in der Lage ist, etwaige Angriffe anderer Läufer in der Kurve abzuwehren. Auf diese Weise wird ein ungehindertes Laufen dem Ziel entgegen möglich. Die zweite Marke ist der Beginn der Zielgeraden beim Herauskommen aus der Kurve mit einem anschließenden relativ kurzen Spurt zum Ziel. In Kapitel 5 werden wir auf diese Prinzipien erneut zu sprechen kommen und Strategien für spezifische Laufdisziplinen vorschlagen.

Bei diesen beiden Antritten läuft der Läufer entweder in die Kurve hinein oder aus ihr heraus. Um dies im Training zu üben, ist es wesentlich, daß der Läufer den Kurvenlauf trainiert. Wichtig ist jedoch, daß Läufer diese Übungen nur in relativ frischem Zustand absolvieren. Es ist daher am besten für sie, einzelne Runden zu laufen, wobei sie an der Start-/Ziellinie beginnen und die erste Kurve und die Gegengerade verwenden, um 90 % ihres maximalen 400-m-Tempos zu erreichen. Was das Üben, in die Kurve hineinzulaufen, angeht, sollte der Läufer etwa 250 m vor dem Ziel durch ein Signal (Klatschen, Ruf oder Pfiff) zur Beschleunigung aufgefordert werden, so daß er mit vollem Einsatz in die Kurve hineinläuft. Dieses Tempo hält er, bis er mindestens die Hälfte der Kurvenstrecke zurückgelegt hat. In einer tatsächlichen Rennsituation kann dies erforderlich sein, wenn in einem noch immer geschlossenen Feld das Tempo gehalten werden muß und bis zum Ziel noch 200 m zurückzulegen sind. Es ist daher gelegentlich sinnvoll, in einigen Trainingsläufen mit Maximaleinsatz zu laufen, der bis zum Ziel beibehalten wird.

Beim Training der Beschleunigung aus der Kurve heraus braucht die maximale Beschleunigung erst etwa 150 m vor dem Ziel eingeleitet zu werden. Dann kann das Tempo während des Kurvenlaufs gehalten oder sogar noch leicht gesteigert werden, bis der Läufer die Zielgerade erreicht. Zwischen 100 und 80 m vor dem Ziel erfolgt ein letzter maximaler Antritt. Es ist leicht vorstellbar, daß es nicht die Quantität dieser Kurvenlauf-Wiederholungen ist, die die Renneffektivität verbessert, sondern die Beibehaltung eines optimalen Laufstils und das Erlernen der Technik einer plötzlichen Temposteigerung. Schon wenige dieser Wiederholungen können einen effektiven Lernreiz darstellen.

Therapeutische Läufe

Hin und wieder kommt allen Läufern der Gedanke, daß sie in einem bevorstehenden Wettkampf die erwartete Leistung nicht bringen könnten. Ihre Einstellung scheint eher negativ als positiv zu sein, und häufig klagen sie über Müdigkeit oder Erschöpfung. Der Trainer sollte diese Gefühle nicht abtun, denn wie wir in Kapitel 6 erfahren werden, können einige dieser Emotionen ein Indiz für Übertraining sein. Der Verlust von Energie und Siegeswillen geht oft Hand in Hand mit übermäßiger Erschöpfung. Der Trainer sollte in seiner unterstützenden Rolle einerseits lobende Worte hinsichtlich der positiven Entwicklung des betreffenden Athleten in der unmittelbaren Vergangenheit finden und andererseits versuchen herauszufinden, welche objektiven Ursachen den Zweifelgefühlen zugrundeliegen könnten (ist es Angst vor einem bestimmten Konkurrenten, sind es tatsächliche Übertrainingssymptome oder Gerüchte hinsichtlich dessen, was ein bestimmter Konkurrent im Training alles vollbracht hat?). In derartigen Momenten kann ein Läufer von einer kurzen Erholung von der harten Arbeit profitieren und auch von positiven körperlichen Belegen, daß Laufen in der Tat Freude machen und schnell und locker erledigt werden kann.

Eine Methode, dieses Problem zu lösen, ist das Finden einer geeigneten Trainingsstrecke, vorzugsweise leicht abschüssig, deren Länge mit einem Training auf einen bevorstehenden Wettkampf vereinbar ist, und - was noch besser ist - so gelegen, daß der Läufer ständig einen leichten Rückenwind hat. Die Aufgabe des Athleten besteht darin, die Strecke zwar nicht maximal, aber immerhin schnell zu laufen. Der Lauf soll locker und nicht erschöpfend sein. Der Läufer sollte diese Strecke vorzugsweise allein laufen, in einem Tempo, das ihm Befriedigung verschafft. Letztendlich sollte das Gefühl von Kraft und Wohlbefinden und der Fähigkeit, daß sich das Training gut umsetzen läßt, alle Zweifel hinsichtlich des eigenen Leistungsvermögens beseitigen. Sollte der Athlet einen derartigen Lauf beginnen und kaum in der Lage sein, ihn zu Ende zu führen, kann dies natürlich ein wichtiges Indiz für Übertraining, einen grippalen Infekt oder eine Erkältung sein. Dieser objektive Beleg kann dann ein fundierte Entscheidung hinsichtlich einer eventuellen Nichtteilnahme an einem bevorstehenden Rennen erleichtern.

Vor 16 Jahren befand sich Seb Coe in einer derart unglücklichen Situation. Er fragte sich, ob er wirklich fit für einen geplanten Wettkampf sei. Daraufhin wurde eine Laufstrecke ausgewählt, die die oben angeführten Kriterien erfüllte. Die Strecke war unmittelbar außerhalb von Sheffield gelegen (an einem Ort namens Moscar Top). Von diesem Ort aus führte die Straße, die eine herrliche Aussicht bot, allmählich hinunter in die Stadt. Seb legte diese 8 km leicht mit schnellen, schwungvollen Schritten zurück, und am Ziel fühlte er sich noch sehr frisch. An diesem Abend schlief er ein und ließ seine Befürchtungen und Zweifel weit in der Heide zurück, wo sie hingehörten.

Lange nachdem er die Gründe für diese ziemlich listige Coaching-Taktik herausgefunden hatte, fand Seb noch immer, daß ein derartiger Lauf eine erstaunliche „batterieaufladende" Wirkung hat. Und nicht nur einmal, sondern immer dann, wenn die Zeit wieder reif war, fragte Seb selbst oder sein Trainer: „Wie wäre es mit einem therapeutischen Lauf?"

Anthony Sandoval absolvierte einen derartigen Lauf in Los Alamos, New Mexico, häufig in der Mitte harter Trainingswochen während der X_1- und X_2-Mesozyklen, als er sich auf die US-Marathon-Olympiaqualifikationen 1980 und 1984 vorbereitete. (Er gewann das Ausscheidungsrennen 1980, war 1984 Sechster und 1976 Vierter, und seine persönliche Bestzeit auf einem schleifenförmigen Marathonkurs steht bei 2:10:20.) Seine therapeutische Strecke ist ein 16 km langer Ausflug in den Bandelier Canyon. Nach einem kurzen Trablauf in den Wald außerhalb der Stadt und auf einem schmalen Pfad führte eine scharf auf- und abführende Gefällstrecke, die hinunter in den Canyon führte, Anthony in eine Welt, die ihm allein gehörte. Am Ufer eines rauschenden Flüßchens, das durch den Canyon fließt, ermöglicht ein kaum benutzter Wanderweg einen kontinuierlichen leichten Lauf bergab. Das Geräusch des sprudelnden Wassers sowie die kühle Gischt, die grünen Farne und andere üppige Vegetation am Wegesrand, und die unglaubliche Leichtigkeit, mit der er Meile für Meile im 3:45er Tempo mit kaum gesteigerter Atmung zurücklegte, führten dazu, daß Anthony seine Liebe zum Laufen voll und ganz zurückgewann. Ein von seiner Frau gebrachtes Frühstück mit frischen Blaubeer-Muffins und Saft und einige Umarmungen von seinen Kindern, die zum Eingang des Canyons gekommen waren, um ihn abzuholen, komplettierten das Bild von einem Läufer, der sich im Einklang mit seiner Umgebung befindet. Dies ist in der Tat therapeutisches Training!

Das Führen eines Trainingsbuches

In diesem Kapitel wurde die Notwendigkeit der Planung und des Managements einer Läuferkarriere deutlich hervorgehoben. Diese Maßnahmen können nicht effektiv durchgeführt werden ohne Aufzeichnungen, auf deren Basis die Trainingsergebnisse langfristig beurteilt werden können. Sehr häufig sind Kommentare von gestern wichtige Hilfen, um Antworten auf gegenwärtige oder zukünftige Fragen zu geben. Ein gutgeführtes Trainingsbuch ist eine einzigartige pädagogische Basis, durch dessen Studium es häufig sehr offensichtlich wird, was getan werden muß, oder inwiefern das, was getan wird, die Leistung (entweder positiv oder negativ) beeinflußt. Winston Churchill bemerkte einmal, daß die Leute „manchmal über die Wahrheit stolpern, aber die meisten von ihnen rappeln sich auf und laufen weiter, als ob nichts passiert wäre". Ein gutes Trainingsprotokoll macht es schwieriger zu stolpern, ohne zu realisieren, wodurch das Stolpern verursacht wurde, und macht es leichter zu erkennen, wie die Wahrheit gefunden werden kann, ohne überhaupt zu stolpern.

Wir haben viele gedruckte Beispiele von Trainingsprotokollen und -büchern gesehen; man scheint sie überall kaufen zu können. Und wir haben zahllose Stunden über den Trainingsprotokollen der Läufer gehockt, mit denen wir eng zusammengearbeitet haben. Es ist interessant, wie diese beiden Arten von Büchern sich unterscheiden. Relativ wenige Spitzenläufer, mit denen wir zusammengearbeitet haben, benutzen diese schön aussehenden und so wunderbar geordneten Trainingsbücher. Es gibt so große Unterschiede hinsichtlich der Trainingsdetails, daß kein Standardformat möglich ist. Die Besonderheiten von Bahntrainingseinheiten, neue Namen für neue Strecken, mentale Notizen über das Belastungsempfinden während einer bestimmten Einheit, das Wetter betreffende Details oder tägliche Aktivitäten, die das Training entweder positiv oder negativ beeinflußten, und vieles andere mehr ist an verschiedenen Tagen von unterschiedlicher Wichtigkeit. Die überzeugt unabhängige und liberale mentale Einstellung der meisten Läufer verlangt, daß das System für das Notieren der wesentlichen Details, die jeden einzelnen Trainingstag einzigartig und bemerkenswert erscheinen lassen, sehr anpassungsfähig sein muß.

Wir drängen unsere Athleten, einige Details präzise und konstant zu dokumentieren. Bei Intervalleinheiten sollten die Sätze, die Wiederholungen, die Erholungspausen, die zurückgelegten Strecken, das subjektive Belastungsempfinden und die Nuancen, die Unbehagen oder Befriedigung verschafften, notiert werden. Bei aerobem Konditionstraining (d.h. längeren Läufen) sollten die Zeit und die zurückgelegte Strecke sowie ein Indikator für das Belastungsempfinden (wobei Klarheit darüber hergestellt werden muß, daß Begriffe wie „leicht", „zügig" und „hart" grobe physiologische Entsprechungen besitzen; wie z.B. eine Herzfrequenz von etwa 135, 145 und >160 Schlägen/min) eingetragen werden. Physiologische Beobachtungen wie die morgendliche Herzfrequenz, die Schlafstunden, das (aus Gründen der Wiederholbarkeit) zu einer sinnvollen Tageszeit gemessene Körpergewicht sowie Schmerzen und Beschwerden sollten aufgezeichnet werden. Dabei sollte nicht tagein tagaus so strikt formal vorgegangen werden, daß diese Angelegenheit zu einer Qual wird. Schließlich können Kommentare nach dem täglichen Training in bezug auf die Entspanntheit der Erholung, andauernde Erschöpfung, Befunde nach der Massage etc. sehr nützlich sein, um ein Gefühl für eine sich entwickelnde Erschöpfung oder ein Unwohlsein, dem durch einige Ruhetage begegnet werden sollte, herauszubilden. Romane brauchen nicht geschrieben zu werden; kürzere, fast kryptische, aber dennoch verständliche Kommentare lassen es viel wahrscheinlicher werden, daß der Läufer die Gewohnheit, täglich Notizen zu seinem Training zu machen, beibehält. In Tabelle 3.16 ist ein Format für ein derartiges Trainingsprotokoll dargestellt. Achten Sie darauf, daß der für jeden Bereich vorgesehene Raum mit Absicht klein gewählt wurde, um den Athleten zu durchdachten, präzisen und spezifischen Kommentaren zu zwingen, die den notwendigen Erinnerungsprozeß in Gang setzen, um das Training des betreffenden Tages zum Gegenstand einer späteren Diskussion werden zu lassen.

Ein ähnliches Format muß für Wettkämpfe und Zeitkontrolläufe entwickelt werden. Mehrere wichtige Aspekte müssen aufgezeichnet werden. Notieren Sie erstens die spezifischen Details, möglichst einschließlich der Zwischenzeiten. War zweitens die Vorbereitung in Ordnung? Was hätte getan werden können, um sich besser vorzubereiten? Oder verlief alles dem Plan entsprechend? Was waren drittens die unmittelbaren primären Eindrücke von dem Wettkampf und dem gesamten Ereignis? Athleten schreiben häufig sehr wenig, wenn sie erfolgreich waren; ihre Gedanken sind auf das Feiern ausgerichtet. Ähnlich ist es, wenn sie verloren haben, sie möchten die ganze Angelegenheit dann möglichst schnell vergessen. Derartige emotionale Reaktionen mögen verständlich sein, aber dennoch ist eine nachträgliche Beurteilung des Wettkampfs von unschätzbarem Wert. Erste Gedanken und Eindrücke, die ehrlich niedergeschrieben werden, können später sehr nützlich sein, wenn es darum geht, den Wettkampf oder die Trainingseinheit in einem objektiveren Licht zu sehen. In Tabelle 3.16 wird auch ein mögliches Format zur zusammenfassenden Wettkampfdokumentation vorgestellt. Wiederum ist Platz für kurze, kryptische, aber präzise Kommentare, die das Wesentliche dieses wichtigen Moments festhalten.

Tabelle 3.16: Ein beispielhaftes Trainingsprotokoll

Datum _____ Gesamtlaufdistanz _____

Morgenpuls _____ Schlaf _____ Gewicht _____

Morgeneinheit: Faktoren:
Beschreibung _____   Strecke
_____   # Sätze
                                                                 #Wiederholungen
                                                                 Tempo
                                                                 Erholung
Nachmittagseinheit   Bedingungen
Beschreibung _____   subjektiv
_____   wahrgenommene
_____   Belastung
                                                                 Nuancen

Erläuterungen:
_____

Wettkämpfe/Zeitkontrollläufe

Datum _____ Wettkampf _____

Strecke _____ Zeit _____

Zwischenzeiten _____

Anmerkungen zum Rennen: _____

Anmerkungen zu den letzten Wettkampfvorbereitungen: _____

Anmerkungen im Hinblick auf die Zukunft: _____

Zusammenfassung

1. Harte Arbeit über einen langen Zeitraum ist der beste Weg zur Entwicklung des sportlichen Leistungspotentials. Die Kunst des Coachings besteht darin, den geringsten Umfang der spezifischsten Arbeit zu finden, die nötig ist, um eine kontinuierliche Leistungsentwicklung zu gewährleisten. Alles, was darüber hinausgeht, ist Übertraining und erhöht das Risiko von Verletzungen, übermäßiger Erschöpfung oder Ausgebranntsein. Coaching ist auch eine Wissenschaft, denn man weiß mittlerweile sehr genau, wie der Körper ganz spezifisch auf Trainingsbelastungen reagiert, so daß es entweder zu physiologischen Anpassungen mit daraus resultierender Leistungsverbesserung oder einer Leistungsverschlechterung kommt, die zu einer Erkrankung oder Verletzung führt und insofern pathologisch ist.

2. Der Trainingsprozeß besteht aus einem Stimulus und einer Reaktion. Bei der Reaktion handelt es sich um einen physiologischen Abbau, der durch die geleistete Arbeit ausgelöst wird, und die Anpassung des Körpers in der Ruhephase am Anschluß an die eigentliche Wiederherstellung. Findet keine Erholung statt, besteht auch keine Chance für die Wiederherstellung der Leistung, geschweige denn für eine Leistungsverbesserung. Die regenerative Ruhe ist ein absolut wesentlicher Bestandteil des Trainingsprozesses. Eine gute Ernährung, Flüssigkeitsersatz, ausreichend Schlaf, der Einsatz regenerativer Maßnahmen, wie warme oder kalte Bäder und Massagen, sowie die Freude an Aktivitäten, die zu einem ganzheitlichen Leben beitragen und vom Laufen ablenken, sind allesamt wichtig.

3. Sowohl Trainer als auch Athleten müssen kurzfristige wie langfristige Ziele haben. Wenn die Ziele feststehen, sind Trainingspläne leicht zu erstellen. Ein Plan ohne Ziele ist sinnlos. Periodisierung ist der Fachausdruck für diese durchdachte Unterteilung der Trainingssaison (Makrozyklus) in langfristige Blöcke (Mesozyklen), deren Ziel eine breit angelegte Verbesserung ist, und kurzfristige Blöcke (Mikrozyklen), die tägliche Trainingsaufgaben für die spezifische Entwicklung beinhalten.

4. Alle Trainingseinheiten sollten durch den Wunsch nach Perfektion und das Bewußtsein der erreichten Leistung gekennzeichnet sein. Des weiteren sollten sie abwechslungsreich sein und einen bestimmten Zweck verfolgen. Jede Trainingseinheit sollte mit dem Ergebnis enden, daß der Athlet in der Lage ist, mehr zu leisten als vorher. Wenn jemals die Frage auftauchen sollte, ob man mehr tun sollte, sollte man weniger tun. Und führen Sie sorgfältig Buch, denn Sie sollten sich bewußt sein, daß ein Trainingsprogramm zwar nicht häufiger als einmal durchgeführt werden kann, daß jedoch die Erkenntnisse, die man aus dem Fortschritt und der Entwicklung während einer Saison gezogen hat, zur Feinabstimmung und damit zur effektiveren Verbesserung im Verlaufe einer folgenden Saison dienen können.

5. Die primären Trainingsziele sind die Verbesserung der Muskelkraft, der Schnelligkeit oder Schnellkraft (schnelle Mobilisation der Muskelkraft), des Stehvermögens (das Durchhalten eines schnellen Tempos während eng begrenzter

Zeitabschnitte) und der Ausdauer (langfristiges Widerstehen gegenüber einer aus einer submaximalen Belastung resultierenden Ermüdung). Merkmale von Lauftrainingseinheiten sind eine bestimmte zurückgelegte Strecke (Trainingsumfang oder Trainingsintervall), eine bestimmte Anzahl von Wiederholungen und ein spezifisches Tempo (Trainingsintensität). Wenn mehr als eine Wiederholung durchgeführt wird, kommt noch eine spezifische Erholungsperiode (Trainingsdichte oder Ruhe) hinzu.

6. Jedes Trainingsprogramm muß das Ausgangsniveau der Fitneß des betreffenden Athleten reflektieren. Der Athlet muß sich die Zeit nehmen, sich völlig vom vorangegangenen Training und der Wettkampfsaison zu erholen - sowohl körperlich wie auch mental - und dann mit Vernunft beginnen, wobei er sich bewußt sein sollte, daß alle guten Dinge Zeit brauchen. Hervorragende sportliche Leistungen benötigen Monate der kontinuierlichen und effektiven Vorbereitung, denn die homöostatischen Prozesse des Körpers passen sich ihrem eigenen Tempo entsprechend an. Aus diesem Grund ist es sinnvoll, das Training der individuellen Leistungsfähigkeit und den persönlichen Bedürfnissen anzupassen. Vor allem bei anspruchsvolleren Trainingseinheiten ist die Belastbarkeit von Individuum zu Individuum häufig sehr spezifisch; für die anderen sind die Belastungen entweder zu hoch oder zu niedrig. In einem Rennen ist man auf sich alleine gestellt, und das Training selbst ist eine gute Gelegenheit, um sich an die Herausforderung hochklassiger Leistungen zu gewöhnen.

7. Der Laufanteil des Trainings kann in vier Intensitätszonen unterteilt werden, die nach dem hauptsächlichen physiologischen Nutzen einer zu bewältigenden Trainingseinheit in jeder dieser Zonen benannt werden. Das Lauftempo in jeder Zone basiert auf einem Prozentanteil des Tempos, bei dem man die maximale O_2-Aufnahme erreicht (VO_{2max}-Tempo). Dieses Tempo kann leicht bestimmt werden, indem man die Ergebnisse von Laufbandtests oder von Zeitkontrollläufen heranzieht (unter der Voraussetzung, daß 100 % des VO_{2max}-Tempos 10 bis 12 Minuten toleriert werden können). Das aerobe Konditionstraining beinhaltet Läufe über längere Distanzen in einem Tempo, bei dem man sich unterhalten kann, und bildet den größten Anteil des Trainingsumfangs der meisten Mittel- und Langstreckler. Das anaerobe Konditionstraining besteht aus harten, aber dennoch einigermaßen leicht zu bewältigenden Läufen von 15 bis 20 min Länge im ungefähren Tempo der Laktat-/ventilatorischen Schwelle. Aerobes Kapazitätstraining besteht aus Laufintervallen über kürzere Distanzen, die im wesentlichen im 5.000-m-Tempo bis Halbmarathon-Tempo absolviert werden. Mit Zunahme der Laufintensität nimmt auch die zwischen den Laufintervallen benötigte Erholungszeit zu, obwohl eine steigende Fitneß bewirken kann, daß sich die benötigte Erholungszeit reduziert.

8. Ein derartiges Training führt zu wichtigen physiologischen Anpassungen: gesteigertes Blutvolumen, vergrößerte Herzkammern, größere Energiespeicher in den Muskelzellen, gesteigerte Enzymaktivität in den Muskelzellen zur Verstoffwechselung der Brennstoffe, gesteigerte Effektivität des Nervensystems hinsichtlich der Rekrutierung von mehr Muskelfasern, kräftigere Muskeln und eine gesteigerte Toleranz des stützenden Bindegewebes gegenüber den chronischen Auftreffbelastungen bei

Tausenden von Laufkilometern in jedem Jahr. Ein sorgfältig konstruierter Entwicklungsplan, der die Trainingsbelastung so steuert, daß eine kontinuierliche Verbesserung möglich wird, führt zu einer befriedigenden Belohnung in der Form eines gesunden und glücklichen Athleten mit einer stark verbesserten Leistungsfähigkeit. Sowohl der Trainer als auch der Athlet selbst werden sich darüber freuen.

Literatur

Bompa, T. (1988). Physiological intensity values employed to plan endurance training. New Studies in Athletics, 3 (4), 37-52

Bondarchuk, A. (1988). Constructing a training system . Track technique, 102, 3254-3268.

Charniga, A., Jr., Gambetta, V., Kraemer, W., Newton, H., O'Bryant, H.S., Palmieri, G., Pedemonte, J., Pfaff, D. & Stone, M.H. (1986-1987). Periodization. National Strength and Conditioning Association Journal, 8 (5), 12-22; 8 (6), 17-24; 9 (1), 16-26.

Conconi, F., Ferrari, M., Ziglio, P.G., Droghetti, P. & Codeca, L. (1982). Determination of the anaerobic threshold by a noninvasive field test in runners. Journal of Applied Physiology, 52, 869-873.

Costill, D.L. (1986). Inside running. Indianapolis: Benchmark Press.

Coyle, D., E.F. (1990). Detraining and retention of training-induced adpatations. Sports Science Exchange, 2 (23), 1-4.

Cullinane, E.M., Sady, S.P., Vadeboncoeur, L., Burke, M. & Thompson, P.D. (1986). Cardiac size and VO_{2max} do not decrease after short-term exercise cessation. Medicine and Science in Sports and Exercise, 18, 420-421.

Daniels, J. (1989). Training distance runners - A primer. Sports Science Exchange, 1 (11), 1-4.

Daniels, J. & Scardina, N. (1984). Interval training and performance. Sports Medicine, 1, 327-334.

Dellinger, B. & Freeman, B. (1984). The competitive runner's training book. New York: Macmillan.

Dick, F.W. (1975). Periodization: An approach to the training year. Track Technique, 62, 1968-1970.

Fox, E.L., Bartels, R.L., Billings, C.E., Matthews, D.K., Bason, R. & Webb, W.M. (1973). Intensity and distance in aerobic power. Medicine and Science in Sports, 5, 18-22.

Freeman, W.H. (1989). Peak when it counts. Los Altos, Ca: Tafnews Press.

Galloway, J. (1984). Galloway's book on running. Bolinas, CA: Shelter.

Humphreys, J. & Holman, R. (1985). Focus on middle distance running. London: Adam & Charles Black.

Karvonen, M.J., Kentala, E. & Mustala, O. (1957). The effects of training on heart rate. Annales Medicinae Experimentalis Biologica Fennicae, 35, 307-315.

Knuttgen, H.G., Nordesjo, L.-O., Ollander, B. & Saltin, B. (1973). Physical conditioning through interval training with young male adults. Medicine and Science in Sports, 5, 220-226.

Lacour, J.R., Padilla, S. & Denis, S. (1987). L'inflexion de la courbe fréquence cardiaque-puissance n'est pas un témoin du seuil anaerobic [Die Inflexion der Herzfrequenz-Belastungs-Kurve ist kein Indikator der anaeroben Schwelle]. Science et Motricité, 1, 3-6.

Larsen, H. & Bentzen, H. (1983). The effect of distance training and interval training on aerobic and anaerobic capacity, muscle fiber characteristics and performance in endurance trained runners. Twelfth European Track Coaches Congress, Acoteias, Portugal, S. 10-16.

Leger, L., Mercier, D. & Gauvin, L. (1986). The relationship between % VO_{2max} and running performance time. In: D.M. Landers (Hg.), Sport and Elite Performers, vol. 3, (S. 113-120). Champaign, IL: Human Kinetics.

Lenzi, G. (1987). The marathon race: Modern training methodology. New Studies in Athletics, 2, 41-50.

Matthews, P. (Hg.) (1990). Athletics 1990. London: Sports World.

Matveyev, L. (1981). Fundamentals of sports training. Moscow: Progress Publishing.

McInnis, A. (1981). Systematized approaches to peaking. In: V. Gambetta (Hg.), Track Technique Annual (S. 25-30). Los Altos, CA: Tafnews Press.

Nett, T. (1965). Die Lehre der Leichtathletik. Leichtathletik, 16, 1023.

Okkels, T. (1983). The effect of interval- and tempo-training on performance and skeletal muscle in well-trained runners. Twelfth European Track Coaches Congress, Acoteias, Portugal, S. 1-9.

Péronnet, F. & Thibault, G. (1989). Mathematical analysis of running performance and world running records. Journal of Applied Physiology, 67, 453-465.

Robinson, S., Edwards, H.T. & Dill, D.B. (1937). New records in human power. Science, 85, 409-410.

Tokmakidis, S.P. & Leger, L. (Dotson, C.O., and Humphrey, J.H., Eds., 1988). Exercise physiology: current selected research, 5, 43-58.

Vigil, J. (1987). Distance training. Track Technique, 100, 3189-3192.

Wilt, F. (168). Training for competitive running. In H.B. Falls (Ed.), Exercise physiology (S. 395-414). New York: Academic Press.

Yakovlev, N.N. (1967). Sports biochemistry. Leipzig: Deutsche Hochschule für Körperkultur.

Kapitel 4
Umfassendes Konditionstraining für Läufer

Obwohl das Laufen eine relativ einfache Bewegungsart ist, ist es insofern spezifisch, als daß bestimmte Muskelgruppen mehr als andere stimuliert werden. Je größer dieser Laufstimulus ist - und er kann bei Athleten, die monatelang 110 oder mehr km pro Woche trainieren, wirklich sehr groß sein -, desto besser entwickeln sich bestimmte Muskeln. Beispiele sind die rückwärtige Oberschenkelmuskulatur (ischiocrurale Muskeln) und die Lendenmuskeln. Andere Muskelgruppen, wie z.b. die vorderen Oberschenkelmuskeln (Quadrizeps) und die Bauchmuskeln, werden durch das Laufen im Hinblick auf eine Kraft- oder Ausdauerverbesserung relativ weniger stimuliert. Wieder andere Muskeln, vor allem im Bereich der oberen Extremitäten und des Rumpfes, erfahren eine noch geringere Entwicklung. Läufer, deren Trainingsplan ein sogenanntes *umfassendes Konditionstrainingsprogramm* zur Verbesserung der ausgewogenen Fähigkeiten aller Hauptmuskelgruppen enthält, haben einen tendenziellen Wettkampfvorteil gegenüber den Läufern, die auf ein derartiges Training verzichten. Dies liegt zum Teil daran, daß im Falle maximaler Wettkampfanforderungen die Athleten, die über eine hohe Gesamtkörperkondition verfügen, eine höhere Leistung bringen können als diejenigen, die über diese Kondition nicht verfügen. Andererseits erleiden Athleten, bei denen die Leistungsfähigkeit der Hauptmuskelgruppen ausgewogen ist, weniger Verletzungen. Eine längere Zeitspanne der Verletzungsfreiheit ermöglicht Sportlern eine bessere Entfaltung ihres Talents. Nach dem Training ist die Verletzungsfreiheit über lange Zeiträume der wichtigste, zu besseren Leistungen beitragende Faktor.

Ein wichtiger Aspekt der umfassenden Konditionierung ist eine gute Beweglichkeit. Sie wird sichergestellt durch ein regelmäßiges und richtiges Stretchen der Muskeln vor ihrem intensiven Gebrauch im Training. Wesentlich ist, daß man über einen Bewegungsumfang verfügt, der den für die eigentlichen Wettkampfbewegungen notwendigen übertrifft; andernfalls besteht eine große Gefahr von Muskelrissen. Untersuchungen von Muskelrissen im Bereich der hinteren Oberschenkelmuskulatur deuten darauf hin, daß schwache und/oder unbewegliche Muskeln sehr anfällig für Zerrungen und Verletzungen sind (Christensen, 1972; Nicholas, 1970). Ein gut entwickeltes Kraft-Gleichgewicht zwischen den Streckern und Beugern im Bereich der Hüfte und der Beine sowie ein ausreichender Gelenkbewegungsumfang (größer als der im Wettkampf verlangte) erlauben eine sichere Ausführung kraftvoller Schritte, die für Endspurts oder kürzere Intervalltrainingseinheiten wesentlich sind.

Eine *umfassende körperliche Fitneß* setzt sich daher aus drei Komponenten zusammen:

1. ein durch das Laufen ausgebildetes effizientes Herz-Kreislauf- und Energiestoffwechselsystem und eine daraus resultierende pezifische aerobe und anaerobe Kapazität für das Laufen;
2. ein umfassendes Konditionierungsprogramm zur Entwicklung einer ausreichenden Gelenkbeweglichkeit sowie Kraft, Schnellkraft und Ausdauer aller Hauptmuskelgruppen; hierdurch wird die strukturelle Ausgewogenheit sichergestellt, die das Verletzungsrisiko im Bereich des Muskel- und Skelettsystems reduziert;
3. eine leistungsfördernde Körperzusammensetzung (kein übermäßiges Körperfett).

Tabelle 4.1 enthält einen nützlichen persönlichen Test zur Beurteilung der physiologischen Leistungsfähigkeit, der Läufern einen Überblick über ihren konditionellen Zustand gibt.

Tabelle 4.1: Test zur Beurteilung der gesamtkörperlichen Fitneß für talentierte Läufer

Name
des Sportlers_____ Körpergröße_____ Körpergewicht_____

I. Grundlegende Lauffähigkeit

Test des Stehvermögens: 15minütiger Lauf um die Bahn, Zurücklegen einer möglichst langen Strecke innerhalb dieser Zeit.
4.000 m = 52,8 ml/kg/min VO_2 = schlecht für Männer der Eliteklasse; akzeptabel für Frauen
4.500 m = 61,1 ml/kg/min VO_2 = akzeptabel für Männer der Eliteklasse; gut für Frauen
5.000 m = 69,5 ml/kg/min VO_2 = gut für Männer der Eliteklasse; Weltklasse für Frauen

Schnelligkeitstest: Sprint über 36,6 m aus dem Stand. 6 sec = schlecht, 5,5 sec = akzeptabel, 5 sec = gut, 4,5 sec = sehr gut.

II. Muskuläre Leistungsfähigkeit Kraft, Schnellkraft, Stehvermögen, Gewandheit

Muskulärer Ausdauertest:
a. Maximale Anzahl von Liegestützen in 1 min. 30 = schlecht, 40 = akzeptabel, 50 = gut.
b. Maximale Anzahl von Hocksprüngen in 1 min. Knie müssen bis zur Höhe der Arme angehoben werden. 30 = schlecht, 40 = akzeptabel, 50 = gut.
c. Maximale Anzahl von Sit-ups in 1 min. Der Athlet liegt auf dem Rücken, Beine gestreckt, die Hände ruhen auf den Oberschenkeln, der Kopf wird angehoben, so daß das Kinn auf die Brust drückt, die Arme nach vorne gestreckt werden, und die Hände berühren die Knie. 40 = schlecht, 50 = akzeptabel, 60 = gut.
d. Maximale Anzahl von Klimmzügen in 1 min, Ristgriff, keine Beinunterstützung. Männer: 3 = schlecht, 6 = akzeptabel, 9 = gut. Frauen: 2 = schlecht, 3 = akzeptabel, 4 = gut.

Muskel-Schnellkrafttest für die Beine:
a. Hüpf-Test: 25 m auf jedem Bein hüpfen und die Hüpfer zählen. 14 Hüpfer = schlecht, 12 = akzeptabel, 10 = gut.
b. Standweitsprung: Weite entspricht der eigenen Körpergröße = schlecht, Weite entspricht der eigenen Körpergröße + 10 % = akzeptabel; Weite entspricht der eigenen Körpergröße + 25 % = gut.
c. Sprung-Reichhöhentest: Mit dem Gesicht zur Wand, Arm möglichst hoch strecken und mit den kreideweißen Fingerspitzen eine Markierung an der Wand machen; danach zur Seite drehen, nach oben springen und noch einmal mit den Fingerspitzen die Wand berühren; den Abstand zwischen beiden Markierungen messen. 30,5 cm = schlecht, 45,5 cm = akzeptabel, 61 cm = gut.
d. Tiefe Kniebeuge mit Hantel. Halbes Körpergewicht = schlecht, 3/4 Körpergewicht = akzeptabel, ganzes Körpergewicht = gut.

Kraft/Gewicht-Verhältnis:
a. Hantel-Curl mit Mittelgriff im Stand. 1/4 Körpergewicht = schlecht, 1/2 Körpergewicht = akzeptabel, 6/10 Körpergewicht = gut.
b. Drücken der Hantel im Stand, Beginn mit der Hantel entweder auf der Brust (militärisches Drücken) oder auf den Schultern. 1/4 Körpergewicht = schlecht, 1/2 Körpergewicht = akzeptabel, 3/4 Körpergewicht = gut.

III. Bewegungsumfang

Beweglichkeitstest:
a. Versuchen Sie, die Zehen mit den Fingerspitzen zu berühren, dabei Knie durchdrücken.
b. Bauchlage, Brust vom Boden heben und 10 sec halten.

c. Rückenlage, Beine angehoben und gestreckt im 45-Grad-Winkel vom Boden, 10 sec halten.
d. Bauchlage, Brust und Beine für 10 sec vom Boden abheben.
e. Rückenlage, Knie angezogen, Hände im Nacken, zur Sitzposition aufrichten.
f. Bauchlage, Arme an den Seiten gestreckt, rechten Fuß zur gegenüberliegenden Seite führen und linke Hand berühren und umgekehrt, mit minimaler Brustkorbbewegung.

IV. Körperzusammensetzung

Prozent Körperfett:
Wenn der Prozentanteil des Körperfetts > 8 % bei Männern und > 13 % bei Frauen beträgt, ist der Fettanteil zu hoch, um im Laufen Spitzenleistungen zu erbringen.

Körpergröße/Körpergewicht-Verhältnis:

Männer	Frauen
182 cm/62,7 kg	174 cm/52,7 kg
178 cm/61,3 kg	169 cm/51,3 kg
174 cm/60,0 kg[a]	165 cm/50,0 kg[a]
170 cm/58,6 kg	160 cm/48,6 kg
166 cm/57,3 kg	156 cm/47,3 kg

[a] Die mittleren Werte sind die Mittelwerte der zehn weltbesten Athleten aus dem Jahr 1989. Die Werte darunter und darüber wurden auf Basis eines metrischen Körpergröße/Körpergewichts-Verhältnisses von 2,9 cm/kg für Männer und 3,3 cm/kg für Frauen errechnet. Bei Männern sind Variationen von +/- einigen Kilogramm normal, wobei Marathonläufer tendenziell leichter sind als 800- bis 10.000-m-Läufer. Bei Frauen sind die Variationen größer, wobei das Körpergewicht von 10.000 m zu 800 m merklich zunimmt. Langstreckenläufer beiderlei Geschlechts sind im Durchschnitt tendenziell kleiner als Läufer über kürzere Strecken.

Es ist für Langstreckenläufer relativ leicht, ihre kardiovaskuläre Ausdauerkomponente auf einen hohen Standard zu bringen, denn dies ist sozusagen ihr Spezialbereich. Eine umfassende muskuläre Entwicklung und das Training der Gelenkbeweglichkeit werden jedoch häufig vernachlässigt, obwohl auch diese Faktoren sehr wichtig sind. Läufer, die eine umfassende Konditionierung in ihrem Trainingsprogramm vernachlässigt haben, schneiden daher in diesem Test oftmals nicht sehr gut ab. Eine niedrige Punktzahl sollte nicht negativ, sondern eher als Stimulus für die zukünftige Entwicklung gesehen werden, die eine Belohnung in Form einer verbesserten Leistungsfähigkeit mit sich bringen wird.

Es ist für Langstreckenläufer weder nötig noch wünschenswert, daß sie ihre Kraft übermäßig durch die Aneignung von mehr Muskelmasse steigern. Aber es gibt mindestens drei Gründe für ein hohes Maß an allgemeiner Kraft, vor allem im Bereich der Hüfte und der Beine. Erstens können in diesem Fall submaximale Belastungen höherer Intensität besser bewältigt werden. Zweitens reduziert eine größere Muskelkraft das Risiko einer Gelenkverletzung oder eines Überlastungsschadens durch die Minimierung der Belastung des Bindegewebes im Bereich des Muskel- und Skelettsystems (Bänder, Sehnen und Knorpel). Dieses Bindegewebe trägt zur Aufrechterhaltung der Gelenkintegrität bei. Drittens trägt ein Konditionsprogramm zur Kräftigung dieses Bindegewebes bei, wodurch das gesamte Stützsystem stabiler wird. In einer Sportart, in der auf Überlastung und Übertraining zurückzuführende Verletzungen im Bereich des Muskel- und Skelettsystems die dominierenden Ursachen für einen Trainingszeitverlust sind, ist die einem effektiven Konditionsprogramm beigemessene Aufmerksamkeit eine kluge Investition, da hierdurch die Dauer der Läuferkarriere verlängert wird.

Athleten, die bestrebt sind, einen hohen und umfassenden Fitneßstandard zu entwickeln und beizubehalten, sehen sich einer verwirrenden Vielfalt von Fragen gegenübergestellt, wenn es darum geht, einen Trainingsplan aufzustellen. Noch schlimmer ist, daß die Antworten, die sie von Experten hinsichtlich eines Fitneßprogramms erhalten, von richtig bis falsch bis hin zu widersprüchlich reichen können. Diese Verwirrung ist zum Teil darauf zurückzuführen, daß hinsichtlich der möglicherweise größeren Vorteile einer besonderen Art von Fitneßausrüstung oder eines besonderen Programms im Vergleich zu einer anderen Ausrüstung oder einem anderen Programm eine beträchtliche Verkaufsargumentation stattfindet. Ein weiterer Grund ist das für die heutige Zeit typische Dilemma der Überspezialisierung: Ein Marathonläufer, der einen für das Krafttraining einer Footballmannschaft zuständigen Trainer um Rat fragt, wird eine Antwort bekommen, die besser für einen 400-m-Läufer geeignet ist, dessen Bedürfnisse denen eines Quarterbacks eher ähneln. Die Anforderungen an das Krafttraining eines 400- oder 800-m-Läufers unterscheiden sich jedoch erheblich von denen eines Marathonläufers.

Ernsthafte Läufer wollen Antworten auf spezifische Fragen, die ihnen letztlich helfen, bessere Läufer zu werden und ihre Karriere zu verlängern. Wie interagieren Kraft, Schnellkraft, Beweglichkeit und Ausdauer, so daß es zu einer Leistungsverbesserung kommt? Sind Steigerungen der Muskelmasse wirklich notwendig, damit Mittel- und Langstreckenläufer stärker werden? Welche Tips hinsichtlich der umfassenden Konditionierung (und der Verletzungsprophylaxe) wären für alle

Mittel- und Langstreckenläufer hilfreich, und wie können sie mit Hilfe der zahlreichen, verfügbaren Trainingsmittel (Hanteln, Krafttrainingsmaschinen etc.) umgesetzt werden? Inwiefern tragen Circuit- und Stationstraining zur Konditionsverbesserung bei? Welche von den drei wichtigsten Methoden zur Muskelkräftigung (deren Kriterium es ist, ob die Spannung, die Länge oder die Geschwindigkeit konstant gehalten werden) ist für Läufer, die versuchen, ihre sportlichen Leistungen zu verbessern, am geeignetsten? In welchem Verhältnis stehen exzentrische, konzentrische und plyometrische Muskelbelastungen zu diesen Kräftigungsmethoden? Wie passen Beweglichkeits- und Stretchingübungen in den Trainingsprozeß? Angesichts all dieser scheinbaren Komplexität ist es verständlich, warum Mittel- und Langstreckenläufer ein umfassendes Konditionstrainingsprogramm häufig vernachlässigen und sich nur auf das Laufen konzentrieren. Eine derartige Entscheidung ist jedoch ein echter Irrtum. Dieses Kapitel soll dazu beitragen, daß die Aufgabe der Entwicklung eines umfassenden Konditionstrainingsplans besser verstanden und umgesetzt wird. Dies seinerseits wird helfen, Verletzungen zu vermeiden, und zu der ausgewogenen Fitneß führen, die ein Athlet braucht, um das Ziel langfristiger und hervorragender Wettkampfleistungen zu erreichen.

Muskelreaktionen und Belastungsanpassungen

Grundlegende Definitionen: Kraft, Arbeit, Drehmoment, Schnellkraft und Schnelligkeit

In Kapitel 1 wurden einige der wichtigen anatomischen und physiologischen Prinzipien der Muskelfunktion erläutert. Im folgenden soll ein Teil dieses Wissens praktisch auf die Verbesserung der unterschiedlichen Komponenten der muskulären **Leistung** durch spezialisiertes Training angewandt werden. Die innere Kraft wird häufig als die maximale äußere Kraft definiert, die während der Muskelaktivierung (Spannungserzeugung) entwickelt werden kann. Wenn wir davon ausgehen, daß die innere Kraft der äußeren Kraft äquivalent ist, wäre die entsprechende Meßeinheit das Newton (n). Im allgemeinen wird der Begriff „Kontraktion" als Alternative zu „Aktivierung" oder „Spannungserzeugung" verwendet, was beinhaltet, daß der Muskel sich verkürzt. Je nach Umständen könnte der Muskel sich jedoch auch verlängern oder hinsichtlich seiner Länge unverändert bleiben und trotzdem Spannung erzeugen und eine äußere Kraft ausüben. Kontraktion (oder Verkürzung) beschreibt also nicht immer genau, was geschieht. Es kommt tatsächlich zu einer Spannungserzeugung, wenn eine äußere Kraft ausgeübt wird, unabhängig davon, ob der Muskel sich hinsichtlich seiner Länge ändert; dies ist also der genauere Begriff. Durch die Verwendung korrekter Deskriptoren, wie Längen- oder Verkürzungsspannung, können wir dann die auftretende Art der Spannungserzeugung deutlicher charakterisieren.

Es wird oft behauptet, die innere Kraft werde primär durch zwei Komponenten beeinflußt, und zwar durch eine muskuläre und eine neurale Komponente, aber es gibt noch eine dritte, mechanische Komponente, auf die weiter unten eingegangen wird. Die muskuläre Komponente der inneren Kraft hat ebenfalls drei Aspekte: Muskelquerschnitt, Muskelfaserlänge und Muskelstruktur (McDonagh & Davis, 1984). Je größer der Muskelquerschnitt (der Muskelquerschnitt wird größer, wenn Muskeln mehr Protein aufnehmen und an Größe zunehmen), desto größer ist ihre Fähigkeit zur Krafterzeugung. Je länger der Muskel ist (Muskeln werden länger, wenn sich an das Ende von Muskelzellen zusätzliche Sarkomere anlagern), desto größer ist ihre Fähigkeit, sich zu verkürzen oder zu dehnen. Die Kraftentfaltung ist am größten, wenn die Überlappung der spannungserzeugenden Proteine (Aktin und Myosin) maximal ist. In Kapitel 1 wurde die Vielfalt der möglichen strukturellen Anordnungen im Muskel dargestellt - spindelförmig, mehrfachgefiedert etc. Diese Variationen verändern das Kraftentwicklungsmuster während der Muskelverkürzung oder -dehnung bei Bewegungen.

Beim neuralen Aspekt sind zwei Komponenten zu berücksichtigen: Reizfrequenz und Rekrutierung. Erinnern Sie sich daran, daß jede Skelettmuskelzelle durch die mit ihnen verbundenen Motoneurone beeinflußt wird. Wenn die Reizfrequenz zunimmt, steigt auch die Krafterzeugung (Person & Kudina, 1972), weil mehr und mehr Einheiten aktiviert werden. Die Beziehung ist eher sigmoid als linear (Rack & Westbury, 1969). **Rekrutierung** bezieht sich auf eine vorhersagbare und sequentielle Aktivierung motorischer Einheiten im Falle steigender Belastungsintensität (Denny-Brown, 1949). Niedrigschwellige Reize aktivieren bevorzugt die langsamzuckenden (ST) motorischen Einheiten. Wenn die Reizstärke zunimmt, werden die motorischen Einheiten mit einer höheren Reaktionsschwelle allmählich aktiviert. Interessanterweise ist allerdings die Reihenfolge der Aktivierung der motorischen Einheiten bei einer natürlichen (neuralen) Zunahme der Intensität der Muskelstimulierung das Gegenteil der Aktivierungsreihenfolge der motorischen Einheiten im Falle *künstlicher* (elektrischer) Stimulierung. Die natürliche Stimulation rekrutiert die motorischen Einheiten in der folgenden Reihenfolge (Burke, 1981): ST mit ermüdungsresistenten (langsamen oxidativen) Muskelzellen, FT mit mittelmäßig ermüdungsresistenten (schnellen oxidativ-glykolytischen) Muskelzellen und FT mit schnell ermüdbaren (schnellen glykolytischen) Muskelzellen. Aufgrund der beträchtlichen Überlappung werden jedoch selbst bei niedrigen Belastungsintensitäten einige FT-Fasern mitaktiviert.

Eine Elektromyostimulation, die einfach dadurch erzeugt wird, daß ein elektrischer Strom durch eine stimulierende Elektrode, die auf der Haut über einem Muskel angebracht ist, erzeugt wird, führt zur gegenteiligen Reaktion in den motorischen Einheiten. Dies hängt mit den Reaktionscharakteristika der Motoneurone gegenüber Elektrostimulation zusammen. Die größten Nervenaxone zeichnen sich durch die geringste Stimulationsschwelle aus, und daher werden die schnell ermüdbaren FT-Muskelzellen zuerst stimuliert (Eccles, Eccles & Lundberg, 1958; Henneman, 1957). Nur bei einer Stimulation mit höherer Intensität werden auch die kleineren Neurone, die die ST ermüdungsresistenten Muskelzellen innervieren, aktiviert. Diese unterschiedlichen Reaktionen haben wichtige Konsequenzen im Zusammenhang mit der Rehabilitation verletzter Muskeln, aber auch bei normaler Funktion.

Verschiedene Skelettmuskeln unterscheiden sich hinsichtlich der relativen Kombinationen der Reizfrequenz und der Rekrutierung motorischer Einheiten, die eine Krafterzeugung ermöglichen. Selbst bei relativ niedriger Krafterzeugung sind bei einigen Muskeln nahezu alle bereits bei niedrigen Frequenzen stimulierten motorischen Einheiten aktiv. Andere Muskeln erzeugen eine entsprechende Kraft, aber hängen zu Beginn nur von wenigen Muskelfasern ab, die bei höherer Frequenz stimuliert werden. Sowohl die Reizfrequenz als auch die Rekrutierung sind vom Aktivitätsniveau des Zentralnervensystems abhängig. Dies wird häufig als *zentraler Antrieb* verstanden, der im wesentlichen von so unzureichend definierten, aber einflußreichen Faktoren wie der Motivation abhängt.

In technischer Hinsicht ist es korrekter, wenn unsere obige Definition der inneren Kraft einige zusätzliche Einschränkungen erfährt. John Atha (1981) definierte die **innere Kraft** als die maximale äußere Kraft, die bei einer einzigen Spannungerzeugung ausgeübt wird, wenn (a) der Muskel seine Länge nicht verändern kann und (b) die Zeit bei der Krafterzeugung keinen Faktor darstellt. Die Zeit ist allerdings ein wichtiger Faktor bei der Langstreckenleistung. Je schneller ein Athlet läuft, desto eher erreicht er die Ziellinie. Die Konzepte der Geschwindigkeit (engl. *velocity*) und Schnelligkeit (engl. *speed*) werden daher entscheidend. **Geschwindigkeit** ist ein vektorieller Parameter (sie hat sowohl ein bestimmte Größe als auch eine Richtung) und bezeichnet den Grad der Positionsveränderung in der Zeit. Geschwindigkeit läßt sich in einer Vielfalt von Einheiten ausdrücken. Als z.B. der Marokkaner Moulay Brahim Boutayeb bei den Olympischen Spielen 1988 in Seoul einen neuen Olympischen Rekord über 10.000 m in 27:21,46 lief, entsprach dies einer durchschnittlichen Laufgeschwindigkeit von 6,1 m/sec oder 21,96 km/h oder 65,7 sec/400 m. **Schnelligkeit** ist demgegenüber ein skalarer Parameter (sie hat nur eine Größe, aber keine Richtung), also ein allgemeinerer Begriff.

Wenn wir eine äußere Kraft anwenden, um einen bestimmten Widerstand zu überwinden, wird Arbeit geleistet. **Arbeit** kann also definiert werden als das Produkt aus der für die Verschiebung eines Widerstand leistenden Gegenstands notwendigen äußeren Kraft mal der Strecke, über die dieser Gegenstand bewegt wird. Kraft mißt die Energieerzeugung der aktivierten Muskeln. Die entsprechenden Einheiten zur Messung der Arbeit sind Newton-Meter (nm). 1 nm = 1 j. Wenn es zu keiner Bewegung kommt, wird unabhängig von der gegen den Widerstand erzeugten äußeren Kraft keine Arbeit geleistet.

Das **Drehmoment** (engl. *torque*) wird als der Krafteinsatz definiert, der nötig ist, um einen Gegenstand um eine Drehachse zu bewegen (Laird & Rozier, 1979). Einige halten es für nützlich, sich das Drehmoment als Winkelarbeit vorzustellen. Es wird errechnet als Produkt der erzeugten äußeren Kraft mal der Länge des beteiligten Hebelarms. Der **Hebelarm** wiederum ist die Länge der Geraden, die senkrecht von der Geraden, die die Richtung der Muskelkraft anzeigt (Muskelkraftvektor), zu der Drehachse des beweglichen Gelenks, mit dem der Muskel verbunden ist, führt (Abbildung 4.1). Die Maßeinheit für das Drehmoment ist also die gleiche wie für die Arbeit: nm. Wenn der Muskel sich verkürzt oder dehnt und dabei eine Extremitätenrotation um das Gelenk erzeugt, verändert sich auch die Hebelarmlänge, wodurch eine Veränderung des Drehmoments ohne eine Änderung der Muskelkraft erreicht wird. Daher ist zusätzlich zu den an früherer Stelle identifizierten neuralen und muskulären Komponenten der inneren Kraft die Einbeziehung der sogenannten *mechanischen* Komponente wesentlich. Obwohl jedoch ein Krafttrainingsprogramm die Fähigkeit des Körpers zur neuralen Rekrutierung von mehr Muskelfasern oder zur Erhöhung der insgesamt verfügbaren Menge an Muskelprotein verbessern kann, hat es nur eine geringe Auswirkung auf die Veränderung der Hebelarmbeziehungen, denn diese sind strukturell (d.h. mechanisch) definiert.

Unter **Schnellkraft** wird die Geschwindigkeit bzw. Frequenz verstanden, mit der eine Arbeit geleistet wird. Die metrische Maßeinheit für die Schnellkraft ist das Watt (1 nm/sec). Schnellkraft kann also als Kraft mal Geschwindigkeit oder als Drehmoment mal Winkelgeschwindigkeit errechnet werden. Ein schnellkräftiger Sportler kann eine bestimmte Kraft sehr schnell erzeugen. Eine Steigerung der Schnellkraft kann entweder durch eine Steigerung der Geschwindigkeit bzw. der Frequenz erreicht werden, mit der eine gegebene Arbeitsleistung erbracht wird, oder durch eine Steigerung der Arbeit, die in einer bestimmten Zeit erbracht wird. Insofern sind also die innere Kraft wie auch die Geschwindigkeit wichtige Gesichtspunkte der Schnellkraftleistung. Ein Training, das die Schnellkraftleistung verbessert, indem sowohl die innere Kraft als auch die Geschwindigkeit mäßig gesteigert werden, ist vermutlich weniger verletzungsträchtig und grundsätzlich nützlicher als ein Training, das große Steigerungen alleine mit der Kraft oder der Geschwindigkeit zu erreichen versucht.

Hebelsysteme: Ihre Beziehung zur äußeren Kraft und Bewegung

Das Ausmaß, in dem wir in der Lage sind, Gegenstände zu bewegen, hängt zum Teil von der äußeren Kraft ab, die wir erzeugen können, und zum Teil von der Anordnung der Hebel in den betroffenen Knochen, Muskeln und Gelenken. Eine gute Hebelwirkung, die den mechanischen Vorteil verbessert, kann effektivere Bewegungen ermöglichen als eine schlechte. Die einfachste Form eines Hebels ist nichts mehr als ein starrer Balken, der sich um eine Achse bewegen kann. Im menschlichen Körper stellen Knochen die Balken oder Hebelarme dar und Gelenke die Achsen (Drehpunkte), um die herum die Knochen sich bewegen. Wenn die Muskeln (die an den Knochen über Bänder befestigt sind) Spannung erzeugen und eine äußere Kraft ausüben, bewegt sich charakteristischerweise das eine Ende des Knochens mehr als das andere.

Es existieren drei Klassen von Hebeln (Abbildung 4.2), die durch die Beziehung zwischen dem Punkt, an dem die äußere Kraft ansetzt, dem Punkt, an dem sich der Widerstand befindet, und dem Punkt, an dem die Rotation erfolgt, bestimmt werden. Die meisten Skelettmuskeln fungieren als drittklassige Hebelarme. Wie in Abbildung 4.2 a gezeigt, liegt die Drehachse zwischen der krafterzeugenden Einheit (dem

Muskel) und der Widerstand leistenden Einheit (der Hantel). In diesem Beispiel agiert der Bizeps brachii des Oberarms, um die Hantel durch eine Beugung im Ellenbogengelenk zu heben, was zu einer Drehung des Unterarms um das Ellenbogengelenk führt. Alle Hebel haben zwei Arme. Der Kraftarm erstreckt sich zwischen der Gelenkdrehachse und dem krafterzeugenden Muskel - hier dem Bizepsansatz. Der Widerstandsarm erstreckt sich von der Rotationsachse zum Widerstand leistenden Gegenstand, in diesem Falle also zur Hantel.

Das Produkt aus Kraftarm mal eingesetzter Kraft entspricht dem Produkt aus Widerstandsarm mal eingesetztem Widerstand. Achten Sie in Abbildung 4.2 darauf, daß der Widerstandsarm viel länger als der Kraftarm ist. Einfache Arithmetik sagt uns, daß der Bizeps eine beträchtliche äußere Kraft aufbringen muß, um selbst einen geringen Widerstand zu halten oder zu bewegen. Beachten Sie jedoch auch, daß selbst eine geringe Verkürzung des Bizeps zu einer beträchtlichen Bewegung der Hand bei Beginn der Ellenbogenbeugung führt.

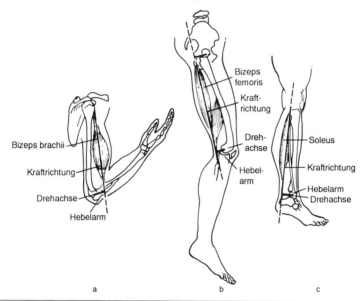

Abbildung 4.1: Die Hebelarme dreier bekannter Muskeln: des Bizeps brachii des Oberarms (a), des Bizeps femoris des Oberschenkels (einer der rückwärtigen Oberschenkelmuskeln) (b) und des Soleus des Unterschenkels (c). In jedem Fall erstreckt sich der Hebelarm vom Drehpunkt des distalen (beweglichen) Gelenkansatzes zum Muskelkraftvektor, der auf die Richtung der vom Muskel ausgeübten Kraft hinweist.

Es ist bekannt, daß die meisten sportlichen Handlungen mit hoher Bewegungsgeschwindigkeit ablaufen. Drittklassige Hebelarmverhältnisse (ein langer Wider-

321

standsarm und ein kurzer Kraftarm) machen dies möglich. In Abbildung 4.1b ist auch zu erkennen, daß einer der hinteren Oberschenkelmuskeln (Bizeps femoris), ein zweigelenkiger Muskel, als drittklassiger Hebel am Kniegelenk wirkt. Bei der Kniegelenkbeugung erstreckt sich der kurze Kraftarm vom Kniegelenk zum Sprunggelenk und Fuß. Eine geringe Verkürzung des Bizeps führt zu einer sehr schnellen Beugung des Unterschenkels, obwohl sie eine große äußere Kraft erfordert. Beispiele drittklassiger Hebel in der materiellen Welt sind eine Feuerzange oder eine Tür, die durch einen mechanischen Türschließer automatisch geschlossen wird.

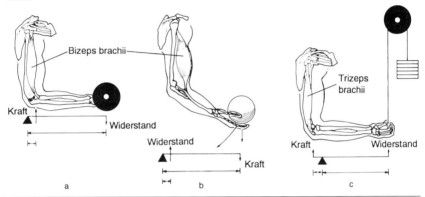

Abbildung 4.2: Die drei Hebelarmsysteme zur Krafterzeugung. In Abbildung 4.2 a wird der Bizeps brachii als drittklassiger Hebel beim Heben einer Hantel gezeigt (Ellenbogenbeugung). In 4.2 b agiert er als zweitklassiger Hebel bei der Absenkung der Hantel (Ellenbogenstreckung). In 4.2 c wird der Bizeps brachii als erstklassiger Hebelarm beim Anheben eines Gewichts über einen Zugmechanismus während der Ellenbogenstreckung gezeigt.

Interessant ist, daß, wenn der Sportler in Abbildung 4.2 b die Hantel senkt statt sie zu heben, der Bizeps brachii zwar noch immer der aktive Muskel ist, dieser Muskel allerdings jetzt die Funktion eines zweitklassigen Hebels ausübt. Bei diesem Hebelsystem befindet sich die Widerstandseinheit (der Muskel) zwischen der Gelenkdrehachse und der krafterzeugenden Einheit (der Hantel). Die Erzeugung muskulärer Kraft setzt der Umkehr der Gelenkachsenbewegung, die durch die äußere Kraft verursacht wird, keinen Widerstand entgegen. Beachten Sie, daß bei zweitklassigen Hebeln enorme Bewegungskräfte bewältigt werden können, wohinter die Bewegungsgeschwindigkeit zurücksteht. Andere Beispiele zweitklassiger Hebel sind das Anheben einer Schubkarre und die Plantarbeugung des Fußes.

In Abbildung 4.2 c ist das Beispiel eines erstklassigen Hebels und seiner Funktion dargestellt. Die Achse der Gelenkdrehung liegt zwischen der krafterzeugenden Einheit (dem Trizeps brachii), der am Olecranon (dem kräftigen gekrümmten Fortsatz auf dem oberen Rücken der Elle) ansetzt, und der Widerstandseinheit (dem

Unterarm und der Hand, die das belastete Zugseil ergreift). Eine Verkürzung des Trizeps bewirkt eine Streckung des Ellenbogengelenks, und diese Kraft ermöglicht das Herabziehen des belasteten Seils.

Einige andere Konzepte, die die Muskelanordnung betreffen, sind wichtig für das Verständnis der Knochen- und Muskelfunktion bei Hebelsystemen. In Kapitel 1 war die Rede von dem beweglicheren Ansatz (Insertion) und dem eher starren oder stabilen Ansatz (Ursprung) der Muskeln an den Knochen. Wenn ein Muskel Spannung erzeugt, sind beide Ansätze gleichermaßen betroffen. Typischerweise bewegt sich ein distaler Knochen mehr als ein proximaler Knochen. Bei einem Bizeps-Curl bewegt sich der Unterarm also mehr als der Oberarm. Im Gegensatz dazu verhalten sich die Unterarme bei einem Klimmzug stationär, während die Oberarme sich auf sie zu bewegen.

Ein anderes Konzept betrifft den *Zugwinkel*. Darunter versteht man den Winkel zwischen der Zuglinie eines Muskels (dem Kraftarm) und der mechanischen Achse des knöchrigen Teils des Hebels (dem Widerstand oder stabilisierenden Arm). Wenn dieser Zugwinkel 90 Grad beträgt (Abbildung 4.3 a), ist die Krafterzeugung des Muskels zur Bewegungsproduktion am effektivsten, denn die gesamte verfügbare Kraft geht in Richtung Gelenkrotation. Bei den meisten Muskeln ist der Zugwinkel erheblich niedriger als 90 Grad - normalerweise liegt er bei etwa 50 Grad (Abbildung 4.3 b). Hier trägt die erzeugte Kraft teilweise zur Rotation (R) und teilweise zur Stabilisierung (S) bei. Wenn der Zugwinkel größer als 90 Grad ist (Abbildung 4.3 c), verteilt sich die Kraft auf Rotation und Dislokation (D). Wegen des größeren mechanischen Vorteils bei 90 Grad wird dieser Winkel im allgemeinen als Startwinkel bei Übungen wie z.B. Klimmzügen verwendet.

Statische Widerstandsübungen - isometrisches Training

Wenn wir versuchen, einen befestigten oder aus anderen Gründen unbeweglichen Gegenstand (äußere Kraft) zu schieben, zu ziehen oder zu heben, erzeugen unsere Skelettmuskelfasern zwar Spannung, aber sie können keine ausreichende innere Kraft aufbringen, um eine Bewegung zu erzeugen. Es kommt zwar zu einer gewissen fibrillären Verkürzung innerhalb des Muskels, aber die elastischen Komponenten dehnen sich, und die äußere Länge des gesamten Muskels bleibt unverändert. Aufgrund dieser relativ unveränderten Länge sagt man, daß die Muskeln unter *isometrischer* oder *statischer* Spannung stehen. Sie können eine maximale Spannung oder jedes beliebige Ausmaß variierender submaximaler Spannung beinahe bei jedem beliebigen Gelenkwinkel erzeugen.

Isometrisches Training wurde im Rahmen des Fitneßtrainings zu einem Begriff, als Hettinger und Müller 1953 ihre überraschende Erkenntnis veröffentlichten, daß ein einziger isometrischer Krafteinsatz von nur 6 sec Dauer mit nur zwei Dritteln der Maximalintensität im Hinblick auf die Verbesserung der Muskelkraft effektiv sein könnte. Demnach wäre stundenlanges Heben von Hanteln und anderes hartes Training unnötig, wenn es um die Kräftigung der Muskeln geht. Da Sportler über Jahrhunderte hinweg andere Formen von Krafttraining praktiziert hatten, um ihre

Muskelgröße und -kraft zu verbessern, wurde dieser Bericht von den Vorteilen des isometrischen Trainings sehr genau untersucht, und in den darauffolgenden zwei Jahrzehnten wurden zahlreiche weitere Untersuchungen zu diesem Thema durchgeführt. Der gegenwärtige Stand dieser Untersuchungen hat nahegelegt, daß die zu Beginn berichtete 5prozentige Kraftsteigerung pro Woche nicht immer wiederholbar war, daß jedoch mit einer geringeren Steigerung, um etwa 2 %, gerechnet werden konnte. Folglich führt isometrisches Training zu einer Kraftsteigerung, wobei die anfänglichen Steigerungen beträchtlich sind, sich aber nach 5 Wochen drastisch reduzieren. Diese Kraftzunahmen finden normalerweise im Rahmen eines Gelenkwinkels von 20 Grad im Training statt (Knapik, Mawdsley & Ramos, 1983). Es müssen also mehrere Gelenkwinkel über eine weite Spannbreite ausgewählt werden, um eine einigermaßen einheitliche Kraftentwicklung über den gesamten Bewegungsumfang eines Gelenks zu garantieren.

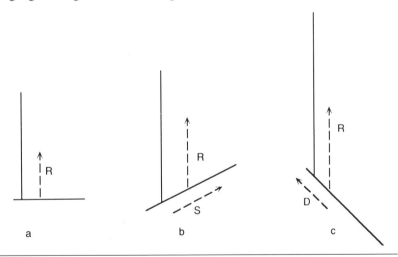

Abbildung 4.3: Es gibt zwei Kraftkomponenten, eine rotatorische (R) und eine stabilisierende (S), die zu Stabilität führen, wenn die Gelenkbewegung < 90 Grad ist oder zu Dislokation, wenn die Gelenkbewegung > 90 Grad ist. In Abbildung 4.3 a, bei einem Gelenkwinkel von 90 Grad, ist die gesamte Kraft auf eine Rotation ausgerichtet. In Abbildung 4.3 b kommt es zu einer Rotation und zu einer Stabilisation, da der Gelenkwinkel < 90 Grad ist. In Abbildung 4.3 c verteilt sich die muskuläre Kraft auf Rotation und Stabilisation.

Eines der bekanntesten Beispiele der isometrischen Spannungserzeugung bei Läufern ist zu beobachten, wenn sie sich als Aufwärmmaßnahme vor einem Trainingslauf oder Rennen gegen eine Wand oder einen Baum abstützen und Druck ausüben (sehen Sie sich Abbildung 4.21 auf Seite 372 an). Obwohl das Ziel dieser Übung die Dehnung der Wadenmuskulatur ist, geraten die Oberkörper- und

Oberarmmuskeln unter isometrische Spannung. Ein zweites Beispiel für isometrische Stimulierung ist das Training bei spezifischen Gelenkwinkeln, wobei mehr Kraft benötigt wird - z.b. im Bereich des Kniegelenks beim Absprung zum Hochsprung. Im Kraftraum können Athleten einen Kraftschlitten zur Erzeugung isometrischer Spannung in ihren Quadrizepsmuskeln bei diesem absprungtypischen Kniegelenkwinkel benutzen, indem sie eine Stange gegen korrekt eingestellte Bremsstifte stoßen. Isometrische Spannung wird auch bei der Rehabilitation von Gliedmaßen eingesetzt, die als Folge eines Unfalls verletzt und ruhiggestellt wurden. Isometrische Spannung erzeugende Übungen können eine Atrophie der Muskelzellen verlangsamen oder gar verhindern

Bei der Ausübung isometrischer Übungen kann es zu einigen Problemen kommen. Das größte Problem ist die erhebliche Zunahme des systolischen wie auch diastolischen Blutdrucks. Dazu kommt es, selbst wenn die aktiven Muskeln einen eher kleinen Anteil der Gesamtmuskelmasse darstellen. Eine andere Schwierigkeit sind Beschwerden im Gelenk und Überlastung aufgrund eines übermäßigen Drucks auf Knochen und Gelenk. Einige der Übungen, die beim isometrischen Training eingesetzt werden, sind Anfängern nicht eher zu empfehlen, als die Wirbelsäule durch eine entsprechende Entwicklung des Muskel- und Sehnenapparates gekräftigt ist. So kann z.B. der Einsatz eines standardmäßigen Ständers für das Ausführen isometrischer Kniebeugen die Wirbelsäule einer erheblichen Belastung aussetzen, wodurch das Risiko von Schmerzen im Lendenwirbelsäulenbereich und möglicher Verletzungen ansteigt.

Eine dritte Schwierigkeit ist das Fehlen natürlicher ballistischer Aktionen in den Körpersegmenten. Die meisten sportlichen Aktivitäten verlangen viel mehr als einfache isometrische Kraftfähigkeiten. Sie erfordern in hohem Maße isometrisch kontrollierte und gekonnt ausgeführte ballistische Bewegungen. Die neuromuskuläre Koordination, effektive Utilisation zahlreicher Gelenke und ein großer Bewegungsumfang dieser Gelenke sind erfolgsentscheidend. Bei diesen Bewegungen ist die Anfangsbeschleunigung sehr groß, wozu eine erhebliche Kraft nötig ist, die von einer feineingestellten Kontrolle gefolgt wird, die ein Timing von Sekundenbruchteilen und eine optimale Bewegungsökonomie erfordert. Wie in Kapitel 1 beschrieben, sind schnelle Bewegungen und multiple Gelenkaktionen die wesentlichsten Stützen des Langstreckenlaufs. Sie sind integriert in eine wiederholte ballistische Sequenz von Fußaufsatz, mittlerer Stützphase, Abdruckphase, Erholungsphase, Vorschwungphase, Fußabsenkung und schließlich einem neuen Fußaufsatz. Obwohl die Gelenkstabilität durch ein statisches Krafttraining verbessert werden kann, führt die resultierende, verbesserte Muskelkraft nicht so leicht zu einer gesteigerten Leistung. Wenn ein Läufer also die Wahl zwischen statischen und dynamischen Krafttrainingsübungen hat, sollte er die letzteren vorziehen, denn sie lassen sich am direktesten auf das Laufen übertragen.

Dynamische Kraftübungen

Wenn ein sich nicht verändernder Widerstand wie z.B. eine Hantel oder ein anderes Gewicht bewegt werden kann, entweder direkt, indem man es hebt, oder indirekt durch gewisse Zugmechanismen, wird es in den benutzten Muskeln zu Spannungs- und Krafterzeugung sowie zu Längenveränderungen kommen. Dies wird **dynamisches Krafttraining** genannt. Damit ist das Training der Skelettmuskeln durch die Anwendung von Belastungen derartiger Größe gemeint, daß die Muskeln sich innerhalb ihrer normalen Bewegungsgrenzen verlängern oder verkürzen können. Wenn sich der Widerstand nicht verändert, wie z.b. beim Heben einer Hantel, ist der Begriff *isotonisch* angebracht (womit eine konstante Spannung bzw. ein konstanter Tonus gemeint ist; tatsächlich bezieht sich der Begriff jedoch auf eine konstante Belastung). Einige vertraute Beispiele der Arbeit gegen einen konstanten Widerstand beinhalten den Einsatz des eigenen Körpergewichts, so z.B. bei Übungen wie Liegestützen, Klimmzügen oder Sit-ups. Eine andere Form von Übungen mit konstantem Widerstand sind Hantelübungen. Die Hanteln werden dabei an beiden Enden mit verschieden schweren Gewichten belastet. Der Athlet hebt oder drückt diese Gewichte im Stehen, Sitzen oder Liegen. Möglich ist auch, daß diese Gewichte in einer bestimmten Position gehalten werden, während sich ein anderer Körperteil bewegt (siehe Abbildungen 4.7, 4.10, 4.11, 4.12, 4.17 und 4.19 weiter unten in diesem Kapitel). Die Höhe der erzeugten Spannung schwankt in Abhängigkeit von den Hebelbeziehungen, Schwerkrafteinflüssen auf Trägheits- und Geschwindigkeitsveränderungen und der Anzahl der Aktomyosin-Querbrückenverbindungen. Der Begriff *dynamische Spannung* wird häufig zur Beschreibung dieser kontinuierlich verändernden Spannung verwandt.

Durch den Einsatz bestimmter Spezialgeräte, die weiter unten beschrieben werden, können Athleten auch ihre Muskeln trainieren, indem sie sie über die gesamte Bewegungsspannbreite mit konstanter Geschwindigkeit bewegen (isokinetische Spannung). Die Spannungserzeugung kann maximal oder submaximal sein, und die Geräte passen den Widerstand jeweils so an, daß die Geschwindigkeit konstant bleibt.

Bei jeder Form des dynamischen Trainings können sich die Muskelfasern entweder verlängern (Erzeugung exzentrischer Spannung) oder verkürzen (Erzeugung konzentrischer Spannung). Wenn wir z.B. Sit-ups durchführen, werden die Bauchmuskeln, vor allem der Rectus abdominus, beim Aufrichten verkürzt und dann gedehnt, wenn wir uns wieder auf den Rücken legen. Während konzentrischer Spannungserzeugung leisten die Muskeln Arbeit gegen die Last. Diese Arbeit besteht hier in der Überwindung der Schwerkraft beim Heben des Kopfes, der oberen Gliedmaßen und des Rumpfes. Dies wird *positive Arbeit* genannt. Bei exzentrischer Spannungserzeugung wird die Arbeit von der Last gegen den Widerstand der Muskeln geleistet; dies wird *negative Arbeit* genannt. Die Energiekosten der negativen Arbeit sind geringer als bei positiver Arbeit, und die involvierten Muskeln stehen unter einer höheren Spannung als bei positiver Arbeit oder isometrischer Spannungserzeugung (Olson, Schmidt & Johnson, 1972). Vermutlich sind bei exzentrischer Arbeit weniger motorische Einheiten und daher auch weniger Muskelzellen involviert, aber sie sind intensiver involviert. Dies kann den im Vergleich zu anderen Formen der Muskelaktivierung relativ stärker ausgeprägten Muskelkater nach exzentrischer Arbeit (z.B. nach Bergabläufen) erklären.

Der Einsatz des Bizeps brachii des Oberarms zum Anheben des Körpers beim Klimmzug ist ein Beispiel für isotonische, konzentrische Spannungserzeugung. Der entsprechende Antagonist (Trizeps) ist bei dieser Aktivität entspannt. Das Zurückkehren in die Ausgangsposition bedeutet eine isotonische, exzentrische Spannungserzeugung im Bizeps. Die Antagonisten bleiben auch entspannt. Sich hinzusetzen oder eine Kniebeuge zu machen, bedeutet eine negative Arbeit der Beinstrecker; sich aus einer sitzenden Ausgangsstellung auf den Rücken zu legen, verlangt eine negative Arbeit der Hüftbeuger. Aus der Kniebeuge aufzustehen oder sich aus der Rückenlage aufzusetzen, bedeutet eine positive Arbeit der gleichen Muskeln. Ihre Antagonisten (Beinbeuger beim Sitzen, Hüftbeuger beim Liegen) sind während dieser Aktivierungsphase inaktiv.

Nach Newtons **zweitem Bewegungsgesetz** wird die Kraft (F), die bei derartigen dynamischen Übungen entwickelt wird, durch die Summe des Hinabziehens durch die Schwerkraft (W) und das Produkt aus der Masse (m) des involvierten Gegenstands (z.B. das Gewicht einer Hantel) und seiner Beschleunigung (a) bestimmt. Also

$$F = W + ma \qquad (4.1)$$

Anfangs muß man eine erhebliche Kraft aufwenden, um die Muskelbewegung einzuleiten, sei es nun durch Drücken, Ziehen oder Heben, da die Trägheit überwunden werden muß. Wenn die Bewegung einmal begonnen hat, kann die gleiche eingesetzte Kraft die Beschleunigung aufrechterhalten, wenn das Tempo sich erhöht. Wenn eine konstante Geschwindigkeit erreicht ist, erniedrigt sich diese Beschleunigungsrate natürlich auf Null. Die Ermüdung reduziert das leichte Erreichen solcher Anfangsbeschleunigungen.

Gleichbleibender Widerstand - isotonisches Training

Das Phänomen, daß die Skelettmuskeln durch ein graduell gesteigertes isotonisches Trainingsprogramm immer größer und kräftiger werden, gehört wahrscheinlich zu den ältesten physiologischen Beobachtungen und ist sicherlich so alt wie der Sport selbst. Es gibt kaum eine Vorlesung oder einen Artikel über die Prinzipien des Krafttrainings, der nicht auf die legendären Taten des Milo von Crotona hinweist. Milo war ein Ringer mit einer sehr langen und erfolgreichen Karriere im 6. Jahrhundert v.Chr. Angeblich gewann er bei den antiken Olympischen Spielen einen Siegeskranz. Aber er war auch bei den Spielen von Pythia, Isthmia und Nemea erfolgreich (Young, 1984). Einige Leute bezeichnen ihn wegen der Übungen, die er praktizierte, um sich seine enorme Kraft anzutrainieren, irrtümlicherweise als einen Gewichtheber. Häufig wird die Geschichte erzählt, daß er als Schafhirte ein Lamm auf seine Schultern legte, mehrfach in die Knie ging und sich wieder aufrichtete. Als das Lamm wuchs und immer schwerer wurde, stellte es einen zunehmend großen Widerstand dar, an den sich Milo im Laufe der Zeit anpaßte. Angeblich, so berichtet die Legende, konnte Milo seine Kraft stetig fortentwickeln, bis das Tier ausgewachsen war. Nichtsdestotrotz wurde er nachher so stark, daß kein anderer mehr mithalten konnte, und aufgrund dieser enormen Kraft galt er in der Ringerarena als nahezu konkurrenzlos.

Es waren jedoch die Römer und nicht die Griechen, die die Methoden, die wir heute zur systematischen Kraftentwicklung einsetzen, entwickelten und verfeinerten. Der Ursprung der drei grundsätzlichen Prinzipien des Krafttrainings liegt so weit zurück, daß ihre Erfinder unbekannt sind. Eines dieser Prinzipien ist das **Prinzip des progressiv gesteigerten Widerstandes**, welches besagt, daß im Falle einer Überlastung die Muskeln sich hieran so anpassen, daß diese neue Belastung letztlich besser toleriert wird. Wenn dann die Widerstandskraft im Laufe der Zeit wieder progressiv auf ein neues Überlastungsniveau gesteigert wird, wird schließlich ein neues Anpassungsniveau erreicht. Anpassungen werden sowohl im Bereich des Skeletts erreicht als auch im Nervensystem und den Muskeln. Physiologische **Überlastung** oder Overload kann als eine substantiell größere Trainingsbelastung, die entweder aus einem größeren Widerstand oder einer gesteigerten Wiederholungsanzahl oder beidem besteht, definiert werden.

Das **Prinzip der erhöhten Intensität** besagt, daß es bei der Muskelkräftigung nicht auf die Frequenz der Muskelstimulation, sondern auf die Belastungsintensität ankommt. Eine interessante Untersuchung von MacDougall, Wenger und Green (1982) bestätigt dies sehr schön. Es wurden sowohl Gewichtheber als auch Bodybuilder untersucht, um mehr über den Mechanismus zu erfahren, durch den es trainingsbedingt zu einer Muskelhypertrophie kommt. Diese beiden Athletentypen trainieren ganz unterschiedlich. Bodybuilder absolvieren typischerweise hohe Wiederholungszahlen mit submaximalen Gewichten, während Gewichtheber im allgemeinen nur einige wenige Wiederholungen mit sehr schweren Gewichten durchführen. Gemeinsam allerdings ist diesen beiden Sportlergruppen, daß sie bis zur völligen Erschöpfung trainieren. Sie setzen also beide ihre Muskeln einem maximal intensiven Reiz aus. Beide Athletengruppen erreichten ein ähnliches Hypertrophieergebnis. Die zellulären Mechanismen, die die Hypertrophie auslösen, wurden bislang noch nicht identifiziert.

Zwei Pionieruntersuchungen bildeten den Ausgangspunkt des enormen Interesses am Krafttraining, welches kurz nach dem 2. Weltkrieg einsetzte. Professor B. Morpurgo (1897) von der Universität Siena wies nach, daß nicht eine Steigerung der Faseranzahl, sondern eine Vergrößerung der einzelnen Fasern für die Vergrößerung der Muskeln durch Training verantwortlich ist. Eyster (1927) zeigte später, daß die Intensität der Arbeitsleistung und nicht einfach die bewältigte Last der Stimulus zur Steigerung der Muskelgröße und -kraft ist.

Thomas DeLorme veröffentlichte im Jahr 1945 einen der ersten wissenschaftlichen Berichte zu den Auswirkungen des dynamischen (isotonischen) Krafttrainings auf die Entwicklung der Skelettmuskeln. Wenn irgendjemand als Erfinder des „progressiven Widerstandstrainings" angesehen werden kann, dann er. Die Kraft wird am besten durch ein Training gegen einen hohen Widerstand mit niedrigen Wiederholungszahlen trainiert, ohne es bis zur Erschöpfung kommen zu lassen. Während die Steigerungen der Muskelkraft im großen und ganzen auf eine Zunahme des intrazellulären Muskelproteins zurückzuführen sind, wird die Ausdauer durch eine gesteigerte Kapillarisierung und eine Erhöhung der intrazellulären mitochondrialen Dynamik verbessert. Durch ein Krafttraining lassen sich nicht die Leistungsqualitäten erreichen, die durch ein Ausdauertraining entwickelt werden, und umgekehrt. Dies ist das wichtige **Prinzip der Spezifität:** Die Trainingsanpassung wird durch das Wesen des Trainingsreizes bestimmt. Daher verbessert ein wochenlanges langsames Laufen langer Strecken nicht unsere Fähigkeit, schnell zu laufen, wohl aber unsere Ausdauergrundlage, auf der aufbauend dann ein Schnelligkeitstraining durchgeführt werden kann, das unsere Wettkampfqualitäten verbessert.

Einige Jahre später (1948) entwickelte DeLorme zusammen mit Arthur Watkins ein systematisches Schema zum Einsatz progressiven Widerstandstrainings zur Verbesserung der allgemeinen Muskelkraft und -ausdauer. Diese Forscher verwandten eine Anordnung von Kabeln und Zugmechanismen zusammen mit dem Gewicht der zu trainierenden Extremität (Arme oder Beine) und Gegengewichten. Ihr Krafttrainingsplan verlangte drei Hebesätze, wobei jeder Satz auf dem Gewicht basierte, das nicht öfter als 10 mal gehoben werden konnte (10-Wiederholungs-Maximum). Bei den ersten beiden Sätze von jeweils 10 Belastungen betrug die Belastung 50 und 70 % des Maximums. Diese Belastungen dienten also dem Aufwärmen für die folgende Maximalbelastung. Dieser abschließende dritte Satz war der eigentliche kraftaufbauende Stimulus. Wenn es zu einer Kraftsteigerung kommt, können die Sportler letztlich mehr als 10 Wiederholungen mit dem ursprünglichen 10-Wiederholungs-Maximum absolvieren. Eher willkürlich vermuteten DeLorme und Watkins, daß nach Absolvieren von 15 Wiederholungen mit dem 10-Wiederholungs-Maximum eine Belastungssteigerung erfolgen sollte, um einen neuen, kraftsteigernden Reiz zu setzen.

Versuchspersonen, die nach diesem Schema trainierten, berichteten oft von einer erheblichen Erschöpfung, Muskelschmerzen und der Unfähigkeit, den gesamten Bewegungsumfang beizubehalten. Die Ursache hierfür war, daß sie vor dem eigentlichen kraftbildenden Reiz soviel zusätzliche Arbeit leisten mußten. Zinovieff schlug vor, anstelle der Reduzierung des Umfangs der beiden Aufwärmsätze das Reizschema umzukehren. Im Jahr 1951 entwarf er ein Programm von zehn Sätzen mit jeweils zehn Wiederholungen, wobei der erste Satz mit der Belastungsintensität von des 10-Wiederholungs-Maximums absolviert werden sollte, wenn die Muskeln noch frisch waren. Jeder darauffolgende Satz wurde mit abnehmendem Widerstand absolviert. Als ideale Situation galt, wenn die zunehmende Ermüdung durch die abnehmende Belastung so exakt aufgefangen wurde, daß alle 100 Wiederholungen mit dem funktionalen Maximum absolviert werden mußten.

Wie man sich vorstellen kann, folgten diesen Untersuchungen im Verlauf der nächsten Jahrzehnte hunderte anderer Untersuchungen. Jede schlug eine andere Variation auf dem Weg zum gleichen Ziel vor, nämlich, wie man die beste Kombination von Sätzen, Wiederholungen, Pausenintervallen und Belastungshöhen erreichen könnte, um die größten Leistungsgewinne zu erzielen. Etwa zur gleichen Zeit begann man auf Basis der pionierhaften Untersuchungen der Ultrastruktur der Muskeln und ihrer Funktion zu erkennen, wie in den Muskeln Spannung erzeugt wird. Wie in Kapitel 1 beschrieben, geht die Gleitfilamenttheorie (A.F. Huxley & Niedergerke, 1954; H.E. Huxley & Hanson, 1954) davon aus, daß Aktin- und Myosinmoleküle eine durch Enzyme unterstützte Bewegung aneinander vorbei ausführen, die entweder eine Muskelverkürzung oder -dehnung bewirkt.

Diese Theorie war ein bedeutender Wissensdurchbruch auf Molekularebene. Begleitet wurden diese neuen Erkenntnisse durch Wissensfortschritte auf einer höheren Ebene, nämlich hinsichtlich der Mechanismen zur Verbesserung der muskulären Leistung.

Die Leistungsansprüche unterscheiden sich von Athlet zu Athlet. Für einen Bodybuilder ist eine Muskelhypertrophie sehr wichtig. Ein Mittelstreckenläufer wünscht sich zwar eine beträchtliche Kraft und Schnellkraft, möchte jedoch seinen Muskelzuwachs auf einem Minimum halten. Für einen Langstreckenläufer ist eine angemessene und gleichmäßige Gelenkkraft sowie ein sinnvoller Kraft- und Schnellkraftzuwachs in den wichtigsten Muskelgruppen, die an diesen Gelenken ansetzen, wünschenswert. Wiederum besteht keine Notwendigkeit zur Erhöhung der Muskelmasse. Es gibt kein allgemeines Programm, das für alle Athleten gleichermaßen geeignet ist. Auf Basis des aktuellen Fitneßstands, der genetischen Veranlagung im Hinblick auf die FT- und ST-Fasertypverteilung, Disziplinspezifität, vergangene Erfahrungen mit umfassenden Konditionstrainingsprogrammen sowie individuellen Stärken und Schwächen kann für jeden einzelnen Athleten ein geeigneter Plan entwickelt werden.

In den frühen 60er Jahren veröffentlichte Richard Berger (1962) einen sehr großen Umfang von Arbeiten, deren Ziel darin bestand, die optimale Mischung von Sätzen und Wiederholungen zu identifizieren, die einen Muskelkraftzuwachs ermöglichen sollten. Sein Kriterium für einen Kraftgewinn war die Verbesserung bei einem einmaligen Heben eines maximalen Gewichts. Seine Schlußfolgerung war, daß drei Sätze von je vier bis acht Wiederholungen dreimal pro Woche bei den meisten Menschen zu optimalen Kraftgewinnen führen. Im Gegensatz zum System von DeLorme/Watkins, bei dem nur der letzte Satz mit maximaler Intensität durchgeführt wurde, wurden bei ihm alle drei Sätze mit maximaler Intensität absolviert. Wenn man ein 6-Wiederholungs-Maximum als Beispiel wählt, ist es folglich möglich, daß es in der ersten Trainingseinheit nicht gelingt, die Sollbelastung zu bewältigen. Anstelle von drei Sätzen zu je sechs Wiederholungen mit einem 6-Wiederholungs-Maximum kann der erste Satz aus sechs Wiederholungen, der zweite aus fünf und der dritte nur aus drei Wiederholungen bestehen. Allmählich jedoch ermöglicht die zunehmende Kraft sechs Wiederholungen mit dem 6-Wiederholungs-Maximum, was die anpassungsbedingte Verbesserung im Laufe der Zeit sehr gut nachvollziehbar belegt. Wenn diese Belastung routinemäßig toleriert wird, empfiehlt Berger einen Anstieg der Belastung um 5 %.

1979 schlug Wayne Westcott ein Hebesystem vor, das weniger Gesamteinsatz erforderte, aber dennoch einen Kraftzuwachs erlaubte, der den Kraftgewinnen anderer Systeme ähnelte. Westcott verwandte die einmalige Maximalleistung einer Person als Basis zur Identifikation der Trainingsbelastung und schlug darauf aufbauend drei Sätze mit abnehmender Wiederholungszahl (z.B. 10-5-1) und gleichzeitig zunehmendem Widerstand (55 %, 75 % und 95 % des Maximums) vor. Die offensichtliche Schlußfolgerung aus einem Vergleich der Programme von DeLorme, Berger und Westcott ist, daß es nicht die Gesamtanzahl der Wiederholungen oder das insgesamt gehobene Gewicht ist, das für die Initiierung eines kraftaufbauenden Stimulus entscheidend ist. Wichtig ist statt dessen, wie bereits früher angedeutet, die Übungsintensität. In den unterschiedlichen Kombinationen der submaximalen Einsätze, entweder vor oder nach dem intensivsten (zu einer Verbesserung führenden) Bestandteil der Gewichttrainingseinheit, variieren lediglich das Muster des Aufwärmens oder des Abwärmens sowie die neurale Rekrutierung und die Gesamtarbeitsleistung.

Aufgrund individueller Unterschiede in der FT-/ST-Faserzusammensetzung der Skelettmuskeln variiert die Anzahl der Wiederholungen, die bei einer beliebigen Belastungsintensität bewältigt werden können, beträchtlich. In Kapitel 1 wurde auf die größere Ermüdungswiderstandsfähigkeit der ST-Fasern hingewiesen. Obwohl sowohl die FT- als auch die ST-Fasern bei hochintensiven Belastungen rekrutiert werden (Lesmes, Benhain, Costill & Fink, 1983), wie z.B. beim Gewichttraining und sehr schnellen Läufen, ermüden Athleten mit einer Mehrzahl von FT-Fasern schneller. Während also ein Satz von 8 bis 12 Wiederholungen im allgemeinen als optimal erachtet wird, sollte die letztliche Entscheidung bezüglich einer kleineren oder höheren Wiederholungsanzahl auf der Veranlagung eines Athleten zu herausragenden Ausdauer- oder Kraftleistungen basieren.

Ein typisches, nach einigen Monaten Krafttraining zu beobachtendes Resultat ist ein Leistungsplateau. Die anfänglichen Verbesserungen sind weitestgehend auf verbesserte neurologische Rekrutierungsfähigkeiten und die Zunahme der Bewegungsökonomie zurückzuführen. Allerdings tragen auch Anpassungen der Skelettmuskelfasern zur Leistungsverbesserung bei. Wenn die Rekrutierung und die Effizienz einmal ein Plateau erreicht haben, kommt es zwar noch zu zusätzlichen Kraftsteigerungen; diese sind jedoch ein ganz spezifisches Ergebnis der intrinsischen Muskelzellanpassung (Hakkinen & Komi, 1983). Für einen Läufer, der an einer Muskelhypertrophie relativ desinteressiert ist, ist diese Verlangsamung der Verbesserungsrate nicht so wichtig wie der Effekt, ein bestimmtes Kraftniveau beizubehalten, das im Hinblick auf die Muskeln und das mit ihnen verbundene Bindegewebe verletzungsprophylaktisch wirkt.

Bei Training mit konstanter Belastung (isotonisches Training) ändert sich der mechanische Vorteil der Hebelsysteme über den gesamten Bewegungsumfang, vor allem, wenn die Belastung sich auf unterschiedliche Muskelgruppen verteilt. Gewichtheber sind oft auf das Gewicht beschränkt, daß sie am schwächsten Punkt ihres Bewegungsumfangs noch bewältigen können - dies ist der Punkt, an dem sie förmlich festhängen. Während der sechziger und siebziger Jahre erschien eine Vielfalt von Krafttrainingsmaschinen mit variablem Wiederstand auf dem Markt. Sie waren eine günstige Alternative zu Hanteln. Ein Gerätetyp (Universal Gym), der von Harold Zimkin entwickelt wurde, besteht aus einer Vielzahl von Stationen, die um eine zentrale Achse gruppiert sind und durch Zug- und Hebelsysteme bedient werden müssen. Ein völlig anderes Konzept wurde von Arthur Jones (Nautilus-Werke GmbH) entwickelt. Dieses Konzept setzt sich aus vielen getrennten Maschinen zusammen und nutzt exzentrisch plazierte Nocken. Auf diese Weise kann sowohl die effektive Widerstandslast der Maschine verringert werden, wenn die Hebelarme des Körpers mechanisch am unökonomischsten arbeiten, als auch erhöht werden, wenn die Muskeln am ökonomischsten wirken. Eine Vielfalt von Untersuchungen wurde von Ellington Darden, einem der technischen Spezialisten der Nautilus-Werke, veröffentlicht (1977).

Ein variabler Widerstand führt im Gegensatz zu normalen sportlichen Bewegungen zu einem stark variierenden Geschwindigkeitsprofil über den gesamten Bewegungsumfang. Vor allem hohe Beschleunigungen werden eingeschränkt. Aber die relativ langsamen Trainingsbewegungen erzeugen ein hohes Ausmaß muskulärer Spannung über den gesamten Bewegungsumfang - dies ist die bevorzugte Trainingsart an diesen Geräten. Persönliche Erfahrungen mit diesen Geräten scheinen darauf hinzudeuten, daß ein Satz von 8 bis 12 Wiederholungen mit einer hohen Belastung am ehesten zu einer Kraftverbesserung führt. Schnelle Trainingsbewegungen sind zwar möglich, aber häufig unpraktisch, da die ballistischen Bewegungen Probleme in Gestalt von federnden Gewichtbündeln verursachen.

Sich anpassender Widerstand - isokinetisches Training

Die in den siebziger Jahren kommerzielle Verfügbarkeit von Maschinen, die ballistische Bewegungen verhindern konnten und ein Overload-Training mit maximaler Muskelspannungserzeugung bei konstanter Geschwindigkeit (isokinetisch) über den gesamten Bewegungsumfang ermöglichten, schuf eine völlig neue Dimension des Fitneßtrainings. Vermutlich wurde das erste isokinetische Gerät in den zwanziger Jahren unter Verwendung eines Nadelventils zur Regulierung des Ölflusses zwischen zwei verbundenen Kammern gebaut (Levin & Wyman, 1927). 41 Jahre später, im Jahr 1968, veröffentlichte der Bioingenieur James J. Perrine aus Los Angeles seine Untersuchungsergebnisse mit einem anspruchsvolleren Gerät, das schließlich unter dem Namen Cybex (Lumex Werke GmbH) verkauft wurde. Von da an hat eine expandierende Technologie, bei der von Hydraulik bis Pneumatik und hintereinander installierten Kupplungsplatten und Schwungrädern alles verwandt wird, uns eine Vielfalt von Geräten verschafft, die einen Widerstand bieten, der fast ein Spiegelbild der von den Muskeln erzeugten aktiven Kraft ist. Thistle, Hislop, Moffroid und Lohman (1967) wiesen in ihrer ersten veröffentlichten Untersuchung zum isokinetischen Cybex-Dynamometer darauf hin, daß den spannungserzeugenden Muskeln ein sogenannter angepaßter Widerstand entgegengesetzt wird, der exakt der von ihnen selbst erzeugten Kraft entspricht. Da die Geschwindigkeit der Muskelverkürzung über den gesamten Bewegungsumfang nahezu unverändert ist, werden die Muskelzellen isokinetisch trainiert. Die aktivierten Muskelzellen erzeugen in jedem Punkt der Bewegung des mit ihnen verbundenen Gelenks eine maximale Spannung.

Abbildung 4.4 a zeigt einen Sportler (den amerikanischen Langstreckler Bill Taylor), dessen Kniegelenksstreckung und -beugung mit Hilfe des isokinetischen Cybex-II-Dynamometers getestet wird. Vor dem Test wird zunächst der das Drehmoment messende Arm des Geräts mit der Kniegelenkachse auf eine Linie gebracht (Abbildung 4.4 b). Eine große Spannbreite von Winkelgeschwindigkeiten (wir verwenden normalerweise neun, zwischen 300 und 60 Grad/sec) ermöglicht die Evaluation der dynamischen Eigenschaften der an der Bewegung beteiligten Muskeln. Jeder zusätzlichen Kraft, die größer ist als diejenige, die notwendig ist, um diese Geschwindigkeiten zu erzeugen, wird (passiv) ein Widerstand durch eine gleich große und umgekehrt gerichtete Kraft entgegengesetzt. Diese Kraft kann auf verschiedene Weise quantifiziert werden (Laird & Rozier, 1979; Moffroid & Kusiak, 1975). So können z.B. das Spitzendremoment, das Drehmoment bei spezifischen Gelenkwinkeln, das Spitzendrehmoment pro kg Körpergewicht, die Arbeitsleistung und die Schnellkraft gemessen werden.

Dieser in Abbildung 4.4 a gezeigte isokinetische Krafteinsatz unterscheidet sich erheblich von einem Kniestreckungs- und-beugungsmanöver mit einer belasteten Beinstreckmaschine (ähnlich der Maschine, die in Abbildung 4.16a, b später in diesem Kapitel dargestellt ist).

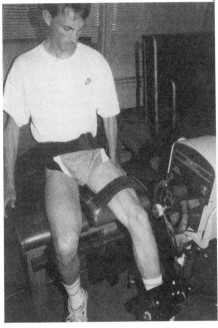
a

b

Abbildung 4.4: Evaluation der Kniegelenksfunktion mit einem isokinetischen Cybex-Dynamometer (a). Vor dem Test muß der das Drehmoment messende Arm mit der Kniegelenkachse der Versuchsperson auf eine Linie gebracht werden (b). In Abbildung 4.4 b beträgt die Kniebeugung (und Streckung) der Versuchsperson 90 Grad. Die Kniestreckung, die in Abbildung 4.4 a beginnt, bringt das Knie in Richtung des Null-Grad-Beugewinkels.

Aus isokinetischer Sicht erfordert eine Bewegung von einem 90-Grad-Kniewinkel zu einem Null-Grad-Winkel eine konzentrische Quadrizeps-Kontraktion, während eine Bewegung vom Null-Grad-Winkel zurück zum 90-Grad-Beugewinkel eine konzentrische Kontraktion der ischiocruralen und Gastrosoleus-Muskeln erfordert. Die an unseren Athleten gerichteten Instruktionen lauteten daher, zunächst so fest wie möglich nach vorne zu treten (d.h., die Kniebeugung von 90 Grad gegen Null Grad zu reduzieren) und dann so intensiv wie möglich den Unterschenkel wieder anzuziehen (d.h., die Kniebeugung wieder auf 90 Grad zu vergößern). Beim Einsatz einer Beinstreckmaschine verlangt die Bewegung von einer 90-Grad-Kniebeugung gegen null Grad eine konzentrische Quadrizeps-Kontraktion, während die Bewegung zurück auf 90 Grad eine exzentrische Quadrizeps-Streckung erfordert. Folglich ist eine exzentrische Spannungserzeugung im Rahmen der Isokinetik oft nicht möglich. Sie muß daher mittels anderer Geräte, z.B. mit der isotonischen Beinstreckmaschine, durchgeführt werden. Entsprechend ist im Falle des Einsatzes einer isotonischen Beinstreckmaschine ein Training mit Hilfe eines zusätzlichen dynamischen Widerstandssystems, wie z.B. einer Curl-Maschine zum Training der ischiocruralen Muskulatur, notwendig, um die Entwicklung der Kniegelenkbeuger zu erreichen (siehe Abbildung 4.18 weiter unten in diesem Kapitel).

In Abbildung 4.5 a) bis c) wird das bei der Kniegelenkstreckung erzeugte maximale Drehmoment bei der Bewegung von 90 Grad zu null Grad und zurück zu 90 Grad graphisch dargestellt. Es werden die Aufzeichnungen für 60, 180 und 300 Grad/sec graphisch dargestellt. Jeder Muskel bzw. jede Muskelgruppe zeichnet sich durch eine charakteristische für die Gelenkrotation verantwortliche Kraftverlaufskurve aus; der Unterschied zwischen den Kniestreckern und -beugern ist in Abbildung 4.5 leicht zu erkennen. Achten Sie auch darauf, daß die Erzeugung des maximalen Drehmoments nicht nur je nach Gelenkwinkel, sondern auch mit der Geschwindigkeit der Spannungserzeugung variiert. Diese Drehmomentvariation bei unterschiedlichen Bewegungsgeschwindigkeiten hängt mit der Anzahl der

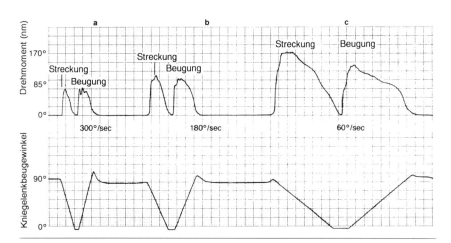

Abbildung 4.5: Kurven des maximalen Drehmoments bei der isokinetischen Kniegelenkstreckung und -beugung bei drei unterschiedlichen Bewegungsgeschwindigkeiten: 300 Grad/sec (a), 180 Grad/sec (b) und 60 Grad/sec (c). Die Erzeugung des Drehmoments variiert sowohl entsprechend dem spezifischen Gelenkwinkel als auch entsprechend der spezifischen Geschwindigkeit.

Querbrückenverbindungen zusammen, die zu jedem gegebenen Zeitpunkt bestehen. Je schneller die Bewegungsgeschwindigkeit, desto kleiner ist die Anzahl der Querbrückenverbindungen pro Zeiteinheit, was in einer niedrigeren Spannung resultiert. Mary Moffroid und ihre Mitarbeiter (Moffroid & Whipple, 1970; Moffroid, Whipple, Hofkosh, Lowman, & Thistle, 1969) weiteten diese frühen Untersuchungen aus und lieferten reichhaltige praktische Informationen zum Wert und Nutzen der isokinetischen Auswertung und des isokinetischen Trainings in der klinischen Praxis.

In der natürlichen Umwelt kann ein sich anpassender Widerstand in begrenztem Umfang durch ein Training im Wasser imitiert werden. Das eine Extremität umgebende Wasser stellt erheblich mehr Widerstand dar als Luft, welche dazu tendiert, die erreichbare Geschwindigkeit zu reduzieren. Daher bewegt die betreffende Extremität sich mit konstanterer Geschwindigkeit über ihren gesamten Bewegungsumfang.

Evaluation der Trainingsreaktionen bei isotonischen und isokinetischen Belastungen

Eine der häufigsten Fragen, die von Sportlern, die an der Gestaltung eines auf ihre persönlichen konditionellen Anforderungen abgestimmten effektiven Übungsrepertoires interessiert sind, gestellt wird, lautet: „Was dient dem von mir beabsichtigten Zweck? Welche Geräte soll ich anwenden, und was ist für mich der beste Plan?" Eine indirekte Antwort hierauf ist, daß die eingesetzten Geräte nicht notwendigerweise so wichtig wie das Training sind. Die unterschiedlichen Geräte - Hanteln, Maschinen und der Einsatz des eigenen Körpergewichts - können allesamt die Kraft (mit oder ohne Steigerung der Muskelmasse), Schnellkraft und Ausdauer erhöhen. Keine einzige Methode hat sich als eindeutig überlegen herausgestellt, obwohl für Athleten der bewegungsorientierten Sportarten wie Laufen isometrisches Training eine entschieden geringere Bedeutung hat als isotonisches und isokinetisches Training. Die sechs Schlüssel zum Erfolg sind:

1. Trainieren Sie regelmäßig.
2. Trainieren Sie die Muskelgruppen, die der Konditionierung am meisten bedürfen und deren Entwicklung für das Laufen am ehesten von Vorteil ist.
3. Stellen Sie eine ausgewogene Muskelentwicklung sicher, indem Sie sowohl die Antagonisten als auch die Agonisten trainieren.
4. Sorgen Sie für einen progressiven Overload-Reiz.
5. Belasten Sie Ihre Muskeln über den gesamten Bewegungsumfang.
6. Sorgen Sie dafür, daß zwischen den Trainingseinheiten eine ausreichend große Zeitspanne liegt, so daß eine angemessene Erholung und eine physiologische Anpassung erfolgen kann.

Aus verschiedenen Gründen ist es schwierig, die unterschiedlichen Krafttrainingsgeräte effektiv zu vergleichen (Clarke, 1973; Kraemer, Deschenes & Fleck, 1988; Pipes & Wilmore, 1975; Weltman & Stamford, 1982). Erstens erreichen untrainierte Personen aufgrund der neurologischen Anpassung und Rekrutierung zunächst durch jede beliebige Krafttrainingsmethode beträchtliche Kraftsteigerungen. Das Ausmaß der neurologisch bedingten Kraftsteigerungen verringert sich mit zunehmender Fitneß erheblich, so daß die Leistungsverbesserung sich aufgrund variierender Muskelproteinzunahmen verlangsamt. Um daher die relativen Vorteile eines Systems oder einer Maschine gegenüber einer anderen einschätzen zu können, müssen zunächst Gruppen von Versuchspersonen gebildet werden, die sich alle auf einem identischen Ausgangstrainingsniveau befinden. Dann müssen diese Personen identischen Belastungen ausgesetzt werden. Diesen beiden Zwängen kann man in wissenschaftlichen Untersuchungen schwer gerecht werden; sie müssen jedoch bewältigt werden, wenn die Schlußfolgerungen einen praktischen Wert für das sportliche Training haben sollen.

Zweitens ist die Fragwürdigkeit der großen Masse an kommerziell orientierter Literatur zu erwähnen, die von den Herstellern der speziellen Maschinen zur Verbesserung der Fitneß zur Verfügung gestellt wird. Diese Hersteller sind stark daran interessiert, zumindest einen kleinen Teil des sehr lukrativen Marktes für sich zu erobern. Je aggressiver ihre Werbestrategien, desto glatter sind die Verkaufsargumente, die suggerieren, daß dieses oder jenes Gerät so revolutionär, so effektiv, so wissenschaftlich erprobt und so ideal für den jeweiligen Zweck ist, daß man ein Narr wäre, wenn man es nicht für ein Fitneßzentrum oder für Zuhause kaufen würde. Diese Gesellschaften beschäftigen normalerweise Wissenschaftler, die Studien über die Leistungsqualitäten der jeweils auf den Markt gebrachten Trainingsgeräte schreiben. Diese Interessengemeinschaft läßt es umso ratsamer erscheinen, die publizierten Berichte vorsichtig zu interpretieren.

Drittens ist es problematisch, die Fitneßgewinne in Gestalt von Leistungsverbesserungen an verschiedenen Maschinen auf eine gesteigerte Wettkampfeffektivität zu übertragen. Maschinen, die einzelne Muskelgruppen isoliert entwickeln, ermöglichen vermutlich keine so nützliche Kraftübertragung, wie es im Falle von Trainingsmethoden möglich ist, die mehrere Muskelgruppen stimulieren, wodurch die Behendigkeit und Koordination verbessert und die für die jeweilige Sportaktivität typischen Bewegungen imitiert werden. In der Tat wird ein umfassendes Fitneßtraining sehr wahrscheinlich die allgemeine Fitneß verbessern, aber es ist der gesamte synergistische Effekt dieser verbesserten Fitneß zusammen mit anderem übergeordneten Training, welche zu Steigerungen der sportlichen Leistungsfähigkeit führt. Ferner ist die psychologische Komponente zu berücksichtigen, die ein derartig umfassendes Trainingsprogramm begleitet - die Überzeugung, nichts übersehen zu haben, oder das Wissen, daß eine nur ein wenig umfassendere Vorbereitung als die des Konkurrenten über den Sieg entscheiden kann, ist schwer zu quantifizieren.

Viertens existiert das Phänomen der Spezifität der Trainingsanpassung. Es ist schwierig, die Kraftsteigerungen in Athletengruppen, die unterschiedliche Geräte eingesetzt haben, objektiv zu bestimmen, da jedes Gerät an das Muskel- und Skelettsystem unterschiedliche Anforderungen als Resultat individueller biomechanischer Variationen stellt. Eine für bestimmte Muskelgruppen vorgesehene Übung mit einer bestimmten Intensität und unter Anwendung eines Geräts für bestimmte Muskelgruppen kann im Vergleich zu einem anderen Gerät zu einer ganz anderen Arbeitsleistung führen, ganz einfach, weil entweder die gleichen Muskeln in anderer anatomischer Reihenfolge beansprucht werden oder weil zusätzliche Muskeln beteiligt sind. Obwohl diese Unterschiede den Verkauf der vielen Gerätearten mit variablem Widerstand fördern können (angepriesen als „besser als alles andere" oder „einzigartig"), verhindern sie auch den Vergleich ihrer funktionalen Effektivität. Während diese Unterschiede für einen Bodybuilder sehr wichtig sein können, sind sie nahezu bedeutungslos für einen Läufer, der diese Geräte für den allgemeineren Zweck einer Gesamtkonditionierung zur Aufrechterhaltung eines muskulären und skelettalen Gleichgewichts und zur Verletzungsprophylaxe einsetzt.

Einige der folgenden Beispiele zur Trainingsspezifität sollen die Leser anregen, über zusätzliche Beispiele nachzudenken, die für ihre eigenen Trainingsprogramme von Bedeutung sind. Eines dieser Beispiele bezieht sich auf die Auswirkungen der Richtung einer Gelenkbewegung auf das Training der an diesem Gelenk ansetzenden Muskeln. Lassen Sie uns einen Blick auf die Handlung des Stemmens einer Hantel über Kopfhöhe werfen. Diese Bewegung ist maßgeblich auf die Aktivität der Pectoralismuskeln, der vielleicht wichtigsten Brustmuskeln, angewiesen. Wenn wir die Hantel im Stand über den Kopf drücken, wird vor allem der Teil dieses Muskels, der am nächsten am Schlüsselbein liegt, aktiviert. Wenn wir auf dem Rücken auf einer Bank liegen und sich unser Oberkörper parallel zum Boden befindet, wird schwerpunktmäßig der mittlere Teil dieses Muskels aktiviert. Wenn wir auf einer Schrägbank liegen, so daß die Hüften höher als die Schultern sind, wird hauptsächlich der untere Bereich des Pectoralis maior beansprucht.

Ein anderes Beispiel von Spezifität betrifft lineare Bewegungen gegenüber rotatorischen. Typischerweise üben Muskeln Kraft in einer geraden Linie aus, aber die Auswirkung dieser Verkürzung oder Dehnung ist die Erzeugung einer Rotationsbewegung des betreffenden Knochens um ein als Achse dienendes Gelenk. Nur wenn zwei Gelenke betroffen sind, kann eine lineare Bewegung stattfinden. Bei der Kniebeuge bewegt sich der Oberkörper z.B. linear auf und nieder, was auf eine rotatorische Bewegung, die gleichzeitig in den Sprung-, Knie- und Hüftgelenken erzeugt wird, zurückzuführen ist. Eine Beinstreckung, die nur das Kniegelenk betrifft, führt hingegen zu einer Rotationsbewegung.

Ein drittes Beispiel von Spezifität betrifft die komplexe Wechselbeziehung zwischen Skelettmuskeln, so daß es zu Körperbewegungen kommt. Wir haben hauptsächlich mit den Muskeln zu tun, die direkt an der Bewegungserzeugung beteiligt sind - die Agonisten oder primären Bewegungsmuskeln. Andere Muskeln beeinflussen die Funktion dieser primären Bewegungsmuskeln. Diese Muskeln sind in mindestens vier Gruppen zu unterteilen. Die Antagonisten, die typischerweise in entgegengesetzte Richtung wie die Agonisten wirken, wurden bereits erwähnt. Wenn die Agonisten aktiv sind, bleiben die Antagonisten entspannt oder helfen auf andere Weise bei der Stabilisierung der Gelenke, auf die die Agonisten wirken. Synergistische Muskeln unterstützen die primären Bewegungsmuskeln und können im Falle einer Lähmung oder extremen Übermüdung der primären Bewegungsmuskeln Bewegungsverluste zum Teil kompensieren. Stabilisierende

Muskeln fixieren einen relevanten Körperteil auf solche Weise, daß die Bewegung in die richtige Richtung erfolgen kann. Neutralisierende Muskeln eliminieren zwei der möglichen Bewegungsrichtungen eines primären Bewegungsmuskels. Einige Beispiele, die auf das Ausmaß der Skelettmuskelinteraktion hinweisen, können zur Illustration dieser Wechselbeziehungen beitragen. Im Falle der Kniegelenkbeugung sind die primären Bewegungsmuskeln der Bizeps femoris, der Semitendinosus und der Semimembranosus. Zu den Synergisten gehören der Grazilis, Sartorius, Popliteus und der Gastrocnemius. Zu den neutralisierenden Muskeln zählen der Bizeps femoris auf der einen Seite und die Beuger auf der anderen Seite. Die stabilisierenden Muskeln schließen die Hüftgelenkbeuger ein. Bei der Hüftbeugung sind die Muskeln der Iliopsoas-Gruppe die primären Bewegungsmuskeln. Zu den Synergisten gehören der Adductor longus und brevis, der Sartorius, Rectus femoris, Tensor fasciae latae sowie Teile des Glutaeus medius und minimus und des Pectineus. Zu den neutralisierenden Muskeln zählen der Tensor fasciae latae und der Pectineus. Die Strecker der Lendenwirbelsäule und die Abdominalmuskeln bilden die stabilisierenden Muskeln. Als letztes Beispiel seien die an der Hüftstreckung beteiligten primären Bewegungsmuskeln genannt. Dies sind der Glutaeus maximus, der Bizeps femoris, der Semitendinosus und der Semimembranosus. Zu den Synergisten gehören Teile des Glutaeus medius und minimus und der gesamte Adductor magnus. Die neutralisierenden Muskeln sind der Glutaeus medius und die Adduktoren. Die stabilisierenden Muskeln sind die Abdominalmuskeln und die Strecker der Lendenwirbelsäule.

Dies sollte deutlich machen, daß beim Laufen viel mehr passiert als die bloße Aktivierung einiger primärer Bewegungsmuskeln. Noch viele weitere Muskeln, die an mehreren an der Bewegung beteiligten Gelenken an unterschiedlichen Stellen ansetzen, werden genutzt. All diese Muskeln müssen angemessen gekräftigt werden, wenn sie ihre Aufgaben erfüllen sollen, und diese Aufgaben sind, Mittel- und Langstreckenläufern zu helfen, den Wettkampfanforderungen gerecht zu werden. Diese Anforderungen können sowohl eine erhebliche Kraft und Schnelligkeit in kurzen, schnellen Rennen als auch lange Dauerleistungen submaximaler Intensität in Langstreckenrennen sein. Obwohl das Laufen selbst der spezifischste Entwicklungsreiz für die primären Bewegungsmuskeln ist, sollten Konditionstrainingsprogramme Übungen enthalten, die die Leistungsfähigkeit dieser Hilfsmuskeln hinsichtlich der Unterstützung der primären Bewegungsmuskeln effektiv verbessern.

Vor- und Nachteile des isotonischen und isokinetischen Trainings

Bei den auf Hantelübungen basierenden Trainingssystemen sowie bei den unzähligen Geräten mit variablem und sich anpassendem Widerstand, die für den Einsatz in einem umfassenden Konditionstrainingsprogramm erhältlich sind, gibt es einige erkennbare Vor- und Nachteile - sozusagen gute und schlechte Punkte. Sich einige dieser Unterschiede bewußt zu machen, kann Athleten und Trainern helfen, die besten Entscheidungen unter Berücksichtigung ihrer eigenen Bedürfnisse zu treffen. Hanteln und der Einsatz des eigenen Körpergewichts sind besonders effektiv bei der Kraft- und Schnellkraftverbesserung, während sie gleichzeitig das

Gleichgewicht und die Koordination vieler großer Muskelgruppen auf eine Weise fördern, die in hohem Maße den neuromuskulären Mustern entspricht, welche bei sportlichen Fertigkeiten, vor allem der Beschleunigungsfähigkeit, genutzt werden. Zu den Beispielen gehören Kniebeugen und explosives Umsetzen mit der Hantel sowie Sit-ups und Dips unter Einsatz des eigenen Körpergewichts. Sowohl die exzentrische als auch die konzentrische Spannung kann entwickelt werden, was besser scheint, als eine dieser Komponenten alleine zu entwickeln. Obwohl die Isolation einer Muskelgruppe erreicht werden kann, ist es auch leicht, einen Kraftreiz auf die Muskeln auszuüben, die eine stabilisierende und unterstützende (synergistische) Rolle bei der Sicherstellung einer stabilen Gelenkfunktion spielen.

Beim Hanteltraining braucht nur der sehr anspruchsvolle Heber speziellere Ausrüstung. Eine Bank und ein Ständer, auf dem die Hantel abgesetzt werden kann, ist preisgünstig oder kann eventuell sogar selbst hergestellt werden. Mit diesen Ausrüstungsgegenständen ist das Training im privaten Keller oder in der Garage möglich. Eine fast unendliche Kombination der Handabstände an der Stange, der Fußstellungen und des Bewegungsformats ist möglich. Auf diese Weise ist eine Vielfalt und eine feine Stimulusvariation von Einheit zu Einheit möglich. Der Fortschritt kann objektiv anhand des maximal bewältigten Gewichts bei einer Wiederholung sowie anhand der Anzahl der Wiederholungen und Sätze bestimmt werden. Ferner kann die Belastung subjektiv eingeschätzt werden, und mittels eines Gerätes (wie z.B. Cybex, Biodex etc.), das auch Muskelleistungsmerkmale quantifiziert, kann eine objektive Evaluation stattfinden. Hanteln sind relativ billig und sind platzsparend aufzubewahren. Der Einsatz des eigenen Körpergewichts in Verbindung mit einem Stuhl, einer in Überkopfhöhe angebrachten Stange und einem Kasten ist noch weniger aufwendig.

Hanteln haben relativ wenig Nachteile. Ein Nachteil ist das Verletzungsrisiko, wenn der Athlet vor dem Training nicht die richtige Technik erlernt. Ein Beobachter kann zur Unterstützung notwendig sein, um im Bedarfsfall das Verletzungsrisiko herabzusetzen. Wenn im Hantelbereich des Trainingsraums viele Sportler unterschiedlicher Fähigkeiten die gleichen Hebeübungen ausführen, kann es nötig werden, ständig Gewichtscheiben der Hantel hinzuzufügen oder zu entfernen, um den individuellen Anforderungen gerecht zu werden. Dies kann die Konzentration der Athleten einschränken und auch bewirken, daß das Aktivitätsniveau in den Ruhepausen zu hoch wird. Die beste Alternative wird sein, das Training auf einen anderen Zeitpunkt zu legen.

Es ist nicht angebracht, Vor- und Nachteile von Fitneßgeräten im allgemeinen anzuführen, weil diese Geräte sich hinsichtlich ihrer Funktion sehr unterscheiden. Allen diesen Maschinen mit variablem Widerstand ist jedoch gemein, daß der Benutzer ein Gewicht oder einen Widerstand über einen spezifischen, unveränderten Weg bewegt. Dies ermöglicht eine bessere Isolation einzelner Muskeln oder spezifischer Muskelgruppen, so daß es zu einer auf eine spezifische Stelle bezogenen physiologischen Überlastung (Overload) kommt. Es können sowohl konzentrische als auch exzentrische Kontraktionen erzeugt werden. Der Fortschritt kann kontrolliert werden, indem man festhält, wie viele Scheiben oder wieviel Widerstand bewegt werden kann und indem man die Wiederholungen bis zum Eintreten der

Erschöpfung zählt. Maschinen mit Gewichtssäulen sind sicherer als Hanteln, da die Gewichte an Metallstangen hinauf- und hinabgleiten und dabei indirekt (über Kabel oder Ketten) vom Trainierenden gehalten werden. Die Konstruktion jedes Ausrüstungsgegenstandes erlaubt einen problemlosen Aufbau in äußerst kurzer Zeit. Bei einigen Geräten kann der Sportler eine Vielfalt von Übungen ganz leicht absolvieren, indem er von einer Station zur nächsten um das Gerät herum wandert.

Geräte mit variablem Widerstand weisen jedoch auch einige Nachteile auf. Viele Geräte sind so teuer, daß sie als Anschaffung für einen Privathaushalt nicht in Frage kommen. Einige Fabrikate sind so konstruiert, daß man zur Entwicklung jeder einzelnen, größeren Muskelgruppe eine besondere Maschine benötigt. Hier muß man aufpassen, daß bei jeder trainierten agonistischen Muskelgruppe auch eine Maschine zur Verfügung steht, mit der man die entsprechende antagonistische Muskelgruppe trainieren kann. Sehr große oder sehr kleine Personen können diese Maschinen häufig nicht benutzen, da die meisten dieser Geräte für durchschnittlich große Personen konstruiert wurden. Letztlich dämpfen viele dieser Maschinen die Beschleunigung, um das für eine optimale Kraftentwicklung nötige langsamere Bewegungstempo sicherzustellen. Die an diesen Maschinen erarbeiteten Bewegungsmuster lassen sich daher nur schwer auf sportliche Fertigkeiten übertragen. Deshalb sind diese Maschinen Werkzeuge zur Ausbildung einer umfassenden Fitneß; für die Ausbildung spezifischer sportlicher Fertigkeiten sind sie nicht so gut geeignet.

Geräte mit sich anpassendem Widerstand (isokinetische Geräte), die unter solchen Namen wie Cybex, Biodex, Kin-Com und Lido verkauft werden, sind eine Alternative zu Geräten mit variablem Widerstand und Hanteln (Malone, 1988). Ihr vielleicht größter Vorteil besteht darin, daß sie die Gelegenheit bieten, eine maximale Spannung über die gesamte Spannbreite einer Gelenkbewegung mit einem großen Geschwindigkeitsspektrum zu entwickeln. Dies bewirkt eine Optimierung der Entwicklung von Kraft, Schnellkraft und der erbrachten Leistung. Das Verletzungsrisiko ist minimal, da die Maschinen hauptsächlich einen passiven Widerstand leisten, der der vom Trainierenden ausgeübten Kraft entspricht. Es gibt hierbei keine Hanteln oder Gewichtssäulen, die kontrolliert werden müssen. Neuere Versionen sind häufig mit Videobildschirmen ausgerüstet, die die Muskelreaktionen graphisch wiedergeben. Dies hat einen hohen Biofeedback-Wert, da es dem Trainierenden eine sofortige visuelle Information über den Krafteinsatz bzw. die sich entwickelnde Ermüdung gibt. Bei einigen Modellen ist aufgrund einer computerisierten Datenspeicherung und -rückgewinnung eine vergleichende und statistische Analyse der Reaktionen bei sich wiederholenden Einheiten möglich.

Vielfältige Faktoren können dazu führen, daß diese Maschinen weniger „benutzerfreundlich" sind als Hanteln und Maschinen mit variablem Widerstand. Erstens sind auch sie sehr teuer, so daß sie für eine private Anschaffung fast nicht in Frage kommen. Zweitens werden viele Gelenktestfunktionen an derselben Einheit durchgeführt, so daß für jedes getestete Gelenk die Maschine umständlich neu eingestellt werden muß. Es kann sein, daß ein Fachmann nötig ist, um eine richtige Gelenkausrichtung und Eichung vorzunehmen. Der Hauptnutzen dieser Geräte scheint daher entweder die diagnostische Auswertung und Rehabilitation oder das spezielle Training von Patienten oder Athleten zu sein. Im ersten Fall können die Kosten der Maschine durch die Zahlung Dritter über den Krankenhausweg amortisiert werden. Eine ähnlich kostendeckende Nutzung ist in einem Rehabilitationszentrum oder Labor nicht immer praktikabel. Bei unserer Arbeit mit Elite-Mittel- und Langstrecklern sind wir zu der Erkenntnis gelangt, daß eine isokinetische Evaluation vor allem der Unterschenkelmuskulatur sehr nützlich für die Identifizierung von Rechts-links-Unterschieden, Unterschieden zwischen Streckung und Beugung usw. ist. Auf diese Weise kann die Rehabilitation nach einer Verletzung kontrolliert werden. Ferner kann die eventuelle Entwicklung eines das Verletzungsrisiko erhöhenden Ungleichgewichts identifiziert werden, und selbstverständlich können auch die durch Training hervorgerufenen Leistungsveränderungen gemessen werden.

Drittens wurde von den auf dem Markt erhältlichen Trainingsmaschinen mit sich anpassendem Widerstand nur die Cybex-Maschine als Ergebnis des jahrzehntelangen klinischen Einsatzes validiert. Die anderen Maschinen sind wesentlich weniger etabliert und validiert. Viertens ist die Erzeugung exzentrischer Spannung mit einer Maschine mit sich anpassendem Widerstand nicht immer möglich. Fünftens sind die neueren Maschinen computergesteuert oder computerangetrieben und enthalten fertig programmierte Software-Pakete. Individualisierte Muskeltests und Trainingssequenzen sind nicht immer leicht durchführbar, es sei denn, die mitgelieferte Software wird modifiziert, oder es wird zusätzliche Software entwickelt. Sechstens sind die Tests und das Training für relativ spezifische und isolierte Muskelgruppen vorgesehen; es ist schwierig, mehrere Muskelgruppen zu testen oder zu trainieren. Die integrative neuromuskuläre Koordination, die so wichtig beim Transfer auf sportliche Fertigkeiten ist, ist daher nur unzureichend ausgeprägt.

Zusammenfassend lassen die im Verlaufe der vergangenen Jahrzehnte gesammelten Erfahrungen folgende Schlußfolgerungen zu:

- Übungen, die das Gleichgewicht und die Koordination vieler Hauptmuskelgruppen entwickeln, haben einen besseren praktischen und allgemein-konditionssteigernden Effekt für Läufer als Übungen, die nur eine oder einige Muskelgruppen isoliert ansprechen.

- Typische Übungsbeispiele sind Hantelübungen, Übungen unter Einsatz der eigenen Körpergewichts oder Anordnungen von Nocken bzw. Zugseilen, die mit Gewichtssäulen verbunden sind.

- Der beste Plan ist die Identifikation der zu entwickelnden, Hauptmuskelgruppen und das darauffolgende Aufstellen eines Trainingsplanes, der die vielfältigen vorhandenen Geräte in einer bestimmten Trainingsstätte optimal ausnutzt.

- Die detaillierte Aufzeichnung der pro Wiederholung oder pro Satz geleisteten Arbeit oder die auf dem Einsatz von Maschinen mit variablem Widerstand (z.B. Cybex) basierende Protokollierung anspruchsvoller Aspekte wie z.B. Rechts-links- oder Agonist-Antagonist-Ähnlichkeiten liefert Methoden zur Identifizierung, sowohl des Fortschritts im Verlauf derzeit als auch von Defiziten oder Ungleichgewichten, die auf eine Verletzungsanfälligkeit hindeuten könnten.

Die Kombination harter Arbeit mit einem gutentwickelten Plan und spezifischer Kontrolle ist ein großer Schritt in Richtung auf ein optimales, umfassendes wie auch spezialisiertes Fitneßniveau.

Plyometrie - Kopplung von exzentrischer und konzentrischer Spannung

Sprungläufe und Sprungübungen basieren auf isotonischer Spannungserzeugung, und zwar auf eine besondere Art und Weise. Wenn wir nach einer Flugphase den Boden wieder berühren, kommt es zu einer kurzen Phase exzentrischer Spannungserzeugung, wenn die landenden Beine die Auftreffeffekte des Körpergewichts und der Schwerkraft durch eine kurzfristige Kniebeugung absorbieren. Der nach vorne gerichtete Impuls und das Körpergewicht tragen zu dieser exzentrischen Spannung bei. Einen Sekundenbruchteil später erfolgt eine konzentrische Spannungserzeugung. Während der konzentrischen Spannung kommt es zunächst zu einer Vorwärts- und dann Aufwärtsbewegung. Jedes Auftreffen unserer Füße auf dem Boden ist von diesem exzentrisch-konzentrischen Spannungsmuster begleitet. Sprungläufe und Sprungübungen führen lediglich zu einer Überbetonung dieses Musters.

Nach Matwejew (1981) schafft die Fähigkeit des Körpers, die operationalen Qualitäten der exzentrischen und konzentrischen Kopplung mittels spezialisierten Trainings zu verbessern, eine hervorragende Gelegenheit zur Steigerung der Schnellkraft, vor allem beim Springen. Yuriy Verkoshanskiy (1973) bezeichnet Übungen, die die Toleranz hinsichtlich dieser Belastungen verbessern (charakteristischerweise Sprünge von Kisten, Landung und dann ein explosiver Sprung nach oben) als „Schockbelastung". Atha (1981) nannte diese Übungen „Prellbelastungen". Der Begriff **Plyometrie** bezieht sich auf Trainingsübungen, die konzentrische Leistung durch eine unmittelbar vorausgehende *exzentrische* (Dehnungs-) Belastung steigern. Das griechische Wort *pleythyein* bedeutet „steigern".

Wenn es zu einer exzentrisch-konzentrischen Kopplung kommt, interagieren mehrere Phänomene, um eine Steigerung der Leistung zu bewirken. Lassen Sie uns als Beispiel einen Blick auf einen simplen Sprunglauf werfen, bei dem der Unterschenkel im Begriff ist, die Auftreffwucht abzufangen und gleichzeitig den Abdruck auszuführen, der den nächsten Sprung in der Sequenz einleitet. Die Längenspannung im Quadrizeps-Muskel dehnt die kleinen Rezeptorendungen, die *Muskelspindeln* genannt werden. Die Aktivierung der an diesen Spindeln ansetzenden sensorischen Neurone erzeugt eine Reflexstimulierung der die Quadrizeps-Muskelzellen innervierenden Motoneurone. Es kommt zu einer aktiven Erzeugung konzentrischer Spannung, was die Tendenz einer Kniestreckung bewirkt. Wenn diese Reflexstimulierung zeitlich perfekt mit der von der Großhirnrinde herrührenden Information, willkürlich den Absprung einzuleiten, zusammenfällt, summieren sich diese beiden Faktoren, so daß der gesamte neuromuskuläre Output im Bereich des Kniegelenks gesteigert und eine kräftige Knie-Extensoren-Reaktion bewirkt wird.

Ein zweites Phänomen, das aus der exzentrischen Spannung herrührt, ist die Speicherung der Energie in elastischen Komponenten innerhalb der Muskelzellen (Thomas, 1988). Diese Komponenten sind sowohl in Serie mit als auch parallel zu den Muskelzellproteinen, die während der Spannungserzeugung aneinander vorbeigleiten, angeordnet. Die elastische Energie kann während der folgenden Verkürzung wieder zurückgewonnen werden. Das Ausmaß dieser Rückgewinnung ist am größten, wenn

- zwischen der Dehnungs- und Verkürzungsspannung eine Zeitverzögerung liegt (Komi & Bosco, 1978),
- die Dehnungsspannung nicht zu groß ist (Cavagna, 1977), und
- die Geschwindigkeit der Dehnungsspannung am größten ist (Burke, 1981).

Spezifische plyometrische Übungen werden aktiv von Hochspringern und Dreispringern durchgeführt. Bei diesen Disziplinen liegt der Schwerpunkt auf der Entwicklung einer maximalen vertikalen oder horizontalen Flugkurve. Zu den plyometrischen Übungen für die Beinmuskeln gehören charakteristischerweise verschiedene Arten von Tiefsprungübungen von Kisten oder anderen Turngeräten. Das Fangen und sofortige Zurückstoßen eines Medizinballs ist ein Beispiel für eine plyometrische Übung, die den Oberkörper beansprucht.

Die Gerätearten, die für das plyometrische Training benötigt werden, sind simpel: stabile Kisten von 25 bis 75 cm Höhe, Gewichtswesten von 4,5 bis etwa 11 kg Gewicht sowie einige verstellbare Hürden. Ferner ist ein glatter Grasboden zu empfehlen. Wenn man diese Aspekte berücksichtigt, kann ein individualisiertes Programm entworfen werden, welches eine Vielfalt von anspruchsvollen plyometrischen Reizen enthält, die zur Entwicklung der Muskel- und Gelenkkraft und Schnellkraft beitragen. Die exakten Wiederholungs- und Satzzahlen (sowie Höhen der Hürden oder Kisten) hängen von der vorangegangenen Erfahrung der jeweiligen Athleten, der Position in einem Trainingsmakrozyklus und der jeweiligen Disziplin ab. Wir haben festgestellt, daß für das beidbeinige Hüpfen über eng gestellte Hürden oder das Kistenspringen (das Springen auf und von vier Kisten, die in so geringem Abstand hintereinander stehen, daß zwischen ihnen eine beidbeinige Landung möglich ist) 20 bis 25 Sprünge bereits zuviel sind. Wenn es dem Sportler leicht gelingt, fünf Sätze oder fünf Sprünge unter Einsatz niedriger Kisten oder niedriger Hürden zu absolvieren, kann die Intensität allmählich erhöht werden, indem das Körpergewicht des Athleten (mittels einer Gewichtsweste) oder die Höhe, bis zu der sein Körpergewicht angehoben werden muß, gesteigert wird. Der Athlet kann auch Sprungläufe auf einem weichen Grasboden absolvieren, wobei er drei Sätze von je 10 langen Schritten absolviert, die sich durch ein hohes Knieheben, wie es für den Step beim Dreisprung nötig ist, auszeichnen.

Bei erster Betrachtung scheint es für Mittel- und Langstreckenläufer unnötig, daß sie sich für eine Verbesserung ihrer Sprungkraft interessieren. Effizientes Laufen ist jedoch u.a. durch eine minimale vertikale Oszillation charakterisiert, wodurch eine optimale Umwandlung der Energie in Vorwärtsbewegung erfolgt. Ein mäßiger Umfang an plyometrischem Training bewirkt vor allem bei Mittelstrecklern die Entwicklung einer positiven Schnellkraftkomponente, die sich durch die traditionelleren isotonischen Trainingstechniken nicht erreichen läßt. Diese zusätzliche Schnellkraft kann in bestimmten Wettkampfsituationen von Vorteil sein, wenn es darum geht, durch den effektiven Einsatz der großen Hüft- und Beinstrecker das Tempo plötzlich zu erhöhen. Jede zusätzliche Steigerung der Gelenkkraft, die aus einem solchen Training resultiert, nützt ferner dem Athlet im Sinne einer Verletzungsprophylaxe.

Plyometrische Übungen sind äußerst spezifische Übungen, bei deren Integration in den Trainingsplan sehr vorsichtig vorgegangen werden muß. Sie sind potentiell verletzungsgefährdend, wenn sie falsch oder in ermüdetem Zustand ausgeführt werden. Folgende sechs Richtlinien sind daher zu berücksichtigen:

1. Aufgrund ihrer Intensität und ihres ballistischen Charakters sollten plyometrische Übungen durch ein gründliches Aufwärmen und Stretching-Übungen eingeleitet werden.
2. Plyometrische Übungen sollten nicht im Anschluß an ein hartes Krafttraining oder Tempolaufeinheiten durchgeführt werden. Sie sollten vielmehr zu Beginn einer Trainingseinheit absolviert werden, wenn die Muskeln und Gelenke noch frisch sind.
3. Da plyometrische Übungen über eine ausgeprägte anaerobe Komponente verfügen und technisch sauber sowie mit hoher Konzentration ausgeführt werden müssen, sollte der Sportler sich zwischen den einzelnen Sätzen nahezu vollständig erholen.
4. Anaerobe Laufeinheiten sollten nicht am Tag nach einer Plyometrieeinheit durchgeführt werden; ein Tag mit einem lockeren Lauf ist nötig, um eine Erholung zu gewährleisten.
5. Sportler sollten stets auf eine weiche, nachgiebige Landefläche achten, wie z.B. Gras oder geeignete Matten, sowie auf Schuhe, die den Fuß optimal stützen.
6. Plyometrisches Training sollte nur nach der Erarbeitung einer ausreichenden Kraft- oder Konditionsgrundlage absolviert werden; plyometrisches Training ist nicht für alle Langstreckler wichtig. Plyometrie ist eine fortgeschrittene Form spezifischen Trainings, dessen Ziel darin besteht, die Explosivität der Bein- und Hüftstrecker von Mittelstrecklern zu erhöhen. Dies kann sich in Wettkämpfen positiv auswirken.

Circuittraining und Stationstraining zur umfassenden Konditionierung

In den fünfziger Jahren wurde es populär, ein aktives, gesundheitsorientiertes Leben zu führen, und viele Menschen begannen, Programme zu suchen, mit deren Hilfe sie ein hohes Maß an Fitneß ausbilden konnten, ohne daß sie Bodybuilding, Gewichtheben oder einen anderen Sport leistungsmäßig und in einem festen Organisationsrahmen ausüben mußten. Es erschien plausibel, eine Serie von Übungen so zu gestalten, daß, im Falle der Ausführung dieser Übungen nacheinander, eine Kombination von Kraft, Schnellkraft, Stehvermögen, Gewandtheit, Beweglichkeit und kardiovaskulärer Fitneß zu erreichen ist. Ein solches Trainingsprogramm über Wochen hinweg ausgeführt, wirkt als ein Overload-Reiz, der zu adaptiven Verbesserungen der angesprochenen Leistungsvariablen führt. Morgan und Adamson (1957) entwickelten an der Universität von Leeds (England) ein solches Trainingsverfahren und nannten es *Circuittraining*. An einer Anzahl von Übungsstationen sollten spezifische Aufgaben erfüllt werden, wobei einige Übungen mit einfachen Geräten durchgeführt wurden. Diese Stationen wurden dem vorhandenen Raum angepaßt. Auf diese Weise konnten gleichzeitig so viele Personen trainieren wie Übungsstationen vorhanden waren, wobei jeder einzelne sich im gleichen Tempo von Übungs- zu Übungsstation begab. Die an jeder Station beanspruchten Muskelgruppen unterschieden sich, so daß die Gefahr einer örtlichen Ermüdung reduziert wurde.

Circuittraining wird heute als ein zweckmäßiges Mittel sowohl zur Entwicklung der allgemeinen Kondition als auch zur Stimulation spezifischer Muskelgruppen angesehen. Die Anzahl und Intensität der Wiederholungen kann variieren. Das gleiche trifft auf die Ruhepausen zwischen den einzelnen Wiederholungen und Wiederholungssätzen, die Anzahl der Übungsstationen, die Schwerpunktsetzung auf die Kraft, Schnellkraft oder Beweglichkeit sowie das Ausmaß der anaeroben und der aeroben Belastung zu. Eine große Vielfalt von Circuit-Trainingsprogrammen wurde entwickelt (Sorani, 1966). Sie zeugen von großem Erfindungsreichtum und erheblicher Kreativität hinsichtlich der Anpassung an unterschiedliche Sportlergruppen und Trainingsumgebungen. Einige Zirkel bestehen ausschließlich aus körperbildenden Übungen oder Übungen, die gegen das eigene Körpergewicht absolviert werden und zu deren Ausführung keine besonderen Geräte nötig sind. Diese Übungen können alle an einem Ort oder an verschiedenen Orten durchgeführt werden; so z.B. an den vier „Ecken" einer Laufbahn, wobei der Athlet von einer Station zur anderen joggt. Andere Zirkel können in der Halle absolviert werden, wobei Sprossenleitern, Bänke und einstellbare Sprungkästen, die normalerweise in einer Turnhalle zu finden sind, benutzt werden. Der Trainer von Seb Coe an der Loughborough Universität, George Gandy, entwickelte in der Mitte der 70er Jahre einen Plan unterschiedlicher Übungen wie Seilklettern, Tiefsprünge von einem Kasten und anschließende Sprünge wieder auf einen Kasten, Dips, sogenannte „Burpees" (die manchmal auch „Kniebeuge-Stöße" genannt werden), Beinheben, Liegestütze in Schräglage und Steigeübungen an einer Bank.

Dieser Zirkel war eine Mischung aus plyometrischen Übungen, Krafttraining, Beweglichkeit und kardiovaskulärer Entwicklung innerhalb eines einzigen Programms (Gandy, 1983). Es handelte sich also hierbei um ein außerordentlich umfassendes Konditionstraining.

Die aus einem derartigen zwei- oder dreimal pro Woche absolvierten Programm resultierende Konditionsverbesserung kann auf verschiedene Weise gemessen werden (Wilmore et al., 1978). Subjektiv empfinden die Trainierenden es im Laufe der Zeit als weniger belastend, den Zirkel mit einem bestimmten Belastungsumfang und einer bestimmten Belastungsintensität zu absolvieren. Mit Hilfe sorgfältiger Beobachtung durch einen Trainer oder durch andere Athleten kann eine größere oder geringere Leistungskompetenz in bestimmten Übungen festgestellt werden. Objektiv können die Wiederholungsanzahl, das bewältigte Gewicht oder die für das Absolvieren bestimmter Übungen benötigte Gesamtzeit gemessen werden. Die Motivation ist typischerweise bereits von Beginn des Programms an hoch. Zu Anfang wird es als befriedigend empfunden, neue Übungen zu lernen. Später kommt die Verbesserung der motorischen Kompetenz hinzu. Wenn diese ein Plateau erreicht, kommt es zu weiteren Verbesserungen der Kraft- und geleisteten Gesamtarbeit.

Einige einfache Richtlinien können angeführt werden, die Athleten helfen sollen, geeignete Circuittrainingsprogramme zu konstruieren. Achten Sie erstens darauf, nicht mehr als 8 bis 12 Übungen (für Anfänger 5 bis 9) Übungen zu planen, und stellen Sie sicher, daß die Übungen so variantenreich sind, daß alle Muskelgruppen belastet werden. Legen Sie als nächstes eine akzeptable Anzahl von Wiederholungen fest, so daß der Zirkel in 12 bis 15 Minuten durchlaufen werden kann. Dies bedeutet, daß die Dauer einer Übung auf etwa eine halbe Minute begrenzt ist. Die festgelegte Anzahl von Wiederholungen kann durch einen vorherigen Test bestimmt werden. Bei schwierigeren Übungen kann die maximale in 45 Sekunden zu leistende Wiederholungsanzahl bestimmt werden; bei leichteren Übungen ist eine 60sekündige Testdauer angemessener. Dann kann die Hälfte der innerhalb dieser Zeiträume absolvierten Wiederholungen für den Satz vorgesehen werden. Die Absicht besteht hierbei darin, daß die Athleten dauernd aktiv bleiben, daß sie an jeder Station etwa gleich lange bleiben und daß sie nicht übermäßig ermüden.

Planen Sie zweitens, den Zirkel innerhalb einer Trainingseinheit zwei- bis fünfmal zu durchlaufen, was eine Dauer von etwa einer Stunde in Anspruch nehmen wird. Machen Sie zwischen dem Ende des einen Zirkels und dem Beginn des folgenden Zirkels keine längere Pause als 2 bis 3 Minuten. Beanspruchen Sie drittens an nebeneinanderliegenden Stationen unterschiedliche Muskelgruppen. Legen Sie viertens den Schwerpunkt auf die Qualität der Bewegungsausführung (gute Technik); absolvieren Sie die Übungen nicht zu hastig. Achten Sie fünftens besonders auf die Entwicklung der Muskeln, die beim speziellen disziplinbezogenen Training nicht beansprucht werden. Versuchen Sie sechstens, alle Aspekte der Fitneß in das Programm einzubauen: Beweglichkeit, Gewandtheit, Kraft und Ausdauer. Legen Sie einen zusätzlichen Schwerpunkt auf die Komponenten der Gesamtfitneß, die im Verhältnis zu anderen Aspekten schlecht entwickelt sind.

Es haben sich zwei wichtige Varianten des Circuittrainings entwickelt, die sich von einer bloßen Veränderung der Kombination der oben erwähnten Grundübungen deutlich unterscheiden. Bei einer dieser Varianten wird eine spezifische Krafttrainingsausrüstung eingesetzt, wie z.B. Hanteln und Maschinen (Alen, Byrd & Smith, 1976). Diese Methode wird richtig als *Circuit-Gewichttraining* bezeichnet. In einer festgelegten kurzen Zeitspanne (wie z.B. 30 sec) werden an einer bestimmten Station so viele Wiederholungen wie möglich absolviert mit einer Belastung von etwa 50 % des bei einer einzigen Übungsausführung erreichten Maximums. Sofort nach Absolvieren der betreffenden Übung geht der Sportler zur nächsten Station und belastet andere Muskelgruppen auf eine ähnliche Weise. Stationen, an denen Liegestütze, Klimmzüge oder Sit-ups absolviert werden müssen, können ebenfalls leicht in einen derartigen Zirkel eingebaut werden.

Die zweite Variante ist das Stationstraining. Hier wird eine Vielfalt von Übungen in Form eines Zirkels arrangiert, aber der Athlet durchläuft diesen Zirkel nur einmal. An jeder Station absolviert der Athlet entweder mehrere Sätze von Wiederholungen - z.B. ein Drittel der Maximalanzahl, die in 45 bis 60 sec absolviert werden kann, wobei zwischen den einzelnen Sätzen eine angemessene Pause gemacht wird - oder einen einzigen sehr langen Satz. Dies ermöglicht eine spezifische und intensive lokale Muskelbelastung als Reiz zur Kraft- und Ausdauerverbesserung. Seb Coe hat ein Stationstrainingsprogramm entwickelt, das fast überall absolviert werden kann, denn man benötigt zu seiner Durchführung nur einen Stuhl und einen Kasten bzw. einen niedrigen Tisch. Vor allem während langer Reiseperioden fernab von seinem heimatlichen Trainingsgelände und bei schwer zugänglichen Trainingsstätten kann Seb ein hohes allgemeines Konditionsniveau aufrechterhalten, das er andernfalls vernachlässigen würde. Im folgenden finden Sie eine kurze Zusammenfassung seines Stationstrainingsprogramms:

Halbe Kniebeugen: Von 2 Sätzen, bestehend aus je 5 x 200, bis zu 2 Sätzen mit je 500 halben Kniebeugen; die Erholungspausen entsprechen der Dauer der einzelnen Sätze.

Sit-ups mit gebeugten Knien: Abwechselnd Curls mit geradem und geneigtem Oberkörper, die Ellenbogen berühren abwechselnd das jeweils gegenüberliegende Knie; ein Satz besteht aus 200 bis 250 Wiederholungen.

Liegestütze: Mit höher gelagerten Füßen, so daß die Beine sich in Schräglage befinden; 5 Sätze zu je 20 Wiederholungen.

Rückendehnung: Unter Verwendung eines Stuhls und entweder eines Partners oder eines unbeweglichen Gegenstands zur Stabilisierung beider Beine; 3 bis 4 x 20 bis 30 Wiederholungen; nicht mehr als 100 Wiederholungen pro Einheit.

Steigeübungen: Entweder an einem Kasten oder einem niedrigen stabilen Tisch; 2 x 10 Wiederholungen mit jedem Bein abwechselnd; dann 2 x 20 mit jedem Bein abwechselnd; die Wiederholungen werden als kontinuierlicher Satz absolviert.

Tabelle 4.2 enthält einige Hinweise für Langstreckler, die an der Entwicklung von Kreis- und Stations- sowie Hanteltrainingseinheiten interessiert sind. Diese Übungen bzw. Hebetechniken sollten allen Lesern bekannt sein, und einige werden auf den folgenden Seiten von drei Weltklasseläufern (Seb Coe, Pat Porter und Wendy Sly) bildlich dargestellt (Abbildungen 4.7 bis 4.20).

Tabelle 4.2: Hinweise zum Vergleich von leichten, mittleren und harten Circuit-, Stations- und Gewichttrainingseinheiten

Die in jedem Satz oder Circuit auszuführenden Übungen sind mit einem X markiert.	Circuits[a] Anzahl der Circuits			Stationstraining[b] Anzahl der Stationen		
	2-3 leicht	3-4 mittel	4-5 hart	5-6 leicht	7-8 mittel	8-10 hart
Dips		X	X			
Rücken-Streckübung	X	X		X		
Rücken-Streckübung über Stuhl			X[c]		X	X[c]
Sit-ups mit gebeugten Knien, geradliniges Anheben des Oberkörpers	X		X		X	
Sit-ups mit gebeugten Knien, Anheben des Oberkörpers mit Verwringung		X			X	
Sit-ups mit gebeugten Knien auf geneigter Ebene			X		X	X
Liegestütze	X	X		X		
Liegestütze mit erhöhten Füßen			X		X	X
Kniebeugesprünge (Froschsprünge)	X		X	X		
Burgees		X	X		X	X
Anheben der Beine			X			
Seilklettern		X	X			
Klimmzüge	X	X				
Steigeübungen mit der Hantel			X	X	X	X

Kraft + Ausdauer Gewichttraining	Wiederholungen/Satz			Sätze		
	leicht	mittel	hart	leicht	mittel	hart
Hantel-Curls	3	6	10	3	4	6
Pull-Over mit gebeugten Armen	2	5	8	3	3	2
Bankdrücken mit Hantel	2	4	6	4	4	4
halbe Kniebeugen mit Hantel	2	4	6	6	6	6
Abwechselnder Ausfallschritt mit Hantel	2	4	6	3	3	6
vertikales Rudern	2	3	5	4	5	6
Steigeübungen mit Hantel (mäßige Belastung)	10	15	20	2	4	5-6

[a]) Jeder Circuit sollte aus etwa 8 bis 10 Übungen bestehen, wenn der Sportler sich an diese Trainingsart völlig gewöhnt hat.

[b]) Jede Station besteht aus einer Übung mit einer vorgegebenen Wiederholungsanzahl.

[c]) Seien Sie vorsichtig bei dieser Übung, wenn Sie über eine Wirbelsäulenschwäche verfügen; seien Sie auch bei den anderen Übungen zu Beginn stets vorsichtig.

Eine große Vielfalt dieser Übungen kann entwickelt und den vorhandenen Geräten angepaßt werden, sei es in einer Turnhalle, einem Gesundheitszentrum oder einem Wohnzimmer. Wenn erst einmal ein grobes Raster hinsichtlich der Anzahl der Sätze, Wiederholungen und der Erholungspausen festgelegt wurde, sollten notwendige Änderungen über eine Feinabstimmung erfolgen, so daß die Entwicklung optimiert und eine unnötige Ermüdung minimiert wird. Dann kann dieses Programm ein effektiver und integraler Bestandteil des Gesamttrainingsplans werden. Abbildung

4.6 gibt einen Überblick über die Wechselbeziehungen zwischen einer umfassenden Konditionierung und den verschiedenen Aspekten des Laufens, denn sie tragen nicht nur zur Verbesserung der Kraft und Schnelligkeit, sondern auch zur Verbesserung der Ausdauer und des Stehvermögens bei. Was den Mittel- und Langstreckenlauf angeht, so trägt ein den gesamten Körper umfassendes Konditionstraining nicht so sehr zum Wettkampferfolg oder -mißerfolg bei, sondern es ist vielmehr eine Maßnahme zur Verletzungsprophylaxe und zum Schaffen einer umfassenden Fitneßgrundlage, die ein noch disziplinspezifischeres Training (d.h. Lauftraining) erlaubt.

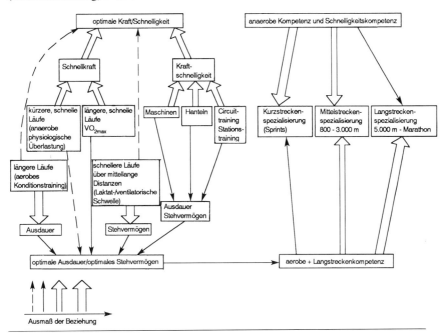

Abbildung 4.6: Zusammenfassung der Wechselbeziehungen zwischen einem allgemeinen Konditionstraining und dem Laufen bei der Entwicklung der Kraft/Schnelligkeit und der Ausdauer/dem Stehvermögen bei drei Läufergruppen (Sprinter, Mittelstreckler und Langstreckler)

Allgemeine Konditionsübungen

Die in den Abbildungen 4.7 bis 4.20 gezeigten Übungen können die Kraft, Schnellkraft und Ausdauer der für Langstreckenläufer wichtigsten Muskelgruppen verbessern. Diese Übungsfolge verläuft vom Oberkörper zu den unteren Extremitäten; Sportler sollten die Gestaltung einer Trainingssequenz, die auf ihre spezifischen Bedürfnisse optimal abgestimmt ist und die sich durch eine hohe

349

Ausgewogenheit auszeichnet, sorgfältig berücksichtigen. Typischerweise wird eine angemessene Kombination von Übungen ausgewählt, die jene Muskelgruppen trainieren, die am ehesten der zusätzlichen Entwicklung bedürfen. Eine übermäßige Ermüdung wird bei einer Trainingssequenz dann verhindert, wenn diese Sequenz so gestaltet ist, daß an jeder Station unterschiedliche Muskelgruppen beansprucht werden. Je nachdem, welche Geräte verfügbar sind, kann es durchaus angemessen sein, die hier vorgestellte Trainingsmodalität durch eine andere zu ersetzen. Der Schwerpunkt sollte auf einer guten Technik und einem angemessenen Trainingsreiz zur Verbesserung der Kraft-, Ausdauer-, Beweglichkeits- und Gewandtheitskomponenten der Fitneß liegen.

a   b

Abbildung 4.7: *Hantel-Curl mit Mittelgriff im Stand* zur Entwicklung des Bizeps brachii. Fassen Sie die Hantel im Kammgriff, und halten Sie sie mit hängenden Armen in Höhe Ihrer Oberschenkel. Arme und Füße sollten etwa 40 cm auseinander sein (a). Atmen Sie beim Curling der Hantel gegen Ihre oberen Schultern ein (b). Halten Sie Ihren Rücken gerade, und arretieren Sie Ihre Beine und Hüfte. Kehren Sie fließend und kontrolliert zur Ausgangslage zurück, indem Sie eine exzentrische Spannung erzeugen und dabei ausatmen.

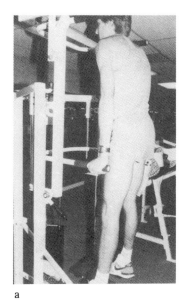 

a b

Abbildung 4.8: *Dips* zur Ausbildung der Pektoral- und Trizepsmuskeln. Suchen Sie sich einen Barren oder einen Dip-Stand, der speziell für diese Übung konstruiert ist. Die Holme sollten so hoch sein, daß die Füße den Boden im tiefsten Punkt der Übung nicht berühren. In der Ausgangsposition (a) wird der Sportler in aufrechter Haltung von seinen Armen gehalten. Während die Ellenbogen so dicht wie möglich am Körper gehalten werden, wird der Körper durch Beugen der Arme abgesenkt, bis die Bizepsmuskeln und Unterarme gegeneinanderstoßen (b). Während dieser Absenkbewegung wird ausgeatmet. Nach einer sehr kurzen Pause ermöglicht eine Verkürzungsspannung im Trizeps dem Sportler, sich bis zur vollen Armstreckung hochzudrücken, wobei es in den Trizeps- und Pektoralmuskeln zu einer maximalen Aktivität kommt. Während dieser Phase der Rückkehr in den Stütz wird ausgeatmet. Der Körper neigt bei dieser Übung dazu hin- und herzuschwingen. Der Athlet muß in dieser Situation die Kontrolle behalten und diese Bewegung minimieren.

Abbildung 4.9: *Liegestütze* zur Entwicklung der Pektoral- und Trizepsmuskeln. Diese Übung kennt fast jeder, und es gibt zahlreiche Variationen. Die einfachste Ausführungsvariante ist die mit mittlerem Abstand der Hände und den Füßen auf dem Boden. Wenn die Hände dichter zusammen sind, werden die inneren Pektoralmuskeln stärker belastet; weiter auseinandergestellte Hände belasten die äußeren Pektoralmuskeln. Die Übung wird noch weiter erschwert, wenn man den Widerstand erhöht, in diesem Bild z.B. durch Hochstellen der Füße. Beginnen Sie die Übung in der gezeigten Position, wobei der Körper starr ist und die Trizeps- und Pektoralmuskeln unter Spannung stehen, aber arretiert sind. Von dieser Position ausgehend wird der Körper so weit wie möglich abgesenkt. Nach einer sehr kurzen Pause wird der Körper wieder nach oben in die Ausgangsposition gedrückt. Während des Senkens wird eingeatmet und der Atem angehalten, beim Hochdrücken wird ausgeatmet.

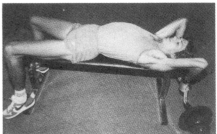

a   b

Während die Kraft durch ein intensiveres Training mit weniger Wiederholungen verbessert und die Ausdauer durch die gegenteilige Übungsgestaltung, d.h. viele Wiederholungen mit submaximaler Intensität, verbessert wird, stellt das Stehvermögen ein Verbindungsglied zwischen diesen beiden Fähigkeiten dar. Das Stehvermögen ist ein hohes Kraftniveau, das über eine hohe Wiederholungsanzahl beibehalten werden kann. Die Erfahrung diktiert genau, wie und wann der Athlet seinen Schwerpunkt mehr auf die Kraft, das Stehvermögen oder die Ausdauer legen muß, um seinen persönlichen Bedürfnissen gerecht zu werden. Obwohl Kraft und Stehvermögen typischerweise in getrennten Einheiten angesprochen werden, ist es möglich, beide Komponenten in einer einzigen Trainingseinheit zu trainieren. Derartige Muster sind die Grundlage von Einheiten, bei denen die Anzahl der Wiederholungen pro Satz abnehmen, das pro Wiederholung gehobene Gewicht jedoch zunimmt und auf die rekrutierten Muskelzellen einen entsprechenden Reiz ausübt. Seb Coe (59 kg Körpergewicht) absolvierte z.B. sechs Sätze von halben Kniebeugen, wobei die Wiederholungszahlen 15, 15, 15, 10, 10 und 5 waren. Von Satz zu Satz wurde das Gewicht der Hantel um 4,5 kg von 63,5 auf 86 kg gesteigert. Dies ist zugegebenermaßen eine harte Einheit - mehr als 5 Tonnen werden bei 70 Hebeaktionen bewegt -, so daß an diesem und am folgenden Tag nur leicht gelaufen werden kann. Der Lohn in Gestalt einer verbesserten lokalen Muskelausdauer ist jedoch beträchtlich.

◀**Abbildung 4.10:** *Pull-Over der Hantel mit gebeugten Armen* zur Entwicklung der Pektoral- und Brustkorbmuskeln. Die Übung wird in der in Abbildung 4.10a gezeigten Position begonnen. Der Athlet liegt in Rückenlage auf der Bank, die Schultern befinden sich nahe des Bankendes, der Kopf ruht am Bankende, die Hantel wird von den Armen oberhalb der Brust und über den Brustwarzen gestützt, wobei ein Ristgriff gewählt wird, bei dem die Hände etwas weiter als Brustbreite auseinander liegen. Atmen Sie ein, wenn Sie die Hantel dicht an der Brust und am Gesicht entlang nach hinten führen und sie hinter Ihrem Kopf senken, bis sie fast den Boden berührt (Abbildung 4.10b). Gehen Sie beim Rückführen der Hantel umgekehrt vor: Atmen Sie aus, wenn Sie die Hantel nach oben ziehen und dann entlang Ihres Gesichts bis in Brusthöhe führen.

a b

Abbildung 4.11: *Drücken der Hantel im Sitz vor und hinter dem Kopf* zur Entwicklung der vorderen und äußeren Deltoidmuskeln. Diese Übung wird in Sitzhaltung begonnen, wobei sich die Hantel in Umsetzhaltung entweder vor oder hinter den Schultern befindet. Wie in (a) gezeigt, wird der Ristgriff gewählt. Die Hantel wird dann um Armlänge über den Kopf nach oben gedrückt (b) und wieder gesenkt; war die Ausgangsposition der Hantel hinter dem Kopf, wird die Hantel vor dem Kopf wieder gesenkt. Während des Nach-oben-Drückens wird eingeatmet; die Ausatmung erfolgt während des exzentrischen Senkens der Hantel.

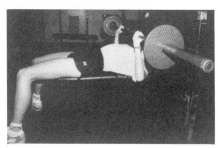

a b

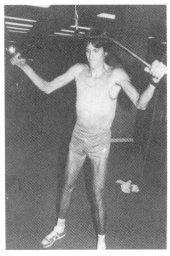 

a   b

Abbildung 4.13: *Lat Pull-down* zur Entwicklung des Latissimus dorsi. Diese Übung wird am besten mittels einer Maschine durchgeführt, die aus einer an einem Kabel befestigten Stange besteht. Das Kabel sollte um eine Winde geführt werden und an einer Gewichtssäule befestigt sein. Fassen Sie die Stange mit Ihren Händen (entweder sind ein breiter Ristgriff wie in Abbildung 4.13a gezeigt oder ein enger Griff möglich), halten Sie die Gewichtssäule, so daß sich die Stange etwa in Kopfhöhe befindet, atmen Sie ein, und ziehen Sie die Stange gerade nach unten, bis sie Ihren Oberschenkelansatz berührt (b). Je mehr die Arme in den Ellenbogengelenken fixiert sind, desto größer ist der auf den Latissimus ausgeübte Reiz. Bei Rückkehr zur Ausgangsposition wird ausgeatmet. Variationen dieser Übung sind in der Knieend-Stellung möglich, wobei mit den Armen über Kopfhöhe begonnen wird und die Stange entweder vor dem Kopf bis zum Brustansatz oder hinter dem Kopf bis zum Nacken hinuntergezogen wird.

◀ **Abbildung 4.12:** *Bankdrücken* zur Entwicklung der Pektoralmuskeln. Die äußeren Pektoralmuskeln werden am besten bei einem weiten Ristgriff entwickelt, während die inneren Pektoralmuskeln am besten mit einem engen Griff entwickelt werden. Der Athlet liegt in Rückenlage auf einer flachen Bank, seine Beine befinden sich beidseits neben der Bank, die Füße setzen auf dem Boden auf. In dieser Lage wird die Hantel vom Ständer genommen und zur Brust abgesenkt (a), wobei der Athlet ausatmet. Nach einer kurzen Pause wird die Hantel um Armlänge nach oben gedrückt (b), wobei der Athlet ausatmet. Der Rücken kann etwas durchgewölbt werden, aber die Hüfte (und auch der Kopf) müssen auf der Bank bleiben.

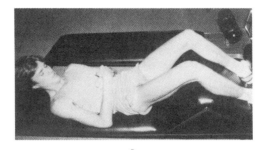

a

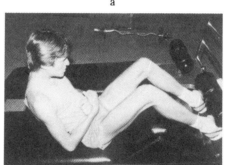

b

Abbildung 4.14: *Einfache und zusammengesetzte Sit-ups* zur Entwicklung der vier Bauchmuskeln. Diese Übung kann entweder auf einem waagerechten Brett, in der Abbildung dargestellt, oder einem geneigten Brett absolviert werden. Es sollte eine Fixiermöglichkeit für die Füße vorhanden sein. Die Oberschenkel sollten mit dem Boden einen Winkel von 45 Grad bilden (a). Die Hände können entweder hinter dem Kopf gefaltet bzw. gestreckt oder auf der Brust bzw. dem Bauch gehalten werden. Fortgeschrittene Athleten können auch ein Gewicht hinter ihrem Kopf halten. Während der Einatmung wird der Oberkörper angehoben. Ausmaß und Richtung des Hebens sind variabel; Die Rumpfbeugung kann gerade aufwärts bis zur Mitte des gesamten Bewegungsumfangs erfolgen (b). In diesem Punkt kann die Beugung entweder weiter geradlinig nach oben fortgesetzt werden, oder der Oberkörper wird nach rechts oder links gedreht, um die schrägen Bauchmuskeln zu entwickeln. Die Oberkörperbeugung kann so weit fortgesetzt werden, bis die Schultern fast die Knie berühren. Wenn eine maximale Beugung erreicht ist, sollte ausgeatmet und zur Ausgangsposition zurückgekehrt werden. Wenn die Bauchmuskeln zu ermüden beginnen, werden die Hüftbeuger wie z.B. der Iliopsoas zunehmend aktiv, und die Belastung der Lendenwirbelsäule nimmt zu. Hohe Wiederholungszahlen sind daher weder notwendig noch empfehlenswert (Sätze mit 25 bis 30 Wiederholungen sind angemessen).

a b

Abbildung 4.15: *Anheben der Beine* zur Entwicklung der Hüftbeuger. Diese Übung kann entweder an Dip-Holmen, an einer anderen barrenartigen Holmenanordnung oder an einer einzelnen waagerechten Stange durchgeführt werden. Zu Beginn der Übung kann der Athlet entweder an der Stange hängen (a), oder er kann die für Dips typische Ausgangsposition einnehmen (siehe Abbildung 4.8a); in beiden Ausgangspositionen sind die Ellenbogengelenke nach außen gedreht und arretiert. Atmen Sie ein, und beugen Sie Ihr Hüftgelenk; heben Sie die Beine, bis diese sich parallel zum Boden befinden (b). Versuchen Sie, die Knie nicht zu beugen. Atmen Sie bei der Rückkehr in die Ausgangsposition aus. Bei dieser Übung werden hauptsächlich der Psoas maior und der Iliacus entwickelt, aber auch der Rectus femoris, Sartorius und der Tensor fasciae latae werden gekräftigt. Die Bauchmuskeln wirken stabilisierend.

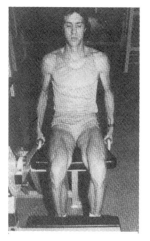 

a b

Abbildung 4.16: *Quadrizeps-Streckung* zur Entwicklung der unteren vorderen Oberschenkelmuskeln (Quadrizepsgruppe). Es kann jede beliebige Beinstreckmaschine verwendet werden. Die beste Sitzposition ist die, bei der die vordere Sitzkante in die Kniekehlen stößt. Der Sitz sollte unmittelbar hinter dem Gesäß mit beiden Händen gefaßt werden; normalerweise sind Handgriffe vorhanden (a). Die Zehen zeigen leicht nach unten. Im Moment der Einatmung wird die Gewichtsäule angehoben, bis die Beine sich parallel zum Boden befinden (b). Der Oberkörper sollte bei dieser Aktivierung der Oberschenkelmuskeln fixiert bleiben. Während der Rückkehr in die Ausgangsposition wird ausgeatmet.

a b c

Abbildung 4.17: *Abwechselnder Ausfallschritt* mit Hantel zur Entwicklung der vorderen Oberschenkelmuskeln und des Bizeps femoris der Oberschenkelrückseite (ischiocrurale Gruppe). Die Hantel wird entweder mit dem Ristgriff im Nacken und auf den Schultern gehalten, wie zur Vorbereitung auf eine Hantel-Kniebeuge (a) oder auf der oberen Brust wie bei der Vorbereitung auf das Drücken der Hantel (ebenfalls Ristgriff). Die Wirbelsäule wird gerade gehalten, der Kopf aufrecht, und die Füße stehen fest und nebeneinander auf dem Boden. Zu Beginn der Übung atmet der Athlet ein und macht einen möglichst weiten Schritt nach vorn bis der Oberschenkel des vorderen Beins fast parallel zum Boden ist (b, c). Das hintere Bein sollte so gestreckt wie möglich gehalten werden; beugen Sie das Kniegelenk nicht mehr als nötig. Für die Fortsetzung der Übung aus dieser Stellung existieren zwei Möglichkeiten: Der Athlet kann einen Schritt zurück zur Ausgangsposition machen (wobei er ausatmet) und die Übung entweder mit dem gleichen oder dem anderen Bein wiederholen. Der Trainingsreiz ist allerdings intensiver, wenn im Verlaufe eines Satzes der Ausfallschritt stets mit ein und demselben Bein durchgeführt wird.

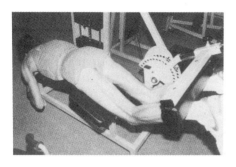 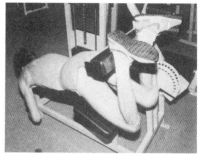

a b

Abbildung 4.18: *Unterschenkel-Curl* zur Entwicklung der rückwärtigen Oberschenkelmuskulatur (ischiocrurale Gruppe), besonders des Bizeps femoris. Es kann entweder eine spezifische Unterschenkel-Curl-Maschine oder eine Beinstreckmaschine eingesetzt werden. Legen Sie sich in Bauchlage auf die Bank, strecken Sie die Beine, und legen Sie Ihre Fersen unter die dafür vorgesehenen Polster (a). Fassen Sie den Vorderteil der Maschine, um sich festzuhalten. Atmen Sie ein, und ziehen Sie dabei Ihre Unterschenkel mit dem Gewicht nach oben, bis sich Waden und Oberschenkel fast berühren (b). Atmen Sie aus, und kehren Sie dabei zur Ausgangsposition zurück.

a b

c

Abbildung 4.19: Hantel-Kniebeuge zur Entwicklung des ganzen Körpers. Der Athlet beginnt diese Übung im aufrechten Stand, wobei er eine Hantel mittels Ristgriff auf seinen Schultern trägt (das Photo in Abbildung 4.19 a wurde einen Sekundenbruchteil nach Beginn der Kniebeuge aufgenommen). Die Füße können sich entweder mit der ganzen Sohle auf dem Boden befinden, oder die Fersen können leicht angehoben sein. Die Brust wird hoch gehalten, der Athlet atmet tief ein und bewegt sich unter ständiger Kontrolle des Bewegungsablaufs in die Kniebeugeposition, wie sie in den Abbildungen 4.19 b und c dargestellt ist. In der Kniebeugeposition hält der Athlet ganz kurz inne, atmet aus und dann wieder ein und bewegt sich schließlich zurück in die Ausgangsposition, in der er ausatmet. Das verwendete Gewicht kann relativ leicht sein, denn bei Mittel- und Langstreckenläufern spielt nicht so sehr die Muskelmasse als vielmehr die Kraft zusammen mit dem Stehvermögen eine wichtige Rolle. Ein typischer Satz besteht aus fünf Wiederholungen. Beim 2. oder 3. Satz können drei oder vier Atemzüge besser sein als die anfänglichen zwei.

a   b

Abbildung 4.20: Übungen zur Konditionierung des gesamten Körpers müssen nicht unter Standardbedingungen mit Betonung der Entwicklung spezifischer Muskelgruppen stattfinden. Wie hier an den Beispielen des Bockspringens (a) und dem Tragen eines Partners auf dem Rücken (b) auf hügeligem Grasuntergrund und als Kombination der Prinzipien des Circuit-, Stations- und Gewichttrainings gezeigt wird, kann ein derartiges Training in einer motivierenden und herausfordernden Atmosphäre stattfinden. Seb Coe legte während vieler der Formentwicklung dienenden Monate den Schwerpunkt auf ein derartiges Training. Einmal pro Woche absolvierte er eine Trainingseinheit, die mehrere Stunden dauerte und die verständlicherweise „Sonntagsplackerei" genannt wurde.

Kräftige (nicht unbedingt massige) Muskeln sind bei einem Mittel- oder Langstreckler von großem Vorteil, wenn es darum geht, hohe Belastungen zu tolerieren und Verletzungen vorzubeugen. Kräftigere Muskeln können besser auf die Belastungen reagieren, die beim Auftreffen der Füße auf dem Boden während des Laufens entstehen. Dies ist besonders wertvoll, wenn es um die Stabilisierung der Gelenke und die Reduzierung der Ermüdung bei sich wiederholenden Belastungen geht. Muskelverletzungen treten typischerweise am Muskel-Sehnenansatz auf (Garrett, Safran, Seaber, Glisson & Ribbeck, 1987). Der Muskel-Sehnen-Übergang enthält mehr Bindegewebe und weniger Sarkomere, und aufgrund dieses Unterschieds scheint er weniger belastbar zu sein als das benachbarte Muskelgewebe. Eine größere Muskelmasse im Bereich dieser Verbindungsstellen reduziert das Auftreten von Rissen.

Die Fitneß, die ein Sportler durch ein derartiges Training entwickelt, kann den Unterschied ausmachen zwischen dem Sieg und zwischen einer bloßen guten Leistung sowie zwischen Verletzungsanfälligkeit und Verletzungsresistenz. In gewissem Sinne stellt diese Art von Arbeit das wirkliche „geheime Trainingssystem" eines Spitzenathleten dar - außer dem Trainer beobachten nur wenige Personen den Athleten bei diesem Training. Dieses Training schafft die Kraft,

Geschmeidigkeit, das Stehvermögen und das Schnelligkeitspotential, welches andere Athleten nicht entwickeln, es sei denn, sie trainieren genauso hart. Wenn ein derartig umfassendes Konditionstraining sich beim Athleten erst einmal in Form einer hohen allgemeinen Fitneß niederzuschlagen beginnt, wird der Athlet durch das daraus resultierende zusätzliche Selbstvertrauen seinen Konkurrenten im Wettkampf überlegen sein.

An dieser Stelle sind einige Anmerkungen zur richtigen Atmung während des Gewichttrainings erforderlich (Austin, Roll, Kreis, Palmieri & Lander, 1987). Traditionellerweise wird während der Arbeit gegen den Widerstand (in der Aktionsphase) aus- und während der Rückkehr in die Ausgangsposition (in der Erholungsphase) eingeatmet. Dieses Vorgehen ist im Grunde korrekt. Aus physiologischer und struktureller Sicht ist es jedoch durchaus angemessen, den Atem während des schwierigsten Teils der Drück- oder Zugbewegung kurz anzuhalten. Dies führt zu einer kurzfristigen Steigerung des intrathorakalen Druckes. Die Folge ist ein starrer Brustkorb und eine dadurch bedingte zusätzliche Stütze der Brustwirbelsäule. Das Anhalten des Atems bewirkt auch ein Anspannen der Bauchmuskeln, was zu einer zusätzlichen Stützung der Lendenwirbelsäule führt.

Die Aktion des Atemanhaltens wird ein *Valsalva-Manöver* genannt, wenn sie durch die Anspannung der Bauchmuskeln und den Versuch, gegen eine geschlossene Glottis auszuatmen, begleitet wird (in Anlehnung an den italienischen Anatom Antonio Valsalva, der dieses Manöver als erster beschrieb). Wenn dieses Manöver zu lange ausgedehnt wird, kann die Erhöhung des intrathorakalen Druckes den venösen Rückfluß zum Herzen und damit das Herzminutenvolumen reduzieren. Dies könnte bewirken, daß der Athlet ohnmächtig wird. Um daher sowohl den venösen Rückfluß zum Herzen so wenig wie möglich zu reduzieren und gleichzeitig die Wirbelsäule zu stützen, ist es ratsam für Athleten, nach einem effektiven Atemmuster während des Gewichttrainings zu streben, welches die erwähnten Vorteile aufweist. Wie angeführt, scheint es ideal, im Moment der maximalen Spannung kurz den Atem anzuhalten.

Einige Hinweise bezüglich der Sicherheit während des Trainings sind ebenfalls erforderlich. Genauso wie Konditionsübungen das Ziel verfolgen, das aus dem Laufen resultierende Verletzungsrisiko durch eine umfassende Entwicklung des Muskel- und Skelettsystems zu reduzieren, besteht bei dem Konditionstrainingsprogramm selbst ein Verletzungsrisiko, wenn keine entsprechenden Sicherheitsvorkehrungen getroffen werden. Erstens sind stabile Schuhe mit erhöhtem Absatz, die sowohl der Ferse als auch dem Gewölbe eine ausreichende Stütze geben, zwingend erforderlich. Zweitens wird bei Belastungen der Wirbelsäule, wie z.B. bei Kniebeugen, das Tragen eines gut sitzenden Ledergürtels empfohlen. Dieser Gürtel unterstützt die Bauchmuskeln, die ebenfalls Spannung erzeugen. Der Gürtel hilft bei der Reduzierung eines Teils der intraartikulären Scherkräfte, die auf die Bandscheiben der Lendenwirbelsäule besonders belastend wirken.

Wieviel Zeit sollte während eines Trainings-Makrozyklus dem allgemeinen Konditionstraining gewidmet werden? Denken Sie stets daran, daß das Konditionstraining lediglich das Laufen unterstützen soll; es ist kein Laufersatz und sollte nicht übertrieben werden. Laufen sollte daher in jeder Trainingswoche den

Hauptteil des Trainings ausmachen. Drei wichtige Beobachtungen sollen deutlich machen, daß ein effektiver Konditionstrainingsplan wahrscheinlich für jeden einzelnen Athleten anders aussieht. Erstens brauchen Mittelstreckler mehr Kraft, Schnellkraft und Beweglichkeit als Langstreckler. Zweitens müssen die individuellen Stärken und Schwächen jedes Athleten identifiziert werden, so daß die Muskelgruppen, die besonders der Konditionierung bedürfen, schwerpunktmäßig trainiert werden, und die bereits gut konditionierten Muskelgruppen nur so trainiert werden, daß sie ihr Leistungsniveau aufrechterhalten.

Drittens sollte während der Trainingsphasen, die sich durch einen hohen Belastungsumfang auszeichnen (d.h. während der Mesozyklen X_2 und X_3, wie in Abbildung 3.3 gezeigt), dem umfassenden Konditionstraining eine größere Bedeutung beigemessen werden als während der anderen Trainingsabschnitte. Tabelle 4.3 gibt einen Überblick über die unterschiedliche Intensität und das unterschiedliche Muster des Circuit-, Stations- und Gewichttrainings, das Seb Coe während seines Jahrestrainings-Makrozyklus mit Erfolg praktizierte. Die eieruhrartige Figur neben der Tabelle ist ein Versuch, einen dimensionalen Eindruck von der Gesamtbelastung des Konditionstrainings zu vermitteln. Die Breite der Figur repräsentiert den Umfang, die Länge und die Zeit. Achten Sie darauf, daß Circuit- und Stationstraining zur Ausbildung einer Konditionsgrundlage dienen und einen beträchtlichen Wochenumfang ausmachen. Achten Sie in A darauf, daß mit dem Fortschreiten des anfänglichen Trainings der Umfang des Circuit- und Stationstrainings zunimmt. Dann wird diese Trainingsart allmählich zur Mitte des Makrozyklus hin durch ein intensiveres Gewichttraining (B, C) ersetzt. Bis zu diesem Punkt waren, wie in Kapitel 3 ausführlich beschrieben, die Laufaspekte des Trainings mehr auf die Umfangssteigerung zur Verbesserung der aeroben Fitneß ausgerichtet. Während das Laufen nun verstärkt anaerobe Komponenten aufweist und der Athlet in die Phase der unmittelbaren Wettkampfvorbereitung eintritt, nimmt die Intensität des allgemeinen Konditionstrainings weiter ab (D, E), wobei lediglich in Phase D der Umfang noch einmal leicht zunimmt, um dann in der Phase E reduziert zu werden. Das Ziel dieser Reduzierung besteht darin, daß der Athlet sich vor Beginn der eigentlichen Wettkampfperiode noch einmal ausruht, erholt und auffrischt.

Flexibilität und ihre Beziehung zur Gelenkbeweglichkeit

Allgemeine Konzepte: Flexibilität, Bewegungsumfang und Stretching

Nichtsporttreibende Menschen bewegen ihre Gelenke während alltäglichen Bewegungsaktivitäten normalerweise nicht über ihren maximalen Bewegungsumfang, es sei denn während eines entspannten Gähnens und damit verbundenen Strecken des Oberkörpers. Nur während intensiver Aktivitäten - gymnastischen

Übungen, sportlichen Aktivitäten oder plötzlichen Energieeinsätzen wie z.b. dem Hinauflaufen einer Treppe - wird der Bewegungsumfang wesentlich gesteigert. Dies wird durch eine Muskeldehnung und -verkürzung ermöglicht. Wenn die Muskeln nicht regelmäßig gedehnt werden, wird das Bindegewebe in den Gelenken mit der Zeit fester und damit weniger dehnbar. Die Konsequenz ist, daß es schwieriger wird, den früheren vollen Bewegungsumfang zu erreichen. Wir können das Wort „Flexibilität" als einen Zustand der Geschmeidigkeit beschreiben, der durch die Fähigkeit charakterisiert ist, die Gelenke über ihren normalen Bewegungsumfang zu bewegen. Die im Wörterbuch zu findende Definition des Begriffes Flexibilität lautet „Biegsamkeit ohne Bruchgefahr". Im Körper bedeutet Brechen soviel wie Reißen des Binde- oder Muskelgewebes.

Das Thema Gelenkflexibilität wird nahezu jedes Jahr in populären Laufmagazinen diskutiert (Anderson, 1989; Festa, 1988) und ist auch häufig in der trainingswissenschaftlichen Literatur behandelt worden (Alter, 1988; Anderson et al., 1984; Beaulieu, 1981; Cornelius, 1985). Die Vorteile einer hohen Gelenkmobilität bzw. -flexibilität für Sportler dürften jedem offensichtlich sein. Wenn ein Sportler sowohl kräftig als auch beweglich ist, bedarf es einer höheren äußeren Kraft, um einen Muskel- oder Bindegeweberiß zu provozieren, und einer stärkeren Dehnung, ehe es zu einem Riß kommt. Je höher diese Kraft- oder Dehnungsgrenzen sind, desto größer ist die Leistungsfähigkeit der entsprechenden Gewebe und desto weniger verletzungsgefährdet ist der Sportler (Beaulieu, 1981; Corbin & Noble, 1960). Wenn Sportler über lange Zeiträume verletzungsfrei bleiben, können sie Fortschritte in ihrem Training machen und infolgedessen ihr Leistungspotential besser ausschöpfen. Wenn man diese wertvolle Trainingszeit aufgrund einer Verletzung verliert, verlangsamt sich natürlich der Prozeß der Leistungsentwicklung.

Individuelle Unterschiede lassen es unangemessen erscheinen, die Beweglichkeit einer Person mit der einer anderen Person zu vergleichen, und es wäre sehr unklug zu versuchen, das Flexibilitätsniveau einer talentierteren Person zu erreichen oder zu übertreffen. Der Unterschied kann zum einen in einer verschiedenen Positionierung des Muskel-Sehnen- bzw. Muskel-Knochenansatzes bestehen. Zum anderen kann er im Ausmaß der Erholung nach intensiven anaeroben Belastungen liegen. Das Eindringen von H_2O in die Muskeln zur Aufrechterhaltung des osmotischen Gleichgewichtes ändert die Form der Muskeln, indem es sie verkürzt und auf diese Weise die Flexibilität der Gelenke, an denen sie ansetzen, einschränkt. Ein dritter Unterschied betrifft die Auswirkungen von Veränderungen der Körperhaltung im Tagesverlauf, vor allem beim Übergang vom Schlaf- zum Wachzustand. Die Bewegung des Wassers aus den Bandscheiben beim Übergang von der Horizontallage (während des Schlafes) zur Vertikalposition (bei der Aktivität während des Tages) führt zu einer langsamen Veränderung der Körperhöhe, wodurch sich die Beweglichkeit der Wirbelsäule verbessert. Dies ist eine Ursache der im Vergleich zum Morgen höheren Beweglichkeit am Abend - je mehr der Tag fortschreitet, desto kleiner wird der Mensch (Martin, Vroon, May & Pilbeam, 1986). Ein vierter Unterschied betrifft die Aufmerksamkeit, die wir der Aufrechterhaltung der Flexibilität zuteil werden lassen. Menschen, die ihre Gelenke täglich über den

Tabelle 4.3: Empfehlung zur Einbettung eines allgemeinen Konditionstrainings in ein Mittel- und Langstreckenprogramm[a]

Monat	Wo.	Training	Phase
Okt.	4	VölligeRuhe, kein Lauftraining, nur leichte gymnastische Übungen und Beweglichkeitsübungen	A
Nov.	8	Eine Circuit- oder lockere Stationstrainingseinheit pro Woche	A
Dez.	12	Zwei Stationstrainingseinheiten, eine lockere und eine harte, pro Woche	A
Jan.	16	Zwei Stationstrainingseinheiten, beide hart, pro Woche	A
Febr.	20	Eine mäßig harte Stations- sowie eine lockere Gewichttrainingseinheit mit leichten Gewichten zur Verbesserung der Ausdauer pro Woche	B
März	24	Eine mäßig harte Stations- sowie eine ausdauerorientierte Gewichttrainingseinheit mit schwereren Gewichten pro Woche	B
Apr.	28	Abwechselnd eine Woche mit einer harten ausdauerorientierten Gewichttrainingseinheit und eine Woche mit einer Pyramiden-Gewichttrainingseinheit mit einer Belastung von 90%-95%	C
Mai	32	Eine lockere ausdauerorientierte Gewichttrainingseinheit und eine lockere Stationstrainingseinheit pro Woche	D
Juni	36	Abwechselnd eine Woche mit einer lockeren ausdauerorientierten Gewichttrainingseinheit und eine Woche mit einer lockeren Circuit- oder Stationstrainingseinheit	D
Juli	40	Eine lockere Circuit- oder Stationstrainingseinheit pro Woche	E
Aug.	44	Nur Beweglichkeitstraining; Wettkampfperiode	E
Sept.	48 / 52	Nur Beweglichkeitstraining; Wettkampfperiode	E

[a]Wie dargestellt, betrifft dieses Muster einen Jahres-Makrozyklus; für kürzere Makrozyklen wäre eine entsprechende Reorganisation (aber keine Belastungssteigerung) erforderlich.

gesamten Bewegungsumfang bewegen, zeichnen sich durch eine wesentlich größere Gelenkgeschmeidigkeit aus als diejenigen, die dies nicht tun. Es ist empfehlenswert, daß Sportler ihr aktuelles Beweglichkeitsniveau bestimmen und auf vernünftige Weise versuchen, eine ausreichende Flexibilität zu entwickeln und aufrechtzuerhalten, so daß eine Sicherheitszone besteht zwischen dem, was der Sportler tatsächlich braucht, und den Grenzen seines Gelenkbewegungsumfangs.

Es besteht eine geringere Korrelation zwischen der Flexibilität und Variablen wie Körperbau (Somatotyp), Lebensalter und dem sportlichen Fertigkeitsniveau als zwischen dem Praktizieren von Übungen zur Entwicklung der Flexibilität und einer tatsächlichen Verbesserung des Gelenkbewegungsumfangs. Eine hohe Flexibilität ist bei den Athleten nahezu garantiert, die bei der richtigen Ausführung umfassender konditioneller Übungen die Aktivitäten betonen, bei denen sie ihren individuellen maximalen Bewegungsumfang ausschöpfen (Anderson et al., 1984). Beispielsweise sollten Klimmzüge aus dem Hang mit gestreckten Armen begonnen werden (aus der gleichen Ausgangsposition wie das Anheben der Beine in Abbildung 4.15 a), um eine maximale Dehnung sowie Kraftentwicklung über den Bewegungsumfang zwischen einer Ellenbogenbeugung von 0 Grad bis zu einer Beugung von mehr als 90 Grad bei Beendigung der Bewegung sicherzustellen. Da es jedoch sehr schwierig ist, diese Übung mit dieser Anfangsphase beginnend zu vollenden, beginnen Sportler oft mit einem Ellenbogenwinkel, der näher an 90 Grad liegt. Ein Mittel, eine völlige Dehnung des Bizeps brachii zu ermöglichen, bis dieses Kraftdefizit überwunden ist, ist das Einbeziehen einiger in einem 90-Grad-Ellenbogenwinkel beginnender Wiederholungen und eine anschließende Rückkehr auf 0 Grad unter Einbeziehung exzentrischer Spannungserzeugung. In der Trainingsfachsprache spricht man in diesem Zusammenhang oft vom „Absolvieren von Negativen" (die konzentrische Übungsform wird „positiv" genannt). Auf diese Weise wird eine Dehnung sichergestellt und die Kraft, die zur Ausführung einer den gesamten Umfang ausnutzenden konzentrischen Bewegung nötig ist, entwickelt.

Dehnübungen lassen sich in Abhängigkeit von der Art und Weise, wie das betreffende Gelenk über seine Spannbreite bewegt wird, mehreren Kategorien zuordnen. *Statische Stretchingübungen* beinhalten eine langsame und vorsichtige Dehnung des Gewebes bei der Einnahme verschiedener Positionen, von denen einige in den Abbildungen 4.21 bis 4.30 dargestellt sind. Diese Übungen können aktiv sein, d.h., sie werden vom Athleten alleine ausgeführt, oder sie sind passiv, das heißt, der Athlet wird von einem Partner unterstützt. *Ballistische Stretchingübungen* beinhalten federnde und schwingende Bewegungen, die den bei normalen Alltagsbewegungen erreichten Bewegungsumfang übertreffen und den Bewegungsumfang bei typischen sportlichen Bewegungen erreichen oder ebenfalls übertreffen. Derartige Bewegungen sollten nicht 5so ausgeführt werden, daß der maximale Bewegungsumfang übertroffen wird, weil dies zu Gelenkverletzungen führen könnte. Schließlich erlauben *propriozeptive neuromuskuläre Faszilitationsübungen* (PNF) die Dehnung eines Agonisten über seine normale Länge hinaus durch die Auslösung einer isometrischen Spannung im entsprechenden Antagonisten. Durch angemessene hemmende interneuronale Verbindungen des Agonisten und des Antagonisten über das Rückenmark kommt es im Agonisten zu einer gesteigerten Tonusentspannung. Diese PNF-Übungen können entweder alleine oder mit einem Partner absolviert werden (Hatfield, 1982).

Es gibt im Grunde zwei Arten von Lauftrainingseinheiten; Stretchingübungen sollten bei beiden eingesetzt werden. Trainingseinheiten, bei denen mit geringer bis mäßiger oder Steady-state-Intensität gelaufen wird, bedeuten keine Ausnutzung des maximalen Bewegungsumfangs der Gelenke, an denen die wichtigsten Muskelgruppen ansetzen. Derartige Trainingseinheiten beginnen normalerweise mit lockerem Jogging. Dann wird die Intensität mit bei zunehmendem Aufwärmgrad schneller ablaufenden Stoffwechselreaktionen allmählich gesteigert. Letztendlich wird eine vorher festgelegte Strecke in einer ebenfalls geplanten Zeit absolviert. Das Stretching wird am besten in den Schlußteil dieser Trainingseinheiten, also in das Abwärmen verlagert. Die zu diesem Zeitpunkt noch immer erhöhte Körpertemperatur sowie die vorherige körperliche Aktivität haben zu einer Verbesserung der Muskeldehnbarkeit geführt, so daß die Übungsausführung leichter fällt. In relativ kurzer Zeit, nicht länger als 15 bis 20 Minuten, können alle in Abbildungen 4.21 bis 4.30 beschriebenen Übungen absolviert werden. Dies erlaubt eine systematische Diagnostik von Links/rechts- und Agonist/Antagonist-Ähnlichkeiten und -Unterschieden und stellt gleichzeitig den täglich notwendigen Reiz zum Erreichen des für den betreffenden Athleten ausreichenden maximalen Bewegungsumfangs dar.

Andere Lauftrainingseinheiten sind schwieriger - es handelt sich hierbei um tatsächliche Wettkämpfe oder Tempoeinheiten, die eine erhebliche anaerobe Komponente aufweisen. Hierbei kann der maximale Bewegungsumfang eines Athleten wirklich ausgenutzt werden, und Stretchingübungen sind folglich ein wichtiger Teil der Vorbereitung auf diese Belastungen. Die normale Reihenfolge ist eine lockere Aufwärmphase, die aus Jogging oder lockerem Traben besteht, dann ein umfassender Dehnteil und schließlich eine Serie von Steigerungsläufen, die den Athleten an das Wettkampftempo oder an das Tempo des schnellen Trainingslaufs gewöhnen. Es ist ratsam, im Anschluß hieran wieder locker zu traben (Cooldown) und dann eine zweite Stretchingphase zu absolvieren, um den normalen maximalen Bewegungsumfang wieder zu erreichen und die Symmetrie des Körpers wiederherzustellen.

Die Entwicklung eines Stretchingprogramms

Das beste Stretchingprogramm ist eines, das einfach zu absolvieren ist, das so leicht wiederholbar ist, daß es bereits nach kurzer Zeit fast automatisch abläuft, und das die beim Laufen eingesetzten Hauptmuskelgruppen einbezieht. Das Programm sollte nicht zu hastig durchgeführt werden, so daß es sowohl eine mentale Entspannung als auch den beabsichtigten Dehneffekt bewirkt und eine Möglichkeit zur körperlichen Diagnostik bietet. Die in den Abbildungen 4.21 bis 4.30 dargestellten Übungen sind sicherlich nichts besonderes; sie sind möglicherweise bereits in zahlreichen anderen Publikationen dargestellt worden, was zeigt, daß es sich um ausgesprochen nützliche Übungen handelt. Die Übungen werden von Bo Reed, einem vielversprechenden amerikanischen Nachwuchslangstreckler (28:20 über 10.000 m im Alter von 20 Jahren), demonstriert. Bo ist sicherlich nicht der beweglichste Athlet auf der Welt, aber er arbeitet beharrlich an der Beibehaltung eines akzeptablen Flexibilitätsniveaus. Als Modell ist er daher einem Aerobic-Lehrer vorzuziehen, dessen Geschmeidigkeit für viele Läufer höchstens ein Traum sein kann (und die sicherlich für herausragende Laufleistungen auch gar nicht erforderlich ist).

Bei Stretchingübungen sollten einige Grundregeln beachtet werden:

1. Dehnen Sie die Muskeln auf beiden Seiten Ihres Körpers.
2. Überschreiten Sie nicht Ihre Schmerzschwelle.
3. Federn und reißen Sie nicht, sondern versuchen Sie, den intendierten Dehnungsgrad allmählich zu erreichen.
4. Halten Sie die maximale oder nahezu maximale Dehnung 20 bis 40 Sekunden ein, um eine optimale Verlängerung der Muskeln zu erreichen.
5. Achten Sie darauf, ob eine Seite beweglicher oder weniger beweglich als die andere Seite ist - ist dies das Ergebnis struktureller Unterschiede, der Nachwirkungen einer Verletzung oder etwa die Ankündigung einer Verletzung?

Eine der gebräuchlichsten Übungen zur Dehnung der hinteren Oberschenkelmuskulatur und der Wadenmuskulatur wird in Abbildung 4.21 dargestellt. Wie gezeigt, stellen Sie Ihr linkes Bein nach vorne, während Ihr rechtes Bein den Großteil Ihres Körpergewichts trägt. Lehnen Sie sich nach vorne, und stützen Sie Ihre Hände gegen einen unbeweglichen Gegenstand. Halten Sie Ihren Kopf aufrecht, und beugen Sie leicht Ihre Arme, wodurch Sie sich noch weiter nach vorne neigen und dadurch die Dehnung im Bereich des rechten hinteren Oberschenkels und der rechten Wade intensivieren. Stellen Sie jetzt Ihr anderes Bein nach vorne, und wiederholen Sie die Übung, um Ihren linken hinteren Oberschenkel und Ihre linke Wade zu dehnen.

In Abbildung 4.22 werden zwei weitere Muskelgruppen in die soeben beschriebene Dehnung der hinteren unteren Extremitäten einbezogen. Stützen Sie Ihre Hände in die Hüfte, stellen Sie Ihr rechtes Bein nach vorne auf eine Erhöhung, und steigen Sie auf einen benachbarten hohen Gegenstand, wie gezeigt. Diese Übung bewirkt eine Dehnung der Adduktoren in der rechten Leistenregion sowie der Hüftbeuger (Iliopsoas-Gruppe) der linken Seite. Halten Sie Ihren Kopf sowie Ihren rechten hinteren Fuß wiederum geradeaus nach vorne, und steigern Sie den Beugewinkel des gebeugten rechten Knies, wobei Sie die Hüften nach vorne bewegen und die Dehnung auf diese Weise langsam intensivieren. Kehren Sie in die Ausgangsposition zurück, und wechseln Sie die Beinstellung, um die Dehnübung zu komplettieren.

Eine weitere Übung zur Dehnung der hinteren Oberschenkelmuskulatur zeigt Abbildung 4.23. Legen Sie sich wie gezeigt auf den Rücken, wobei Ihr rechtes Bein im Kniegelenk leicht gewinkelt ist. Greifen Sie dieses Bein unterhalb der Wade, und ziehen Sie es zu Ihren Schultern hin. Stoppen und halten Sie diese Bewegung beim geringsten Schmerzempfinden. Nach etwa 10 bis 15 Sekunden kann vielleicht ein zusätzlicher Dehnreiz gesetzt werden. Wechseln Sie das Bein, und wiederholen Sie die Übung.

Eine Übung, die zwar in Rückenlage ausgeführt wird, aber grundsätzlich der in Abbildung 4.22 gezeigten ähnelt, bewirkt eine zusätzliche Dehnung der Iliopsoas-Gruppe und der hinteren Oberschenkelmuskulatur. Strecken Sie, wie in Abbildung 4.24 gezeigt, Ihr linkes Bein (und damit Ihre linke Iliopsoas-Gruppe), greifen Sie Ihr rechtes Knie und ziehen Sie es langsam auf Ihre Brust. Das linke Bein sollte gestreckt bleiben, wenn der Iliopsoas auf dieser Seite angemessen gedehnt wird. Sollte dies nicht der Fall sein, wird dieses Bein sich zu heben beginnen, wenn das rechte Bein weiter gezogen wird. Halten Sie diese Dehnposition 30 bis 40 Sekunden, ohne eine Dehnung dieser wichtigen Muskelgruppen zu erzwingen. Wechseln Sie dann die Seite.

In Abbildung 4.25 werden die Quadrizepsmuskeln gedehnt. Stellen Sie sich auf Ihr rechtes Bein, greifen Sie Ihren linken Fuß, und ziehen Sie ihn in Richtung Ihrer linken Hüfte. Wiederholen Sie diese Übung nach einer 10- bis 20sekündigen Dehnung, wobei Sie auf Ihrem linken Bein stehen und Ihren rechten Fuß zu Ihrer rechten Hüfte ziehen, um die Quadrizeps-Gruppe auf der anderen Seite zu dehnen.

Abbildung 4.26 zeigt eine nützliche Dehnübung für den Nacken, die Brust-, Bauch-, Iliopsoas- und Quadrizepsmuskeln. Benutzen Sie in der Bauchlage Ihre Arme, um Ihren Oberkörper anzuheben, wobei Sie durch das Zurückneigen Ihres Kopfes die Dehnung intensivieren sollten. Auch die Sternocleidomastoideus-Muskeln werden hierbei gedehnt. Diese Muskeln entspringen dem Brust- und Schlüsselbein und setzen an dem Griffelfortsatz des Schläfenbeins an. Sie schützen die Kopfarterie, die Drosselvene und den Vagusnerv an beiden Halsseiten und ermöglichen das Heben des Kinns, die Kopfbewegung zur Schulter hin und die Beugung der Wirbelsäule.

Zwei Übungen sind nützlich für die Rückenmuskeln und die Wirbelsäule. Indem Sie einfach einige Male in Rückenlage hin- und herschaukeln, wobei Sie Ihre Knie mit den Händen zur Brust hin ziehen sollten (Abbildung 4.27), wird eine Dehnung der Rückenmuskeln bewirkt. In Abbildung 4.28 ist die sogenannte orientalische Hocke dargestellt. Wenn Sie sich vorsichtig mit den Armen nach vorne ziehen, dieser Bewegung mit der Quadrizeps-Gruppe einen Widerstand entgegensetzen und Ihr Körpergewicht so einsetzen, daß Sie nicht nach vorne rutschen, bewirken Sie eine leichte Dehnung der unteren Rückenmuskulatur sowie der Hüft- und Kniegelenkmuskeln.

In den Abbildungen 4.29 a und b werden zwei Methoden zur Dehnung der Adduktoren dargestellt. In Abbildung 4.29 a üben die Hände einen leichten nach unten gerichteten Druck auf die Knie aus. In Abbildung 4.29 b werden die Hände eingesetzt, um die Füße ein wenig näher an den Rumpf heranzuziehen, wobei gleichzeitig durch den Druck der Ellenbogen eine zusätzliche Dehnung der Beine erreicht wird.

In den Abbildungen 4.30 a und b werden verschiedene Muskelgruppen auf beiden Körperseiten gedehnt. In Abbildung 4.30 b befindet sich die linke Hand auf dem Boden, und der rechte Arm ist um die distale Seite des rechten Oberschenkels gelegt. Auf diese Weise werden die Hüftrotatoren und die schrägen Bauchmuskeln der linken Körperseite und die rechten Rückenmuskeln gedehnt. Eine Drehung des Kopfes nach links bewirkt zusätzlich eine Dehnung des rechten Trapezmuskels und der rechten Sternocleidomastoideus-Muskeln. Wenn diese Position umgekehrt wird, werden die entsprechenden Muskeln auf der gegenüberliegenden Körperseite gedehnt. In Abbildung 4.30 b wird diese Übung in Rückenlage wiederholt. Das linke Bein wurde auf die rechte Körperseite gebracht und wird mit dem rechten Arm leicht nach unten gezogen, ohne den Boden zu berühren. Der Kopf wird nach links gedreht, um die Dehnung der Hüftrotatoren und der schrägen Bauchmuskeln zu verstärken. Denken Sie auch hier daran, diese Körperposition umzukehren, so daß die Dehnung vollständig wird.

Wir haben bewußt einige Dehnübungen aus diesem Übungsprogramm ausgeklammert, da bei einigen Personen, bei denen bereits spezifische Muskel- oder Gelenkverletzungen aufgetreten sind, ein gewisses Risiko einer Wiederholungsverletzung besteht. Für die Athleten, die bislang noch nicht verletzt waren und diese Übungen tatsächlich erfolgreich absolvieren können, sind sie sowohl nützlich als auch akzeptabel. Eine Übung ist das bekannte Hinabbeugen, um bei durchgedrückten Knien mit den Fingerspitzen die Zehen zu berühren. Diese Übung stellt eine sehr große Belastung für den unteren Rückenbereich dar, vor allem wenn es sich um übergewichtige Anfänger handelt, oder wenn bei der Übung gefedert wird. Eine andere Übung ist der sogenannte Hürdensitz, der in sitzender Position ausgeführt wird. Diese Übung kann bei Athleten, die rotatorische Probleme mit ihren Kniegelenken haben oder die Zerrungen im Bereich der hinteren Oberschenkelmuskulatur bzw. Verletzungen im Bereich der Lendenwirbelsäule hatten, mehr schaden als nutzen. Eine dritte Übung ist der sogenannte "Pflug". Diese Übung heißt so, weil die Stellung des Kopfes, Rumpfes und der unteren Extremitäten einem früher in der Landwirtschaft gebräuchlichen Pflugblatt entspricht. Der Athlet liegt hierbei auf dem Rücken, hebt die Beine, führt sie nach hinten über den Kopf, bis seine Zehen den Boden berühren. Die Kombination von Körpergewicht und Bewegungsimplus kann die Wirbelsäule einer außerordentlichen Belastung aussetzen, selbst dann, wenn die Hände den Rücken teilweise stützen. Die in den Abbildungen 4.21 bis 4.30 abgebildeten Übungen sind ein guter Ersatz für diese drei Übungen, insofern sie die für das Laufen bei jeder beliebigen Intensität erforderliche Beweglichkeit ausbilden.

Abbildung 4.21: Übung zur Dehnung der hinteren Oberschenkelmuskulatur und der Wade

Abbildung 4.22: Zusätzliche Dehnung der Leistenmuskeln und Hüftbeuger (Iliopsoasmuskeln) zur Dehnung der hinteren Oberschenkel- und Wadenmuskulatur

Abbildung 4.23: Dehnung der hinteren Oberschenkelmuskulatur in Rückenlage

Abbildung 4.24: Zusätzliche Dehnung der Hüftbeuger (Iliopsoasmuskeln) bei gestreckzem linken Bein neben der Dehnung der hinteren Oberschenkelmuskeln (Ziehen des rechten Knies zur Brust) in Rückenlage

Abbildung 4.25: Dehnung der Quadrizepsmuskeln

Abbildung 4.26: Übung zur Dehnung der Hals-, Brust- und Bauchmuskeln sowie der Iliopsoas- und Quadrizepsmuskeln

Abbildung 4.27: Dehnung der unteren Rückenmuskeln und der Wirbelsäule

Abbildung 4.28: Orientalische Hocke zur Dehnung der unteren Rücken-, Hüft- und Kniegelenkmuskeln

a   b

Abbildung 4.29: Dehnung der wichtigsten Adduktoren (Leistenmuskeln)

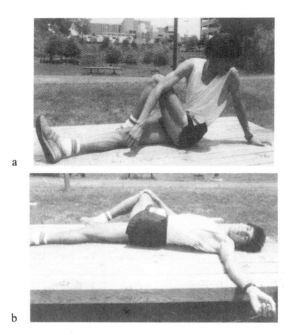

a

b

Abbildung 4.30: Dehnung vielfältiger Muskelgruppen einschließlich der Hüftrotatoren und schrägen Bauchmuskeln

Körperzusammensetzung

Wenn Athleten und Trainer sich an Sportwissenschaftler mit Fragen zum technischen Aspekt des Trainings und der Gesundheitsfürsorge wenden, interessiert sie ganz besonders das Thema Körperfett: Wieviel ist optimal, schadet zuviel Fett der sportlichen Leistung, wie kann man den Körperfettanteil messen, und wie genau sind diese Messungen? Dieses Thema aus dem Bereich der Leistungsphysiologie hat zusammen mit der Laktat-/ventilatorischen Schwelle mehr als genug zu konzeptioneller Verwirrung und methodologischen Mutmaßungen Anlaß gegeben. Es scheint leicht zu sein, unser Gesamtkörpergewicht als bloße Zusammensetzung aus einem Fett- und Mageranteil aufzufassen. Aber neben der Tatsache, daß das Fett in H_2O schwebt und der Rest unseres Körpergewebes sinkt, sind alle Angaben bezüglich unserer Körperzusammensetzung relativ. Hinsichtlich der Fettspeicherung gibt es sowohl geschlechtsspezifische als auch rassische und ethnische Unterschiede - nicht nur, was die bevorzugten Fettablagerungsstellen, sondern auch die Dichte der unterschiedlichen Gewebe angeht.

Wenn wir Variablen wie die Körperdichte und das Körperfett messen, kann es zu Fehlern kommen, die, wenn sie zu groß sind, den gesamten Meßvorgang zu einer Zeitverschwendung machen, weil die auf diese Weise gewonnene Information keinen großen Nutzeffekt hat. Man sollte sorgfältig darauf achten, solche Fehler zu vermeiden. Derartige Messungen werden aus mehreren Gründen durchgeführt. Wissenschaftler führen oft Querschnittsuntersuchungen durch, das heißt, sie sammeln Daten einer großen Anzahl von Personen, um die Körperzusammensetzung einer gegebenen Population zu bestimmen. Sportler bevorzugen normalerweise die Längsschnittmethode, bei der sie als ihre eigenen Kontrollpersonen dienen und mehrere Male jährlich über viele Jahre hinweg untersucht werden, um das Ausmaß der trainingsbedingten Veränderungen der Körperzusammensetzung zu identifizieren.

Es bestehen wenig Zweifel, daß die Menge des Körperfetts, das wir mit uns herumschleppen, ein wichtiger Aspekt sowohl der klinischen Medizin als auch des Sports ist. Wenn die Energieaufnahme den Energieverlust übertrifft, kommt es zur Speicherung von Energie, normalerweise in Form von Fett. In technologisch fortgeschrittenen Gesellschaften, in denen Nahrungsmittel im Übermaß existieren und die körperlichen Anforderungen an die berufstätige Bevölkerung nur gering sind, ist Fettleibigkeit ein chronisches und wichtiges Problem, welches die gesellschaftliche Gesundheit beeinträchtigt. Umgekehrt ist der Wunsch abzunehmen für viele Menschen ein motivierender Faktor, ein Trainingsprogramm zu beginnen.

Das Gleichgewicht zwischen Trainingsintensität (Energieausstoß) und Ernährungsstatus (Energieaufnahme) bestimmt die Menge des vorhandenen Körperfetts. Da der Eiweißumsatz während sehr intensiver Trainingsphasen zunehmen kann, kann auch die Mager-Körpermasse sich verändern. Sie kann zu- oder abnehmen in Abhängigkeit davon, ob der Trainingsreiz angemessen oder zu hoch war. Daher sind das Körpergewicht, die Mager-Körpermasse und das Körperfett allesamt nützliche Variablen bei der Bestimmung der im Laufe der Zeit auftretenden Veränderungen der Körperzusammensetzung eines Sportlers. Je nachdem, in welche Beziehung man den Fettgehalt setzt, kann es so aussehen, als ob er sich verändert, wenn er tatächlich stabil bleibt. Wenn z.B. ein 60 kg schwerer Läufer 2 kg Mager-Körpermasse durch ein systematisches Krafttrainingsprogramm hinzugewinnt, wird sich zwar der *Gesamtfettgehalt* seines Körpers nicht verändern, aber sein *prozentualer Körperfettanteil* (bei 3,6 kg Körperfett) von 6,0 auf 5,8 % abnehmen.

Die sportliche Leistungsfähigkeit kann auf verschiedene Weise durch die Anwesenheit von Körperfett beeinflußt werden. Für Schwimmer z.B. ist ein Körperfettanteil, der etwas höher liegt als der zur Aufrechterhaltung der Gesundheit erforderliche deswegen von Vorteil, weil er den Auftrieb erhöht. Wettkampfschwimmer sind jedoch trotzdem relativ schlanke Menschen. Für Sportler in den Kontaktsportarten, wie z.B. American Football und Rugby, ist ein gewisser Fettanteil als Polster zum Schutz vor Auftreffverletzungen nützlich. Für Läufer stellt übermäßiges Körperfett jedoch nichts als überflüssigen Ballast dar. Es steigert die Trägheit und Masse und erfordert daher zusätzliche Energie, um transportiert zu werden. Da jeder Mensch ein gewisses Maß an Fett braucht, um zu leben, müssen Läufer hin und wieder daran erinnert werden, daß die Sucht, übermäßig abzunehmen, genauso ungesund ist wie eine übermäßige Gewichtszunahme. Viele Hormone sowie z.B. die Vitamine A, D, E und K sind fett- statt wasserlöslich.

Auch Menschen, die nur ein beiläufiges Interesse an ihrer Körperzusammensetzung haben, haben vielleicht von Verfahren wie hydrostatischem Wiegen (Unterwasserwiegen bzw. Densitometrie), Hautfaltenmessung (Anthropometrie) oder der neueren Technik der Bioimpedanzmessung (Wilmore, Buskirk, DiGirolamo & Lohman, 1986) gehört oder das ein oder andere Verfahren einmal selbst persönlich erlebt. Mittels der Densitometrie wird die Körperdichte direkt bestimmt, während sie mittels der Anthropometrie indirekt gemessen wird. Dichtemessung ist typischerweise der erste Schritt bei der Bestimmung der Magerkeit bzw. des Fettgehalts. Wenn die Dichte einmal bestimmt ist, kann der Körperfett- oder -mageranteil mittels Regressionsanalysen bestimmt werden. Beide Techniken sind von erheblichem Wert, in Abhängigkeit von der Art der gewünschten Information und dem Können des Untersuchenden. Erst vor kurzem wurde eine exzellente Übersicht über dieses Thema publiziert (Brodie, 1988).

Densitometrie

Während der 40er und 50er Jahre führten mehrere Forschergruppen die Basisuntersuchungen durch, die zum verbreiteten Einsatz der Densitometrie als wichtigster Methode zur Bestimmung der Zusammensetzung des menschlichen Körpers führten. Brozek und Keys (1951) vermuteten, daß Dichteunterschiede bei gesunden Menschen einfach durch Unterschiede der relativen Menge ihres Mager- und Fettgewebes zu erklären wären. Detaillierte Untersuchungen gesunder junger, weißer, erwachsener Versuchspersonen ergaben Werte für die Dichte des Körperfetts von 0,9007 g/ccm (Fidanza, Keys & Anderson, 1953), wobei die magere Gewebemasse im Durchschnitt 1,1 g/ccm (Behnke, Osserman & Welham, 1953) betrug. Da die unregelmäßige Form des menschlichen Körpers eine genaue geometrische Volumenbestimmung schwierig macht und nur Fettgewebe weniger dicht als H_2O ist, ist es angebracht, die Körperdichte mittels Unterwasserwiegen zu bestimmen. Bei dieser Messung macht man sich das Prinzip des Archimedes zunutze und verwandelt den erhaltenen Wert der Körperdichte mittels einer Regressionsgleichung in Körperfett (Buskirk, 1961). Das **Prinzip des Archimedes** besagt, daß ein in Wasser eingetauchter Körper mit einer Kraft aufgetrieben wird, die dem Gewicht des verdrängten Wassers entspricht. Es werden zwei Messungen des Gewichts durchgeführt, eine außerhalb des Wassers und die andere im Zustand des Eintauchens, wobei der erhaltene Wert hinsichtlich des Residual-Lungenvolumens korrigiert wird. Die Körperdichte kann dann unter Anwendung der folgenden Gleichung errechnet werden, bei der BD = Körperdichte, OWBW = Körpergewicht außerhalb des Wassers, UWW = Unterwassergewicht, RV = Residualvolumen und WD = Wasserdichte ist:

$$BD = \frac{OWBW}{\frac{OWBW - UWW}{WD} - RV} \qquad (4.2)$$

Zwei Regressionsgleichungen zur Umwandlung der Werte der Körperdichte in den Prozentanteil Körperfett haben sich durchgesetzt. Es handelt sich um die Gleichung von Siri (1956), bei der

$$\% \text{Fett} = [(4{,}95/\text{Körperdichte}) - 4{,}50] \times 100 \qquad (4.3)$$

ist. Bei dieser Gleichung wird angenommen, daß die Fettdichte 0,9 g/ccm und die Dichte des fettfreien Gewebes 1,1 g/ccm beträgt. Die Gleichung von Brozek, Grande, Anderson und Keys (1963), bei der

$$\% \text{Fett} = [(4{,}57/\text{Körperdichte}) - 4{,}142] \times 100 \qquad (4.4)$$

ist, basiert auf den Werten eines Referenzmenschen von 70 kg Körpergewicht und 14 % Körperfett.

Das hydrostatische Wiegen ist normalerweise einigermaßen genau, erfordert jedoch eine Spezialausrüstung, mehrere zeitaufwendige Wiederholungsmessungen und die Bereitschaft der Versuchsperson, in einen Wassertank eingetaucht zu werden. Die Bedeutung der Fettleibigkeit als Problem in der klinischen Medizin sowie das Interesse von Sportlehrern bezüglich der Auswirkungen des Körperfetts auf die körperliche Leistungsfähigkeit haben jedoch zur weiten Verbreitung dieser Meßmethode geführt. Tabelle 4.4 gibt einige grundlegende Informationen zum Prozentanteil Körperfett in unterschiedlichen Männer- und Frauengruppen. Es gibt eine gewisse Menge nichtgeschlechtsspezifischer essentieller Fette im Körper. Es handelt sich hierbei um Lipide, die eng mit dem Leben unserer Gewebe zusammenhängen - der meisten Zellmembranen, der die Nervenzellen umgebenden Häutchen und der Gewebe im Hirn.

Tabelle 4.4: Ausgewählte anthropometrische Daten für Männer und Frauen

Kategorie	% Körperfett	
	Männer	Frauen
Nichtgeschlechtsspezifisches essentielles Körperfett	2-3	2-3
Fett bei trainierten Langstreckenläufern	5-9	9-16
Fett bei aktiven gesunden, jungen Erwachsenen	12-20	16-25
Klinische Fettleibigkeit	>25	>30

Kategorie	Körpermasseindex[a]	
	Männer	Frauen
Aktive gesunde, junge Erwachsene	25	25
Trainierte Langstreckenläufer	18-22	18-20
Klinische Fettleibigkeit	>30	>30

[a]Körpermasseindex = Gewicht in Kilogramm/Quadrat der Körperhöhe in Metern

Die Menge dieser essentiellen Fette ist gering, etwa 2 bis 3 % des Körpergewichts. Normalerweise bezieht sich der Begriff Mager-Körpermasse auf diese essentiellen Fette (Buskirk & Mendez, 1984), während der Begriff Speicherfett das restliche Fett bezeichnet. Der Begriff Fettgewicht spiegelt das, was hydrostatisch gemessen wird, genauer wieder, und dieser Begriff bezieht sich tatsächlich auf das gesamte Fettgewebe, während der Rest das sogenannte fettfreie Körpergewicht darstellt. Die Gleichungen (4.5) und (4.6) fassen diese Beziehungen zusammen (BW = Körpergewicht):

Gesamt-BW = fettfreies BW + Fettgewicht (4.5)

und

Gesamt-BW = (Mager-Körpermasse mit essentiellem Fett) + Speicherfett (4.6)

Das Vorliegen einer gewissen Fettmenge ist hormonell bestimmt. Im Blutkreislauf von Frauen liegt eine höhere Östrogenkonzentration vor als in dem von Männern. Östrogen hat eine hypolipämische (d.h. die Fettspeicherung steigernde) Wirkung, wobei das Fett typischerweise in subkutanen Bereichen wie z.B. dem Gesäß und den unteren Extremitäten abgelagert wird. Männer haben geringere Blut-Östrogen-Werte als Frauen und daher auch weniger gespeichertes Fett, sie weisen jedoch eine höhere Konzentration proteinaufbauender Hormone, wie z.B. Testosteron, auf. Muskelgewebe ist dichter als adipöses Gewebe, da es etwa 75 % Wasser enthält, während adipöses Gewebe nur 10 % enthält. Ein 60 kg schwerer Mann, der über 8 % Fett verfügt, sieht daher kleiner aus als ein 60 kg schwerer Mann mit einem Körperfettanteil von 15 %.

Das gesamte, zusätzlich zu dem oben beschriebenen essentiellen Fett vorliegende Körperfett kann als Speicherfett betrachtet werden. Es liegt z.B. im Knochenmark, in der Umgebung der inneren Organe und in den gleichen subkutanen Regionen vor, in denen das Östrogen-Fett gelagert ist. Ideal ist, nur soviel Speicherfett zu haben, wie zur Aufrechterhaltung der Gesundheit erforderlich ist. Bei Männern sollte der Wert demnach 4 bis 8 % und bei Frauen 8 bis 12 % betragen. Leider entwickeln einige Läufer die irrige Ansicht, daß das Körperfett ganz reduziert werden könnte, wenn sie ganz einfach weniger essen und härter trainieren. Dies ist schlicht falsch und kann zu einer Vielzahl gesundheitsbeeinträchtigender Ernährungsstörungen führen

Mindestens fünf technische Gründe stehen der präzisen Messung der Körperdichte entgegen. Die meisten dieser Faktoren lassen sich relativ gut kontrollieren. Eine Fehlerquelle ist das mittels einer Meßskala auf dem Land gemessene Körpergewicht. Eine andere Fehlerquelle stellt die Körpervolumenmessung dar. Eine dritte ist die Wassertemperatur in der Wiegekammer; nur bei 4 Grad C hat Wasser eine Dichte von 1 g/ccm. (Diese Methode wäre bei den Versuchspersonen noch unbeliebter, wenn dies die Wassertemperatur beim Eintauchen wäre!) Wasser mit einer Temperatur von 29,5 Grad C hat eine Dichte von 1,004 g/ccm. Ein vierter Fehler rührt aus der Anwesenheit von Darmgas her, welches schwieriger zu messen als durch die Anwendung bestimmter Ernährungsrichtlinien am Tag vor dem Test zu reduzieren ist. Schließlich ist das Lungenvolumen zu berücksichtigen, welches (auf das Residualvolumen) reduziert werden kann, indem man die Versuchsperson auffordert, vor dem Untertauchen maximal auszuatmen (Weltman & Katch, 1981). Die Anwendung prognostizierter nomographischer Werte für das Residualvolumen auf Basis von Lebensalter, Geschlecht und Körpergröße statt Meßwerten kann allerdings auch zu einem beträchtlichen Fehler führen (Morrow, Jackson, Bradley & Hartung, 1986) und sollte vermieden werden.

Zusätzlich zu den fünf oben erwähnten Quellen technischer Irrtümer können andere Zwänge zu Problemen bei der korrekten Interpretation densitometrischer Daten führen. Wir wissen noch nicht genau, wie ein intensives, über mehrere Monate beibehaltenes Trainingsprogramm zu subtilen Änderungen bestimmter Aspekte der Körperzusammensetzung führen kann. MacDougall, Sale, Elder und Sutton (1982) vermuten, daß Athleten über dichtere Knochen und Muskeln als Nichtathleten verfügen. Sollte dies wahr sein, würde es bei der Anwendung von Gleichungen, die von einer geringeren Körperdichte ausgehen, zu einer Überschätzung des Fett-Prozentanteils führen.

Selbst wenn diese technischen Fehlerquellen minimiert werden, gibt es noch immer eine etwa 3prozentige Fehlerspanne, die die biologische Einschränkung der Verwendung von nur zwei Komponenten - Fettgewicht und fettfreies Körpergewicht - in unserem Meßmodell darstellt. Es gibt individuelle Schwankungen des Körperwassergehalts und der Magergewebedichte, dennoch wird davon ausgegangen, daß die Körperdichte ein feststehender Wert ist. Ein Athlet, bei dem 6 % Körperfett gemessen werden, könnte daher in Wirklichkeit einen Wert zwischen 3 und 9 % aufweisen, in Abhängigkeit davon, wie nahe seine Körperdichte dem idealisierten Wert in der Gleichung kommt. Derartige Einschränkungen könnten als so groß erscheinen, daß Trainer und Athleten, die gewöhnt sind, Wettkampfleistungen in Hundertstelsekunden zu messen, die Messung des prozentualen Körperfettanteils als Zeitverschwendung auffassen könnten, vor allem, wenn dies bedeutet, den Athleten bei jeder Messung in einen Wassertank zu tauchen. Sie sollten sich jedoch keine Sorgen machen, denn normalerweise ist man nicht daran interessiert, den sogenannten *Absolutwert* des prozentualen Fettgehalts zu bestimmen, sondern die Änderungen des gemessenen Wertes im Verlauf der Zeit bei schwankendem Körpergewicht und variierender Fitneß zu quantifizieren. Reihenuntersuchungen an einer bestimmten Person über einen bestimmten Zeitraum weisen einen viel geringeren Meßfehler auf - vor allem, wenn das gleiche Instrument verwendet wird und die Messungen immer vom gleichen Forscher durchgeführt werden -, weil die technische Variabilität sehr gering ist und sich die Körperdichte der betreffenden Versuchsperson während der Messungen nur geringfügig ändert.

Wir wissen nicht genau, in welchem Ausmaß die Dichte diverser Gewebe in Abhängigkeit von der Rassenzugehörigkeit und der ethnischen Herkunft schwankt. Der Begriff „Rasse" bezieht sich auf eine Gruppe von Individuen, die gemeinsame biologische Merkmale aufweisen. Der Begriff „ethnisch" bezieht sich hingegen auf eine Gruppe, die sich durch kulturelle Unterschiede wie z.B. Sprache oder Religion von anderen Gruppen unterscheidet. Oft gibt es eine erhebliche Überlappung, aber es kann auch zu großen Differenzen kommen. Wenn derartige Unterschiede vorliegen, kann es sein, daß die Gleichungen von Siri (1956) und Brozek et al. (1963), die für junge, gesunde, weiße Amerikaner (europäischen Ursprungs) valide sind, auf diese anderen Gruppen nicht zutreffen. Daten von Robert Malina (1973) lassen z.B. vermuten, daß schwarze amerikanische Sportler im Vergleich zu weißen amerikanischen Sportlern zu einem ausgeprägteren linearen Körperbau, geringerer Hautfaltendicke, höherer Körperdichte und größerer Skelettmuskelmasse und -dichte tendieren. Eine neuere Untersuchung von James Schutte et al. (1984) hat einige dieser Beobachtungen erweitert, indem junge gesunde Schwarze und weiße amerikanische Männer miteinander verglichen wurden. Sicherlich aufgrund eines größeren Knochenmineralgehalts bei Schwarzen und vielleicht auch aufgrund einer größeren Muskeldichte wurde die Körperdichte von Schwarzen auf 1,113 g/ccm im Vergleich zu den von Behnke et al. (1953) angegebenen 1,1 g/ccm geschätzt. Schutte et al. schlagen daher die folgende Formel zur Umwandlung der Dichte in Körperfett bei Schwarzen vor:

$$\% \text{ Fett} = [(4{,}374/DB) - 3{,}928] \times 100 \qquad (4.7)$$

Anthropometrie

In dem Versuch, die Nachteile der Densitometrie zu minimieren, wurden andere einfache Methoden entwickelt, von denen man ähnliche Informationen hinsichtlich Magerkeit und Körperfett erwartet. In der Leibeserziehung, wo es wichtig ist, daß man einen effektiven kontinuierlichen Eindruck von der sich verändernden Körperzusammensetzung einer größeren Anzahl von Athleten während des Trainings erhält, wurde ein Schwerpunkt auf die Entwicklung einer leicht, bequem, schnell und billig umsetzbaren Methodologie unter Anwendung hoch reliabler Techniken gelegt. Zahlreiche anthropometrische Variablen wurden im Verlaufe der letzten Jahrzehnte hinsichtlich ihres möglichen prognostischen Wertes für die Bestimmung der Körperdichte ausgewertet. Zu diesen Variablen gehören die Durchmesser der Knochen, Körperhöhe/Körpergewicht-Indizes wie z.B. der Körpermasseindex (Tabelle 4.4), der Umfang ausgewählter Körperteile und die Hautfaltendicke.

Eine effektive Interaktion zwischen den Disziplinen der Physiologie und der Biostatistik hat zur Produktion einer großen Vielfalt prognostischer Gleichungen zur Bestimmung der Körperdichte mittels der oben erwähnten Variablen geführt. Die Beleglage spricht im Moment eher von der alleinigen Anwendung von Hautfaltenmessungen an mehreren Körperstellen als von Kombinationen mit anderen anthropometrischen Variablen wie Knochendurchmesser und verschiedenen Umfangswerten. Als Ergebnis haben die Sieben-Hautfalten-Gleichungen, die von Andrew Jackson und Michael Pollock für Männer (1978) und für Frauen (Jackson, Pollock & Ward, 1980) entwickelt wurden, eine erhebliche Popularität erlangt. In einem späteren Literaturüberblick stimmte Timothy Lohman (1981) mit dieser Idee von der Verwendung einer Vielfalt von Hautfaltenmessungen überein.

Jackson und Pollock (1978; Jackson et al., 1980) gingen im Detail auf einige der wichtigen Probleme ein, die beachtet werden müssen, wenn man auf die Anthropometrie zur Bestimmung der Körperdichte zurückgreift. Zunächst ist die Beziehung zwischen der Körperdichte und dem Hautfaltenfett nicht linear. Es werden daher eher quadratische als lineare Regressionsgleichungen benötigt, um die größte Genauigkeit zu erreichen. Zweitens ist das Hautfaltenfett bei den Geschlechtern nicht gleichmäßig verteilt; es ist an einigen Stellen dicker als an anderen. Die größere Menge geschlechtsspezifischen essentiellen Fetts bei Frauen bedeutet, daß eine gegebene Hautfaltendicke bei Frauen eine größere Fettmenge darstellt.

Drittens ist die Körperzusammensetzung altersabhängig; d.h. nach dem 35. Lebensjahr tendieren Erwachsene dazu, ihr Speicherfett zu erhöhen, was zum Teil vom Aktivitätsgrad abhängt. Viertens kann es zu erheblichen Meßfehlern kommen, wenn Gleichungen verwandt werden, die für spezielle Bevölkerungsgruppen entwickelt wurden (z.B. inaktive Männer mittleren Lebensalters) und die dann auf Daten angewandt werden, die eine unterschiedliche Population repräsentieren (z.B. trainierte Mittelstreckenläufer). Es ist besser, prognostische Gleichungen zu entwickeln, die auf der Basis größerer Populationen generalisieren, als Gleichungen, die auf spezifischen Populationen basieren. Auf die Gleichungen von Jackson und Pollock (1978; Jackson et al., 1980) trifft genau dies zu - sie passen am besten auf die Daten einer heterogenen Versuchsgruppe.

Hinsichtlich der Hautfaltendicke gibt es ebenfalls rassische bzw. ethnische Unterschiede, was bedeutet, daß eine prognostische Gleichung für eine Gruppe nicht unbedingt auf eine andere Gruppe anwendbar sein muß (Robson, Bazin & Soderstrom, 1971). Wenn Schwarze und aus Mexiko stammende Amerikaner mit Weißen verglichen werden, fällt auf, daß sie weniger subkutanes Fett an ihren Extremitäten aufweisen als an ihrem Rumpf (Malina, 1973; Mueller, Shoup & Malina, 1982). Dieses Ergebnis resultiert aus der Messung dünnerer Trizeps- und dickerer subscapularer Hautfalten. Es sind weitere Arbeiten nötig, um zu bestimmen, ob die Hautfaltenstellen, die bei Weißen für die Anthropometrie ausgewählt werden, in anderen ethnischen Gruppen von gleichem diagnostischen Wert für die Körperdichte sind. Aufgrund derartiger Variationen hinsichtlich der Hautfaltendicke und Körperdichte sowie möglicher trainingsbedingter Unterschiede in der Gewebedichte bevorzugen einige Forscher schlicht die Messung der Veränderungen der Dicke einer numerischen Summe von Hautfalten über einen gegebenen Zeitraum. Obwohl dies den verzerrenden Einfluß einiger der hier dargelegten möglichen Fehler reduziert, erlaubt es nicht die Evaluation von Veränderungen der Körpermagermasse, die auch mit fluktuierendem Körpergewicht auftreten können. Beim Verlust von Speicherfett aufgrund eines intensiven Trainings und Netto-Energieaufwands mit keiner Netto-Veränderung der Körpermagermasse handelt es sich um ein völlig anderes Energiebild als im umgekehrten Fall. Typischerweise kommt es sowohl zu Änderungen des Fettprozentanteils als auch der Magermasse und zwar in unterschiedlichem Ausmaß. Daher ist das Messen der Summe der Hautfalten zusammen mit dem Gesamtkörpergewicht zur Ermöglichung der Errechnung des Fettprozentanteils sowie der Körpermagermasse notwendig, um ein angemessenes Bild von der aktuellen Stoffwechseldynamik zu vermitteln.

Wie man genaue Hautfaltenmessungen durchführt

Wie bei so vielen Formen der Datenanalyse ist die richtige Datenerfassung entscheidend; eine gute Analyse einer qualitativ schlechten Information ist schlechter als eine schlechte Analyse einer qualitativ hochwertigen Information. Wenn Sie auf die Hautfaltenmessung zur Bestimmung des Fettprozentanteils zurückgreifen, sollten Sie vier wichtige Aspekte im Auge behalten, um eine valide Datenerfassung zu ermöglichen. Verwenden Sie erstens eine reliable Meßzange, und verwenden Sie bei allen weiteren Messungen die gleiche Zange. Führen Sie zweitens wiederholte Messungen an geeigneter Stelle durch, und machen Sie Gebrauch von der richtigen Technik. Lassen Sie drittens die Messungen von einem ausgebildeten Techniker ausführen. Verwenden Sie, wenn erst einmal reliable Daten gewonnen wurden, eine Regressionsgleichung, die für die untersuchte Population valide ist. Die von Jackson und Pollock (1978) und Jackson et al. für Frauen (1980) veröffentlichten Gleichungen, die in Tabelle 4.5 gezeigt werden, wurden für trainierte weiße Langstreckenläufer validiert, deren Fettprozentanteil unter den Werten von 12 bzw. 16 % liegen, die als das untere Limit der normalen Spannbreite für gesunde und normale junge Männer und Frauen angesehen werden können.

Richtlinien für die Identifizierung und Messung der unterschiedlichen Hautfalten werden am besten durch eine Kombination von Abbildungen (Abbildungen 4.31 bis 4.39) sowie schriftliche Gutachten (Lohmann, Roche & Martorell, 1988) bereitgestellt. Die folgenden Vorschläge sollten dabei helfen, eine hohe Reliabilität und Wiederholbarkeit zu sichern:

1. Verwenden Sie bei allen Messungen die rechte Körperseite.
2. Greifen Sie die Haut mit dem Daumen und Zeigefinger einer Hand, und messen Sie die Hautfaltendicke mit der in der anderen Hand gehaltenen Zange.
3. Halten Sie die Zange bei der Messung vertikal zur Hautfalte.
4. Nutzen Sie den vollen Griffdruck der Zange (dieser Druck liegt normalerweise bei etwa 10 g/mm^2).
5. Führen Sie an jeder Stelle wiederholte Messungen durch, bis die Wiederholbarkeit sichergestellt ist.
6. Praktizieren Sie die gesamte Serie von Hautfaltenmessungen an mindestens 50 verschiedenen Versuchspersonen, bis Sie davon ausgehen können, daß Ihre technische Kompetenz akzeptabel ist.
7. Stellen Sie sicher, daß diese Messungen durchgeführt werden, wenn sich der Athlet in normal hydriertem Zustand befindet, typischerweise als Teil der vorläufigen Datenerhebung vor einem Laufbandtest zur Messung der Fitneß oder vor einer Trainingseinheit. Dehydration führt zur Reduzierung der Hautfaltendicke und damit auch zur Reduzierung des für den Fettprozentanteil errechneten Wertes.

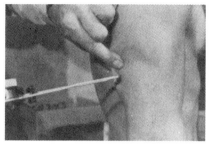

Abbildung 4.31: *Trizeps:* Es wird eine vertikale Falte über dem Muskelbauch gebildet, in der Mitte zwischen dem Olecranon und der Spitze des Acromion-Fortsatzes des Humerus; der Ellenbogen ist gestreckt und die gesamte Extremität entspannt.

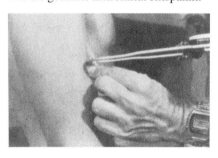
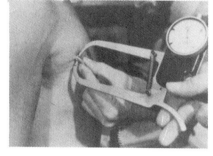

Abbildung 4.32: *Bizeps:* Eine vertikale Falte wird über den Mittelpunkt des Muskelbauches genommen, mitten zwischen der vorderen axillaren Falte (oben) und dem Antecubitalraum (unten); der Ellenbogen ist gestreckt, und die gesamte Extremität ist entspannt.

Abbildung 4.33: *Pectoralis:* Eine diagonale Falte wird auf halben Weg zwischen der Brustwarze und der vorderen axillaren Linie bei Männern und auf zwei Drittel des Weges in Richtung dieser axillaren Linie bei Frauen genommen.

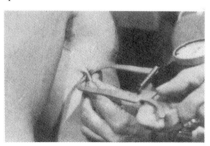
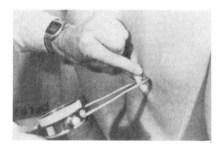

Abbildung 4.34: *Mittelaxillar:* Eine vertikale Falte wird auf Höhe des Xiphoideus-Fortsatzes des Brustbeins auf der mittelaxillaren Linie genommen.

Abbildung 4.35: *Subscapular:* Eine diagonale Falte wird nicht tiefer als 2 cm unterhalb des unteren Winkels des Schulterblatts genommen.

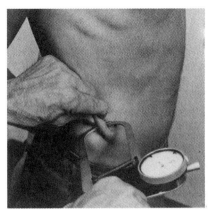

Abbildung 4.36: *Suprailiacal:* Eine diagonale Falte wird unmittelbar oberhalb des Darmbeinkamms auf der mittelaxillaren Linie genommen.

Abbildung 4.37: *Abdominal:* Eine vertikale Falte wird etwa 2 cm rechts vom Bauchnabel genommen.

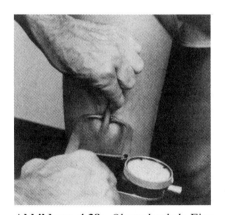
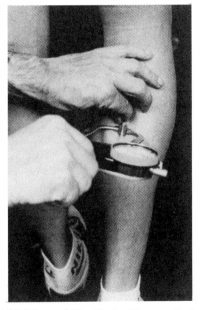

Abbildung 4.38: *Oberschenkel:* Eine vertikale Falte wird auf der vorderen Mittellinie des unbelasteten Beins auf halber Strecke zwischen Hüfte und Kniegelenk genommen.

Abbildung 4.39: *Wade:* Eine vertikale Falte wird an der stärksten Stelle des hinteren unbelasteten Unterschenkels über dem Bauch des Gastrocnemius genommen.

Tabelle 4.5: Körpermassenindex, Körperdichte und Prozentanteil des Körperfetts

Sportler _____ Testdatum _____
Geburtsdatum _____ Exaktes Lebensalter _____
Gewicht (kg) _____ Körperhöhe (cm) _____

Körpermasseindex = Gewicht (kg)/Körperhöhe zum Quadrat (m) _____

Hautfaltendicken (mm):

    Trizeps _____ Bizeps _____ [a]
    Pectoralis _____ Medioaxilar _____
    Subscapular _____ Suprailiakal _____
    Abdominal _____ Oberschenkel _____
    Wade _____ [a]

Summe der Hautfalten = E = _____ (mm)   Summe zum Quadrat = E^2 = _____

Errechneter Schätzwert der Körperdichte:

Frauen (Quelle: Jackson, Pollock & Ward, 1980):

$BD = [1{,}097 - 0{,}00046971 \times E] + [0{,}00000056 \times E^2] - [0{,}00012828 \times \text{Lebensalter}]$

   = 1,097 − _____ + _____ − _____

   = _____

Männer (Quelle: Jackson & Pollock, 1978):

$BD = [1{,}112 - 0{,}00043499 \times E] + [0{,}00000055 \times E^2] - [0{,}00028826 \times \text{Lebensalter}]$

   = 1,112 − _____ + _____ − _____

   = _____

Errechnete Schätzwerte:

% Körperfett = [4.57/BD − 4.142] × 100 = _____

Nichtessentielle Fettmasse = Gewicht × % BF = _____ (kg) _____

Fettfreie Körpermasse = Gewicht − Fettmasse _____ (kg) _____

Zusammenfassung

1. Das Training erfolgreicher Läufer besteht nicht nur aus Laufen. Sie absolvieren ein umfassendes Konditionstrainingsprogramm, dessen Ziel darin besteht, die Leistungsfähigkeit der Muskelgruppen zu erhöhen, die beim Laufen nicht spezifisch belastet werden, die jedoch eine unterstützende Funktion haben und die ebenfalls die allgemeine Gelenkkraft erhöhen und damit zur Verletzungsprophylaxe beitragen. Zu diesem Konditionstrainingsprogramm gehört ebenfalls eine sinnvolle Auswahl von Stretchingübungen zur Aufrechterhaltung eines effektiven Gelenkbewegungsumfangs. Läufer sollten jedoch darauf achten, weder das Konditions- noch das Stretchingtraining zu übertreiben. Ferner sollten sie sich durch ihr allgemeines Konditionstraining nicht in einen derartigen Dauer-Ermüdungszustand versetzen, der ihre Fähigkeit, die Laufanteile ihres Trainingsprogramms zu bewältigen, einschränkt. Auch sollten sie nicht so eifrig bemüht sein, ihre Beweglichkeit zu erhöhen, daß es zu Stretchingverletzungen kommt.

2. Die innere Kraft (d.h. die Fähigkeit, äußere Kraft zu erzeugen) wird durch muskuläre Faktoren (Muskelquerschnitt, Faserlänge und Muskelstruktur) sowie durch neurale Faktoren (Reizfrequenz und Rekrutierung) bestimmt. Ein Krafttrainingsprogramm verbessert diese funktionalen Fähigkeiten der Bänder, Sehnen, des Knorpels und der Knochen sowie der Arbeitsmuskeln. Die Knochen bewegen sich als Ergebnis der muskelgesteuerten Rotation um die Achse des Gelenks, mit dem sie verbunden sind. Das durch eine Extremität bei ihrer Bewegung um ihre Drehachse erzeugte Drehmoment wird durch das Produkt der äußeren Kraft und der Entfernung zwischen der Bewegungsachse und dem Kontaktpunkt (Kraftarm) bestimmt.

3. Variierende Hebelanordnungen bestimmen das Ausmaß der erreichbaren Drehmomentserzeugung. Es können drei Klassen von Hebeln identifiziert werden, wobei die meisten laufbezogenen Bewegungen Beispiele von Hebeln der dritten Klasse sind. Ein langer Widerstandsarm und ein kurzer Kraftarm ermöglichen schnelle Bewegungsgeschwindigkeiten anstelle großer Drehmomente. Kraftsteigerungen verbessern die Schnelligkeit und die Sicherheit. Ferner werden submaximale Belastungen leichter toleriert.

4. Wenn Muskeln Spannung erzeugen, können sie dies entweder durch eine Verlängerung (exzentrische Bewegung), eine Verkürzung (konzentrische Bewegung), oder sie verändern ihre Länge überhaupt nicht. Muskeln können gekräftigt werden, indem die Spannung relativ konstant bleibt (isotonisches Training), die Länge gleich bleibt (isometrisches Training) oder die Geschwindigkeit konstant bleibt (isokinetisches Training). Das Prinzip der Spezifik des sportlichen Trainings besagt, daß dynamisches (d.h. bewegungsorientiertes) Training besser ist als statisches (isometrisches) Training, wobei isotonisches Training eine direktere Übertragung auf den Lauf zuläßt als isokinetisches Training.

5. Sportler können ihre Muskelkraft mittels eines Programms verbessern, bei dem die Intensität der angewandten Belastung allmählich zunimmt. Es bedarf eines Reizes von mindestens 80 % des maximalen Einsatzes, und es sind etwa 3 Sätze zu je 6 bis 8 Wiederholungen nötig, um das Muskelwachstum zu stimulieren. Wenn es zu Anpassungen gekommen ist, wird die Höhe des Reizes entsprechend gesteigert. Eine große Vielfalt von Trainingsgeräten und -techniken spielt bei der Umsetzung eines derartigen Programms eine Rolle. Wenn möglich, sollten Muskelgruppen zusätzlich zu den primär an den Bewegungen beteiligten Muskeln entwickelt werden, die eine synergistische, stabilisierende und neutralisierende Rolle beim Laufen spielen. Neben dem eigenen Körpergewicht können Hanteln und spezielle Maschinen, die einen variablen oder sich anpassenden Widerstand erzeugen, eingesetzt werden. Die Techniken können mehrere Arten muskulärer Aktivation (isokinetisch, isotonisch und isometrisch) beinhalten sowie die variable Reihenfolge vielfältiger Aktivitäten zur Erzeugung eines umfassenden, die Kondition verbessernden Stimulus (Circuit- und Stationstraining).

6. Skelettmuskeln reagieren eher auf die Intensität der Trainingsbelastung und nicht so sehr auf die jeweilige Belastungsmethode. Daher führen relativ wenig belastende Aktivitäten zu einer allgemeinen Konditionierung, während intensivere Belastungen, die für die jeweilige Wettkampfdisziplin charakteristische Bewegungsmuster, Geschwindigkeiten und Kräfte simulieren, zu einer speziellen Leistungsverbesserung führen. Durch die progressive Steigerung des durch einen Overload-Reiz erzeugten Widerstands kommt es zu einer kontinuierlichen Leistungsverbesserung. Eine große Vielfalt von Trainingsgeräten und -techniken steht zur praktischen Umsetzung eines derartigen Programms zu Verfügung. In diesem Kapitel wurden einige dieser Geräte und Techniken kurz vorgestellt.

7. Jede Übungsausführung erfordert einen angemessenen Gelenkbewegungsumfang. Je länger der Schritt, wie beim schnelleren Laufen, oder je unebener das Terrain, wie beim Cross- oder Hindernislauf, desto wichtiger ist das Aufrechterhalten einer angemessenen Beweglichkeit. Ein Sportler, der diesen angemessenen Bewegungsumfang nicht erreicht, riskiert eine Verletzung oder eine schlechte Wettkampfleistung. Stretchingübungen sollten daher ein wesentlicher Teil eines jeden Trainingsprogramms sein, nicht nur, um ein minimales Bewegungspotential in allen Gelenken sicherzustellen, sondern auch, um die Sicherheitszone zu bilden, derer es bedarf, um in einer bestimmten Spezialdisziplin herausragende Leistungen zu erbringen.

8. Bei sportlichen Aktivitäten wie dem Laufen, bei dem das eigene Körpergewicht getragen wird, ist es wichtig, daß der Athlet nur das Minimum des nichtfunktionalen Körpergewichts aufweist. Daher haben Körperzusammensetzungsanalysen zur Bestimmung der Körperfett- und Magermasse an Popularität gewonnen. Densitometrie (Wiegen unter Wasser) liefert den genauesten Wert der Körperdichte, aufgrund dessen der prozentuale Körperfettanteil bestimmt werden kann. Mittels Anthropometrie (Hautfaltenmessungen) wird versucht, den prozen-

tualen Körperfettanteil vorherzusagen, der sich beim hydrostatischen Wiegen ergeben würde. Der mittels dieser beiden Methoden bestimmte prozentuale Körperfettanteil ist oft nahezu identisch, und es ist nicht unüblich, daß man jede der beiden Methoden mindestens einmal aus Vergleichsgründen durchführt. Aus praktischen Gründen ist es allgemein vorzuziehen, Hautfaltenmessungen an Sportlern vorzunehmen, denn sie sind nicht sehr zeitaufwendig und die dazu notwendigen Geräte leicht zugänglich. Sportler sind auch mehr als an Absolutwerten daran interessiert zu erfahren, ob es im Laufe der Zeit ernährungs- oder trainingsbedingt zu Änderungen ihres Fettprozentanteils oder ihrer Magerkörpermasse gekommen ist.

Literatur

Allen, T.E., Byrd, R.J. & Smith, D.P. (1976). Hemodynamic consequences of circuit weight training. Research Quarterly, 47, 299-306.

Alter, M.J. (1988). Science of stretching. Champaign, IL: Human Kinetics.

Anderson, B. (1989). The flex factor. Runner's World, 24(2), 38-43.

Anderson, B., Beaulieu, J.E., Cornelius, W.L., Dominguez, R.H., Prentice, W.E. & Wallace, L. (1984). Coaches roundtable: Flexibility. National Strength and Conditioning Association Journal, 6(4), 10-22.

Atha, J. (1981). Strengthening muscle. Exercise and Sport Sciences Reviews, 9, 1-73.

Austin, D., Roll, F., Kreis, E.J., Palmieri, J. & Lander, J. (1987). Roundtable: Breathing during weight training. National Strength and Conditioning Association Journal, 9(5), 17-25.

Beaulieu, J.E. (1981). Developing a stretching program. Physician and Sportsmedicine, 9(11), 59-69.

Behnke, A.R., Osserman, E.F. & Welham, W.L. (1953). Lean body mass. Archives of Internal Medicine, 91, 585-601.

Berger, R.A. (1962). Effects of varied weight training programs on strength. Research Quarterly, 33, 168-181.

Brodie, D.A. (1988). Techniques of measurement of body composition. Sports Medicine, 5, 11-40, 74-98.

Brozek, J., Grande, F., Anderson, J.T. & Keys, A. (1963). Densitometric analysis of body composition: Revision of some quantitative assumptions. Annals of the New York Academy of Sciences, 110, 113-140.

Brozek, J. & Keys, A. (1951). The evaluation of leanness-fatness in man: Norms and intercorrelations. British Journal of Nutrition, 5, 194-205.

Burke, R.E. (1981). Motor units: Anatomy, physiology, and functional organization. In: V.B. Brooks (Ed.), Handbook of physiology: Sec. 1. The Nervous System: Vol. II. Motor control, Part I (S. 345-422). Bethesda, MD: American Physiological Society.

Buskirk, E.R. (1961). Underwater weighing and body density, a review of procedures. In: J. Brozek & A. Henschel (Ed.), Techniques for measuring body composition (S. 90-106). Washington, DC: National Academy of Sciences, National Research Council.

Buskirk, E.R. & Mendez, J. (1984). Sport science and body composition analysis: Emphasis on cell and muscle mass. Medicine and Science in Sports and Exercise, 16, 584-593.

Cavagna, G.A. (1977). Storage and utilization of energy in skeletal muscle. Exercise and Sport Sciences Reviews, 5, 89-129.

Christensen, C.S. (1972). Strength, the common variable in hamstring strain. Medicine and Science in Sports, 2, 39-42.

Clarke, D.H. (1973). Adaptations in strength and muscular endurance resulting from exercise. Exercise and Sports Sciences Reviews, 1, 73-102.

Corbin, C.B. & Noble, L. (1960). Flexibility: A major component of physical fitness. Journal of Physical Education and Recreation, 51, 23-60.

Cornelius, W.L. (1985). Fexibility: The effective way. National Strength and Conditioning Association Journal, 7(3), 62-64.

Darden, E. (1977). Strength training principles: How to get the most out of your workouts. Winter Park, FL: Anna.

DeLorme, T.L. (1945). Restoration of muscle power by heavy resistance exercises. Journal of Bone and Joint Surgery, 27, 645-667.

DeLorme, T.L. & Watkins, A.L. (1948). Technics of progressive resistance exercises. Archives of Physical Medicine, 29, 263-273.

Denny-Brown, D. (1949). Interpretation of the electromyogram. Archives of Neurology and Psychiatry, 61, 99-128.

Eccles, J.C., Eccles, R.M. & Lundberg, A. (1958). The action potentials of the alpha motoneurones supplying fast and slow muscles. Journal of Physiology, 142, 275-291.

Eyster, J.A.E. (1927). Cardiac dilation and hypertrophy. Transactions of the Association of American Physicians, 25, 15-21.

Festa, S. (1988). Stretching: The truth. Runner's World, 23(2), 39-42.

Fidanza, F., Keys, A. & Anderson, J.T. (1953). Density of body fat in man and other animals. Journal of Applied Physiology, 6, 252-256.

Gandy, G. (1983). Overview of Coe's non-track training. In: V. Gambetta (Hrsg.), Track Technique Annual (S. 89-91). Los Altos, CA: Tafnews Press.

Garrett, W.E., Jr., Safran, M.R., Seaber, A.V., Glisson, R.R. & Ribbeck, B.M. (1987). Biomechanical comparison of stimulated and non-stimulated skeletal muscle pulled to failure. The American Journal of Sports Medicine, 15, 448-454.

Hakkinen, K. & Komi, P. (1983). Electromyographic changes during strength training and detraining. Medicine and Science in Sports and Exercise, 15, 455-460.

Hatfield, F.C. (1982). Flexibility training for sports: PNF techniques. Fitness Systems USA.

Hennemann, E. (1957). Relation between size of neurons and their susceptibility to discharge. Science, 126, 1345-1347.

Hettinger, T. & Müller, E.A.. Muskelleistung und Muskeltraining. Arbeitsphysiologie, 15, 111-116.

Huxley, A.F. & Niedergerke, R. (1954). Structural changes in muscle during contraction. Nature, 173, 971-973.

Huxley, H.E. & Hanson, J. (1954). Changes in the cross-striations of muscle during contraction and stretch and their structural interpretation. Nature, 173, 973-976.

Jackson, A.S. & Pollock, M.L. (1978). Generalized equations for predicting body density of men. British Journal of Nutrition, 40, 497-504.

Jackson, A.S. & Pollock, M.L. (1985). Practical assessment of body composition. Physician and Sportsmedicine, 13(5), 76-90.

Jackson, A.S. & Pollock, M.L. & Ward, A. (1980). Generalized equations for predicting body density of women. Medicine and Science in Sports and Exercise, 12, 175-182.

Knapik, J.J., Mawsley, R.H. & Ramos, M.V. (1983). Angular specificity and test mode specificity of isometric and isokinetic strength training. Journal of Orthopaedic Sports Physical Therapy, 5, 58-65.

Komi, P. & Bosco, C. (1978). Utilization of stored elastic energy in leg extensor muscles by men and women. Medicine and Science in Sports, 10, 261-265.

Kraemer, W.J., Deschenes, M.R. & Fleck, S.J. (1988). Physiological adaptations to resistance exercise: Implications for athletic conditioning. Sports Medicine, 6, 246-256.

Laird, C.E., Jr. & Rozier, C.K. (1979). Toward understanding the terminology of exercise mechanics. Physical Therapy, 59, 287-292.

Lesmes, G.R., Benhain, D.W., Costill, D.L. & Fink, W.J. (1983). Glycogen utilization in fast and slow twitch muscle fibers during maximal isokinetic exercise. Annals of Sports Medicine, 1, 105-108.

Levin, A. & Wyman, J. (1927). The viscous elastic properties of muscle. Proceedings of the Royal Society (London), B101, 218-243.

Lohman, T.G. (1981). Skinfolds and body density and their relation to body fitness: A review. Human Biology, 53, 181-225.

Lohman, T.G., Roche, A.F. & Martorell, R. (1988). Anthropometric standardization reference manual. Champaign, IL.: Human Kinetics.

MacDougall, J.D., Sale, D.G., Elder, G.C.B. & Sutton, J.R. (1982). Muscle ultrastructural characteristics of elite powerlifters and bodybuilders. European Journal of Applied Physiology, 48, 117-126.

MacDougall, J.D., Wenger, H.A. & Green, H.J. (1982). Physiological testing of the elite athlete. Toronto: Canadian Association of Sports Sciences.

Malina, R.M. (1973). Biological substrata. In: K.S. Miller & R.W. Dreger (Eds.), Comparative studies of blacks and whites in the U.S. (S. 53-123). New York: Seminar Press.

Malone, T.R. (1988). Evaluation of isokinetic equipment. Sports Injury Management, 1, 1-92.

Martin, D.E., Vroon, D.H., May, D.F. & Pilbeam, S.P. (1986). Physiological changes in elite male distance runners training for Olympic competition. Physician and Sportsmedicine, 14(1), 152-171.

Matweyew, L. (1981). Fundamentals of sports training. Moscow: Progress.

McDonagh, M.J. & Davies, C.T. 81984). Adaptive response of mammalian skeletal muscles to exercise with high loads. European Journal of Applied Physiology, 52, 139-155.

Moffroid, M.T. & Kusiak, E.T. (1975). The power struggle: Definition and evaluation of power of muscular performance. Physical Therapy, 55, 1098-1104.

Moffroid, M.T. & Whipple, R.H. (1970). Specificity of speed and exercise. Journal of the American Physical Therapy Association, 50, 1692-1699.

Moffroid, M.T. & Whipple, R.H., Hofkosh, J., Lowman, E. & Thistle, H. (1969). A study of isokinetic exercise. Physical Therapy, 49, 735-746.

Morgan, R.E. & Adamson, G.T. (1957). Circuit training. London: G. Bell and Sons.

Morpurgo, B. (1897). Über Aktivitäts-Hypertrophie der willkürlichen Muskeln. Virchows Archiv für Pathologie und Physiologie, 150, 522-554.

Morrow, J.R., Jackson, A.S., Bradley, P.W. & Hartung, G.H. (1986). Accuracy of measured and predicted residual lung volume on body density measurement. Medicine and Science in Sports and Exercise, 18, 647-652.

Mueller, W.H., Shoup, R.F. & Malina, R.M. (1982). Fat patterning in athletes in relation to ethnic origin and sport. Annals of Human Biology, 9, 371-376.

Nicholas, J.A. (1970). Injuries to knee ligaments: Relationship to looseness and tightness in football players. Journal of the American Medical Association, 212, 2236-2239.

Olson, V.L., Schmidt, G.L. & Johnson, R.C. (1972). The maximum torque generated by eccentric, isometric, and concentric contractions of the hip abduction muscles. Physical Therapy, 52, 148-149.

Perrine, J.J. (1968). Isokinetic exercise and the mechanical energy potentials of muscle. Journal of Health, Physical Education, and Recreation, 39(5), 40-44.

Person, R.S. & Kudina, L.P. (1972). Discharge frequency and discharge pattern of human motor units during voluntary contraction of muscle. Electroencephalography and Clinical Neurophysiology, 32, 471-483.

Pipes, T.V. & Wilmore, J.H. (1975). Isokinetic versus isotonic strength training in adult men. Medicine and Science in Sports, 7, 262-274.

Rack, P.M.H. & Westbury, D.R. (1969). The effects of length and stimulus rate on tension in the isometric cat soleus muscle. Journal of Physiology, 204, 443-460.

Robson, J.R.K., Bazin, M. & Soderstrom, R. (1971). Ethic differences in skinfold thickness. American Journal of Clinical Nutrition, 29, 864-868.

Schutte, J.E., Townsend, E.J., Hugg, J., Shoup, R.F., Malina, R.M. & Blomqvist, C.G. (1984). Density of lean body mass is greater in Blacks than in Whites. Journal of Applied Physiology, 56, 1647-1649.

Siri, W.E. (1956). The gross composition of the body. Advances in Biological and Medical Physics, 4, 239-280.

Sorani, R. (1966). Circuit training. Dubuque, IA: William C. Brown.

Thistle, H.G., Hislop, H.J., Moffroid, M. & Lohman, E.W. (1967). Isokinetic contraction: A new concept of resistive exercise. Archives of Physical Medicine and Rehabilitation, 48, 279-282.

Thomas, D.W. (1988). Plyometrics - more than the stretch reflex. National Strength and Conditioning Association Journal, 10(5), 49-51.

Verkhoshanskiy, Y. (1973). Depth jumping in the training of jumpers. Track Technique, 51, 1618-1619.

Weltman, A. & Katch, V. (1981). Comparison of hydrostatic weighing at residual volume and total lung capacity. Medicine and Science in Sports and Exercise, 13, 210-213.

Weltman, A. & Stamford, B. (1982). Strength training: Free weights versus machines. Physician and Sportsmedicine, 10(11), 197.

Westcott, W.L. (1979). Female response to weight lifting. Journal of Physical Education, 77, 31-33.

Wilmore, J.H., Buskirk, E.R., DiGirolamo, M. & Lohman, T.G. (1986). Body composition. Physician and Sportsmedicine, 14(3), 144-162.

Wilmore, J.H., Parr, R.B., Girandola, R.N., Ward, P., Vodak, P.A., Barstow, T.J., Pipes, T.V., Romero, G.T. & Leslie, P. (1978). Physiological alterations consequent to circuit weight training. Medicine and Science in Sports, 10, 79-84.

Young, D.C. (1984). The Olympic myth of Greek amateur athletics. Chicago: Aires.

Zinovieff, A.N. (1951). Heavy resistance exercises: The Oxford technique. British Journal of Physical Medicine, 14, 129-132.

Kapitel 5

Erfolgreiche Wettkämpfe: Vorbereitung und Leistung

Wir richten dieses Kapitel vor allem an die Sportler unter den Lesern dieses Buches. Sie (die Sportler) sind diejenigen, die im Wettkampf bestimmte Strategien anwenden, und sie sind es, denen wir Tips geben wollen. In diesem Kapitel werden wir einige der olympischen Mittel- und Langstreckendisziplinen diskutieren, vom 800-m- bis zum Marathonlauf, und Strategien vorstellen für

- die Rennanalyse und -vorbereitung,
- einen guten Start und das Einnehmen und Beibehalten einer guten Rennposition,
- eine Renngestaltung, die eine optimale Kombination darstellt aus dem effizienten Ausnutzen der vorhandenen Energiequellen und der tatsächlichen Wettkampfsituation, die im Hinblick auf die Energieausschöpfung manchmal ineffizient ist, und
- das taktische Verhalten unter unterschiedlichen Wettkampfsituationen, das die beste Möglichkeit für ein effektives Finish bietet.

Wir müssen betonen, daß in diesem Kapitel auf keinen Fall auf alle „Geheimnisse" des Wettkampfs eingegangen werden kann. Jedes Rennen, einschließlich der ihm vorausgehenden Vorbereitung, ist einzigartig. Es ist uns daher unmöglich, alle möglichen Szenarien und Ergebnisse zu behandeln. Selbst wenn wir dies könnten, würde es doch viel von der Freude, die der Wettkampf bereitet, zerstören - es ist gerade das Unbekannte, das den Wettkampf so reizvoll macht. Wir können allerdings Gedankenmuster identifizieren, die Ihnen helfen können, jede Disziplin sorgfältig zu betrachten, und Ihnen auf diese Weise einige Werkzeuge an die Hand geben, die Sie in die Lage versetzen, Ihre Bestleistung zu erreichen. Sie werden aller Wahrscheinlichkeit nach in jeder behandelten Disziplin vier zugrundeliegende Prinzipien erkennen. Zunächst ist es sehr wertvoll, auf jedes Rennen gut vorbereitet und vor jedem Rennen realistisch zu sein sowie sich gedanklich darauf einzustellen - aber übertreiben Sie nicht. Zweitens ist es sehr wichtig, über ein exaktes Tempogefühl zu verfügen - d.h. das Tempo richtig einzuschätzen, es aus Ökonomiegründen so gleichmäßig wie möglich zu halten und genau zu wissen, wann eine Beschleunigung sinnvoll ist. Halten Sie drittens körperlichen und mentalen Kontakt zu Ihren Konkurrenten. Seien Sie sich viertens der Definition von **Taktik** bewußt: eine Strukturierung der Renngestaltung derart, daß diese eher auf Sie als auf Ihre Konkurrenten zugeschnitten ist. Seien Sie sich hierbei im klaren, daß es eine größere Anforderung für Sie ist, Taktik einzusetzen, als dies nicht zu tun. Sie sollten daher nur eine bestimmte Taktik einsetzen, wenn Sie ihr gewachsen sind und wenn Sie sie in dem Bewußtsein einsetzen können, daß sie für Ihre Konkurrenten eine noch größere Anforderung darstellt.

Seien Sie sich letztlich bewußt, daß es nicht immer notwendig oder richtig ist, nur aus dem Sieg Befriedigung zu schöpfen. So kann es in den Vorläufen einer

Meisterschaft vollkommen ausreichend sein, einen Platz zu belegen, der Ihnen lediglich die Teilnahme an dem nächsthöheren Rennen sichert. Wenn Sie sich in einem Rennen befinden, in dem Sie gegen Ihnen momentan überlegene Läufer laufen, ist es wichtig, daß Sie sich darauf konzentrieren, Ihr bestes Rennen laufen, um sich gut zu plazieren. Dies ist auch der sicherste Weg, einen Überraschungssieg davonzutragen! Wenn man der Redensart, daß der Sieg alles ist, zuviel Bedeutung beimißt, wird die Niederlage umso vernichtender sein. Nicht zu gewinnen, bedeutet, nicht zu verlieren, vorausgesetzt, die Qualität des Einsatzes war exzellent. Ein Sportler trainiert, um einen guten Wettkampf zu absolvieren; das Absolvieren eines guten Wettkampfs ist der einzige und beste Hinweis darauf, daß man in der Lage ist, einen noch besseren Wettkampf zu bestreiten. Im Verlaufe einer Sportlerkarriere resultieren Siege am häufigsten aus dem konsistenten Absolvieren guter Wettkämpfe. Gute Wettkämpfe fußen auf Wissen und dem Anwenden von Rennprinzipien. Davon handelt dieses Kapitel.

Der 800-m-Lauf

Der 800-m-Lauf ist wahrscheinlich die härteste Laufdisziplin. Er verlangt eine Mischung aus Kraft, Schnelligkeit und anaerober Ausdauer. Entscheidungen, welche Taktik einzusetzen ist, um einen Sieg davonzutragen, müssen in Bruchteilen von Sekunden getroffen werden. Die kürzeren Laufdistanzen (100 bis 400 m) werden von Anfang bis Ende in Bahnen gelaufen, so daß viele taktische Möglichkeiten von vornehrein unterbunden werden. Der 100-m-Lauf ist ein geradeaus gerichteter explosiver Lauf, bei dem die Starttechnik von größter Bedeutung ist. Die 200 m erfordern ein gutes Kurvenlaufvermögen. Die 400 m sind so schnell, daß es nicht möglich ist, sich bei 200 m treiben zu lassen und sich auf diese Weise eine kurze Verschnaufpause zu gönnen. Allerdings wird die erste Kurve des 800-m-Laufs ebenfalls in Bahnen gelaufen. In der Zeitspanne vom Auflösen des Laufs in Bahnen bis zum Einläuten der letzten Runde benötigt ein Athlet sowohl ein sehr gutes taktisches Gespür als auch eine außerordentliche Fitneß, um die besten Bedingungen für die letzte Runde zu schaffen. Derjenige Läufer wird den Sieg davontragen, der neben einem überragenden Siegeswillen über die beste Fähigkeit verfügt, die physiologischen Anforderungen auf dem letzten Rennabschnitt zu bewältigen.

Es ist noch nicht allzu lange her, daß die 800 m als die kürzeste Mittelstreckendisziplin angesehen wurden. Im Jahr 1981 verbesserte Seb Coe schließlich den 800-m-Weltrekord auf 1:41,73. Er erreichte dies, indem er Runden von 49,7 und 52,1 sec lief. Zwei Jahre später, 1983, verbesserte Jarmila Kratochvilova den 800-m-Weltrekord der Frauen auf 1:53,28. Sie lief Runden von 56,1 und 57,2 sec. Der Gedanke, daß Männer eine erste Runde unter 50 sec und Frauen eine erste Runde unter 56 sec laufen, läßt es sinnvoller erscheinen, die 800-m-Distanz unter funktionellen Gesichtspunkten als einen verlängerten Sprint anzusehen. Ein derart hohes Tempo führt dazu, daß der Schwerpunkt auf den Schnelligkeits- bzw. anaeroben Aspekt der Schnelligkeitsausdauer verlagert wird. Zu ähnlichen Veränderungen kommt es in den Langstreckendisziplinen, denn auch dort gelingt es Läufern mit bereits sehr großem angeborenem Talent, ihre Leistungsfähigkeit immer weiter zu verbessern.

Über einen Großteil der zurückzulegenden Distanz mit maximalem Einsatz zu laufen und dabei zu versuchen, eine hohe Übersäuerung zu tolerieren, ist schwierig, wenn man konzentriert bleiben und die Gedanken klar halten muß. In einem schnellen 800-m-Rennen mit gleichrangigen Läufern hat man keine Zeit, einmal gemachte Fehler zu korrigieren. Es dürfen daher keine Fehler gemacht werden. Dennoch - Irren ist menschlich. Gerade dies ist das Dilemma - Anpassen an und Bewältigen der Rennbedingungen und gleichzeitig Minimierung des Fehlerrisikos. Große Schwankungen der Laufgeschwindigkeit sind physisch möglich, und eine falsch plazierte Temposteigerung kann ein gutes Rennen zunichte machen.

Eine hohe anaerobe und aerobe Kapazität sind entscheidend

Die Tatsache, daß für den Erfolg in einem 800-m-Rennen sowohl eine hohe anaerobe als auch aerobe Kapazität erforderlich sind, stellt enorme Ansprüche an Ihre körperlichen Fähigkeiten. Sie müssen beide Energiesysteme in hohem Grad ausnutzen können. Erinnern Sie sich an das, was verlangt wird. Ein 800-m-Läufer der Weltklasse muß in der Lage sein, 400 m in etwa 45,5 bis 47 sec zu laufen. Gleichzeitig muß seine Schnelligkeitsausdauer ausreichend ausgeprägt sein, um eine Weltklasse-Meilenzeit zu laufen. Schwächere Läufer, die im Bereich ihrer persönlichen Belastungsgrenze laufen, zeigen einen ähnlichen subjektiven Einsatz, obwohl ihre Zeiten natürlich entsprechend langsamer sind.

Tabelle 3.4, die das relative Gleichgewicht zwischen den aeroben und anaeroben Energiebeiträgen für die unterschiedlichen Laufdistanzen zusammenfaßt, hilft nicht nur, die Logistik des 800-m-Laufs zu verstehen, sondern gibt auch Anlaß zu einigen interessanten praktischen Fragen. Die relativen Prozentanteile der aeroben und anaeroben Energieanforderungen werden mit 57 % : 43 % angegeben. Beim 400-m-Lauf beträgt das Verhältnis 30 % : 70 %. Lassen Sie uns ein Wettkampfszenarium entwerfen und versuchen, die ihm zugrundeliegende Energiedynamik besser zu verstehen. Wir verwenden in diesem Beispiel die Zwischenzeiten eines Weltklasse-Läufers und geben Ihnen die Aufgabe, Zwischenzeiten zu bilden, die Ihren eigenen Fähigkeiten entsprechen.

Nehmen wir an, daß Ihr Ziel darin besteht, ein 800-m-Rennen in 1:43 zu laufen mit 400-m-Zwischenzeiten von 50 und 53 sec. Ihre persönliche 400-m-Bestzeit ist 48 sec, und in dem 800-m-Rennen legen Sie die erste Runde in einer Zeit zurück, die 96 % Ihrer 400-m-Bestzeit entspricht. Wie ist das Verhältnis der aeroben und anaeroben Energieanforderungen auf diesen ersten 400 m? Sicherlich nicht 30 % : 70 %, denn Sie laufen diese 400 m nicht mit maximalem Einsatz. Nehmen wir an, daß das Verhältnis 65 % : 35 % oder 60 % : 40 % beträgt, und daß Sie bis zu Beginn der zweiten Runde eine erhebliche O_2-Schuld eingegangen sind. Die zweiten 400 m legen Sie mit einer Geschwindigkeit zurück, die 90 % Ihrer maximalen 400-m-Zeit entspricht (53 sec). Ihr Einsatz ist maximal, und Sie arbeiten sehr hart, um einen guten

Laufstil beizubehalten. Was ist nun der aerobe Prozentanteil der mit vollem Einsatz zurückgelegten zweiten 400 m dieses 800-m-Rennens? Wir nehmen an, daß das aerob-anaerobe Verhältnis etwa 35 % : 65 % oder 40 % : 60 % beträgt. Die beiden Runden weisen daher in physiologischer Hinsicht erhebliche Unterschiede auf. Eine derartige Wettkampfanalyse ist nützlich, denn sie schafft die Basis für die Methoden, auf die Sie und Ihr Trainer bei der 800-m-Vorbereitung zurückgreifen sollten. Für jede dieser sehr unterschiedlichen Stoffwechselbelastungen muß ein spezielles intensives Training betrieben werden. Dies gibt Ihnen einen entscheidenden Vorteil gegenüber Ihren Konkurrenten.

Ihr 800-m-Training muß sowohl die Entwicklung von Muskelkraft als auch Muskelausdauer, vor allem in Ihren Beinen, ermöglichen. Sie müssen bereit sein, eine intensive Belastung über längere Dauer zu tolerieren. Nur ein wirklich umfassendes, den ganzen Körper betreffendes Konditionstrainingsprogramm (Laufen plus Kraft- und Circuittraining) stellt eine angemessene Vorbereitung auf den 800-m-Lauf dar. Ihr Körper muß seine Fähigkeit verbessern, die Azidose so gut zu bewältigen, daß Sie nicht nur Ihr Tempo beibehalten, sondern auch noch schneller laufen können, selbst wenn Ihr Körper durch Beschwerden oder gar Schmerzen signalisiert, die Belastung sofort abzubrechen.

Seien Sie beim Start aufmerksam

Im Gegensatz zu den anderen Mittel- und Langstreckendisziplinen können beim 800-m-Lauf zwei Startmethoden Anwendung finden: entweder der Start von einer gekrümmten Startlinie aus oder die versetzte Startaufstellung in Bahnen. Bei einem großen Läuferfeld (mehr als 8 bis 10 Läufer) stellen die Läufer sich über die gesamte Breite der Bahn auf, wobei sie mit der Spitze eines Fußes eine gekrümmte Startlinie berühren. Ein derartiger Start führt oft zu einer Situation, die durch ein beträchtliches Ausmaß an Unfairneß geprägt ist. Das Geschiebe bei einem solchen Start kann zu Verletzungen durch Spikes und schlimmstenfalls zu Stürzen führen. Wenn es glimpflich abläuft, kommt es bloß zu einigen Stößen und blauen Flecken. Die größten Läufer sind oft nicht die wendigsten und kommen bei diesem Startgedränge aufgrund ihrer Körperhöhe meist am besten weg. Es ist daher nicht nachteilig, wenn man sich außen am Starterfeld aufhält. Dies kann der sicherste Ausgangspunkt sein, um im richtigen Moment die beste Position im Feld einzunehmen.

Der Start von der gekrümmten Linie aus ist aus mehreren Gründen relativ einfach. Ein kurzer Blick verschafft einen Überblick über das gesamte Läuferfeld. Es ist leicht, das Tempo zu erfühlen. Schnelle Starter sind vorne, langsame hinten. Der Bereich, der möglichst zu meiden ist, sind die beiden inneren Positionen hinter dem führenden Läufer. Auf diesen sogenannten „Schlittenhundpositionen" hat man keine andere Wahl, als dem führenden Läufer zu folgen. Wenn der zu Beginn führende Läufer langsamer und überholt wird, werden sich diese beiden Läufer bald am Ende des Feldes wiederfinden.

In großen Rennen und Wettkämpfen wird die versetzte Startaufstellung praktiziert. Bei dieser Methode wird in Bahnen gestartet. Die Läufer laufen in der ersten

Kurve in diesen Bahnen. Danach ist ihnen gestattet, die Bahnen zu verlassen und jede beliebige Position einzunehmen. Bei diesem System wird das Gedränge um die beste Position bis zum ersten Erreichen der Gegengeraden verzögert.

Es gibt mehrere strategische Komplikationen bei der versetzten Startaufstellung. Die Läufer auf den Außenbahnen sind zunächst vorne und können die hinter ihnen befindlichen Läufer nicht sehen. (Ein Coaching-Tip, der den äußeren Läufern häufig gegeben wird, besagt jedoch, daß man dann hinten ist, wenn man einen Konkurrenten links neben sich spürt.) Die innen befindlichen Läufer sind in dieser Hinsicht im Vorteil, denn sie können die meisten ihrer Konkurrenten sehen. Bei einem relativ langsamen Start können die schnellen Starter sich entscheiden, vom Startschuß weg ein hohes Tempo anzuschlagen. Wenn die auf den Innenbahnen befindlichen Läufer dies tun, haben die außen befindlichen Läufer ein zweifaches Problem: zum einen die Lücke zu schließen und zum anderen ihre gewünschte Position früh im Rennen einzunehmen. Bei einem schnellen Start kann es sein, daß die am weitesten hinten befindlichen Läufer die äußeren und vorderen Läufer kaum sehen, bis die Bahnen verlassen werden. Möglicherweise werden sie sich bis zu diesem Zeitpunkt nicht des Defizits bewußt, daß sie ausgleichen müssen. Wenn man die **Schnelligkeitsregel** im Gedächtnis behält - daß es leichter ist, das Tempo zu reduzieren als zu erhöhen - und sich bewußt ist, daß es psychologisch ungünstig ist, von Beginn an hinten zu laufen, ist es klar, daß, egal wie das Rennen beginnt, Ihre Strategie und Ihre Einstellung darauf gerichtet sein sollte, sicher und schnell zu starten und sich auf diese Weise so früh wie möglich die größtmögliche Chance auf eine gute Position einzuräumen.

Laufen Sie die kürzeste Strecke

Oben wurde die sogenannte Schnelligkeitsregel erwähnt. Nun möchten wir Sie an die ebenfalls offensichtliche **Distanzregel** erinnern: Die kürzeste Distanz zwischen zwei Punkten ist eine gerade Linie. Wenn Sie dieses Prinzip nicht berücksichtigen, können Sie in einem 800-m-Rennen in große Schwierigkeiten kommen. Wenn Sie bei der versetzten Startaufstellung auf einer Außenbahn starten, sollten Sie, wenn Sie den Punkt erreichen, an dem Sie die Bahnen verlassen, allmählich auf den Außenrand der Innenbahn zulaufen. Ideal ist, wenn Sie diese Position zu Beginn der zweiten Kurve erreichen, wie in Abbildung 5.1 gezeigt. Diese Abbildung zeigt den Weg, den Sie einschlagen, wenn Sie nach den ersten 100 m tangential von Bahn 8 zum Außenrand der Bahn 1 laufen und diese Position eingangs der Kurve erreichen. Erinnern Sie sich an Ihre Schulgeometrie - die Tangente an einen Kreis ist die Gerade, die den Kreis berührt, ohne ihn zu schneiden. Wir haben eine Tangente an den Außenrand der 1. Bahn in der zweiten Kurve nach dem Start gelegt, so daß sie sich bis zur Bahn 8 am 100-m-Punkt erstreckt. Wenn Sie diesen oder einen ähnlichen Weg wählen, werden Sie den Kollisionen und dem Gedränge entgehen, dem Sie sich beim Versuch, die Innenbahn so schnell wie möglich zu erreichen, aussetzen würden. Wenn Sie Ihr Tempo auf den ersten 200 m überschätzt haben, ist es leichter, ein verfrühtes Einnehmen der Führungsposition zu vermeiden. Wechseln Sie die Bahn einfach allmählich, und passen Sie Ihr Tempo entsprechend an.

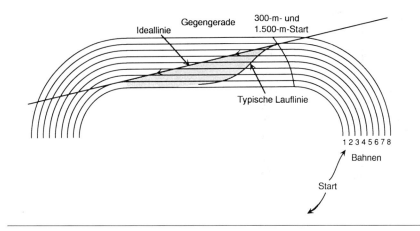

Abbildung 5.1: Diagramm des idealen Wegs (im Vergleich zum normalerweise eingeschlagenen Weg) eines 800-m- (oder 1500-m-) Läufers vom Punkt des Verlassens der festgelegten Bahnen nach 100 m zum Beginn der zweiten Kurve

Selbst diese Taktik kann zu Problemen führen, vor allem dann, wenn Sie auf einer mittleren Bahn eingeschlossen werden und von den außen befindlichen Läufern, die ihren Weg zur Innenbahn suchen, geschoben werden. Der 800-m-Lauf ist in der Tat eine Disziplin, bei der es zu Körperkontakten kommt, und Sie müssen einmal gewonnenen Raum vehement verteidigen. Es ist jedoch auf jeden Fall gänzlich unakzeptabel, mit einem Konkurrenten sozusagen des Selbstzwecks wegen um einen Platz zu kämpfen. Ein Sturz oder eine Rempelei an der falschen Stelle könnte dazu führen, daß man ein Rennen unnötigerweise zu früh verliert.

Ein beständiger Mythos des Mittel- und Langstreckenlaufs ist, daß es eine enorme Verlängerung der Laufstrecke bedeutet, wenn man auf einer Außenbahn läuft. Dies betrifft tatsächlich jedoch nur den Kurvenlauf, und die zusätzliche Strecke ist nicht so viel länger - etwa 2,8 m auf Bahn 2 im Vergleich zu Bahn 1. Da es jedoch sehr leicht ist, Seite an Seite auf einer Bahn zu laufen, beträgt die zusätzliche Distanz nur 1,6 m. Dies kostet bei einem 400-m-Tempo von 52 sec nur 0,21 sec - ein nur kleiner Zeitverlust, den man eingeht, um taktische Probleme zu vermeiden und sich auch die Freiheit zu erhalten, die Führung zu übernehmen. Auch für Spitzenläuferinnen, die ein 400-m-Tempo von 58 sec laufen, beträgt der Zeitverlust nur 0,23 sec. Viel mehr Zeit - und vielleicht sogar den Sieg in einem Rennen - würde man verlieren, wenn man hinter dem Frontläufer eingeschlossen wäre, während das Feld an einem vorbeizieht.

Weil der 800-m-Lauf ein langgezogener Sprint ist, ist es wichtig, seinen Einsatz so ökonomisch wie möglich zu verteilen. Hierfür gibt es gute Gründe, was auch immer die spezifische Rennstrategie ist. Wenn Ihr Ziel eine persönliche Bestzeit ist, wird ein gleichmäßiges Tempo statt einer schnellen/langsamen oder langsamen/schnellen Rundenkombination die anaerobe Energieproduktion reduzieren (obwohl die anaeroben Energiekosten noch immer hoch sind, denn die Intensität beträgt immerhin bis zu 135 % Ihres VO_{2max}-Tempos). Wenn der Sieg Ihr Ziel ist und Sie bereits früh zurückfallen, ist es Ihnen eventuell unmöglich, durch Steigerung Ihrer Schrittlänge oder -frequenz die körperliche Kraft zu mobilisieren, die notwendig ist, um zum führenden Läufer aufzuschließen, selbst wenn Sie die anaerobe Belastung aushalten können. Deshalb müssen Sie in diesem Fall versuchen, während des ganzen Rennens Kontakt zum Führenden zu halten.

Starke Frontläufer wählen jedoch typischerweise einen schnellen Start. Dies liegt zum Teil daran, daß sie während der ersten 14 bis 16 sec noch frisch sind, obwohl sich sehr schnell eine O_2-Schuld entwickelt, weil die Blutversorgung der Skelettmuskeln zu Beginn mit den Stoffwechselanforderungen nicht Schritt halten kann. Diese Läufer hoffen, daß Sie einen genügend großen Vorsprung herauslaufen können, um nach Hälfte des Rennens ihr Tempo leicht verringern zu können, und sich auf diese Weise ausreichend Erholung zu verschaffen, um eine starke letzte Runde zu laufen.

Nutzen Sie die erste Runde, um eine optimale Position einzunehmen

Während der ersten Runde ist die beste Position wahrscheinlich die hinter den Frontläufern. Sie sparen Energie, wenn Sie im Windschatten laufen. Gleichzeitig üben Sie einen psychologischen Druck auf die führenden Läufer aus, die dies spüren und jetzt die Gejagten statt die Jäger sind. Sie brauchen nicht aufzuschließen; stattdessen sind Sie als Jäger bereit und warten nur auf den optimalen Augenblick, um einen Angriff zu starten, womit Sie Ihre „Beute" überlaufen und den Sieg davontragen. Ein Beispiel aus der wirklichen Laufwelt kann dies verdeutlichen. Wenn Sie die ersten 400 m in 50 sec zurücklegen, beträgt Ihre Durchschnittsgeschwindigkeit 8 m/sec. Eingangs der letzten Runde muß ein 6 m zurückliegender Läufer eine 49er Runde laufen, um zum Führenden aufzuschließen. Wenn Sie länger warten, gehen Sie das Risiko einer steigenden Übersäuerung ein, wodurch sich Ihre Schrittfrequenz und Ihre Schrittlänge verringern. Selbst wenn Sie zum führenden Läufer aufschließen, bedeutet dies noch nicht den Sieg, denn nun liegt es an Ihnen, die Führung zu übernehmen.

Früher oder später gerät jeder 800-m-Läufer in dieses Dilemma. In einem Rennen lag Seb in einem Weltklassefeld etwa 2 sec zurück, unfähig, bis zur Hälfte der Zielgeraden zum Angriff anzusetzen. Der letztliche Angriff erfolgte zu spät, und Seb konnte sich erst im nächsten Rennen an seinem Bezwinger rächen. Seb behielt sein schnelles Anfangstempo sehr lange bei, und sein Hauptangriff setzte ihn in Distanz zum Rest des Feldes, ohne daß er auch nur die geringste Energie für ein Aufholen vergeudet hatte.

Die vermutlich beste Position im Verlaufe eines Rennens ist der Außenrand der Innenbahn. Diese Position ermöglicht ein weites ausholendes Laufen, wenn erforderlich, und verringert das Risiko, von einem vorderen Läufer abgeblockt zu werden. Stellen Sie sich die folgende Szene vor: Sie laufen auf der Gegengeraden und nähern sich der letzten Kurve, unmittelbar rechts hinter der Schulter des führenden Läufers laufend. Ein weiterer Läufer spurtet plötzlich von hinten nach vorne und nimmt eine Position direkt am Innenrand der ersten Bahn ein. Der zunächst führende Läufer ist nun hinter dem neuen Frontläufer eingeschlossen und läuft innen neben dem cleversten Läufer im Rennen - nämlich neben Ihnen! Wenn Sie Ihr Tempo und Ihre Position am Außenrand der Innenbahn beibehalten haben, laufen Sie noch immer ungehindert, sind fast vorne, darauf gefaßt, anderen möglichen Angreifern Widerstand entgegenzusetzen und einsatzbereit für Ihren eigenen Angriff im richtigen Augenblick.

Endspurtstrategien

Wenn Sie eindeutig der beste Läufer im Feld sind, können Sie neben einem Sieg auch noch die schnellstmögliche Zeit anstreben. Ein maximaler Einsatz, um das Feld weit hinter sich zu lassen, erfordert immer Mut, ist aber eine ungeheuer wirkungsvolle psychologische Taktik. Sehr zahlreich sind derartige Gelegenheiten nicht. Die Anwesenheit anderer talentierter Läufer im Rennen führt dazu, daß die individuellen Finish-Zeiten viel dichter beisammen liegen, so daß taktische Entscheidungen erheblich wichtiger werden.

In diesen Situationen muß der Läufer sich nicht nur trotz steigender anaerober Belastung auf das Feld und die Rennentwicklung konzentrieren, sondern er muß auch die beste Taktik für die Endphase des Rennens finden. Wenn sich im Feld ein oder zwei bekannt schnelle Spurtläufer befinden, besteht eine Ihrer Möglichkeiten darin, das gesamte Feld in schnellem Tempo durch die erste Runde zu führen, dabei den Energieverlust aufgrund des Laufens gegen den Wind zu akzeptieren, aber gleichzeitig die Spurtläufer ihrer hohen Finishqualitäten zu berauben. Wenn Sie hierbei so vorsichtig sind, Ihre eigene Endspurtkraft nicht zu reduzieren, wird die letzte Runde eher zu einem Kraftausdauer- als einem Schnelligkeitsausdauertest. Dies ist die Gelegenheit, bei der sich die Vorteile eines langfristigen, den gesamten Körper umfassenden Kraftausdauertrainingsprogramms im Kraftraum und in Form von Circuittraining bemerkbar machen.

Nach einer schnellen ersten Runde besteht eine Variante dieser Methode darin, daß Sie im Verlauf der zweiten Runde Ihr Tempo kontinuierlich erhöhen. Dieses allmählich steigende Tempo erfordert sowohl Mut als auch ein Laufen an der Spitze vom Start bis zum Ziel, aber es kann den Willen Ihrer möglichen Verfolger brechen, die noch mehr beschleunigen müssen, nur um mit Ihnen in Kontakt zu bleiben. Jürgen Straub aus der früheren DDR, der eigentlich 1.500-m-Spezialist und Hindernisläufer war, war ein Meister dieser Taktik. Bei den Olympischen Spielen in Moskau 1980 startete er im 1.500-m-Finale in Höhe des 800-m-Punkts einen äußerst schnellen Endspurt, der einem 800-m-Tempo von 1:46 entsprach. Auf den letzten 300 m war jeder 100-m-Abschnitt schneller als der vorangegangene. Nachdem Straub ein starkes Läuferfeld auseinandergerissen hatte, war Seb Coe, der dicht an ihm klebte, in der Lage, ihn auf der Ziellinie zu schlagen. Seb lief die letzten 100 m noch schneller als Straub, nämlich in 12,1 sec. Eine derartige Leistung ist ebenfalls nur auf der Basis eines umfassenden Konditionstrainings möglich.

In einem Rennen, in dem die Spitzenläufer über nahezu gleiche Fähigkeiten verfügen, sollte Ihre primäre Strategie darin bestehen, als erster zum entscheidenden Angriff anzusetzen. Es muß sich hierbei um einen treffsicheren Schlag handeln, der einerseits möglichst spät erfolgt, um einen Gegenangriff auszuschließen, andererseits jedoch so früh, um der erste derartige Schlag zu sein. Es muß sich um ein entscheidendes Lösen vom Feld in wenigen schnellen Schritten handeln. Eine einmal entstandene Lücke vielleicht nur teilweise beizubehalten, ist viel leichter, als zu versuchen aufzuholen, was alle anderen Läufer dann auch müssen.

Zusammenfassend kann also gesagt werden, daß ein totaler Überblick über das laufende Rennen und die Bereitschaft zum kompromißlosen Engagement und zum konsequenten Angriff, wenn sich die flüchtige Gelegenheit hierzu bietet, die zwei wichtigsten erfolgsentscheidenden Faktoren im 800-m-Lauf sind. Ausreichendes Talent, eine gute Vorbereitung und die Fähigkeit, günstige Gelegenheiten zu schaffen, sind ausgezeichnet, aber die Fähigkeit, geeignete Gelegenheiten auch zu erkennen und zu ergreifen, machen erst den wirklichen Spitzenläufer aus. Ihre gesamte Vorbereitung muß ebensoviele Facetten aufweisen wie das Rennen selbst. Eine hohe Fitneß ist das Resultat eines umfassenden - Kraft, Schnelligkeit, Stehvermögen und Ausdauer verbessernden - Trainingsplans für all Ihre wichtigsten Muskelgruppen. Wettkampfsicherheit läßt sich durch ein Training erreichen, dessen Ziel darin besteht, auch trotz Schmerzen weiter zu arbeiten. Das heißt, Sie müssen die Fähigkeit ausbilden, anaerobe Belastungen zu tolerieren. Es handelt sich hierbei nicht um die für den Langstreckenlauf typische Ermüdung, sondern es sind die brutalen Schmerzen, die für das langandauernde schnelle Laufen charakteristisch sind. Und es macht kaum einen Unterschied, ob Sie gegen die schnellsten Athleten der Welt laufen oder gegen Ihre Vereins- oder Schulkameraden. Gleichgültig, ob Sie eine Runde in 50 sec (8 m/sec) oder in 57,1 sec (7 m/sec) laufen - wenn es sich um ein extrem wettkampforientiertes 800-m-Rennen handelt, gelten die gleichen Prinzipien. Selbst die Strategien des Laufens auf einer äußeren Bahn bleiben die gleichen - die Zeit, die Sie bei diesem weit ausholenden Laufen verlieren, ist bei einem langsameren Rennen geringer, aber die von jedem Läufer pro Sekunde zurückgelegte Distanz ist auch kürzer.

Der 1.500-m-Lauf

Ein 1.500-m-Rennen dauert etwa doppelt so lange wie ein 800-m-Rennen. Dies kann ein zweischneidiges Schwert sein. Sie haben mehr Gelegenheiten, Fehler wieder gutzumachen, aber Sie haben auch mehr Zeit, in schwierige Situationen zu kommen. Häufig befinden sich in einem 1.500-m-Rennen 12 bis 15 Läufer. Daher ist es sehr wichtig, bereits früh die richtige Position einzunehmen.

Suchen Sie sich eine gute Position und halten Sie Kontakt

Wenn Sie in einem 1.500-m- oder Meilenrennen auf einer Außenbahn starten, brauchen Sie sich keine Sorgen zu machen. Die Außenbahn ist ein sicherer Platz; wenn Sie den Beginn der Gegengeraden erreichen, ist es sinnvoll, sich ebenso allmählich der Innenbahn zu nähern wie beim versetzten Start im 800-m-Lauf (Abbildung 5.1). Wenn Sie die Innenbahn gezogen haben, sollten Sie die ersten 100 m schnell laufen, unabhängig von der Anwesenheit eines bekannten Tempomachers, so daß Sie allmählich eine Position auf der zweiten Bahn an vorderer Position oder nahe dem Führenden einnehmen. Wenn Sie Ihr Anfangstempo überschätzt haben, ist es sicherer, auf Bahn 2 als auf Bahn 1 eine Position einzunehmen, denn auf Bahn 1 können Sie leicht von den Sie umgebenden Läufern eingeschlossen werden. Ein eventuell mitlaufender Tempomacher braucht nicht unbedingt zu den schnellsten Startern zu zählen. Daher muß für diesen Läufer eine Position vorne auf Bahn 1 „reserviert" werden, damit er die Anfangsphasen des Rennens dirigieren kann.

Die Zeiten, in denen schnell startende Frontläufer mit Sicherheit ans Ende des Feldes zurückfielen, sind vorbei. Wenn sie einmal vorne sind, bleiben sie heutzutage wahrscheinlich auch vorne. Um daher Ihre Chance zu wahren, müssen Sie Kontakt zu den führenden Läufern halten. Mehrere Umstände können dazu führen, daß Sie hinter dem Tempo des führenden Läufers zurückfallen. Ein langsamer Start kann während der ersten Runde und eventuell auch zweiten Runde zu Gestoße und Stolpern führen. Eine Spike-Verletzung oder ein harter Ellenbogenstoß in Ihre Rippen kann so schockierend sein, daß Sie aufgrund von Frustration oder Furcht zurückfallen. Selbst wenn Sie von Natur aus aggressiv sind, kann Ihr Rhythmus gestört werden, wodurch sich Ihr Tempo verringert. Eine taktische Beschleunigung der führenden Läufer hat den gleichen Effekt auf weiter hinten laufende Läufer, wie dies bei einer Autoschlange auf einer verkehrsreichen Straße der Fall ist. Wertvolle Zeit wird verloren, ehe der durch die Beschleunigung der führenden Läufer gewonnene Platz es auch weiter hinter laufenden Läufern erlaubt, zu reagieren. Zu diesem Zeitpunkt können die führenden Läufer bereits einen Vorsprung von etwa 15 m herausgelaufen haben.

Eine mögliche Strategie, eine Lücke zu schließen, vor allem dann, wenn sich die Lücke früh im Rennen gebildet hat, ist das kontinuierliche und ökonomische Schließen dieser Lücke durch eine allmähliche Beschleunigung. Diese Theorie mag logisch erscheinen, aber Theorien müssen mit den Erfordernissen des Lebens übereinstimmen, und es ist typisch, daß es im Leben zu unerwarteten, komplexen Situationen kommt. Wenn die Frontläufer plötzlich zu einer erneuten Beschleunigung ansetzen, vergrößert sich ihr Abstand zu den Läufern im Mittelfeld.

Nein, in heutigen Rennen ist es am sichersten für jeden Läufer, der sich in der Mitte oder am Ende des Feldes befindet, aber noch immer auf den Sieg erpicht ist, einen kurzen submaximalen Sprint anzusetzen, um an die Außenschulter des führenden Läufers zu gelangen. Die Fähigkeit zu derartigen anaeroben Temposteigerungen wird am besten durch wiederholte Tempoläufe über 400 m geschult. Dies verbessert besonders die Fähigkeit Ihres Nervensystems zur Rekrutierung von FT-Muskelfasern. Die Verteilung dieses anaeroben Stoffwechsels auf eine größere

Anzahl von Muskelfasern optimiert die Energieproduktion bei gleichzeitiger Minimierung einer überschießenden Azidose in jeder dieser Fasern. Läufer bezeichnen diese Fähigkeit häufig als Fähigkeit, schnell in einen höheren Gang zu schalten. Ein gleichmäßiges Tempo ist natürlich am ökonomischsten. Je schneller Sie zu laufen versuchen - z.b. wenn Sie eine persönliche Bestzeit aufstellen wollen -, desto sinnvoller ist ein gleichmäßiges Tempo. Aber viel mehr Rennen sind taktische Kämpfe, in denen der Sieg oft an den fällt, der seinen Konkurrenten zahlreiche Tempowechsel zugemutet hat, die er selbst besser verkraften konnte. Wiederum müssen Sie eine gute Position in der Nähe der frühen Frontläufer beibehalten, bereit zu reagieren, sei es, indem Sie das Tempo halten oder zu einem taktischen Schlag ausholen.

Entscheiden Sie, wann Sie zuschlagen

Es gibt drei bekannte Renntaktiken, die äußerst effektiv sind, wenn es darum geht, 1.500-m- und Meilenrennen zu gewinnen. Jede dieser Taktiken wurde von einigen der besten britischen Mittelstreckler angewandt. Steve Ovett war zu äußerst hartnäckigen Spurts in der Endphase eines Rennens, vor allem auf der Zielgerade, fähig. Eine Antwort auf diese Taktik ist die Gegentaktik von Steve Cram, 300 m vor dem Ziel extrem zu beschleunigen und auf diese Weise den Sprintern im Feld früh den Stachel zu ziehen. Zwei Taktiken, die Seb Coe zu sehr hoher Perfektion entwickelte, bestanden darin, entweder den Endspurt noch vor einem langspurtenden Konkurrenten zu beginnen oder dem Antritt dieses Läufers zu folgen und dann noch einmal in einen höheren Gang zu schalten, so daß sein Tempo das bereits erreichte hohe Tempo überstieg. Die Notwendigkeit einer umfassenden Fitneß, die für einen derart kräftigen Antritt, die lange Beschleunigung oder den schnellen Tempowechsel erforderlich ist, wurde bereits im Zusammenhang mit dem 800-m-Lauf beschrieben, und in dieser Hinsicht ist der 1.500-m-Lauf ähnlich.

Damit jede dieser Taktiken erfolgreich ist, ist es sehr wichtig, dicht am führenden Läufer zu sein. Hierdurch gewinnen Sie nicht nur den Vorteil zu überraschen, sondern fast alle anderen müssen noch mehr beschleunigen, um mit Ihnen mithalten zu können. Ein erfahrener Läufer merkt, wann seine Konkurrenten um ihn herum kämpfen. Dies hilft, den besten Moment für den Angriff zu bestimmen. Wenn ein Läufer im Feld versucht, ein optimales Tempo für seinen Endspurt beizubehalten, sind Sie gut beraten, mitten im Rennen eine Temposteigerung einzulegen. Dies trägt dazu bei, den Plan dieses Läufers, das Rennen genau auf die eigenen Bedürfnisse zuzuschneiden, sowohl psychologisch als auch physiologisch zu neutralisieren. Während eines gesamten 1.500-m-Rennens zu führen, kostet sehr viel Energie und ist mental sehr streßintensiv, aber ein gelegentliches Führen kann einem sinnvollen Zweck dienen.

Einige Rennen laufen aufgrund eines Tempomachers (oder „Hasen") für einen beträchtlichen Zeitraum genau nach einem festgelegten Plan. Interessanterweise führen derartige Rennen nicht immer zu schnellen Endzeiten. Die psychologische Erkenntnis, daß in einem derartigen Rennen den Läufern von jemandem, der sie in einem vorbestimmten Tempo um die Bahn führt, viel Arbeit abgenommen wird, kann ihren Wettkampfbiß reduzieren. Diese Läufer werden sich in dieser Situation nicht frühzeitig vom Feld lösen, was sie in einem weniger geplanten Rennen vielleicht tun würden. Diese psychologischen Nachteile werden nicht völlig durch den in physiologischer Sicht energiesparenden Vorteil, hinter dem Tempomacher her zu laufen, wettgemacht.

In einem derartigen Rennen gibt es ein wirkliches Risiko, vor allem dann, wenn der Tempomacher ein sehr guter Läufer ist, nämlich daß der Tempomacher selbst einen Überraschungssieg davonträgt. Kaum ein Leichtathletikfan der frühen 80er Jahre wird die Geschichte des amerikanischen Läufers Tom Byers vergessen, der im 1.500-m-Rennen bei dem Bislett-Sportfest in Oslo im Juni 1981 als Tempomacher in einem exzellenten Läuferfeld fungierte. Tom führte das Feld in 57,6 zur 400- und in 1:54,9 zur 800-m-Marke. Er hatte zu diesem Zeitpunkt einen Vorsprung von 30 m. Das Verfolgerfeld erhielt fälschlicherweise Byers Zwischenzeiten statt die eigenen, was dazu führte, daß das normalerweise treffsichere Tempogefühl dieser Läufer gestört wurde. Zu spät wurden sie sich dieser Diskrepanz bewußt. Tom war zu weit weg, um noch eingeholt zu werden. Sie versuchten es zwar, aber Tom gewann (vor Ovett) mit einem Vorsprung von 0,52 sec in 3:39,01.

Der 5.000-m-Lauf

Wir wenden uns jetzt einem Rennen zu, daß 6,25 mal länger als ein 800-m-Rennen und 3,3 mal länger als ein 1.500-m-Rennen ist. Diese Laufdisziplin wird in einem Tempo bestritten, das nahezu 100 % der aeroben Kapazität entspricht. Daher hoffen wir wie im Falle des 800- und 1.500-m-Laufs, daß Sie Ihre VO_{2max} im Training so hoch wie möglich ausgebildet haben. Die wichtigste Energiequelle beim 5.000-m-Lauf sind Kohlenhydrate. Selbst bei einem gleichmäßigen Tempo sind die energetischen Anforderungen so hoch, daß es sehr früh zu einer Anhäufung anaerober Stoffwechselprodukte kommt, weil das Renntempo aller Wahrscheinlichkeit nach schneller sein wird als Ihr Tempo im Bereich der Laktat-/ventilatorischen Schwelle. Ihre Blutlaktatkonzentration wird beim Endspurt zum Ziel extrem ansteigen, und wir hoffen, daß Sie den Beginn dieses Endspurts so exakt timen, daß Sie imstande sind, bis zum Ziel voll durchzuziehen. Die ökonomischste Strategie ist daher, ein gleichmäßiges Rennen zu laufen, um die Azidose in den Skelettmuskeln und im Blut bis gegen Ende des Rennens so gering wie möglich zu halten. An anderer Stelle haben wir betont, daß es wichtig ist, im Training ein gutes Tempogefühl auszubilden. Bei den längeren Strecken ist diese Facette der Wettkampfkompetenz entscheidend. Besonders wertvoll ist die Fähigkeit, das Tempo bei verschiedenen Ermüdungszuständen genau einschätzen zu können.

Es ist allerdings unklug zu erwarten, daß ein 5.000-m-Rennen auf die ökonomischste Weise gelaufen wird. Wahrscheinlicher ist, daß sich im Starterfeld Läufer befinden, die für ihren Endspurt bekannt sind, Läufer, die mitten im Rennen plötzlich das Tempo über eine gesamte Runde beschleunigen oder die kürzere, aber noch intensivere und überraschendere Spurts einlegen, und Läufer, die über das gesamte

Rennen ein hohes Tempo bevorzugen, um potentielle Endspurter früh genug auszuschalten. Unter den Spitzenläufern der letzten Jahre befinden sich einige bekannte Vertreter all dieser Stile; der obigen Reihenfolge entsprechend z.b. Marty Liquori (USA), Brendan Foster (Großbritannien), Dave Bedford (Großbritannien) und Antonio Leitao (Portugal). Diese Rennstile sind gute taktische Beispiele - jeder Stil erlaubt dem Athleten, aus einem bestimmten Talent den Vorteil zu ziehen, mit der Hoffnung, daß der Einsatz der betreffenden Taktik für ihn selbst weniger kostenintensiv sein wird als für alle anderen. Dies unterstreicht die Wichtigkeit, in jedem Rennen die Gegner zu kennen und die individuelle Strategie zu wählen, mit der sich der beste Nutzen aus den persönlichen Stärken ziehen läßt.

Versuchen Sie, früh im Rennen ein ausgewogenes Tempo einzuschlagen

Zu früh zu schnell zu laufen, hat nur Nachteile. Die mit der Azidose verbundenen Qualen hemmen zu früh die operationale Effizienz der Muskeln. Dies führt zu angstvollen Gedanken („Es tut bereits jetzt so weh, und das Rennen ist noch lange nicht zu Ende!"), die auf die Bedeutung der Interaktion zwischen Geist und Körper hinweisen. Ein langsameres Finish-Tempo ist wahrscheinlich das unglückliche Ergebnis dieser Situation, und Ihre Konkurrenten werden Sie überholen statt umgekehrt. Zusätzliche Hilfsmuskeln werden ins Spiel gebracht im verzweifelten, aber nutzlosen Versuch, das Tempo zu halten, aber dies reduziert die Laufökonomie und steigert die erforderliche O_2-Aufnahme nur noch mehr. Selbst das mehrstufige Training kann den Fehler eines unnötigerweise zu früh eingeschlagenem übermäßig hohen Tempos nicht berichtigen. Dieses Training kann allerdings die Fähigkeit ausbilden, die Tempowechsel auszuhalten oder zu initiieren, die nötig sein können, um entweder zu reagieren oder Bedingungen zu schaffen, unter denen der Sieg an den bestvorbereiteten Läufer fällt.

Ein 5.000-m-Rennen wird zu schnell gelaufen, um mit großen Tempowechseln effektiv bestritten werden zu können. Nach den ersten zügigen Runden, während derer Sie noch frisch sind, müssen Sie der Tendenz widerstehen, mit der Tempoforcierung zu beginnen oder die Führung zu übernehmen, weil das Tempo Ihnen langsam erscheint; es sei denn, Sie befinden sich in einer erheblich besseren Form als die übrigen Läufer und glauben, daß Sie ein schnelleres Tempo aushalten können. Tatsache ist, daß nach den ersten beiden Runden noch zehn weitere Runden und ein bißchen mehr zu laufen sind. Reservieren Sie die schnellste dieser mehr als zehn Runden für das Ende, nicht den Beginn des Rennens. Lücken aufgrund kurzer Antritte, die nicht durchgehalten werden, werden schnell von klügeren Läufern, die nicht weit hinter Ihnen ein gleichmäßigeres Tempo laufen, geschlossen. Zu diesem Zeitpunkt vergeuden die führenden Läufer mehr Energie als die Verfolger, weil sie gegen den Wind anlaufen.

Die einfachste Art der Tempogestaltung ist, ein festes, auf Ihre potentielle Leistung optimal ausgerichtetes Rundentempo unter Berücksichtigung der jeweiligen Wetterbedingungen und Ihres Fitneßniveaus zu errechnen. Wenn die ersten

Runden im langsamen Bereich dieses festgelegten Rundentempos zurückgelegt werden, sind Sie aufgrund des Frischegefühls in späteren Phasen des Rennens imstande, Ihr Tempo zu erhöhen. Genießen Sie das Hochgefühl, diejenigen, deren Tempogefühl weniger exakt (oder vernünftig) war, zu überholen. Halten Sie die ganze Zeit über einen guten Laufstil bei, und Sie haben alle Aussichten, Ihr schnellstes Rennen zu laufen.

Eine derartige Strategie ist wunderbar in einem Rennen, in dem Sie relativ wenig wirkliche Konkurrenten haben. Übernehmen Sie die Führung, und machen Sie das Beste daraus. Dies kann selbst auf sehr hohem Niveau funktionieren. Dave Moorcrofts Weltrekord in 13:00,42 aus dem Jahre 1982 in Oslo - bei dem er sogar 63er Runden als relativ leicht empfand - ist hierfür ein fast klassisches Beispiel. Wir können nur vermuten, daß Daves Tempo an diesem Tag im Bereich der Laktat-/ventilatorischen Schwelle sehr dicht an einem bereits sehr hohen VO_{2max}-Tempo lag, so daß die Säurebildung in seinem Gewebe und Blut im Bereich seines Renntempos nur minimal war.

Wie oft hört man Zuschauer, die Zeugen einer herausragenden Solovorstellung waren, sagen: „Was für ein glänzendes Rennen! Dieser Läufer hatte während des gesamten Rennens keinerlei Probleme; ich frage mich, wieviel schneller seine Endzeit gewesen wäre, wenn andere Läufer gut genug gewesen wären, ihn anzutreiben." Sicherlich lief der betreffende Läufer ein hervorragendes Rennen - optimal tempo-effizient. Aber wäre der Sieger notwendigerweise schneller gewesen, wenn er gefordert worden wäre? Nicht, wenn dieses Tempo eine übermäßige Azidität des Blutes hervorgerufen hätte. Die Läufer, die den Führenden herausgefordert hätten, wären sicherlich nicht so höflich gewesen, ihn bloß vorwärts zu treiben. Wir bezeichnen derartige Läufer gerne als „Spielverderber", denn es macht ihnen Spaß, auf eine sehr effektive und nervös machende Art Druck auszuüben, d.h. ihre eigenen speziellen Taktiken einzusetzen, um den Rennplan eines anderen Läufers zu verderben. Ein bekanntes Opfer dieser Taktik war Dave Bedford, dessen sehr effektive Tempolauftaktik mehrere Male von Konkurrenten zerstört wurde, indem diese sich öfters an die Spitze setzten und dort ihr Bestes taten, um das Tempo zu reduzieren. Bedford wurde nicht im eigentlichen Sinne behindert, obwohl die Spikesverletzungen an seinen Schienbeinen Zeugnis davon ablegten, was geschehen war. Derartige Manöver zerstörten jedoch seine Konzentration.

Die Spielverderber gehen natürlich selbst das Risiko ein zu ermüden, denn es ist in physiologischer Hinsicht unsinnig, kurze Sprints einzulegen, um Lücken zu reißen und nutzloserweise zu versuchen, das Feld auseinanderzuziehen. Wenn dies allerdings von mehreren Läufern getan wird, um das schnelle Tempo des Frontläufers zu verlangsamen, können sie alle einen Vorteil daraus ziehen und auf diese Weise den Möchtegern-Tempomacher neutralisieren und die nächste Phase der Schlacht einläuten. Wenn Sie zu den Spielverderbern zählen, sollten Sie sich des hohen energetischen Einsatzes derartiger Manöver bewußt sein. Wenn Sie ein Frontläufer sind, dessen Spiel verdorben wird, verfügen Sie über eine Abhilfemaßnahme, vorausgesetzt diese ist Bestandteil Ihres Repertoires. Nutzen Sie Ihre Fähigkeit, wiederholt schnelle 400-m-Abschnitte zu laufen, und legen Sie einen intensiven, langen Spurt hin, in der Hoffnung, auf diese Weise all Ihre

Angreifer abzuschütteln. Diese Taktik verbraucht zwar auch viel Energie, aber wenn Sie auf diese Weise den Sieg davontragen, ist es eine gute Umsetzung einer richtigen Trainingsmaßnahme.

Effektive Strategien für ein erfolgreiches Finish

Wenn während der letzten fünf bis sechs Runden ein entscheidender, den Sieg vorbereitender Vorstoß erfolgen soll, muß es sich in der Tat um einen lang durchgezogenen Antritt handeln - mindestens über eine gesamte Runde hinweg. Besser sind zwei Runden, und vielleicht bedarf es sogar einer dritten Runde, um die Verfolger wirklich abzuschütteln. Der Antritt sollte früh genug erfolgen, um die potentiellen Endspurter davon abzuhalten, sich anzuhängen; er sollte trotzdem so kontrolliert sein, daß Sie nicht vor dem Ziel langsamer werden, und er sollte drittens lang genug sein, um allen Verfolgern klar zu machen, daß Sie es sehr ernst meinen. Wenn Sie erst einmal Ihre temporäre Überlegenheit hergestellt haben, sollten Sie Ihr Tempo auf das Maß verringern, von dem Sie glauben, daß Sie es durchhalten können und Ihnen der Sieg sicher sein wird, denn es ist sehr wahrscheinlich, daß Sie das beschleunigte Tempo nicht das ganze Rennen über halten können. Wenn Sie z.B. glauben, daß das Rennen in 13:20 oder 13:45 (Männer) bzw. 15:00 oder 15:25 (Frauen) gewonnen wird, sollten Sie nach einer gewissen Zeit wieder die diesen Endzeiten entsprechenden Rundenzeiten - 64, 66 bzw. 72 und 74 sec - aufnehmen. Ein schnelleres Tempo könnte für Sie nicht zu bewältigen sein. Wenn Sie langsamer laufen, gehen Sie das Risiko ein, keinen Vorteil aus Ihrem plötzlichen Antritt ziehen zu können, denn Ihre Verfolger werden Ihren Vorsprung zu schnell aufholen. Idealerweise brauchen Ihre Konkurrenten Sie erst nach 5.001 m einzuholen!

Nicht jeder kann diese Strategie umsetzen. Diese Taktik erfordert eine hohe anaerobe Belastbarkeit, die Fähigkeit, mit dem Druck zu wissen, daß Sie der „Gejagte" sind, fertig zu werden, einen exzellenten Temposinn und ein Gefühl dafür, wie andere mit dem Tempo umgegangen sind, bevor Sie Ihren Antritt starteten. Zu berücksichtigen ist natürlich die mentale Genugtuung zu wissen, daß Sie die anderen Läufer gezwungen haben, schneller und damit (aus Sicht der Konkurrenten) unökonomischer zu laufen. Wenn Sie Ihre Konkurrenten überschätzt haben, können Sie das Tempo etwas reduzieren und sich auf diese Weise etwas erholen, um sich besser auf die maximale Endbeschleunigung vorzubereiten. Natürlich besteht immer das Risiko, daß sich im Feld ein hervorragender Läufer befindet, der ein ausgezeichnetes Rennen läuft und sich selbst nach Ihrem perfekt durchgeführten Antritt noch immer neben Ihnen befindet. Das ist das Wesen eines guten Wettkampfes, und natürlich mögen die Zuschauer so etwas. Was soll man in einer derartigen Situation tun? Sie sollten Ihr bestes geben und hoffen, daß Sie mehr aus sich selbst herausholen können, als Sie für möglich gehalten haben.

Seb Coe erinnert sich sehr gut an ein über zwei Runden führendes 8 km langes Straßenrennen in Italien, in dem sich ein sehr guter italienischer Langstreckler durch Sebs drei lange, schnelle Antritte einfach nicht einschüchtern ließ. Kurz vor dem Ziel war ein vierter Antritt nötig, um das Rennen zu entscheiden. Dies weist auf eine interessante Parallele zwischen einem erfolgreichen Rennen in der Leichtathletik und erfolgreichen politischen Verhandlungen hin: Um zu gewinnen, müssen Sie ohne auch nur die Spur eines Zweifels festen Willens sein, zumindest einen Moment länger durchzuhalten als Ihr Gegner.

Wenn Sie es vorziehen, während eines gesamten Rennens hinten zu bleiben und einen starken Endspurt hinzulegen, sollten Sie sich bewußt sein, daß einige der oben erwähnten Taktiken gegen Sie eingesetzt werden können. Daher müssen Sie sich entsprechend einstellen, und dies beginnt bereits Monate vorher im Training. Schnelle Meilenläufer entpuppen sich mehr und mehr als exzellente 5.000- und 10.000-m-Läufer. Sie sind also gut beraten, Ihre Schnelligkeitsfähigkeiten auf einem guten Entwicklungsstand zu halten. Bei den Leichtathletik-Europameisterschaften 1986 waren der 5.000-m-Sieger, der Brite Jack Buckner, und der 5.000-m-Zweite und 10.000-m-Sieger, der Italiener Stefano Mei, gleichzeitig ausgesprochen gute Mittelstreckler. Buckner war im selben Jahr bereits eine Meile in 3:57,29 gelaufen und Mei 1.500 m in 3:34,57.

Die Fähigkeit zu einem effizienten Endspurt ist nicht notwendigerweise nur eine genetische Veranlagung. Mit Hilfe des mehrstufigen Trainings kann man sie auf verschiedene, den natürlichen Tendenzen eines jeden Athleten entgegenkommende Weise ausbilden. Es handelt sich hierbei lediglich um eine Facette der allgemeinen Schnelligkeitsentwicklung. Um einen schnellen Wettkampf bestreiten zu können, müssen Sie schnelle Trainingseinheiten absolviert haben, und dies führt zur Entwicklung sowohl der Schnellkraft als auch der Schnelligkeitsausdauer. Die heutigen 5.000-m-Läufer, Männer wie Frauen, müssen realisieren, daß auf Basis einer extensiven Ausdauergrundlage die Ausbildung von sowohl Schnelligkeit als auch Kraft erfolgen muß, wenn ihr Ziel ein beständiger Erfolg ist. Herausragende Fähigkeiten in allen Bereichen schaffen die größte Anzahl von Wahlmöglichkeiten und daher die besten Chancen für qualitativ hochwertige Leistungen. Läufe über Distanzen, die länger als auch kürzer als 5.000 m sind, bilden derartige Fähigkeiten aus. Sie versetzen sie in die Lage, sowohl Schnelligkeit mit einer Ausdauerkomponente (wie im 3.000-m-Bahnrennen) als auch das Umgekehrte (wie in 10-km-Straßenrennen) zu bewältigen.

8-km-Straßenrennen werden sowohl in den USA als auch in Großbritannien immer populärer. Diese Distanz eignet sich hervorragend für 5.000- und 10.000-m-Läufer, da sie sowohl hohe Anforderungen an die Schnelligkeit als auch an die Ausdauer stellt. Wie zu erwarten, ist es am ehesten der Experte in beiden Bereichen, der hier über die beste Siegchance verfügt. Keith Brantly plante ein 8-km-Straßenrennen im Juli 1988 als letzten Test für die Olympiaqualifikationswettkämpfe der USA, bei denen er entweder die 5.000- oder die 10.000-m-Distanz oder beide Strecken laufen wollte. Seine Zeit von 22:38 (bei einer Temperatur von 22 Grad C und einer relativen Luftfeuchtigkeit von 88 %) war in jenem Jahr die schnellste Zeit, die über 8 km gelaufen wurde.

Der 10.000-m-Lauf

Sowohl aus taktischer als auch aus physiologischer Sicht sind der 10.000-m-Lauf und der 5.000-m-Lauf einander ähnlich. Während der 5.000-m-Lauf in einem Tempo gelaufen wird, das 92 % des VO_{2max}-Tempos entspricht, entspricht das Tempo des 10.000-m-Laufs nahezu 100 % des VO_{2max}-Tempos. Selbst bei optimaler Entwicklung wird Ihre Laktat-/ventilatorische Schwelle 88 bis 90 % der VO_{2max} kaum übertreffen. Falls Sie Ihre VO_{2max} oder Ihre Laktat-/ventilatorische Schwelle nicht so hoch ausbilden können, daß ein siegtaugliches Renntempo innerhalb des aeroben Bereichs liegt, ist eine sich allmählich entwickelnde metabolische Azidose wahrscheinlich. Diese Anhäufung saurer Stoffwechselprodukte ist beim 10.000-m-Lauf weniger intensiv als beim 5.000-m-Lauf. Hierdurch erscheint die Taktik des Einschiebens gelegentlicher das durchschnittliche Renntempo übersteigender Antritte die Siegeschancen in einem 10.000-m-Rennen eher zu erhöhen als in einem 5.000-m-Rennen. Diese Beobachtungen geben einige Hinweise auf die physiologischen Systeme, die im Training besonders entwickelt werden müssen: gute Kenntnis des Renntempos, Anheben der Laktat-/ventilatorischen Schwelle, Anheben der VO_{2max} und Ausbildung einer exzellenten Schnelligkeitsfähigkeit zum Einlegen von Zwischenspurts und für einen starken Endspurt. Wie bei den anderen Laufdisziplinen können periodische Leistungskontrollen in Form von Laufbandtests und Zeitkontrolläufen unter wiederholbaren Bedingungen einen nützlichen Hinweis darauf geben, ob und in welchem Ausmaß das Training im Verlauf der Zeit zu Verbesserungen geführt hat. Diese Prinzipien wurden an früherer Stelle in den Kapiteln 2 und 3 diskutiert.

Auf den ersten Blick erscheint das Tempo eines 10.000-m-Rennens selbst im Weltrekordniveau nicht viel langsamer als das eines 5.000-m-Rennens. Vergleichen Sie den Rundenschnitt von 65,1 sec, den Arturo Barrios bei seinem 10.000-m-Weltrekord lief, mit dem Rundenschnitt von 62,3 sec, den Said Aouita bei seinem 5.000-m-Weltrekord erzielte (Tabelle 5.1). Oder vergleichen Sie bei den Frauen den Rundenschnitt von 72,6 sec, den Ingrid Kristiansen bei ihrem 10.000-m-Weltrekord lief, mit den 70,2er Runden bei ihrem eigenen 5.000-m-Weltrekord. Bei den Männern besteht zwischen beiden Disziplinen ein Unterschied von 4,5 %, bei den Frauen ein Unterschied von 3,4 %. Als Läufer sind Sie sich jedoch der akkumulierenden Belastung bewußt, die es bedeutet, über 10 bis 20 Runden ein Renntempo beizubehalten, das auch nur 1 sec/400 m über dem von Ihnen noch zu bewältigenden Optimum liegt. Was den Einsatz angeht, ist der Unterschied von wenigen Sekunden zwischen den beiden Rennen enorm, und ein gutes Tempogefühl spielt daher in diesen Rennen eine große Rolle. Der Tempounterschied erklärt auch die größere Notwendigkeit eines ausdauerorientierten Trainings des Stehvermögens im 10.000-m-Lauf im Vergleich zur größeren Bedeutung des schnelligkeitsorientierten Trainings des Stehvermögens im 5.000-m-Lauf. Tabelle 5.2 ist eine detaillierte Tempotabelle zur Bestimmung der durchschnittlichen 400-m-Rundenzeit für eine große Spannbreite von 10.000-m-Leistungen sowie der Zwischenzeiten an unterschiedlichen Punkten in derartigen Rennen. Die Tabelle kann auch dazu dienen, die Zeiten für die unterschiedlichen in Kapitel 3 beschriebenen Intervalldistanzen zu bestimmen.

Tabelle 5.1: Ausgewählte bemerkenswerte Laufgeschwindigkeiten über 5.000- und 10.000 m

Läufer	Zeit	Datum	Ort	Tempo (sec/ 400 m)
5000 m				
Said Aouita - WR[a]	12:58,39	22. Juli 87	Rom	62,27
	13:00			62,4
	13:30			64,8
	14:00			67,2
	14:30			69,6
Ingrid Kristiansen - WR	14:37,33	5. Aug. 86	Stockholm	70,19
	15:00			72,0
	15:30			74,4
	16:00			76,8
	16:30			79,2
	17:00			81,6
	17:30			84,0
10.000 m				
Arturo Barrios - WR[a]	27:08,23	18. Aug. 89	Berlin (West)	65,12
	27:30			66,0
	28:00			67,2
	28:30			68,4
	29:00			69,6
	29:30			70,8
	30:00			72,0
Ingrid Kristiansen - WR	30:13,74	5. Juli 86	Oslo	72,55
	30:30			73,2
	31:00			74,4
	31:30			75,6
	32:00			76,8
	32:30			78,0
	33:00			79,2
	33:30			80,4
	34:00			81,6
	34:30			82,8
	35:00			84,0

[a]WR = Weltrekord

Tabelle 5.2: 200- und 400-m-Zwischenzeiten für ausgewählte Renndistanzen zwischen 600 und 10.000 m

200-m-/400-m-Durchschnittszeiten (sec)	600	800	1.000	1.500	2.000	3.000	4.000	5.000	6.000	8.000	10.000
25,0/50,0	1:15,0	1:40,0	—	—	—	—	—	—	—	—	—
25,5/51,0	1:16,5	1:42,0	—	—	—	—	—	—	—	—	—
26,0/52,0	1:18,0	1:44,0	2:10,0	—	—	—	—	—	—	—	—
26,5/53,0	1:19,5	1:46,0	2:12,5	—	—	—	—	—	—	—	—
27,0/54,0	1:21,0	1:48,0	2:15,0	—	—	—	—	—	—	—	—
27,5/55,0	1:22,5	1:50,0	2:17,5	—	—	—	—	—	—	—	—
28,0/56,0	1:24,0	1:52,0	2:20,0	3:30,0	—	—	—	—	—	—	—
28,5/57,0	1:25,5	1:54,0	2:22,5	3:33,8	—	—	—	—	—	—	—
29,0/58,0	1:27,0	1:56,0	2:25,0	3:37,5	4:50,0	—	—	—	—	—	—
29,5/59,0	1:28,5	1:58,0	2:27,5	3:41,3	4:55,0	—	—	—	—	—	—
30,0/60,0	1:30,0	2:00,0	2:30,0	3:45,0	5:00,0	7:30,0	—	—	—	—	—
30,5/61,0	1:31,5	2:02,0	2:32,5	3:48,8	5:05,0	7:37,5	10:10,0	—	—	—	—
31,0/62,0	1:33,0	2:04,0	2:35,0	3:52,5	5:10,0	7:45,0	10:20,0	12:55,0	—	—	—
31,5/63,0	1:34,5	2:06,0	2:37,5	3:56,3	5:15,0	7:52,5	10:30,0	13:07,5	15:45,0	—	—
32,0/64,0	1:36,0	2:08,0	2:40,0	4:00,0	5:20,0	8:00,0	10:40,0	13:20,0	16:00,0	21:20,0	—
32,5/65,0	1:37,5	2:10,0	2:42,5	4:03,8	5:25,0	8:07,5	10:50,0	13:32,5	16:15,0	21:40,0	27:05,0
33,0/66,0	1:39,0	2:12,0	2:45,0	4:07,5	5:30,0	8:15,0	11:00,0	13:45,0	16:30,0	22:00,0	27:30,0
33,5/67,0	1:40,5	2:14,0	2:47,5	4:11,3	5:35,0	8:22,5	11:10,0	13:57,5	16:45,0	22:20,0	27:55,0
34,0/68,0	1:42,0	2:16,0	2:50,0	4:15,0	5:40,0	8:30,0	11:20,0	14:10,0	17:00,0	22:40,0	28:20,0
34,5/69,0	1:43,5	2:18,0	2:52,5	4:18,8	5:45,0	8:37,5	11:30,0	14:22,5	17:15,0	23:00,0	28:45,0
35,0/70,0	1:45,0	2:20,0	2:55,0	4:22,5	5:50,0	8:45,0	11:40,0	14:35,0	17:30,0	23:20,0	29:10,0
35,5/71,0	1:46,5	2:22,0	2:57,5	4:26,3	5:55,0	8:52,5	11:50,0	14:47,5	17:45,0	23:40,0	29:35,0
36,0/72,0	1:48,0	2:24,0	3:00,0	4:30,0	6:00,0	9:00,0	12:00,0	15:00,0	18:00,0	24:00,0	30:00,0
36,5/73,0	1:49,5	2:26,0	3:02,5	4:33,8	6:05,0	9:07,5	12:10,0	15:12,5	18:15,0	24:20,0	30:25,0
37,0/74,0	1:51,0	2:28,0	3:05,0	4:37,5	6:10,0	9:15,0	12:20,0	15:25,0	18:30,0	24:40,0	30:50,0
37,5/75,0	1:52,5	2:30,0	3:07,5	4:41,3	6:15,0	9:22,5	12:30,0	15:37,5	18:45,0	25:00,0	31:15,0
38,0/76,0	1:54,0	2:32,0	3:10,0	4:45,0	6:20,0	9:30,0	12:40,0	15:50,0	19:00,0	25:20,0	31:40,0
38,5/77,0	1:55,5	2:34,0	3:12,5	4:48,8	6:25,0	9:37,5	12:50,0	16:02,5	19:15,0	25:40,0	32:05,0
39,0/78,0	1:57,0	2:36,0	3:15,0	4:52,5	6:30,0	9:45,0	13:00,0	16:15,0	19:30,0	26:00,0	32:30,0
39,5/79,0	1:58,5	2:38,0	3:17,5	4:56,3	6:35,0	9:52,5	13:10,0	16:27,5	19:45,0	26:20,0	32:55,0
40,0/80,0	2:00,0	2:40,0	3:20,0	5:00,0	6:40,0	10:00,0	13:20,0	16:40,0	20:00,0	26:40,0	33:20,0
40,5/81,0	2:01,5	2:42,0	3:22,5	5:03,8	6:45,0	10:07,5	13:30,0	16:52,5	20:15,0	27:00,0	33:45,0
41,0/82,0	2:03,0	2:44,0	3:25,0	5:07,5	6:50,0	10:15,0	13:40,0	17:05,0	20:30,0	27:20,0	34:10,0
41,5/83,0	2:04,5	2:46,0	3:27,5	5:11,3	6:55,0	10:22,5	13:50,0	17:17,5	20:45,0	27:40,0	34:35,0
42,0/84,0	2:06,0	2:48,0	3:30,0	5:15,0	7:00,0	10:30,0	14:00,0	17:30,0	21:00,0	28:00,0	35:00,0
42,5/85,0	2:07,5	2:50,0	3:32,5	5:18,8	7:05,0	10:37,5	14:10,0	17:42,5	21:15,0	28:20,0	35:25,0
43,0/86,0	2:09,0	2:52,0	3:35,0	5:22,5	7:10,0	10:45,0	14:20,0	17:55,0	21:30,0	28:40,0	35:50,0
43,5/87,0	2:10,5	2:54,0	3:37,5	5:26,3	7:15,0	10:52,5	14:30,0	18:07,5	21:45,0	29:00,0	36:15,0
44,0/88,0	2:12,0	2:56,0	3:40,0	5:30,0	7:20,0	11:00,0	14:40,0	18:20,0	22:00,0	29:20,0	36:40,0
44,5/89,0	2:13,5	2:58,0	3:42,5	5:33,8	7:25,0	11:07,5	14:50,0	18:32,5	22:15,0	29:40,0	37:05,0
45,0/90,0	2:15,0	3:00,0	3:45,0	5:37,5	7:30,0	11:15,0	15:00,0	18:45,0	22:30,0	30:00,0	37:30,0

Die Fähigkeit, während langer Bahnläufe konzentriert zu bleiben - um das Tempo besser bestimmen und beibehalten zu können und um reaktionsfähig zu bleiben -, ist für 10.000-m-Läufer obligatorisch. Dieser Aufmerksamkeitsschwerpunkt kann am besten erreicht werden, indem man sich vor einem wichtigen Wettkampf mental und körperlich ausruht. Dennoch haben Sie im 10.000-m-Lauf wesentlich mehr Chancen, auf veränderte Bedingungen zu reagieren, als in den oben beschriebenen kürzeren Disziplinen. Wenn sich das Rennen in dem Moment, in dem ein plötzlich antretender Konkurrent sich gerade vom Feld zu lösen versucht, nicht gerade in der Endphase befindet, haben Sie genügend Zeit, die Bedeutug dieses Antritts zu beurteilen - seine möglichen Auswirkungen auf den Rennausgang und inwiefern Sie dieses Manöver mit Ihrer eigenen Strategie, das Rennen möglichst effektiv zu laufen, in Einklang bringen können.

Das Wetter beeinflußt das Ergebnis eines 10.000-m-Rennens mehr als den Ausgang kürzerer Rennen, und sei es nur, weil die Zeit länger ist, während der der Wettereinfluß wirksam werden kann. Höhere Umgebungstemperaturen führen zwecks Kühlung zu einer Verlagerung des Blutes in die Haut. Hierdurch reduziert sich die Blutmenge zur Versorgung der Skelettmuskeln. Wenn die Luftfeuchtigkeit ebenfalls hoch ist, nimmt die Verdampfungsrate ab, obwohl die Schweißausscheidung sehr hoch bleiben kann. Eine reduzierte Kühlung des Körpers bei gesteigerter Stoffwechselaktivität zusammen mit kontinuierlichem Schweißverlust kann zu einer drastischen Reduktion der aufrechtzuerhaltenden Geschwindigkeit führen. Ein Rennen dieser Art wird leicht zu einer sich über 24 Runden hinziehenden Übung in Sachen Laufökonomie und einem sich daran anschließenden Sprinttest über eine Runde. Unter derartigen Bedingungen erreichte Keith Brantly bei den University Games in Kobe im Jahr 1985 die bislang einzige Goldmedaille der USA über 10.000 m; er demonstrierte eine hervorragende Tempokontrolle, lief eine etwas schnellere letzte Runde und sprintete schließlich auf der Zielgeraden maximal. Auf einer noch am frühen Abend von der Tageshitze (29,5 Grad C; relative Luftfeuchtigkeit 68 %) aufgeheizten Bahn lag er bei seinem Sieg in 29:11,24 0,47 sec vor dem Mexikaner Jesus Herrera und 0,49 sec vor dem Japaner Shuiji Yoneshige.

Auch der Wind kann die Leistung beeinträchtigen. Gegenwind auf einer Geraden und Rückenwind auf der anderen Geraden führen typischerweise zu einem Akkordeoneffekt: Das Läuferfeld zieht sich abwechselnd zusammen (gegen den Wind) und reißt auseinander (mit dem Wind). Die Führenden können den zusätzlichen Energieaufwand beim Laufen gegen den Wind nicht wieder wettmachen, wenn sie mit dem Wind laufen. Während des Gegenwindabschnitts können selbst für die frischesten und erfahrensten Läufer in der Mitte des Feldes das Risiko, durch die Spikes eines vor ihnen laufenden Läufers verletzt zu werden, und die Notwendigkeit, die Schrittlänge zu verkürzen, wenn das Feld sich zusammenzieht, entnervend und entkräftend sein. Sowohl mentale als auch körperliche Härte sind entscheidend, wenn es darum geht, gegen die negativen Auswirkungen dieser Wettkampfbedingungen auf die Leistung anzukämpfen.

Wenn die Wetterbedingungen günstiger sind, zeugen die fantastischen Fähigkeiten heutiger Spitzenläufer, selbst nach 23 bis 24 schnellen Runden eine noch schnellere letzte Runde zu laufen, nicht nur von dem hohen Grad der allgemeinen Kondition dieser Läufer, sondern auch von der Bedeutung einer derart hoch entwickelten Schnelligkeit zur Sicherung eines Sieges oder einer guten Plazierung. Ein hervorragendes Beispiel hierfür war das 10.000-m-Finale bei den Leichtathletik-Weltmeisterschaften 1983 in Helsinki. Nach 9.400 m war noch immer ein Feld von 13 Läufern dicht zusammen. Als für die Läufer die letzte Runde eingeläutet wurde, trat Werner Schildhauer (aus der früheren DDR) vehement an und lief die letzte Runde in 54,8 sec! Aber Hans-Jörg Kunze (ebenfalls aus der früheren DDR) lief genauso schnell. Martti Vainio (Finnland) lief noch schneller (54,5 sec), und Gidamis Shahanga (Tansania) lief fast so schnell (54,9 sec). Dennoch gewann keiner dieser Läufer das Rennen. Alberto Cova (Italien) lief die letzten 400 m in 53,9 sec und ließ Schildhauer 0,14 sec hinter sich. Seine Endzeit betrug 28:01,04. Die anderen drei Läufer lagen so dicht zusammen, daß nur 0,89 sec den fünften vom ersten Platz trennten!

Ein qualitativ hochwertiger Endspurt kann auch nötig sein, um eine sehr schnelle Endzeit sicherzustellen, ganz einfach aufgrund der physiologischen Notwendigkeit, das schnellste noch auszuhaltende Tempo möglichst lange durchzuhalten (um die Ökonomie zu optimieren), und dann das Tempo in der letzten Phase maximal zu forcieren, bevor die metabolische Azidose die Geschwindigkeit verlangsamt. Ein bemerkenswertes Beispiel hierfür ist der amerikanische Rekord von Mark Nenow beim Ivo-van-Damme-Memorial in Brüssel im September 1986. Ein guter Tempomacher (Mauricio Gonzalez) führte Mark in 13:47,1 durch die 5.000-m-Marke. Mauricios 5.000-m-Zwischenzeit war 13:46,79, und dieser 0,34-sec-Abstand erlaubte Mark noch immer, im Windschatten von Mauricio zu laufen, ohne Angst haben zu müssen, mit dessen Beinen in Kontakt zu kommen. Marks zweite 5.000 m waren im wesentlichen eine Solo-Leistung (er gewann das Rennen mit 44 sec Vorsprung), die eine enorme Konzentration kostete, weil er ein gleichmäßiges Tempo von 65,5 sec pro Runde beibehalten wollte. Er lief die letzten 400 m in 60,2 sec, und seine Endzeit betrug 27:20,56, womit er Alberto Salazars alten Rekord um 5,05 sec übertraf.

Der Marathonlauf

Der Marathonlauf unterscheidet sich in vielfacher Hinsicht sehr von den oben beschriebenen Disziplinen. Eine wesentlich längere Zeit zu laufen, ist nur eine seiner Herausforderungen; es gibt noch mehrere andere. Versuchen Sie sich zunächst die Tempodynamik dieses Rennens vorzustellen; Tabelle 5.3 kann Ihnen in dieser Hinsicht helfen. Wäre der Äthiopier Belayneh Dinsamo seine Marathon-Weltbestzeit auf der Bahn gelaufen, hätte seine Endzeit etwa 105 Runden in einem 400-m-Durchschnittstempo von 72,1 sec entsprochen. Ingrid Kristiansens Weltbestzeit entspricht einer Durchschnittsgeschwindigkeit von 80,3 sec pro Runde. Marathonläufer müssen also mehr als 2 Stunden konzentriert auf Tempo laufen und gleichzeitig Vorkehrungen gegen eine Dehydrierung und einen Brennstoffverbrauch treffen, sowie gegen einen körperlichen Abbau ankämpfen. Marathonläufer müssen gleichzeitig bemüht sein, sich für einen zeitlich präzise vorherbestimmten Ausbruchversuch zu schonen, um ein Feld sowohl mental als auch physisch zu zerstören. Jeder der glaubt, daß es einfach ist, sich auf einen Marathonlauf vorzubereiten, unterliegt einem großen Irrtum!

Besondere Aspekte der Marathonvorbereitung

Diese langen, zermürbenden Rennen vermitteln oft den Eindruck, als sei der Erfolg genauso genetisch determiniert wie im 100-m-Sprint. Statt daher die Reflexe eines Eichhörnchens zu besitzen mit einer genetisch bestimmten überwiegenden Anzahl von FT-Fasern, wäre es besser, Sie würden anlagebedingt über mehr ST-Fasern verfügen mit einer daraus resultierenden enormen Laufeffizienz und einer niedrigen Laktatbildung auch bei hohen Belastungen. Aber die Leistung wird durch die Interaktion von genetischer Veranlagung und richtigem Training bestimmt. So wie ein kraftaufbauendes und technikverbesserndes Training für Sprinter von großem Wert ist, verhält es sich mit Marathonläufern; ein Training zur Steigerung der gespeicherten Energievorräte und zur Verbesserung der aeroben Kapazität ist wesentlich. Von gleicher und vielleicht sogar größerer Bedeutung als eine hohe VO_{2max} ist die Fähigkeit, die VO_{2max} zu einem hohen Prozentsatz auszunutzen, ohne die anaerobe Kapazität nennenswert in Anspruch zu nehmen. Das Training führt dazu, daß das Tempo im Bereich der Laktat-/ventilatorischen Schwelle näher an das VO_{2max}-Tempo heranrückt.

Schnelle Marathonzeiten erfordern sogar noch mehr als eine gute genetische Veranlagung und Training. Den Umweltbedingungen kommt eine sehr große Bedeutung zu - ein flacher, korrekt vermessener Kurs (zur Reduzierung der Belastung durch Bergauflaufen), ein bewölkter Himmel (zur Minimierung einer strahlungsbedingten Steigerung der Körpertemperatur), kühles Wetter (zur Minimierung des Schweißverlustes) und ein nur geringer Wind (zur Reduzierung des Energieverbrauchs) sind allesamt Schlüsselfaktoren. Wichtig ist ferner natürlich ein starkes Feld, um jeden einzelnen zur Bestleistung zu treiben. Es mag zugegebenermaßen so scheinen, als handle es sich hierbei um Laborbedingungen, aber statistische Aufzeichnungen zeigen, daß die meisten Weltbestleistungen sowohl der Männer als auch der Frauen unter derartigen Bedingungen erreicht wurden. Die zuverlässigsten Bedingungen zur Erreichung derartiger Leistungen sind in Japan während der dortigen Marathonsaison (Dezember bis März) und in Europa anzutreffen. Städte wie Rotterdam, London, Fukuoka, Tokio, Nagoya und Osaka sind Wallfahrtsorte für die Marathonläufer, die gegen die Uhr laufen, um zu versuchen, eine persönliche Bestzeit aufzustellen. Derartige Leistungen werden nur selten in den Vereinigten Staaten erreicht, wo es oft vorkommt, daß die Früchte eines mehrmonatigen harten Trainings durch einen heißen Tag, Temperaturen unter dem Gefrierpunkt oder einen böigen Gegenwind verdorben werden. Derartige Bedingungen können einen Marathonläufer mental und physisch enorm beeinträchtigen.

Zusätzlich zu den Streckenbedingungen stellt das Aufbrauchen der Energievorräte, die notwendig sind, um ein wettkampfspezifisches Renntempo beizubehalten, ein zweites Risiko dar, dem man in Rennen über kürzere Distanzen nicht begegnet. Daher gehören zur unmittelbaren Vorbereitung auf ein Marathonrennen sowohl Ernährungsmaßnahmen als auch Ruhe. Im Gegensatz zu Rennen über kürzere Distanzen ist es richtig und auch erforderlich, während eines Marathonrennens Nahrung und Wasser zu sich zu nehmen. Zusätzliche Faktoren, die häufig als trivial bezeichnet werden, wie Kleidung und Schuhe, die weder scheuern noch Blasen bereiten, gewinnen in Marathonrennen, die immerhin viermal so lang wie 10.000-m-Rennen sind, eine große Bedeutung.

Ein drittes Dilemma, mit dem Sie im Gegensatz zu kürzeren Distanzen im Marathonlauf konfrontiert werden, betrifft die Gestaltung des Trainingsplans. Wichtig ist, daß beim Marathontraining die Möglichkeit, Trainingsläufe zu absolvieren, die erheblich länger als die Renndistanz sind, nicht besteht. Spitzen-800- und 1.500-m-Läufer können im Training ohne weiteres Läufe über 16 bis 24 km absolvieren. Bei Frauen sind die Trainingsstrecken etwas kürzer. Das Laufen von Trainingsstrecken, die 15 bis 30 mal länger sind als Ihre primäre Renndistanz, kann das Selbstvertrauen enorm steigern. Wenn Sie sich entschlossen haben, Marathonläufer zu werden, haben Sie diese Möglichkeit nicht mehr. Mittelstreckler verfügen über ein wesentlich günstigeres Verhältnis von wöchentlicher Trainingsdistanz zur Renndistanz als Marathonläufer. Dieses Verhältnis kann bei einem 1.500-m-Läufer 112,5 km/1.500 m = 75/1 betragen. Bei einer 1.500-m-Läuferin ist dieses Verhältnis etwas geringer - vielleicht 50/1. Bei einem Marathonläufer beträgt das Verhältnis der wöchentlichen Trainingsstrecke zur Renndistanz 3,5/1 bis bestenfalls 5,5/1. Dies mag erklären, warum konsistent erfolgreiche Marathonläufer nicht mehr als zwei Marathonrennen pro Jahr effektiv bewältigen können.

Ein vierter Unterschied zwischen Marathonläufern und Spezialisten über kürzere Distanzen ist die Notwendigkeit, daß Marathonläufer während der letzten zwei bis drei Monate vor einem Marathonrennen einmal im Verlauf von acht bis zwölf Tagen einen sehr langen Lauf zwischen 30 und 35 km absolvieren. Es handelt sich hierbei um aerobe Läufe, die typischerweise mit einer Intensität zwischen 55 und 70 % des VO_{2max}-Tempos absolviert werden oder mit einer Herzfrequenz zwischen 145 und 160 (Frauen) bzw. zwischen 140 und 150 (Männer). Der ermüdende Effekt dieser sehr langen Läufe ist so ausgeprägt, daß sie fast mit Rennbelastungen verglichen werden können. Diese Läufe bereiten Sie mental darauf vor, über lange Zeit mit konstanter Geschwindigkeit zu laufen und gewöhnen Sie an das Gefühl ausgeprägter Ermüdung, das dann einsetzt, wenn die Kohlenhydratvorräte in den Muskeln zur Neige gehen.

Wenn derartige langdauernde Belastungen den bereits absolvierten Belastungen einer Trainingswoche hinzugefügt werden, besteht für einen Marathonläufer ein viel größeres Risiko als für Läufer anderer Disziplinen, daß das Training die Kettenreaktion „Ermüdung - Erschöpfung - Zusammenbruch" auslöst. In Kapitel 6 werden die verschiedenen Verletzungsarten, die auftreten können, dargestellt. Es handelt sich hierbei primär um Sehnenverletzungen, die dann auftreten, wenn die Muskeln ermüden und die Trainingsbelastung nicht mehr aushalten können. Wenn man eine Warnung im Hinblick auf die Verletzungsprophylaxe äußern kann, dann ist dies das **Prinzip der spezifischen Quantität:** Absolvieren Sie den geringsten Umfang des sinnvollsten Trainings, um eine Leistungsverbesserung zu erreichen. Absolvieren Sie lange Läufe, aber nicht zu häufig, und achten Sie auf eine effektive Erholung. Absolvieren Sie kürzere Läufe und längere Intervalläufe, aber stellen Sie auch hier eine ausreichende Erholung sicher. Wenn Sie die Wahl haben, ist es grundsätzlich besser, zu wenig als zuviel zu trainieren.

Tabelle 5.3: Ungefähre Durchschnittszeiten für ausgewählte Marathonendzeiten

Läufer	Zeit	Ort	Datum	Min/Meile	Min/km
Belayneh Dinsamo - WR[a]	2:06:50	Rotterdam	17. April 88	4:50	3:00
	2:07:00			4:51	3:01
	2:08:00			4:53	3:02
	2:09:00			4:55	3:03
	2:10:00			4:57	3:05
	2:11:00			5:00	3:06
	2:12:00			5:02	3:08
	2:13:00			5:04	3:09
	2:14:00			5:07	3:11
	2:15:00			5:09	3:12
	2:20:00			5:20	3:19
Ingrid Kristiansen - WR	2:21:06	London	21. April 85	5:23	3:21
	2:25:00			5:32	3:26
	2:26:00			5:34	3:28
	2:27:00			5:36	3:29
	2:28:00			5:39	3:30
	2:29:00			5:41	3:32
	2:30:00			5:43	3:33
	2:31:00			5:45	3:35
	2:32:00			5:48	3:36
	2:33:00			5:50	3:38
	2:34:00			5:52	3:39
	2:35:00			5:55	3:40
	2:40:00			6:06	3:48

[a]WR = Weltrekord

Eine andere Warnung betrifft das **Prinzip der Individualität:** Jeder Läufer verfügt über eine andere genetische Veranlagung hinsichtlich seiner FT- und ST-Skelettmuskelfasern sowie über eine unterschiedliche Trainingsgrundlage und ein anderes Fitneßniveau. Die Trainingsbelastung des Tages vor den sehr langen Läufen und das ideale Tempo für diese Läufe sind für jeden Athleten unterschiedlich und zwar in Abhängigkeit von der jeweiligen Periode innerhalb des Trainingszyklus, der Erholung und genetischer Faktoren. Für einige Läufer in der Trainingsgruppe ist das Tempo zu schnell und führt zu einer übermäßigen Ermüdung; für andere stellt es einen perfekten Trainingsreiz dar. Wenn Ihr optimales Trainingstempo für einen 32 km langen Lauf ein Durchschnittstempo von 3:44/km ist, dann ist ein Lauf in einem 3:38er Tempo pro Kilometer unnötig schnell. Der Vorteil, eine lange Strecke zusammen mit anderen zu laufen, lohnt nicht das Risiko einer übermäßigen Ermüdung oder einer Verletzung. Der Sieger, der die Ziellinie überläuft, ist ganz alleine; hier haben Sie die Chance, genau das zu üben (es sei denn, Ihre Trainingspartner sind exakte Duplikate Ihrer selbst!).

Exzellente Marathonläufer verfügen oft über erstaunliche Lauffähigkeiten über kürzere Distanzen (z.B. 10.000 m). Dies beweist noch einmal die Wichtigkeit von Kraft, Schnelligkeit und Stehvermögen, wenn es darum geht, die Fähigkeit der Arbeitsmuskeln, eine gegebene submaximale Belastung über einen langen Zeitraum auszuhalten, zu verbessern. Innerhalb bestimmter Grenzen gilt, daß Ihnen eine submaximale Geschwindigkeit umso leichter fällt, je schneller Sie laufen können. Dinsamos Marathonzeit von 2:06:50 entspricht einem 5.000-m-Durchschnittstempo von 15:04, während Kristiansens 2:21:06 ein 5.000-m-Durchschnittstempo von 16:43 bedeutet. Die Fähigkeit, hintereinander 5.000-m-Abschnitte in 15:50 (Männer) zu laufen, was eine Endzeit von 2:13:35 ergibt, oder entsprechende Abschnitte in 18:00 (Frauen) zu laufen, was auf eine Endzeit von 2:31:54 hinausläuft, kann sehr gut durch ein Training verbessert werden, dessen Ziel darin besteht, sowohl Ihre VO_{2max} als auch Ihre anaerobe Schwelle so hoch wie möglich zu entwickeln. Wir wollen hier nicht den Eindruck erwecken, daß Läufer, die eine Meile unter 4 min laufen können, gleichzeitig gute Marathonläufer mit Zeiten unter 2:20:00 ergeben würden (in der Geschichte des Laufens haben diese Dublette kaum 50 Läufer geschafft). Wir behaupten jedoch, daß eine hohe Lauffähigkeit über kürzere Distanzen den Marathonlauf positiv beeinflußt, vorausgesetzt, daß die erforderliche Komponente des Marathontrainings, periodisch sehr lange Läufe zu absolvieren, in das Training aufgenommen wird, um eine entsprechende Bindegewebeanpassung zu erreichen; nötig sind weiterhin gesteigerte Brennstoffreserven in den Skelettmuskeln, eine erhöhte Mitochondrienanzahl und eine verbesserte Kapillarisierung; ferner die mentale Bereitschaft, ein hohes Tempo über einen langen Zeitraum beizubehalten.

Spitzenläufer laufen Marathonrennen in einem Tempo, das nur unwesentlich langsamer ist als das Tempo im Bereich der Laktat-/ventilatorischen Schwelle. Dies entspricht einem Prozentsatz von 78 bis 88 % des VO_{2max}-Tempos. Während des Rennabschnitts, für den Kohlenhydrate zur Verfügung stehen (und dies ist hoffentlich bis gegen Ende des Rennens der Fall), beträgt das respiratorische Austauschverhältnis etwa 0,93 bis 0,95. Dies deutet auf ein Fett-Kohlenhydrat-Verhältnis zwischen 24%:76% und 17%:83% im Rahmen der Brennstoffverwertung hin. Wenn Sie über sehr viele ST-Fasern und eine selbst für Elite-Langstreckler hohe VO_{2max} (z.B. > 75 ml/kg/min oder höher für Männer und >65 ml/kg/min für Frauen) verfügen und ökonomisch laufen (d.h. weniger O_2 bei einem submaximalen Tempo verbrauchen als die meisten anderen Läufer Ihrer Leistungsklasse), dann verfügen Sie über die besten Voraussetzungen für schnelle Zeiten. Entscheidend für das Erreichen dieser schnellen Laufzeiten ist, zu Beginn ein Tempo einzuschlagen, das langsam genug ist, um ein optimales Verhältnis der Brennstoffausnutzung sicherzustellen. Auf diese Weise behalten Sie ausreichend Kohlenhydrate, um Sie über das gesamte Rennen zu bringen. Dieses Thema der Energiebereitstellung bedarf der näheren Erläuterung.

Wiederauffüllung der Brennstoffspeicher für ein Marathontraining und Marathonwettkämpfe

In Kapitel 1 haben wir die Arten und Mengen der verschiedenen, im Stoffwechsel verwerteten Brennstoffe identifiziert, und es wurde darauf hingewiesen, daß zwar Fettsäuren in großer Menge vorhanden sind, Kohlenhydrate (in den Muskeln, im Blut und in der Form von Leberglukose und -glykogen) jedoch nicht in ausreichender Menge. Die Marathondistanz ist so lang, daß es mit großer Sicherheit zu einem Aufbrauchen der Kohlenhydratvorräte in den Arbeitsmuskeln mit einer daraus resultierenden Temporeduzierung kommt, wenn dieser Brennstoff ausgiebig genutzt wird. Erfolgreiche Marathonrennen erfordern daher ein optimales Gleichgewicht zwischen der Ausnutzung von Fettsäuren und Kohlenhydraten, um diese Temporeduzierung zu verhindern. In Kapitel 1 wurde erläutert, wie diese Brennstoffe ihren relativen Ausnutzungsgrad unter Ruhebedingungen steuern, ein erhöhtes Aktivitätsniveau z.B. während eines Rennens stellt jedoch eine zusätzliche Herausforderung dar.

Vergegenwärtigen Sie sich das Stoffwechseldilemma, in dem Sie sich befinden. Fette sind die vernünftigste Energiequelle bei derart langen Rennen, denn sie stehen in großer Menge zur Verfügung. Erinnern Sie sich jedoch daran, daß Fettmoleküle sehr wenig O_2 enthalten und daher auf eine ausreichende Sauerstoffversorgung durch das Blut angewiesen sind. Im Vergleich zu Fett enthält die Molekularstruktur von Glukose sehr viel mehr O_2. Es braucht daher zu seiner Verstoffwechselung weniger zusätzliches O_2. Für jedes über das Blut zur Verfügung gestellte Mol O_2 erhalten Sie also 5,05 kcal (21,1 kJ) Energie aus Glukose, aber nur 4,69 kcal (19,6 kJ) aus den Fettsäuren (Dwyer & Dyer, 1984). Was hat dies für eine Bedeutung?

Wenn Sie Ihr Marathonrennen in einem vernünftigen Tempo beginnen (etwas langsamer, als es Ihrem Laktat-/ventilatorischen Schwellentempo entsprechen würde), verbrauchen Sie Fettsäuren und Kohlenhydrate etwa in einem Verhältnis von 25%:75%. Wenn Ihre Kohlenhydratvorräte während des Rennens zu schwinden beginnen, wird sich dieses Verhältnis letztendlich auf etwa 50%:50% einpegeln. Diese Verschiebung der Brennstoffpräferenz verlangt eine gesteigerte Versorgung Ihrer Arbeitsmuskeln mit Blut, um mehr O_2 zur Verstoffwechselung der Fettsäuren zur Verfügung zu stellen. Es kann jedoch sein, daß die sich während des Rennens entwickelnde Dehydration dies nicht erlaubt, es sei denn, Sie erhöhen Ihr Tempo. Wenn Sie jedoch bereits im Bereich Ihres Laktat-/ventilatorischen Schwellentempos laufen, steht Ihnen auch diese Möglichkeit nicht mehr zur Verfügung. Eine derartige Temposteigerung werden Sie aufgrund der sich bildenden Azidose nicht durchhalten können. Wenn die Entleerung der Kohlenhydratspeicher fortschreitet, so daß der Energieverbrauch sich noch mehr in Richtung Fettstoffwechsel verlagert, können Sie gezwungen sein, Ihr Renntempo erheblich zu senken, und Sie erleben das Gefühl extremer Erschöpfung, das eine derartige Energiespeicherentleerung begleitet. Im Läuferjargon sind Sie aufgrund der Ausschöpfung der Kohlenhydratvorräte „gegen die Mauer" gelaufen.

Was können Sie tun, um ein akzeptables Fettsäuren-Kohlenhydrat-Verhältnis im Verlauf Ihres Marathonrennens zu gewährleisten? Die Antwort lautet eindeutig, daß

Sie soviel Glykogen in Ihren Muskeln wie möglich und darüber hinaus einen Glukosevorrat im Blut haben sollten, der in Ihre Arbeitsmuskeln eintreten und als Kohlenhydratreserve dienen kann, wenn Ihre Glykogenspeicher zur Neige gehen. Am besten erhöhen Sie diese Reserve durch den Glykogenspeicherstimulus, der durch periodisch absolvierte lange Läufe in den dem Rennen vorausgehenden Monaten auf die arbeitenden Skelettmuskeln ausgeübt wird, und das im Anschluß hieran erfolgende Auflade der Arbeitsgewebe durch die Ernährung während der letzten Tage vor dem Rennen. Während des Rennens ist die beste Methode, für eine zusätzliche Kohlenhydratquelle zu sorgen, die Aufnahme von Flüssigkeiten, die nicht mehr als 7 bis 8 % in Wasser gelöste Kohlenhydrate enthalten sollten. Einige Hintergrundinformationen und praktische Tips zu diesen Strategien mögen nützlich sein.

Die Beziehung zwischen umfangreichem Training und der Wiederauffüllung der Kohlenhydratspeicher geht auf die Studien von Hultman und Bergstrom (1967) zurück. Diese Wissenschaftler (und andere nach ihnen) haben gezeigt, daß, wenn die Glykogenspeicher der Skelettmuskeln durch lange Ausdauerbelastungen (z.B. einen Lauf über 32 km) weitgehend entleert werden, die selben Muskeln auf eine Zufuhr von Kohlenhydraten über die Nahrung nach dieser Belastung dergestalt reagieren, daß sie mehr Glykogen speichern, als vor der Entleerung der Fall war. Dieses Phänomen wurde *Muskelglykogen-Superkompensation* genannt. Hätten Ihre Muskelzellen so etwas wie eine Persönlichkeit, könnte man sich vorstellen, daß sie den Verlust solcher Mengen gespeicherter Energie nicht allzu sehr schätzen und im Anschluß an diese Entleerung zusätzliche Brennstoffe in ihr Zytoplasma stopfen würden in der Annahme, daß der Besitzer dieser Muskeln irgendwann in Zukunft wieder eine derartige Verrücktheit begehen könnte! Diese Superkompensation geschieht während des Tages nach einem derart langen Lauf, vorausgesetzt, die Ernährung an diesem Tag läßt dies zu. Dieser gesteigerte Glykogenspeicherstimulus in Ihren Arbeitsmuskeln - der wie erwähnt am besten durch sehr lange Läufe ausgelöst werden kann - ist folglich ein wesentlicher Bestandteil Ihrer Vorbereitung auf ein Marathonrennen.

Während aeroben Laufens verbrauchen Sie etwa 1,04 kal/kg Körpergewicht/km (oder 4,35 kJ/kg/km). Ein 32-km-Lauf verbraucht also bei einem 60 kg schweren Mann bzw. einer 50 kg schweren Frau etwa 2009 bzw. 1674 kcal (oder 8739 bzw. 7281 kJ) (Anonym, 1989; Margaria, Cerretelli, Aghemo & Sassi, 1963). Dieser Energiebedarf ist eher von der Distanz als von der Laufgeschwindigkeit abhängig (je schneller die aerobe Geschwindigkeit, desto höher ist das Ausmaß der Energieerzeugung, aber die Trainingsdistanz wird in kürzerer Zeit zurückgelegt). Dies wirft Sie mehr als zwei Mahlzeiten zurück. Im Anschluß an diese langen Läufe soll mehr Energie aufgenommen werden, als verloren wurde, um eine angemessene Energiespeicherung in der Leber und den Muskelzellen zu gewährleisten. Die Muskelglykogenspeicher werden bei umfangreichen, täglich erfolgenden Langstreckenläufen schnell entleert, wenn sie nicht ausreichend wiederaufgefüllt werden (Costill & Miller, 1980).

Es ist empfehlenswert, daß die Nahrung von Sportlern, die ein umfangreiches aerobes Training absolvieren, eine Mischung von 60 % Kohlenhydraten, 25 %

Fetten und 15 % Eiweißen darstellt, um einen ausreichenden Energieersatz zu ermöglichen (Hecker, 1987). Ein Problem besteht bei Läufern, die ein derart umfangreiches Training absolvieren - selbst bei denen, die statt eines langen Laufs zwei Trainingseinheiten pro Tag absolvieren, was immerhin auch 29 km pro Tag darstellen kann -, darin, daß sie es als schwierig empfinden, mehrere aus beispielsweise gebackenen Kartoffeln, Reis, süßen Kartoffeln und Nudelspeisen bestehende Mahlzeiten zu sich zu nehmen. Es ist also leicht, in den Zustand eines negativen Energiegleichgewichtes zu geraten, bei dem die Energieabgabe die Energieaufnahme übersteigt. Läufer, die sich in hartem Training befinden, brauchen mindestens 5 (optimalerweise sogar 6 bis 7) Gramm Kohlenhydrate pro kg Körpergewicht pro Tag. Dieses Problem macht deutlich, wie wichtig periodisch eingelegte Ruhetage sind.

Ein interessante neuere Erkenntnis ist, daß eine substituierende Kohlenhydrataufnahme unmittelbar nach dem Training - d.h. innerhalb der ersten 30 Minuten - eine um mehr als 300 % gesteigerte Kohlenhydratassimilation (Glykogensynthese) ermöglicht, als es bei einer Verzögerung bis auf mehrere Stunden nach der Belastung der Fall wäre (Ivy, Katz, Cutler, Sherman & Coyle, 1988). Sportler essen in dieser Phase typischerweise nicht viel, weil sie sich entweder auf der Fahrt vom Trainingsort nach Hause befinden oder weil sie die Trainingseinheit mit einer Dusche oder einer Massage beenden. Es wäre daher für Läufer von Vorteil, wenn sie flüssige Kohlenhydratquellen an dem Ort, an dem sie ihr Training beenden, sogleich zur Hand hätten. Derartige Quellen sind mittlerweile in flüssiger Polymerform oder in der Form einfacher Zucker erhältlich, wobei keine Form der jeweils anderen gegenüber im Vorteil ist, es sei denn, eine entspricht dem Geschmack des jeweiligen Läufers besser oder ist leichter erhältlich. Sie sind leicht verdaulich und absorbierbar, erfrischend, und ihr Geschmack ist akzeptabel. Eine derart schnelle Aufnahme energiereicher Flüssigkeiten unmittelbar nach dem Training ist eine sinnvolle Alternative zu den oben erwähnten komplexen Kohlenhydraten in fester Form, und sie ermöglicht einen Energieschub in dem Moment, in dem der Körper ihn am ehesten benötigt. Die meisten Untersuchungen zu diesem Thema wurden nicht mit Läufern, sondern mit Radsportlern durchgeführt, was teilweise daran liegt, daß man an den Ernährungsbedürfnissen von Teilnehmern an Etappenrennen besonders interessiert war. Es gibt keinen Grund zu der Annahme, daß Läufer im Hinblick auf ihre täglichen Energiebedürfnisse über eine andere Stoffwechseldynamik als Radrennsportler verfügen, denn ihre Erfordernisse in harten Trainings- und Wettkampfphasen sind häufig ähnlich. Laufen unterscheidet sich jedoch vom Radfahren erheblich, insofern die Eingeweide wesentlich mehr durchgeschüttelt werden. Unter der Voraussetzung, daß dies die Absorptionscharakteristika des Darmtrakts negativ beeinflußt, sind die Läufer als Gruppe vermutlich heterogener hinsichtlich ihrer Reaktionen auf eine Flüssigkeitsaufnahme während des Wettkampfs.

Die meisten Marathonläufer haben mit mehreren in der Literatur erwähnten Plänen zur Erhöhung der Brennstoffreserven (vor allem Kohlenhydrate) während der letzten Tage vor einem Marathonrennen experimentiert. Diese Maßnahmen werden im allgemeinen als Kohlenhydratmast bezeichnet, und die von den Läufern angewandten Strategien basieren auf dem an früherer Stelle erwähnten Konzept der

Glykogen-Superkompensation. Früher bevorzugten Läufer einen langen „Entleerungslauf" mehrere Tage vor dem Wettkampf, gefolgt von einem Tag ohne Kohlenhydrataufnahme und im Anschluß hieran mehrere Tage der Aufnahme komplexer Kohlenhydrate bei einer gleichzeitigen Trainingsreduzierung. Auf diese Weise hofften sie, ihre Glykogen-Superkompensation optimieren zu können. Neuerdings wird auf den Tag ohne Kohlenhydrataufnahme verzichtet. Es ist immer schwierig einzuschätzen, was am besten für einen ist, denn im Gegensatz zur im Labor betriebenen Forschung ist es nicht möglich, das gleiche Rennen eine Woche später nach einer anders gestalteten Phase der Vorwettkampfernährung, aber bei gleicher Gesamtfitneß und mentaler Einstellung noch einmal zu laufen. Der mögliche Unterschied zwischen dem einen oder anderen Verfahren kann also nicht bestimmt werden. Unsere Erfahrungen mit Marathonläufern der Spitzenklasse verleiten zu der Annahme, daß die meisten Läufer nicht mit ihren festen Ernährungsgewohnheiten brechen. Statt dessen nehmen sie während der letzten Tage vor einem Rennen einfach etwas mehr komplexe Kohlenhydrate auf, als dies normalerweise der Fall ist, lassen den Tag ohne Kohlenhydrataufnahme aus und gehen davon aus, daß es automatisch zu einer gesteigerten Speicherung von Brennstoffen kommt, wenn sie ihre tägliche Trainingsdistanz reduzieren. Auf diese Weise übersteigt ihre Energieaufnahme ihre Energieabgabe, und wenn der Schwerpunkt bei der Aufnahme deutlich auf Kohlenhydraten liegt (60 % oder mehr), wird der Überschuß gespeichert.

Eine weitere wichtige Strategie betrifft die letzten Stunden vor dem Rennen. Der Gedanke ist, die Brennstoffspeicher nach dem Fasten der vorangegangenen Nacht anzureichern und auch sicherzustellen, daß man genug Flüssigkeit für das Rennen „an Bord" hat. Es ist nicht gut, Stunden vor dem Rennen Unmengen Wasser zu trinken, da es schlicht in Form von Urin ausgeschieden würde. Flüssigkeiten, die jedoch während der letzten Stunde vor dem Wettkampf zugeführt werden, befinden sich bei Beginn des Rennens noch im Prozeß der Absorption. Wenn schließlich die Nierendurchblutung aufgrund des Shunts des Blutes vom Darm zu den Skelettmuskeln abnimmt, wird diese absorbierte Flüssigkeit für die Verwendung durch den Körper zur Verfügung stehen. Vier oder fünf Stunden vor dem Rennen kann eine leichte kohlenhydratreiche Mahlzeit, bestehend aus Hafermehl, fettarmer Milch, Toast ohne Butter und Orangensaft, noch leicht absorbiert werden und die Brennstoffreserven noch zusätzlich anreichern.

Eric Newsholme, Biochemiker an der Universität von Oxford, empfiehlt (1986), auf kohlenhydratreiche Getränke und kleinere Mahlzeiten in den Stunden vor dem Wettkampf zu verzichten (es sollte nur Wasser getrunken werden). Costill et al. (1977) weisen auf einige Gründe hin, warum man auf eine Kohlenhydratzufuhr zwischen zwei Stunden und 30 Minuten vor dem Wettkampf verzichten sollte. Eine derartige Nahrung steigert typischerweise die Insulinabgabe ins Blut, was die Absorption von Glukose im gesamten Körper fördert. Die Kombination von Insulin und einem erhöhten Blutzuckerspiegel reduziert die normale Glukoseausschüttung der Leber in die Blutbahn. Wenn dann das Rennen beginnt, beraubt ein sich allmählich senkender Blutzuckerspiegel die Arbeitsmuskeln der kontinuierlichen Zufuhr von Glukose bis zu dem Zeitpunkt, zu dem die Insulinkonzentration sinkt und die

Glukoseausschüttung der Leber wiederhergestellt ist. Es wäre vorzuziehen, dafür zu sorgen, diese kontinuierliche Glukoseausschüttung der Leber während des gesamten Rennens aufrechtzuerhalten. Um daher diese potentielle Reduzierung der Blutglukose zu vermeiden, scheint klares Wasser die beste Flüssigkeit zu sein, die man während der letzten drei Stunden vor dem Wettkampf zu sich nehmen sollte.

Viele Läufer bevorzugen während des Rennens die Aufnahme von klarem Wasser, da es nicht klebt, wenn es verschüttet wird, in der Regel nicht verderben und ebenso schnell wie die meisten Nährstofflösungen absorbiert werden kann (möglicherweise sogar noch schneller). Da der Flüssigkeitsverlust über die Schweißausscheidung das maximale Ausmaß der Flüssigkeitsabsorption überschreiten kann, ist es entscheidend, daß man hinsichtlich der Flüssigkeitsabsorption keine Kompromisse eingeht. Wir haben jedoch bereits die Notwendigkeit einer ergänzenden und kontinuierlichen Glukosediffusion in die Arbeitsmuskeln mit dem Ziel der Schaffung einer Kohlenhydratquelle zur Ergänzung sinkender Muskelglykogenvorräte betont. Gegenwärtige Forschungsergebnisse weisen darauf hin, daß man 7- bis 8prozentige Kohlenhydratlösungen mit einer akzeptablen Absorption und keiner Reduzierung der Gesamtwasseraufnahme zuführen kann. Auf diese Weise läßt sich eine schnell verfügbare Blutglukosequelle für die Arbeitsmuskeln schaffen (Coyle, Coggan, Hemmert & Ivy, 1986). Daher ist die dreifache Kombination von

1. Energiesubstitution während des Rennens durch energiereiche Getränke,
2. trainingsbedingten Steigerungen der verfügbaren Brennstoffmenge als Ergebnis sehr langer Läufe, gefolgt von einer angemessenen Wiederauffüllung der Energiespeicher, und
3. gesteigerter Kohlenhydratzufuhr vor dem Wettkampf

eine überaus wichtige Strategie zur Optimierung der Marathonleistung.

Die Unterschiede unter den Athleten führen dazu, daß keine dieser Maßnahmen vom Magen-Darm-Trakt aller Läufer vertragen wird. Sie müssen daher lange Trainingsläufe zum Experimentieren nutzen und sich auf diese Weise die Informationen verschaffen, die Sie brauchen, um eine umsetzbare Wettkampfstrategie zu entwickeln. Der Magen-Darm-Trakt arbeitet am besten, wenn er regelmäßig zu periodischer Aktivität, z.B. bei drei Mahlzeiten pro Tag, veranlaßt wird. Die Veränderung des Funktionsmusters dieses Systems durch gravierende Änderungen der Essenszeiten und der zugeführten Nahrungsart erhöhen häufig die Wahrscheinlichkeit einer Dysfunktion. Selbst ein leichter Durchfall oder eine leichte Verstopfung können unangenehm sein und die Leistung beeinträchtigen, vor allem während eines Wettkampfs. Es wäre schade, wenn Sie aufgrund von Magenbeschwerden während eines Wettkampfs, die durch die Unfähigkeit, die aufgenommene Nahrung zu verarbeiten, verursacht werden, die potentiellen Früchte einer monatelangen Vorbereitung verlieren würden.

Marathon-Wettkampfstrategien

Im Unterschied zu den kürzeren Renndistanzen können selbst kleine Faktoren der Vorbereitung, die unbedeutend zu sein scheinen, den Ausgang eines Marathonrennens beeinflussen. Die Schuhe müssen perfekt passen, um Blasen zu verhindern und ein leichtes Anschwellen des Fußes in späteren Rennphasen zu ermöglichen. Die Kleidung sollte weder scheuern noch einschnüren. Alle für das Rennen vorgesehenen Schuhe und Kleidungsstücke sollten vor dem Rennen getragen worden sein, um ihre Eignung zu prüfen. Marathonläufern, die Mannschaften angehören, die viel reisen, sollte die Mannschaftskleidung unbedingt früh genug ausgegeben werden. Wenn den Läufern auf der Strecke Verpflegungstische zur Verfügung gestellt werden, auf denen sie ihre Flaschen mit spezieller Flüssignahrung plazieren können, muß darauf geachtet werden, daß diese Flaschen sorgfältig markiert werden (gute Sichtbarkeit), sich aufgrund ihrer Form gut greifen lassen und daß der Inhalt den Anforderungen entspricht.

Für Läufer, die ihren ersten Marathonlauf absolvieren und diese Distanz noch nie (oder sehr selten) gelaufen sind, ist diese Erfahrung einzigartig. Tatsächlich führen das unterschiedliche Terrain und Wetter sowie die immer wieder dem jeweiligen Rennen vorausgehende unterschiedliche Trainingsgeschichte dazu, daß jedes Rennen sich von den anderen Rennen unterscheidet. Aus psychologischen Gründen unterteilen viele erfolgreiche Marathonläufer das Rennen in zwei Abschnitte: in einen harten Lauf über 32 km und ein sich daran anschließendes 10-km-Rennen. Dies erscheint aus zweierlei Gründen sinnvoll: Erstens haben lange Trainingsläufe oft eine Länge von etwa 30 km; insofern ist dies eine gewohnte Distanz. Die 10-km-Distanz ist ebenfalls eine allen Läufern vertraute Renndistanz.

Die Tabellen 5.4 und 5.5 geben Läufern, die versuchen, ein gleichmäßiges Rennen zu laufen, einen Überblick über sowohl metrische als auch britische Zwischenzeiten. Idealerweise sollten Sie den ersten Abschnitt des Rennens etwas langsamer laufen als Ihr zu erwartendes Durchschnittstempo, um auf diese Weise Ihre Kohlenhydratvoräte zu schonen. Später, wenn die Situation taktikorientierter wird, weil Sie selbst das Tempo erhöhen oder auf die Temposteigerung eines Konkurrenten, der versucht, die Führungsgruppe auseinanderzureißen, reagieren, stehen Ihnen noch ausreichende Kohlenhydratvorräte zur Energiebereitstellung für diese Temposteigerungen sowie für ein starkes Finish zur Verfügung. Es handelt sich hierbei um das Konzept der *negativen Aufteilung* einer Marathonstrecke, indem Sie die zweite Hälfte in kürzerer Zeit als die erste laufen. Aus drei Gründen wird dieses Konzept selten realisiert: Ein Grund ist, daß Marathonrennen nur selten unter „Laborbedingungen" stattfinden, d.h. auf einer flachen Pendelstrecke, mit nur minimalem Wind, einer gleichbleibenden Temperatur und mit korrekten 5-km-Zwischenzeiten, die eine Analyse des Rennverlaufs ermöglichen. Der zweite Grund ist, daß es Läufern schwerfällt, ein Anfangstempo, das ihnen nicht sonderlich schnell erscheint, lange durchzuhalten; sie sind versucht, schneller zu laufen. Die Qualen, die man auf der zweiten Hälfte des zuletzt absolvierten Marathonlaufs erlitten hat, sind längst vergessen, und man ist versucht, den gleichen Fehler noch einmal zu machen! Der dritte Grund ist, daß das der individuellen Laktat-/ventilatorischen Schwelle entsprechende Tempo sehr wahrscheinlich in den Endphasen des Rennens langsamer wird. Der Trend zur Dehydration reduziert das Blutvolumen, wodurch sich die Skelettmuskeldurchblutung verringert. Dies führt zu einer Abnahme der VO_{2max} und zu einer Hämokonzentration, was seinerseits den Säuregrad des Blutes effektiv in die Höhe treibt. Um zu verhindern, daß diese Übersäuerung weiter zunimmt, muß das Lauftempo reduziert werden. Laufen Sie daher die erste Hälfte des Rennens nur minimal schneller als Ihre erwartete Durchschnittsgeschwindigkeit, so daß Sie sich eine spätere Temporeduktion leisten können.

Tabelle 5.4: Metrische Marathon-Tempotabelle mit ausgewählten Zwischenzeiten

1 km	5 km	10 km	15 km	20 km	halbe Distanz	25 km	30 km	35 km	40 km	Marathon
3:00	15:00	30:00	45:00	1:00:00	1:03:18	1:15:00	1:30:00	1:45:00	2:00:00	2:06:35
3:05	15:25	30:50	46:15	1:01:40	1:05:03	1:17:05	1:32:30	1:47:55	2:03:20	2:10:06
3:10	15:50	31:40	47:30	1:03:20	1:06:49	1:19:10	1:35:00	1:50:50	2:06:40	2:13:37
3:15	16:15	32:30	48:45	1:05:00	1:08:34	1:21:15	1:37:30	1:53:45	2:10:00	2:17:08
3:20	16:40	33:20	50:00	1:06:40	1:10:20	1:23:20	1:40:00	1:56:40	2:13:20	2:20:39
3:25	17:05	34:10	51:15	1:08:20	1:12:05	1:25:25	1:42:30	1:59:35	2:16:40	2:24:09
3:30	17:30	35:00	52:30	1:10:00	1:13:50	1:27:30	1:45:00	2:02:30	2:20:00	2:27:40
3:35	17:55	35:50	53:45	1:11:40	1:15:35	1:29:35	1:47:30	2:05:25	2:23:20	2:31:11
3:40	18:20	36:40	55:00	1:13:20	1:17:21	1:31:40	1:50:00	2:08:20	2:26:40	2:34:42
3:45	18:45	37:30	56:15	1:15:00	1:19:07	1:33:45	1:52:30	2:11:15	2:30:00	2:38:13
3:50	19:10	38:20	57:30	1:16:40	1:20:52	1:35:50	1:55:00	2:14:10	2:33:20	2:41:44
3:55	19:35	39:10	58:45	1:18:20	1:22:38	1:37:55	1:57:30	2:17:05	2:36:40	2:45:15
4:00	20:00	40:00	60:00	1:20:00	1:24:24	1:40:00	2:00:00	2:20:00	2:40:00	2:48:48
4:05	20:25	40:50	61:15	1:21:40	1:26:09	1:42:05	2:02:30	2:22:55	2:43:20	2:52:18
4:10	20:50	41:40	62:30	1:23:20	1:27:54	1:44:10	2:05:00	2:25:50	2:46:40	2:55:49
4:15	21:15	42:30	63:45	1:25:00	1:29:40	1:46:15	2:07:30	2:28:45	2:50:00	2:59:20
4:20	21:40	43:20	65:00	1:26:40	1:31:25	1:48:20	2:10:00	2:31:40	2:53:20	3:02:51
4:25	22:05	44:10	66:15	1:28:20	1:33:11	1:50:25	2:12:30	2:34:35	2:56:40	3:06:21
4:30	22:30	45:00	67:30	1:30:00	1:34:56	1:52:30	2:15:00	2:37:30	3:00:00	3:10:57
4:35	22:55	45:50	68:45	1:31:40	1:36:42	1:54:35	2:17:30	2:40:25	3:03:20	3:13:14
4:40	23:20	46:40	70:00	1:33:20	1:38:47	1:56:40	2:20:00	2:43:20	3:06:40	3:16:52
4:45	23:45	47:30	71:15	1:35:00	1:40:13	1:58:45	2:22:30	2:46:15	3:10:00	3:20:26
4:50	24:10	48:20	72:30	1:36:40	1:41:58	2:00:50	2:25:00	2:49:10	3:13:20	3:23:57
4:55	24:35	49:10	73:45	1:38:20	1:43:44	2:02:55	2:27:30	2:52:05	3:16:40	3:27:28
5:00	25:00	50:00	75:00	1:40:00	1:45:30	2:05:00	2:30:00	2:55:00	3:20:00	3:31:00

Tabelle 5.5: Marathon-Tempotabelle mit ausgewählten metrischen und britischen Zwischenzeiten

Meilen-tempo	5 km (3,1 Meilen)	5 Meilen	10 km (6,2 Meilen)	15 km (9,3 Meilen)	10 Meilen	20 km (12,4 Meilen)	halbe Marathon-distanz	15 Meilen	25 km (15,5 Meilen)	30 km (18,6 Meilen)	20 Meilen	35 km (21,7 Meilen)	40 km (24,8 Meilen)	Marathon
4:40	14:30	23:20	29:00	43:30	46:40	58:00	1:01:11	1:10:00	1:12:30	1:27:00	1:33:20	1:41:30	1:56:00	2:02:22
4:45	14:46	23:45	29:31	44:17	47:30	59:02	1:02:17	1:11:15	1:13:48	1:28:33	1:35:00	1:43:19	1:58:04	2:04:33
4:50	15:01	24:10	30:02	45:03	48:20	1:00:04	1:03:22	1:12:30	1:15:05	1:30:06	1:36:40	1:45:07	2:00:08	2:06:44
4:55	15:17	24:35	30:33	45:50	49:10	1:01:06	1:04:28	1:13:45	1:16:23	1:31:39	1:38:20	1:46:56	2:02:12	2:08:55
5:00	15:32	25:00	31:04	46:36	50:00	1:02:08	1:05:33	1:15:00	1:17:40	1:33:12	1:40:00	1:48:44	2:04:16	2:11:06
5:05	15:48	25:25	31:35	47:23	50:50	1:03:10	1:06:39	1:16:15	1:18:58	1:34:45	1:41:40	1:50:33	2:06:20	2:13:17
5:10	16:03	25:50	32:06	48:09	51:40	1:04:12	1:07:44	1:17:30	1:20:15	1:36:18	1:43:20	1:52:21	2:08:24	2:15:28
5:15	16:19	26:15	32:37	48:56	52:30	1:05:14	1:08:50	1:18:45	1:21:33	1:37:51	1:45:00	1:54:10	2:10:28	2:17:39
5:20	16:34	26:40	33:08	49:42	53:20	1:06:16	1:09:55	1:20:00	1:22:50	1:39:24	1:46:40	1:55:58	2:12:32	2:19:50
5:25	16:50	27:05	33:39	50:29	54:10	1:07:18	1:11:01	1:21:15	1:24:08	1:40:57	1:48:20	1:57:47	2:14:36	2:22:01
5:30	17:05	27:30	34:10	51:15	55:00	1:08:20	1:12:06	1:22:30	1:25:25	1:42:30	1:50:00	1:59:35	2:16:40	2:24:12
5:35	17:21	27:55	34:41	52:02	55:50	1:09:22	1:13:12	1:23:45	1:26:43	1:44:03	1:51:40	2:01:24	2:18:44	2:26:23
5:40	17:36	28:20	35:12	52:48	56:40	1:10:24	1:14:17	1:25:00	1:28:00	1:45:36	1:53:20	2:03:12	2:20:48	2:28:34
5:45	17:52	28:45	35:43	53:35	57:30	1:11:26	1:15:23	1:26:15	1:29:18	1:47:09	1:55:00	2:05:01	2:22:52	2:30:45
5:50	18:07	29:10	36:14	54:21	58:20	1:12:28	1:16:28	1:27:30	1:30:35	1:48:42	1:56:40	2:06:49	2:24:56	2:32:56
5:55	18:23	29:35	36:45	55:08	59:10	1:13:30	1:17:34	1:28:45	1:31:53	1:50:15	1:58:20	2:08:38	2:27:00	2:35:07
6:00	18:38	30:00	37:16	55:54	1:00:00	1:14:32	1:18:39	1:30:00	1:33:10	1:51:48	2:00:00	2:10:26	2:29:04	2:37:18
6:05	18:54	30:25	37:47	56:41	1:00:50	1:15:34	1:19:45	1:31:15	1:34:28	1:53:21	2:01:40	2:12:15	2:31:08	2:39:29
6:10	19:09	30:50	38:18	57:27	1:01:40	1:16:36	1:20:50	1:32:30	1:35:45	1:54:54	2:03:20	2:14:03	2:33:12	2:41:40
6:15	19:25	31:15	38:49	58:14	1:02:30	1:17:38	1:21:56	1:33:45	1:37:03	1:56:27	2:05:00	2:15:52	2:35:16	2:43:51
6:20	19:40	31:40	39:20	59:00	1:03:20	1:18:40	1:23:01	1:35:00	1:38:20	1:58:00	2:06:40	2:17:40	2:37:20	2:46:02
6:25	19:56	32:05	39:51	59:47	1:04:10	1:19:42	1:24:07	1:36:15	1:39:38	1:59:33	2:08:20	2:19:29	2:39:24	2:48:13
6:30	20:11	32:30	40:22	1:00:33	1:05:00	1:20:44	1:25:12	1:37:30	1:40:55	2:01:06	2:10:00	2:21:17	2:41:28	2:50:24
6:35	20:27	32:55	40:53	1:01:20	1:05:50	1:21:46	1:26:18	1:38:45	1:42:13	2:02:39	2:11:40	2:23:06	2:43:32	2:52:35
6:40	20:42	33:20	41:24	1:02:06	1:06:40	1:22:48	1:27:23	1:40:00	1:43:30	2:04:12	2:13:20	2:24:54	2:45:36	2:54:46
6:45	20:58	33:45	41:55	1:02:53	1:07:30	1:23:50	1:28:29	1:41:15	1:44:48	2:05:45	2:15:00	2:26:43	2:47:40	2:56:57
6:50	21:13	34:10	42:26	1:03:39	1:08:20	1:24:52	1:29:34	1:42:30	1:46:05	2:07:18	2:16:40	2:28:31	2:49:44	2:59:08
6:55	21:29	34:35	42:57	1:04:26	1:09:10	1:25:54	1:30:40	1:43:45	1:47:23	2:08:51	2:18:20	2:30:20	2:51:48	3:01:19
7:00	21:44	35:00	43:28	1:05:12	1:10:00	1:26:56	1:31:45	1:45:00	1:48:40	2:10:24	2:20:00	2:32:08	2:53:52	3:03:30
7:05	30:00	35:25	43:59	1:05:59	1:10:50	1:27:58	1:32:51	1:46:15	1:49:58	2:11:57	2:21:40	2:33:57	2:55:56	3:05:41
7:10	22:15	35:50	44:30	1:06:45	1:11:40	1:29:00	1:33:56	1:47:30	1:51:15	2:13:30	2:23:20	2:35:45	2:58:00	3:07:52
7:15	22:31	36:15	45:01	1:07:32	1:12:30	1:30:02	1:35:02	1:48:45	1:52:33	2:15:03	2:25:00	2:37:34	3:00:04	3:10:03
7:20	22:46	36:40	45:32	1:08:18	1:13:20	1:31:04	1:36:07	1:50:00	1:53:50	2:16:36	2:26:40	2:39:22	3:02:08	3:12:14
7:25	23:02	37:05	46:03	1:09:05	1:14:10	1:32:06	1:37:13	1:51:15	1:55:08	2:18:09	2:28:20	2:41:11	3:04:12	3:14:25
7:30	23:17	37:30	46:34	1:09:51	1:15:00	1:33:08	1:38:18	1:52:30	1:56:25	2:19:42	2:30:00	2:42:59	3:06:16	3:16:36
7:35	23:33	37:55	47:05	1:10:38	1:15:50	1:34:10	1:39:24	1:53:45	1:57:43	2:21:15	2:31:40	2:44:48	3:08:20	3:18:47
7:40	23:48	38:20	47:36	1:11:24	1:16:40	1:35:12	1:40:29	1:55:00	1:59:00	2:22:48	2:33:20	2:46:36	3:10:24	3:20:58
7:45	24:04	38:45	48:07	1:12:11	1:17:30	1:36:14	1:41:35	1:56:15	2:00:18	2:24:21	2:35:00	2:48:25	3:12:28	3:23:09
7:50	24:19	39:10	48:38	1:12:57	1:18:20	1:37:16	1:42:40	1:57:30	2:01:35	2:25:54	2:36:40	2:50:13	3:14:32	3:25:20
7:55	24:35	39:35	49:09	1:13:44	1:19:10	1:38:18	1:43:46	1:58:45	2:02:53	2:27:27	2:38:20	2:52:02	3:16:36	3:27:31

Reduzierung der Ermüdung und Umgang mit der veränderten subjektiven Belastungswahrnehmung

Zwei wichtige psychophysiologische Aspekte müssen klar verstanden werden, um einschätzen zu können, was während eines Marathonrennens passiert. Ein Aspekt ist das Problem der sich aufbauenden Ermüdung, die das Tempo reduziert. Hierin unterscheidet sich der Marathonlauf von den anderen bereits besprochenen Renndistanzen, bei denen es gegen Ende oft zu einer erheblichen Temposteigerung kommt. Um diese Temporeduzierung zu minimieren, muß der Marathonläufer das durchschnittliche Renntempo optimieren, das heißt, er muß bemüht sein, so wenig wie möglich von der der beabsichtigten Endzeit entsprechenden Durchschnittszeit abzuweichen. Wir haben die 5-km-Zwischenzeiten dutzender japanischer Elite-Marathonrennen analysiert. Diese Rennen fanden oft unter idealen Bedingungen statt, und ihre detaillierten offiziellen Resultate lassen eine derartige Analyse zu. Diese Analysen deuten darauf hin, daß eine mehr als 2prozentige Abweichung vom durchschnittlichen Renntempo nach oben oder unten metabolisch sehr viel kostenintensiver ist als das Beibehalten dieser Durchschnittsgeschwindigkeit, weil schnelle Zwischenzeiten im ersten Rennabschnitt nur allzu häufig zu proportional noch langsameren Zwischenzeiten in einer späteren Rennphase führen. Das entscheidende Dilemma besteht natürlich darin, daß Sie erst nach dem Rennen wissen, wie schnell Sie gelaufen sind, so daß es schwierig ist, im voraus ein korrektes 5-km-Durchschnittstempo festzulegen. Unter der Voraussetzung, daß wahrscheinlich ein zu hohes Tempo in einem frühen Rennstadium zerstörerischer wirkt als ein langsames Tempo in dieser Phase, wird die Chance einer schnelleren Endzeit durch ein langsames Anfangstempo erhöht.

Um dieses Problem noch genauer zu untersuchen, werden in Abbildung 5.2 die 5-km-Zwischenzeiten des Japaners Takeyuki Nakayama bei seinen drei letzten Marathonläufen dargestellt. Dieser bemerkenswerte Läufer schaffte im Jahr 1984 einen Durchbruch, als er das Rennen von Fukuoka in 2:10:00 gewann. In Abbildung 5.2 a ist erkennbar, wie vernünftig er das Rennen begann, indem er nicht mehr als 2 % vom beabsichtigten Durchschnittstempo abwich. Zwischen 25 und 30 Kilometern steigerte er sein Tempo, um sich von seinen Konkurrenten zu lösen, und nur Michael Heilmann (aus der früheren DDR) konnte ihm folgen. Obwohl Nakayama während dieser Beschleunigung den 2-%-Rahmen verließ, entsprach dieses gesteigerte Tempo eher seinen Möglichkeiten als denen Heilmanns, der nach 35 km langsamer wurde, so daß Nakayama mit 36 sec Vorsprung gewann.

Abbildung 5.2 b zeigt Nakayamas nächsten Marathon in Hiroshima im April 1985, in dem er eine brillante persönliche Bestzeit aufstellte (1:45 min schneller als seine alte Bestzeit). Diese Zeit war gleichzeitig ein neuer Landesrekord. Er lief fast das ganze Rennen über identische 5-km-Abschnitte, Seite an Seite mit Ahmed Salah aus Djibouti bis zum 40-km-Punkt. Erst dann, als Ahmed allmählich an Vorsprung gewann und sich schließlich löste, führten die kumulativen physiologischen (und zu diesem Zeitpunkt auch psychologischen) Auswirkungen des Wettkampfs dazu, daß Nakayamas Durchschnittstempo langsamer wurde. Schließlich zeigt Abbildung

5.2 c die zerstörerischen Auswirkungen eines zu schnellen Anfangstempos. Bei der japanischen Olympiaausscheidung in Fukuoka (Dezember 1987) sah Nakayama sich herausgefordert, eine Leistung zu erbringen, die ausreichte, um ihm einen Platz in der Mannschaft zu sichern. Er führte das Feld durch unglaublich schnelle 5-km-Abschnitte in 14:30, 14:35 und 14:30 (was auf eine Endzeit unter 2:03:00 hinausgelaufen wäre!), ehe er zwischen Kilometer 20 und 35 seine Geschwindigkeit auf ein Maß reduzierte, das seinem beabsichtigten durchschnittlichen Renntempo entsprach. Die Auswirkungen sich entleerender Glykogenspeicher forderten dann ihren Tribut, und er wurde langsamer. Seine aufgrund der Tempoverlangsamung reduzierte Wärmeentwicklung zusammen mit den zusätzlichen hypothermischen Auswirkungen eines kalten Regens führten zu einer Endzeit von 2:08:18, die immerhin nur 3 sec langsamer als seine Bestzeit war. Wir können uns nur fragen, wieviel schneller er gelaufen wäre, wenn er sein Tempo so gut im Griff gehabt hätte wie in Hiroshima, vor allem weil er im vorangegangenen Sommer seine 10.000-m-Zeit von 28:07:0 auf 27:35:33 verbessert hatte.

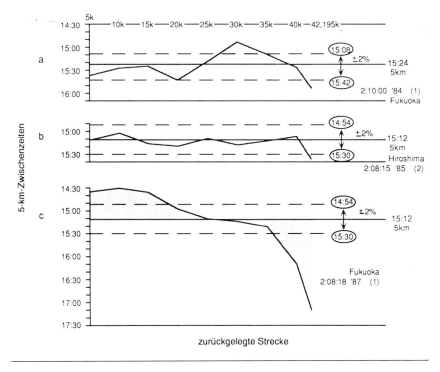

Abbildung 5.2: Takeyuki Nakayamas 5-km-Zwischenzeiten während dreier Marathonrennen. Die Beispiele zeigen, wie ein gleichmäßiges Renntempo einer Temporeduzierung gegen Ende des Rennens entgegenwirken kann. Die Ziffern in Klammern geben die Endplazierung an.

Die zweite psychologische Überlegung bezieht sich auf das mit zunehmender Ermüdung eintretende subjektive Bewußtsein einer höheren Belastung und der verlängerten Zeit. Dies führt dazu, daß ein gegebenes Zeit-Strecken-Verhältnis - z.b. das Laufen eines Kilometers in 3:44 min - dergestalt verzerrt wird, daß man meint, man brauche längere Zeit. Wir können uns kaum etwas schlimmeres vorstellen, als festzustellen, daß man aufgrund von Ermüdung tatsächlich langsamer wird und dann diese Verlangsamung subjektiv als sogar noch ausgeprägter empfindet! Die psychologischen Ursachen der subjektiven Wahrnehmung einer verlängerten Zeit werden noch untersucht. Ist es eine Reduzierung der als Neurotransmitter fungierenden Chemikalien, die die Nervenzellen mit den Muskelzellen verbinden, oder ein reduzierter sensorischer Input? Oder handelt es sich um neurologische Manifestationen der metabolischen Auswirkungen langdauernder Ermüdung? Der vielleicht beste Weg, damit umzugehen, ist das Auftreten dieser Wahrnehmungsverzerrung zu verhindern, indem man bereits in den Anfangsphasen des Rennens ein dem beabsichtigten Durchschnittstempo entsprechendes Tempo einschlägt.

Das Brechen von Rekorden im Marathonlauf

Eine häufig an uns gerichtete Frage lautet: „Wann wird eine Frau die 2:20:00-Schallmauer im Marathonlauf durchbrechen?" Unsere spontane Antwort ist: „Sobald ein Mann 2:05:51 läuft." Wir wollen sicherlich nicht andeuten, daß dies unmöglich ist; wir sind uns schon bewußt, wie Athleten reagieren, wenn sie gefordert werden. Diese Schallmauer kann tatsächlich durchbrochen werden. Unsere Antwort basiert auf dem existierenden Unterschied zwischen der gegenwärtigen Marathonbestleistung der Frauen (2:21:06) und der der Männer (2:06:50) - 10,1 %. Dies liegt nahe dem durchschnittlichen Unterschied von 10,9 % bei häufig gelaufenen Strecken von 800 m bis zum Marathon. Tabelle 5.6 zeigt dies deutlicher. Wenn eine Frau sich also auf 2:19:59 verbessert, dann wäre, um die Zeitdifferenz von 10,1 % aufrechtzuerhalten, der entsprechende Rekord der Männer 2:05:11. Oder die Männerbestzeit würde, unter Beibehaltung des Durchschnitts von 10,9 %, auf 2:04:44 gesteigert. Es ist bemerkenswert, daß über eine solch breite Spannweite von Distanzen, die mit derart unterschiedlichen Kombinationen von aerober und anaerober Energiedynamik bestritten werden, dieser Unterschied zwischen Männern und Frauen ähnlich zu sein scheint. Diese Differenz ist auf den kürzeren Distanzen vor allem in der größeren Kraft der männlichen Läufer begründet. Auf den längeren Strecken, auf denen die Kraft weniger wichtig ist, sind Männer aufgrund ihres größeren Blut-O_2-Gehaltes noch immer im Vorteil. Wir wissen auf die oben gestellte Frage im Grunde gar keine Antwort. Jeder sollte selbst abschätzen, wann eine Frau tatsächlich die 2:20:00-Grenze brechen wird. Wir überlassen es den Läuferinnen unter Ihnen, uns zu zeigen, wo und wann dies der Fall sein wird!

Die Vorbereitung und das Absolvieren erfolgreicher Wettkämpfe

Es war vermutlich John Landy, der als erster feststellte, daß er lieber Verlierer in einem sehr schnellen Rennen als Gewinner in einem sehr langsamen sein wolle. In diesem Ausspruch drückt sich die Mentalität des Tempoläufers aus - eines Läufers, der primär gegen die Uhr läuft. Im Gegensatz dazu behauptete Seb Coe in einem Fernsehinterview: „Ich muß so viele Dinge aufgeben, bringe so viele persönliche Opfer, um auf meinem Niveau zu laufen, daß ich an Niederlagen noch nicht einmal denken kann." Wenn Landy der klassische Tempoläufer war, dann war Coe der vollkommene Wettkämpfer. Die Läufer unter Ihnen werden sich wahrscheinlich je nach Gelegenheit in beiden Rollen wiederfinden - vielleicht sogar in ein und demselben Rennen! Sie mögen das Tempolaufen sogar als eigenständige Taktik einsetzen, obwohl Ihre innere Vorliebe einzig und allein das Laufen auf Sieg ist. Seb Coes Medaillen in zwei aufeinanderfolgenden Olympischen Spielen und dann sein Sieg bei den Europameisterschaften in Stuttgart wurden aufgrund von hinten ausgetragenen taktischen Schlachten gewonnen. Viele seiner anderen erstklassigen Siege beruhten auf der klugen Einschätzung des Tempos, das seine Konkurrenten vermutlich mitgehen konnten, und einem auf dieser Basis erfolgenden Tempovorstoß und schließlichen Lösen vom Feld. Idealerweise ist der am besten vorbereitete Läufer sowohl Wettkämpfer als auch Tempoläufer - der perfekte Athlet, der durch das mehrstufige Training optimal vorbereitet ist und der nur die für das jeweilige Rennen geeignete Taktik auszuwählen braucht. Wie einfach so etwas zu fordern, aber wie schwer es zu erreichen ist!

Tabelle 5.6: Leistungsunterschiede zwischen den Laufweltrekorden der Männer und Frauen auf Meereshöhe (Stand 1. Januar, 1990)

Distanz	Rekord	Geschwindigkeit (Männer)		Sportler	Jahr	Rekord	Geschwindigkeit (Frauen)		Sportlerin	Jahr	% Differenz
		m/sec	mph				m/sec	mph			
100 m	9,92	10,1	22,2	Lewis	1988	10,49	9,5	21,3	Griffith-Joyner	1988	5,4
200 m	19,75	10,1	22,7	Lewis	1983	21,34	9,4	21,0	Griffith-Joyner	1988	7,5
400 m	43,29	9,2	20,5	Reynolds	1988	47,60	8,4	18,8	Koch	1985	9,1
800 m	1:41,73	7,9	17,6	Coe	1981	1:53,28	7,1	15,8	Kratochvilova	1983	10,2
1.000 m	2:12,18	7,6	16,9	Coe	1981	2:30,6	6,6	14,9	Providokhina	1978	12,2
1.500 m	3:29,46	7,2	16,0	Aouita	1985	3:52,47	6,5	14,4	Kazankina	1980	9,9
1 Meile	3:46,32	7,1	15,9	Cram	1985	4:15,61	6,3	14,1	Ivan	1989	11,8
2.000 m	4:50,81	6,9	15,4	Aouita	1987	5:28,69	6,1	13,6	Puica	1986	11,5
3.000 m	7:29,45	6,7	14,9	Aouita	1989	8:22,62	6,0	13,4	Kazankina	1984	10,6
5.000 m	12:58,39	6,4	14,4	Aouita	1987	14:37,33	5,7	12,7	Kristiansen	1986	11,3
10.000 m	27:08,23	6,1	13,7	Barrios	1989	30:13,74	5,5	12,3	Kristiansen	1986	10,2
Marathon	2:06:50	5,5	12,4	Dinsamo	1988	2:21:06	5,0	11,1	Kristiansen	1985	10,1

Philosophische Überlegungen: Wettkämpfer versus Tempoläufer

Jeder von Ihnen hat eine eigene grundsätzliche Philosophie über das Gewinnen und Verlieren, über das wettkampforientierte Laufen und das Tempolaufen. Diese Philosophie ist zum Teil durch Ihre Gene und zum Teil durch Ihr Training bestimmt. Nur wenige Läufer sind so talentiert, daß ihr Training sie letztendlich auf ein Niveau bringt, auf dem sie nur sich selbst als Gegner haben. Ihr einziger Gegner ist die Uhr. Dies kann bei jungen Läufern der Fall sein, die schnellere Fortschritte machen als ihre Altersgenossen. Und auf der höchsten Stufe sind da Athleten wie Said Aouita, Ingrid Kristiansen und Seb Coe, die in verschiedenen Abschnitten ihrer Karriere schneller waren als alle anderen. Eine derartige herausragende Leistungsfähigkeit ist normalerweise von nur kurzer Dauer, und dann wird allen vom Wettkampf diktiert, ob sie Wettkampfläufer oder Tempoläufer sind.

Wettkampfläufer und Tempoläufer bilden die beiden Enden eines ganzen Spektrums von Wettkampfmöglichkeiten. Der Tempoläufer entspricht dem klassischen olympischen Ideal, demzufolge die Teilnahme und das Erbringen der bestmöglichen Leistung (d.h. am schnellsten zu laufen) das ist, was zählt, nicht einfach der Sieg. Der Wettkampftyp vertritt die Ansicht, das die Niederlage, unabhängig von der gelaufenen Zeit, unakzeptabel ist. In allen Ländern ist der Sportjournalismus vermutlich entscheidend mitverantwortlich für diesen Drang nach dem Sieg. In Großbritannien stellte der 1.500- und 5.000-m-Star Ian Stewart fest: „Der erste ist der erste, und der zweite ist nirgendwo." In den USA drückte der Football-Coach Vince Lombardi den gleichen Gedanken etwa folgendermaßen aus: „Der Sieg ist nicht alles, er ist das einzige."

Der Wunsch zu siegen ist in jedem Sportler lobenswert - der Sieg ist letztlich das größte Glück, das ein Wettkampf bringen kann. Aber ein Läufer kann auch ein sehr gutes Rennen bestreiten, ohne zu gewinnen. Im Sommer 1987 stellten die ersten sechs Läufer im 5.000-m-Lauf beim Bislett-Sportfest in Oslo persönliche Bestzeiten auf; fünf dieser Bestzeiten bedeuteten gleichzeitig Landesrekorde. Das Rennen hatte natürlich nur einen Sieger (Jose Gonzalez aus Spanien in 13:12,34). Hätten die übrigen Läufer vielleicht über ihre Niederlage enttäuscht sein sollen? Dies hängt davon ab, ob sie einstellungsmäßig eher Wettkämpfer oder Tempoläufer waren. Für den eingefleischten Wettkämpfer ist eine Niederlage sehr bitter, und das Rationalisieren einer Niederlage fällt ihm nicht leicht.

In der heutigen, äußerst wettkampforientierten Welt ist es nicht einfach zu entscheiden, in welchem Lager man lieber ist. Sehr oft kommt es vor, daß drei oder vier Läufer, die leistungsmäßig sehr dicht beisammen liegen und alle sehr fit sind, gegeneinander laufen. Was auch immer die Strategie sein mag, es gibt nur wenig Spielraum für Fehler bei der exakten Planung, wie man Erfahrung und Fähigkeit am besten ausnutzen soll. Wenn sich jeder zurückhält, entscheidet der beste Endspurt. Wenn das Tempo von Beginn an sehr schnell ist, dann entscheidet die beste Kombination von Fitneß und natürlichem Talent. In einer Zeit, in der sowohl Bahn- als auch Straßenrennen gelaufen werden, wird es sogar noch schwieriger, mit einer langsamen Zeit den Sieg davonzutragen, es sei denn, Hitze und Luftfeuchtigkeit üben einen großen Einfluß aus, aber trotzdem ist die Belastung enorm. Es kann also einem Läufer, der primär an einem Sieg (das heißt am wettkampforientierten Laufen) interessiert ist, passieren, daß er gleichzeitig die schnellstmögliche Zeit (also auf Tempo) laufen muß, um zu gewinnen. Von größtem Vorteil ist in dieser Situation das Selbstvertrauen, das aus dem Wissen um die eigene, mit optimalem Training erzielte Fitneß resultiert.

Die Entscheidung, entweder wettkampforientiert oder auf Tempo zu laufen, wird im aktuellen Wettkampf dadurch erschwert, daß man nicht nur versuchen muß, seine Konkurrenten zu schlagen, sondern auch gegen sich selbst kämpft, indem man sich bemüht, sein Bestes zu geben. Gelegentlich kann es angemessen sein, spezifische Rennen auszuwählen oder spezielle Rennbedingungen zu schaffen, in denen das wettkampforientierte Laufen oder das Tempolaufen eine besondere Betonung erfährt. In den Anfangsjahren seiner Karriere hatte Seb Coe den brennenden Wunsch, jedes Rennen zu gewinnen. Aber im Laufe der Jahre als er in die absolute Weltspitzenklasse aufrückte, wurde in ihm zunehmend der Wunsch wach, einen bestehenden Rekord zu brechen, in der Hoffnung, das Beste aus sich herauszuholen und den Rekord so weit zu verbessern, um für andere noch weniger erreichbar zu sein. Dieser Einstellung verdankt er mehrere seiner Weltrekorde in Rennen, die er ausgewählt hatte, weil sie optimal auf seine Vorbereitung zugeschnitten waren, und die insofern vororganisiert waren, als Tempomacher für das richtige Anfangstempo sorgten.

Trainer werden bei der Arbeit mit ihren Athleten immer wieder mit dem Problem konfrontiert, ob sie lieber Wettkampf- oder Tempoläufer haben wollen. Sie würden sicherlich den optimal ausgewogen ausgebildeten Athletentyp vorziehen und sind eher darauf orientiert, Sieger zu produzieren. Sportler, die Sieger sind, sehen sich selbst als erfolgreiche Athleten und Menschen. Sie haben ein hohes persönliches Image. Das Streben nach Perfektion ist mit der Vorstellung, die Nummer eins, den Allerbesten darzustellen, verbunden. Die Besten herauszufordern und zu schlagen, hinterläßt keine Zweifel. Trainer wünschen sich Athleten, die an die Spitze kommen wollen, sei es im Verein, in der Schule oder in der Weltspitze. Keiner kann jederzeit gewinnen, aber der wirkliche Charakter eines Menschen kann sich entwickeln und glänzen, während er oder sie lernt, mit dem Sieg wie auch der Niederlage umzugehen. Das ist auch das, was das Interesse von Trainern an der Arbeit mit ihren Athleten wachhält - ihr Interesse, ihnen zu helfen, die allerbesten Sportler (und auch Menschen!) zu werden, die sie darstellen können.

Mentale Einstellungen und Vorbereitung

Es ist unwahrscheinlich, daß jemals ein maximaler Trainingseffekt erreicht wird, wenn das Training nicht mit einer strikten mentalen Disziplin, mit voller Konzentration auf die zu bewältigende Aufgabe durchgeführt wird. Ein wichtiger Teil Ihres Trainings sollte daher der Entwicklung der Willenskraft und der mentalen Disziplin gewidmet sein, die erforderlich ist, ein hartes körperliches Training und die Vorbereitung auf Wettkämpfe auszuhalten. Wir können mindestens fünf spezielle mentale Merkmale definieren, die Sie in dieser Hinsicht entwickeln können. Es handelt sich dabei um Selbstvertrauen, Motivation, kontrollierte Aggression, Angstbewältigung und Entspannung. Im folgenden werden diese Eigenschaften kurz beschrieben.

Selbstvertrauen

Unabhängig vom Wettkampfniveau fällt ein beständiger Erfolg meist den Athleten zu, die hinsichtlich ihrer Fitneß keine Zweifel hegen. Dieses mentale Selbstvertrauen hat zwei Facetten. Eine hängt mit dem Training zusammen. Erfolgreiche Athleten sind sicher, daß sie alle möglichen Aspekte des Trainings angemessen bewältigt haben. Sie glauben fest daran, daß ihr Training nicht nur richtig, sondern sogar ideal für sie war. Die beste Methode, ein derartiges Selbstvertrauen sicherzustellen, ist die häufige Kommunikation zwischen Athlet und Trainer, wobei jede Phase des Trainings diskutiert und sichergestellt wird, daß alle Punkte berücksichtigt wurden. Wenn es aufgrund einer Verletzung oder wegen äußerer Schwierigkeiten zu Abweichungen vom Trainingsplan kommt, müssen Sie sicherstellen, daß ein Alternativplan Ihre Zustimmung findet, während er entwickelt wird. Beteiligen Sie sich aktiv an der Entwicklung dieses Plans, und sehen Sie zu, daß er ausgeführt wird. Dann können Sie Ihr Selbstvertrauen aufrechterhalten.

Die andere Facette hat mit Wettkämpfen zu tun. Gewinnen zu wollen oder sogar gewinnen zu müssen, kann in sich motivierend sein, aber an der Startlinie müssen Sie mental und körperlich voll da sein. Mit voller Überzeugung die Entscheidung getroffen zu haben "Dies ist mein Titel", kann ein sehr beruhigender Gedanke sein und ein Bezugsrahmen, der Ihnen die Kontrolle Ihrer selbst und Ihres Rennens erleichtert.

Wenn Sie zu Wettkämpfen reisen, können bereits kleine Störungen es sehr schwierig machen, das Vertrauen in den Sieg aufrechtzuerhalten. Unvorhergesehene Änderungen können zu Ungewißheit und Frustration führen. Ein Zimmerkamerad, der schnarcht, kalte Mahlzeiten oder Cafeteria-Essen, Transportverzögerungen, ein Trainingsstadion, das verschlossen statt frei zugänglich ist - derartige Vorkommnisse können an Ihrer Energie zehren und Ihr Selbstvertrauen unterminieren. Diese Risiken können minimiert werden, wenn Sie weit im voraus planen, einen klaren Kopf behalten und eine intensive Kommunikation mit den Trainern oder anderen entsprechenden Autoritäten pflegen. Es ist besser, die Energie auf positive Weise einzusetzen und realisierbare Alternativen zu schaffen, als die gleiche Energie jammernd zu vergeuden und der Lösung des Problems nicht näher zu kommen. Stellen Sie eine Checkliste für Reisen zusammen und ergänzen Sie diese Checkliste bei jeder weiteren Reise; auf diese Weise verfügen Sie über Alternativpläne, sollte es zu Abweichungen vom Erwarteten kommen. Dies erlaubt Ihnen eine bessere Kontrolle über Ihr eigenes Schicksal, was seinerseits Ihr Selbstvertrauen erhöht. Es reduziert die negativen Einflüsse, die eine gute Vorbereitung negativ beeinflussen.

Ein Beispiel dafür, wie wichtig mentale Einstellungen selbst über Monate im Hinblick auf das Schaffen der Bedingungen des sportlichen Erfolgs sind, ist Seb Coes Vorbereitung auf die Olympischen Spiele 1984 in Los Angeles. Während der ersten Monate des Jahres 1984 verlief Sebs körperliche Vorbereitung gut, obwohl eine Erkrankung eine gewisse Verzögerung bewirkte. Seb war jedoch beunruhigt und unschlüssig, ob seine Vorbereitung angemessen war. Zwei Jahre, in denen er viele Rückschläge erlitten hatte, hatten ihn unsicher gegenüber sich selbst gemacht. Er mußte die mentale Einstellung wiedergewinnen, die seinem Trainingszustand entsprach. Sowohl Seb und sein Trainer gelangten zu der Erkenntnis, daß Seb dafür am besten selbst sorgen sollte. Die dieser Entscheidung zugrundeliegende Logik war ganz einfach: Selbst in einem stark besetzten Rennen kann eine Laufbahn ein einsamer Ort sein. Je größer der Wettkampf, desto einsamer kann dieser Ort werden. Wenn der große Test kommt, ist der Sportler auf sich alleine gestellt, und es ist besser, wenn er in dieser Situation körperlich und geistig voll bei der Sache ist. Es ist also etwas, das er selbst zu erledigen hat, und im Falle von Seb war es entscheidend, daß er damit weit vor den Spielen begann. Daher wurde entschieden, daß sein Trainer ihn nicht in sein mehrwöchiges vorolympisches Trainingslager (siehe Tabelle 5.7) begleiten würde.

Kurz vor dieser Entscheidung war Seb in einem Qualifikationswettkampf geschlagen worden. Er hatte eine nur mäßige Leistung in einer schlechten Zeit gebracht. Sein nächstes Rennen fand in Oslo statt, wo er in einem erstklassigen 800-m-Rennen eine sehr schnelle Zeit erreichte. Zu wissen, wann und wie man intervenieren muß, ist ein entscheidendes Coaching-Element, aber der Sportler muß auch die Selbstdisziplin besitzen zu akzeptieren, daß es Zeiten gibt, in denen der Trainer nicht viel mehr tun kann. Das ist kein Coaching-Defätismus; es ist schlicht die Klugheit zu wissen, wann man ein gehaltvolles und berauschendes Gebräu am besten der eigenen Gärung überläßt. Im Rückblick sieht es so aus, als sei dies Sebs eigener Wunsch gewesen, und die Entscheidung seines Trainers, zu Hause zu bleiben, trug zeitweilig dazu bei, daß Sebs Gedanken sich besser kristallisieren konnten. Seb reiste in die Gegend von Chikago und absolvierte seine vorolympische Vorbereitung in seinem eigenen Tempo. Als Trainer und Athlet sich das nächste Mal bei einem Besuch im Olympischen Dorf trafen, war Seb so selbstbewußt wie selten zuvor, und er veranlaßte seinen Trainer zu der fast unnötigen Feststellung, daß alles gut lief.

In dieser Situation war es also wichtig, den Athleten sich selbst zu überlassen, ihm zu erlauben, sich zu sammeln. Die Belastungen der Reise, des Trainings und der Akklimatisierung an das Leben im Olympischen Dorf waren alle sehr real, aber es war Sebs Aufgabe, mit ihnen fertig zu werden. Er wußte das, und er machte sich daran, diese Aufgabe zu erfüllen. Dieses aggressive Treffen der Entscheidung gab ihm mehr als alles andere den Impuls, den er brauchte, um die nächste Phase zu beginnen - die Wettkampfphase. Selbst nach dem „bloßen" Gewinn der Silbermedaille im 800-m-Finale war Seb froh und zuversichtlich, daß er die Goldmedaille im 1.500-m-Lauf gewinnen könnte. Er war im Verlauf der Qualifikationsläufe in Hochstimmung, und zwar so sehr, daß sein Trainer wagemutig genug war, öffentlich zu behaupten, daß sein Athlet gewinnen würde. Wieder einmal waren Trainer und Athlet eine Einheit, und das Selbstvertrauen des Trainers verstärkte jetzt nur noch Sebs wachsende Überzeugung, daß tatsächlich alles auf ideale Weise zusammentraf. Im Finale stellte sich Seb mit dieser „Die Medaille gehört mir"-Einstellung an die Startlinie, und es sah aus, als ob es schwierig werden würde, ihn zu schlagen. Tatsächlich gelang dies niemandem.

Tabelle 5.7: Training und gezielte Regeneration mit dem Ziel, Spitzenleistungen im Wettkampf zu erreichen: Sebastian Coes letzte fünf Wochen vor dem Gewinn der Goldmedaille über 1.500 m bei den Olympischen Spielen 1984 in Los Angeles

1. Woche:

- Di., 10. Juli: 18stündiger Flug nach Chikago; na.: lockerer, aber doch einigermaßen zügiger Lauf in einem Tempo von 3:45 bis 4:00/km zur Auffrischung.
- Mi., 11. Juli: mo.: Tempoeinheit zur Wiedergewöhnung an ein schnelleres Tempo, gekoppelt mit einigen Schnelligkeitsausdauerbelastungen - 3 x 1600 m in einem Tempo von 2:55/km, 3 min Erholung; zum Abwärmen 2 Runden in je 90 sec, dann leichtes Jogging.
- Do., 12. Juli: mo.: lockerer Regenerationslauf über 9,6 km; na.: Tempoeinheit zur Umsetzung der Tempoeinheit vom Mittwoch in eine Tempodauerlauf - 4,8 km in 14:30.
- Fr., 13. Juli: Gewöhnung an das Renntempo, aber nicht extrem anaerob - nach Aufwärmen 30 x 200 m in 27/28 sec; zum Abwärmen 2 Runden in je 90 sec, dann leichtes Jogging.
- Sa., 14. Juli: Ausdehnung der Kurzintervalle und Tempoerhöhung, aber Beibehalten einer ausreichenden Erholung - nach Aufwärmen 2 x (3 x 300 m) in 39 sec, mit Erholungspausen von je 3 min, 9 min zwischen den Sätzen; zum Abwärmen 2 Runden in je 90 sec, dann leichtes Jogging.
- So., 15. Juli: lockerer Regenerationslauf über 9,6 km; Ruhe, Rehabilitation und „Wiederaufladen der Batterie".

2. Woche:

- Mo., 16. Juli: Der erste der härteren Tempoläufe - mo.: nach Aufwärmen 6 x 800 m in 2:00 mit Erholungspausen von je 3 min; zum Abwärmen 2 Runden in je 90 sec, dann leichtes Jogging; na.: ca. 6,5 km in lockerem Tempo.
- Di., 17. Juli: Erste Einheit zur Verbesserung der Schrittfrequenz - mo.: 8 km locker; na.: nach Aufwärmen 10 x 100 m mit kontinuierlicher Beschleunigung bis 60 m, Halten der Maximalgeschwindigkeit bis 80 m, dann Austrudeln bis 100 m, Gehen zurück zum Start und Wiederholung.
- Mi., 18. Juli: Wiederaufgreifen der 300-m-Einheit vom Samstag, aber 2 sec langsamer und nur einen Satz - mo.: nach Aufwärmen 6 x 300 m in 41 sec mit Erholungspausen von je 3 min; zum Abwärmen 2 Runden in je 90 sec, dann leichtes Jogging; na.: ca. 6,5 km in lockerem Tempo.
- Do., 19. Juli: Kurzintervalle zur Ausprägung der Schnelligkeit bei gleichzeitigem Setzen eines effektiven Reizes für Herz und Lunge, aber geringer Umfang - mo.: nach Aufwärmen 20 x 200 m in 27/28 sec; zum Abwärmen 2 Runden in je 90 sec, dann leichtes Jogging; na.: 8 km in lockerem Tempo.

- Fr., 20. Juli: Anpassung an steigendes Tempo bei gleichzeitig zunehmender Laufdistanz - 11 Sprints, die in 10-m-Schritten von 100 auf 200 m ausgedehnt werden, in 14, 15, 16, 17, 18, 19, 20, 21, 22, 23, 24, 25 sec, mit Trabpausen zurück zum Startpunkt.
- Sa., 21. Juli: Dauerlauf, ohne jedoch in ein gleichmäßiges vorbestimmtes Tempo zu fallen - ca. 10 bis 11 km mit unterschiedlich langen Beschleunigungsabschnitten (Mini-Fahrtspiel).
- So., 22. Juli: Ruhe, nicht gelaufen - Reise nach Los Angeles und Einzug in das Olympische Dorf.

3. Woche:
- Mo., 23. Juli: Beginn mit abwechselnd harten und leichten Einheiten, wobei besonders darauf geachtet wurde, die Ermüdung des Vortages nicht auf den jeweils folgenden Trainingstag zu übertragen; mo.: nach Aufwärmen 6 x 800 m hart (2:00-Tempo) mit Erholungspausen von 2 min; zum Abwärmen 2 Runden in je 90 sec, dann leichtes Jogging; na.: ca. 6,5 km in lockerem Tempo.
- Di., 24. Juli: 30 min lockerer Lauf auf hügeligem Rasen.
- Mi., 25. Juli: 400-m-Einheit als Fortsetzung und Steigerung der 200- und 300-m-Wiederholungsläufe; mo.: nach Aufwärmen 6 x 400 m in 51/52 sec mit Erholungspausen von je 5 min; zum Abwärmen 2 Runden in je 90 sec, dann leichtes Jogging; na.: 8 km in lockerem Tempo.
- Do., 26. Juli: 30 min lockerer Lauf auf hügeligem Rasen.
- Fr., 27. Juli: Wie 300-m-Intervalle am 18. Juli, aber 2 sec schneller; mo.: nach Aufwärmen 6 x 300 m in 38/39 sec mit Erholungspausen von je 3 min; zum Abwärmen 2 Runden in je 90 sec, dann leichtes Jogging; na.: 8 km in lockerem Tempo.
- Sa., 28. Juli: Ruhe, nicht gelaufen.
- So., 29. Juli: Nicht so schnell wie am Mittwoch, aber kürzere Erholungspausen - nach Aufwärmen 400 m/600 m/400 m/300 m/200 m in 55/82/53/36/25 sec; zum Abwärmen 2 Runden in je 90 sec, dann leichtes Jogging.

4. Woche:
- Mo., 30. Juli: Beibehalten des Intervalltempos, aber verkürzte Erholungszeit; mo.: ca. 6,5 km locker; na.: nach Aufwärmen 6 x 300 m in 38/39 sec mit Erholungspausen von 2 min; zum Abwärmen 2 Runden in je 90 sec, dann leichtes Jogging.
- Di., 1. Aug.: mo.: ca. 6,5 km locker; na.: erste Einheit zum Aufrechterhalten des Gefühls für das 800-m-Renntempo - nach Aufwärmen 10 x 200 m in 27 sec mit Erholungspausen von 2 min; zum Abwärmen 2 Runden in je 90 sec, dann leichtes Jogging.

- Mi., 2. Aug.: Zweite Einheit zum Aufrechterhalten des Gefühls für das 800-m-Renntempo - nach Aufwärmen 3 x 400 m in 52/51/51 sec; zum Abwärmen 2 Runden in je 90 sec, dann leichtes Jogging.
- Do., 3. Aug.: Ruhe, aber etwas Jogging, um locker zu bleiben.
- Fr., 4. Aug.: mo.: lockerer Lauf über 4,8 km mit einigen Steigerungen; na.: 1. Vorlauf über 800 m; spät abends lockeres Jogging zum Entkrampfen der Beinmuskulatur.
- Sa., 5. Aug.: Genau wie am Freitag; 2. Vorlauf über 800 m.
- So., 6. Aug.: mo.: lockeres Jogging zum Entkrampfen und Auflockern der Beinmuskulatur; na.: 800-m-Halbfinale; spät abends lockeres Jogging zum Entkrampfen der Beinmuskulatur.

5. Woche:

- Mo., 7. Aug.: mo.: lockeres Jogging nach Belieben; na.: 800-m-Finale.
- Di., 8. Aug.: ca. 12,5 km lockerer Dauerlauf; keine Belastung im Renntempo.
- Mi., 9. Aug.: keine Belastung im Renntempo; 10 x 100 m lockere Steigerungen und Antritte.
- Do., 10. Aug.: mo.: 4,8 km locker plus einige Steigerungen in schnellerem Tempo als am Mittwoch; na.: 1. Vorlauf über 1.500 m; spät abends lockeres Jogging zum Entkrampfen der Beinmuskulatur.
- Fr., 11. Aug.: lockeres Jogging nach Belieben; na.: 1.500-m-Halbfinale; spät abends lockeres Jogging zum Entkrampfen der Beinmuskulatur.
- Sa., 12. Aug.: mo.: lockeres Jogging nach Belieben; 1.500-m-Finale.

Zusammenfassung der ungefähren Trainingsstrecken im Verlauf dieser fünf Wochen:

1. Woche:	ca. 61 km
2. Woche:	ca. 58 km
3. Woche:	ca. 50 km
4. Woche:	ca. 38,5 km
5. Woche:	ca. 27 km

Anmerkung: Achten Sie bei obiger Übersicht vor allem auf das sorgfältige Progressionsmuster der Intervalläufe. Das Prinzip ist einfach: Entwickeln Sie zunächst eine Schnelligkeitsgrundlage; reduzieren Sie dann die Erholungszeit, um den Schwerpunkt zunehmend auf die Schnelligkeitsausdauer zu verlagern. Dies tun Sie, indem Sie die zusätzliche Erholungszeit zwischen den Sätzen streichen. Der Zwischenschritt besteht in einer leichten Reduzierung der Geschwindigkeit beim Übergang von Sätzen zu kontinuierlichen Serien von Läufen, danach wieder allmählicher Übergang zu höherem Tempo. Dies kann am besten bei gleichzeitiger Reduzierung des Trainingsumfangs geleistet werden. Schnelligkeit und Frische nehmen vorrangige Stellungen im Bewußtsein des Läufers ein, denn diese beiden Faktoren spielen im Rennen eine entscheidende Rolle.

Motivation

In Abbildung 5.3 werden zwei grundlegende Arten von Motivation vorgestellt. Eine Art ist der Drang zu siegen, der nicht der eigenen Psyche entspringt. Anerkennung und Lob von anderen, finanzielle Belohnung, die Liebe für Trophäen - all dies hat nur wenig mit dem inneren Wunsch, erfolgreich zu sein, zu tun, kann jedoch den Wunsch, eine gute Leistung zu bringen, stark beeinflussen. Wir glauben, daß es besser ist, intrinsisch motiviert zu sein, den Drang zu haben, eine gute Leistung zu bringen, weil es eine große innere Freude verursacht und das Gefühl einer persönlichen Leistung. Malcolm Firth, ein Nationaltrainer im Britischen Radsportverband, stellte einmal fest: „Letztendlich muß der Sportler, der die Spitze erreichen will, über einen großen Grad von Selbstmotivation [d.h. intrinsische Motivation] und Enthusiasmus für die Aufgabe verfügen. Athleten, die an die Spitze kommen und *dort bleiben* [unsere Hervorhebung] sind imstande, sich selbst aus den Phasen der Niedergeschlagenheit herauszuziehen, die alle Athleten irgendwann im Laufe ihrer Karriere einmal überfallen."

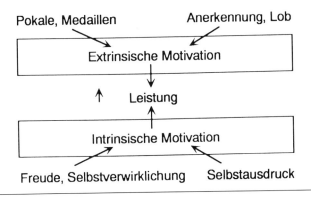

Abbildung 5.3: Intrinsische und extrinsische Motivation

Niemandem macht es Spaß, nach einer Krankheit, Verletzung oder nach einem anderen ernsthaften Rückschlag wieder zu versuchen, den Anschluß an die alte Form zu finden. Wenn es jedoch zu diesen Problemen kommt, haben intrinsisch motivierte Athleten eine bessere Chance, zu ihrer früheren Größe zurückzufinden. Durch welche Eigenschaften zeichnen sich intrinsisch motivierte Athleten aus, und können diese Eigenschaften entwickelt werden? In Abbildung 5.4 werden zwei Aspekte identifiziert, die uns allen in verschiedenem Maß angeboren zu sein scheinen: unsere Sicht der eigenen Kompetenz und unsere Wahrnehmung der Kontrolle über unsere eigene Situation.

1. Wahrgenommene Kompetenz und subjektiv empfundenes Leistungsvermögen
2. Wahrgenommene Kontrolle und subjektiv empfundener Einfluß über die äußeren Umstände
3. Gelegenheit zum Eingreifen in trainingsbezogene Entscheidungsprozesse
4. Stolz auf die eigene Leistung
5. Eigenes Setzen erreichbarer, qualitativ hochwertiger lang- und kurzfristiger Ziele, deren Erreichen eindeutig kontrolliert werden kann
6. Kontinuierliche Evaluation des Fortschritts
7. Betonung der Freude und der Leistung

Abbildung 5.4: Für die Leistung trainierter Athleten wichtige intrinsische Faktoren

Es soll dem Urteil jedes einzelnen überlassen bleiben, ob diese Faktoren durch Coaching entwickelt werden können, aber in Abbildung 5.4 werden fünf weitere Faktoren aufgelistet, von denen wir annehmen, daß sie in einen trainingsbezogenen Lebensstil eingefügt und dem Athleten von Vorteil sein können. Beteiligen Sie sich an der Gestaltung Ihres eigenen Trainingsplans. Seien Sie stolz auf Ihre Leistung. Arbeiten Sie auf erreichbare Ziele hin. Werten Sie Ihren Fortschritt in regelmäßigen Abständen aus. Nehmen Sie sich die Zeit, diese Faktoren im Rahmen einer bewußten Selbsteinschätzung mit dem Ziel der Selbstverbesserung zu kontrollieren. Wichtig ist jedoch vor allem, daß Sie dem, was Sie tun, Spaß haben. Machen Sie Training und Wettkämpfe zu einem echten eigenen Interesse. Das ist wahre Motivation. Es waren derartige Betrachtungen und Einstellungen, die dafür sorgten, daß Seb Coe nach seinem krankheitsbedingten Verzicht auf die Teilnahme am 800-m-Finale der Commonwealth-Spiele 1986 seine psychische Verfassung aufrechterhalten konnte. Er mußte sich erholen, sammeln, positiv handeln und auf seinem Weg zu guten Leistungen bei den Europameisterschaften, die nur einen Monat später stattfinden sollten, fortschreiten. (Bei diesen Europameisterschaften gewann er schließlich seine begehrte und einzige Goldmedaille über 800 m bei großen Meisterschaften.)

Kontrollierte Aggressivität

Beim Laufen wird Aggressivität am besten als der feste Entschluß definiert, koste es was es wolle, unter Einhaltung der Wettkampfregeln über die Konkurrenz zu dominieren. In einem Rennen kann diese Aggressivität durch das Einsetzen eines todsicheren taktischen Manövers exakt im geeigneten Augenblick erreicht werden. In einem erfolgreichen Sportler sind Konzentration und Aggressivität untrennbar miteinander verwoben. Das kompromißlose Streben nach einem Ziel erfordert die Konzentration, das Belanglose auszuklammern. Wenn dann ein aggressives Verhalten des Sportlers hinzukommt, kann der Athlet aufblühen. Dieses Verhalten ist durch einen hohen Grad von Besitzanspruch - fast schon Gier - gekennzeichnet. Keith Brantly ist hierfür ein gutes Beispiel. Er sagte vor dem Wettkampf: „Wenn ich weg bin, bin ich weg", womit er seine entschlossene Strategie, sich beim Gasparilla 15-km-Rennen in Tampa 1989 nach 8 km vom Feld zu lösen, ausdrückte. Seine zweimonatige Wettkampfvorbereitung war fehlerfrei verlaufen, und sowohl sein Selbstvertrauen als auch seine Motivation waren sehr hoch. Die Teilnehmer an diesem Rennen waren allerdings so gut, daß nur eine entscheidende aggressive Handlung - in Form eines plötzlichen, schnellen und lange durchgehaltenen Antritts - effektiv sein konnte. Keith Brantlys Antritt war effektiv, und sein Sieg in 42:50 war die drittschnellste Zeit in der zwölfjährigen Geschichte des Rennens.

Es sollte also klar sein, daß Aggressivität im Sport nur dann erfolgreich sein kann, wenn sie kontrolliert ist; das heißt, sie muß im richtigen Moment einsetzen und durchdacht auf einen Erfolg ausgerichtet sein. Nur zu oft hört man Geschichten über Athleten, die mehrere Tage vor einem Wochenendwettkampf offensichtlich zur Stärkung ihres Selbstbewußtseins eine absolut überwältigende Trainingseinheit auf der Bahn absolvierten, nur um am Wettkampftag stoffwechselmäßig total ausgebrannt zu sein und dann eine indiskutable Leistung zu erbringen. Ihre Aggressivität wurde zu früh mobilisiert; ihre vorausgegangene allgemeine Entwicklung hätte ihnen das erforderliche Selbstvertrauen geben sollen ohne die Notwendigkeit einer wettkampfähnlichen Belastung vor dem eigentlichen Rennen, um ihnen in letzter Minute das Gefühl der Sicherheit zu vermitteln. Diese abschließende Bahneinheit sollte eher dazu dienen, die Maschine feineingestellt zu halten statt die Zylinder zu ruinieren. Sie müssen Ihre Aggressivität auf den Wettkampf statt auf Ihre eigene Selbstzerstörung richten!

Angst

Angst ist eine Form nervöser Spannung, die gewöhnlich einer bestimmten Furcht entspringt (der Furcht zu verlieren, einen bestimmten Leistungsstandard nicht zu erreichen, der Furcht vor einer Verletzung oder vor den Gegnern). Abbildung 5.5 (Punkte 1 bis 4) faßt diese Aspekte der Furcht zusammen und identifiziert zwei weitere Situationen, die zu einer übermäßigen Erregung vor dem Wettkampf beitragen können. Niemand kann vorhersagen, wer ein Rennen gewinnen wird, der Ausgang ist ungewiß. Und Sie ordnen jedem Rennen, das Sie bestreiten, irgendeine Bedeutung zu. Vielleicht wollen Sie stets eine gute Leistung bringen, aber eine Vereins- oder Landesmeisterschaft oder Olympische Spiele unterscheiden sich sehr von einem kleinen lokalen Sportfest.

---

1. Furcht, zu versagen oder schlecht auszusehen
2. Furcht, von Ihnen geschätzte Personen zu enttäuschen
3. Furcht vor Gefahr
4. Eingeschüchtertsein durch die Gegner
5. Ungewißheit bezüglich des Wettkampfausgangs
6. Bedeutung des Wettkampfs

Abbildung 5.5: Ursachen einer übermäßigen Erregung, die die optimale Wettkampfleistung beeinträchtigen können

Als Sportler sind Sie sich des Konzepts, psychisch - entweder zu sehr oder zu wenig - auf einen Wettkampf oder das Training eingestimmt zu sein, bewußt. Dieses psychische Eingestimmtsein hängt mit der Interaktion zwischen Erregung und Aufmerksamkeit zusammen. In Abbildung 5.6 wird die Leistungsqualität als Funktion des Erregungsausmaßes dargestellt. Das Resultat ist eine umgekehrte-U-Beziehung. Einfach gesagt, sind Bestleistungen das Ergebnis einer optimalen Erregung (Scheitelpunkt der Kurve) unter dem Gesichtspunkt des Mobilisierens nervöser Energie. Eine zu geringe oder eine zu hohe Erregung resultieren in schwachen Leistungen. Auch der Aufmerksamkeitsschwerpunkt ist wichtig: Eine zu breite, eine zu enge oder eine zu negativ gerichtete Aufmerksamkeit führen zu Leistungseinbußen.

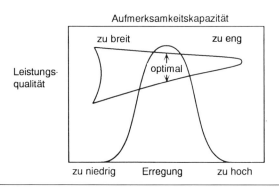

Abbildung 5.6: Die Beziehung in Form eines umgekehrten Us zwischen der Leistungsqualität und dem Erregungsniveau und deren Beziehung zur Art der Aufmerksamkeit

Wenn man es richtig anstellt, kann die Furcht zu verlieren derart gemindert werden, daß man überhaupt keine Angst mehr hat. Dies kann eine Leistungsverbesserung bewirken. Noch einmal: Denken Sie positiv. Fürchten Sie nicht das Schlimmste, denken Sie nicht darüber nach, wie enttäuscht Sie nach einer schlechten Leistung sein werden. Machen Sie sich statt dessen die folgende Einstellung zu eigen: „Ich will nur einmal sehen, wie fit ich bin, und wenn ich nicht gewinne, werde ich versuchen herauszufinden, was noch getan werden muß, damit ich mich verbessere; dann habe ich alle Voraussetzungen, damit das nächste Rennen besser wird." Ein verständnisvoller Trainer kann auf diese subtilen Unterschiede in der Einschätzung der Leistung hinweisen und auf diese Weise das Angstniveau eines Sportlers beträchtlich reduzieren.

Furcht vor den Gegnern ist natürlich bis zu einem gewissen Grade normal, es sei denn, alle anderen Wettkampfteilnehmer seien Ihnen erheblich unterlegen. Dann sollten Sie allerdings auch gar nicht an diesem Rennen teilnehmen. Furcht trägt zusammen mit anderen Emotionen zu dem notwendigen Erregungszustand bei. Er braucht nur noch etwas gemäßigt zu werden.

Entspannung

Bei einem bereits für den Wettkampf motivierten Sportler dürfte der Zweck der Entspannung leicht offensichtlich sein. Entspannung ist ein Regulator übermäßiger Angst, sie reduziert die nervöse Spannung, die die optimale Leistung beeinträchtigen kann. Wie können Sie sich darauf vorbereiten, sich im Moment des Wettkampfes im Gipfelpunkt des umgekehrten Us zu befinden? Versuchen Sie ein Gleichgewicht zwischen Angst und Entspannung zu erreichen. Abbildung 5.7 ist eine Illustration einer breiten Vielfalt identifizierbarer Aufgaben und Aktivitäten, von denen Sie annehmen könnten, daß sie sinnvolle Bestandteile Ihres Wettkampfvorbereitungsplans sein könnten. Achten Sie darauf, daß der Schwerpunkt auf objektiven und positiven zielorientierten Aufgaben liegt, die, wenn sie ausgeführt werden, zu Ihrem Selbstvertrauen beitragen können, das Bestmögliche für Ihre Vorbereitung getan zu haben.

Jede folgende Aktivitätsstufe (durch römische Ziffern gekennzeichnet) ist spezifischer und liegt näher am Zeitpunkt des Wettkampfs. Daher werden Sie weit vor jedem wichtigen Wettkampf Ihren Trainingserfolg ausgewertet, geeignete Wettkampfsimulationen durchgeführt und sich möglicherweise anwendbare Wettkampfstrategien überlegt haben. Sie werden diese Tage oder Wochen vor dem Wettkampf erledigt haben. Eine derartige objektive Analyse reduziert die Angst, die das Resultat einer panikartigen Abschätzung der eigenen Fitneß aufgrund zirkulierender Gerüchte von fast unglaublichen Trainingsleistungen Ihrer Konkurrenten ist.

Eine Beständigkeit der vorbereitenden Aktivitäten sollte auch dem Auftreten von Angst entgegenwirken. Eine Checkliste dessen, was nötig ist, wenn Sie zu einem Wettkampf reisen, ist erforderlich, um eine eventuelle Hektik während des in letzter Minute erfolgenden Packens zu reduzieren. Versuchen Sie keine dramatisch neuen Vorbereitungstechniken, ohne sie zu Hause ausprobiert zu haben. Identifizieren Sie das, was in der Vergangenheit am besten funktioniert hat, und bleiben Sie gleichzeitig offen für eventuelle Verbesserungen.

Mitentscheidend für eine optimale Wettkampfbereitschaft ist letztlich das Aufwärmen vor dem Rennen. Stellen Sie sicher, daß dieses Aufwärmen nicht so ritualisiert und spezialisiert ist, daß Sie bereits dann irritiert sind, wenn bestimmte örtliche und zeitliche Bedingungen nicht gegeben sind. Während des Aufwärmens erreichen Sie und Ihre Konkurrenten das höchste Niveau der Fokussierung vor dem Wettkampf. Sie verhalten sich jetzt ganz anders als während wettkampfunabhängiger Phasen der sozialen Interaktion. Bestimmte Dinge, die Ihnen jetzt von Ihren Freunden oder Betreuern gesagt werden, werden von Ihnen anders interpretiert oder gänzlich ignoriert. Diese Abweichungen von der Norm können für beide Seiten frustrierend und mißverständlich sein. In dieser Situation kann das Alleinsein von Vorteil sein. Auch Ihre Betreuer müssen realisieren, daß Sie in dieser Situation ein anderer Mensch sind; sie sollten sich daher mit detaillierten Anweisungen oder Ratschlägen in letzter Minute zurückhalten. Nur solche Informationen werden benötigt und sind angemessen, die für das betreffende Rennen relevant sind.

Der Einsatz autogener (selbst induzierter) Entspannung kann hinsichtlich der Reduzierung übermäßiger muskulärer Spannung effektiv sein. Starke Emotionen

I. Erwartungen und Leistung
   A. Erkennen Sie, was Sie tun können; analysieren Sie Ihr Training.
   B. Spielen Sie mögliche Rennsituationen mit Hilfe der Simulation durch.

II. Beständigkeit der Vorbereitung auf einen Wettkampf
   A. Sorgen Sie in der Nacht vor einem Wettkampf für einen guten Schlaf.
   B. Stellen Sie sicher, daß Sie am Abend vor einem Wettkampf eine geeignete Mahlzeit zu sich nehmen und für eine angemessene Flüssigkeitssubstitution sorgen.
   C. Testen Sie neu geplante Rennmaßnahmen im Training.
   D. Behalten Sie vertraute/effektive Routinemaßnahmen bei.

III. Optimale Wettkampfbereitschaft
   A. Bereiten Sie sich so vor, wie vor Bestleistungen in der Vergangenheit.
   B. Treffen Sie früh genug am Wettkampfort ein, um sich vernünftig aufwärmen zu können.
   C. Streben Sie nach einem optimalen (mentalen, emotionalen) Aufmerksamkeitszustand.

IV. Setzen Sie autogene Entspannung, bildliche Vorstellung(imaging) und Fokussierung ein
   A. Entspannen Sie sich
   1. Entwickeln Sie mentale Bilder (Wörter, Erfahrungen, Farben usw.), die eine Entspannungsreaktion auslösen, wenn sie wachgerufen werden.
   2. Reduzieren Sie eine übermäßige muskuläre Spannung auf ein Niveau, das dem im Gipfelpunkt des umgekehrten Us ähnelt.
   B. Bild
   1. Stellen Sie sich vor, wie Sie das Rennen laufen würden, wenn Sie eine Bestzeit zu erreichen beabsichtigten.
   2. Wenn Sie sich vorstellen, daß Sie eine gute Leistung erbringen können, dann ist die psychologische Umgebung für eine gute Leistung optimal.
   C. Fokus
   1. Konzentrieren Sie sich auf ein oder zwei relevante Elemente des Wettkampfs.
   2. Verschwenden Sie keine übermäßige Konzentration auf irrelevante Signale.

Abbildung 5.7: Aufgaben-/Aktivitätsfolge mit minimalem Angstrisiko zur Gewährleistung eines geregelten Angehens eines Wettkampfs

werden oft von muskulären Spannungszuständen in verschiedenen Körperbereichen begleitet. Derartige Spannungen verschwenden unnötig Energie. Gedankenprozesse, deren Ziel darin besteht, Sie auf ein leichter zu bewältigendes Niveau des neuromuskulären Tonus zurückzubringen, reduzieren das Gesamterregungsniveau.

Bei einigen Läufern reicht schon ein einziges Wort, bei anderen eine Phrase oder das Zurückdenken an eine bestimmte Erfahrung, um Erinnerungen an ausreichend ruhige Aktivitäten wachzurufen und insofern die Entspannung einer übermäßig angespannten Muskulatur zu bewirken.

Zwei andere Techniken, die bildliche Vorstellung (Imaging) und das Fokussieren, können in dieser Hinsicht hilfreich sein. Die bildliche Vorstellung des Rennens, wie man es idealerweise gerne laufen würde, oder die Vorstellung, wie man richtig auf Attacken der Konkurrenten reagieren würde, können die Angst vor einer eventuellen Niederlage effektiv beseitigen. Sie handeln aktiv und kontrolliert, und dies ist mit einer geringen Furchtkomponente verbunden. Diese Art von Verhalten dient zur Einstimmung auf die letztliche Aufgabe der Fokussierung vor dem Rennen oder sogar während des Rennens. Identifizieren und ordnen Sie die Schwerpunkte, auf denen Ihre Einschätzung der Rennentwicklung basieren soll. Soll der Schwerpunkt darin bestehen, den Kontakt zu den führenden Läufern nicht zu verlieren? Soll es die Konzentration auf eine ausgeprägte Armaktion und das Anheben der Oberschenkel sein, um in Cross- oder Straßenläufen besser bergan laufen zu können? Soll es das Vermeiden des Eingeschlossenwerdens hinter dem führenden Läufer und der daraus resultierenden Unfähigkeit zum Positionswechsel in einem Bahnrennen sein? Das zielgerichtete Fokussieren von Schlüsselsituationen ermöglicht eine schnellere Reaktion, wenn diese wirklich auftreten sollten.

In den letzten Jahren sind eine Reihe guter Bücher zur Sportpsychologie erschienen. Obwohl einige dieser Bücher den Sport im allgemeinen behandeln (Bell, 1983; Elliott, 1984; Loehr, 1982; Orlick, 1980), befassen sich einige schwerpunktmäßig mit den Laufdisziplinen (Lynch, 1987; Nideffer, 1976). Als Sportler tun Sie gut daran, so viele dieser Bücher wie möglich zu lesen; der psychologische Aspekt der sportlichen Vorbereitung ist ein ebenso integraler Bestandteil der Gesamtentwicklung wie der physiologische Aspekt. Wenn diese zwei Aspekte als Einheit wirken, ist die daraus resultierende Synergie äußerst effektiv.

Taktik

Es wurde oft gesagt, daß Taktik nur der Zuckerguß auf dem Kuchen ist, und daß Fitneß und Training die Grundlage sind. In den 60er Jahren, als einige Läufer aus Neuseeland die führende Rolle in der Welt übernommen hatten, behauptete ihr Trainer Arthur Lydiard, daß die Tage des Einsatzes von Taktik gezählt seien. Wenn guttrainierte Läufer im Grenzbereich liefen, würde auf Taktik verzichtet werden, da jeder ein nahezu gleiches Tempo aufrechterhalten würde, um die Effizienz zu optimieren, und jeder würde hoffen, am Ende des Rennens über mehr Reserven als seine Konkurrenten zu verfügen. Dies trifft tatsächlich auf viele schnelle Rennen mit homogenen Läuferfeldern zu. Aber genauso häufig kann die Taktik dem ganzen einen Funken Entschlossenheit hinzufügen, die dem außerordentlich leistungsfähigen Läufer die Möglichkeit eröffnet, den Sieg davonzutragen.

Mit dem Einsatz von Taktik braucht man jedoch nicht bis zum Rennen selbst zu warten. Bereits im Training kann die Taktik im Rahmen der Vorbereitung auf bestimmte Wettkampfanforderungen geschult werden. Machen Sie sich Gedanken darüber, wie ein Rennen gelaufen werden muß, um den Sieg davonzutragen, und bereiten Sie sich dann im Training darauf vor. Ein Beispiel aus der Karriere von Seb Coe kann dies verdeutlichen: Steve Ovetts enormes und früh ausgebildetes Talent für einen sehr schnellen Endspurt auf den letzten 100 m wurde von allen 1.500-m-Läufern sehr schnell erkannt. Seb richtete daraufhin einige seiner Trainingseinheiten ganz speziell darauf aus, aus einer Vielfalt von Renngeschwindigkeiten anzutreten und die schnellstmögliche Geschwindigkeit so lange wie möglich zu halten. Dadurch verbesserte er allmählich seine mentale und körperliche Fähigkeit, mit derartigen Wettkampfproblemen fertig zu werden. Die Folge war, daß ein furioser Endspurt von Steve Ovett zerstörend auf die meisten seiner Konkurrenten wirkte, aber nicht auf Seb, der - in Übereinstimmung mit der Definition der Taktik - selbstbewußt mit einem ebensolchen Endspurt konterte.

Erinnern Sie sich daran, daß die Ihnen zur Verfügung stehende Taktik zum Teil genetisch bedingt ist und zum Teil von Ihrer Vorbereitung abhängt. Wenn Sie in genetischer Hinsicht kein Sprintertyp sind, sollten Sie auch keinen schnellen Endspurt als den Schlüssel zum Erfolg einplanen. Vielleicht sind Sie ein besserer Frontläufer, der eher imstande ist, ein kontinuierliches hohes Tempo beizubehalten, das nur ein bißchen zu schnell für Ihre Konkurrenten ist. Wählen Sie Ihre beste Taktik aus, und ziehen Sie sie durch.

Ein ausgezeichnetes Beispiel hierfür war das Verhalten von Ingrid Kristiansen im 10.000-m-Finale bei den Leichtathletik-Weltmeisterschaften 1987 in Rom. Sie lief bereits in der 2. Runde einen Vorsprung von 15 sec heraus. Da sie gerade eine Verletzungsphase hinter sich gebracht und keine Gelegenheit gehabt hatte, ihre Schnelligkeit auszubilden, wußte sie, daß sie bei einem Sprint auf der Zielgeraden einer Läuferin wie der Sowjetrussin Elena Zhupieva, die ein herausragendes Schnelligkeitstraining absolviert hatte, unterlegen sein würde. Ingrid entschied sich tapfer dafür, ein einsames Rennen an der Spitze des wohl besten Feldes von 10.000-m-Läuferinnen, das es bis dahin gegeben hatte, zu laufen. Sie errang einen knappen Sieg mit einem Vorsprung von 3,55 sec vor Elena, der es trotz einer brillanten letzten Runde in 61,1 sec nicht gelang, Ingrid, die ganz auf sich alleine gestellt ein hervorragendes Tempogefühl bewiesen hatte, zu schlagen.

Seien Sie auf wichtige Rennen vorbereitet

Welche Grundtaktik auch immer Sie einschlagen mögen, Sie müssen bei Spitzen-Wettkämpfen Ihre besten Wettkampffähigkeiten mobilisieren können. Eine Mischung von intelligentem Training, Tapering und Umgang mit den Vorwettkampfdetails werden also sowohl für den Athleten als auch den Trainer zu wichtigen Aspekten. Nach jedem Rennen sollte auf Grundlage von schriftlichen Notizen zu möglichen Verbesserungen stets eine Rennanalyse stattfinden - und zwar aus allen möglichen Perspektiven. Wenn man die Notizen später noch einmal liest, werden die Distanz zum Geschehen und weitere Überlegungen die Genauigkeit der Analyse noch erhöhen. Schließlich wird man ein Muster bezüglich der effektivsten Gesamtstrategie in der Wettkampfsaison entwickeln.

Bei großen Meisterschaften ist es manchmal unglaublich, wie nachteilig selbst die kleinste Abweichung von der Topform sein kann; und bei derartigen Wettkämpfen schaden diese Abweichungen am meisten, vor allem dann, wenn diese Fehler Sie daran hindern, die Vorläufe oder das Halbfinale zu überstehen. Einige Beispiele sollen diese Situation schmerzlich klar machen. Lassen Sie uns als theoretisches Beispiel ein 1.500-m-Finale betrachten, das in 3:35 gewonnen wird, einer Zeit, die für Sie gleichzeitig einen persönlichen Rekord darstellt. Nur ein halbes Prozent schlechter zu sein, bedeutet einen Verlust von 7 m, was grob 1,08 sec entspricht - genug, um in einem knappen Finish unplaziert auszugehen. Ein spezifisches Beispiel hierfür ist das 10.000-m-Finale der Männer bei den Weltmeisterschaften in Helsinki. Dieses Rennen wurde in 28:01,04 gewonnen, einer Zeit, die schlechter war als die persönlichen Bestzeiten der meisten Endlaufteilnehmer. Wenn Sie nur ein halbes Prozent schlechter gelaufen wären als Alberto Covas Siegzeit, hätten Sie 8,4 sec zurückgelegen und damit den 9. Platz belegt. In den beiden Vorläufen lagen die Läufer ebenso dicht zusammen: Ein halbes Prozent hinter der Siegzeit hätte im schnelleren Vorlauf (gewonnen in 27:45,54) den 9. und im langsameren Vorlauf (gewonnen in 28:04,69) den 11. Platz bedeutet.

Im Bereich der Spitzenklasse werden Endläufe über die längeren Strecken in der Regel nicht so knapp entschieden. In den Vorläufen muß man jedoch sehr aufmerksam sein. Es kann zu sehr knappen Ergebnissen kommen, wenn eine große Gruppe von Läufern, die im Vorlauf bemüht waren, sich für den Endlauf bestmöglich zu schonen, dem Ziel entgegenspurtet. Betrachten Sie als spezifische Beispiele hierfür die beiden Halbfinalläufe über 5.000 m bei den Olympischen Spielen 1988 in Seoul. Das erste Rennen wurde in 13:22,44 und das zweite in 13:24,20 gewonnen. Wenn Sie in beiden Rennen auch nur 1 sec hinter dem Sieger eingelaufen wären, hätten Sie den 8. Platz belegt. In jedem Rennen qualifizierten sich nur die ersten sechs Läufer für den Endlauf, während der 7. sich durch seine Zeit qualifizieren mußte. Im zweiten Halbfinallauf trennten nur 0,61 sec den 7. vom 1. Platz! Hieraus sollte man lernen, daß man (a) sicherstellen sollte, über ein exzellentes Tempogefühl für eine angemessene Beschleunigung in der Endphase des Rennens zu verfügen, daß man (b) im Training eine schnell mobilisierbare Schnelligkeitskomponente entwickelt hat, um eine derartige Beschleunigung zu ermöglichen, und (c) stets bemüht sein sollte, sich über die Plazierung statt über die Zeit zu qualifizieren.

Die Taperingphase, also die letzte Phase der Vorbereitung vor einem wichtigen Wettkampf, ist genauso wichtig wie das Training und der eigentliche Wettkampf. Wenn wir uns daran erinnern, daß der Vorbereitungsprozeß aus dem Training und der Regeneration besteht, dann ist das Tapering der letzte Abschnitt des Wiederherstellungsprozesses. Mehrere Leitprinzipien können bei der abschließenden Vorbereitung eine Hilfe darstellen. Erstens sollten besonders bei Mittelstrecklern zu Beginn der Wettkampfphase die mehr ausdauerorientierten langen Läufe durch ruhige Regenerationsläufe oder bestimmte Intervalltrainingsformen ersetzt werden (erinnern Sie sich an unsere Diskussion der Periodisierung in Kapitel 3). Marathonläufer gehören bezüglich dieses Aspekts in eine besondere Kategorie, da ihre Wettkampfphase aus nur einem einzigen Rennen bestehen kann, das nur einer geringen abschließenden Vorbereitung in Form sehr schneller

Kurzstreckenintervalle bedarf. Für alle Disziplinen gilt, daß der mentale Zustand eines auf Wettkämpfe vorbereiteten Läufers der Bewältigung eines kontinuierlichen systematischen Trainings nicht förderlich ist. Zweitens sollte man sich während der Taperingphase ausgiebig ausruhen, um eine effektive Superkompensationsphase der Erholung zu gewährleisten. Geben Sie Ihrem Körper Zeit zur Regeneration. Drittens beginnt bei einem Trainingsabbruch oder einer Trainingsreduktion der Schnelligkeitsaspekt und nicht der Ausdaueraspekt zuerst nachzulassen. Daher sollten schnellere Trainingseinheiten die Stützen des Formerhaltungstrainings in der Taperingphase sein. Der Läufer verinnerlicht förmlich das schnelle Laufen, das heißt, er fühlt sich frisch und freut sich auf den Wettkampf. Beide Gefühle tragen wesentlich zu einem mentalen Zustand bei, der darauf ausgerichtet ist, siegorientiert zu laufen. Durch kürzere und intensivere Trainingseinheiten können das kardiovaskuläre und neuromuskuläre System zwischen Rennen, die über mehrere Wochen verteilt sind, in Bereitschaft gehalten werden.

Eine sorgfältige Analyse von Tabelle 5.7, die eine Zusammenfassung der abschließenden Vorbereitung von Seb Coe auf die Olympischen Spiele von Los Angeles darstellt, zeigt, wie diese Konzepte effektiv genutzt werden können. Unsere alten Freunde Umfang, Intensität, Dichte und Frequenz wurden so angepaßt, daß die Gesamtbelastung zwar reduziert, die Schnelligkeit jedoch aufrechterhalten wurde. Seb begann mit 200-m-Intervallen, zunächst mit vollständigen Erholungspausen; dann wurde die Anzahl dieser Läufe allmählich reduziert, wobei die Erholung beibehalten wurde, und schließlich wurden diese Läufe abgebrochen, als mit schnelleren Belastungen begonnen wurde. Auf ähnliche Weise wurde mit den 300-m-Wiederholungsläufen in Form von zwei getrennten Sätzen von je drei Läufen in der 1. Woche begonnen; diese Läufe wurden ziemlich schnell gelaufen, wobei jedoch auf eine angemessene Erholung zwischen den Wiederholungen und eine zusätzliche Erholung zwischen den Sätzen geachtet wurde. Die Laufzeiten wurden ständig reduziert (das heißt, das Tempo wurde erhöht) und die Erholungsphasen verkürzt (allerdings wurde in jeder Woche nur eine Variable verändert). Die gleiche Logik wurde im Falle der 800-m-Läufe verfolgt. Stets lag der Schwerpunkt darauf, „scharf" (d.h. frisch und schnell) zu bleiben, einen guten Stil beizubehalten, nicht zu ermüden und mit den Ergebnissen zufrieden zu sein. Obwohl einige unter Ihnen diese Wochen als „Aufbauwochen" vor den Olympischen Spielen bezeichnen würden, war die schwierigen erschöpfende Arbeit bereits viele Wochen vorher erledigt worden. Durch den Einsatz von kurzen, schnellen Läufen (über 200 m, 300 m, 400 m) sowie von langsameren Läufen über längere Distanzen (1.600-m-Läufe und eine pyramidenartige Kombination von 200-, 300-, 400- und 600-m-Läufen) wurde die Philosophie des mehrstufigen Trainings beibehalten. Gleichzeitig wurde das Training reduziert, um beim Läufer eine Frische dann zu gewährleisten, wenn sie erforderlich sein sollte.

Zusammenfassung

1. Im Rennen schnell und intelligent zu laufen, ist die beste Methode, um den Sieg davonzutragen. Um schnell zu laufen, muß ein Läufer zunächst Ermüdungswiderstandsfähigkeit, Kraft und Schnelligkeit ausbilden. Intelligentes Laufen erfordert eine gute Tempokontrolle und taktisches Geschick. Je länger die

Wettkampfstecke, desto größer ist der Einfluß solcher Faktoren wie Hitze, Luftfeuchtigkeit, Wind und die Dynamik der Energiesubstitution auf die Wettkampfeffektivität.

2. In jedem Rennen ist es entscheidend, (a) körperlich und mental gut vorbereitet zu sein, (b) ökonomisch und trotzdem effektiv zu laufen, (c) sich bereit zu halten, um, wenn nötig, entweder zu handeln oder zu reagieren und auf diese Weise die für einen Sieg bestmögliche Position beizubehalten, und (d) eine angemessene Taktik einzusetzen, um sich einen zusätzlichen Vorteil zu verschaffen. Als Sportler sind Sie kein Roboter; und als Trainer sind wir keine Diktatoren. Wir beide müssen uns anpassen. Jedes Rennen ist einzigartig, zeigt aber gleichzeitig auffallende Ähnlichkeiten mit anderen Rennen. Ein wichtiges Ziel sollte daher sein, aus jedem Rennen, das Sie laufen, zu lernen.

3. Ein erfolgreicher Läufer hat seine ganze Vorbereitung auf alle Erfordernisse der zu laufenden Distanz ausgerichtet. Dies beinhaltet (a) die Planung angemessener Anteile aerober und anaerober Arbeit, (b) Wettkampfsimulationen, (c) die Bestimmung sowohl der eigenen Stärken und Schwächen als auch derjenigen der Konkurrenten, und (d) die Verbesserung des intuitiven Tempogefühls.

4. Der beste Wettkämpfer ist der, der völlig frisch ist - körperlich ausgeruht und mental selbstbewußt. Wenn die Trainingsbelastung reduziert wird, geht die Schnelligkeit eher verloren als die Audauer. Reduzieren Sie daher in der Taperingphase den Umfang des Ausdauertrainings, und behalten Sie das Schnelligkeitstraining bei. Die Umfangsreduzierung ermöglicht eine körperliche Erholung und verstärkt den Wettkampfhunger. Wenn Ihre Motivation und Ihr Selbstvertrauen groß sind und Sie Ihre Aggressivität und Angst unter Kontrolle halten, ist ein gutes Rennen die logische Konsequenz.

5. Obwohl es von entscheidender Bedeutung ist, daß Ihre Gedanken auf einen exzellenten Wettkampfeinsatz ausgerichtet sind, ist der Sieg alleine nicht immer von Wichtigkeit. Eine persönliche Bestzeit kann bereits ausreichende Befriedigung verschaffen. In Vor- und Halbfinalläufen besteht jedoch das primäre Ziel darin, die nächste Runde zu erreichen; ein Laufen auf Plazierung hat daher die erste Priorität.

6. Wenn Sie gegen gleichstarke Läufer laufen, gibt es keine todsicheren Formeln, ein bestimmtes oder gar jedes Rennen zu gewinnen, denn die möglichen Strategien sind zu zahlreich. Entscheidend ist, fit und guttrainiert zu sein. Darüber hinaus sind Wachsamkeit, Scharfsinnigkeit und Reaktionsbereitschaft allesamt Tugenden, die Ihre Chance, eine Bestzeit zu erreichen, erhöhen. Eine im Vorfeld stattfindende, übertrieben mentale Beschäftigung mit dem Rennen kann dazu führen, daß Sie bereits vor dem eigentlichen Wettkampf ratlos und geschlagen sind, vor allem dann, wenn aus dieser mentalen Beschäftigung ein Plan resultierte, der nicht mehr zugunsten eines durch die veränderten Umstände erforderlichen besseren Alternativplans spontan optimiert oder ganz aufgegeben werden kann.

7. Denken Sie daran, den Leistungssport in Ihre gesamte Lebensführung einzuordnen. Der Erfolg im Sport ist nicht das Wichtigste, und eine Niederlage ist nicht fatal. Wichtig ist, hart zu arbeiten, um besser zu sein als in der Vergangenheit und um den Konkurrenten in einem aktuellen Rennen überlegen zu sein. Der Leistungssport sollte nicht mehr sein als ein wunderbares Spiel, das zur Bereicherung Ihrer noch bevorstehenden besten Lebensjahre beiträgt. Tun Sie also Ihr Bestes, und setzen Sie die Ergebnisse in einen gesunden Rahmen.

Literatur

Anonym. (1989). Walking and running. Alexandria, VA: Time-Life Books.

Bell, K.F. (1983). Championship thinking. Englewood Cliffs, NJ: Prentice-Hall.

Costill, D.L., Coyle, E., Dalsky, G., Evans, E., Fink, W. & Hoopes, D. (1977). Effects of elevated plasma FFA and insulin on muscle glycogen usage during exercise. Journal of Applied Physiology, 43, 695-699.

Costill, D.L. & Miller, J.M. (1980). Nutrition for endurance sport: Carbohydrate and fluid balance. International Journal of Sports Medicine, 1, 2-14.

Coyle, E.F., Coggan, A.R., Hemmert, M.K. & Ivy, J.L. (1986). Muscle glycogen utilization during prolonged strenuous exercise when fed carbohydrate. Journal of Applied Physiology, 61, 165-172.

Dwyer, T. & Dyer, K.F. (1984). Running out of time. Kensington, New South Wales: New South Wales University Press.

Elliott, R. (1984). The competitive edge. Englewood Cliffs, NJ: Prentice-Hall.

Hecker, A.L. (1987). Nutrition and physical performance. In R.H. Strauss (Hrsg.), Drugs and performance in sports (S. 82-151). Philadelphia: W.B. Saunders.

Hultman, E. & Bergstrom, J. (1967). Muscle glycogen synthesis in relation to diet studied in normal subjects. Acta Medica Scandinavica, 182, 109-117.

Ivy, J.L., Katz, A.L., Cutler, C.L., Sherman, W.M. & Coyle, E.F. (1988). Muscle glycogen synthesis after exercise: Effect of time of carbohydrate ingestion. Journal of Applied Physiology, 64, 1480-1485.

Loehr, J.E. (1982). Mental toughness training for sports. Lexington, MA: Stephen Greene.

Lynch, J. (1987). The total runner. Englewoood Cliffs, NJ: Prentice-Hall.

Margaria, R., Cerretelli, P., Aghemo, P. & Sassi, J. (1963). Energy cost of running. Journal of Physiology, 18, 367-370.

Newsholme, E.A. (1986). Application of principles of metabolic control to the problem of metabolic limitations in sprinting, middle-distance, and marathon running. International Journal of Sports Medicine, 7 (Suppl. 1), 66-70.

Nideffer, R.M. (1976). The inner athlete. New York: T.Y. Crowell.

Orlick, T. (1980). In pursuit of excellence. Champaign, IL: Human Kinetics.

Kapitel 6
Belastungsbewältigung im Training

Der Trainingsprozeß führt zu Veränderungen der physiologischen und psychologischen Funktionen. Im Laufe der Zeit reagieren wir auf diese Veränderungen auf einigermaßen vorhersagbare Weise. Wenn der Belastungsreiz ausbleibt, wird die Leistungsfähigkeit wiederhergestellt oder verbessert. Diese Entfernung des Trainingsreizes kann kurzfristig sein, wie z.b. zwischen zwei Trainingstagen. Sie kann aber auch längerdauernd sein, wie z.b. im Falle eines Ruhetages innerhalb eines Mikrozyklus oder einer mehrtägigen Pause nach einem Wettkampf oder nach dem Absolvieren eines Mikrozyklus. Viele dieser Anpassungsprozesse wurden in den Kapiteln 1 und 2 beschrieben. Der Physiologe Walter Cannon von der Harvard-Universität beschrieb die physiologischen Veränderungen in den zwanziger Jahren und schuf den Begriff **Homöostase** zur Bezeichnung der dynamischen, selbstregulierenden Prozesse, durch die das innere zelluläre Milieu des Körpers auf einem konstanten Funktionsniveau gehalten wird.

So bewirkt z.B. an einem warmen Tag während eines langen Laufes die Kühlung des Körpers durch Schwitzen einen beträchtlichen Flüssigkeitsverlust. Darüber hinaus kommt es zu einer teilweisen Entleerung der Energiespeicher. Eine geringfügige Ansammlung von Stoffwechselabfallprodukten, wie z.b. Milchsäure in den Arbeitsmuskeln, kann zu einem Anschwellen der Muskelzellen führen, was auf den Wassereinstrom zur Herstellung des osmotischen Gleichgewichts zurückzuführen ist. Während des Erholungsprozesses des Körpers in den Stunden nach dem Lauf führt ein verstärkter Durst und Hunger zur ausreichenden Aufnahme von Flüssigkeiten und Brennstoffen, so daß die Nährstoff-, Elektrolyt-, Flüssigkeits- und Brennstoffspeicher wieder aufgefüllt werden. Massage, ein entspannendes Bad und ein durchgeschlafene Nacht tragen ebenfalls zur Wiederherstellung der normalen Zellfunktion bei. Am nächsten Tag fühlt der Sportler sich frisch, ausgeruht und wieder in der Lage, effektiv zu trainieren.

Während des Trainings verursacht der harte Belastungsreiz einen teilweisen Zusammenbruch (Katabolismus) der Gewebeintegrität, sowohl in den Skelettmuskelzellen als auch im Bindegewebe. Müdigkeits- und Übersäuerungsempfindungen sowie ein Energie- und Elektrolytungleichgewicht in den Arbeitsmuskeln sind häufig. Es kommt ebenfalls zu psychischen Veränderungen, die diese physiologischen Veränderungen begleiten - Ausgebranntsein und eine reduzierte Motivation werden oft beobachtet. Dann, während der folgenden Wiederherstellungsphase, wird die intrazelluläre Stoffwechselfunktion wiederhergestellt (Anabolismus), zurück auf den Zustand vor Setzen des Reizes oder sogar darüber hinaus. Dies bewirkt eine Regeneration und (hoffentlich) eine Steigerung der Leistungsfähigkeit. In psychischer Hinsicht kommt es zu einer Steigerung der Vitalität und der Wettkampfmotivation. Dies ist ein weiteres gutes Beispiel für die oben erwähnte Homöostase.

Nach der Erholung wird der Sportler also sozusagen für die Trainingsbelastungen entschädigt, indem das Gefühl der Frische an die Stelle des erschöpfungsbedingten Ausgebranntseins tritt und die Leistungsfähigkeit sich bessert. Ein Schlüsselfaktor für den Wettkampferfolg ist also das Laufen unter Berücksichtigung einer optimalen Kombination von Belastung und Erholung. Ideal ist, wenn zum Zeitpunkt der entscheidenden Wettkämpfe die vorteilhaften adaptiven Effekte des Trainings weit über alle noch vorhandenen leistungsbeeinträchtigenden Auswirkungen der Ermüdung dominieren. Die Kunst, Athleten optimal vorzubereiten, besteht also in der Gestaltung eines gerade noch gut zu bewältigenden Trainingsreizes, woran sich eine angemessene Erholungsphase anschließt, die zeitlich so gesetzt wird, daß der Athlet sich zum Zeitpunkt des Wettkampfes in einem perfekten Gleichgewicht befindet und bereit für eine exzellente Leistung ist. Leider besteht nur ein kleiner Unterschied zwischen einem Training, das für eine optimale Vorbereitung und Verfassung gerade ausreicht, und einem zu umfangreichen und intensiven Training, das zu Verletzungen, Erkrankungen, einem Übertraining oder einer Kombination dieser Faktoren führen kann. Sportler, Trainer und das technische Betreuungspersonal setzen sowohl wissenschaftliche Erkenntnisse als auch Geschick ein, um sicherzustellen, daß diese Schwelle zu einer Überlastung nicht erreicht wird.

Das Konzept der Ermüdung in Stoffwechselsystemen

Was sind die Charakteristika von Ermüdung, Übertraining und Ausgebranntsein? Unterscheiden sich diese Phänomene, und wenn ja, wie? Was verursacht die Übersäuerung in den Extremitäten? Handelt es sich um ein Problem der Muskulatur, des Bindegewebes oder um ein Problem beider Bereiche? Stellt eine übermäßige Ermüdung oder Übersäuerung der Muskelgewebe eine Verletzung dar? Wenn ja, welcher kausale Mechanismus liegt einer Verletzung zugrunde? Stimmt das oft gehörte Argument, daß die Erkrankungs- und Verletzungshäufigkeit zunimmt, wenn ein Sportler übertrainiert ist oder sich in einem ausgebrannten Zustand befindet? Wenn ja, was verursacht diese Anfälligkeit? Wenn Sportler in einen derartigen Übertrainingszustand geraten, der zu Ausgebranntsein führt, wie läßt sich die lange Erholungszeit erklären? Wie kann man Übertraining vermeiden? Wie erreicht ein Läufer ein Gleichgewicht zwischen der Trainingsquantität und einer angemessenen Erholung, um optimale anpassungsmäßige Vorteile für den Beginn des folgenden Trainings oder der sich daran anschließenden Wettkampfphase zu erzielen?

Es ist viel einfacher, diese Fragen zu stellen, als sie zu beantworten. Die richtigen Fragen hinsichtlich der angemessenen Trainingsaufgaben zu stellen und die richtigen Antworten zu geben, entweder wenn es darum geht, Ermüdung, Übertraining oder Ausgebranntsein zu erklären oder wenn man Hinweise zur Vermeidung derartiger Zustände geben will, sind wesentlich für die langfristige Aufrechterhaltung der Gesundheit von Sportlern. Ein erfolgreicher Athlet kann (zumindest zeitweise) als Modell einer optimal gesteuerten Trainingsreaktion, Ermüdung und anderer

Aspekte des Lebensstils gelten. Ermüdung und Schmerz sind diesem Sportler in dieser Phase unbekannt; er fühlt sich frisch. Ausgebranntsein und Verletzungen fehlen; eine feineingestellte, herausragende Leistungsfähigkeit dominiert.

Der Trainingsprozeß: Wann wird aus genug zuviel?

Überlastungsverletzungen, Übertraining und Ausgebranntsein können durchaus als pathologische Elemente des Trainings angesehen werden. Idealerweise sollten diese Erscheinungen ausbleiben, aber wenn sie auftreten, bedarf der betroffene Läufer einer sorgfältigen Betreuung, um eine prompte Wiederherstellung zu erreichen. Ermüdung und muskuläre Übersäuerung unterscheiden sich deutlich von Übertraining und Ausgebranntsein, obwohl auch diese erstgenannten Erscheinungen die zuletzt genannten begleiten können. Ermüdung und Übersäuerung sind normale physiologische Elemente des Trainingsprozesses, der definiert wird als eine Reihe von Interaktionen zwischen einem Reiz und einer Reaktion, die darauf ausgerichtet sind, adaptive (das heißt vorteilhafte) physiologische Veränderungen zu initiieren. Dieser Prozeß hat sowohl körperliche wie auch psychische Aspekte, die untrennbar miteinander verknüpft sind. Wenn der Trainingsprozeß übertrieben wird, ist es sehr wahrscheinlich, daß Übertraining, Ausgebranntsein und Überlastungsverletzungen auftreten. Ihre pathologischen Auswirkungen können die Leistung erheblich beeinträchtigen und können die Sportlerkarriere sogar verkürzen. In diesem Kapitel werden wir versuchen zu erklären, wie ein akzeptables, stimulierendes Training, das zu physiologischen Anpassungen führt, in ein unakzeptables Training übergehen kann, bei dem übertrieben harte Trainingsbelastungen, die zu lange beibehalten werden - vor allem vor dem Hintergrund zusätzlicher in der Lebensführung liegender Belastungen - zu einem pathologischen Schwächezustand führen können. Wenn diese Konzepte einmal verstanden sind, können Richtlinien zur Vermeidung dieses Übergangs eher gegeben werden.

In Abbildung 6.1 ist die Beziehung zwischen Training, Erholung und Leistung im Verlauf der Zeit für drei unterschiedliche Trainingsbelastungen dargestellt. Auf einen trainierenden Sportler bezogen, könnten diese Belastungen sehr gut den erforderlichen zwei- bis dreiwöchigen Zeitraum darstellen, der für einen bestimmten Mikrozyklus charakteristisch ist. In Abbildung 6.1 a ist ersichtlich, daß ein gegebener Trainingsreiz (siehe das T im schraffierten Bereich) zum Zeitpunkt seines Setzens die Leistungsfähigkeit sofort einschränkt. Im Anschluß an eine angemessene Ruhephase, die durch den mit R bezeichneten schraffierten Bereich gekennzeichnet ist, wird die ursprüngliche Leistungsfähigkeit wiederhergestellt oder sogar geringfügig verbessert. Ein hochtalentierter Sportler, der daran interessiert ist, seine Leistung noch weiter zu verbessern, wäre mit den adaptiven Effekten dieses Trainingsreizes nicht zufrieden - sie waren nicht ausreichend, um die Leistungsfähigkeit signifikant zu verbessern. Tausenden leidenschaftlichen Fitneßsportlern reicht dies jedoch völlig aus: Sie wollen durch intensive körperliche Aktivität einen hervorragenden Gesundheitszustand erreichen, dabei das Verletzungsrisiko möglichst gering halten und eine gute Leistungsfähigkeit beibehalten. Es kann durchaus

zu Ermüdung und einer leichten Übersäuerung kommen, aber diese Erscheinungen sind vorübergehender Natur, sie sind zu erwarten und leicht zu bewältigen.
   Der in Abbildung 6.1 b dargestellte Trainingsreiz ist belastender und für den Leistungssportler bestimmt. Der Stimulus wird entweder länger angewandt oder ist intensiver. Daher sind der Energieaufwand und der adaptive Reiz größer, und die muskuläre Ermüdung und Übersäuerung sind intensiver. Die anfänglichen Leistungseinschränkungen sind beträchtlicher, als es in Abbildung 6.1a der Fall ist, und nach Beendigung des Trainingsreizes bedarf es einer zusätzlichen Erholungszeit. Die Leistungsfähigkeit nach der vollständigen Erholung ist jedoch

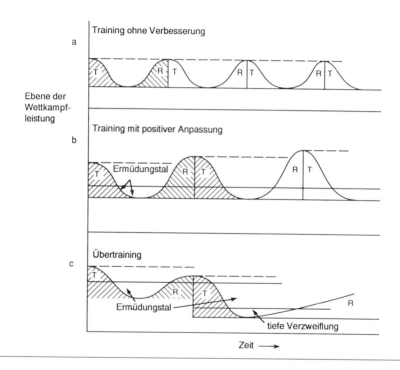

Abbildung 6.1: Diagrammartige Darstellung der Trainingsreaktion unter drei unterschiedlichen Bedingungen. In Abbildung 6.1 a ist das Training nicht ausreichend, um nach der Erholung eine Leistungsverbesserung zu bewirken. In Abbildung 6.1 b kommt es zu einer derartigen Leistungsverbesserung, verursacht durch einen vorteilhaften Trainingseffekt. In Abbildung 6.1 c kommt es zu einer Leistungsverschlechterung aufgrund nicht nur eines übertriebenen Trainingsreizes, sondern auch, weil dieser Reiz gesetzt wurde, ehe es zu einer vollständigen Wiederherstellung gekommen war; das Ergebnis ist ein Übertrainingszustand.

beträchtlich gesteigert. Die höhere Trainingsbelastung hat homöostatische Veränderungen ausgelöst, die derartige Belastungen in Zukunft für den Athleten besser tolerierbar machen. Der Sportler hat sich verbessert, das heißt, seine Leistungsfähigkeit ist jetzt besser als zuvor. Eine optimale Gestaltung des Trainingsumfangs und des Ausmaßes der Erholung führen zu einer Minimierung des Verletzungsrisikos.

Einer der „großen Meister des Coachings" war der Schwimmtrainer der Universität von Indiana, James Counsilman. Er beherrschte die Kunst, die Quantität und Qualität von Belastungen so zu variieren, daß der Reiz lang genug war, um herausragende Leistungen hervorzubringen, ohne die Athleten über den Grat fallen zu lassen. Sein hervorragendes, im Jahre 1968 publiziertes Buch gab anderen den Anstoß, sorgfältig über die Strategien des Trainings und Peakings mit dem Ziel des Erreichens von Spitzenleistungen zum richtigen Zeitpunkt nachzudenken. Obwohl die Darstellungen in fachsprachlicher Hinsicht manchmal verwirrt wurde, sind seit dieser Zeit einige allgemeine Konzepte, die sich auf die Anwendung und das Weglassen von Trainingsreizen beziehen, einigermaßen klar geworden.

In Abbildung 6.1 a befindet sich unser Athlet in dem Bereich, den wir die *Zone der normalisierten homöostatischen Anpassung* nennen. Damit meinen wir, daß es trotz einer Erholung (achten Sie auf das R im schraffierten Bereich) durch eine Reduzierung der Trainingsbelastung (angezeigt durch das T) nicht notwendigerweise zu einer Verbesserung der Leistungsfähigkeit gekommen ist. In Abbildung 6.1 b, gelangt unser trainierender Sportler jedoch in eine *Zone der verbesserten homöostatischen Anpassung*. Die zusätzliche Trainingsbelastung, die durch das psychische Empfinden der Athleten, sehr hart zu arbeiten, charakterisiert ist, stößt sie in das sogenannte Ermüdungstal. Physiologisch ist dieser Zustand durch eine erhebliche Entleerung der Brennstoffspeicher der Skelettmuskeln und zusätzlich möglicherweise durch einen Abbau des Muskeleiweißes gekennzeichnet. An die gesteigerte Trainingsbelastung (T) muß sich dann eine ausgiebige Phase der Wiederherstellung (R) anschließen. Die Belohnung ist ein gesteigertes Leistungsniveau, verursacht durch die verschiedenen anpassungsbedingten Veränderungen, die idealerweise stattgefunden haben sollten - gesteigerte VO_{2max}, wiederhergestellte (vielleicht vergrößerte) Brennstoffvorräte in den Arbeitsmuskeln, erhöhte Mitochondrienanzahl etc. Langsamere Trainingsgeschwindigkeiten werden diese Anpassungsreaktion vor allem in den ST-Fasern auslösen, während diese Geschwindigkeiten auf FT-Fasern nur gering bis gar nicht stimulierend wirken werden. Schnelleres Laufen würde einen kontinuierlichen Anpassungsreiz sowohl auf die ST- als auch die FT-Fasern ausüben. Dies erklärt die Notwendigkeit, das ganze Jahr über die Schnelligkeitsarbeit nicht zu vernachlässigen. Um aus diesem Tal herauszukommen und die Früchte des Trainings in Form einer verbesserten Belastungstoleranz zu ernten, bedarf es einer proportional längeren Erholungszeit zum Wiedererlangen der optimalen Organfunktion, als dies bei dem früheren Beispiel in Abbildung 6.1 a der Fall ist.

Die verbesserte sportliche Leistung besitzt also eine psychologische Komponente (der Sportler weiß, daß er das harte Training gut hinter sich gebracht hat und daß er über die richtige Einstellung verfügt, um seine verbesserte Leistung auch umzusetzen) und eine physiologische Komponente, die ihrerseits wieder zwei Aspekte aufweist: Es kommt zu einer neuromuskulären Verbesserung (bessere Faserrekrutierung: verbesserte Spannungserzeugung bei geringerer Ermüdung) und einer metabolischen Verbesserung (verbesserte Brennstoffspeicherung und -ausnutzung). Die komplexe Interaktion zwischen diesen beiden - physiologischen und psychologischen (Morgan, 1985) - Komponenten zur Verbesserung des Leistungspotentials wurde bislang von zu wenigen Wissenschaftlern, die sich mit der menschlichen Leistungsfähigkeit beschäftigen, ausreichend betont. Noch weniger Physiologen haben auf die Interaktion der beiden physiologischen Aspekte (Noakes, 1988) hingewiesen. Die richtige Einschätzung dieser letztgenannten Interaktion hilft z.B. bei der Erklärung von Beobachtungsergebnissen sowohl in Tierversuchen als von Erfahrungen mit menschlichem Training. Sprinttraining bei Ratten (Davies, Packer, & Brooks, 1982) sowie Krafttraining bei jungen Männern (Weltman et al., 1986) kann die V_{O2max} erhöhen, ohne daß es zu einer Vermehrung der Mitochondrien oder der mitochondrialen Enzyme in einzelnen Muskelzellen kommt. Dies deutet darauf hin, daß eher die spannungserzeugende Fähigkeit (durch Rekrutierung von mehr Muskelzellen und damit mehr Muskeleiweiß) verbessert wird als der O_2-Verbrauch in einzelnen Muskelzellen. Wenn es zu einem Nachlassen der Leistungsfähigkeit kommt, sollten wir jede dieser drei Komponenten im Hinblick auf mögliche Ursachen untersuchen.

Ermüdung als Manifestation der Reaktion auf Training

Als wir in Kapitel 3 die Ermüdung als das Gefühl definierten, beim Beibehalten eines bestimmten Niveaus der Arbeitseffektivität größere Schwierigkeiten als sonst zu haben, gingen wir davon aus, daß spezifische physiologische Prozesse wie z.B. die Muskelspannungserzeugung begrenzt werden, was zu einer reduzierten Fähigkeit des Beibehaltens submaximaler oder maximaler Belastungen führt. Das richtige Verständnis dafür, wie derartige physiologische Veränderungen solche Funktionsbegrenzungen bewirken, ist sowohl für Sportler als auch Trainer sehr wichtig. Die Ermüdung kann entweder ein Freund oder ein Feind sein, in Abhängigkeit davon, wie sie im Trainingsprozeß gebraucht oder mißbraucht wird. Erinnern Sie sich daran, daß Skelettmuskelzellen in unterschiedlichen Arten vorliegen. Bei einigen liegt die Betonung auf glykolytischer (anaerober) Arbeit (FT-Fasern vom Typ IIb), bei anderen auf oxidativer (aerober) Arbeit (ST-Fasern), und wieder andere sind für beide Belastungsarten gleich gut geeignet (FTFasern vom Typ IIa). Während ST-Fasern vor allem zur Aufrechterhaltung der Körperhaltung und zur Ermöglichung des Gehens, Joggings und des Laufens mit geringerer Intensität eingesetzt werden, werden FT-Fasern nur beim Laufen mit höherer Intensität (schnelleres Tempo oder bergan) in höherer Zahl rekrutiert.

Ermüdung verringert die maximale von den Muskelzellen erreichbare spannungserzeugende Geschwindigkeit. Eine bei hohen Belastungen steigende Zahl von H^+-Ionen aus dem anaeroben Stoffwechsel reduziert die Effektivität der Myosin-ATPase als Enzym, das die Interaktion mit benachbarten Aktin-Myofilamenten ermöglicht. Je langsamer die Frequenz der Brückenbildung zwischen den Aktin- und Myosin-Myofilamenten ist (siehe Abbildungen 1.18, 1.19), desto langsamer können diese Myofilamente aneinandervorbeigleiten und desto langsamer ist die Frequenz der Spannungserzeugung im Muskel. Da die Leistung die innerhalb einer bestimmten Zeit verrichtete Arbeit ist, manifestiert sich diese verringerte Leistungsfähigkeit in einer Temporeduzierung. Freie H^+-Ionen reduzieren auch die Geschwindigkeit des Auflösens von Aktion-Myosin-Komplexen. Die Lösung der Muskelspannung läuft also ebenfalls langsamer ab, was sich in einem verkürzten Laufschritt niederschlägt.

Läufer sind sich der ermüdungsbedingten Leistungseinschränkungen sehr gut bewußt. Ein Läufer, der an einem leistungsorientierten Mittelstreckenrennen teilnimmt, empfindet es in der Regel aufgrund der Auswirkungen einer verstärkten Azidose als schwierig, das Tempo beizubehalten. Bei Sportlern, die gerade eine intensive und erschöpfende Trainingseinheit im Kraftraum bestehend aus acht Wiederholungen beim Bankdrücken oder acht Viertelkniebeugen mit einer erheblichen Gewichtsbelastung absolviert haben, kommt es nicht nur aufgrund der Azidose zur Ermüdung, sondern auch aufgrund einer Entleerung der muskulären Kohlenhydratspeicher. Dies ist vor allem dann der Fall, wenn diese Sportler vorher bereits drei oder vier Belastungssätze zusätzlich zu anderen Belastungen absolviert haben. Der Wille zur Belastung ist zwar da, aber die Brennstoffversorgung ist nicht ausreichend.

Ermüdung kann jedoch ein noch komplexeres Phänomen sein. Ein Läufer, der die Marathonstrecke zum ersten Mal läuft und der gerade genug trainiert hat, um die Strecke durchzustehen, und dies auch mit aller Gewalt versucht, oder ein erfahrener Marathonläufer, der vergeblich versucht hat, ein seine Fähigkeiten übersteigendes Tempo beizubehalten, empfindet Ermüdung ganz anders. Für diese Läufer ist Ermüdung der in der Endphase des Rennens auftretende kaum zu unterdrückende Drang, sich am Rand der Straße niederzusetzen, das heißt auszusteigen und etwas kaltes zu trinken. Es ist also offensichtlich, daß diese Läufer keinen Willen mehr haben, das Rennen durchzustehen. Ausdauer als die Fähigkeit, eine gegebene Belastungsintensität über immer längere Zeitspannen beizubehalten, kann demzufolge als das Gegenteil von Ermüdung aufgefaßt werden.

Warum haben diese Marathonläufer den überwältigenden Drang auszusteigen? Im Gegensatz zu den beiden Beispielen von dem Bahnläufer und den Gewichthebern, die ihre Bewegungstempo reduzieren müssen (ihr Verstand sagt „los, mach weiter", aber ihr Körper sagt „nein"), handelt es sich bei unseren Marathonläufern um eine letztendliche Entscheidung des Zentralnervensystems auszusteigen (der Verstand sagt „hör auf", und der Körper sagt „Ich bin froh, daß du auch dieser Meinung bist; ich denke schon seit einiger Zeit daran!"). Müdigkeit ist also ein psychophysiologisches Phänomen, daß vollständig nur durch das interaktive Ergebnis vieler Zellfunktionen, die sich nicht länger in einem stabilen Gleichgewicht befinden, erklärt werden kann. Entleerte Brennstoffspeicher und eine zunehmende Azidose in den Arbeitsmuskeln sowie weitere bislang noch nicht völlig verstandene Signale dieser überlasteten Gewebe an das Zentralnervensystem tragen allesamt zu einer Reduzierung der Belastungsintensität bei. Eine Zunahme dieser Signale des Zentralnervensystems, z.b. durch aufmunternde Zurufe von Freunden, die harte Belastung fortzusetzen, können zur Rekrutierung zusätzlicher weniger ermüdeter motorischer Einheiten führen. Das Resultat einer derartigen Stimulation ist natürlich letztendlich eine noch größere Ermüdung. Die gleichen ermunternden Zurufe aus einem gefüllten Stadion können allerdings einen Läufer zusätzlich so stimulieren, daß er eine herausragende Leistung bringt.

Ermüdung läßt sich nicht mit einer einzigen physiologischen oder psychologischen Messung quantifizieren, und sie völlig zu erklären, ist ein Dilemma. Im Jahr 1905 beschrieb der italienische Wissenschaftler Mosso ihre wichtigsten Merkmale. Seitdem hat die Forschung nicht viel mehr zu unserem Verständnis der Ermüdung beigetragen. In der Übersetzung von Mossos Arbeit aus dem Jahr 1915 wird darauf hingewiesen, daß bei der Ermüdung „zwei Phänomene Beachtung verdienen. Das erste Phänomen ist die Verringerung der Muskelkraft. Das zweite ist Ermüdung als Empfindung." Demnach scheinen Muskelzellen schwächer zu werden, und der zentrale Belastungsantrieb ist reduziert. Die Empfindung kann noch lange während der sich an die körperliche Aktivität anschließenden Ruhephase andauern.

Im Verlaufe der Jahre wurden viele Veränderungen der zellulären Physiologie für die Erzeugung der Ermüdung in den Arbeitsmuskeln verantwortlich gemacht. Einige Forscher haben vermutet, daß die ATP-Vorräte erschöpft werden. Untersuchungen von Muskelbiopsieproben sowie neuere magnetresonanztomographische Untersuchungen zeigen jedoch, daß die ATP-Konzentration sich während intensiver oder langdauernder Arbeit kaum ändert. ATP liegt nie in sehr großen Mengen vor, und es wird, sobald es abgebaut ist, schnell aus ADP (unter Ausnutzung des CP-Reservoirs) regeneriert (siehe Kapitel 1).

Andere Wissenschaftler haben auf eine reduzierte intrazelluläre O_2-Verfügbarkeit und daraus resultierend gesteigerte Hemmungseffekte der im Rahmen des anaeroben Stoffwechsels auftretenden Azidose als Ursachen der Ermüdung hingewiesen. Dies mag zwar eine Rolle bei hochintensiven Belastungen spielen, aber es erklärt nicht, warum Marathonläufer, die innerhalb ihrer aeroben Grenzen arbeiten, einen derartigen Erschöpfungsgrad erreichen, daß sie schlicht keinen Sinn mehr im Weiterlaufen sehen. Die durch eine Azidose verursachte Leistungseinschränkung sollte bei weniger leistungsorientierten Läufern minimal sein, einschließlich der zahllosen Volksläufer, die Marathonläufe und andere Langstreckenläufe meist in einem aeroben Tempo bewältigen. Aber auch diese Läufer ermüden.

Der wahrscheinlich beste physiologische, mit der Ermüdungsempfindung korrelierende Indikator ist eine Abnahme der Glykogenkonzentration in der Muskulatur. Ein großer Verdienst kommt David Costill und seinen Mitarbeitern für ihre pionierhaften Studien zum Ernährungs- und Energiestoffwechsel in den Arbeitsmuskeln von Sportlern zu. Ihre Ergebnisse liegen in einer neueren Zusammenfassung vor (Costill, 1988). (Diese Glykogenentleerung ist wahrscheinlich wesentlich verantwortlich für die Entscheidung der oben erwähnten Marathonläufer, aus dem Rennen auszusteigen.) Die praktischen Ergebnisse von Costills Arbeiten betonen die Wichtigkeit einer angemessenen Erholungszeit nach intensiven Trainingsphasen, um eine Wiederauffüllung der Ernährungs-, Elektrolyt- und Brennstoffspeicher zu gewährleisten. Andere Vorschläge betreffen

- den Einsatz vielfältiger Muskelgruppen im Training (praktizieren Sie z.b. beim Bergauflaufen eine effektive Armaktion zur Unterstützung der Beinbewegung) zur Reduzierung der Glykogenabnahme in einzelnen Muskelgruppen;
- Steigerung der Brennstoffvorräte in den Arbeitsmuskeln vor einem wichtigen Wettkampf (z.b. durch Kohlenhydratmast vor Marathonrennen); und
- Ausgleich der Energieverluste im Training und Wettkampf durch Steigerungen der Nahrungszufuhr. (Für Marathonläufer geeignete diesbezügliche Strategien wurden in Kapitel 5 dargestellt.)

Wenn wir zu Mossos Konzept der Ermüdung zurückkehren, erkennen wir daß die Charakterisierung dieses Phänomens nur zum Teil aus einer tatsächlichen Schwäche resultiert, sondern auch mehrere andere Variablen betrifft, von denen wir nur sehr wenig wissen. Es kommt z.B. zu einer Reduzierung des auf die motorischen Einheiten gerichteten Antriebs durch das Zentralnervensystem - ein ermüdeter Läufer hat weniger Lust, den Wettkampf fortzusetzen als ein frischer Läufer. Ferner sind die oben erwähnten reduzierten Energiereserven zu erwähnen. Ermüdete Langstreckenläufer verfügen möglicherweise aufgrund eines ausgiebigen Schweißverlustes über ein reduziertes Plasmavolumen, das seinerseits zu einer Reduzierung der optimalen Durchblutung ihrer Arbeitsmuskeln führt. Sehr wahrscheinlich tragen mehrere andere Aspekte, die auch in größerem Abstand nach der Belastung auftreten können, ebenfalls zur Ermüdung bei. Ermüdete Muskeln werden wahrgenommen, auch wenn sie nicht belastet werden. Leider deutet dies darauf hin, daß es unwahrscheinlich ist, eine einzige blutchemische Variable oder ein anderes Kriterium als unsere eigene Sinneswahrnehmung zu identifizieren, die als Indikator entweder des Einsatzes oder der Beendigung der Ermüdung verläßlicher ist.

Muskelübersäuerung aufgrund ungewöhnlich anfordernder Belastungen

Athleten, die sich in hartem Training befinden, berichten häufig von einer beträchtlichen Übersäuerung in ihren unteren Extremitäten, die normalerweise einen Tag nach sehr intensiven, schnellen Laufeinheiten oder nach einem harten Rennen auftritt. Je länger und intensiver die Belastung ist, desto größer ist die Gefahr derartiger Beschwerden. Die **mit Verzögerung auftretende muskuläre Übersäuerung** wurde von Robert Armstrong (1984) als das Beschwerde- oder Schmerzgefühl in den Skelettmuskeln im Anschluß an ungewohnte muskuläre Belastungen definiert. Das Schlüsselwort in diesem Zusammenhang ist „ungewohnt", denn eine derartige Übersäuerung tritt normalerweise nicht nach einem routineartigen submaximalen Training auf. Sportler passen sich nicht völlig an hohe Umfänge maximaler oder nahezu maximaler Belastungen an - derartige Belastungen sind einfach zu groß. Es kommt zwar zu einer gewissen Anpassung, und das Ausmaß der Anpassung bestimmt, wie gut diese Belastungen das nächste Mal toleriert werden. Ein

Muskelkater in den unteren Extremitäten tritt nach einem Marathonrennen auf. Die Läufer stellen etwa einen Tag nach ihrem Rennen fest, daß ihre Quadrizeps- und Glutealmuskeln sehr berührungsempfindlich sind und beim Treppensteigen schmerzen. Die Schmerzen erreichen etwa zwei bis vier Tage nach der Belastung ihr höchstes Ausmaß, ihre Intensität variiert in Abhängigkeit vom Fitneßgrad des betreffenden Athleten, und sie verschwinden innerhalb einer Woche völlig. Es scheint sich um eine Kombination von Schmerzempfindlichkeit und Steifheit zu handeln. Sind diese Schmerzen ein Anzeichen echter Gewebeverletzungen? Wenn dem so ist, sind die Muskeln oder das Bindegewebe (oder beide) betroffen? Handelt es sich um einen entzündlichen Prozeß? Sollte vor dem Hintergrund der Tatsache, daß derartige Schmerzen nach Wettkampfbelastungen nahezu unvermeidlich sind, ein Training, das diese Beschwerden provoziert, auf jeden Fall vermieden werden? Diese und andere Fragen wurden im Rahmen einer neueren Untersuchung dieses Phänomens gestellt, obwohl Wissenschaftler dieses Phänomen bereits seit längerem untersuchen.

Vor mehr als 80 Jahren bildete sich die Meinung heraus (Hough, 1902), daß harte Belastungen unangepaßter Muskeln zu Mikrorissen der Zellen führen. Dabei konnte es natürlich zu Schäden der Muskelzellen und des benachbarten Bindegewebes kommen. Die Schmerzen treten im Bereich Muskel auf und sind im Bereich der Muskel-Sehnen-Verbindungen häufig am größten. Newham, Mills, Quigley und Edwards (1982) vermuteten, daß an dieser Stelle die langen Achsen der Muskelfasern am wenigsten parallel zur langen Achse des gesamten Muskels verlaufen. Auch in den Sehnen und im Bindegewebe befinden sich sehr viele Schmerzrezeptoren. In einigen Muskeln der langen unteren Extremitäten erstrecken sich die Sehnen, statt auf die Muskelenden beschränkt zu sein (z.B. im Bereich der Hüften, des Knies und des Sprunggelenks), auf einer beträchtlichen Strecke entlang des Muskels, mit dem sie verbunden sind (erinnern Sie sich an das Diagramm der gefiederten Muskeln im Bereich des hinteren Oberschenkels in Abbildung 1.15). Im Zustand des Muskelkaters sind die spannungserzeugenden Eigenschaften der Muskelzellen reduziert (Francis & Hoobler, 1988). Oder, um wiederum mit Newham et al. (1983) zu sprechen, müssen mehr Muskelzellen als vorher (d.h. vor dem Beginn des Muskelkaters) rekrutiert werden, um eine gegebene Kraft zu erzeugen. Dies mag erklären, warum es in einer solchen Phase sehr schwierig ist, gute Rennen oder längere Tempoeinheiten zu absolvieren.

Armstrong (1984) mutmaßte, daß diese Reduzierung der Muskelkraft auf eine gesteigerte Konzentration von Ca^{++}-Ionen in den Muskelzellen zurückzuführen ist. Auf eine intensive Aktivität zurückzuführende Membranschäden ermöglichen mehr Ca^{++}-Ionen ins Zellinnere zu diffundieren (weil ihre Konzentration außerhalb der Zellen höher ist als innerhalb). Eine gesteigerte Ca^{++}-Konzentration hemmt den Brennstoffabbau der Enzyme des Krebszyklus. Die Ionenstörung ist absolut vorübergehenden Charakters, dank der homöostatischen Prozesse, die eine völlige Regenerierung der Membranintegrität während der Erholungsperiode ermöglichen. Der Kalziumeinstrom wird auf ein akzeptables Maß zurückgeschraubt, und der Brennstoffmetabolismus läuft wieder normal ab.

Während der Tage, an denen der Muskelkater dominiert, ist die beste Methode der Beseitigung der damit verbundenen Symptome das Absolvieren sehr leichter

Belastungen. Hierfür kann es mehrere Gründe geben. Das Lösen von Bindegewebeverklebungen zwischen den Muskelzellen kann die Dehnung reduzieren, die zur Stimulierung schmerzvermittelnder Neurone in dem betreffenden Bereich beiträgt. Das Hirn und Rückenmark produzieren opiumähnliche Substanzen, sogenannte Endorphine, die über starke schmerzhemmende Eigenschaften verfügen, wenn sie in die Blutbahn gelangen und dort zirkulieren. Diese Substanzen werden selbst bei leichten Belastungen freigesetzt. Eine dritte Möglichkeit ist die gesteigerte Aktivität sensorischer Neurone in den arbeitenden Muskeln und Sehnen, die ihrerseits die Aktivität kleinerer schmerzvermittelnder Neurone hemmen. Was auch immer der Mechanismus sein mag, es sieht nicht so aus, als ob derartige lockere Aktivitäten notwendigerweise den Regenerationsprozeß beschleunigen (aber auch nicht hemmen) würden. Kurz nach der Phase lockerer Belastungen kehrt der Muskelkater zurück und bleibt bestehen, bis im Rahmen des Wiederherstellungsprozesses die Zellen wieder ihren normalen Gesundheitszustand erreichen.

Neuere Untersuchungen an Athleten im Anschluß an Marathonrennen (Evans, 1987; Hagerman, Hikida, Staron, Sherman & Costill, 1984; Siegel, Silverman & Lopez, 1980; Warhol, Siegel, Evans & Silverman, 1985) und mehrere Tage dauernde Ultralangstreckenrennen (Dressendorfer & Wade, 1983) zeigen deutlich die große pathologische Störung der Skelettmuskelzellen, die durch derartig langdauernde körperliche Belastungen verursacht werden kann. Die zelluläre Zerstörung reicht aus, um die Auflösung spannungserzeugender Proteine und die völlige Vernichtung zahlreicher Sarkomere zu verursachen. Intrazelluläre Enzyme strömen infolge der höheren Permeabilität der Muskelmembran in die Blutbahn. Das bekannteste dieser Enzyme ist Kreatinkinase (CK). Dies kann auch bei der leichteren Form des Muskelkaters nach intensiven kurzen Trainingsbelastungen beobachtet werden. In Untersuchungen wird oft auf Spitzenwerte der Serum-CK-Konzentration hingewiesen, die positiv mit dem subjektiven Empfinden von Muskelkater korrelieren (Dressendorfer & Wade, 1983; Schwane, Johnson, Vandenakker & Armstrong, 1983). Schließlich gelangen weiße Blutkörperchen in diese geschädigten Muskelzellen und metabolisieren die intrazellulären Abfallprodukte, wodurch eine Wiederherstellung ermöglicht wird, so daß eine erneuerte Proteinsynthese die zelluläre Integrität (spannungserzeugende Fähigkeiten und Membranstabilität) wiederherstellt. Bei Marathonläufern kann der Muskelkater innerhalb einer Woche abklingen, aber es kann bis zu einem Monat dauern, ehe die Muskelzellzerstörungen (Warhol et al., 1985) wiederhergestellt sind. Dies ist ein guter Grund, warum Training und Wettkampfaktivitäten während mehrerer Wochen im Anschluß an ein Marathonrennen minimal sein sollten. Nach kürzeren Rennen und Trainingseinheiten ist der Schaden sehr gering und kann nach einigen Tagen aufgehoben sein.

Exzentrische Spannungen scheinen eher einen Muskelkater zu bewirken als konzentrische, obwohl beide Spannungsarten zu Muskelkater führen können (Ebbelin & Clarkson, 1989; Schwane et al., 1983). Beispiele exzentrischer Muskelspannungen sind das Bergablaufen, das Hinuntersteigen oder umgekehrtes Treten von Fahrradkurbeln. Exzentrische Spannungen sind ein charakteristischer Bestandteil des Laufens auf ebenem Boden, die bei jedem Schritt auftreten können, wenn der Gastrosoleus, das vordere und hintere Schienbein und der Quadrizeps einen Großteil der Auftreffkräfte, die auf das Knie- und Sprunggelenk wirken, absorbieren. Dies erklärt den Muskelkater in diesen Muskelgruppen, den Läufer häufig nach einem Marathonrennen erleben. Vielleicht ist dies teilweise eine Erklärung für die übereinstimmende Anschauung unter Marathonläufern, daß es nach einem Marathonrennen mit Bergabpassagen (wie z.B. in Boston) erheblich längerer Erholung bedarf als nach anderen Rennen. Marathonläufer sind an die spezifischen Voraussetzungen eines Marathonrennens mit Bergabpassagen weniger angepaßt.

Zumindest drei Mechanismen können zur Erklärung dieser Zerstörungen herangezogen werden. Erstens lassen elektromygraphische Belege vermuten, daß während der Erzeugung von Längenspannung weniger Muskelfasern rekrutiert werden. Daher müssen weniger betroffene Muskelgruppen relativ mehr Kraft bei jeder Arbeitsfrequenz erzeugen, als es der Fall wäre, wenn sie bei der Verkürzungsspannung aktiv wären. Zweitens sind die Anforderungen an die Krafterzeugung beim Bergablaufen höher, denn der Körperschwerpunkt liegt tiefer (Margaria, 1972). Beim Bergablaufen muß gegen die Schwerkraft abgebremst werden. Zusätzlichem Schwung der Extremitätenbewegungen muß durch antagonistische Muskeln entgegengewirkt werden, was zu einer größeren Belastung von Bindegewebselementen wie z.B. der Sehnen führt. Es ist daher nicht überraschend, daß sowohl der Muskelkater als auch die CK-Konzentration nach dem Bergablaufen höher sind als beim Bergauflaufen oder beim Laufen in flachem Gelände (Schwane et al., 1983). Drittens treten FT-Muskelzellen, die bei längeren Aktivitäten belastet wurden und infolgedessen ermüdet sind, in einen Starrezustand ein. Die passive Dehnung durch exzentrische Belastungen kann diese Fasern mechanisch schädigen oder zerstören (Lieber & Friden, 1988).

Der bekannte britische Leistungsphysiologe Archibald Hill vertrat bereits 1951 den Gesichtspunkt, daß die beste Methode zum Verhindern des Muskelkaters ein härteres Training ist. Unter der Annahme, daß es zu einer Anpassung gekommen ist, würde dies die routinemäßig tolerierbare Belastung der Belastung ähnlicher machen, die den Muskelkater hervorruft (erinnern Sie sich daran, daß gerade ungewohnte Belastungen den Muskelkater hervorrufen). Wie man erwarten könnte, muß der Trainingsreiz sehr spezifisch sein. Das heißt, daß hartes exzentrisches Training wesentlich effektiver vor Muskelkater nach einer schwierigen exzentrischen Trainingseinheit schützt als vor Muskelkater infolge einer plötzlichen konzentrischen Trainingseinheit und umgekehrt. Neuere Arbeiten (Schwane, Williams & Sloan, 1987) haben diese These bestätigt. Daher könnte es für einen Marathonläufer, der sich auf das Rennen in Boston, bei dem das Ziel 120 m tiefer als der Start liegt, vorbereitet, angebracht sein, längere Bergabläufe in das Trainingsprogramm aufzunehmen. Läufe in ebenem Gelände oder Bergaufläufe würden nicht entfernt so gut vor Muskelkater schützen. Es ist normalerweise schwierig für Sportler, ein Trainingsgelände mit so langen Gefällstrecken zu finden. Und selbst, wenn ihnen ein derartiges Gelände zur Verfügung stünde, würde ein solches Training die Verletzungsgefahr vergrößern, wodurch sich die Notwendigkeit zusätzlicher Erholungs- bzw. Ruhezeit erhöhen würde. Dieses Verletzungsrisiko läßt sehr schnell die theoretisch gute Lösung des Anpassungsproblems weniger praktikabel oder sinnvoll als wünschenswert erscheinen.

Überlastungsschäden des Bindegewebes

Wir haben soeben die These vertreten, daß ein Training, das so intensiv ist, daß es Muskelkater hervorruft, notwendig wäre, um zu einer Anpassung zu führen, die verhindern würde, daß derartige Belastungen weiterhin zu Muskelkater führen. Derartige Trainingsbelastungen und die sich daran anschließenden positiven Anpassungserscheinungen sollten die Toleranz gegenüber intensiven Belastungen deutlich erhöhen und die Leistungsfähigkeit verbessern. Sportler und Trainer streben stets Leistungsverbesserungen an und sind daher nur zu oft bereit, die schwierigsten Trainingseinheiten zu planen oder durchzustehen. Aber ist es klug, ein derart intensives Training zu absolvieren? Was passiert, wenn die Erholungs- bzw. Ruhezeit nicht ausreicht, wenn zu viele harte Trainingseinheiten absolviert werden, oder wenn Athleten die gesteigerten Trainingsbelastungen trotz deutlicher biomechanischer Schwächen bzw. Risikofaktoren (wie z.B. einer ausgeprägten X-Bein-Stellung oder Schlaffheit der Bänder oder abgetragener Schuhe) absolvieren? Schlagen wir nicht vor, daß die Läufer sich dem Bereich nähern, der zu Überlastungsschäden und Verletzungen führt? Und solange das Training nicht übertrieben wird, sollte der Leistungsfortschritt optimal sein. Das Dilemma, in dem sich Trainer und Sportler befinden, dürfte offensichtlich sein.

Um der Beste zu werden, muß ein Sportler seinen Körper an die Belastungsgrenzen führen, ohne sie jedoch zu überschreiten, so daß die resultierenden Anpassungen zur Verbesserung des Leistungspotentials führen. So lange der Trainingsreiz nicht zu hoch ist, wird sich die Leistungsentwicklung fortsetzen, und die Wettkampfeffektivität steigt. Ein entscheidender Aspekt der Kunst des guten Coachings besteht also darin, stets vor dem Fordern übermäßig intensiver und längerdauernder harter Belastungen Halt zu machen. Dies ist der sicherste Weg, zu Verletzungen führende Überlastungen zu vermeiden. Zunächst zu erkennen, daß hartes Training eine Grenze hat und dann Belastungen innerhalb dieses sicheren Bereichs nicht nur zu identifizieren, sondern auch zu absolvieren, ist ein entscheidender Faktor eines verletzungsfreien und erfolgreichen Trainings. Diese Grenzen erkennt man, wenn man

- ein detailliertes Trainingsbuch führt,
- aus Erfahrung die Belastungen kennt, die toleriert werden können,
- die Betonung auf ein Frischegefühl und nicht auf eine übermäßige Ermüdung legt und diese Arbeitsbedingungen beibehält,
- den Athleten harte Belastungen nur über relativ kurze Zeiträume ausführen läßt.

Der Schlüssel zum Verständnis des Konzepts des Risikos von Überlastungsschäden ist, daß es dazu nur kommt, wenn die Arbeitsgewebe über längere Zeiträume übertrieben hohen Trainingsbelastungen ausgesetzt werden. Zwar kann eine einzige Trainingseinheit die klinischen Symptome einer überlastungsbedingten Verletzung provozieren, aber das Problem wird tatsächlich nur durch die *Gesamtbelastung* einer langen Periode harten Trainings und nicht durch die einzige Trainingseinheit verursacht.

Wenn wir uns daran erinnern, daß unsere Gliedmaßen Verbindungen von Knochen, Sehnen und Muskeln zu einer kinetischen Kette darstellen, die für die Absorption von Auftreffbelastungen und die Erzeugung von Abdruckkräften verantwortlich ist, erkennen wir, daß das schwächste Glied in dieser Kette zuerst zusammenbricht. Knochen und Bänder sind von ihrer Struktur her sehr stabil, und Muskel-Sehnen- sowie Sehnen-Knochen-Ansatzstellen sind ebenfalls sehr robust. Auch Bänder, die im Gegensatz zu den die Knochen mit den Muskeln verbindenden Sehnen die Knochen untereinander verbinden, sind sehr stark. Die Muskeln werden hervorragend durchblutet und mit Nährstoffen versorgt, obwohl ihre Energiespeicher natürlich begrenzt sind. Sehnen und Bänder sind jedoch sehr unzureichend ausgestattet, um sich an langfristige, wiederholte Trainingsreize anzupassen. Es gibt eine feine Linie zwischen einer optimalen Belastung (die zu einer physiologischen Anpassung führt) und einer chronischen Überlastung (mit pathologischen Konsequenzen). Der Trick besteht darin zu erkennen, wieviel zuviel ist und dann periodische Ruhepausen einzulegen, um sicherzustellen, daß das Training nur zu temporären statt kontinuierlichen Überlastungen führt. Die Ruhephasen müssen lang genug sein, um eine Wiederherstellung zu bewirken. Ein gewisses Verständnis der Bindegewebephysiologie ist hilfreich für ein Verständnis der Wiederherstellungsdynamik des Bindegewebes.

Während Bänder sich großenteils aus Bindegewebemolekülen mit dem Namen Elastin zusammensetzen, wobei es sich um dehnbare, faserige Proteine handelt, bestehen Sehnen aus Kollagenmolekülen und sind weitestgehend undehnbar. Kollagen ist das häufigste im Körper vorliegende Protein. In den Sehnen sind die Kollagenfibrillen in parallelen Bündeln angeordnet. Sie sind rißfester als Stahldraht. Leider ist jedoch die Blutversorgung der Sehnen nicht sehr gut. Die wiederholten mechanischen Belastungen beim Laufen steigern den Kollagenstoffwechsel. Die Dynamik des Aufrechterhaltens des gesunden Zustands dieses Gewebes (Abbau und Aufbau) hat Grenzen. Wenn Sehnen über diese Grenze hinaus belastet werden, kommt es in Form von Mikrorissen zur Zerstörung der Sehne. Diese Risse heilen entweder durch die Bildung qualitativ hochwertigen neuen Kollagens oder durch qualitativ minderwertigen fibrösen Narbengewebes. Je schlechter die Vaskularisierung einer Sehne ist, desto häufiger kommt es zu einer unvollständigen Wiederherstellung nach übermäßigen Belastungen. Je unvollständiger der Heilungsprozeß ist, was am häufigsten durch unzureichende Ruhe bewirkt wird, desto höher ist das Risiko von Entzündungsprozessen, bei denen sich zusätzliches Narbengewebe bildet.

Überlastungsschäden der Muskulatur und des Bindegewebes werden durch wiederholte Mikrotraumen verursacht, die eine Entzündung als pathologische Reaktion nach sich ziehen. Die Aktion des Prostaglandins innerhalb des zirkulierenden Blutes führt zu einer Vasodilatation, wodurch sich die Permeabilität der Kapillaren erhöht. Die Folge ist eine Transudation von Flüssigkeit, die mit einer Schwellung und Schmerzen einhergeht. Entzündungshemmende Mittel wie Aspirin blockieren die Prostaglandinsynthese. Einströmende weiße Blutkörperchen, vor allem Lymphozyten, Neutrophile und Makrophagen (spezialisierte Monozyten) verdauen die zellulären Abfallprodukte und schaffen auf diese Weise die Voraussetzungen für den

Heilungsbeginn. Sodann beginnen eine Rekapillarisierung und die Bildung neuen Kollagens, was allerdings eine gewisse Zeit benötigt. In dieser Phase sind körperliche Aktivitäten nur begrenzt möglich. Ihr Ausmaß variiert je nach Gewebeart und Ausmaß der Verletzung. Da eine Entzündung eine unbedingt notwendige Komponente des Heilungsprozesses nach einer Verletzung ist, andererseits jedoch eine chronische Entzündung vermieden werden sollte, weil dies auf keinen Fortschritt der Wiederherstellung hindeutet, müssen die Sportler ganz ausdrücklich darauf hingewiesen werden, daß die Ruheperiode lang genug ist, um eine Regeneration zu ermöglichen.

Kollagen und Elastin enthalten beträchtliche Mengen einer einzigartigen Aminosäure namens 4-Hydroxyprolin. Bei Bindegewebeschäden erscheinen die Metaboliten dieser Aminosäure im Blut und werden schließlich mit dem Urin ausgeschieden. Die Ausscheidung von 4-Hydroxyprolin im Urin kann also als Indiz für einen gesteigerten Sehnen- und Bänderstoffwechsel dienen (Abraham, 1977). Es ist daher nicht überraschend, daß Untersuchungen zum Muskelkater, die Messungen der 4-Hydroxyprolinkonzentration im Urin beinhalteten und während der Tage im Anschluß an sehr harte muskuläre Belastungen stattfanden, Steigerungen der Konzentration diese Metaboliten zeigten. Auch im Plasma ließen sich Steigerungen der Hydroxyprolinkonzentration nachweisen (Hodgdon et al., 1988). Um sicherzustellen, daß das, was gemessen wird, auch tatsächlich den extrazellulären strukturellen Kollagenabbau in Geweben wie Sehnen widerspiegelt, ist es vorzuziehen, die Plasmakonzentrationen von Metaboliten (wie Hydroxyprolin) zu messen, die auf diese Art von Kollagen beschränkt sind (Riedy et al., 1988).

In Abhängigkeit von der Intensität der körperlichen Aktivität oder der Anforderungen an die metabolische Integrität der betroffenen Sehnen können diese Anstiege der Bindegewebemetaboliten und der Skelettmuskelenzyme im Blut das Auftreten von Muskelkater begleiten. Derartige Steigerungen werden allerdings nicht immer beobachtet (Dressendorfer & Wade, 1983), was darauf hindeutet, daß eine bestimmte Umfangs- und Intensitätsschwelle überschritten werden muß. Dies wird seinerseits von der Fitneß des Sportlers, den Umgebungsbedingungen und der genetischen Veranlagung des Sportlers (Muskelfasertyp und biomechanische Effizienz) bestimmt. Eine andere Variable, die in derartigen Untersuchungen Berücksichtigung finden sollte, ist die Aufnahme von Vitamin C über die Nahrung. Bei Vitamin C handelt es sich um Ascorbinsäure, das für die enzymatische Hydroxylierung von Prolin zu 4-Hydroxyprolin zur Kollagen-Biosynthese benötigt wird. Mittel- und Langstreckenläufer nehmen häufig zwischen 500 mg und 1 g Vitamin C pro Tag über ihre Nahrung zu sich. Die Wechselbeziehungen zwischen einem hohen wöchentlichen Trainingsumfang, der gemessenen Umwandlung des Bindegewebes und möglichen Vorteilen einer gesteigerten Aufnahme von Vitamin C wurden bislang noch nicht präzise bestimmt.

Die Achillessehne ist häufig von Überlastungsschäden betroffen. Diese Sehne entspringt etwa in der Mitte der Wade und wird durch die Verbindung der oberflächlichen und tiefliegenden Faszien des Triceps surae (Soleus plus der zwei Köpfe des Gastrocnemius) gebildet. Der Ansatz der Achillessehne liegt im hinteren Bereich des Calcaneus (Fersenbeins). Überpronation ist eine häufige Ursache von

Achillessehnentendinitis. Eine übermäßige innere Tibiarotation führt zu einer Pronation (wie in Kapitel 1 beschrieben) und zieht die Achillessehne nach medial, wodurch es zu einer peitschenartigen Aktion der Sehne kommt, die zu Mikrorissen führen kann.

Chronische Belastungen können auch zu einer Entzündung, Verdickung und Fibrose der Sehnenscheide (des sogenannten Mesotenons) führen. Wenn es zu solchen Veränderungen der Achillessehne kommt, wird der daraus resultierende Zustand *Achillestenosynovitis* bezeichnet. Die Blutversorgung der Sehnen erfolgt in der Regel über das umgebende Mesotenon. Daher kann eine Reduzierung der Vaskularisierung des Mesotenons die Fähigkeit der Sehne, mit chronischen Belastungen fertig zu werden, noch weiter reduzieren. Während der mit der Tenosynovitis verbundene Schmerz den Läufer nicht laufunfähig macht, kann dies bei einem Teilriß der Sehne sehr wohl der Fall sein. Übermäßige Belastungen der entzündeten Sehne (vor allem eine plötzliche Überlastung) können einen Teilriß auslösen.

Intervalltraining und Bergeinheiten bedeuten eine besondere Belastung für die Muskeln und Sehnen der unteren Extremitäten. Wenn also derartige Einheiten im Trainingsplan kontinuierlich gesteigert werden, muß besonders darauf geachtet werden, ausgiebige Ruhephasen zur Anpassung einzulegen. Die Anpassung mag nie ausreichend sein, um die Sehnen der unteren Extremitäten täglich den Belastungen eines derartigen Trainings auszusetzen. Dies erklärt, warum wiederholte Schnelligkeits- oder Bergeinheiten oft die auslösende Ursache eines Aufflackerns von Achillestenosynovitis sind. Wenn es um das Abheilen von Mikrorissen der Sehne geht, gibt es keinen Ersatz für Ruhe. Wenn derartige Verletzungsprozesse einmal begonnen haben, sind ausgiebige Ruhe und das Verhindern weiterer Gewebeverletzungen erforderlich, um eine schnelle Regeneration zu gewährleisten. Aus diesem Grund ist bei einer Entzündung der Achillessehne selbst leichtes Laufen kontraindiziert. Die Fähigkeit der Sehne, Stoßbelastungen zu tolerieren, ist eingeschränkt. Die kardiorespiratorische Fitneß sollte durch alternative Aktivitäten (wie Laufen im Wasser mit Hilfe einer Schwimmweste) aufrechterhalten werden.

Ein anderer Überlastungsschaden ist eine Entzündung der Schleimbeutel, die oft mit den Sehnen oder Muskeln verbunden sind, die über knöcherne Vorsprünge gleiten. Bei einem Schleimbeutel handelt es sich um eine geschlossene Tasche, die mit einer Synovialmembran ausgekleidet ist, die eine dicke, viskose, eiweißähnliche Flüssigkeit produziert. Ein Beispiel ist der Schleimbeutel zwischen dem Fersenbein und der Achillessehne. Nur eine geringe Menge Flüssigkeit, die ausreicht, um als sehr effektives Schmiermittel zu dienen, wird produziert. Ein wiederholtes Trauma, das durch einen übermäßigen Druck der Sehne auf diesen Schleimbeutel verursacht wird, kann eine Entzündung, eine gesteigerte Produktion von Synovialflüssigkeit und damit einen noch größeren Gewebedruck in diesem Bereich bewirken. Das Endergebnis sind ein lähmender Schmerz und eine eingeschränkte Beweglichkeit. Ein typisches Symptom der Schleimbeutelentzündung im Bereich der Achillessehne ist eine reduzierte passive Dorsalflexion des Fußes. Ein effektives kontinuierliches Präventionsprogramm zur Dehnung und Kräftigung des

Gastrocnemius/Soleus-Muskelkomplexes und der Achillessehne ist ideal geeignet zur Minimierung nicht nur des Drucks der Achillessehne auf ihren Schleimbeutel, sondern auch des Risikos der trainingsbedingten Entstehung einer Schleimbeutelentzündung (und Tendinitis).

Es sind nicht nur die Effekte des Overload-Trainings, die einen Sportler für Überlastungsschäden prädisponieren. Biomechanische Dysbalancen, vor allem in Verbindung mit ungeeigneten Laufschuhen, können die Entwicklung von Überlastungsschäden beschleunigen. In Kapitel 1 wurde die Notwendigkeit einer gewissen Pronation bei der Landung der Füße auf dem Untergrund erwähnt. Das Tragen von Schuhen, die die Pronation des unteren Sprunggelenks übermäßig einschränken, reduziert die Fähigkeit des Fußes, die Auftreffwucht zu absorbieren. Das Laufen auf Straßen, die zu den Seiten hin abfallen, schränkt auch die Pronation des äußeren Fußes ein. Häufig kommt es zu Verletzungen des Iliotibialbandes (siehe Abbildung 1.14), wobei die Schmerzen an der seitlichen Knieoberfläche auftreten, weil dieses Bindegewebeband über einen Knochenvorsprung des Femurs, die sogenannte laterale femorale Epikondyle verläuft (Jones & James, 1987). Die Schmerzen treten typischerweise nach dem Laufen einer bestimmten Strecke auf und verschwinden, wenn der Sportler vom Laufen in das Gehen verfällt (da das Band dann nicht länger über die Epikondyle läuft).

Ironischerweise kann dieses Reibesyndrom des Iliotibialbandes auftreten, nachdem einem Läufer gesagt wurde, er solle Schuhe und Spezialeinlagen tragen, die eine übermäßige Pronation verhindern sollen. Das Resultat dieser Überpronation ist dann ein Schmerzsyndrom, das sogenannte Läuferknie. Die Verdrehung des Unterschenkels aufgrund von Überpronation führt zu einer übermäßigen Spannung der Bänder, die die Patella (Kniescheibe) stützen. Der Überlastungsprozeß, der an der Verbindung zwischen Band und Knochen auftritt, führt zu einer Entzündungsreaktion. Die Schmerzen im Bereich der Patella treten nach Zurücklegen einer bestimmten Laufstrecke auf, fallen besonders beim Treppensteigen oder -hinabgehen auf und verschlimmern sich, wenn man länger mit gebeugten Knien sitzt. Eine richtig dosierte Korrektur lindert die mit dem Läuferknie verbundenen Schmerzen. Aber es darf nicht zu einer Überkorrektur kommen.

Es gibt vielleicht nur eine Angelegenheit, die schlimmer ist als die Korrektur eines Überlastungsproblems und das daraus resultierende Schaffen eines neuen Überlastungsproblems. Und zwar kann ein Sportler Symptome beider Situationen zeigen, und er weiß nicht, in welche Richtung (Beseitigung oder Verschlimmerung) die verletzten Gewebe auf die angewandte Behandlung reagieren. Dies erklärt eine Situation, mit der häufig Läufer konfrontiert werden, die aufgrund von Reisen oder aus Frustration, weil ihnen gesagt wurde, sie sollten das Laufen für kürzere Zeit einstellen, mehrere Ärzte aufsuchen und von diesen unterschiedliche Diagnosen oder Therapievorschläge erhalten. Das akute Problem ist tatsächlich zu verschiedenen Zeiten unterschiedlich, und zwar aufgrund des sich wandelnden Wesens der Verletzung. Aus gutem Grunde sind sowohl die Sportler wie auch Ärzte verwirrt. Den Sportlern macht es keinen Spaß, unterschiedliche Diagnosen und Aufforderungen zur Ruhe zu erhalten, und die Ärzte sind häufig nur unzureichend über die medizinische Vorgeschichte der Sportler informiert, um sie mit den akuten Problemen in Einklang zu bringen. Spätestens hier erkennt man, daß Prävention die weitaus beste Methode ist, diese Situation zu bewältigen. Unter der Voraussetzung, daß dieses Ideal nicht immer zu erreichen ist, ist es vermutlich am sinnvollsten für Sportler, ständig Kontakt zu ein und derselben Gruppe kompetenter Mediziner zu halten. Dies garantiert eine beständige Gesundheitsfürsorge.

Welche ist die beste Methode zu verhindern, daß Trainingsbelastungen ein derartiges Ausmaß annehmen, daß Physiologie durch Pathologie bzw. Anpassungserscheinungen durch Fehlanpassungen ersetzt werden? Der vermutlich beste Rat ist sicherzustellen, daß alle Trainingsprogramme periodische Ruhetage enthalten. Dies bedeutet, daß man sorgfältig über geplante (und umgesetzte) Trainingsbelastungen Buch führt und sowohl bei den Sportlern als auch beim Trainer die Einstellung entwickelt, daß Ruhe ein fester Bestandteil des Trainings ist und daher eingeplant werden muß. Einige Prinzipien der psychologischen Beratung sind in diesem Zusammenhang als Leitlinien nützlich. Jede Art von langdauernder Verhaltensänderung muß mit einer Einstellungsänderung gekoppelt sein, welche ihrerseits eine Änderung der Gedankenmuster erfordert. Sportler und Trainer dürfen die Notwendigkeit von Ruhe nicht als Zeichen der Unfähigkeit, hartes Training zu tolerieren, auffassen, sondern vielmehr als Mechanismus, der sie letztlich in die Lage versetzt, höhere Belastungen zu tolerieren. Wenn jemals ein Zweifel besteht, ob ein Sportler zusätzliche Ruhepausen einlegen oder schonungslos weitertrainieren soll, ist Ruhe unter allen Umständen die bessere Alternative. Die physiologische Erholung ist ganz gewiß von Vorteil, weil sie das Verletzungsrisiko reduziert. Auch die mentale Erholung wird einen erneuten Enthusiasmus für das folgende Training entfachen. Es ist noch einmal zu betonen, daß Frische wesentlich funktioneller als Ermüdung ist, wenn es darum geht, die Gesamtqualität des Trainings zu steigern.

Übertraining und Ausgebranntsein: mehr als Ermüdung

Kehren wir nun zu Abbildung 6.1 c zurück und untersuchen wir eine dritte mögliche Trainings- und Erholungssituation. In Abbildung 6.1 c verzichtete unser Sportler auf eine adäquate homöostatische Erholung nach der ersten härteren Trainingsbelastung vor der Wiederaufnahme intensiven Trainings. Und diese nächste Trainingsbelastung ist sogar noch intensiver als die vorangegangene. Häufig kommt es zu einer derartigen Folge von gesteigerter Belastung und reduzierter Erholung, wenn der vorangegangene Trainingsmesozyklus sehr erfolgreich verlaufen ist. Sowohl der Sportler als auch der Trainer entscheiden (in diesem Fall irrtümlich): „Wir sind dem Plan voraus, also erhöhen wir das Tempo." Dieser Enthusiasmus führt zu übermäßig hohen Trainingsbelastungen. In dieser zweiten Trainingsperiode erreicht der Athlet nun nicht nur das Ermüdungstal, sondern tritt sogar in die „Abgründe der Verzweiflung" ein, d.h. sein Zustand übertrifft eine bloße Ermüdung. Der betreffende Sportler erlebt ein kurzfristiges Übertraining oder kurz:

ein **Übertraining**. Hierbei handelt es sich per definitionem um einen Zustand, der durch ein temporäres Ungleichgewicht zwischen Training und Erholung charakterisiert ist. Dieser Zustand ist durch eine Ermüdung gekennzeichnet, die sich durch eine normale Erholung nicht beseitigen läßt und die von einer Vielfalt zusätzlicher Zeichen und Symptome begleitet wird. Genauso wie bei den beiden vorangegangenen Trainingsintensitäten ist die metabolische Gewebezerstörung, die als normaler Teil des Trainings auftritt, größer als die Rate der metabolischen Erholung, aber die Belastung hat den Körper viel tiefgreifender beeinflußt. In Abbildung 6.2 sind einige Anpassungsmechanismen aufgezeigt, die bei Training mit sehr hohem Umfang auftreten. Diese Abbildung vermittelt eine Vorstellung von einigen Vorkommnissen, die zu Ermüdung führen können, wenn die Erholung unzureichend ist (entweder weil der Reiz zu hoch war oder weil die Erholungszeit zu kurz bemessen war).

Wenn Sportler in diesen Zustand geraten, entscheiden sie sich häufig sehr klug, einige Tage zu pausieren und dann das Training wieder aufzunehmen. Leider kommt es ihnen aufgrund ihrer Trainingsleidenschaft, aufgrund derer sie normalerweise nie mit dem Training aussetzen, kaum in den Sinn, daß drei oder vier Ruhetage besser als zwei oder drei sind. Daher ist die Wahrscheinlichkeit, daß Läufer ihr Training zu früh wieder aufnehmen, sehr hoch, und die schnelle Steigerung ihrer Trainingsbelastung, um das Verpaßte wiedergutzumachen, verschlimmert das Problem noch.

Wenn unser Athlet in Abbildung 6.1 c sein Training trotz dieser Übertrainingssymptome - die weiter unten beschrieben werden - fortsetzt, kann es letztendlich (d.h. nach einigen Wochen oder auch später) zu einer Art physiologischen und psychischen Zusammenbruches kommen. Dies ist der Beginn des sogenannten **langfristigen Übertrainings** oder einfach des **Ausgebranntseins**. Dieser Zustand kann definiert werden als komplexe Kombination psychophysiologischer Zeichen und Symptome, die auf einen wesentlich gravierenderen Zustand hindeuten als eine einfache Ermüdung. Es kann sich um Ansätze tatsächlicher Zellschäden, eine nicht so schnell revidierbare Entleerung der Brennstoffspeicher, einen Zusammenbruch des Abwehrsystems des Körpers oder all diese Erscheinungen zusammen handeln! Leistungseinschränkungen, die zuvor vorübergehenden Charakters waren, sind jetzt chronisch und gravierend. Zusammen mit einem erhöhten Verletzungsrisiko kommt es häufiger zu Erkrankungen. Veränderte Stimmungslagen sowie hormonelle Abläufe und andere Stoffwechselveränderungen kommen vor, und diese Symptome können von Individuum zu Individuum sehr variieren. Es dauert sehr lange, bis der Sportler sich wieder erholt und seine ehemalige Leistungsfähigkeit wieder erreicht hat - Wochen, Monate, möglicherweise sogar ein ganzes Jahr!

Unter Berücksichtigung der psychologischen Betrachtungsweise von Morgan, Brown, Raglin, O'Connor und Ellickson (1987) ist es angebracht, übermäßiges Training und Übertraining als Reize im Kontext des klassischen Reiz-Reaktions-Paradigmas aufzufassen. Wenn übermäßiges Training der Reiz ist, dann ist Ausgebranntsein, wie auch immer es sich manifestiert, die Reaktion. Läufer sollten den Zustand des langfristigen Übertrainings meiden wie die Pest, denn es könnte der Wettkampfsaison oder der Karriere ein Ende setzen, vor allem, wenn es in den

Zustand des Ausgebranntseins übergeht. Optimales Training sollte das Ziel aller Athleten sein, aber nichtsdestotrotz ist gerade bei hochmotivierten Athleten ein übertriebenes Training sehr häufig. Für eine erfolgreiche Entwicklung ist es daher entscheidend, daß man auf frühe Übertrainingssymptome achtet und den guten Willen sowie eine geeignete Strategie besitzt, um entsprechende Korrekturschritte zu unternehmen und zu einem optimalen Training zurückzukehren.

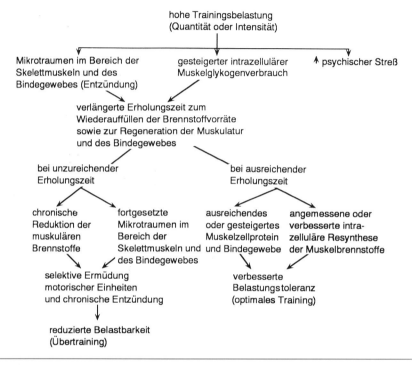

Abbildung 6.2: Variable Reaktionen auf ein hochbelastendes Training

Zur Charakterisierung des Übertrainings und Ausgebranntseins

Zwischen hartem Training und Übertraining besteht ein entscheidender Unterschied. Abbildung 6.3 stellt einen Versuch dar, die Wechselbeziehungen und Unterschiede zwischen hartem Training und Übertraining und ihren möglichen Beitrag zu Anpassung, Ermüdung, muskulärer Übersäuerung, Überlastungsschäden und Ausgebranntsein darzustellen. Zur Verbesserung der Leistungsfähigkeit ist hartes Training unumgänglich. Es wird für relativ kurze Zeiträume ins Programm aufgenommen, obwohl es durch katabole Veränderungen in den Arbeitsmuskeln und anderen energiespeichernden Geweben zu einer kurzfristigen Verschlechterung der Leistungsfähigkeit führt. Die typische Erholungsphase kann daher auch relativ kurz sein, aber sie muß ausreichend bemessen sein und wird letztendlich von einer gesteigerten Leistungsfähigkeit gefolgt werden.

Übertraining ist allerdings das Ergebnis eines übertrieben harten Trainings, das zu einem weitreichenden Zusammenbruch der adaptiven Reaktionen des Körpers auf hartes Training führt. Die weiter fortgesetzte Aktivität auf hohem Niveau kann nicht länger effektiv bewältigt werden. Es gibt eine feine Linie zwischen hartem Training, an das der Körper sich anpassen kann, wenn der Reiz nicht zu groß und die Erholung ausreichend ist, und übertrieben hartem Training, das schlicht nicht mehr verarbeitet werden kann. Sobald diese Linie überschritten wird, muß die Belastung ganz erheblich zurückgeschraubt werden, bis regenerative Prozesse das homöostatische Gleichgewicht wieder hergestellt haben. Sportler sollten sehr genau auf frühe Warnsymptome achten, die auf den Übergang von hartem Training zu Übertraining hindeuten könnten. Sodann sollten sie entsprechende Ruhephasen einbauen, um die Situation noch schnell zu ihren Gunsten zu wenden. Dies ist zugegebenermaßen gleichbedeutend mit der Fähigkeit, in die Zukunft sehen zu können, und widerspricht dem inneren Bedürfnis von Sportlern, das Training (oder Wettkämpfe) fortzusetzen, solange sie Verbesserungen sehen. Aber es ist einfach zu riskant und langfristig nicht zweckmäßig, das Training zu weit zu treiben, in einen Zustand des Übertrainings oder Ausgebranntseins zu geraten und dann für längere Zeit aussetzen zu müssen.

Abbildung 6.3: Wechselbeziehungen zwischen Training, Ermüdung, Übertraining, Lebensstil, Überlastungsschäden, Ausgebranntsein und sportlicher Leistung

Eine Analogie, die von einigen Läufern, vor allem wirtschaftswissenschaftlich vorgebildeten, sehr gut verstanden wird, ist, Ermüdung als einen Prozeß anzusehen, der dem Schuldenmachen entspricht, während Übertraining und Ausgebranntsein einem Bankrott ähneln, wobei danach eine Reorganisation des Unternehmens stattfinden muß. Ermüdung kann, genauso wie Schulden, behandelt und beseitigt werden, indem man die Ausgaben einschränkt und mit dem Vorhandenen (der Energie) sorgfältiger umgeht. Bankrott und Übertraining sind jedoch Zustände, bei denen ein ausgeprägtes, identifizierbares Versagen des Systems den richtigen Umgang mit den äußeren Bedingungen verbietet. Es ist mehr nötig als eine normale homöostatische Restrukturierung, um eine Erholung und eine Rückkehr zu operationaler Effizienz zu ermöglichen. Körperliche Aktivitäten müssen kurzfristig sogar ganz eingestellt werden. Ohne diese Bemühungen um Erholung besteht ein großes Risiko, die Situation nie mehr wenden zu können.

Überlastungen im Alltag und Übertraining

Aus einer ganzheitlichen oder Gesamtkörper-Perspektive sind die Trainings- und Wettkampfleistungen von Sportlern eine Funktion der angemessenen Bewältigung ihrer Alltagsbelastungen. Wenn die Trainingsanpassungen des Sportlers herausragend sind, wird sich seine Leistungsfähigkeit sehr wahrscheinlich verbessern, was darauf hindeutet, daß die zusätzlichen Aktivitäten, denen er in seinem Alltag nachgeht nicht übertrieben sind. Wenn die Anpassung unzureichend ist, dann sind die Leistungen unter dem Standard oder sie lassen nach, was auf den Beginn eines Übertrainingszustandes hindeutet, es sei denn der Athlet, ändert seinen Lebensstil. Maschinenbauingenieure definieren Belastung als die pro Flächeneinheit einwirkende Last. Wir können hier eine Analogie bilden und die folgende Beziehung aufstellen:

Belastung oder Streß = Alltagslast/Leistung des Sportlers (6.1)

Alltagseinflüsse beziehen sich sowohl auf leistungssteigernde Faktoren (angemessene Ernährung, Ruhe und Entspannung; emotionale Stabilität und richtiges Training) als auch auf hemmende Faktoren (Ungleichgewichte hinsichtlich all dieser leistungssteigernden Faktoren sowie psychischer Druck verursacht durch Probleme im außersportlichen Leben).

Sportler unterscheiden sich wesentlich hinsichtlich ihrer Anfälligkeit für Übertraining oder Ausgebranntsein als Folge einer gegebenen umfangreichen Trainingsbelastung. Was dem einen als übermäßige Belastung erscheint, muß dem anderen nicht notwendigerweise auch so vorkommen, selbst wenn die Sportler gleich alt und gleich schwer sind, eine identische VO_{2max} besitzen und ihre persönlichen Bestzeiten auch nicht weit auseinander liegen. Die vielen Aspekte der Gesamtlebensführung einschließlich der anderen Aktivitäten, die die Energievorräte des Sportlers beanspruchen - ein Fulltime-Job, häufige sportbedingte Reisen, Anforderungen der Medien, ein neugeborenes Kind, die Verantwortung, einen kompletten Haushalt zu führen etc. - müssen auch berücksichtigt werden, zusammen mit unterschiedlichen Leistungszuständen zu der Zeit, wenn die Trainingsbelastungen verteilt werden.

Trainer, die versuchen, effektiv mit Spitzenathleten zu arbeiten, haben oft Schwierigkeiten, einige der einzigartigen Persönlichkeitseigenschaften dieser talentierten Leistungsträger zu verstehen. Die Arbeiten des Psychologen Frank Farley (1986) sind in dieser Hinsicht sehr aufschlußreich. Diese talentierten Menschen zeigen laut Farley eine Persönlichkeit vom „Typ T", wobei das T für „thrill-seeker", also für Personen, die nach Nervenkitzel suchen, steht. Diese das Risiko liebenden Menschen leiden schnell an Langeweile, streben ständig nach dauernden stimulierenden Aktivitäten, sind sehr abenteuerlustig, haben eine enorme Kapazität für energieverbrauchende Tätigkeiten und haben keine Schwierigkeiten, vernünftig zu erklären, warum sie alle ihre Fähigkeiten in riskanten (wettkampforientierten) Situationen einsetzen. Sie können alles verlieren, aber sie haben die Unverwüstlichkeit (und das Temperament), sich zu erholen, zu reorganisieren und das Ganze noch einmal zu tun.

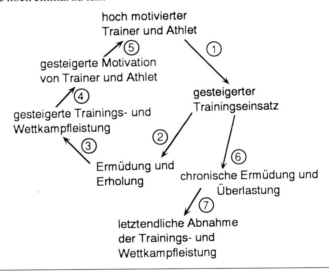

Abbildung 6.4: Psychophysiologische Ereignisfolge, die zu Übertraining führt

Es mag jetzt einfacher sein zu verstehen, warum bei den am höchsten motivierten Athleten das Risiko, in den Zustand des Übertrainings und des Ausgebranntseins zu geraten, am größten ist. Der soeben beschriebene Persönlichkeitstyp ist eine Grundvoraussetzung für die Einstellung, die notwendig ist, damit der Sportler Ziele erreichen kann, obwohl die Erfolgschance eigentlich sehr klein ist. Um die Erfolgschance zu optimieren, wird kein Energieaufwand in der Vorbereitung als exzessiv angesehen. Dieser hohe Enthusiasmus betrifft auch die Alltagsaktivitäten des Sportlers, die auch sehr viel Energie abverlangen können. Wenn ein aktiver Lebensstil in Verbindung mit einem intensiven Training letztendlich zu hohe Anforderungen stellt, kann sich dies in schlechteren Wettkampfleistungen, Überlastungsverletzungen oder einer ausgeprägten Ermüdung niederschlagen. Abbildung 6.4 ist eine Illustration des Zirkels von Ereignissen, die die Voraussetzung für ein Ausbrennen infolge eines übertriebenen Trainings darstellen. Es handelt sich hier um eine traurige Ironie, die durch eine rechtzeitige Intervention verhindert werden muß. Sehr oft ist der beste Trainer nicht notwendigerweise der, der einzig und allein die Motivation für härteres Training betont. Der beste Trainer mag stattdessen derjenige sein, der erkennt, wann die Motivation ausreicht, der aber auch stets ein waches Auge für die Notwendigkeit der Mäßigung, Neueinschätzung und das Umdirigieren des ganzen Trainingseinsatzes hat. Dies steht in Einklang mit unserer oben erwähnten Anschauung, daß das Absolvieren des geringsten Umfangs des für beste Ergebnisse erforderlichen spezifischen Trainings eine enorm effektive Trainingstrategie ist.

Es sollte aus dem Vorangegangenen deutlich geworden sein, daß es nicht nur übertriebene Trainingsbelastungen sind, die zu Übertraining führen. Das Training selbst kann sich innerhalb vernünftiger Grenzen befinden, aber die Summe aller anderen Facetten des Lebensstils kann die verfügbare Energie unangemessen angreifen. Der sogenannte „Energiekuchen" des Sportlers (d.h. das Energieniveau, mit dem der Athlet seine Alltagsaktivitäten über lange Zeiträume beibehalten kann), kann aus vielen Stücken bestehen. Die Steigerung der Größe der Stücke, die keinen Bezug zum Laufen haben, oder die Steigerung der Anzahl der Stücke (die Anzahl der Lebensaktivitäten) verlangt, daß Trainings-, Wettkampf- und Erholungsstücke angemessen reduziert werden. Als Konsequenz geht die sportliche Leistungsfähigkeit zurück. Der intelligente Sportler, der nach herausragenden Leistungen strebt, muß sich bei der Organisation seines Lebensstils sehr klug verhalten.

Eine kurze praktische Anekdote kann diese Wechselbeziehung zwischen Training und Lebensführung sowie die Notwendigkeit der Kontrolle der Gesamtanforderungen des Lebens illustrieren. Diese Anekdote betrifft den Aufbau von Seb Coes erstem Weltrekord über 800 m, den er am 5. Juli 1979 in Oslo aufstellte. Während des vorangegangenen Winters und zu Beginn des Frühjahrs 1979 hatte Seb sehr intensiv für seinen Universitätsabschluß in Wirtschaftswissenschaft und Sozialgeschichte gearbeitet. Gleichzeitig hatte er natürlich sehr hart trainiert, um sich auf die kommende Olympiasaison vorzubereiten. Um festzustellen, ob er sich bei seiner Vorbereitung auf die Olympischen Spiele in Moskau auf dem richtigen Weg befand, lief er am 31. Mai für seine Universität ein 800-m-Rennen gegen eine Auswahlmannschaft des Britischen Leichtathletik-Verbandes. Da er sich leicht krank fühlte, lief er nur 1:47,8. In den Augen seines Trainers sah Seb nach dieser Belastung etwas mitgenommen aus. Gar nichts schien darauf hinzudeuten, daß Seb hätte viel schneller laufen können. Kurz darauf zeigte er die typischen Symptome einer Grippeinfektion.

Seb mußte realisieren und akzeptieren, daß es zu einer Überlastung gekommen war und daß das Training zurückgeschraubt werden mußte, weil es unmöglich war, das Studium in dieser entscheidenden Phase zu vernachlässigen. Zusätzlich zu seiner Grippe wurden auch einige psychische Symptome offensichtlich. Seb reduzierte seine Trainingsbelastungen und legte ein hervorragendes Examen ab. Danach war es, als ob ihm eine große Last, die seine Energiereserven aufgebraucht hatte, von den Schultern genommen worden wäre. Seine Studienbelastungen waren beseitigt, und sein Trainingsumfang war bereits vorher reduziert worden. Beim Übergang zum Hochleistungstraining lebte er auf, und seine körperliche Frische kehrte ebenso schnell wieder zurück. In der Folgezeit waren seine Leistungen ausgezeichnet. Er bestritt zwei Rennen und dann sicherte er sich den 800-m-Weltrekord in 1:42,33 beim Bislett-Sportfest. Die Entscheidung, angesichts der Warnsignale das Training zu reduzieren, und damit diese Signale richtig zu interpretieren, hatte sich als das einzig Richtige erwiesen. Ein guter Universitätsabschluß war genauso wichtig wie gute sportliche Leistungen, und beides zusammen war einfach zuviel. Es stand an der Wand geschrieben, und die Botschaft wurde glücklicherweise sowohl gelesen als auch befolgt. Seb hatte seine Prioritäten richtig gesetzt. Weniger zu tun, hatte sich letztlich als mehr erwiesen.

Physiologische Dimensionen des Übertrainings und Ausgebranntseins

Der bekannte kanadische Biochemiker Hans Selye stellte in eher allgemeinen Begriffen dar (1976), was geschehen könnte, wenn das kurzfristige Übertraining in den Zustand des langfristigen Ausgebranntseins übergeht. Hans Selye und Walter Cannon waren Zeitgenossen. Beide versuchten, ein Konzept von W.A. Engelhardt (1932) zu quantifizieren, das den **Trainingsprozeß** als einen physiologischen Zusammenbruch definierte, der ein spezifischer Auslöser des folgenden konstruktiven Erholungsprozesses ist. Selye wandte sein besonderes Interesse dem Unterschied zwischen einem kurzfristigen physiologischen Zusammenbruch (das heißt hartes Training, von dem man sich allerdings problemlos erholen soll) und einem pathologischen Zusammenbruch zu (das heißt Übertraining und darauf folgend ein Zustand des Ausgebranntseins, der eine sehr lange Regenerationsphase nach sich zieht und nach dem eine völlige funktionelle Wiederherstellung der homöostatischen Prozesse möglicherweise nicht mehr stattfindet). Seine bekanntesten Experimente führte er nicht mit trainierenden Sportlern, sondern mit Versuchstieren durch, denen giftige Substanzen eingeimpft worden waren. Er stellte in seinen Tieren eine vorhersagbare Reihenfolge von Ereignissen fest, die durch die Steigerung der hormonalen Aktivitäten der Hypophyse und Nebennierenrinde ausgelöst wurden. Diese Aktivitäten sind im wesentlichen auf die Mobilisierung zusätzlicher Mengen im Kreislauf befindlicher Brennstoffe - Kohlenhydrate, Fette und Proteine - ausgerichtet, und durch sie wird der Körper mit Energie versorgt, um die Auswirkungen der injizierten Substanzen abzuwehren.

Zunächst kommt es zu einer Alarmreaktion, wie in Abbildung 6.5 gezeigt, da der Körper nicht in der Lage ist, den plötzlich gestiegenen Stoffwechselanforderungen gerecht zu werden. Dieser Alarmzustand ist auch durch einen verringerten

Widerstand charakterisiert, was vielleicht auf eine Reduzierung der Lymphflüssigkeit zurückzuführen ist. Im Anschluß hieran kommt es zu einer je nach Ausmaß der Attacke unterschiedlich langen Phase, während derer die Tiere einen erhöhten Widerstand und eine gesteigerte Toleranz gegenüber den giftigen Substanzen zeigen. Vermutlich können die Tiere in dieser Phase auf ausreichend vorhandene Energiereserven zurückgreifen, die ihrem Organismus helfen mit den Auswirkungen der injizierten Substanzen fertigzuwerden. Falls die gesteigerte Stoffwechselaktivität nicht ausreicht, um den Angriff auf das Gewebe abzuwehren mit einer daraus resultierenden Erholung des Organismus, kommt es letztendlich jedoch zu einem progressiv zunehmenden Erschöpfungszustand, der bereits nach kurzer Zeit zu Krankheit oder gar Tod führt. Der Zustand des Ausgebranntseins, der nach langdauerndem Übertraining bei Sportlern zu beobachten ist, ist mit dem Erschöpfungszustand bei Selyes Versuchstieren vergleichbar.

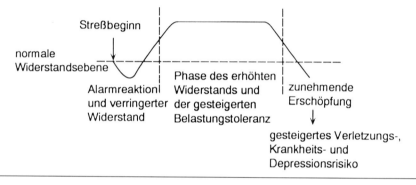

Abbildung 6.5: Die drei Phasen des allgemeinen Anpassungssyndroms nach Hans Selye. Anmerkung: Entnommen aus T.D. Noakes: The Lore of Running; Champaign, IL: Leisure Press. Copyright Timothy D. Noakes. Übernommen mit freundlicher Genehmigung.

Galbo (1983) und Berdanier (1987) haben die wichtigsten Aspekte der hormonalen und metabolischen Reaktionen dargestellt, die mobilisiert werden, um dem Körper zu helfen, die intensiven und chronischen Belastungen zu bekämpfen, die dem Streß entsprechen, dem Selyes Versuchstiere ausgesetzt waren. Sportler setzen sich sehr wahrscheinlich in übertriebenen und harten Trainingsperioden ähnlichen Belastungen aus. Diese Belastungen münden letztlich in einen Zustand des Ausgebranntseins. Die Reaktion ist mehrdimensional, das heißt, sie stellt die Zusammenarbeit verschiedener Organsysteme dar. Die Nebennierenrinde steigert ihren Adrenalin- und Noradrenalinausstoß, wobei mehr von der erst- als von der letztgenannten Substanz freigesetzt wird. Beide Substanzen steigern die Leberdurchblutung und den Glykogen-, Fett- und Proteinstoffwechsel in dem Versuch, die erforderlichen zusätzlichen Brennstoffe bereitzustellen. Die Hypophyse wird ebenfalls stimuliert, und sie steigert ihre Ausschüttung des adrenocorticotropen Hormons. Dieses Hormon stimuliert seinerseits die Nebennierenrinde zur Steigerung der Steroidhormonausschüttung, vor allem von Aldosteron und einer Gruppe von Hormonen, die unter dem Namen Glukokortikoide am bekanntesten sind (ein gutes Beispiel aus dieser Gruppe ist Kortison). Aldosteron hilft bei der Aufrechterhaltung des Elektrolytgleichgewichts; Glukokortikoide haben entzündungshemmende Eigenschaften und helfen auch bei der Mobilisierung von Fetten und Proteinen zur Energiebereitstellung. Die Konzentrationen der aus der Hypophyse stammenden Wachstumshormone sind ebenfalls erhöht, wodurch die Möglichkeit der Proteinsynthese zunimmt. Da viele der Substanzen des Immunsystems (wie die Immunglobuline) Proteine sind, kann dies die Immunkompetenz des Körpers steigern. Intensive körperliche Aktivität steigert den Proteinabbau in den Arbeitsmuskeln.

Alle der oben erwähnten Hormone hemmen sowohl die Freisetzung und den Einfluß des Insulins auf die Glukoseaufnahme der Muskel- und Fettzellen. Die Leber steigert zusätzlich ihre eigene Glukoseproduktion, die zusammen mit einer gesteigerten Freisetzung von Fettsäuren in die Blutbahn eine zusätzliche Brennstoffquelle schafft. Ein gesteigertes Niveau der Wärmeerzeugung bei diesem Stoffwechselprozeß führt zu einer Reduzierung der Menge der chemischen Energie, die (als ATP) für jede gegebene konsumierte Brennstoffmenge gewonnen werden kann. Bei starkem Streß kann diese energetische Ineffektivität um das 10fache ansteigen, was zu einem erheblich gesteigerten Nahrungsbedarf führt.

Eine nichtwissenschaftliche Analogie zur Streßreaktion des Körpers könnte ein „Anti-Streß-Reservoir" im Körper sein, das genutzt werden kann, um den Auswirkungen von Streß entgegenzuwirken. Dieses Reservoir könnte die gespeicherten Energiebrennstoffe, das Immunsystem und alle Hormone und Enzyme, die mit dem Energiestoffwechsel und der Aufrechterhaltung der immunologischen Integrität zusammenhängen, repräsentieren. Die Überbeanspruchung der Leistungsgrenzen dieser Systeme kann ihre synergistischen Interaktionen stören und die Energiespeicher entleeren, wodurch sich die Effektivität der homöostatischen Mechanismen, die vorher die Reaktion des Körpers auf harte körperliche Belastungen bestimmten, reduziert. Wenn dieses Reservoir entleert ist, ist es nicht länger möglich, dem Streß Widerstand entgegenzusetzen, und es kommt zum Zusammenbruch.

Selyes Arbeiten beschäftigten sich nicht mit den psychologischen und Krankheitsmanifestationen des Streß, da er mit Versuchstieren arbeitete, aber diese Aspekte sind nicht weniger wichtig. Besonders die Untersuchungen von Rahe (1972) geben hier nützliche Einblicke. Rahe behauptete, daß Lebenserfahrungen eine Beziehung zum Auftreten bestimmter Krankheiten aufweisen. Er entwickelte ein Lebens-Streß- und Krankheits-Modell, demzufolge die Leistungsfähigkeit des psychischen Abwehrsystems eines Individuums mit Lebensproblemen umzugehen, die Wahrscheinlichkeit des Auftretens bestimmter Krankheiten bestimmt. Übermäßige und lang anhaltende Angst, Depressionen und emotionaler Distreß, die auf die Unfähigkeit des effektiven Umgangs mit Lebensproblemen hindeuten, bedeuten ein erheblich gesteigertes Risiko des Auftretens körperlicher Krankheitssymptome. Diese Unfähigkeit ist teilweise entwicklungsbedingt. Die Untersuchungen von

Weiner (1972) deuten darauf hin, daß frühe Verhaltenserfahrungen in der Wachstumsphase das Wesen unserer Reaktionen auf sich verändernde Umweltbedingungen beeinflussen. Im folgenden werden zusätzliche psychologische Aspekte des Übertrainings und Ausgebranntseins kurz beschrieben.

Epidemiologen haben sich schwer getan, die Möglichkeit einer Unterdrückung des Immunsystems und das daraus resultierende Infektionsrisiko, das hartes Training und übermäßig hartes Training (das zu Übertraining und einem Ausbrennen führen kann) begleitet, zu quantifizieren. Drei Hauptschwierigkeiten haben den Fortschritt in diesem Bereich behindert:

1. die große Variabilität von Individuen hinsichtlich der Reaktionen auf körperliche Belastungen,
2. die Schwierigkeit, Versuchspersonen in empirischen Untersuchungen äquivalenten langfristigen Belastungen auszusetzen,
3. die noch immer nicht ganz verstandene Funktion des Immunsystems.

Es gibt sowohl anekdotische (Jokl, 1974) als auch epidemiologische (Peters & Bateman, 1983) Belege dafür, daß Sportler kleineren Infektionen weniger Widerstand entgegensetzen als Untrainierte, was auf eine reduzierte Effektivität des erworbenen (oder spezifischen) Immunsystems hindeutet. Durch die Fähigkeit spezialisierter Zellen, fremde Makromoleküle infektiöser Substanzen zu erkennen, bewirkt dieses System die Produktion antigenspezifischer Antikörper und bestimmter anderer Chemikalien (sogenannter Interleukine), die die Stärke der gesamten immunologischen Reaktion steigern. Die involvierten Zellen sind die Lymphozyten, die sich sehr spezialisieren und eine hohe metabolische Aktivität entfalten, um ihre Aufgabe auszuführen.

Arbeiten von Ardawi und Newsholme (1985) deuten auf eine nahezu sichere Wechselwirkung zwischen Skelettmuskelzellen und Lymphozyten hin. Lymphozyten leiten ihre Energie aus zwei Brennstoffquellen ab: Glukose und Glutamine. Ein wichtiger Ort für die Glutaminbiosynthese im Körper sind die Skelettmuskeln. Die Fähigkeit der Muskeln, eine ausreichende Glutaminmenge zu produzieren, scheint beeinträchtigt zu sein, wenn sie sich nach langdauernden intensiven Belastungen in einem ausgeprägten Regenerationszustand befinden. Wenn es zu einer Glutaminschuld kommen sollte, kann das Ausmaß der Beeinträchtigung der Lymphozytenfunktion das Auftreten von Infektionskrankheiten oder die Schnelligkeit der Erholung von den Auswirkungen von Viruserkrankungen oder Fieber bestimmen.

Zahlreiche neuere Untersuchungen haben das Ausmaß des Anstiegs oder der Abnahme der Anzahl spezifischer Subtypen von Lymphozyten als Folge langdauernder intensiver körperlicher Aktivitäten beschrieben. Aktuelle Belege deuten auf derartige Änderungen in der Anzahl dieser Subtypen hin, daß es zu einer zeitweiligen Unterdrückung des Immunsystems kommen kann (MacKinnon & Tomasi, 1986; Nieman et al., 1989). Es wurde noch nicht klar festgestellt, ob diese Unterdrückung hormonell beeinflußt ist. Kortikosteroidhormone, deren Konzentration während körperlicher Aktivität erhöht ist, unterdrücken typischerweise das

Immunsystem, während Hormone wie Adrenalin und Noradrenalin die Lymphozytenpopulationen steigern können (Galbo, 1983). Es ist auch noch nicht klar, wie spezifisch sich das Verhältnis bestimmter Zell-Subtypen im Sinne einer Unterdrückung der Immunreaktion oder ihrer Aktivierung während chronisch harten Trainings verändert.

Ein reduzierter Widerstand gegenüber Infektionen ist nicht nur auf die Sportler unter den Menschen beschränkt. Tierärzte, die mit Rennpferden arbeiten, haben auch ein Leistungsschwächesyndrom beschrieben (Mumford & Rossdale, 1980), das durch eine positive Beziehung zwischen Infektionen des oberen Atemweges und schwachen Rennleistungen charakterisiert ist.

Die Untersuchung der Interaktion psychologischer Aspekte des Streß mit der immunologischen Effektivität ist ebenfalls in ihren Anfängen. Die Entdeckung einer reduzierten Konzentration von Immunglobulin A im Speichel von Studenten, die dem Streß wichtiger Hochschulexamina ausgesetzt sind (Jemmott et al., 1983), deuten darauf hin, daß es zu einer gewissen Unterdrückung der Immunreaktion kommen kann. In diesem Fall steht diese Unterdrückung wahrscheinlich in bezug zu einer gesteigerten Adrenalinkonzentration. Die Interaktion psychischer mit physiologischen Mechanismen im Rahmen der Ermöglichung einer geeigneten Anpassung an eine Trainingsbelastung ist allgemein bekannt. Es sieht so aus, als ob physiologische Fehlanpassungen auch durch die negative Interaktion psychischer Faktoren beeinflußt werden könnten.

Psychische Dimensionen des Übertrainings und des Ausgebranntseins

Was sind die psychischen Dimensionen von Übertraining und Ausgebranntsein, die mit den physiologischen Veränderungen interagieren? Ein häufig zu hörender subjektiver Bericht von Sportlern, die in den Übertrainingszustand eingetreten sind, lautet: „Ich trainiere so hart wie immer, aber meine Leistungen werden immer schlechter. Ich habe Lust aufzugeben, aber ich weiß, daß dies falsch wäre." Die zunehmende Frustration, die von einem reduzierten Enthusiasmus und Engagement begleitet wird, kann so ausgeprägt sein, daß sie echte klinische Symptome einer Depression hervorrufen kann. In Tabelle 6.1 ist die breite Palette von Symptomen aufgelistet, die in begrenztem Ausmaß während Übertraining beobachtbar sind, die allerdings im Zustand des Ausgebranntseins sowohl in Zahl als auch Ausmaß immer mehr zunehmen. Eine Durchsicht dieser Liste deutet darauf hin, daß es sich um eine psychophysiologische Abnahme der Stabilität handelt und daß sowohl Psyche als auch Körper davon betroffen sind. Dieser Abbau kann letztlich pathologische Konsequenzen haben. Dies ist zu erwarten aufgrund der komplexen neuroendokrinen Interaktionen, die die subtilen Details der menschlichen Leistung steuern. Eine Übersicht über neuere Studien in diesem Bereich (Kuipers & Keizer, 1988) zeigt, daß zwei Arten von Ausgebranntsein identifizierbar sein können, je nachdem ob die Aktivität der sympathischen oder parasympathischen Anteile des autonomen Nervensystems gesteigert sind.

Das Ausgebranntsein eines Sportlers kann daher die Manifestation einer Kombination der von Selye identifizierten pathophysiologischen Erschöpfung verbunden mit zusätzlichen psychologischen Komponenten sein. Bei Sportlern beginnt man gerade die detaillierten Stoffwechseluntersuchungen durchzuführen, die zur Bestimmung des Ausmaßes, in dem Selyes Streßsyndrom dem Zustand des Ausgebranntseins ähnelt, führen können. Es gibt in der Tat einige Ähnlichkeiten (Kuipers & Keizer, 1988), aber das Bild ist alles andere als klar. Medizinische Diagnostiker haben einen Zustand beschrieben, der in der allgemeinen Bevölkerung vorkommt und entweder als postvirales Ermüdungssyndrom (David, Wessly & Petosi, 1988) oder chronisches Ermüdungssyndrom (Eichner, 1989a) bezeichnet wird. Dieser Zustand ist durch eine große Vielfalt psychischer und physiologischer Symptome, ein beständiges Unwohlsein und häufig einen positiven Titer zum Epstein-Barr-Virus gekennzeichnet. Langstreckenläufer, die in den Zustand, den wir mit Ausgebranntsein umschreiben, geraten sind und die eine große Anzahl der in Tabelle 6.1 aufgelisteten Symptome aufweisen, zeigen häufig auch eine positive Reaktion, wenn sie hinsichtlich des Epstein-Barr-Virus getestet werden. Die vielschichtige Symptomatik des Ausgebranntseins muß diejenigen frustrieren, die diesen Zustand präziser definieren möchten. Vielleicht sind Ausgebranntsein und das chronische Ermüdungsyndrom das Gleiche; gegenwärtig wissen wir das noch nicht. Für Eichner (1989b) handelt es sich beim Ermüdungssyndrom bei Langstrecklern um ein psychosomatisches Phänomen, und er schlägt vor, daß davon befallene Läufer das positive Denken praktizieren sollten, um ihre Leistungen vor Eintreten dieses Zustands wieder zu erreichen. Wir vertreten hier die alternative Meinung, daß der Kopf tatsächlich einen Körper hat und daß die beiden zusammenarbeiten.

Angesichts des enormen mentalen Antriebs, der den Läufer in die Lage versetzt, auf hohem Niveau zu trainieren und Wettkämpfe zu bestreiten, ist es sehr wahrscheinlich, daß ein übertrainierter Läufer, der das Training fortsetzt, in stärkerem Umfang als sonst Muskelfasern der Hilfsmuskeln einsetzt, um eine Trainingseinheit in dem geplanten Tempo zu absolvieren. Diese Muskelfasern sind vermutlich nicht so ermüdet wie diejenigen der Muskeln, die normalerweise hauptsächlich für das Erzeugen der betreffenden Bewegung verantwortlich sind. Ihre spannungserzeugenden Eigenschaften können relativ normal sein, und ihre Rekrutierung kann dem Läufer helfen, das erwünschte Lauftempo zu erreichen. Dennoch sind diese Muskeln für diese Aktivität nicht so spezifisch geeignet wie die (jetzt ermüdeten) hauptsächlich an dieser Bewegung beteiligten Muskeln. Wir können die Hypothese aufstellen, daß bei dieser submaximalen Arbeit mehr O_2 verbraucht wird und daß die Laufökonomie bzw. die Bewegungseffizienz des betreffenden Läufers reduziert ist. Sollte dies stimmen und ist die Reduzierung groß genug, dann könnte dies nachgewiesen werden, indem man den Sauerstoffverbrauch bei verschiedenen submaximalen Geschwindigkeiten mit früheren Werten vergleicht. Subjektiv kann dieser gesteigerte O_2-Verbrauch durch das höhere Belastungsempfinden belegt werden, aber bislang gibt es keine Beweise dafür, daß ein Läufer, der sich müde fühlt, tatsächlich weniger ökonomisch läuft.

Tabelle 6.1: Die wichtigsten Warnsignale für Übertraining und Ausgebranntsein

Bezogen auf das Training

Ungewöhnlich starker Muskelkater am Tag nach einer Trainingseinheit
Zunahme der Muskelschmerzen bei fortgesetztem Training
Leistungsplateau oder Leistungsabfall trotz gesteigerten Trainings
Unfähigkeit, vorher bewältige Trainingsbelastungen zu absolvieren
Gesteigertes Belastungsempfinden: verzögerte Erholung nach dem Training
Gedanken, mit dem Training aufzuhören oder es ausfallen zu lassen

Bezogen auf die Lebensführung

Gesteigerte Anspannung, Depressionen, Ärger, Müdigkeit, Verwirrung; Unfähigkeit zur Entspannung
Reduzierter Elan bei der Verrichtung von Alltagsaufgaben; Dinge, die früher als angenehm empfunden wurden, werden jetzt nicht mehr als angenehm erlebt
Schlechter Schlaf

Bezogen auf die Gesundheit

Anschwellen der Lymphknoten
Verstopfung, Durchfall
Häufigeres Auftreten von Krankheiten (Fieber, Erkältungen etc.)
Erhöhter Blutdruck; gesteigerter morgendlicher Puls
Gewichtsverlust; Appetitlosigkeit

Übertrainierte Sportler erbringen in der Regel schlechtere Wettkampfleistungen als untertrainierte oder optimal trainierte Läufer. Dies mag nicht so sehr an den physiologischen Leistungseinbußen liegen als vielmehr an der Interaktion dieser Faktoren mit Defiziten in der psychischen Einstellung, wie in Tabelle 6.1 angegeben. Diese beiden Faktoren addieren sich, und in der Wettkampfphase, wenn eine optimale auf eine erfolgreiche Leistung ausgerichtete mentale Einstellung enorm wichtig ist, ist diese Interaktion klar ersichtlich. Ein nützliches Testinstrument zur Erstellung eines Profils der psychischen Spannung (McNair, Lorr & Droppelman, 1971), das unter dem Namen Profile of Mood States (POMS) bekannt ist, beschreibt diese Einstellungsveränderungen zuverlässig. Der Sportpsychologe William Morgan von der Universität von Wisconsin kennzeichnete in seinen pionierhaften Untersuchungen den Beginn der Leistungsverschlechterung bei Spitzenläufern mittels dieses Evaluationsinstruments. Er fand beim Übergang von noch zu bewältigendem Training zum Übertraining - und auch beim Übergang von einem leichten Übertraining in den Erholungszustand während der Trainingsreduktion vor einer Wettkampfperiode - bei Männern (Morgan & Pollock, 1977) und Frauen (Morgan, O'Connor, Sparling & Pate, 1987) ähnliche Einstellungsveränderungen. In

Abbildung 6.6 werden zwei Profile dargestellt: ein Profil eines normal trainierenden Athleten, der sich richtig auf Spitzenwettkämpfe vorbereitet hat, und ein Profil des gleichen Athleten, der Übertrainingssymptome zeigt. Während der optimalen Vorbereitung sind Einstellungen wie Depression, Ermüdung, Verwirrung, Ärger und Spannung minimal im Vergleich zum Gefühl der Vitalität. Der übertrainierte Athlet zeichnet sich durch ein genau umgekehrtes affektives Verhalten aus.

In der Fachsprache der Sportpsychologen hört sich dies folgendermaßen an: Wenn das Profil eines optimal vorbereiteten Athleten dem eines im Wasser treibenden Eisbergs ähnelt (Abbildung 6.6 a), was ein typisches Eisbergprofil ergibt, dann zeigt der übertrainierte Sportler sehr wahrscheinlich das Profil eines gekippten Eisbergs (Abbildung 6.6 b) (Morgan, 1985). Hier kann eine langfristige Kontrolle der Leistungsfähigkeit und des Verhaltens des Sportlers zur Optimierung der Vorbereitung sinnvoll sein. Wenn die Trainingsintensitäten manipuliert werden, ist es wahrscheinlich, daß es zu entsprechenden Änderungen der Stimmungszustände kommt. Obwohl Ermüdung und Vitalität während einer Periode intensiven Trainings zu- und abnehmen können, sollen sich diese Stimmungszustände während der Erholungs- oder Taperingphase umkehren. Am einen Ende des Kontinuums der trainingsbedingten Leistungszustände steht daher das Untertraining, während am anderen Ende das Ausgebranntsein steht. Das optimale Training und das

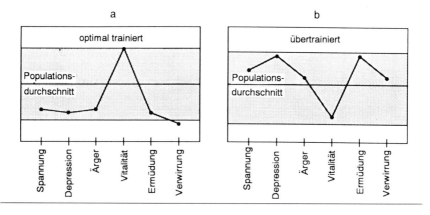

Abbildung 6.6: Setzen Sie den Profile of Mood States (POMS) Test ein, um unterschiedliche Stimungszustände bei übertrainierten und optimal vorbereiteten Sportlern sicher festzustellen. Während optimaler Vorbereitung erreichen Sportler sehr geringe Werte in solchen Kriterien des affektiven Verhaltens wie Spannung, Depression, Ärger, Ermüdung und Verwirrung, aber sehr hohe Werte hinsichtlich Vitalität. Dies ergibt das sogenannte „Eisberg-Profil", wie in Abbildung 6.6 a gezeigt. Der Übertrainingszustand ist durch eine Umkehrung dieser Stimmungszustände charakterisiert, was zu einem sogenannten "gekippten Eisberg-Profil" führt, wie in Abbildung 6.6 b dargestellt. Anmerkung: Aus „J. Kimiecik: The Facts and Fallacies of Overtraining and Staleness", American Coach, März/April, S. 12. Copyright Human Kinetics 1988. Nachdruck mit freundlicher Genehmigung.

Übertraining befinden sich irgendwo zwischen diesen beiden Eckpunkten. Sowohl physiologische als auch psychologische Variablen können kontrolliert werden, um die mögliche Verschiebung von einem optimalen, produktiven Zustand in den Zustand des Übertrainings oder des Ausgebranntseins festzustellen.

Identifizierung des Beginns des Übertrainings und Minimierung seiner Auswirkungen

Je eher die Symptome des Übertrainings identifiziert und bewältigt werden, desto schneller und erfolgreicher findet der Sportler zu einem effektiven Aufbau zurück und desto unwahrscheinlicher wird er in den Zustand des Ausgebranntseins geraten. Es ist jedoch nicht immer leicht, ein Übertraining zu identifizieren. Leider, aber offensichtlich wird die Wahrnehmung herausragender Sportler und ihrer Trainer (vielleicht aufgrund ihrer T-Persönlichkeiten), was die Bewältigung der Gesamtbelastung angeht, durch eine sonderbar eingeschränkte Sicht behindert. Allzu oft wurde auf einen individualisierten Trainingsplan mit periodischen Ruhepausen sowie eine regelmäßige Bestimmung des Leistungsfortschritts verzichtet.

Der Körper eines Sportlers kann nicht ein bodenloses Senkloch für körperliches Training und die mentale Anhäufung der Furcht vor dem Versagen werden. Ein derartiger Vorbereitungsplan ist ein nahezu todsicherer Auslöser für Übertraining, Überlastungsschäden und letztendlich ein Ausbrennen. Es ist tatsächlich sinnvoll, in diesem Fall von Training als Droge zu sprechen. Eine kleine Dosis körperlicher Aktivität führt, genau wie eine derart geringe Medikamentendosis, zu einem kaum meßbaren Effekt. Eine optimale Dosis bringt genau den richtigen Effekt. Übertrieben hohe Dosen tragen das Risiko toxischer Nebeneffekte in sich, zusätzlich zu der Tatsache, daß sich der Zustand, der zur Verschreibung der optimalen Dosis den Anlaß gab, kaum verbessert. Jeder Arzt, dem nachgewiesen wird, daß er derart ungeeignete Dosen verschrieben hat, würde wegen dieses Kunstfehlers zur Verantwortung gezogen und bestraft. Ärzte sind daher bemüht, die rationale Notwendigkeit der verschriebenen Dosis zu identifizieren, indem sie ihre Auswirkungen dokumentieren. Trainer und Sportler, die körperliche Belastungen verschreiben, indem sie Trainingspläne aufstellen, müssen sich der gleichen Logik und Zurückhaltung bedienen. Und häufig tun sie dies auch. Sportler, die aus einer derartigen Umgebung hervorgehen, zeichnen sich durch lange und erfolgreiche Laufbahnen aus und erleiden nur wenige Rückschläge. Aber oft werden diese Logik und Zurückhaltung auch nicht an den Tag gelegt. Das Training wird übertrieben, entweder unbewußt (weil Trainer und Sportler die Ergebnisse des zugeteilten Trainings nicht zusammen auswerten) oder einfach aufgrund eines Arbeitsethos, dem die Einstellung zugrundeliegt, daß mehr besser ist, daß es keinen Fortschritt ohne Schmerzen gibt und daß das Ruhebedürfnis ein Zeichen von Schwäche ist.

Stellen Sie sich die Situation vor, die resultieren würde, wenn ein enthusiastischer Trainer seinen Athleten kompromißlos verständlich machen würde, sie müßten die von ihm verordneten Trainingsbelastungen tolerieren und sie ohne Diskussion oder Debatten absolvieren (Newton & Durkin, 1988). Oder stellen Sie sich einen Trainer vor, der einer Gruppe von Athleten mit unterschiedlichen Fähigkeiten und Disziplinschwerpunkten einen identischen Trainingsplan vorgibt. Die Sportler in der ersten Kategorie müssen den Anordnungen des Trainers Folge leisten (Tu es so, wie ich es will, oder sonst ...), der noch nicht einmal die leiseste Absicht hat, darüber nachzudenken, ob an den Kommentaren der Sportler, daß die Trainingsbelastungen zu einer übermäßigen Ermüdung führen und daß sie eine Reizung der Muskeln und Sehnen bewirken, die den Beginn eines Übertrainings oder Überlastungsschadens signalisieren, etwas dran sein könnte.

Wenn die Sportler die Tatsache akzeptieren, daß, wie ihr Trainer verlangt, Denken nicht angesagt und Gehorchen die einzige Alternative ist, werden sie einfach weitermachen und nicht zugeben, daß sie übermäßig ermüdet, depressiv oder sogar ansatzweise verletzt sind. Wenn der Trainer in den vorangegangenen Jahren erfolgreich war, können die Sportler sogar zu der Überzeugung gelangen, daß dieser Zustand ausgeprägter Ermüdung, Niedergeschlagenheit oder Verletzung notwendig oder richtig für den Sieg ist. Selbst wenn jetzt Unterhaltungen zwischen Trainer und Sportlern stattfinden, kann es sein, daß die Sportler Angst haben Probleme zuzugeben, die als Schwächen interpretiert werden könnten. Jede Aggressivität, die die Sportler zeigen, könnte vom Trainer als eine geringfügige Reizbarkeit aufgrund einer infolge der harten Trainingsbelastung erwarteten Ermüdung abgetan werden. Es fehlt letztlich die emotionale Umgebung, in der Sportler und Trainer richtig einschätzen können, daß bei Fortsetzung des hochintensiven Trainings ohne kompensatorische Ruhepausen ein hohes Risiko der Entwicklung von Übertraining und Überlastungsschäden unumgänglich ist.

Der Versuch, eine derartige Situation zu lösen, erinnert an den Versuch ein verärgertes Stachelschwein aufzuheben. Es gibt keine geeignete Richtung, von der man diesen Versuch starten könnte. Einzelne Sportler sind letztlich nicht mehr fähig, eine gute Leistung zu bringen, oder sie verletzen sich und können keine Wettkämpfe mehr bestreiten. Der Trainer erfährt nicht die verschiedenen Ursachen für die Überlastungen der Sportler, teilweise weil sich das Milieu für einen beidseitigen Austausch nicht entwickeln konnte. Und wenn die Mannschaft dank einer ausreichend großen Gruppe von Sportlern, die noch immer gut laufen und Wertungspunkte bei einer Meisterschaft erringen, erfolgreich ist, werden die verletzten Sportler schlicht als diejenigen angesehen, die nicht angemessen auf das Trainingsprogramm reagierten. Gibt es hierfür irgendwelche Lösungen? Ja. Eine besteht natürlich darin, daß diese hier dargestellte Form von Trainingsmentalität dank sich verbessernder Grundsätze akzeptabler Coaching-Strategien auszusterben scheint. Eine andere Lösung ist, den Trainern und Athleten nahezulegen, eine effektive zweiseitige Beziehung zu entwickeln, die auf einem gegenseitigen Wunsch nach Fortschritt statt auf einer einseitig erzwungenen Machtausübung und Kontrolle über den anderen beruht. Wir schlagen auch vor, über die Leistungsfortschritte sorgfältig Buch zu führen, so daß es leichtfällt, einen kontinuierlichen Anstieg, ein Plateau oder eine Abfall in der Leistung zu identifizieren.

Die Verhinderung von Übertraining als wichtiges Element eines guten Coachings

Drei primäre Umstände im Rahmen des Trainingsmilieus bereiten am häufigsten die Bühne für die Art von Ermüdung, die entweder Übertraining oder Überlastungsschäden hervorruft. Ein Umstand tritt aufgrund der Schlußfolgerung auf, daß sowohl die Trainings- als auch die Wettkampfleistungen nachzulassen begonnen haben, weil der Sportler schlicht im Hinblick auf Quantität oder Qualität oder beides nicht ausreichend trainiert hat. Die Logik ist einfach. Da Training eine Leistungssteigerung bewirken sollte und da kein Training auch in keiner Verbesserung resultiert, kann ein Nachlassen der Leistung nur durch ungenügendes Training verursacht werden. Diese Logik ist falsch, da uns am Beginn des Leistungsabfalls ein Athlet gegenübersteht, der nicht länger imstande ist, auf die Trainingsbelastung auf normale Weise zu reagieren. Mehr bringt nicht länger mehr; in dieser Situation bringt mehr weniger, und weniger bringt mehr. Die dritte Seite der Entwicklungsmünze - Erholung/Ruhe zusätzlich zu Quantität und Qualität - muß eine größere Bedeutung erlangen.

Der zweite Umstand tritt im Anschluß an eine erfolgreiche Wettkampfserie oder einige erfolgreiche Trainingsmesozyklen auf. Ein Gefühl der Unbesiegbarkeit, oder daß bessere Resultate durch mehr Training zu erreichen wären, vor allem weil der Sportler gute Resultate erreichte, ohne sich durch vorangegangene harte Trainingsbelastungen überfordert zu fühlen, trägt dazu bei, daß er dem Glauben verfällt, mehr Training zu tolerieren. Tatsächlich kann die Situation genau umgekehrt sein. Die guten Ergebnisse waren das Ergebnis des genau richtigen Gleichgewichts von Quantität, Qualität und Erholung. Sehr geringe Steigerungen der Trainingsbelastung können den Sportler auf ein neues Plateau anheben. Deutliche Steigerungen sind sehr wahrscheinlich zuviel.

Der dritte Umstand tritt auf, wenn sich ein Sportler von einem Rückschlag wie einer Verletzung oder Krankheit erholt hat, vor allem, wenn sehr wenig Zeit zur Vorbereitung auf eine bevorstehende wichtige Wettkampfphase bleibt. Statt keine Wettkämpfe zu bestreiten und die Ziele für eine spätere Wettkampfperiode auszurichten, steigert der Sportler die Trainingsquantität und -qualität sehr schnell, ohne angemessene Ruhepausen einzubauen. Zu Anfang ist der Sportler aufgrund der erzwungenen Pause sowohl körperlich als auch mental frisch. Aber sein Körper ist unzureichend auf die Bewältigung der Trainingsbelastung vorbereitet. Anfänglich kommt es zu enormen Verbesserungen, aber langfristig bleiben Leistungssteigerung aufgrund unzureichender Ruhepausen oder übermäßiger Trainingsbelastungen aus.

Sportler und Trainer befinden sich daher in einem Dilemma, wenn sie einen Trainingsplan aufstellen. Drei entscheidende Fragen verlangen nach einer Antwort. Erstens, wieviel Training kann absolviert werden, so daß es zu Leistungsverbesserungen, aber keinem Übertraining kommt? Zweitens, welche Trainingsarten oder andere Lebensstilmuster bedeuten ein erhöhtes Übertrainingsrisiko? Und schließlich, gibt es irgenwelche verräterische frühe Warnzeichen für den Beginn des Übertrainings oder des Ausgebranntseins?

Die erste Frage ist am schwierigsten zu beantworten, da sie für jeden Sportler anders ist. Die drei wichtigsten Gruppen von Variablen, die zum Streß beitragen, wenn der Trainingsumfang ansteigt, sind:
1. Lebensstil,
2. genetische Faktoren und
3. der Ausgangsgrad der Fitneß.

Eine Methode der Bestimmung optimal zu bewältigender Trainingsbelastungen ist die sorgfältige Analyse von Trainingsbüchern aus ähnlichen Trainingsphasen, um herauszufinden, welche Trainingsbelastungen in Kombination mit welcher Lebensführung in der Vergangenheit einen optimalen Leistungsfortschritt bewirkten. Eine Faustregel (die nur durch die Erfahrung bestätigt werden kann) ist, daß eine Steigerung der Trainingsbelastung von lediglich 5 % pro Woche über eine Trainingsphase von der Länge eines Mikrozyklus effektiv ist, das heißt unter Beibehaltung der Gesundheit und unter Gewährleistung einer progressiven homöostatischen Anpassung, bewältigt werden kann. Gleichzeitig gilt, daß der Trainingsumfang und die Trainingsintensität nicht gleichzeitig gesteigert werden sollten.

Derartige Überlegungen setzen jedoch ein gut geführtes Trainingsbuch und einen gesunden Sportler zu Beginn der Trainingsphase voraus. Folgende Daten sollten in Tabellen festgehalten werden:

- die pro Woche und pro Monat gelaufene Trainingsstrecke,
- die pro Woche aerob gelaufene Strecke sowie die Langintervallstrecken (annähernd anaerob) und Kurzintervallstrecken (dominierend anaerob),
- die Anzahl der Ruhetage pro Woche oder Monat,
- quantifizierende Angaben bezüglich der Tempobereiche und der Ruhepausen bei schnelleren Einheiten und
- eine Zusammenfassung der Unterbrechungen der Trainingsroutine (durch familiäre oder berufliche Probleme, Langstreckenreisen, Krankheit, kleinere Verletzungen etc.).

Wenn derartige Daten in Tabellenform festgehalten und nicht unter seitenlangen Aufzeichnungen täglicher Trainingsdetails versteckt werden, können Abweichungen von einem optimalen Belastungs- und Erholungsmuster klar erkannt werden.

Ein wichtiges bislang ungelöstes Problem von Trainern, bei dessen Lösung sie auf die Hilfe von Wissenschaftlern angewiesen sind, ist die Entwicklung einer Methode der Zuordnung einer Intensitätskennziffer zu allen Trainingseinheiten, so daß es möglich ist, unterschiedliche Trainingseinheiten spezifischer zu vergleichen und eine kumulative Kennziffer der Trainingsbelastung zu bestimmen. Der Körper tut dies sehr gut, indem er sich an die Trainingsbelastung eines jeden Tages anpaßt. Wetter, Terrain, psychologische Faktoren, die Verfügbarkeit von O_2 und Brennstoffen in den Muskelzellen, der Bewegungsumfang und viele Faktoren mehr tragen zur Gesamtreaktion des Körpers auf eine Trainingseinheit bei. Sobald wir in der Lage sind, diesen Nettoeffekt so wie der Körper zu quantifizieren, sind wir in der Lage, zwischen einer Trainingsbelastung und einer Überlastung besser zu unterscheiden. Dies dürfte im Zeitalter des Computers einfach sein. Die Manipulation der

Daten ist einfach; schwierig ist die Entwicklung eines Systems der numerischen Aufzeichnung der Trainingseffekte auf die unterschiedlichen Aspekte der körperlichen Funktion. Es wird zu einem wichtigen Durchbruch der Quantifizierung des Trainings kommen, wenn derartige Analysen möglich sind.

Die zweite Frage ist ein wenig einfacher zu beantworten, wieder unter der Voraussetzung, daß ausführliche Trainingsaufzeichnungen einschließlich der Trainingsreaktionen vorliegen. Mehrere Aktivitätsmuster sollten mit einer roten Signalfahne versehen (und entsprechend behandelt) werden, da sie das Risiko einer Überlastung, die letztlich zum Übertraining führen könnte, in sich bergen. Zu diesen Faktoren gehören:

- Zu viele Wettkämpfe in kurzer Folge ohne dazwischen eingeschobene, ausreichend lange Erholungsphasen bzw. ohne eine exakt abgestimmte Ruhepause nach einer Serie,
- ein plötzlicher statt allmählicher Anstieg des Trainingsumfangs oder der Trainingsintensität,
- gesteigerte Betonung eines Trainingsformats, so daß bestimmte Muskelgruppen übermäßig beansprucht werden,
- gesteigerter äußerer, nicht mit dem Training in Zusammenhang stehender Streß (Reisen, unregelmäßiger Tagesablauf, ungenügender Schlaf, emotionale Probleme, negativer Energie- oder Wasserhaushalt etc.).

Obwohl bereits früher erwähnt, sollten die hemmenden und sich summierenden Effekte dieser äußeren Faktoren auf eine optimale Erholung von harten Trainingsbelastungen noch einmal betont werden. Diese Effekte können nicht psychisch unterdrückt oder beiseite gewischt werden, weil sie angeblich zur Gesamtlebensbelastung nicht beitragen. Im Gegenteil, der kluge Sportler akzeptiert die beeinflussende Rolle dieser Faktoren objektiv und versucht, ihre Einflüsse zu reduzieren.

Da die Ausschaltung dieser äußeren Stressoren die Erholung fördert und damit die Möglichkeit, ein noch härteres Training zu tolerieren, eröffnet, ist es verständlich, daß viele Sportler den Wunsch haben, hin und wieder in ein Trainingslager zu reisen. Einige Länder unterhalten derartige Trainingslager auf einer ganzjährigen Basis für ihre in der Entwicklung befindlichen Sportler. Gute, regelmäßige Mahlzeiten, ausgezeichnete Trainingsstätten, Massagen und andere wiederherstellende bzw. therapeutische Maßnahmen, Freizeitaktivitäten und minimale äußere Einflüsse stellen die ideale Umgebung für motivierte Sportler dar. Das Risiko, in einer derartigen Umgebung das Training zu übertreiben, ist allerdings sehr hoch. Aus diesem Grunde sind diese Trainingsaufenthalte in der Regel auf nicht mehr als zwei Wochen beschränkt. In der Woche nach dem Trainingslager findet normalerweise eine Erholungs- und Taperingphase und ein kleinerer Wettkampf bzw. ein Zeitkontrollauf statt.

Vier Zeichen des Übertrainings

Wir möchten einige auf Erfahrung basierende Vorschläge hinsichtlich der Identifizierung der frühen Warnsignale für ein Übertraining unterbreiten. Jedes der in Tabelle 6.1 zusammengefaßten Warnsignale kann gelegentlich isoliert auftreten und deutet einfach auf einen Rückschlag hinsichtlich der Trainingskontinuität hin. Aber wenn hartes Training in Übertraining übergeht, beginnen diese Symptome sich zu summieren. Es kommt zu einer konsistenten Leistungsminderung. Unsere kollektive Erfahrung bei der engen Betreuung mehrerer Dutzend Spitzenläufer deutet darauf hin, daß vier Faktoren - wenn sie in Kombination aufzutreten beginnen - als Zeichen eines beginnenden Übertrainings oder Ausgebranntseins gelten können. Diese Zeichen sind eine Aufforderung zum sofortigen und konsequenten Einleiten von Erholungsmaßnahmen.

Indikator 1: Ein deutlich stärkeres Belastungsempfinden bei einer Schnelligkeitstrainingseinheit, einem Zeitkontrollauf oder einer Rennbelastung in einem Tempo, das zuvor unter ähnlichen Umgebungsbedingungen leicht zu bewältigen war. Laufintervalle können nicht in dem vorher leicht bewältigten Tempo absolviert werden, es sei denn, es werden erheblich längere Erholungspausen eingelegt.

Indikator 2: Eine deutlich erkennbare ungenügende der Erholungszeit zwischen zwei an aufeinanderfolgenden Tagen stattfindenden Trainingseinheiten, was sich häufig in einer gesteigerten morgendlichen Herzfrequenz, schlechtem Schlaf und dem permanenten Gefühl der Dehydratation niederschlägt.

Indikator 3: Ein deutlich erkennbarer Anstieg der allgemeinen Reizbarkeit im Umgang mit den routinemäßigen, normalerweise nichtbelastenden Lebensproblemen (Stimmungsschwankungen, streitbares, klagendes Verhalten). Dieser Zustand ähnelt dem "Burnout", der hochbelastete Manager befallen kann.

Indikator 4: Reduzierte Trainingsmotivation. Die Sportler freuen sich nicht länger auf die Herausforderung einer harten Trainingseinheit und haben fast schon Angst vor den erwarteten schlechten Resultaten.

Die sofortige Berücksichtigung dieser Zeichen und das Einleiten konsequenter Erholungsmaßnahmen, wie z.B. eine Trainingsreduzierung um 50 bis 60 %, der Verzicht auf einen bevorstehenden Wettkampf, die Verbesserung der Regelmäßigkeit und Qualität des Schlafes und der Nahrungsaufnahme und die Beseitigung der Auswirkungen anderer äußerer Stressoren durch eine Umorganisation der Prioritäten, kann die optimale Funktion innerhalb von ein oder zwei Wochen wiederherstellen. Der vorherige intensive Trainingsplan sollte jedoch nur zögernd und mit Änderungen, die ein Wiederauftreten der früheren Gesamtbelastung verhindern, wiederaufgenommen werden. Das Signal zur Wiederaufnahme eines vollen Trainings ist das wiederaufkeimende Interesse an hartem Training und die Fähigkeit, ein derartiges Training wiederaufzunehmen. Übertraining und Ausgebranntsein sollten am besten als sehr reale und wichtige Rückschläge einer positiven Entwicklung aufgefaßt werden. Ihre Auswirkungen müssen durch ein Reduzieren der Streßbelastung beseitigt werden. Es gibt einfach keine andere Wahl.

Bei unseren langjährigen Diskussionen mit Spitzenläufern, die an Überlastungsschäden litten und den Zustand des Ausgebranntseins durchlaufen haben, wurde deutlich, daß sie tatsächlich die erwähnten frühen Warnsymptome erfuhren. Aber sie ignorierten sie. Ihre Trainingsziele waren unter dem Aspekt einer bevorstehenden Wettkampfphase festgelegt worden, und der Gedanke an das Auftreten eines Übertrainings oder eines Überlastungsschadens hatte einfach keinen Platz in diesen Plänen. Wenn diese Symptome auftraten, nahmen die betroffene Sportlers einfach an, daß sie irgendwie wieder verschwinden würden, wobei die Toleranz des Sportler gegenüber den sich entwickelnden Auswirkungen dieser Zustände als ein weiterer Beweis für die Härte des Sportlers angesehen wurde. Sehr oft wurden diese Sportler von Trainern betreut, die eine Verletzung oder den Gedanken an eine eingeschobene Erholungsphase zur Wiederherstellung der normalen adaptiven Mechanismen nicht tolerierten. Erst als es zu spät war, wenn eine Verletzung, Krankheit oder ein ausgeprägtes Ausgebranntsein sich entwickelt hatten, stellten die betroffenen Sportler fest, daß ihr Trainingsplan mit ihren Anpassungsfähigkeiten nicht übereinstimmte. Sie fühlten sich minderwertig und neigten dazu, sich wegen ihrer schlechten Leistungen Vorwürfe zu machen, statt auch nur einen Gedanken daran zu verschwenden, daß ihrem unbeugsamen Trainer ein Teil der Verantwortung zu geben war, der weder eine Abweichung vom Plan noch eine Diskussion zuließ und der die Meinung vetrat, daß das Versagen seiner Athleten schlicht an ihrer mangelnden Reaktion auf den Trainingsplan lag.

Die Anwendung objektiver Kriterien zur Identifikation von Übertraining

So wie ein Arzt das klinische Labor nutzt, um den Gesundheitszustand des Patienten zu kontrollieren, so ist es für Sportler, die sich selbst trainieren (aber auch für Trainer), ratsam, eine Zusammenarbeit mit Sportwissenschaftlern und Sportmedizinern anzustreben. Diese Personen sollten ein aufrichtiges Interesse am Erfolg der von ihnen kontrollierten Athleten haben. Intensive Untersuchungen des Übertrainings und Ausgebranntseins haben die diagnostischen Möglichkeiten hinsichtlich der Entdeckung früher Anzeichen verbessert. Es stehen sowohl psychologische Diagnoseverfahren (wie z.B. der oben beschriebene POMS-Test zur Diagnose von Stimmungsveränderungen) als auch die Erstellung eines Blutchemieprofils (quantifizierende Variationen blutchemischer Variablen, die auf ein Stoffwechselungleichgewicht hindeuten) zur Verfügung.

Der ernsthafte, auf das Ausgebranntsein zurückzuführende Rückschlag hat ein großes Interesse geweckt, entweder eine oder eine kleinere Anzahl leicht meßbarer physiologischer Variablen zu finden, die deutlich auf ein Übertraining und seine Folgeerscheinungen hinweisen. Da das Überlastungssyndrom viele Facetten aufweist, scheint die Wahrscheinlichkeit, eine derart einfache Lösung zu finden, unlogisch. Aber die Suche geht weiter. Am besten ist sicherlich, daß Übertraining vor seinem eigentlichen Auftreten zu identifizieren. Aber dies kann schwierig sein. Wenn spezifische Variablen, die typisch für Übertraining sind, identifizierbar sind, dann würden diese erst nach Einsetzen des Übertrainings auftreten.

Eine besondere Schwierigkeit bei der Identifikation derartiger Variablen ist, daß hartes Training selbst zu meßbaren Veränderungen der Zellphysiologie führt, die sich im Blutchemieprofil und physiologischen Werten niederschlagen. Der Unterschied zwischen ernsthaftem, aber zu bewältigendem Training und beginnendem Übertraining ist im wesentlichen ein Gradunterschied. Es gibt eine Grauzone, innerhalb derer adaptive physiologische Reaktionen mit den Anforderungen nicht ganz Schritt halten. Es besteht auch ein Problem hinsichtlich der inter- und intraindividuellen Variabilität der Blutchemievariablen, so daß es schwierig ist, spezifische Schwellenwerte für ein Übertraining zu identifizieren, die auf jeden anwendbar sind. Abweichungen von Normalwerten innerhalb einer Gruppe ausgewählter, häufig (das heißt monatlich oder vierteljährlich) gemessener Variablen, die mit dem Basis-Blutchemieprofil des betreffenden Athleten verglichen werden, können jedoch als Hinweis ausreichen, daß der Körper sein homöostatisches Gleichgewicht nicht aufrechterhalten kann und daß mit einem Übertraining zu rechnen ist. Einige der häufiger gemessenen Blutchemievariablen, die wir bereits in diesem oder in Kapitel 2 besprochen haben, sind Hämoglobin (als Indikator für Anämie), Ferritin (als Indikator für eine prälatente Anämie), Kreatinkinase (als Indikator für einen Anstieg der Permeabilität der Muskelzellmembran), Hydroxyprolin (als Anzeichen eines Sehnenschadens), Retikulozyten (als Anzeichen für eine angemessene Produktion roter Blutzellen) und Haptoglobin (als Anzeichen für eine gesteigerte Hämolyse).

Unsere Strategie bei der Arbeit mit Spitzenlangstrecklern, für die wir Blutchemieprofile entwickelt haben, ist, eine deutliche Reduzierung des Trainings sowie eine Reevaluation der Trainingsbelastungen und des Ernährungsstatus vorzuschlagen, wenn die vier auf Seite 488 beschriebenen Anzeichen deutlich verändert sind und einige der anderen, im folgenden aufgeführten Veränderungen auftreten. Diese Athleten haben typischerweise noch keine Übertrainingssymptome entwickelt; daher ist man versucht, dies als einen akzeptablen Plan zur Verhinderung von Übertraining vorzuschlagen. Wissenschaftlich ist eine derartige Behauptung natürlich nicht gültig. Es wäre notwendig, die Untersuchung mit den gleichen Athleten zu wiederholen, und dabei die veränderten Variablen so zu belassen ohne die Andeutung einer Trainingsplanänderung. Wenn es dann zu Übertrainingssymptomen und letztendlich zu einem Ausbrennen kommen würde, ständen wir auf sichererem Boden. Leider können wir die Zeit nicht zurückdrehen und derartige Bedingungen erneut schaffen, um das neue Ergebnis zu ermitteln.

Von einigen wurde vorgeschlagen, allgemeinere Daten der menschlichen Leistung zu kontrollieren, wie z.B. die nächtlichen Schlafstunden oder die morgendliche Herzfrequenz (Ryan, Brown, Frederick, Falsetti & Burke, 1983; Dressendorfer, Wade & Scaff, 1985). Ähnliche Schwierigkeiten treten auch bei der Erfassung und Interpretation dieser Daten auf. Beispielsweise kann das Aufzeichnen der nächtlichen Schlafstunden nützliche Hinweise auf die notwendige Ruhe geben. Aber spät ins Bett zu gehen und am nächsten Morgen spät aufzustehen, verhilft nicht typischerweise zu einem so guten Schlaf wie das normale Verhaltensmuster. Es sollten daher die Qualität des Schlafs und auch die Schlafmuster dokumentiert werden. Die Messung des Morgenpulses kann ein nützlicher Index für die allgemeine Erholung sein. Aber unterschiedliche Meßbedingungen können die Variabilität beträchtlich erhöhen: natürliches Aufwachen im Gegensatz zum Aufwachen durch einen Wecker, Messung vor dem Aufstehen usw.

Eine dritte möglicherweise nützliche Variable ist das Körpergewicht. Auch hier ist es wieder wichtig, wann und wie gemessen wird. Für jede Messung sollte die gleiche Waage genommen werden. Der beste Zeitpunkt zur Messung dieses sogenannten Trainingsgewichtes ist nach einer Trainingseinheit. Aber aufgrund der Witterungsbedingungen und der Art der Trainingsbelastung sind nicht alle Trainingseinheiten einander ähnlich. Und in Abhängigkeit von den Umständen, können Sportler während der Trainingseinheit Getränke zu sich nehmen oder auch nicht, was einen zusätzlichen Einfluß auf den Gewichtsverlust hat. Auch das Morgengewicht nach dem Stuhlgang und vor dem Frühstück wird manchmal verwendet. Deutliche Steigerungen der Herzfrequenz, Abnahmen des Körpergewichts oder ein reduzierter Schlaf bzw. Schlaflosigkeit, lassen - vor allem wenn sie zusammen auftreten - den Verdacht aufkommen, daß ein Übertrainingszustand droht. Die hieraus zu ziehende Lehre ist, daß schlecht erfaßte Daten eine ausgezeichnete Quelle von Fehlinformationen sind. Sinnvolle Schlußfolgerungen können nur aus gut erfaßten Daten nach einer sorgfältigen Vorplanung gezogen werden.

Zusammenfassung

1. Optimale Trainingsbelastungen sollten zu einer optimalen Verbesserung der Leistungsfähigkeit führen. Eine entscheidende Frage ist, wie eine optimale Trainingsbelastung sicherzustellen ist. Das Wesen des Leistungssports als eines Wettkampfs, der von Athleten Bestleistungen verlangt, erfordert ein hohes Motivationsniveau, all die Arbeit zu leisten, die verlangt wird, um den höchstmöglichen Fitneßgrad zu erreichen. Diese hohe Motivation, die ein Persönlichkeitsmerkmal talentierter Sportler ist, vernebelt oft die Fähigkeit dieser Athleten, den Unterschied zwischen optimalem und übermäßigem Training festzustellen.
2. Ermüdung und Muskelkater sind Begleitkomponenten des Trainingsprozesses von Athleten, die nach deutlichen Verbesserungen ihrer Leistungsfähigkeit streben. Dies liegt daran, daß sie Manifestationen der metabolischen Auswirkungen harten Trainings auf die Organsysteme sind. Ungewöhnlich hohe Belastungen von vorübergehender Art rufen typischerweise einen Muskelkater hervor, von dem der Athlet sich nach einigen Tagen wieder erholt hat. Überlastungsschäden resultieren mit größerer Wahrscheinlichkeit aus langfristigen Phasen mit einem unangemessen hohen Trainingsumfang oder einer zu hohen Trainingsintensität (Übertraining). Schnelle Umwandlungsraten für Gewebearten wie die Muskeln und Sehnen sind das Ergebnis längerer Phasen eines anaeroben Stoffwechsels und somit nahezu maximaler oder maximaler Belastungen. Wenn es zu einer optimalen physiologischen Anpassung kommt, sollte der trainierte Sportler besser in der Lage sein, ähnliche Belastungen zu tolerieren.
3. Ein kurzfristiges Übertraining (oder einfach Übertraining) tritt ein, wenn nach einer harten Trainingsbelastung nur unzureichend auf Erholung geachtet wird. Sowohl psychologische als auch physiologische Anzeichen und Symptome deuten auf diesen Zustand hin, und es bedarf einer wesentlich längeren Erholungsphase als normalerweise, um ein Wiederherstellen der Homöostase zu bewirken.

4. Langfristiges Übertraining (oder Ausgebranntsein) tritt dann ein, wenn ein Übertrainingszustand sich ungehindert entwickeln kann. Wiederum deuten psychologische und physiologische Merkmale auf seine Existenz hin, aber diese Anzeichen sind jetzt zahlreicher und offensichtlicher. Es kommt zu einem gehäuften Auftreten von Krankheiten und einer ausgeprägteren Anfälligkeit für Überlastungsverletzungen. Die Erholung kann in diesem Fall Wochen oder gar Monate dauern.
5. Die Risiken, daß der Athlet aufgrund von Ermüdung keine gute Leistungen bringen kann oder daß sein Leistungsfortschritt durch Überlastungsschäden oder Ausgebranntsein aufgehalten wird, sind so groß, daß alle Sportler und Trainer, die nach Spitzenleistungen streben, Maßnahmen zur Verhinderung dieser Zustände ganz oben auf die Prioritätenliste setzen sollten. Hartes Training entwickelt sich nicht plötzlich zu Übertraining, denn Übertraining ist das Ergebnis der Summe harter Trainingsbelastungen, die zu lange ohne kompensatorische Ruhepausen absolviert wurden. Obwohl es schwierig ist, auch nur zeitweilig von kontinuierlichem harten Training Abstand zu nehmen, wenn man zuversichtlich ist, daß die Leistungsentwicklung gut voranschreitet, muß die Einstellung eines Sportlers sich auf die Tatsache ausrichten, daß angemessene Ruhepausen ein fest eingeplanter Bestandteil des Trainings sein sollten und daß sie für die Fortsetzung einer optimalen Entwicklung von entscheidender Wichtigkeit sind. Wenn die Erholungspausen ausreichend sind, sind die Sportler mit sich selbst und ihrem Training beständig zufrieden, sie haben eine positive Einstellung und ein hohes Selbstvertrauen.
6. Die beste Methode zur Minimierung des Übertrainingsrisikos ist die sorgfältige Kontrolle des vergangenen und gegenwärtigen Trainings und der Einsatz dieses Wissens bei der Gestaltung des Trainingsplans, wobei der Trainingsplan ständig im Hinblick auf eine mögliche Anpassung an die aktuelle Situation kontrolliert werden sollte. Das kombinierte Auftreten von ungewöhnlichen Steigerungen des Trainingsumfangs und der Trainingsqualität, nachteilige Veränderungen der Trainingsumgebung (wärmeres Wetter oder der Wechsel in ein hügeliges Terrain) oder das Hinzukommen weiterer Alltagsbelastungen, ohne gleichzeitig auf eine entsprechende Steigerung der Erholungszeit, eine spezielle Ernährung oder den Einsatz wiederherstellender und regenerierender therapeutischer Methoden zu achten, ist unklug und kann am besten durch eine sorgfältige Analyse des Trainingsbuchs festgestellt werden. Sorgfältige Aufzeichnungen und ihre in regelmäßigen Abständen erfolgende Durchsicht und Analyse sollten die erste Abwehrmaßnahme gegen Übertraining darstellen. Die Schlußfolgerungen aus derartigen Analysen können auch prospektiven Charakter haben (das heißt, sie können Hinweise auf die Möglichkeit von Risiken geben).
7. Subjektive Anzeichen der akkumulierenden Auswirkungen harten Trainings können effektive erste Warnsignale für ein Übertraining sein. Die besten subjektiven Indikatoren sind (a) ein erhöhtes Belastungsempfinden bei einem gegebenen Tempo, (b) eine Verschlechterung der Leistungsfähigkeit trotz der normalerweise eingelegten Erholungspausen, (c) eine gesteigerte Gereiztheit und Launenhaftigkeit, und (d) eine reduzierte Trainingsmotivation.
8. Individualisierte Trainingspläne, die kontinuierlich aktualisiert werden, so daß sie die kontinuierlichen Anpassungen des Sportlers an das Training widerspiegeln, tra-

gen ein wesentlich geringeres Übertrainingsrisiko in sich als Trainingspläne, die global für eine ganze Trainingsgruppe erstellt werden. Allzu häufig führen derartige Pläne bei leistungsschwächeren oder weniger talentierten Sportlern zu Übertraining, während die talentierteren Athleten unterfordert werden. Die letztgenannten Sportler sehen dann einen Grund zusätzlich zu trainieren, was seinerseits im Falle einer unzureichenden Kontrolle auch zu Übertraining führen kann.

9. Metabolische Indikatoren, gemessen als Veränderungen der Werte blutchemischer Variablen, sind gegenwärtig ungenaue Anzeichen für den Beginn des Übertrainings, da für diesen Zustand kein konsistent identifizierbarer Schwellenwert besteht. Individuelle Unterschiede sind beträchtlich. Die periodische Erstellung eines Blutchemie-Profils als Teil einer routinemäßigen Gesundheitskontrolle von Sportlern im Training ist wertvoll im Hinblick auf die kontinuierliche Vermittlung eines genauen Bildes dessen, was für jeden einzelnen typisch ist. Bei den Sportlern, denen der Luxus einer langfristigen (d.h. mehrjährigen), in regelmäßigen Abständen stattfindenden Gesundheitskontrolle zuteil wird, besteht die größte Chance, daß derartige Veränderungen nützliche Indikatoren für ein mögliches Übertraining sein können. Wenn Veränderungen dieses normalerweise stabilen Blutchemiebildes auf ein mögliches Stoffwechselungleichgewicht hindeuten, kann eine sofortige Berücksichtigung dieser Veränderungen im Zusammenhang mit dem Training und dem Lebensstil des betreffenden Athleten nützlich für das Herstellen eines Gleichgewichtes sein. Einige derartige Blutchemie-Variablen wurden beschrieben. Wichtige andere physiologische Veränderungen, die diese Kontrollen begleiten können, sind eine gesteigerte morgendliche Herzfrequenz, ein progressiver Gewichtsverlust, ein schlechter Schlaf und Appetitlosigkeit. Es muß jedoch darauf geachtet werden, Informationen zu erhalten, die im Hinblick auf eine Interpretation konsistent und valide sind.

Literatur

Abraham, W.M. (1977). Factors in delayed muscle soreness. Medicine and Science in Sports, 9, 11-20.

Ardawi, M.S. & Newsholme, E.A. (1985). Metabolism in lymphocytes and its importance in the immune response. Essays in Biochemistry, 21, 1-43.

Armstrong, R.B. (1984). Mechanisms of exercise-induced delayed onset muscular soreness: A brief review. Medicine and Science in Sports and Exercise, 16, 529-538.

Berdanier, C.D. (1987). The many faces of stress. Nutrition Today, 22 (2), 12-17.

Cannon, W.B. (1929). Organization for physiological homeostasis. Physiological Reviews, 9, 399-431.

Costill, D.L. (1988), Carbohydrates for exercise: Dietary demands for optimum performance. International Journal of Sports Medicine, 9, 1-18.

Counsilman, J.E. (1968). The science of swimming. London: Pelham.

David, A.S., Wessly, S. & Pelosi, A.J. (1988). Postviral fatigue syndrome: Time for a new approach. British Medical Journal, 296, 696-699.

Davies, K.J.A., Packer, A. & Brooks, G.A. (1982). Exercise bioenergetics following sprint training. Archives of biochemistry and Biophysics, 215, 260-265.

Dressendorfer, R.H. & Wade C.E. (1983). The muscular overuse syndrome in long-distance runners. Physician and Sportsmedicine, 11 (11), 116-130.

Dressendorfer, R.H., Wade, C.E. & Scaff, J.H. (1985). Increased morning heart rate in runners: A valid sign of overtraining? Physician and Sportsmedicine, 13 (8), 77-86.

Ebbeling, C.B. & Clarkson, P.M. (1989). Exercise-induced muscle damage and adaptation. Sports Medicine, 7, 207-234.

Eichner, E. (1989a). Chronic fatigue syndrome: Searching for the cause and treatment. Physician and Sportsmedicine, 17 (6), 142-152.

Eichner, E. (1989b). Chronic fatigue syndrome: How vulnerable are athletes? Physician and Sportsmedicine, 17 (6), 157-160.

Engelhard, W.A. (1932). Die Beziehungen zwischen Atmung und Phosphatumsatz in Vogelerythrozyten. Biochemische Zeitschrift, 251, 343-368.

Evans, W.J. (1987). Exercise-induced skeletal muscle damage. Physician and Sportsmedicine, 15 (1), 89-100.

Farley, F. (1986). The big T in personality. Anthropology and Education Quarterly, 20 (5), 44-52.

Francis, K. & Hoobler, T. (1988). Delayed onset muscle soreness and decreased isokinetic strength. Journal of Applied Sports Science Research, 2, 20-23.

Galbo, H. (1983). Hormonal and metabolic adaptation to exercise. Stuttgart: Georg Thieme Verlag.

Hagermann, F.C., Hikida, R.S., Staron, R.S., Sherman, W.M. & Costill, D.L. (1984). Muscle damage in marathon runners. Physician and Sportsmedicine, 12(11), 39-46.

Hill, A.V. (1951). The mechanics of voluntary muscle. Lancet, 261:947-954.

Hodgdon, J., Riedy, M., Goforth, H., Norton, J., Murguia, M., Mandelbaum, B. & Vailas, A.C. (1988). Plasma hydroxyproline and its association to overuse training. Medicine and Science in Sports and Exercise, 20, S10.

Hough, T. (1902). Ergographic studies in muscle soreness. American Journal of Physiology, 7, 76-92.

Jemmott, J.B., Borysenko, J.Z., Borysenko, M., McClelland, D.C., Chapman, R., Meyer, D. & Benson, H. (1983). Academic stress, power motivation, and decrease in secretion rate of salivary secretory immunoglobulin A. Lancet, 1:1400-1402.

Jokl, E. (1974). The immunological status of athletes. Journal of Sports Medicine, 14, 165-167.

Jones, D.C. & James, S.L. (1987). Overuse injuries of the lower extremity. Clinics in Sports Medicine, 6, 273-290.

Kuipers, H. & Keizer, H.A. (1988). Overtraining in elite athletes. Sports Medicine, 6, 79-92.

Lieber, R.L. & Friden, J. (1988). Selective damage of fast glycolytic muscle fibers with eccentric contraction of the rabbit tibialis anterior. Acta Physiologica Scandinavica, 133, 587-588.

MacKinnon, L.T. & Tomasi, T.B. (1983). Immunology of exercise. Annals of Sport Medicine, 3, 1-4.

Margaria, R. (1972). Positive and negative work performances and their efficiencies in human locomotion. In: G.R. Cummings, D. Snidal, A. & W. Taylor (Hrsg.), Environmental effects on work performance (S. 215-228). Toronto: Canadian Association of Sports Sciences.

McNair, D.M., Lorr, M. & Droppelman, L.F. (1971). Profile of mood states manual, San Diego; Educational and Industrial Testing Service.

Morgan, W.P. (1985). Selected psychological factors limiting performance: A mental health model. In D.H. Clarke & H.M Eckert (Hrsg.), Limits of human performance (S. 70-80). Champaign, IL: Human Kinetics.

Morgan, W.P., Brown, D.R., Raglin, J.S., O'Connor, P.J. & Ellickson, K.A. (1987). Psychological monitoring of overtraining and staleness. British Journal of Sports Medicine, 21, 107-114.

Morgan, W.P., O'Connor, P.J., Sparling, P.B. & Pate, R.R. (1987). Psychological characterization of the elite female distance runner. International Journal of Sports Medicine, 8, S124-S131.

Morgan, W.P. & Pollock, M.L. (1977). Psychological characterization of the elite distance runner. Annals of the New York Academy of Sciences, 301, 383-403.

Mosso, A. (1915). Fatigue. (M. Drummond & W.G. Drummond, Trans.) (3rd ed.). London: Allen & Unwin. (Original work published 1905)

Mumford, J.A. & Rossdale, P.D. (1980). Virus and its relationship to the "poor performance syndrome." Equine Veterinary Journal, 12, 3-9.

Newham, D.J., Mills, K.R., Quigley, R. & Edwards, R.H.T. (1982). Muscle pain and tenderness after exercise. Australian Journal of Sports Medicine and Exercise Science, 14, 129-131.

Newham, D.J., Mills, K.R., Quigley, B.M. & Edwards, R.H.T. (1983). Pain and fatigue after concentric and eccentric muscle contractions. Clinical Science, 64, 55-62.

Newton, J. & Durkin, J.D. (1988). Running to the top of the mountain. Roselle, IL: J & J Winning Edge.

Nieman, D.C., Berk, L.S., Simpson-Westerberg, M., Arabatzis, K., Youngberg, S., Tan, S.A., Lee, J.W. & Eby, W.C. (1989). Effects of long-endurance running on immune system parameters and lymphocyte function in experienced marathoners. International Journal of Sports Mediicine, 5, 317-323.

Noakes, T.D. (1988). Implications of exercise testing for prediction of athletic performance: A contemporary perspective. Medicine and Science in Sports and Exercise, 20, 319-330.

Peters, E.M. & Bateman, E.P. (1983). Ultramarathon running and upper respiratory tract infections: An epidemiological survey. South African Medical Journal, 64, 582-584.

Rahe, R.H. (1972). Subjects' recent life changes and their near-future illness susceptibility. Advances in Psychosomatic Medicine, 8, 2-19.

Riedy, M., Hodgdon, J., Goforth, H., Norton, J., Murguia, M., Mandelbaum, B. & Vailas, A.C. (1988). A serum marker for monitoring the exercise-induced degradation of connective tissues. Medicine and Science in Sports and Exercise, 20, S10.

Roberts, J.A. (1986). Virus illness and sports performance. Sports Medicine, 3, 298-303.

Ryan, A.J., Brown, R.L., Frederick, E.C., Falsetti, H.L. & Burke, E.L. (1983). Overtraining of athletes: Round table. Physician and Sportsmedicine, 11 (6), 93-110.

Schwane, J.A., Johnson, S.R., Vandenakker, C.B. & Armstrong, R.B. (1983). Delayed-onset muscular soreness and plasma CPK and LDH activities after downhill running. Medicine and Science in Sports and Exercise, 15, 51-56.

Schwane, J.A., Williams, J.S. & Sloan, J.H. (1987). Effects of training on delayed muscle soreness and serum creatine kinase activity after running. Medicine and Science in Sports and Exercise, 19, 584-590.

Selye, H. (1976). The stress of life. New York: McGraw-Hill.

Siegel, A.J., Silverman, L.M. & Lopez, R.E. (1980). Creatine kinase elevations in marathon runners: Relationship to training and competition. Yale Journal of Biology and Medicine, 53, 275-279.

Warhol, M.J., Siegel, A.J., Evans, W.J. & Silverman, L.M. (1985). Skeletal muscle injury and repair in marathon runners after competition. American Journal of Pathology, 118, 331-339.

Weiner, H. (1972). The transduction of experience by the brain. Psychosomatic Medicine, 34, 355-380.

Weltman, A., Janney, C., Rians, C.B., Strand, K., Berg, B., Tippitt, S., Wise, J., Cahill, B.R. & Katch, F.I. (1986). The effects of hydraulic resistance strength training in pre-pubertal males. Medicine and Science in Sports and Exercise, 18, 629-638.